民法典理解与适用丛书

中华人民共和国民法典总则编理解与适用

［上］

最高人民法院民法典贯彻实施工作领导小组 主编

人民法院出版社

PEOPLE'S COURT PRESS

图书在版编目（CIP）数据

中华人民共和国民法典总则编理解与适用/最高人民法院民法典贯彻实施工作领导小组主编. -- 北京：人民法院出版社，2020.7

（民法典理解与适用丛书）

ISBN 978-7-5109-2897-0

Ⅰ.①中… Ⅱ.①最… Ⅲ.①民法-法典-法律解释-中国②民法-法典-法律适用-中国 Ⅳ.①D923.05

中国版本图书馆CIP数据核字(2020)第118852号

中华人民共和国民法典总则编理解与适用

最高人民法院民法典贯彻实施工作领导小组　主编

责任编辑	姜峤　王婷　陈思　杨钦云
执行编辑	高晖　田夏　尹立霞　罗羽净
出版发行	人民法院出版社
地　　址	北京市东城区东交民巷27号（100745）
电　　话	（010）67550617（责任编辑）　67550558（发行部查询） 65223677（读者服务部）
客服QQ	2092078039
网　　址	http://www.courtbook.com.cn
E-mail	courtpress@sohu.com
印　　刷	天津嘉恒印务有限公司
经　　销	新华书店
开　　本	787毫米×1092毫米　1/16
字　　数	940千字
印　　张	67
版　　次	2020年7月第1版　2024年10月第9次印刷
书　　号	ISBN 978-7-5109-2897-0
定　　价	258.00元（上下册）

版权所有　侵权必究

最高人民法院
民法典贯彻实施工作领导小组

组　　　长　周　强
常务副组长　贺　荣
副　组　长　陶凯元　杨万明　杨临萍　贺小荣　刘贵祥
成　　　员　（按机构排序）
　　　　　　　董文濮　钱晓晨　林文学　林广海　王淑梅
　　　　　　　刘竹梅　于厚森　韩维中　孔　玲　何东宁
　　　　　　　郭　锋　赵晋山　李广宇　胡仕浩　祝二军
　　　　　　　马　岩　陈宜芳　郝银钟　高晓力　邰中林
　　　　　　　孙晓勇

办　公　室

主　　　任　杨万明　刘贵祥
副　主　任　郭　锋　杨永清
成　　　员　丁广宇　周伦军　陈龙业

总则编执行编委、编审

执 行 编 委　姜启波　郭　锋　杨永清　王　闯　刘树德
编　　　审　高晓力　沈红雨　张雪楳　周伦军　潘　杰
　　　　　　　李玉林　贾玉慧　姜　峤

以习近平新时代中国特色社会主义思想为指导 充分发挥审判职能作用　确保民法典正确贯彻实施[*]

最高人民法院党组书记、院长　周　强

在以习近平同志为核心的党中央坚强领导下,《中华人民共和国民法典》经十三届全国人大三次会议审议通过并颁布实施。民法典是新中国成立以来第一部以"法典"命名的法律,是新时代我国社会主义法治建设的重大成果,具有里程碑意义。法律的生命在于实施。审判机关要以对党负责、对人民负责、对法律负责的态度,在贯彻实施民法典的过程中担当作为。

一、深入学习贯彻习近平总书记重要讲话精神,充分认识贯彻好实施好民法典的重大意义

2020年5月29日,中央政治局就"切实实施民法典"举行集体学习,习近平总书记发表重要讲话,为我们全面认识民法典颁布实施的重大意义,准确理解和掌握民法典的精神要义、基本原则、条文规范,确保民法典在司法活动中统一正确实施,维护广大人民群众合法权益,提供了强大的理论武装、思想指引、行动纲领。习近平总书记在讲话中,对人民法院贯彻实施民法典工作提出明确要求、指明了前进方向。各级人民法院要坚持以习近平新时代中国

---

[*]　原载《求是》2020年第12期。

特色社会主义思想为指导，切实把思想和行动统一到习近平总书记重要讲话精神上来，深刻理解和准确把握民法典颁布实施的重大意义，充分认识贯彻实施民法典的职责使命，以高度的政治自觉、饱满的工作热情，坚定不移做好民法典的学习和贯彻实施工作，努力推动中国特色社会主义法治建设。

第一，通过正确贯彻实施民法典，深入贯彻落实习近平总书记全面依法治国新理念新思想新战略。习近平总书记指出，实施好民法典，是坚持以人民为中心、保障人民权益实现和发展的必然要求，是发展社会主义市场经济、巩固社会主义基本经济制度的必然要求，是提高我们党治国理政水平的必然要求。民法典是党领导全国人民在我国革命、建设、改革各个历史时期，依法治国各方面工作长期积淀的智慧结晶，是党的意志、人民意志的立法表达。人民法院必须深入贯彻习近平总书记全面依法治国新理念新思想新战略，把增强"四个意识"、坚定"四个自信"、做到"两个维护"体现到民法典学习宣传贯彻全过程，忠实履行宪法法律赋予的职责，坚定不移走中国特色社会主义法治道路，确保党中央决策部署在人民法院得到不折不扣贯彻落实。

第二，通过正确贯彻实施民法典，主动服务新时代党和国家事业发展。习近平总书记指出，民法典是一部固根本、稳预期、利长远的基础性法律。人民法院在学习贯彻民法典的过程中，要聚焦党和国家工作大局履行审判职责，不断提高运用民法典服务大局的能力水平。要将学习贯彻工作与常态化疫情防控结合起来，充分运用民法典关于疫情防控的立法成果，准确适用现行法律和司法解释关于不可抗力、情势变更、时效中止等方面的规定，妥善处理涉疫情相关纠纷案件，助力复工复产，扎实做好"六稳"工作，全面落实"六保"任务。要将学习贯彻民法典与优化营商环境结合起来，坚决贯彻民法典规定的平等原则，加大产权保护力度，不论国企民企、内资外资、大中小微企业，一视同仁，依法保护，积极营造稳定公平透明、可预期的法治化营商环境。要将学习贯彻民法典与打好三大攻坚战结合起来，依法公正高效审理民间借贷、融资担保等金融领域纠纷案件，土地承包经营、农产品买卖等涉农纠纷案件以及环境资源领域的纠纷案件，为经济社会发展提供有力司法服务和保障。

第三，通过正确贯彻实施民法典，更好践行司法为民宗旨。习近平总书记强调，民法典实施水平和效果，是衡量各级党和国家机关履行为人民服务宗旨的重要尺度。贯彻实施好民法典，必须吃透民法典精神，正确理解民法典的核心要义和重要制度，正确适用民法典的规定，保障人民权益。民法典立足中国国情，在实现好、维护好、发展好人民权益方面有许多创新。其中，人格权独立成编，全面加强对包括自然人隐私权和个人信息在内的人格权保护，彰显了民法典的人民立场和人文关怀；物权编创设了居住权制度；合同编新增了保理合同、物业服务合同、合伙合同等典型合同；婚姻家庭编确立了夫妻共债共签原则，限缩了无效婚姻范围，对协议离婚规定了一个月的冷静期；继承编增加了打印遗嘱、录像遗嘱等新形式遗嘱类型，并取消了公证遗嘱的优先效力，等等。这些新的内容反映着新时代人民权益的特点，体现着新时代社会生活的实践和发展。要引导广大法官深入学习领会民法典的创新之处，将民法典新理念、新原则、新概念、新条款贯彻到审判执行工作的各个环节，提高运用民法典维护人民权益、化解矛盾纠纷、促进社会和谐稳定的能力和水平。

第四，通过正确贯彻实施民法典，加快推进人民法院审判体系和审判能力现代化。习近平总书记明确要求，各级司法机关要秉持公正司法，提高民事案件审判水平和效率。民法典的实施将进一步推动国家治理的制度化、规范化、程序化，是国家治理现代化的重要标志。民法典关于信息科技、生命科技发展背景下人格权保护的许多开创性规定，体现了对现代生活实际问题和时代需求的积极回应，为人民法院不断满足各类市场主体多元司法需求，提供了强有力的制度依据和规则支撑。人民法院要深入研判民法典实施对审判执行工作和自身建设带来的深远影响，将贯彻实施民法典与深化司法体制改革、加快推进智慧法院建设深度融合，在新的实践基础上推进审判体系和审判能力现代化。

第五，通过正确贯彻实施民法典，推动完善中国特色社会主义法治理论体系。习近平总书记指出，要加强对民事法律制度的理论研究，尽快构建体现我国社会主义性质，具有鲜明中国特色、实践特色、时代特色的民法理论体系和话语体系，为有效实施民法典、发展我国民事法律制度提供理论支撑。理论来源于实践。人民法院几十年来审理、裁判的大量民事案件，发布的大量司法解释、司法政策，是理论研究的丰富宝藏。全国法院广大法官要充分利用这一优势条件，加强民事司法理论研究，为构建新时代民事司法理论体系和话语体系贡献力量。要立足审判职能，在实施民法典的过程中及时制定完善司法政策，多做精品判决，多出精品案例，加强司法建议，为创新和繁荣民事司法理论研究提供新素材新经验。

二、始终坚持以人民为中心，不断提高民事审判质量和司法公信力

民法典是一部体现对生命健康、财产安全、交易便利、生活幸福、人格尊严等各方面权利平等保护的法典。实施好民法典，是坚持以人民为中心、保障人民权益实现和发展的必然要求。近年来，人民法院每年审结的一审民事案件约占全部一审案件的90%，民事审判在人民法院工作全局中居于重要地位。贯彻实施民法典，不仅要贯彻条文，更要贯彻立法精神，秉持公正司法，依法妥善审理各类民事案件，提高审判质量效率和司法公信力。

一是要依法加强权利保护，促进人的全面发展。随着经济社会发展，人民群众在公平、正义、安全、环境等方面的要求日益增

长，希望对权利的保护更加充分、更加有效。民法典以保护民事权利为出发点和落脚点，切实回应人民的法治需求。人民法院要紧密结合民法典的基本精神和内容，把增进人民福祉、促进人的全面发展摆在更加突出的位置，贯穿到审判执行工作的全过程，努力让人民群众在每一个司法案件中感受到公平正义。要更加注重对妇女儿童、老年人、残疾人和消费者权益的保护，及时充分救济受侵害的民事权益，有力维护最广大人民群众根本利益，切实增强人民群众获得感、幸福感、安全感。

二是要践行和弘扬社会主义核心价值观，维护社会公平正义。民法典将弘扬社会主义核心价值观作为立法宗旨，从基本原则到制度规范、具体规则，通篇都体现着社会主义核心价值观的要求。人民法院要坚持依法治国与以德治国相结合，用社会主义核心价值观指导司法活动，严格依照民法典条文的精神内涵，定分止争、惩恶扬善，强化规则意识，倡导契约精神，保护公民合法权益，维护社会公序良俗，用法治的力量引导人民群众向上向善。要主动回应人民关切，对社会高度关注、公众存在模糊认识的案件，加强裁判说理，厘清争点，亮明观点，明确提倡什么、反对什么、禁止什么，让庭审成为正确贯彻实施民法典、弘扬社会主义核心价值观的法治公开课。

三是要加强审判监督管理和调研，提升民事司法水平。习近平总书记强调，要加强对涉及财产权保护、人格权保护、知识产权保护、生态环境保护等重点领域的民事审判工作和监督指导工作。人民法院要进一步加大权利保护力度，继续加强民营企业产权司法保护，坚持平等、依法、全面保护原则，抓紧制定出台刑民交叉司法解释，完善程序规则，坚决防止以刑事案件名义插手民事纠纷、经济纠纷；继续推动完善知识产权侵权惩罚性赔偿制度，完善诉讼证据规则、证据披露以及证据妨碍排除规则，进一步提升我国知识产权审判水平和国际影响力；加强涉人格权案件、环境资源案件的审判指导，及时发布指导案例、典型案例或司法解释；研究制定提高民事案件审判水平和效率，提高办案质量和司法公信力的政策文件。要坚持问题导向，及时总结民事审判经验，研究解决制约民事审判工作发展的深层次问题和贯彻实施中的新情况新问题，为健全完善司法解释和司法政策提供实践依据。要进一步开展案件评查，对案件办理全过程进行体检，确保程序公正与实体公正相统一；注重发挥法官会议、审判委员会在统一裁判尺度方面的作用，确保相关法律适用统一。

四是要加强一站式多元解纷和诉讼服务体系建设，发挥多元化纠纷解决机制的作用。习近平总书记强调，要发挥多元化纠纷解决机制的作用，多方面推进民法典实施工作。人民法院要结合贯彻实施民法典，坚持和发展新时代"枫桥经验"，把非诉讼纠纷解决机制挺在前面，健全社会矛盾纠纷预防调处化解综合机制，加强一站式多元解纷和诉讼服务体系建设，深化"分调裁审"机制改革，增强人民法院多元解纷能力，促进矛盾纠纷源头预防。要加强与行政机关特别是司法行政部门的协作配合，加强法律援助和司法救助，通过社会力量和基层组织及时妥善化解矛盾纠纷，多方面推进民法典贯彻实施。要加强对诉前联调工作的培训和指导工作，以选派法官授课、邀请参加内部培训等方式，促进提高人民调解组织、行政机关调解员、人民调解员等适用民法典的能力水平，更好帮助群众实现和维护自身合法权益。

三、狠抓责任落实，全力做好民法典的贯彻实施工作

学习好、贯彻好、实施好民法典是人民法院的重要职责，也是一项涉及面广、任务量大的系统工程。各级法院在做好审判执行工作的同时，要迅速调整工作重心，切实把思想和行动统一到习近平总书记重要讲话精神上来，确保不折不扣完成人民法院在民法典贯彻实施工作中承担的职责使命。

一是要抓紧进行司法解释、非司法解释类规范性文件清理工作。2021年1月1日民法典施行之日起，婚姻法、继承法、民法通则、收养法、担保法、合同法、物权法、侵权责任法、民法总则等九部法律将被替代，以这九部法律为依据制定的大量民事司法解释需要清理，与民法典规定冲突的需要废止。同时，对刑事、行政、国家赔偿等领域的相关司法解释、司法政策也要纳入清理范围。为此，最高人民法院将在2020年年底前，完成对新中国成立以来所有现行有效的上述司法解释的全面清理工作。凡是违反社会主义核心价值观的，与民法典精神、原则、条文相冲突的，均坚决废止，确保民法典统一正确实施。同时，将最高人民法院发布的139件指导性案例也纳入清理范围。各高级人民法院要对本辖区施行的审判指导意见、会议纪要等司法政策文件进行系统清理，确保与民法典的新精神、新规定保持一致。

二是要及时制定新的司法解释。最高人民法院将坚持问题导向，按照"统一规划、分批制定，急用先行、重点推进，先易后难、确保质量"的原则，在民法典正式实施前发布有关司法解释，解决新旧法衔接适用、现有司法解释效力等问题，在民法典实施后迅速出台物权、合同、人格权、婚姻家庭、继承、侵权领域的相关司法解释，统一法律适用。在工作方式上，将司法解释起草与清理工作结合起来，加强调研论证，通过编纂、修改、新立等方式，用足用好批复、决定、解释和规定等司法解释制定的四种形式，确保司法解释起草的质量和实效。

三是要迅速在全国法院兴起学习贯彻民法典的热潮，切实提高民事司法裁判能力和水平。人民法院是贯彻实施民法典的重要部门，应当把学习贯彻民法典作为践行司法为民宗旨、提升公正司法水平的一项重要举措。最高人民法院将在做好院机关全员培训的基础上，坚持分类分级、线上线下、点面结合，指导各高级法院结合本地情况开展培训，确保2020年年底前实现全国法院干警全员轮训。要高度关注原有条款的变化和创新内容，保证培训到位、学习到位，实现见微知著、融会贯通、学以致用。要充分借助智慧法院建设成果，将信息化学习培训手段与传统学习培训手段融合互补，采取法院领导干部、审判业务专家授课与邀请专家学者授课相结合的方式，综合采用课堂、视频、网络培训相结合的形式开展培训，扩大培训覆盖面，确保培训取得实效。

四是要加大普法宣传力度，推动营造尊法学法守法用法的良好环境。习近平总书记强调，要广泛开展民法典普法工作，引导群众认识到民法典既是保护自身权益的法典，也是全体社会成员都必须遵循的规范，养成自觉守法的意识，形成遇事找法的习惯，培养解决问题靠法的意识和能力。人民法院要积极通过庭审公开、在线直播、裁判文书释法说理、发布典型案例、编写通俗读物、参与法治进校园进社区活动等群众喜闻乐见的方式，充分利用各类传统媒体和新兴媒体，加大对民法典的宣传力度，为民法典实施营造良好环境，让民法典所蕴含的契约精神、自愿原则、诚信原则等深深根植于群众内心，成为推进我国社会主义法治建设的内生力量。

凡 例

1. 本书中法律、行政法规名称中的"中华人民共和国"省略，其余一般不省略，例如《中华人民共和国民法典》简称《民法典》。
2. 本书中下列司法解释及司法指导性文件使用简称：

文件名称	发文日期	发文字号	简称
《最高人民法院关于贯彻执行〈中华人民共和国继承法〉若干问题的意见》	1985年9月11日	法（民）发〔1985〕22号	《继承法意见》
《最高人民法院关于贯彻执行〈中华人民共和国民法通则〉若干问题的意见（试行）》	1988年4月2日	法（办）发〔1988〕6号	《民法通则意见》
《最高人民法院关于适用〈中华人民共和国合同法〉若干问题的解释（一）》	1999年12月19日	法释〔1999〕19号	《合同法司法解释（一）》
《最高人民法院关于适用〈中华人民共和国担保法〉若干问题的解释》	2000年12月8日	法释〔2000〕44号	《担保法司法解释》
《最高人民法院关于确定民事侵权精神损害赔偿责任若干问题的解释》	2001年3月8日	法释〔2001〕7号	《精神损害赔偿司法解释》
《最高人民法院关于审理人身损害赔偿案件适用法律若干问题的解释》	2003年12月26日	法释〔2003〕20号	《人身损害赔偿司法解释》
《最高人民法院关于审理建设工程施工合同纠纷案件适用法律问题的解释》	2004年10月25日	法释〔2004〕14号	《建设工程施工合同司法解释》
《最高人民法院关于审理涉及农村土地承包纠纷案件适用法律问题的解释》	2005年7月29日	法释〔2005〕6号	《农村土地承包纠纷司法解释》

续表

文件名称	发文日期	发文字号	简称
《最高人民法院关于审理民事案件适用诉讼时效制度若干问题的规定》	2008年8月21日	法释〔2008〕11号	《诉讼时效规定》
《最高人民法院关于适用〈中华人民共和国合同法〉若干问题的解释（二）》	2009年4月24日	法释〔2009〕5号	《合同法司法解释（二）》
《最高人民法院关于审理公司强制清算案件工作座谈会纪要》	2009年11月4日	法发〔2009〕52号	《公司强制清算会议纪要》
《最高人民法院关于适用〈中华人民共和国涉外民事关系法律适用法〉若干问题的解释（一）》	2012年12月28日	法释〔2012〕24号	《涉外民事关系法律适用法司法解释（一）》
《最高人民法院关于适用〈中华人民共和国公司法〉若干问题的规定（二）》	2014年2月20日	法释〔2014〕2号	《公司法司法解释（二）》
《最高人民法院关于适用〈中华人民共和国公司法〉若干问题的规定（三）》	2014年2月20日	法释〔2014〕2号	《公司法司法解释（三）》
《最高人民法院、最高人民检察院、公安部、民政部关于依法处理监护人侵害未成年人权益行为若干问题的意见》	2014年12月18日	法发〔2014〕24号	《侵害未成年人权益意见》
《最高人民法院关于适用〈中华人民共和国民事诉讼法〉的解释》	2015年1月30日	法释〔2015〕5号	《民事诉讼法司法解释》
《第八次全国法院民事商事审判工作会议（民事部分）纪要》	2016年11月21日	法〔2016〕399号	《八民会纪要》
《全国法院民商事审判工作会议纪要》	2019年11月8日	法〔2019〕254号	《民商审判会议纪要》

3. 特别说明：《民法典》自2021年1月1日起施行，《婚姻法》《继承法》《民法通则》《收养法》《担保法》《合同法》《物权法》《侵权责任法》《民法总则》同时废止。

CONTENTS 总目录

绪论：《民法典》编纂概述 ················· 1
第一章　基本规定 ······················· 9
第二章　自然人 ······················· 99
第三章　法　　人 ······················· 297
第四章　非法人组织 ····················· 515
第五章　民事权利 ······················· 542
第六章　民事法律行为 ··················· 684
第七章　代　　理 ······················· 802
第八章　民事责任 ······················· 877
第九章　诉讼时效 ······················· 946
第十章　期间计算 ······················· 1008

后　　记 ····························· 1023

目 录
CONTENTS

上 册

绪论：《民法典》编纂概述 ································· 1

第一章 基本规定

第一条
【条文主旨】 ··· 9
本条是关于立法宗旨、立法依据的规定。

第二条
【条文主旨】 ··· 26
本条是关于民法调整范围、调整对象的规定。

第三条
【条文主旨】 ··· 36
本条是关于民事权利（权益）受法律保护的规定。

第四条
【条文主旨】 ··· 46
本条是关于平等制度的规定。

第五条
　　【条文主旨】.. 52
　　　　本条是关于民事主体自愿原则的规定。

第六条
　　【条文主旨】.. 58
　　　　本条是关于公平原则的规定。

第七条
　　【条文主旨】.. 63
　　　　本条是关于诚信原则的规定。

第八条
　　【条文主旨】.. 69
　　　　本条是关于民事活动合法性原则、遵守公序良俗原则的规定。

第九条
　　【条文主旨】.. 77
　　　　本条是关于绿色原则的规定。

第十条
　　【条文主旨】.. 84
　　　　本条是关于民法法源的规定。

第十一条
　　【条文主旨】.. 92
　　　　本条是关于一般法与特别法的关系的规定。

第十二条
　　【条文主旨】.. 94
　　　　本条是关于民法的效力范围的规定。

第二章 自 然 人

第一节 民事权利能力和民事行为能力

第十三条

【条文主旨】.. 99

本条是关于自然人权利能力取得和终止的规定。

第十四条

【条文主旨】.. 104

本条是关于自然人民事权利能力平等性的规定。

第十五条

【条文主旨】.. 107

本条是关于自然人出生时间和死亡时间的规定。

第十六条

【条文主旨】.. 113

本条是关于胎儿利益保护的规定。

第十七条

【条文主旨】.. 118

本条是关于成年人和未成年人年龄的规定。

第十八条

【条文主旨】.. 123

本条是关于完全民事行为能力人的规定。

第十九条

【条文主旨】.. 127

本条是关于限制民事行为能力人的规定。

第二十条

【条文主旨】..130

本条是关于不满 8 周岁未成年人民事行为能力的规定。

第二十一条

【条文主旨】..134

本条是关于不能辨认自己行为的成年人和 8 周岁以上未成年人民事行为能力的规定。

第二十二条

【条文主旨】..139

本条是关于不能完全辨认自己行为的成年人民事行为能力的规定。

第二十三条

【条文主旨】..145

本条是关于非完全民事行为能力人的法定代理人的规定。

第二十四条

【条文主旨】..151

本条是关于认定成年人为无民事行为能力人或者限制民事行为能力人以及恢复为限制民事行为能力人或者完全民事行为能力人的规定。

第二十五条

【条文主旨】..157

本条是关于如何确定自然人住所的规定。

第二节 监 护

第二十六条

【条文主旨】..161

本条是关于父母子女之间法律义务的规定。

第二十七条

【条文主旨】 167

本条是关于未成年人的监护人的规定。

第二十八条

【条文主旨】 173

本条是关于无民事行为能力或限制行为能力成年人的监护人的规定。

第二十九条

【条文主旨】 179

本条是关于遗嘱指定监护制度的规定。

第三十条

【条文主旨】 182

本条是关于协议确定监护人的规定。

第三十一条

【条文主旨】 187

本条是关于指定监护制度的规定。

第三十二条

【条文主旨】 196

本条是关于没有依法具有监护资格的人时监护人确立的规定。

第三十三条

【条文主旨】 198

本条是关于成年人意定监护的规定。

第三十四条

【条文主旨】 204

本条是关于监护人监护职责的规定。

第三十五条

【条文主旨】······ 211

本条是关于监护职责履行的规定。

第三十六条

【条文主旨】······ 217

本条是关于撤销监护人资格的规定。

第三十七条

【条文主旨】······ 223

本条是关于被撤销监护人资格的人依法继续履行义务的规定。

第三十八条

【条文主旨】······ 227

本条是关于恢复监护人资格的规定。

第三十九条

【条文主旨】······ 231

本条是关于监护关系终止的规定。

第三节 宣告失踪和宣告死亡

第四十条

【条文主旨】······ 235

本条是关于宣告失踪的规定。

第四十一条

【条文主旨】······ 240

本条是关于宣告失踪中下落不明的起算时间的规定。

第四十二条

【条文主旨】······ 245

本条是关于失踪人财产代管人范围的规定。

第四十三条

【条文主旨】.. 251

本条是关于财产代管人职责的规定。

第四十四条

【条文主旨】.. 255

本条是关于变更失踪人财产代管人的规定。

第四十五条

【条文主旨】.. 261

本条是关于撤销失踪宣告的规定。

第四十六条

【条文主旨】.. 263

本条是关于自然人宣告死亡的规定。

第四十七条

【条文主旨】.. 266

本条是关于宣告死亡与宣告失踪的关系的规定。

第四十八条

【条文主旨】.. 268

本条是关于被宣告死亡人的死亡时间的规定。

第四十九条

【条文主旨】.. 271

本条是关于被宣告死亡人但并未死亡的自然人实施民事法律行为的效力的规定。

第五十条

【条文主旨】.. 274

本条是关于撤销死亡宣告的规定。

第五十一条

【条文主旨】································· 277

本条是关于死亡宣告制度中有关婚姻关系处理的规定。

第五十二条

【条文主旨】································· 280

本条是关于死亡宣告被撤销后子女收养关系的处理的规定。

第五十三条

【条文主旨】································· 282

本条是关于被撤销死亡宣告的人请求返还财产的规定。

第四节 个体工商户和农村承包经营户

第五十四条

【条文主旨】································· 285

本条是关于个体工商户的规定。

第五十五条

【条文主旨】································· 289

本条是关于农村承包经营户的规定。

第五十六条

【条文主旨】································· 293

本条是关于个体工商户、农村承包经营户债务承担的规定。

第三章 法 人

第一节 一般规定

第五十七条

【条文主旨】································· 297

本条是关于法人概念的规定。

第五十八条

【条文主旨】 303

本条是关于法人成立的条件和程序的规定。

第五十九条

【条文主旨】 308

本条是关于法人民事权利能力和民事行为能力产生、消灭的时间的规定。

第六十条

【条文主旨】 312

本条是关于法人独立责任的规定。

第六十一条

【条文主旨】 316

本条是关于法定代表人的定义、法律地位、行为的效果归属和越权行为效力的规定。

第六十二条

【条文主旨】 326

本条是关于法定代表人职务侵权行为的民事责任的规定。

第六十三条

【条文主旨】 329

本条是关于法人住所的规定。

第六十四条

【条文主旨】 332

本条是关于法人应依法办理变更登记的规定。

第六十五条

【条文主旨】 335

本条是关于法人登记的公信效力的规定。

第六十六条

【条文主旨】 338

本条是关于法人登记公示制度的规定。

第六十七条

【条文主旨】 343

本条是关于法人合并、分立后权利义务承担的规定。

第六十八条

【条文主旨】 347

本条是关于法人终止事由和终止程序的规定。

第六十九条

【条文主旨】 351

本条是关于法人解散原因的规定。

第七十条

【条文主旨】 357

本条是关于法人应及时清算及未及时清算责任的规定。

第七十一条

【条文主旨】 362

本条是关于法人清算程序和清算组职权的规定。

第七十二条

【条文主旨】 366

本条是关于法人清算期间法律地位、剩余财产分配和法人清算终止的规定。

第七十三条

【条文主旨】 370

本条是关于法人破产终止的规定。

第七十四条

【条文主旨】 ··· 373

本条是关于法人分支机构的设立及民事责任的规定。

第七十五条

【条文主旨】 ··· 380

本条是关于设立人为设立法人从事民事活动产生的民事责任如何承担的规定。

第二节 营利法人

第七十六条

【条文主旨】 ··· 389

本条是关于界定营利法人内涵与外延的规定。

第七十七条

【条文主旨】 ··· 395

本条是关于营利法人设立原则的规定。

第七十八条

【条文主旨】 ··· 398

本条是关于营利法人取得营业执照以及成立时间的规定。

第七十九条

【条文主旨】 ··· 402

本条是关于营利法人应当依法制定法人章程的规定。

第八十条

【条文主旨】 ··· 407

本条是关于营利法人权力机构及其职权的规定。

第八十一条

【条文主旨】 ··· 412

本条是关于营利法人执行机构的职权以及法定代表人担任

的规定。

第八十二条

【条文主旨】·················· 417

本条是关于营利法人监督机构及其职权的规定。

第八十三条

【条文主旨】·················· 421

本条是关于营利法人的出资人不得滥用出资人权利、法人地位和有限责任损害他人利益，以及权利滥用行为民事责任的规定。

第八十四条

【条文主旨】·················· 426

本条是关于法人的控股出资人等关联人不得利用关联关系损害法人利益的规定。

第八十五条

【条文主旨】·················· 431

本条是关于营利法人机关的决议撤销的规定。

第八十六条

【条文主旨】·················· 435

本条是关于营利法人应当履行义务的规定。

第三节 非营利法人

第八十七条

【条文主旨】·················· 439

本条是关于非营利法人定义及种类的规定。

第八十八条

【条文主旨】·················· 445

本条是关于事业单位法人资格取得的规定。

第八十九条

【条文主旨】·· 450

本条是关于事业单位法人组织机构的规定。

第九十条

【条文主旨】·· 454

本条是关于社会团体法人资格取得的规定。

第九十一条

【条文主旨】·· 458

本条是关于社会团体法人章程和组织机构的规定。

第九十二条

【条文主旨】·· 461

本条是关于基金会、社会服务机构、宗教活动场所等捐助法人资格取得的规定。

第九十三条

【条文主旨】·· 471

本条是关于捐助法人章程及组织机构的规定。

第九十四条

【条文主旨】·· 475

本条是关于决定可撤销等强化捐助人监督力度的规定。

第九十五条

【条文主旨】·· 480

本条是关于为公益目的成立的非营利法人终止时剩余财产处置的规定。

第四节　特别法人

第九十六条

【条文主旨】 485

本条是关于特别法人范围的规定。

第九十七条

【条文主旨】 489

本条是关于机关法人的规定。

第九十八条

【条文主旨】 496

本条是关于机关法人终止后权利义务承继的规定。

第九十九条

【条文主旨】 499

本条是关于农村集体经济组织取得法人资格的规定。

第一百条

【条文主旨】 504

本条是关于城镇农村的合作经济组织取得法人资格的规定。

第一百零一条

【条文主旨】 510

本条是关于基层群众性自治组织法人的规定。

绪论：《民法典》编纂概述

一、《民法典》编纂背景与历程

《民法典》在我国法律体系中，属于仅次于宪法的重要基本法，是社会生活的百科全书，是时代精神、民族精神的立法表达。《民法典》在全面总结我国民事立法和司法实践经验的基础上，对现行有关民事单行法律进行系统编纂，形成我国民商事领域的基本行为规范和裁判规则，为民商事活动提供基本遵循，为人民法院审理和执行民商事案件提供实体法依据，为新时代坚持和完善中国特色社会主义制度、实现"两个一百年"奋斗目标、实现中华民族伟大复兴中国梦提供完备的民事法治保障。

编纂《民法典》是党的十八届四中全会确定的一项重大政治任务和立法任务，是以习近平同志为核心的党中央作出的重大法治建设部署。编纂《民法典》，是通过对我国现行的、制定于不同时期的《婚姻法》《继承法》《民法通则》《收养法》《担保法》《合同法》《物权法》《侵权责任法》《民法总则》和人格权方面的民事法律制度规范，进行系统整合、编订纂修，形成一部适应新时代中国特色社会主义发展要求，符合我国国情和实际，体例科学、结构严谨、规范合理、内容完整并协调一致的法典。

以习近平同志为核心的党中央高度重视《民法典》编纂工作，将编纂《民法典》列入党中央重要工作议程，并对编纂《民法典》工作任务作出总体部署、提出明确要求。2016年6月、2018年8月、2019年12月，习近平总书记三次主持中央政治局常委会会议，听取并原则同意全国人大常委会党组就《民法典》编纂工作所作的请示汇报，对《民法典》编纂工作作出重要指示，为《民法典》编纂工作提供了重要指导和基本遵循。

编纂《民法典》是一项系统的、重大的立法工程，不是制定全新的民事法律，也不是简单的法律汇编，而是对现行的民事法律规范进行编订纂修，对已经不适应现实情况的规定进行修改完善，对经济社会生活中出现的新情况、新问题作出有针对性的新规定。编纂《民法典》采取"两步走"的工作思路进行：第一步，制定《民法总则》，作为《民法典》的总则编。2015年3月，全国人大常委会法制工作委员会启动《民法典》编纂工作，着手《民法总则》制定，以1986年制定的《民法通则》为基础，系统梳理总结有关民事法律的实践经验，提炼民事法律制度中具有普遍适用性和引领性的规则，形成《民法总则（草案）》，2017年3月由第十二届全国人民代表大会第五次会议审议通过。第二步，编纂《民法典》各分编。以现行《物权法》《合同法》《担保法》《婚姻法》《收养法》《继承法》《侵权责任法》等为基础，结合我国经济社会发展对民事法律提出的新需求，形成了包括物权、合同、人格权、婚姻家庭、继承、侵权责任等6个分编在内的《民法典》各分编草案。三年多来，全国人大常委会对全部6个分编草案进行了二审，对各方面比较关注的人格权、婚姻家庭、侵权责任3个分编草案进行了三审。在此基础上，将《民法总则》与经过审议和修改完善的《民法典》各分编草案合并，形成《民法典（草案）》，提请2019年12月召开的第十三届全国人大常委会第十五次会议审议。经审议，全国人大常委会作出决定，将《民法典（草案）》提请第十三届全国人民代表大会第三次会议审议。2020年5月28日，审议通过《民法典》，共7编1260条，包括总则、物权、合同、人格权、婚姻家庭、继承、侵权责任，以及附则。

《民法典》编纂工作汇集了各方面力量，人民法院是重要参加单位。根据党中央的工作部署，编纂《民法典》的工作由全国人大常委会法制工作委员会牵头，最高人民法院、最高人民检察院、司法部、中国社会科学院、中国法学会为参加单位，成立了《民法典》编纂工作协调小组，并成立了《民法典》编纂工作专班。最高人民法院作为《民法典》编纂工作重要参加单位，全程参与立法机关主持的《民法典》编纂工作，各级地方法院积极为《民法典》编纂提供支持和协助，配合立法调研工作。最高人民法院成立民法典编纂工作研究小组，在研究室设立办公室，积极配合《民法典》编纂，组织全国法院结合审判实践及时提供意见建议。在编纂过程中，立法机关高度重视将人民法院在司法审判活动中积累的裁判规则、最高人民法院制定的司法解释有关内容予以吸收，上升为国家立法。法院系统提出的关于人格权单独成编，增加保理合同，确立绿色原则、征收补偿原则、自甘风险原则，处理民事纠纷可以适用习惯，建立政府兜底的监护制度，赋予农村集体组织以法人地位，确认数据和网络虚拟财产权、居住权、强制性规定法律效力，保护英烈人身权，延长诉讼时效，降低业主大会门槛，明确高空抛物的致害责任，鼓励救助等上百项重要制度，数百条修改建议，大多数获得采纳。《民法典》婚姻家庭编、继承编增加或修改完善了最有利于未成年子女原则、夫妻日常家事代理权、离婚冷静期、夫妻共债共签、亲子关系确定、隔代探望权、收养条件、口头遗嘱等内容，均是对司法实践规则的总结，直接回应了人民群众普遍关切的现实问题。

二、《民法典》既传承我国优秀法律文化，又借鉴人类法治文明成果

编纂一部真正属于中国人民的民法典，是新中国几代人的夙愿。党和国家曾于1954年、1962年、1979年和2001年先后四次启动民法制定工作，但由于条件所限没有完成。党的十八大以来，以习近平同志为核心的党中央把全面依法治国摆在突出位置，推动党和国家事业发生历史性变革、取得历史性成就，中国特色社会主义已经进入新时代。在坚持和完善中国特色社会主义制度、推进国家治理体系和治理能力现代化的新征程中，编纂《民法典》具有重大而深远的意义。

在人类法治文明进程中，先后出现三次民法编纂运动。第一次是6世纪的罗马法编纂，产生了《罗马法大全》。第二次是19世纪欧

洲大陆民法典编纂，产生了《法国民法典》《德国民法典》《瑞士民法典》等。第三次肇端于20世纪80年代，产生了1986年中国《民法通则》、1992年《新荷兰民法典》、1994年《俄罗斯联邦民法典》《蒙古国民法典》、1996年《越南民法典》《吉尔吉斯斯坦民法典》、1998年《土库曼斯坦民法典》等。据不完全统计，目前世界上至少有110个国家或地区有民法典。即使实行判例法的美国、加拿大，也有个别州制定了民法典，如《加利福尼亚民法典》《魁北克民法典》。一部成功的民法典，往往是一个国家商品经济、民主政治、产权保护、法律文化、哲学伦理高度发展的产物。

《民法典》是新中国第一部以"法典"形式命名的立法，开创了我国法典编纂立法先河。《民法典》在借鉴大陆法系、英美法系民商事法律制度和立法经验的同时，吸收了中国优秀法律文化成果。《民法典》充分体现了中国共产党带领全国人民为实现"两个一百年"奋斗目标、为实现中华民族伟大复兴中国梦而不懈努力的时代特征，特别是体现了中国改革开放40多年来所取得的伟大成就。如果说19世纪初《法国民法典》、19世纪末《德国民法典》的诞生是世界法治史上的划时代成果，那么21世纪初中国《民法典》的颁行就是人类现代法治进程中具有标志性意义的里程碑。《民法典》是新时代我国社会主义法治建设的重大成果，在中国特色社会主义法律体系中具有重要地位，是一部固根本、稳预期、利长远的基础性法律，对推进全面依法治国、加快建设社会主义法治国家，对发展社会主义市场经济、巩固社会主义基本经济制度，对坚持以人民为中心的发展思想、依法维护人民权益、推动我国人权事业发展，对推进国家治理体系和治理能力现代化，具有重大的历史意义和实践价值。

三、《民法典》编纂和颁布实施的重大意义

习近平总书记在中央政治局2020年5月29日就"切实实施民法典"举行第二十次集体学习时发表的重要讲话，为我们全面认识《民法典》颁布实施的重大意义，准确理解和掌握《民法典》的精神要义、基

本原则、条文规范，确保《民法典》在司法活动中统一正确实施，维护广大人民群众合法权益，提供了强大的理论武装、思想指引、行动纲领。

第一，《民法典》是中国特色社会主义制度建设、法治建设的重大标志性成果，具有重大时代意义。新中国成立70多年特别是改革开放40多年来，我国民事法律制度伴随着新时期改革开放和社会主义现代化建设的历史进程逐步形成并不断发展完善。《民法典》是我国现有民事法律制度规范的集大成者，是我国法律体系日臻完善的重要标志，是中国特色社会主义制度更加成熟、更加完善的重要体现，充分展现了制度建设成果和制度自信，也为人类法治文明的发展进步贡献了中国智慧和中国方案。

第二，《民法典》是推进全面依法治国、推进国家治理体系和治理能力现代化的重要法律制度。党的十八届四中全会指出，依法治国是实现国家治理体系和治理能力现代化的必然要求。党的十九届四中全会对坚持和完善中国特色社会主义制度、推进国家治理体系和治理能力现代化作出系统全面部署。建立健全完备的法律规范体系，以良法保障善治，是全面依法治国的前提和基础。民法是中国特色社会主义法律体系的重要组成部分，涉及社会和经济生活方方面面，是保证国家制度和国家治理体系正常有效运行的重要基础性法律。《民法典》的颁布实施，进一步健全和完善了中国特色社会主义法律体系，为推进国家治理体系和治理能力现代化提供了强大动力，有利于更好发挥法治固根本、稳预期、利长远的保障作用，将制度优势转化为国家治理效能。

第三，《民法典》是坚持和完善社会主义基本经济制度、推动经济高质量发展的重要法律保障。习近平总书记强调，"社会主义市场经济本质上是法治经济""法治是最好的营商环境"。《民法典》是促进和保障我国社会主义市场经济持续健康发展的重要基石。《民法典》的颁布实施，进一步健全了我国民商事领域基本制度规则，有利于明晰产权规则、保障合法权益、稳定市场预期、维护交易安全，为民商事活动提供基本遵循，促进营造稳定、公平、透明、可预期的法治化营商环境,保障各种所有制主体依法平等使用资源要素、公开公平公正参与竞争、同等受到法律保护,推动经济高质量发展。《民法典》把我国多年来社会主义市场经济体制改革的一系列重要制度成果用法典形式确定下来,比如物权编一般规定中有关社会主义基本经济制度的规定就吸纳了党的十九届四中全会的最新部署,这为发挥市场在资源配置中的决定性作用提供了充分的民法基本制度保障,对巩固全面深化改革成果、促进更高水平对外开放具有重大意义。

第四,《民法典》是坚持以人民为中心发展思想、实现人民对美好生活向往的重大立法举措。习近平总书记强调,"实施好民法典是坚持以人民为中心、保障人民权益实现和发展的必然要求"。《民法典》以法典形式巩固了从身份到契约、从单位人到平等的市场主体的深刻转变,体现了对生命健康、财产安全、交易便利、生活幸福、人格尊严等各方面权利的平等保护。经历改革开放40多年的深刻变革,实现了每个人在市场上都是平等主体的目标,这是一种深刻而伟大的变革,极大解放了生产力。《民法典》以民事权利体系为基本构架,通过一系列制度创新,健全和充实了民事权利种类,完善和细化了权利保护和救济规则,为人民群众提供全方位权益保障,是一部民事权利的宣言书,是人民权利的保障书,具有中国特色、体现时代精神、反映人民意愿。《民法典》也是人民群众社会生活的百科全书,涉及经济社会生活方方面面,明确告诉人们可以做什么、不能做什么、从事法律行为会有什么样的法律后果。《民法典》的颁布实施,有利于更好地维护人民权益,不断增强人民群众获得感、幸福感和安全感,促进人的全面发展。

第五,《民法典》是加快推进人民法院审判体系和审判能力现代化的重要制度支撑。审判体系和审判能力现代化,是司法公正高效权威的重要保障。《民法典》在我国法律体系中,属于仅次于宪法的重要基本法,是司法裁判的重要依据。《民法典》的颁布实施,将庞大的民事法律规范按照完整逻辑体系予以整合,实现了民法体系的统一,为人民法院统一裁判尺度、公正高效审理民事案件提供了全面、有力、体系化的规则依据，这对于深化民事司法领域制度机制改革，加快实现审判体系和审判能力现代化具有重要意义。

四、总则编的基本内容

总则编是《民法典》的开篇之作，对《民法典》其他各编起统领作用。总则编按照提取公因式的方式，提炼和归纳出民法普遍适用的一般性规则、基本原则、概念和制度。总则编基本上沿用了2017年3月十二届全国人民代表大会第五次会议审议通过的、2017年10月1日实施的《民法总则》。而《民法总则》又是重点以1986年制定的《民法通则》为基础，采用我国民事立法传统体例，从民法的私法属性出发，以体系化为方法，以民事权利为核心，以民事法律关系为基础，对民事主体、民事权利体系、民事法律行为、民事责任和诉讼时效等基本民事法律制度作出规定，为《民法典》其他各编的体系化和科学化编纂奠定了坚实的基础。总则编共10章，包括基本规定、自然人、法人、非法人组织、民事权利、民事法律行为、代理、民事责任、诉讼时效、期间计算，共204条。

第一章　基本规定

> **第一条**　为了保护民事主体的合法权益，调整民事关系，维护社会和经济秩序，适应中国特色社会主义发展要求，弘扬社会主义核心价值观，根据宪法，制定本法。

【条文主旨】

本条是关于立法宗旨、立法依据的规定。

【条文理解】

一、保护民事主体的合法权益

民事主体是民事关系的参与者、民事权利的享有者、民事义务的履行者、民事责任的承担者。民事主体享有广泛的民事权益，必须得到法律保护。在现代法治体系中，民法是仅次于宪法的重要基本法，是私法领域落实宪法人权保障制度的基本法律。我国《宪法》规定：国家尊重和保障人权，公民的人身自由、人格尊严、财产权利等不受侵犯。党的十八大以来的有关中央文件从多方面、多维度列举了各种人权、财产权保障措施，如完善人权司法保障制度，依法维护公民和法人合法权益，保护人民群众在教育、就业、医疗、养老保险、住房、计划生育改革、生态环境等方面的权利，体现了尊重和保障人权的法治精神。党的十九大报告提出，"保护人民人身权、财产权、人格权"。在我国，公民在政治、经济、文化、社会生活等各个领域依法享有广泛的权利和自由，在此基础上，进一步通过《民法典》编纂，具体落实民事主体的民事权利至关重要。《民法典》将《宪法》、中央文件中关于尊重和保障人权的理念和精神具体化、法治化；把保护公民、法人、非法人组织人身权、财产权、人格权的制度进一步类型化、体系化；把对未成年人、残疾人、老年人的特殊制度安排法律化，体现出对民事主体基本权利的尊重，体现出《民法典》的人文情怀和对人的终极关怀。正如法国启蒙学者孟德斯鸠所说："在民法慈母般的眼里，每一个个人就是整个的国家。"

《民法典》在总则编第五章具体规定了民事主体的各项民事权利，包括各种人身权、财产权和其他权益。人身权方面，规定了人格权、身份权；财产权方面，规定了物权、债权、知识产权、股权等投资性权利。《民法典》总则编之后的各编，实际上是按照财产权利、合同权利、人格权利、婚姻家庭权利、继承权利、侵犯权利责任为顺序的逻辑展开。因此，《民法典》是人民群众享有的民事权利的宣言书，是私权领域的权利宪章，使宪法保障人权的规定在私法中得以落实，体现了国家保障和发展人权的价值取向。

《民法典》规定保护民事主体合法权益有以下四个方面的鲜明特征：

（一）《民法典》突出保护民事主体的人格权

《民法典》人格权编为第四编，以"列举＋兜底"方式全面规定人格权制度。列举了自然人享有的生命权、身体权、健康权、姓名权、名称权、肖像权、名誉权、荣誉权、隐私权等一系列具体人格权，还兜底规定了自然人享有基于人身自由、人格尊严产生的其他人格权益，即被学者们称为的"一般人格权"。"列举＋兜底"的条文表述体现了人格权保护的全面性、开放性、包容性。人格权独立成编，符合以人民为中心的发展理念，顺应了新时代人民群众对人格尊严、人格权保护的迫切需求，彰显了《民法典》的人民立场和人文关怀，满足人民群众对美好生活的向往，鲜明体现了《民法典》的中国特色，在世界民法史上具有里程碑意义。同时，《民法典》将个人信息纳入民事权利保护范围，第111条强调对个人信息提供法律保护，人格权编专门规定个人信息保护具体制度，用6个条文（第1034条至第1039条）分别规定了个人信息定义、收集和处理个人信息的原则和要求、个人信息被收集者和收集者的权利义务等内容，将自然人的姓名、出生日期、身份证号码、生物识别信息、住址、电话号码、行踪信息等纳入个人信息的保护范围，为全面加强对个人信息的保护提供了民事基本法依据。将个人信息纳入民事权利保护范围，既有利于根据信息化发展情况，更好地促进大数据开发和利用，也有利于保护个人的合法信息权，对遏制目前普遍存在的侵犯个人信息的违法行为具有重要意义。

（二）《民法典》全面保护民事主体的财产权利

《民法典》为财产权保护提供有力制度支撑。中国先哲孟子在《孟子·滕文公上》中提出：有恒产者有恒心。改革开放以来，我国社会主义市场经济不断发展完善，公有制为主体、多种所有制经济共同发展的基本经济制度日益成熟，按劳分配为主体、多种分配方式并存的分配制度已经普及定型；市场在资源配置中的基础性作用越来越突出；国民经济更有效率、更加公平、更可持续地向前健康发展。人民群众的财产性收入与日俱增，很多企业家、个体经营者积累了大量合法财产。无论是国家还是集体，无论是企业还是个人，无不重视财产权获得法律保护。《民法典》专设物权编对社会主义基本经济制度、所有权和其他物权予以规定。其中，第206条、第207条明确规定坚持和完善社会主义基本经济制度，巩固和发展公有制经济，鼓励、支持和引导非公有制经济发展，保障一切市场主体的平等地位和发展权利，国家、集体、私人的物权受法律平等保护，任何组织和个人不得侵犯，从而为全面、平等保护民事主体的财产权利奠定了坚实的法律基础。

（三）《民法典》保护民事主体的契约自由和合同权利

尊重契约自由，维护合同效力，是法治化营商环境的基本要求。

《民法典》中的合同制度为市场活动提供交易规则,强调契约自由原则,规定依法成立的合同,受法律保护,并对合同效力、合同履行、违约责任等做了全面系统规定。这些条款,对激发全体人民的创业创新热情、尊重意思自治、信守承诺、履行义务、稳定交易预期、维护交易安全提供了基本遵循,为优化法治化营商环境,促进社会主义市场经济健康发展奠定了法治基础。《民法典》在吸收相关司法解释规定、各方面意见基础上,第401条适当放松了流押禁止的规定;第406条明确了抵押物转让规则;第533条新增了情势变更原则、明晰了相应的合同变更和解除规则,第680条明确禁止高利放贷、切实规范市场秩序。另一方面,《民法典》对公权力侵犯民事权利、违背契约自由、损害私人权利的行为进行禁止、规范。比如规定征收征用财产的补偿原则。《民法典》总则编中的第117条规定:"为了公共利益的需要,依照法律规定的权限和程序征收、征用不动产或者动产的,应当给予公平、合理的补偿。"各国立法例均规定,为了公共利益的需要,征收征用个人的财产为正当行为。按照此条规定,征收征用不仅行为目的要符合公共利益,而且程序要合法,对给权利人造成的损害进行公平合理补偿。这体现了尊重和保护财产权、稳定财产秩序的国家意志。

(四)《民法典》设定民事主体行使权利的一般规则

一方面,民事主体按照自己的意愿依法行使民事权利,不受干涉;另一方面,民事主体行使权利时,应当履行法律规定的和当事人约定的义务;民事主体不得滥用民事权利。《民法典》在第一章基本规定部分,要求民事主体从事民事活动,应当遵循公平原则,合理确定各方的权利和义务;应当遵循诚信原则,秉持诚实,恪守承诺;不得违反法律,不得违背公序良俗。第132条规定,民事主体不得滥用民事权利损害国家利益、社会公共利益或者他人合法权益。这些规定表明,民事主体在享有权利、履行义务时,必须对自己的违法、违约行为依法承担责任,不能只注重权利,不愿履行义务和承担责任。在当前,大力弘扬社会主义法治精神,推进法治社会建设,要求全体公民、社会组织树立对法治的坚定信仰，成为社会主义法治的践行者、法治秩序的维护者。公民在享有、行使权利时，必须履行法定、约定义务，承担相应责任。凡是破坏公共秩序、侵犯社会公益、违反社会公德、不讲诚实信用、违法滥用权利的行为，必须依法承担民事责任。这对建设法治文化，强化规则意识，促进道德建设，弘扬公序良俗，践行社会主义核心价值观具有重要现实意义。

二、调整民事关系

民事关系是民事主体产生、变更、终止民事权利义务的一种社会关系，经法律调整后，也叫民事法律关系，由主体、内容、客体构成。民事法律关系的内容，包括民事主体所享有的权利和承担的义务。民事权利，是由国家强制力保障的民事主体所享有的利益。其特征为：（1）权利人享有某种合法利益。这种利益既体现为客观利益，即权利人在权利内容中享有的利益，也包括主观利益，即在权利行使中最终实现的利益。（2）权利人可以请求义务人为一定行为或不为一定行为，以保证其享有或实现某种利益的权利。有学者认为，权利实际上是一种类型化的利益，如物权、债权、知识产权、股权。（3）权利受到国家强制力保护。权利的确认、行使和保护，都由国家公权力特别是司法权作为保障。权利受到侵犯时，权利人有权向侵害人提出请求或向国家机关请求予以保护。（4）权利不得滥用。这是现代民事立法对民事权利行使的基本要求。从宪法依据来看，我国《宪法》第51条规定，中华人民共和国公民在行使自由和权利的时候，不得损害国家的、社会的、集体的利益和其他公民的合法的自由和权利。《民法典》总则编中的第131条规定，民事主体行使权利时，应当履行法律规定的和当事人约定的义务；第132条规定，民事主体不得滥用民事权利损害国家利益、社会公共利益或者他人合法权益。

民事义务，是义务人为满足民事主体权利要求为一定行为或不为一定行为的法律或合同负担。其特征为：（1）义务人须依据法律规定或合同约定为一定行为或不为一定行为，以满足民事主体的权利要求。(2) 义务体现为一种负担,以满足权利人的需要为目的。当然,这种负担不是无限的,义务人只承担法定或约定范围内的义务。(3) 义务受法律或合同的约束,具有强制性。义务人必须履行相应义务,不可以拒绝、延误、抛弃。如果义务人不履行义务,将依法承担责任。

《民法典》调整民事关系,核心是调整权利义务关系。调整的基本理念,一是强调民事法律关系中权利和义务的相互对立、相互联系、相互依存。一般而言,当事人一方享有权利,另一方必然负有相应义务,权利和义务往往同时产生、变更和消灭。权利和义务相互依存,离开民事义务就无所谓民事权利,权利内容要通过相应义务表现,义务内容则由相应权利限定。二是通过规定民事责任落实对正常民事关系、合法民事权利的保护。

三、维护社会和经济秩序

在汉语中,秩序是指有条理地、有组织地安排各构成部分以求达到正常的运转或良好的外观的状态。一般而言,秩序可以分为自然秩序和社会秩序。自然秩序由自然规律所支配,如日出日落、月亏月盈;社会秩序由社会规则所构建和维系,是指人们在长期社会交往过程中形成相对稳定的关系模式、结构和状态。

《民法典》是社会生活的百科全书,通过设定法律规则厘定、维护社会秩序是其职责和使命。一定的社会关系体系要成为一种社会秩序并能维持下去,保持相对稳定,就必须借助于各种社会规范和法律规章。这些规范和法律规章直接体现着它们所代表、维护的社会秩序。中国古代思想家们提出的"治",就表示社会的有序状态和社会秩序的维护与巩固,"乱"则表示社会秩序的破坏和社会的无序状态。法是社会秩序的依靠,解决社会秩序问题最主要最有效的途径是通过法律义务、法律责任、法律制裁加以解决,从而达到维护社会稳定和谐的目的。一个社会不可能没有冲突和无序现象,但必须在法治范围内把冲突和矛盾控制在一定范围内,并恢复、形成正常社会秩序。可以说，《民法典》就是设定、维护社会秩序的法律。《民法典》所规定的维护社会公共利益、不得违背公序良俗、民事权利受法律保护、合同依法成立对当事人具有法律约束力、法律责任等条款，是稳定社会秩序的定海神针、坚强支柱。

《民法典》有关条款贯彻了党中央统筹推进疫情防控和社会经济发展的决策部署，吸收了在疫情防控、复工复产中稳定社会秩序的基本经验。比如，总结这次疫情防控中社区管理经验，在第285条第2款规定："物业服务企业或者其他管理人应当执行政府依法实施的应急处置措施和其他管理措施，积极配合开展相关工作。"同时在第286条要求业主遵守法律、法规以及管理规约，依法配合应急处置措施和其他管理措施。在第494条第1款规定，国家根据抢险救灾、疫情防控或者其他需要下达国家订货任务、指令性任务的，有关民事主体之间应当依照有关法律、行政法规规定的权利和义务订立合同。这实际上体现了在突发公共卫生事件的非常时期，为了公共利益，当事人的合同权利依法受到一定的限制。

《民法典》是市场经济的基本法，是经济秩序的制度供给者和维护者。恩格斯说："民法准则只是以法的形式表现了社会的经济生活条件。"经济秩序是建立在平等互利、公正合理、交换合作、诚实信用基础上的经济关系体系。从以市场为导向的经济秩序看，主要包括：（1）市场进入秩序。在社会经济生活中，任何组织和个人，都具有天然进入市场从事经营的权力，民事主体进入市场，实际上就是取得进入市场的法律资格和经营权力。（2）市场行为秩序。任何民事主体在市场中的行为，都必须符合市场规则，进行等价交换，法律必须反不正当竞争、禁止垄断行为、反倾销、禁止欺诈等。（3）市场结构秩序。市场应当按照法律法规、行业惯例进行组织和运行，必须严禁非法设立、组织市场交易场所，制止结构性垄断，加强公司治理和风险控制等。（4）市场退出秩序。建立健全、严格规范市场主体退出机制，如企业歇业、破产、产权转让。《民法典》以私法"基本法"形式反映和巩固我国改革开放以来市场经济发展，并通过确认和规定诚信原则、公序良俗原则、民事主体平等原则、所有权保护制度、合同自由制度以及法律行为效力、民事责任等进一步维护市场经济秩序，确立市场规则，促进公平正义，制裁违法行为，保障经济健康发展。

四、适应中国特色社会主义发展要求

中国特色社会主义是经过党和人民历尽千辛万苦、付出巨大代价取得的根本成就。党的十八大以来，以习近平同志为主要代表的中国共产党人，顺应时代发展，创立了习近平新时代中国特色社会主义思想。习近平新时代中国特色社会主义思想内涵十分丰富，涵盖新时代坚持和发展中国特色社会主义的总目标、总任务、总体布局、战略布局和发展方向、发展方式、发展动力、战略步骤、外部条件、政治保证等基本问题，并根据新的实践对经济、政治、法治、科技、文化、教育、民生、民族、宗教、社会、生态文明、国家安全、国防和军队、"一国两制"和祖国统一、统一战线、外交、党的建设等各方面作出新的理论概括和战略指引，其核心内容是"八个明确"和"十四个坚持"。"八个明确"偏重于理论层面的高度概括和凝练，集中反映了我们党对科学社会主义在当今时代的理论思考和理论贡献。"十四个坚持"基本方略，偏重于实践层面的展开，涵盖坚持党的领导和"五位一体"总体布局、"四个全面"战略布局，涵盖国防和军队建设、维护国家安全、对外战略，是对党的治国理政重大方针、原则的最新概括，是实现"两个一百年"奋斗目标、实现中华民族伟大复兴中国梦的实践要求。

《民法典》编纂的重要使命是适应中国特色社会主义发展要求，将中国特色社会主义制度法典化，将四十多年来改革成果制度化、体系化，为中国特色社会主义奠定法治基础。编纂《民法典》，既是新中国成立以来、特别是改革开放以来，对中国特色社会主义探索成果进行总结，也是为我国社会良性有序运行和发展提供依据和保障，更是为迎接中华民族伟大复兴奠定坚实法治基础。从近代历史来看，当社会革命成功后，总是要将革命的成果法制化。例如，人类文明史上

第一部成文民法典——《法国民法典》(又称《拿破仑民法典》),就是法国资产阶级革命成功后在拿破仑主持下制定的;对世界各国产生重大影响的《德国民法典》,也是在德国资产阶级与容克地主妥协,完成德国统一,资产阶级革命取得成功后工业化的产物。当前,中国特色社会主义已经进入新时代,《民法典》将社会主义建设的成功经验,特别是改革开放40多年来所取得的成果,通过立法方式予以制度化、体系化,为中国特色社会主义的发展奠定了坚实法治基础。

《民法典》适应中国特色社会主义发展要求,主要体现在:

1. 坚持以人民为中心,以保护民事权利为出发点和落脚点,切实回应人民法治需求,更好地满足人民日益增长的美好生活需要,充分实现好、维护好、发展好最广大人民的根本利益,使《民法典》成为新时代保护人民民事权利的好法典。

2. 坚持全面深化改革、全面依法治国。《民法典》以坚持和完善中国特色社会主义制度,不断推进国家治理体系和治理能力现代化,构建系统完备、科学规范、运行有效的制度体系,充分发挥我国社会主义制度的优越性为使命,贯彻创新、协调、绿色、开放、共享的发展理念;坚持人与自然和谐共生,树立和践行绿水青山就是金山银山的理念,坚持节约资源和保护生态环境的基本国策,保障人民群众良好生产生活环境。

3. 坚持立足国情和实际,全面总结我国改革开放40多年来民事立法和实践经验,以法典化方式巩固、确认和发展民事法治建设成果,以实践需求指引立法方向,提高民事法律制度的针对性、有效性、适应性,发挥法治的引领、规范、保障作用。

4. 坚持依法治国与以德治国相结合,坚持社会主义核心价值体系,注重将社会主义核心价值观融入民事法律规范,通过《民法典》编纂构筑法治领域的中国精神、中国价值、中国力量,为人民提供精神指引,大力弘扬传统美德和社会公德,强化规则意识,倡导契约精神,维护公序良俗。

五、弘扬社会主义核心价值观

核心价值观是国家的共同价值，是法治建设的道德基础。党的十八大提出，倡导富强、民主、文明、和谐，倡导自由、平等、公正、法治，倡导爱国、敬业、诚信、友善，积极培育和践行社会主义核心价值观。社会主义核心价值观是中国共产党领导人民开创和发展中国特色社会主义事业进程中形成的重大理论成果，是中华民族共同的精神财富。培育和践行社会主义核心价值观，与中国特色社会主义发展要求相契合，与中华优秀传统文化和人类文明优秀成果相承接，是我们党凝聚全党全社会价值共识作出的重要论断，是凝魂聚气、强基固本的基础工程，是推进中国特色社会主义伟大事业、实现中华民族伟大复兴中国梦的战略任务。积极培育和践行社会主义核心价值观，对于在全社会形成广泛的价值认同、文化认同，对于促进人的全面发展、引领社会全面进步，对于集聚全面建成小康社会、实现中华民族伟大复兴中国梦的强大正能量，具有重要现实意义和深远历史意义。

核心价值观本身属于意识形态范畴，不具有规范效力和强制约束力，因此必须入法入规。2013年12月，中央办公厅印发《关于培育和践行社会主义核心价值观的意见》；2016年12月，中央办公厅、国务院办公厅印发《关于进一步把社会主义核心价值观融入法治建设的指导意见》；2018年5月，中共中央印发《社会主义核心价值观融入法治建设立法修法规划》。党的十九届四中全会决定要求："坚持依法治国和以德治国相结合，完善弘扬社会主义核心价值观的法律政策体系，把社会主义核心价值观要求融入法治建设和社会治理。"完善弘扬社会主义核心价值观的法律政策体系，是指通过在法律政策中不断融入社会主义核心价值观的内容与精神，使现行有效的法律政策构成一个逻辑严密、体系完善，最终形成具有中国社会主义特色的弘扬核心价值观的法律政策体系。

2018年3月11日，第十三届全国人民代表大会第一次会议通过的《宪法修正案》，将"国家倡导社会主义核心价值观"写入《宪法》

第24条。由此，社会主义核心价值观成为宪法规范，具有最高法律效力。同时，这也是社会主义核心价值观融入法律政策的根本法源。

《民法典》总则编中的第1条立法宗旨中规定，弘扬社会主义核心价值观，是推进核心价值观入法、完善弘扬社会主义核心价值观的法律政策体系的有力措施，具有很强的示范价值、鲜明的引领作用。法律是成文的道德，道德是内心的法律。社会主义核心价值观塑造了《民法典》的精神灵魂。《民法典》通过规定诚信、公序良俗、平等、合法等原则，法律行为、民事责任等制度，发挥民事法律对民事活动、公共秩序、民事权利行使等的规范、引领、保护作用，对于强化规则意识、引领社会风尚、维护公共秩序具有重大意义。《民法典》所建立的保护产权、维护契约、意思自治、平等交换、公平竞争的市场规则；所倡导的促进人与自然和谐发展，构建严格的生态文明法律制度；所规定的人格权保护、英雄烈士保护等制度，对建设弘扬核心价值观的社会主义法治文化，把社会主义核心价值观贯穿于社会生活方方面面具有重要意义。从世界法制史看，一部成功的民法典，往往是一个国家商品经济、民主政治、私人产权、法律文化、哲学伦理高度发展的产物，是一个民族核心价值观的集大成者。比如《法国民法典》，因其诞生时独特的经济、政治和文化背景，使它负载着自由、民主、平等的价值理想。我国《民法典》将社会主义核心价值观写入，开创了核心价值观进入《民法典》的先河，具有鲜明的中国特色，凸显了中华民族优秀文化。

在《民法典》总则编起草过程中，一开始并没有将核心价值观写入。在征求意见过程中，有代表委员提出，核心价值观应当在《民法典》中得到体现。但究竟是作为基本原则写入，还是作为立法宗旨写入，在全国人大宪法和法律委员会审议时产生过争论，最后统一认识，作为立法宗旨写入。

六、以《宪法》为依据

《宪法》是中华人民共和国的根本法，拥有最高法律效力。我国现行《宪法》于1982年12月4日第五届全国人民代表大会第五次会议通过，1982年12月4日全国人民代表大会公布施行。经过全国人民代表大会会议于1988年4月12日、1993年3月29日、1999年3月15日、2004年3月14日和2018年3月11日五次修正。

宪法具有最高法律效力，许多国家的宪法对此都有明文规定。我国《宪法》在序言中明确规定："本宪法以法律的形式确认了中国各族人民奋斗的成果，规定了国家的根本制度和根本任务，是国家的根本法，具有最高的法律效力。"第5条第3款还规定："一切法律、行政法规和地方性法规都不得同宪法相抵触。"1946年的《日本国宪法》规定："本宪法是国家的最高法规，违反其规定的法律、命令、诏敕以及关于国务的其他行为的全部或者一部分均属无效。"

我国《宪法》在内容上所具有的国家根本法这一特点，决定了它的法律地位高于普通法，具有最高法律地位和最高法律效力。这就意味着宪法是制定普通法律的依据，普通法律的内容都必须符合宪法的规定，与宪法内容相抵触的法律无效。《民法典》总则编中的第1条明确规定"根据宪法，制定本法"，一是尊崇《宪法》的最高法律地位和最高法律效力；二是《宪法》关于社会主义经济制度和公民基本权利和义务的规定，是《民法典》很多民事基本制度的直接依据。比如《民法典》物权制度，直接依据《宪法》规定的土地制度、公民合法的私有财产制度、社会主义市场经济制度等；自然人的民事权利制度，直接源于《宪法》规定的公民基本权利和义务，包括公民在法律面前一律平等，公民的人身自由不受侵犯，公民的人格尊严不受侵犯，公民的住宅不受侵犯，婚姻、家庭、母亲和儿童受国家的保护，公民在行使自由和权利的时候，不得损害国家的、社会的、集体的利益和其他公民的合法的自由和权利等《宪法》条文。《宪法》主要规范国家公权力机关的结构、职责、运行机制，以及公民的基本权利和义务，为所有普通法提供制定依据、原则；《民法典》作为普通法，主要规范平等民事主体之间的财产关系、人身关系，以及各种民事主体的民事权利、义务和责任。

在我国，《宪法》的解释权和监督权由全国人民代表大会和全国人民代表大会常务委员会行使。《宪法》规定，全国人民代表大会和全国人民代表大会常务委员会监督《宪法》的实施，全国人民代表大会常务委员会有权解释《宪法》。我国国体、政体的性质和特殊性，决定了《宪法》的解释权和监督权由最高立法机关行使。我国法院依法实施法律、适用法律，通过司法解释解释法律适用，无权解释、审查《宪法》条文，《宪法》条文也不得构成个案裁判的直接依据（判项）。

【审判实践中应注意的问题】

一、人民法院要充分认识《民法典》颁布实施对司法工作的重大意义

1.《民法典》为人民法院做好民商事审判执行提供根本遵循。《民法典》是人民法院审理和执行民商事案件最根本、最重要、最直接的实体法依据，是人民法院统一适用法律，妥善化解矛盾纠纷，维护社会公平正义的根本遵循。《民法典》通过规定当事人依法从事民事活动，人民法院依法进行民事司法审判活动两方面提供法律制度、规范现实生活，并以此达到保障民事主体合法权益，维护社会和经济秩序的立法目的。人民法院要从裁判规范角度准确把握《民法典》的条款。

2.《民法典》为人民法院践行以人民为中心的发展思想提供基本指引。《民法典》调整和规范的是平等主体之间的人身关系和财产关系，以权利为本位，系统规定了权利确认规则、权利行使规则和权利保护规则。人民法院必须紧密结合《民法典》的基本精神和内容，把增进人民福祉、促进人的全面发展摆在更加突出的位置，贯穿到人民法院执法办案的全过程，努力让人民群众在每一个司法案件中感受到公平正义。

3.《民法典》为促进人民法院审判体系和审判能力现代化提供制

度支撑。《民法典》与国家其他领域的法律规范一起，共同支撑着国家治理体系。《民法典》为推进国家治理和社会治理现代化提供强劲动力，必将有力促进人民法院审判体系和审判能力的现代化。

二、要严格对标《民法典》规定，开展相关司法解释的全面清理和新的司法解释的制定工作

司法解释的清理是确保《民法典》统一适用的重要工作。《民法典》实施后，《婚姻法》《继承法》《民法通则》《收养法》《担保法》《合同法》《物权法》《侵权责任法》《民法总则》共9部法律同时废止。截至2020年7月，现行有效的司法解释，包括民事、刑事、行政、国家赔偿等司法解释，共约600件；此外，最高人民法院至今已发布24批共139件指导性案例，也纳入清理范围。清理工作目标应当是：废除与《民法典》精神、原则、规定相冲突、不一致的司法解释条款；确保《民法典》统一正确实施；为制定与《民法典》配套的司法解释奠定基础。清理工作应当遵循的原则是：凡是违反社会主义核心价值观，不符合以人民为中心、保障人民权益实现和发展理念，不符合平等保护原则，与《民法典》精神、原则、条文相冲突的，均一律废止。清理工作范围应当包括新中国成立以来到目前的所有司法解释。

最高人民法院正在立足人民法院审判工作需求，有序做好《民法典》相关司法解释起草工作。《民法典》共1260条，是新中国立法史上条文最多的一部法律。要在短期内起草一部与《民法典》完全配套的司法解释一揽子解决法律适用问题，条件尚不成熟。因此，需要以问题为导向，按照"统一规划、分批制定，急用先行、重点推进，先易后难、确保质量"的原则部署开展工作。先期重点解决在审案件新旧法衔接适用、诉讼时效、期间，《民法典》总则编、附则的有关法律适用，以及司法解释效力等问题。同时，抓紧制定涉及物权、合同、人格权、婚姻家庭、继承、侵权责任的第一个司法解释，争取在《民法典》实施日能够生效一批司法解释，既有效解决四级法院法官适用《民法典》

的难题，又可以赢得人民群众对司法便民高效的认可。

三、全国法院要利用贯彻实施《民法典》的契机，努力实现民事审判体系和审判能力现代化

1. 要从服务大局的政治高度部署落实《民法典》实施工作。始终把坚持党的领导贯穿到《民法典》贯彻实施工作全过程，把贯彻实施《民法典》与常态化疫情防控、优化营商环境、打赢三大攻坚战等重点工作结合起来。要把《民法典》实施水平和效果，作为衡量人民法院履行为人民服务宗旨的重要尺度。

2. 要研究制定提高民事案件审判水平和效率，提高办案质量和司法公信力的政策文件。《民法典》实施效果如何，人民群众满不满意，关键是人民法院和法官审判民事案件是否公正，是否有效率。

3. 要研究制定加强对重点领域的民事审判工作和监督指导工作的政策文件。要加强对涉及财产权保护、人格权保护、知识产权保护、生态环境保护等重点领域的民事审判工作和监督指导工作。

4. 要将人民法院两个"一站式"工作融入《民法典》贯彻实施工作中，增强人民法院多元解纷能力，及时妥善化解矛盾纠纷。

四、各级人民法院创新工作思路，确保高质量做好《民法典》贯彻实施工作

1. 要进一步转变观念，改革完善民事审判体制机制。《民法典》颁布实施，必然带来审判理念、审判机制、审判管理等一系列观念转变。要依据《民法典》的理念和创新制度，检视人民法院现有民事审判工作存在的短板与问题，进行有针对性的改革完善。既要加强法官队伍政治建设、作风建设，又要加强法官队伍能力建设，确保提高办案质量。

2. 各高级人民法院做好本辖区内刑事、民事、行政、国家赔偿司法政策的清理工作。要有针对性地加强对下级法院业务指导、监督工作；要未雨绸缪，研究制定对《民法典》实施后民事案件审判质量评

估考核方案；要加强案件审判监督，切实纠正错案、冤案。

3. 要将《民法典》学习培训当成审判执行队伍能力提升的重要契机。坚持分类分级、线上线下、点面结合，扎实有序开展学习培训，实现全国法院干警全员轮训，确保广大干警准确理解和把握《民法典》立法精神、条文含义、最新内容。

4. 要精心研究制定《民法典》宣传和普及方案。全国各级法院要通过庭审公开、在线直播、裁判文书释法说理、发布典型案例、编写通俗读物、参与法治进校园活动等方式，做好《民法典》宣传普及工作，拉近《民法典》与社会公众的距离，增进社会公众对《民法典》的理解，营造良好的社会法治环境。

五、人民法院要在司法工作、审判活动中切实践行社会主义核心价值观

《民法典》确立的平等原则、自愿原则、公平原则、诚信原则、守法原则、绿色原则，是社会主义核心价值观在民法中的具体体现，也是人民法院处理民事纠纷的基本价值遵循。要遵循法律精神和原则，充分发挥司法政策、司法解释、指导性案例、个案审理和裁判对彰显法治精神、强化规则意识、引领社会风尚、维护公共秩序的重要作用，维护法律的严肃性，体现正确的价值导向，使符合社会主义核心价值观的行为受到鼓励、褒奖，使背离社会主义核心价值观的现象受到制约、制裁，形成有利于弘扬主流价值观念的法律导向、社会环境。

人民法院可以从以下方面采取措施：

1. 及时制定发布司法解释。司法解释是法律法规执行的重要补充，对具体贯彻落实社会主义核心价值观至关重要。适应弘扬社会主义核心价值观的实践要求，发挥司法解释功能，准确把握法律精神和法律原则正确解释法律，可以较好地统一裁判尺度，为褒扬正义行为、惩处违反核心价值观的行为提供依据。

2. 大力加强案例指导工作。及时发布体现社会主义核心价值观、对司法办案有普遍指导意义的案例。通过典型案例弘扬社会主义核心

价值观，维护社会道德底线，惩治失德败德行为，鼓励道德高尚行为，向人民群众传递正确价值导向，引领良好社会风尚。

3.在裁判文书中做好说理工作。可以说，每一个司法案件的审理、裁判，法官都离不开运用核心价值观的精神适用法律、解释法律、定分止争。一份优秀的判决书，不仅是适用法律正确的判决书，也必然是对核心价值观的运用、阐释非常到位、准确的判决书。因此，法官应当在裁判文书中加强以社会主义核心价值观为依据的分析说理工作。

六、法官审理、裁判案件要全面、正确把握"调整民事关系"的内涵

民事主体从事民事活动，权利义务和责任应当相适应。也就是说，自然人、法人、非法人组织在享有、行使权利时，必须履行法定、约定义务，承担相应责任。要通过民事审判，坚持民事权利义务和责任相适，实现立法价值导向，教育民事主体正确行使权利，诚信履行义务，纠正部分社会成员只注重权利，不愿履行义务和承担责任的不良现象。要利用民事责任制度制裁破坏公共秩序、侵犯社会公益、违反社会公德、不讲诚实信用、违法滥用权利等行为。

第二条 民法调整平等主体的自然人、法人和非法人组织之间的人身关系和财产关系。

【条文主旨】

本条是关于民法调整范围、调整对象的规定。

【条文理解】

民法调整的对象是民法规范所调整的民事关系，即平等主体的自然人之间、法人之间、非法人组织之间以及它们相互之间的人身关系和财产关系。把握本条规定，一是要理解平等主体；二是要理解民法调整的人身关系；三是要理解民法调整的财产关系；四是要理解民法的调整机制。本条之所以用"民法"而非"民法典"的概念，是因为民法包括所有民事法律规范，而不仅仅限于《民法典》。

一、关于平等主体

平等主体，是指参与民事活动的当事人在民法上具有平等地位和身份，法律地位完全平等。民事主体各自有自己独立意志和自由，任何一方都不得凌驾于另一方之上，把自己的意志强加于另一方。即使这些主体存在着劳动人事关系、行政隶属关系、尊卑血亲关系等，但在民事活动中一律平等。在所有部门法中，唯有民法将平等主体之间的人身关系和财产关系作为其调整对象，将平等作为贯穿于民事活动始终的基本制度。平等主体的平等性体现在：（1）法律地位平等。在现实生活中，自然人、法人和非法人组织总是处于不同的社会关系中，有的是领导和服从的关系。当处于行政关系之中时，是服从与命令的关系。但在民事关系中，不承认任何一方当事人的特殊地位，不承认任何一方当事人享有特权。（2）适用规则平等。任何个人，不论其在行政关系中是不是负责人，在民事关系中都是普通自然人；任何组织，不论其在行政关系中是否是权力机关，在民事关系中都是普通法人或非法人组织。法律规则平等适用，普遍拘束，除法律规定外，不存在任何特殊规则，不允许法外特权。（3）权利保护平等。民法对民事主体合法权益的保护，适用相同的保护规则。对在民事活动中违反法律规定、合同约定的当事人，民法规定的法律责任一体适用，为权利人提供平等保护和救济。

按照《民法典》第2条的规定，平等主体有三类：

（一）自然人

自然人是具有自然生物属性的人。《民法通则》中使用的是公民概念。其第2条规定，民法调整平等主体的公民之间、法人之间、公民和法人之间的财产关系和人身关系；其第二章规定公民时，加括号使用了"自然人"概念。《民法典》没有再使用公民概念，而一律使用自然人。考其词源，我国古籍中的公民，是指依附于公家、君主之民，与依附于私人地主之农民相对，实际上就是臣民。[①] 制定《民法通则》时，受苏联民事立法影响，使用了公民概念。纵观各国《民法典》，一般使用自然人概念。自然人（natural person），是与法人相对称的民事主体，是基于出生而享有法律人格的人，包括本国人、外国人和无国籍人。一般认为，西方自然人概念发源于自然法学派学者的著作。1896年的《德国民法典》首先使用了自然人概念，随后其他国家《民法典》纷纷仿效。

随着科技的进步，借助人体胚胎、生殖辅助技术出生的人，同样属于自然人。按照《民法典》总则编中的第16条规定，胎儿涉及遗产继承、接受赠与等胎儿利益保护的，虽然没有出生，视为具有民事权利能力的自然人。作为民事主体的自然人需要法律承认。机器人不

---

① 陈永森：《告别臣民的尝试——清末民初的公民意识与公民行为》，中国人民大学出版社2004年版，第58页。

具有自然生物属性，在现阶段法律不承认其为自然人。在古罗马时代，斯巴达人通过征服拉哥尼亚把原有的居民变成奴隶，这些奴隶虽然是生物学意义上的人，但没有被法律承认为自然人，其法律属性是财产。近代以来的民法，承认自然人为当然的民事主体，从出生时起到死亡时止，具有民事权利能力，依法享有民事权利，承担民事义务。自然人的民事权利能力一律平等。《民法典》总则编中的第17至21条规定，18周岁以上的自然人为成年人；不满18周岁的自然人为未成年人；16周岁以上的未成年人，以自己的劳动收入为主要生活来源的，视为完全民事行为能力人；8周岁以上的未成年人为限制民事行为能力人；不满8周岁的未成年人为无民事行为能力人，由其法定代理人代理实施民事法律行为；不能辨认自己行为的成年人为无民事行为能力人，由其法定代理人代理实施民事法律行为。

（二）法人

法人是具有民事权利能力和民事行为能力，依法独立享有民事权利和承担民事义务的组织。这种组织既可以是人的结合团体，也可以是依特殊目的所组织的财产。法人作为民事法律关系主体，是与自然人相对称的，两者相比较有不同的特点：（1）法人是社会组织在法律上的人格化，是法律意义上的"人"，而不是实实在在的生命体，其依法产生、变更、终止。（2）虽然法人、自然人都是民事主体，但法人是集合的民事主体，即法人是自然人的集合体。例如，公司法人，一般由两人以上的股东、一定规模的员工所组成。（3）法人的民事权利能力、民事行为能力的性质、范围、起始等与自然人不同。如营利法人主要从事经营活动，法人一般没有身份性质的权利能力。《民法通则》曾将法人区分为企业法人、机关法人、事业单位法人和社会团体法人四类，后三类又统称为非企业法人。《民法典》将法人分为三类：（1）营利法人。是指以取得利润并分配给股东等出资人为目的成立的法人。（2）非营利法人。是指为公益目的或者其他非营利目的成立，不向出资人、设立人或者会员分配所取得利润的法人。（3）特别法人。是指机关法人、农村集体经济组织法人、城镇农村的合作经济组织法人、基层群众性自治组织法人。这一分类概念和体系直接反映了我国现实的国情，实现了对《民法通则》中法人概念、法人类型的突破和创新。

（三）非法人组织

非法人组织是指不具有法人资格但可以自己的名义进行民事活动的组织，亦称非法人团体。非法人组织，在德国仅指无权利能力社团；在日本包括非法人社团和非法人财团；在我国台湾地区称为非法人团体。《民法通则》未设非法人组织的条文，其他法律如《合同法》《民事诉讼法》《行政诉讼法》称为"其他组织"，最高人民法院有关司法解释亦称为"其他组织"。按照《民法典》的规定，非法人组织是独立的民事主体。《民法典》总则编中的第102条第2款规定："非法人组织包括个人独资企业、合伙企业、不具有法人资格的专业服务机构等。"

非法人组织的特征是：（1）从性质来看，非法人组织不具有拟制的法人资格，是介于自然人与法人之间的特殊民事主体。（2）从是否具有营利性来看，个人独资企业、部分合伙企业具有营利性特征，大部分专业服务机构属于非营利性质组织。（3）从设立登记来看，非法人组织应依照法律的规定登记，法律、行政法规规定须经有关机关批准的，依照其规定。（4）从从事民事活动的代表人来看，非法人组织可确定一人或数人代表该组织从事民事活动。（5）从承担法律责任来看，非法人组织的财产不足以清偿债务的，其出资人或设立人承担无限责任。法律另有规定的，依照其规定。（6）从诉讼资格来看，非法人组织既然具有民事主体资格，也就有了民事诉讼主体资格，可以依法参加诉讼活动，享有诉讼权利，承担诉讼义务。

二、平等主体之间的人身关系

平等主体之间的人身关系，是指平等主体之间与人身不可分离而无直接财产内容的社会关系。一般认为，人身中的"人"是指人格，"身"是指身份。民法调整的人身关系，就是人格关系和身份关系。

这两类法律关系在民法上表现为人格权和身份权。前者是具有非财产性、专属性、固有性的社会关系，后者是亲属之间的非财产性、身份性和义务性的社会关系。民法调整人身关系，突出对人格利益和身份利益等精神利益的保护，体现人的尊严、人格平等和人格自由。

民法调整的人身关系包括三类：（1）基于民事主体人格产生的人身关系。主要是自然人、法人、非法人组织的人格权，包括自然人的生命权、身体权、健康权、姓名权、肖像权、名誉权、荣誉权、隐私权、婚姻自主权等权利；法人、非法人组织的名称权、名誉权、荣誉权等权利。（2）基于民事主体一定身份产生的人身关系。如自然人基于亲属关系产生的亲权（夫妻之间、父母子女之间的身份权），基于监护关系产生的监护权；民事主体基于知识产权获得的权利（如著作权、专利权、商标权中的人身权）。（3）基于其他社会关系产生的身份权，如荣誉权。

民法调整的人身关系具有如下特点：（1）主体地位平等。人身关系主体具有平等法律地位，相互之间没有隶属关系，任何一方不得命令或者强迫另一方作出或者不作出某种行为。（2）与人身不可分离。即具有专属性，人身关系基于人身利益而发生。不论自然人，还是法人、非法人组织，离开了人身关系，就不成其为民事主体，就会丧失主体资格。（3）不直接体现财产利益。人身关系中权利人的权利和义务人的义务，都不直接体现财产利益，主要体现精神利益、道德利益。但人身关系与财产利益又有联系，有的人格利益可以转化为财产利益，例如，法人名称权可以依法有偿转让，获得财产利益；有些人格利益经过合理授权使用，也会产生财产利益，例如，个人肖像、个人信息。

三、平等主体之间的财产关系

财产关系，是以财产为媒介而发生的社会关系，是指平等主体在物的生产、分配、交换和消费过程中形成的具有财产内容、经济价值的社会关系。在民法上，财产关系主要表现为两种：一种是财产所有关系，另一种是财产流转关系。财产所有关系是民事主体在占有、使用、收益和处分物的过程中所发生的社会关系，表明财产的归属关系，体现财产归谁所有，以及其他人就该财产与财产权利人之间的利用关系。财产流转关系是民事主体在转移物的过程中所发生的社会关系，是动态的财产关系，包括物的流转关系、遗产流转关系以及其他财产流转关系，其中物（商品）的流转关系是最主要的财产流转关系。

财产所有关系着眼于利益的享有，是享有的自由和安全，主要由民法中的物权制度来保障。财产流转关系着眼于利益的获得，是交易的自由和安全，主要由民法中债和合同制度来保障。民法调整财产所有关系的目的在于维护财产的归属秩序，以保护财产的静态的安全；调整财产的流转关系的目的在于维护财产的交易安全和秩序，以保护财产的动态的安全。正是从这个意义上讲，以所有权为核心的物权制度和以合同为核心的债法制度，是一个国家民事法律制度的核心，是支撑市场经济的两大法律基石。

四、民法的调整机制

调整人身关系和财产关系的法律手段，一是民事法律，二是行政法律。刑事法律手段，主要是惩罚和保护。法律调整，是法律对某种社会关系及当事人的地位加以规定，并确定这种社会关系中当事人的权利和义务。民法的调整机制主要包括正常调整和诉讼调整。正常调整就是确定民事权利义务关系，使民事法律关系的参加者按照立法者意愿、民法的规定行使权利，履行义务，形成理想和谐的法律秩序。《民法典》和其他单行民事法律就属于正常调整的法律规范。诉讼调整，是对被破坏的民事法律关系按照民法规定使之恢复圆满状态，恢复民法规定的法律秩序。人民法院的民事司法、仲裁机构的民事仲裁，均使被破坏的民事法律关系按照民法的规定恢复圆满状态，对破坏法律关系的人处之以法律规定的相应的民事责任，强制其按照民法规范为或不为某行为，同时对权利受到侵害的受害人进行救济，使其损害得到平复或救济。

【审判实践中应注意的问题】

一、关于民法的性质

（一）民法是私法

民法性质是民法区别于其他部门法的根本属性。普遍认为，民法属于私法。罗马法将法律区分为公法与私法，一直沿用至今。国家或机关以公权力主体地位作为法律关系主体所适用的法律是公法，对国家、公权力机构以外的私人主体适用的法律是私法。一般认为，民法、商法等为私法，宪法、行政法和刑法等为公法。在私法领域，以当事人意思自治、契约自由、权利行使自由为特征，国家原则上不直接干预，民事主体自主决定并承担由此产生的法律后果。私法纠纷由当事人自行协商解决或通过民事诉讼解决。

（二）民法是普通法

在此，普通法是特别法的对称，也称民事基本法，是指在一国范围内对各类民事主体和一般民事关系普遍适用的民事基本法律。这意味着民法规范在一国范围内普遍适用；适用于各类民事主体；调整平等主体间一般民事关系。调整某一特定领域平等主体之间社会关系的法律为民事特别法，在我国主要有两类：一类是民事特别法。如没有纳入《民法典》编纂体系的知识产权法、涉外民事关系法律适用法。另一类是商事特别法。我国采取民商合一立法体制，商法不以法典形式存在，而是制定单行商事法律，如《公司法》《证券法》《票据法》《保险法》《企业破产法》《海商法》。在法律适用上，作为普通法的《民法典》与民事、商事特别法的关系是：特别法有规定的，优先适用特别法；特别法没有规定的，适用《民法典》；特别法规定与《民法典》规定不一致的，适用特别法。

（三）民法是裁判法

民法是人民法院审理、裁判民事纠纷的基本法、根本法。《民法典》中的很多条款直接来源于司法实践，包括来源于司法解释、裁判规范。一旦升华为法律规范后，又反过来适用于司法实践。因此，民法是裁判法，当事人发生民事纠纷后，通过民事诉讼、仲裁、调解等适用民法规范解决纠纷。法院对符合起诉条件的民事案件不能拒绝受理和裁判。如《法国民法典》第4条规定："法官借口法律无规定、不明确或不完备而拒绝审判者，得以拒绝审判罪追诉之。"

二、关于行政诉讼中的民法适用

行政诉讼，是指公民、法人或者其他组织认为行使国家行政权的机关和组织及其工作人员所实施的行政行为，侵犯了其合法权利，依法向人民法院起诉，人民法院在当事人及其他诉讼参与人的参加下，依法对被诉行政行为进行审查并作出裁判，从而解决行政争议的制度。我国现行《行政诉讼法》，于1989年4月4日第七届全国人民代表大会第二次会议通过，2014年11月1日第十二届全国人民代表大会常务委员会第一次修正、2017年6月27日第十二届全国人民代表大会常务委员会第二次修正。

民事诉讼与行政诉讼的根本区别在于，民事诉讼解决民事权益纠纷，行政诉讼解决行政争议。行政诉讼通过对被诉行政行为的合法性进行审查以解决行政争议，审查的根本目的是监督行政机关依法行使职权，保障公民、法人或者其他组织的合法权益不受违法行政行为的侵害。这就决定了：（1）行政诉讼与民事诉讼在审理形式和裁判形式上不同。如行政诉讼案件除行政赔偿、补偿及行政机关行使法律、法规规定的自由裁量权的案件外，一般不适用调解；证明具有行政行为合法性的举证责任由被告承担；行政诉讼的裁判以撤销、确认违法、限期履责判决为主要形式，变更判决适用范围有限。（2）行政诉讼的原告只能是行政管理中的相对方，即公民、法人或者其他组织；行政诉讼的被告只能是行政管理中的管理方，即作为行政主体的行政机关和法律、法规、规章授权的组织。(3)行政诉讼当事人双方的诉讼地位是恒定的,不允许行政主体作为原告起诉行政管理相对方。民事诉讼中诉讼双方当事人为平等民事主体,原、被告不具有恒定性,允许被告反诉。

《行政诉讼法》第101条规定:"人民法院审理行政案件,关于期间、送达、财产保全、开庭审理、调解、中止诉讼、终结诉讼、简易程序、执行等,以及人民检察院对行政案件受理、审理、裁判、执行的监督,本法没有规定的,适用《中华人民共和国民事诉讼法》的相关规定。"既然行政诉讼可以依据民事诉讼法律规范,也就意味着在不与行政法的基本原则相抵触的情况下,当行政法律规范没有规定时,也可以适用民事实体法的规范解决行政诉讼领域的某些权利义务争议。主要依据在于,作为私法的民法,与作为公法的行政法,一些法律原则相同、对某些领域的规范相同;很多种权利义务关系,如债权、物权本质上是一致的;行政主体在民事法律关系中,往往也是民事主体;行政诉讼中的合同效力、合同履行、违约责任等,主要依靠民事法律判定;在某些领域,行政法律规范不完备而民法规定较为具体时,可以适用民法进行补充。《民法典》总则编中的第117条规定的"为了公共利益的需要,依照法律规定的权限和程序征收、征用不动产或者动产的,应当给予公平、合理的补偿"内容,更体现了行政法律规范与民事法律规范在《民法典》中的合二为一,可以成为行政诉讼适用的直接法律依据。

民法规范在行政法中的适用方式主要有两种,一种是直接适用,一种是类推适用。概括起来,行政诉讼中的民法适用表现在以下几个方面:

1.《民法典》基本原则适用。基本原则既是行为规范,又是评判准则。《民法典》规定的权利受保护原则、诚信原则、公序良俗原则等,在行政诉讼中同样适用。

2.《民法典》法律制度适用。在行政诉讼中存在一些行政法处理不了的疑难复杂问题时,可直接参照民法的一般法律制度来处理。比如，民法中的合同成立及生效条件在行政法中原则适用，只不过行政主体在行政合同中具有解除合同、变更合同内容的优先权。

3.《民法典》技术性规范适用。技术性规范主要包括法律生效时间、溯及力、法律解释权等。当行政诉讼涉及这些问题时，如果行政法律没有规定，可直接适用《民法典》规定。需要注意的是，要始终把握民法与行政法的区别，在行政法中适用《民法典》规范只能限缩进行，不能随意扩张。如果行政法律对于某一领域的规定较为完备，就不应适用《民法典》规范，更不能利用《民法典》规范逃避行政责任。

> **第三条** 民事主体的人身权利、财产权利以及其他合法权益受法律保护,任何组织或者个人不得侵犯。

【条文主旨】

本条是关于民事权利(权益)受法律保护的规定。

【条文理解】

一、民事权利受法律保护的含义

民事权利受法律保护,是指一切民事主体的合法民事权益,包括人身权利、财产权利以及其他合法权益,均受法律保护,任何组织或者个人不得侵犯,若受到损害,民事主体有权以自己名义主张权利或者请求人民法院予以保护。由于民事权利的直接目的在于满足个人的财产和人身利益需要,除人格权外,民事权利通常可以放弃、转让、继承,因此,放弃权利也属于行使权利的一种方式。① 根据《民法典》的规定,民事主体包括自然人、法人、非法人组织。相较于《民法通则》第5条"公民、法人的合法的民事权益受法律保护,任何组织和个人不得侵犯"的规定来看,《民法典》将非法人组织纳入民事权利保护原则适用范畴,主体范围更广,回应了当前社会对民事主体保护的现实需求。《民法典》制定的目的便在于保护民事主体合法利益,从而维护社会经济秩序。民法是以权利为核心的部门法,民事权利的保护范围与力度决定了民事主体在市民社会中能否充分按照自己的意

---

① 姜峰:《民事权利与宪法权利:规范层面的解析——兼议人格权立法的相关问题》,载《浙江社会科学》2020年第2期。

志自由行事，因此，民事权利的法律保护可以视为民法的核心，民法也可以视为民事权利保护法，这也是近现代民法伟大和神圣之处。

二、民事权利法律保护的适用范围

民事权利是指权利主体以实现其正当利益为目的行使意志的范围，[①] 包括人身权利、财产权利以及其他合法权益。

（一）人身权利

简称人身权，是民事主体依法享有的与其人身不可分离而无直接财产内容的民事权利，包括人格权和身份权。人身权与权利主体的人身紧密联系不可分离，离开民事主体的存在，其精神利益和权利也就失去了存在的基础；人身权具有绝对性与专有性，其权利主体是特定的，义务主体则不是特定的，权利主体之外的一切人均有不得侵害主体所享有的人身的义务；人身权不直接具有财产内容，但与权利主体的财产利益有联系。《民法典》对人格权和身份权作了全面、具体规定。其中，加强对人格权的保护、人格权独立成编，是《民法典》的最大亮点。《民法典》明确规定个人具体享有的人格权，确定这些权利的具体内容和边界，并在权利遭受侵害的情形下给予相应保护。1986年的《民法通则》将人身权与物权（该法中表述为"财产所有权和与财产所有权有关的财产权"）、债权、知识产权相提并论，关于人身权的立法具有开创性意义，但是它缺少身体权、自由权、隐私权和一般人格权的规定。

（二）财产权利

财产权利，简称财产权，是人身权的对称，指以财产利益为内容，直接体现财产利益的民事权利。它与权利人的人格、身份相分离，以金钱计算价值，一般具有可转让性。民事主体享有财产权，意味着可以通过对有形和无形的财产行使占有、使用、收益和处分的权能，为民事主体带来获得感、安全感和幸福感。财产权是一定社会的

[①] 参见李永军：《民法总论》，法律出版社2006年版，第114页。

物质资料占有、支配、流通和分配关系的法律表现,包括物权、债权、继承权、知识产权中的财产权利、居住权等。在婚姻、劳动等法律关系中,也有与财产相联系的权利,如家庭成员间请求支付或给付扶养费、抚养费、赡养费的权利,夫妻间的财产权,和基于劳动关系领取劳动报酬、退休金、抚恤金的权利等。随着时代发展与进步,民事权利的外延也在不断延伸。例如,本法第127条规定了数据、网络虚拟财产权。《民法典》高度重视财产权法律制度:(1)体现党中央近年来的一系列产权保护政策。《中共中央、国务院关于完善产权保护制度依法保护产权的意见》通过加强各种所有制经济产权保护、完善平等保护产权的法律制度、妥善处理历史形成的产权案件、严格规范涉案财产处置的法律程序、审慎把握处理产权和经济纠纷的司法政策、完善政府守信践诺机制、完善财产征收征用制度、加大知识产权保护力度、健全增加城乡居民财产性收入的各项制度、营造全社会重视和支持产权保护的良好环境等方面来保障人民的合法财产权益。(2)《民法典》保护以公有制为主体,多种所有制经济共同发展的基本经济制度,以及在这一基本制度下设置的自然人、法人、非法人组织的财产权。把所有权分为国家、集体和私人所有权三种类型。(3)《民法典》所规定的用益物权,确认和包含了农村土地所有权、承包权、经营权三权分置的农村土地集体所有权制度创新,进一步巩固了土地承包经营权的改革成果,为促进土地承包经营权流转提供制度保障。(4)《民法典》解决了住宅建设用地使用权期间届满的自动续期问题。城市居民通过购买商品房,获得了属于建筑物区分所有权及住宅建设用地使用权,住宅建设用地使用权期一般为70年。《民法典》第359条中规定:"住宅建设用地使用权期限届满的,自动续期。……非住宅建设用地使用权期限届满后的续期,依照法律规定办理。"这就有利于居民安居乐业。(5)《民法典》对私人所有权作了全面规定。《民法典》第207条把私人的物权与国家、集体的物权置于平等的法律地位;在物权编第一分编第二章关于不动产登记、动产交付的规定涵盖了私人物权;在物权编第二分编所有权中强调对个人房屋及其他不动产的征收，应当依法给予补偿；在总则编第五章国家所有权和集体所有权、私人所有权中第266条、267条等条款更是突出强调保护私人财产所有权。民法典的其他部分，对涉及业主建筑物区分所有权、相邻关系、共有、用益物权中的土地承包经营权、宅基地使用权、居住权、地役权，担保物权中的抵押权、质权、留置权、占有等的规定中，都突出了对私人所有权的全面保护。

（三）其他合法权益

本条规定了"其他合法权益"的概念。按照学理通说，权益，是指受法律保护的权利和利益。如我国《消费者权益保护法》第2条中规定，消费者为生活消费需要购买、使用商品或者接受服务，其权益受该法保护。在刑法学上，还存在一个类似概念——法益，是指法律所保护的利益。在会计学上，权益指资产，属于所有人的是所有者权益，属于债权人的是债权人权益，两者总称为权益。所有者权益是指投资人对企业净资产的所有权。由于所有者权益是企业的资产总额减去一切负债后的剩余资产，因此又称"净权益"。《民法典》在人身权利、财产权利之外，兜底规定了"其他合法权益"，反映了民事权利的开放性、包容性，凡是民事领域的权利、利益皆受到民法保护。在社会经济生活中，民事主体的民事权益，包括人身权、财产权，是发展的、开放的，法典不可能穷尽。有的权益既有人身权性质，又有财产权性质，不宜简单定性为纯粹的财产权或人身权。如《民法典》总则编中的第111条和人格权编规定的自然人个人信息，《民法典》总则编中的第125条规定的股权等，就是一种包含人身性质和财产性质的权利、利益。此外，民事权利具有概括性，既包括法定权利也包括意定权利。民法权利体系中，除了物权等法定权利外，债权等其他可由当事人自行设定的权利亦受到法律的保护。任何合法民事权益，无论是法定权益还是意定权益，均受法律保护，任何组织和个人不得侵害。

三、关于人身权利的保护

对公民人身权利进行保护，是所有相关法律的共同任务。我国《宪法》《刑法》以及行政法律、法规中都规定了公民人身权利保护制度。比如，根据《宪法》第37条的规定，中华人民共和国公民的人身自由不受侵犯。任何公民，非经人民检察院批准或者决定或者人民法院决定，并由公安机关执行，不受逮捕。禁止非法拘禁和以其他方法非法剥夺或者限制公民的人身自由，禁止非法搜查公民的身体。《宪法》第38条规定，中华人民共和国公民的人格尊严不受侵犯。禁止用任何方法对公民进行侮辱、诽谤和诬告陷害。《宪法》第39条规定中华人民共和国公民的住宅不受侵犯。禁止非法搜查或者非法侵入公民的住宅。我国《刑法》第四章专设"侵犯公民人身权利、民主权利罪"，对故意杀人、故意伤害、非法拘禁、绑架、诬告陷害、侮辱等构成的犯罪，依法追究刑事责任。对侵犯人身权情节较重但是又够不上刑事处罚的行为，根据《治安管理处罚法》进行处罚。对于侵害人身权的民法保护，以损害赔偿为基本方式。人身损害赔偿实际上是对公民身体权、健康权、生命权所造成的损害进行经济补偿。对于侵害精神性人身权的受害人也用损害赔偿方法进行救济。《民法典》在民事权利部分、人格权部分、民事责任部分、侵权责任部分均规定了自然人等民事主体的人身权保护制度。《民法典》人格权编中的第1183条还突出了精神损害赔偿制度，规定侵害自然人人身权益造成严重精神损害的，被侵权人有权请求精神损害赔偿；因故意或者重大过失侵害自然人具有人身意义的特定物造成严重精神损害的，被侵权人有权请求精神损害赔偿。最高人民法院于2001年2月颁布的《精神损害赔偿司法解释》，明确规定自然人因生命权、健康权、身体权，姓名权、肖像权、名誉权、荣誉权，人格尊严权、人身自由权等人格权利遭受非法侵害，向人民法院起诉请求赔偿精神损害的，人民法院应当依法予以受理审理；对违反社会公共利益、社会公德侵害他人隐私或者其他人格利益，受害人以侵权为由向人民法院起诉请求赔偿精神损害的，人民法院也应当依法予以受理。可以预期，在民法典时代，人身权保护将更加全面、更加深入、更加有力。

四、关于财产权利的保护

如同人身权保护一样，对民事主体财产权利的保护也是包括《宪法》《刑法》在内的相关法律的共同任务和使命。《宪法》一方面巩固、维护社会主义公有制，保护个体经济、私营经济等非公有制经济的合法权利和利益，另一方面高度重视保护公民财产权利。《宪法》第13条第1、2款明确规定："公民的合法的私有财产不受侵犯。国家依照法律规定保护公民的私有财产权和继承权。"我国《刑法》对侵犯财产犯罪进行了系统、全面规定。《民法典》是保护民事主体财产权的基本法律：（1）《民法典》对民事主体权利实行平等保护。《民法典》物权编中的第207条规定，国家、集体、私人的物权和其他权利人的物权受法律平等保护，任何组织或者个人不得侵犯。这与我国坚持公有制主导地位，同时支持鼓励非公经济发展的基本经济制度是一致的。平等保护是市场经济内在要求在法律上的体现，是社会主义法治精神的内在要求。（2）《民法典》对民事主体权利实行全面保护。即保护民事主体享有的所有民事权利，包括物权、债权、知识产权、股权、人身权、数据信息权等。（3）基于《民法典》的精神和原则，需要进一步完善民事、商事特别法中的权利保护制度。比如，完善《公司法》《证券法》《企业破产法》等有关法律，在财产取得转让、公司设立、并购、破产，证券投资买卖等方面为各类市场主体提供法律保护。

五、正确区分宪法权利与民事权利

民事权利与宪法权利都保护人的生命、自由、财产等权益，但因调整的法律关系有别，在约束对象、规范强度、权利内容、权利目的上都明显不同，民事权利也不简单是宪法权利的"具体化"。一些民事权利有宪法渊源，如财产权、人身权；一些民事权利是主体的自然权利，如生命权、自由权；一些民事权利直接源于民法的确认或创制，如《民法典》规定的对个人信息的保护。学者认为，民法为防备私人侵害而设定的权利不必要为宪法权利所覆盖，例如，姓名权、肖像权等具体人格利益，在宪法上无需规定，而由民事立法保护。有些权利的名称为民事权利和宪法权利所共享，但具有不同的规范含义。例如，财产权，其作为宪法权利旨在防范国家在征收、征用、征税等行为中不合理地限制个人财产权；民法中的财产权，则主要是为了防备他人的违约、欺诈、侵占、哄抢、破坏等侵权方式。[1]特别需要注意的是，在我国，对民事权利的司法保护尽管有宪法渊源，但只能依据《民法典》和其他法律法规作为直接依据。正如王利明教授所说，宪法保护人格尊严的价值必须要实际转化为民法的人格权制度，才能对人格权进行全面的保障。因为宪法作为国家根本法，其对人格尊严保障的宣示只是一种价值宣示和原则保护，无法形成裁判规范。尤其是在我国司法实践中，法官裁判民事案件不能直接援引宪法规定作为裁判依据。因此，宪法中关于人格权保护的相关规则不能完全替代民法的人格权制度；相反，这些规定必须要通过民法的确认和保护才能具体落实。[2]

【审判实践中应注意的问题】

一、坚持财产权利受法律保护，依法妥善处理历史形成的产权案件

结合《最高人民法院关于依法妥善处理历史形成的产权案件工作实施意见》（法条［2016］法号）的规定，按照《民法典》规定的财

---

[1] 姜峰：《民事权利与宪法权利：规范层面的解析——兼议人格权立法的相关问题》，载《浙江社会科学》2020年第2期。
[2] 王利明：《加强人格权立法保障人民美好生活》，载《四川大学学报（哲学社会科学版）》2018年第3期。

产权利受法律保护原则，人民法院在处理历史形成的产权案件时应当审慎把握以下司法政策：

1. 准确把握罪与非罪的法律政策界限。严格区分经济纠纷与经济犯罪特别是合同纠纷与合同诈骗的界限、企业正当融资与非法集资的界限、民营企业参与国有企业兼并重组中涉及的经济纠纷与恶意侵占国有资产的界限。准确把握经济违法行为入刑标准，准确认定经济纠纷和经济犯罪的性质，坚决纠正将经济纠纷当作犯罪处理的错误生效裁判。对于在生产、经营、融资等活动中的经济行为，当时法律、行政法规没有明确禁止而以犯罪论处的，或者虽属违法违规但不构成犯罪而以犯罪论处的，均应依法纠正。

2. 坚决纠正以刑事执法介入民事纠纷而导致的错案。对于以刑事手段迫使当事人作出意思表示，导致生效民事裁判错误的，要坚决予以纠正。对于涉及犯罪的民营企业投资人，在当事人被采取强制措施或服刑期间，依法保障其行使财产权利等民事权利。对于民营企业投资人因被限制人身自由而严重影响其行使民事诉讼权利的，被解除人身自由限制后，针对民事案件事实提供了新的证据，可能推翻生效裁判的，人民法院应当依职权调查核实；符合再审条件的，应当依法启动再审。

3. 依法妥善处理因产权混同引发的申诉案件。在甄别和再审产权案件时，要严格区分个人财产和企业法人财产，对股东、企业经营管理者等自然人违法的案件，要注意审查在处置其个人财产时是否存在随意牵连企业法人财产的问题；对企业违法的案件，在处置企业法人财产时是否存在随意牵连股东、企业经营管理者个人合法财产的问题。要严格区分违法所得和合法财产、涉案人员个人财产和家庭成员财产，要注意审查在处置违法所得时是否存在牵连合法财产和涉案人员家庭成员合法财产的问题，以及是否存在违法处理涉案财物的问题，尤其要注意审查是否侵害了当事人及其近亲属、股东、债权人等相关方的合法权益。对确属因生效裁判错误而损害当事人财产权的，要依法纠正并赔偿当事人损失。

4.依法妥善处理与政府行为有关的产权申诉案件。甄别和再审产权案件时，对于在招商引资、政府与社会资本合作等活动中与投资主体依法签订的各类合同，因政府换届、领导人员更替而违约毁约侵犯投资主体合法权益的，或者因法定事由改变政府承诺和合同约定，对投资主体受到的财产损失没有依法补偿的，人民法院应当依法再审和改判。对于政府在土地、房屋等财产征收、征用过程中，没有按照补偿范围、形式和标准给予被征收征用者公平合理补偿的错误裁判，人民法院应当依法审查，启动再审。在再审审查和审理中，要注意运用行政和解协调机制、民事调解方式，妥善解决财产纷争。

5.依法妥善处理涉案财产处置申诉案件。对于因错误实施保全措施、错误采取执行措施、错误处置执行标的物，致使当事人或利害关系人、案外人等财产权利受到侵害的，应当及时解除或变更强制措施、执行回转、返还财产。执行过程中，对执行标的异议所作裁定不服的，当事人、案外人可以通过执行异议之诉或者审判监督程序等法定途径予以救济；造成损害的，受害人有权依照法律规定申请国家赔偿。

6.依法审理涉及产权保护的国家赔偿案件。对于因产权申诉案件引发的国家赔偿，应当认真审查，符合立案条件的应当依法立案，符合赔偿条件的应当依法赔偿。坚持法定赔偿原则，加大赔偿决定执行力度。

二、切实加强对民事权利的司法保护

《民法典》以保护民事权利为出发点和落脚点，切实回应人民的法治需求。人民法院要紧密结合《民法典》的基本精神和内容，把增进人民福祉、促进人的全面发展摆在更加突出的位置，贯穿到审判执行工作的全过程，努力让人民群众在每一个司法案件中感受到公平正义。要更加注重对妇女儿童、老年人、残疾人和消费者权益的保护，及时充分救济受侵害者的民事权益，有力维护最广大人民群众根本利益，切实增强人民群众获得感、幸福感、安全感。

民事权利法律保护重在赋予民事主体充分、完全的意思自治空间以行使权利，防止公权力对私权的不当干涉。但在某些情况下，公权力的介入是为了公共利益或者其他合法目的，便涉及民事主体的私人利益保护与公共利益保护冲突的问题。一般而言，在涉及征收、征用以及国家公权力机关依法行权履职的情况下，对民事主体私权的干涉不属于违法行为。例如，《民法典》总则编中的第117条规定："为了公共利益的需要，依照法律规定的权限和程序征收、征用不动产或者动产的，应当给予公平、合理的补偿。"此外，民事主体行使权利除了受法律保护外，也应当受到法律的适当限制。禁止权利滥用便是对民事主体行使权利的正当限制，以达到维护社会经济秩序中民事主体利益均衡的目的。

> **第四条** 民事主体在民事活动中的法律地位一律平等。

【条文主旨】

本条是关于平等制度的规定。

【条文理解】

一、概念辨析

本条所说"民事活动",是指自然人、法人、非法人组织等民事主体,为了一定的目的设立、变更、终止民事权利和民事义务的行为。民事活动是基于民事主体的自由意志、为实现自己或他人的利益而自愿发生的,因此,在性质上区别于基于司法机关意志而产生的裁判活动、基于行政机关意志而产生的行政活动。民事活动大量发生在经济交往、生活消费、婚姻家庭、教育医疗、文化艺术等领域。进行民事活动时,基于平等地位,民事主体应当遵循自愿、公平、诚信、守法、绿色、禁止权利滥用等原则。

本条所说"法律地位",是指民事主体享受权利与承担义务的资格,反映民事主体按照法律规定享有权利与承担义务的实际状态。《宪法》第33条第2款规定:"中华人民共和国公民在法律面前一律平等。"因此,在我国,任何公民的法律地位都建立在法定平等基础之上,不允许有任何只享受权利不承担义务或只承担义务不享受权利的公民,也不允许任何人有超越法律之上的特权,在民事领域尤其如此。在民事活动中,不论性别、民族、宗教信仰、职务、职位、教育程度等,自然人的法律地位一律平等;不论所有制性质、企业规模、注册资金、经营方式范围，所有法人、非法人组织的法律地位一律平等。

二、平等的含义

平等（Equality），字面意义为在程度、价值、质量、性质、能力或状况上与他人或他物相同或相等。引申为社会成员在社会关系、社会生活中处于同等地位，机会相同，权利同等。其反映的是人和人之间的一种关系、人对人的一种态度。

平等与自由、博爱构成法国大革命的三个神圣词汇。平等是西方启蒙思想家探究、追求的社会理想状态。法国思想家卢梭1755年撰写的《论人类不平等的起源和基础》，[①] 系统地阐述了其社会发展观和平等观。卢梭认为，私有财产的产生，出现了不平等。随着国家的产生，确立了财产私有制度，使人类的不平等日益加深。卢梭指出，社会不平等的基础是私有制，私有财产的产生是社会不平等的起源。卢梭认为，人类不平等的发展经历了三个阶段：第一阶段是私有财产的产生，出现了富人和穷人的不平等；第二阶段是通过契约建立权力的机构，确认强者对弱者的统治，产生压迫者和被压迫者之间的不平等；第三阶段是政府权力的腐化，变成专制独裁政治，出现主人和奴隶之间的不平等。卢梭主张用暴力推翻专制权力，重新订立契约，恢复平等，从而为法国资产阶级革命作了舆论准备。19世纪法国哲学家皮埃尔·勒鲁说，平等是一种原则、一种信条，是一种神圣的法律，是公认的司法准则。[②] 平等是一切人都可以享受的权利和正义。[③]

在现代社会，平等是一个政治、法律概念，指社会成员平等享有社会权益，包括经济、政治、文化、社会、生态权利，平等履行社会义务，人人依法享有平等参与、平等发展的权利，公民在法律面前一律平等。法律平等原则，主要指适用法律平等，是法治社会比较理想

---

① ［法］卢梭：《论人类不平等的起源和基础》，商务印书馆1997年版。
② ［法］皮埃尔·勒鲁：《论平等》，商务印书馆1996年版，第19~21页。
③ ［法］皮埃尔·勒鲁：《论平等》，商务印书馆1996年版，第273页。

的生存状态，也是区别人治与法治社会的标志之一。法治社会贯穿最基本的原则就是人人平等，适用法律平等。

三、《民法典》中的平等制度

《民法典》中的平等，是指民事主体的法律地位平等及其权益受平等保护。其具体含义如下：

1.民事主体人格平等。所谓人格平等，是指不因民事主体性别、年龄、种族、文化程度、职业、社会地位的差异而区别对待。人格平等，表明每个人都是权利和义务的归属主体，对自己行为的后果平等地承担法律责任。民法确立的个人责任原则，就是建立在个人人格独立和平等的基础上。在民事法律关系中，没有领导和被领导的关系，参与民事法律关系时，国家和国家机关作为民事主体，与其他民事主体也处于平等地位。平等应当是人格平等、机会平等和权利平等的统一。

2.民事主体权利能力平等。民事主体地位平等，强调法律资格平等，体现为民事权利能力的平等。无论所有制性质、经济实力强弱，在法律地位上一律平等，权利义务对等，任何一方都不得把自己意志强加给对方。《民法典》总则编中的第14条规定："自然人的民事权利能力一律平等。"权利能力平等就意味着机会平等。在民事领域要求等价交换和自由竞争，每个人都有创造物质财富和精神财富的潜在能力，必须依法制止任何主体对各种机会的垄断和特权。《民法典》将《民法通则》中民事权利能力的主体范围由"公民"修改为"自然人"，全面体现了人的平等。第13条规定："自然人从出生时起到死亡时止，具有民事权利能力，依法享有民事权利，承担民事义务。"第16条规定："涉及遗产继承、接受赠与等胎儿利益保护的，胎儿视为具有民事权利能力。但是，胎儿娩出时为死体的，其民事权利能力自始不存在。"将民事权利能力扩展至胎儿。对于法人，《民法典》规定，法人自成立时具有民事权利能力。无论是营利法人、非营利法人，还是特别法人，其民事主体资格完全平等。

3.民事主体受平等保护。无论民事主体之间存在何种差异，当其权利受到侵害时，法律一律给予同等保护。民事主体受平等保护主要体现在两方面：（1）民事责任的统一，即民事权利受到侵害后，权利人享有平等的保护方法和责任救济方式。（2）民事主体救济程序平等。当事人的诉讼法律地位完全平等，实体权利的享有者与实体义务的承担者诉讼地位平等，人民法院应当对当事人的诉讼权利平等保护和平等对待。

四、平等的具体体现

平等的学理表达范式一般为：在民事活动中，当事人的法律地位平等，任何一方不得将自己的意志强加给对方，民事主体的地位不因其性别、年龄、种族、文化程度等方面的差异而有所区别。[①] 平等体现在民法的各个方面。在物权法上，平等表现为一切市场主体的法律地位及发展权利平等；在合同法上，平等表现为合同当事人法律地位平等，一方不得将自己的意志强加给另一方，合同法上的平等也构成了双方自愿协商的前提和基础；在婚姻法上，平等表现为男女平等，并对妇女、儿童和老人的合法权益加以特别保护，从而保证主体之间的实质平等；在继承法上，平等表现为继承权男女平等。

五、民事主体法律地位平等的法律意义

从《民法典》的立法本意分析，民事主体法律地位平等是民事活动的基本制度，高于《民法典》规定的其他基本原则。可以说，没有民事主体法律地位平等，就没有民法。平等的民法表达，具有重要意义。

1.落实《宪法》"人人平等"原则。纵观世界各国宪法，基本都确立了"法律面前人人平等"这一至高无上的公理性原则。"人人平等"表明了国家保障国民平等地享有一切权利，反对任何形式的歧视。

---

① 参见邹海林：《民法总则》（第二版），法律出版社2018年版，第43页。

宪法规定的平等是现代法律制度的总原则,是任何法律均要遵循的原则,而民法中的平等是民事立法和司法所要遵守的基本原则;宪法规定的平等重点在于对任何人都应平等地适用法律,而民法中的平等除体现平等适用法律外,还关注法律人格的平等。民法在民事主体的经济生活秩序中引入宪法中的平等原则,落实关于人人平等的宪法要求。

2.构造民法的制度基础。民法的调整对象为平等主体之间的人身关系和财产关系,而平等集中反映了民法所调整的社会关系的本质特征,是民事法律制度的基础。在民法的制度结构上,人是抽象的,为了使其表述更加具体,民事主体以权利能力这一属性为识别要素。"对于权利能力,其不同于法律行为或行为自由,不取决于一个特殊的个体性。即使在一般的民法典中也不存在通过性别、年龄、肤色、宗教信仰不同而造成的歧视。"[①]因此,权利能力作为法律制度,使得其与民事主体的需求相适应。民法的平等将所有的民事主体抽象为地位、人格平等的人,并以追求实现权利平等保护为目标,为法律上构造相互协调的民事主体、民事权利、民事义务、民事责任制度奠定基础。

3.成为民法规范解释论的基础。平等作为一项公理性制度,不具有裁判的功能,但平等因其在民法体系中的基础地位,可以成为民法规范解释和适用的基础或依据。在涉及民事主体的权利能力、法律地位、民事权利保护等事项时,平等制度会发挥规范评价的积极作用,成为法律解释的重要依据。

4.平等充分反映了社会生活的本质要求。平等否定传统社会的依附关系,是以人为本的民法核心价值展现,也是追求人格平等、人格自由、人格尊严的必然结果。民法关注当事人地位平等,并非指实质和结果平等,仅是指形式和程序平等。关注平等不是为了追求绝对的公正,而是相对公正。关注平等体现自由,也非给予当事人绝对自由。

[①] [德]罗尔夫·克尼佩尔:《法律与历史——论〈德国民法典〉的形成与变迁》,朱岩译,法律出版社2003年版,第76页。

【审判实践中应注意的问题】

依法平等保护产权和企业家合法权益。为充分发挥审判职能作用，切实加强产权司法保护，增强人民群众财产财富安全感，促进经济社会持续健康发展，2016年，最高人民法院出台了《关于充分发挥审判职能作用切实加强产权司法保护的意见》。该意见坚持贯彻平等、全面、依法保护原则，要求依法惩治各类侵犯产权犯罪，平等保护各种所有制经济产权；要严格区分经济纠纷与刑事犯罪，坚决防止把经济纠纷当作犯罪处理。要依法慎用强制措施和查封、扣押、冻结措施，最大限度降低对企业正常生产经营活动的不利影响。要依法公正审理行政协议案件，促进法治政府和政务诚信建设。为依法平等保护企业家合法权益，为企业家创新创业营造良好法治环境，2018年，最高人民法院出台了《关于充分发挥审判职能作用为企业家创新创业营造良好法治环境的通知》。该通知要求依法保护企业家的人身自由和财产权利，坚持罪刑法定原则，对企业家生产、经营以及融资活动中的创新创业行为，不违反法律规定的，不得以犯罪论处。严格区分企业家个人财产和企业法人财产，在处理企业犯罪时不得牵连个人合法财产和家庭成员财产。通知还规定，要依法保护诚实守信企业家的合法权益，保护企业家的自主经营权，切实纠正涉企业家产权冤错案件。2018年，最高人民法院还印发了《关于在司法解释中全面贯彻社会主义核心价值观的工作规划（2018-2023）》，明确提出完善产权和企业家合法权益司法保护制度，出台涉及刑民交叉、行政协议、知识产权保护等方面的司法解释，推动将党中央决策部署落地、落细、落实。

> **第五条** 民事主体从事民事活动，应当遵循自愿原则，按照自己的意思设立、变更、终止民事法律关系。

【条文主旨】

本条是关于民事主体自愿原则的规定。

【条文理解】

一、自愿原则的含义

自愿原则，是指自然人、法人、非法人组织等民事主体在民事活动中，应当基于自己内心的真实意愿，独立自主地选择、决定、进行民事法律行为，设立、变更或终止民事法律关系，自觉承受相应的法律后果。同时，尊重对方当事人的意愿，进行平等协商，恪守诚实信用，不将自己的意志强加给对方。

自愿原则是《合同法》中意思自治的扩展和进一步抽象。意思自治原则最早是确定合同准据法的最普遍原则，来源于16世纪法国的理查世·杜摩兰（1500~1566）的意思自治说。他主张契约应适用当事人自己选择的习惯，法院也应推定当事人意欲适用什么习惯于契约的实质要件和效力。近现代民法将意思自治作为整个民事活动的基本准则。在民事活动中，民事主体的意志是独立的、自由的、排他的，完全根据自己的主观判断来决定民事法律关系的设立、变更和终止。只要不违反法律、公共利益、公序良俗，就不受其他任何机关、团体、个人的非法干预。以欺诈、强迫、威胁等违背交易主体意志的不正当行为，都为法律所禁止。德国学者将意思自治称为"私法自治"，认为意思自治是法律赋予并确保每个人都具有在一定的范围内，通过法律行为特别是合同来调整相互之间关系的可能性。

自愿原则的具体含义包括：（1）民事主体自愿从事民事活动。民事主体进行或者不进行某一民事活动，由自己根据自身意志和利益自主决定，没有法律依据，其他主体不得干预，更不能强迫。（2）民事主体自主决定民事法律关系的内容。民事主体根据自己的利益和需要，决定与其他主体建立、发生民事法律关系，并决定具体的权利、义务内容。（3）民事主体自主决定民事法律关系的变动。民事法律关系的变更、终止，民事权利的放弃，应由民事主体自己自主决定。（4）民事主体在行使权利的同时自觉履行约定或法定的义务，并承担相应的法律后果。只有在民事主体违反法律规定、合同约定又拒不承担法律责任时，国家司法机关才依法强制介入。[1]

自愿原则作为民事活动基本原则，是民事主体法律地位平等的必然要求。民事主体从事民事活动时，基于平等法律地位，应当在对自身利益作出最佳判断、对自己行为后果有合理预见并愿意承担责任的前提下，自由表示其真实意思，自主决定是否行使民事权利、承担民事义务。因此，自愿原则实际上包含了两方面的内容：自己行为和自己责任。前者指民事主体自己决定是否作为或者以何种方式作为；后者指民事主体对其自愿从事的民事法律行为承当法定或约定的责任。

二、自愿原则的具体体现

在物权领域，自愿原则主要体现为物权支配和处分自由。《民法典》总则编中的第114条规定："民事主体依法享有物权。物权是权利人依法对特定的物享有直接支配和排他的权利，包括所有权、用益物权和担保物权。"物权编中的第240条规定："所有权人对自己的不动产或者动产，依法享有占有、使用、收益和处分的权利。"

在合同领域，自愿原则集中体现为合同自由。合同自由是合同的

---

[1] 李适时主编：《民法总则释义》，法律出版社2017年版，第19、20页。

灵魂。合同是民事主体之间设立、变更、终止民事法律关系的协议。《民法典》合同编中的第465条规定："依法成立的合同，受法律保护"，"依法成立的合同，仅对当事人具有法律约束力，但是法律另有规定的除外。"合同缔结与否由当事人决定，与何种相对人缔结合同由当事人选择，双方当事人自愿确定相关权利和义务，意思表示一致即可成立合同。

在人格权领域上，自愿原则体现为人格权利行使自由。人格权是民事主体为维护其独立人格而固有的基于自身人格利益的权利，包括生命权、身体权、健康权、姓名权、名称权、肖像权、名誉权、荣誉权、隐私权等权利。此外，自然人享有基于人身自由、人格尊严产生的其他人格权益。人格权与生俱来，不会与人身分离，不得放弃、转让或者继承，但对于其中的财产性权利，则允许当事人依法自由处分。《民法典》人格权编中的第993条规定："民事主体可以将自己的姓名、名称、肖像等许可他人使用，但是依照法律规定或者根据其性质不得许可的除外。"人格权的行使不受非法干预。

在婚姻家庭领域，自愿原则体现为婚姻自由。婚姻自由是婚姻关系的基本原则，指当事人可以在法律规定范围内，不受外力强制和干预，自主决定自己的婚姻意愿，包括结婚自由和离婚自由。为此，《民法典》婚姻家庭编中的第1042条第1款规定，禁止包办、买卖婚姻和其他干涉婚姻自由的行为。第1046条规定，结婚应当男女双方完全自愿，禁止任何一方对另一方加以强迫，禁止任何组织或者个人加以干涉。第1076条第1款规定，夫妻双方自愿离婚的，应当签订书面离婚协议，并亲自到婚姻登记机关申请离婚登记。

在继承领域，自愿原则主要体现为遗嘱自由。《民法典》继承编中的第1133条规定，自然人可以依照本法规定立遗嘱处分个人财产，并可以指定遗嘱执行人。自然人可以立遗嘱将个人财产指定由法定继承人中的一人或者数人继承。自然人可以立遗嘱将个人财产赠与国家、集体或者法定继承人以外的组织、个人。自然人可以依法设立遗嘱信托。

三、自愿原则的限制

当事人依据自愿原则行使民事权利，也受到一定的限制。自愿原则不是认可、鼓励民事主体绝对自由与放任。民事主体的自愿是建立在平等、相互尊重的基础之上，必须尊重其他民事主体的自主意志。市场经济条件下，为了公共利益，自愿原则在一定范围内、特定条件下，需受到国家干预的限制，比如，为了环境保护、食品药品安全、应对突发公共事件，需要对一些特定民事法律行为中的当事人意思自治进行限制。《民法典》合同编中的第494条规定："国家根据抢险救灾、疫情防控或者其他需要下达国家订货任务、指令性任务的，有关民事主体之间应当依照有关法律、行政法规规定的权利和义务订立合同。依照法律、行政法规的规定负有发出要约义务的当事人，应当及时发出合理的要约。依照法律、行政法规的规定负有作出承诺义务的当事人，不得拒绝对方合理的订立合同要求。"

（一）据自愿原则行使民事权利不能违背民法的其他基本原则

《民法典》在规定自愿原则的同时，还规定了其他原则，如诚信原则、公平原则、守法和公序良俗原则、禁止权利滥用原则。这些原则在一定程度上限制了自愿原则的不当行使。诚信原则要求人们在进行民事活动时对他人以诚相待，在订立合同时应如实向对方告知相关情况，不损害对方利益；民事主体从事民事活动，不得违反法律，不得违背公序良俗；民事主体在行使权利时不能损害他人、集体和国家的利益。

（二）民法中的强制性规范对自愿原则的限制

公民虽有结社自由，但公司法人非依公司法律规定不得成立；法人的类型由法律明文规定，法人的组织，法人的对外关系，法人与成员间的法律关系皆由法律规范，原则上不容许以个人的意思排除法律强制性规定的适用。如婚姻关系的发生，男女双方虽然能自主决定，但一旦合法成立，婚姻关系内容非结婚当事人所能左右。公民有立遗嘱的自由，但不得违反法律的特殊规定，所有权受到的限制也与日俱

(三）强制缔约义务是对合同自由原则的限制

强制缔约义务源于法律的明确规定，这种规定是国家基于社会整体利益考虑而制定的，某些特殊主体必须承担与相对人订立合同的义务，而不能由其自愿，如供水、供电、供气、邮政、电信等公共服务部门。法律的规定限制了这些具有垄断性质的部门不能享有随意订立或不订立合同的自由，保护了相对方，维护了社会公共利益。

（四）对格式条款的限制

格式条款的特点之一是具有稳定性和不变性，它普遍适用于一切要与起草人订立合同的不特定的相对人。相对人对合同的内容只能表示完全的同意或拒绝，而不能修改变更合同的内容。因此，格式合同在订立时一般不能协商。这样，相对人在订立合同时居于从属地位，他不参加协商过程，只能概括地接受或不接受，而不能就格式合同讨价还价。而合同是"当事人在平等自愿基础上所达成的协议"。在存在大量格式合同的今天，"平等自愿"在一定程度上打了折扣。因此，可以说，格式合同对契约自由原则形成了挑战。国家法律对有关格式合同的规定一定程度上平衡了双方的利益差距，保护了相对弱小方的利益。

【审判实践中应注意的问题】

一、自愿原则的实质内涵是意思自治

有学者认为"自愿"和"自治"等同。也有学者认为两者存在差别，意思自治的核心在于当事人的意志自由是其权利义务的创设依据，自愿原则仅仅能表达当事人参与民事活动的自由。我们认为，自愿原则的实质内涵就是意思自治，《民法典》和各单行民事法律，都充分体现了民事主体的意志自由、义务自愿、责任自担的全部内容和价值理念，且概无例外地通过法律行为作为实现意思自治的根本

方法。

二、一些原来属于民法规范的对象脱离民法形成独立的法律部门

最典型的是《消费者权益保护法》和《劳动法》。《消费者权益保护法》制定的目的是保护消费者的合法权益。相对于企业而言，消费者无疑是弱小的。而且，提供产品或服务的厂商对其提供的产品或服务具有信息优势。这种情况下，如果任由双方"自愿"进行商品或服务的交易，必然导致不公平。因此，以法律形式规定处于优势的一方承担更多的义务就成为必要。

在劳动法方面，首先，以劳动立法干预劳动合同，保障劳动者的基本权利，改善劳动条件；其次，集体合同的广泛采用，在一定程度上改变了单个劳动者与用人单位之间谈判力量不均衡状态；再次，工伤事故中无过错责任的确立，在很大程度上保护了劳动者的利益。

> **第六条** 民事主体从事民事活动，应当遵循公平原则，合理确定各方的权利和义务。

【条文主旨】

本条是关于公平原则的规定。

【条文理解】

一、公平原则的概念和内涵

在社会学意义上，公是公共，指大家，平是平等，意为大家平等存在。引申为公正而不偏袒。《管子·形势解》曰：天公平而无私，故美恶莫不覆；地公平而无私，故小大莫不载。在经济学意义上，公平是指个体之间、群体之间或者个体与群体之间在某个或者某些方面的投入或者获得状态存在微小的相对差距。公平强调收入分配的相对平等，但承认差距，强调差距存在的客观性与合理性。如果某种状态的相对差距为零，那么这不是公平，而是平均。法律意义上的公平，一是指法律关系当事人之间的地位、权利、义务、责任处于一种平衡状态；二是指第三方（包括机构、组织、个人）在对待公共利益、利益冲突、当事人诉求等问题时，秉持居中裁断、不偏不倚的立场与态度。在法律上，公平是法所追求的基本价值之一。

民法中的公平原则，是指民事主体从事民事活动时，应当公正、持平、合理确定相互之间的权利和义务。第一，民法规范在规定民事主体权利、义务与责任承担时，应体现公平原则，兼顾各方利益，为合理分配当事人权利义务提供价值指引。第二，民事主体应当本着公平的观念进行民事活动，正当行使民事权利和履行民事义务，兼顾他人利益和社会公共利益。第三，民事行为的结果不能显失公平，如果显失公平，就应当以公平为尺度，协调处理当事人间的利益关系。

我国现行法律中，不少民商事单行法、社会法、经济法等都规定了公平原则。如《劳动合同法》第3条规定，订立劳动合同，应当遵循公平原则。《信托法》第5条规定，信托当事人进行信托活动，必须遵守法律、行政法规，遵循公平原则。《证券投资基金法》第4条规定，从事证券投资基金活动，应当遵循公平原则。《反不正当竞争法》第2条规定，经营者在市场经营活动中应当遵循公平原则。《消费者权益保护法》第4条规定，经营者与消费者进行交易，应当遵循公平原则。域外立法例中，《德国民法典》第315条规定，由合同当事人一方确定给付的，有疑义时，必须认为该项确定是依照公平裁量作出的，且所作出的确定只有合乎公平时，才对另一方有约束力。[①]《法国民法典》第1135条规定，契约不仅仅依明示发生义务，根据契约的性质，发生公平原则、习惯或法律施加的义务。[②] 公平原则已经成为国际社会普遍认可的法律基本原则。[③]

二、公平原则的意义和功能

（一）公平原则是一种法律价值理念

公平在西方起源于古希腊朴素的正义观。这一时期的公平（fair）与正义（justice）是同义的。历经中世纪神学思想的浸淫，经过17、18世纪人文启蒙运动的熏陶，后来受到法律进化论、个人主义的影响，发展到20世纪中期后，极端个人主义受到社会本位公平观的修正，公平的内涵日益反映出现代社会的思想文化特征和法律价值。[④] 它要求当事人在民事活动中应以社会正义、公平的观念指导自

---

① 参见《德国民法典》，郑冲、嘉红梅译，法律出版社1999年版，第64页。
② 参见《法国民法典》，罗结珍译，中国法制出版社1999年版，第287页。
③ 参见《法国民法典》，罗结珍译，中国法制出版社1999年版，第16页。
④ 何勤华：《法律名词的起源》（上），北京大学出版社2009年版，第270页。

己的行为、平衡各方的利益；要求以社会正义、公平的观念来处理当事人之间的纠纷。公平原则体现了民法促进社会公平正义的基本价值，对规范民事主体的行为发挥着重要作用。[①]

（二）公平原则是法治经济的本质特征

市场经济就是法治经济。经营者必须以市场交易规则为准则，享受公平合理的对待，既不享有任何特权，也不履行任何不公平的义务。市场经济以合同为纽带，公平原则在合同法中得到充分体现，它要求合同当事人平等协商、公平合理、等价有偿、权利义务对等。《民法典》合同编中的第496条第2款规定，采用格式条款订立合同的，提供格式条款的一方应当遵循公平原则确定当事人之间的权利和义务，并采取合理的方式提示对方注意免除或者减轻其责任等与对方有重大利害关系的条款，按照对方的要求，对该条款予以说明。公平原则还要求民事主体合理承担民事责任，在通常情况下适用过错责任，责任与过错程度相适应，特殊情况下，也可以根据公平原则合理分担责任。如《民法典》侵权责任法编中的第1186条规定，受害人和行为人对损害的发生都没有过错的，依照法律的规定由双方分担损失。

（三）公平原则是民事活动时的基本遵循

公平原则作为民法的基本原则，是民事主体从事民事活动应当遵守的基本行为准则。产生民事法律关系时，民事主体要秉持公平理念，公平、平允、合理地确定各方的权利和义务；进行民事活动时，要按照公平观念行使权利、履行义务，特别是对于双方民事法律行为，一方的权利和义务应当相适应，双方之间的权利和义务应当对等，不能一方只承担义务而另一方只享有权利；追究、承担民事责任时，应当按照民事责任构成要件，客观确定损失，依法认定过错，合理推定因果关系，公平界定法律责任。

[①] 参见杨立新：《中华人民共和国民法总则要义与案例解读》，中国法制出版社2017年版，第15页。

（四）公平原则是人民法院审理民事纠纷的基本裁判准则

公平原则体现了《民法典》所维护的社会基本价值，对规范民事主体行为、培养社会成员价值理念具有重要作用。《民法典》中的公平原则既是社会正义在私法领域的延伸，也是商品经济活动中行业惯例、道德规范上升为法律准则的表现。因此，它构成司法机关审理民事案件的裁判规范、裁判依据。人民法院应当秉持公平原则依法、公正、合理地处理民事纠纷。根据《民法典》的规定，行为人与相对人以虚假的意思表示实施的民事法律行为，行为人与相对人恶意串通损害他人合法权益的民事法律行为，归于无效；基于重大误解实施的民事法律行为，一方以欺诈手段使对方在违背真实意思的情况下实施的民事法律行为，一方利用对方处于危困状态、缺乏判断能力等情形致使民事法律行为成立时显失公平的等情况，受害当事人均有权请求人民法院或者仲裁机构予以撤销，人民法院应当依据公平原则作出裁决。

【审判实践中应注意的问题】

一、公平原则与平等原则

我国《宪法》第33条第2款规定，中华人民共和国公民在法律面前一律平等。《宪法》规定的人人平等原则需要在各民商事单行法中加以落实。民法中的平等原则，是指民事主体在法律地位上是平等的，其合法权益应当受到法律的平等保护。公平原则与平等原则的区别在于侧重点的不同。平等原则强调当事人的地位平等，立足于个人的身份，属于机会平等。在交易中只要双方的行为完全出于自愿，尽管不符合等价交换原则，但如果双方均满意，就符合平等原则的精神。公平原则的基础是平等原则，没有当事人的地位平等，就谈不上公平。但公平原则不仅从当事人利益出发，也从社会一般角度判断某项交易行为的价值要求和合理性，符合公平原则的交易行为也就符合价值规律，它兼顾机会平等和结果平等。

二、公平原则与意思自治

意思自治的核心是自由。自由是意思自治所承载的价值。谢怀栻先生曾将民法精神精辟地表述为：不仅承认个人有独立的人格，而且承认其为法的主体，进一步承认对于个人生活这部分内容，即使是国家也不得干预。在意思自治原则中，自由这一基本价值得到了充分体现。公平原则在一定程度上是对意思自治的限制。一般而言，在意思自治与公平原则相冲突时，有时需要优先适用公平原则。比如，在地位不平等交易关系中，特别是格式合同情况下，意思自治往往只是表象，双方的合意实质只是一方当事人意思的体现，另一方只是对方意思的消极接受者，处于弱势的一方完全没有议价能力，处于不利地位。再如，合同缔结后，由于合同的基础性条件发生了当事人在订立合同时无法预见的、不属于商业风险的重大变化，继续履行合同对当事人一方明显不公平。在这些情况下，人民法院就需要考虑适用公平原则平衡合同当事人的利益关系。

第七条 民事主体从事民事活动,应当遵循诚信原则,秉持诚实,恪守承诺。

【条文主旨】

本条是关于诚信原则的规定。

【条文理解】

一、诚信原则的概念和演变

诚信在中文中为"诚实信用"的简称。"诚"即真心实意,指人的一种主观心理状态。孟子曰:诚者,天之道也,思诚者,人之道也。[①]将"诚"誉为自然界和社会的最高道德范畴。"诚实",指言行与内心一致,不虚假,意味着一个人善良的心理与其外在行为的一致性。"信",意为诚实不欺,中国儒家道德规范。孔子曰:人而无信,不知其可也。"信用",指以诚信任用人,信任使用,遵守诺言,实践成约。中华民族自古就是礼仪之邦,讲究言行一致,言而有信,以诚待人,鄙视奸佞,故诚信观念,可谓源远流长。然而,受儒家思想影响,中国诚信更多是以修身养性、教化民众、厘定秩序为本演绎而来,本质上是一种"礼""德""忠""义",它不直接导源于商业和契约关系。

法律意义上的诚信原则起源于拉丁文 Fides bona,它是具有约束力的商业道德和行为规范,以信义(Fides)为要素。英文通常为

---

① 《孟子·离娄上》。

Good Faith。诚信作为商业关系中一种最基本的道德标准和规范要素，从一开始就不仅是一种主观理念、商业规则，而是一种法律规范和法律原则。罗马法学家认为，作为一种商业道德的诚信是商业世界的支柱；而作为一种规范要素的诚信，则创造和形成一系列罗马法规则，这些规则既适用于罗马人，也适用于异邦人，因此万民法即是以诚信为基础的法。

在西方法律文化中，作为法律规则的诚信具有如下特征：（1）诚信是所有法律原则的基础。西塞罗在《论义务》一书中就是从诚信推导出平等、公正等法律原则的。（2）诚信体现为契约、法律行为、代理、信托、善意第三人等制度中的具体规则。如意思表示必须真实、禁止欺诈性民事行为、对价原则。（3）诚信是司法诉讼或仲裁中判断是非曲直的标尺。法官适用法律时，如契约或法律有漏洞或者含义不明，应用诚信原则的理念理解有关条文，平衡双方当事人的权利义务关系，维持公平。

1804年《法国民法典》在契约履行中尚无诚信原则，但确立了善意的概念。《德国民法典》中明确规定了债务人需根据诚信来履行债务。该法第242条规定："债务人有义务依诚实信用，并参照交易习惯，履行给付。"正是基于德国法的规定，一些民法学者将诚信原则定义为"行使债权，履行债务"的民法原则。《瑞士民法典》把诚信原则从契约关系中抽象出来，上升为整个民法中行使权利义务的原则。其第2条规定："行使权利，履行义务，应依诚信及信用为之，显属滥用权力者，不受法律保护。"日本于1947年修订其《民法典》时，在第1条第2款中写入了诚信原则："行使权利及履行义务时，应恪守信义，诚实实行。"中国晚清的《大清民律草案》第2条规定："行使权利履行义务，依诚实及信用方法。"我国1986年《民法通则》将诚实信用规定为基本原则。

诚信原则要求所有民事主体在从事任何民事活动时，包括行使民事权利、履行民事义务、承担民事责任时，都应该秉持诚实、善意，信守自己的承诺。学者认为，诚信原则是私法领域的最高准则，高于民法中的平等原则、自愿原则及其他原则,是民法中的"帝王条款"。①梁慧星教授指出,诚实信用原则的适用范围逐步扩大,不仅适用于契约的订立、履行和解释,而且最终扩及于一切权利的行使和一切义务的履行,成为民法之基本原则;其性质也由补充当事人意思的任意性规范,转变为当事人不能以约定排除其适用,甚至不待当事人援引法院可直接依职权适用的强制性规定。②在各国民商事法律中,特别是在合同关系中,不恪守承诺、违背诚信必须承担违约金、损害赔偿金等强制性法律责任。

二、诚信原则的功能

诚信原则具有高度抽象性和概括性,对于民事主体从事民事活动、司法机关进行民事裁判都具有重要作用。具体而言,诚信原则有如下功能:

1.诚信原则指导当事人依法正确行使权利、履行义务。诚信原则要求民事主体从事民事活动应当讲诚实、守信用,以善意的方式行使权利、履行义务,言行一致,恪守诺言。民事主体应当从以下几个方面遵循诚信原则:(1)民事主体开展民事活动应当讲诚实,如实告知相对方自己的相关真实信息,不弄虚作假,不欺诈。应当依诚信原则订立契约和履行契约,严格遵守体现伦理道德要求的诚实、守信、善意等规则。在婚姻家庭关系中,结婚前一方患有重大疾病的,应当在结婚登记前如实告知另一方;不如实告知的,另一方可以向人民法院请求撤销婚姻。(2)民事主体应以善意、合法方式行使权利。不得以损害他人和社会利益的方式来获取私利。在合同履行中,当事人应当按照约定全面履行自己的义务,恪守承诺,不擅自毁约,并遵循诚信原则,根据合同的性质、目的和交易习惯履行通知、协助、保密等义务,并避免浪费资源、污染环境和破坏生态。(3)在当事人约定不明确或者订约后客观情形发生重大改变时,应依诚实信用的要求确定当

---

① 参见王泽鉴:《民法总则》(增订版),中国政法大学出版社2001年版,第37页。
② 梁慧星:《民法解释学》,中国政法大学出版社1995年版,第303页。

事人的权利义务和责任。

2.诚信原则可以克服成文法的局限性，承认司法活动能动性，授予法官自由裁量权。成文法具有不完全性特征，面对丰富多彩、发展变化的社会经济生活，会暴露出不合目的性、不周延性、模糊性、滞后性等问题。在此情况下，诚信原则可以作为法官解释民法规范的重要指导。（1）在司法理念方面，诚信原则要求司法审判人员能够依据诚信、公平的观念正确理解法律、解释法律、适用法律。（2）在弥补法律规定不足方面，法官可以通过诚信原则实现法的续造和漏洞填补，为新的社会利益冲突和问题解决提供法律依据，从而实现法与变动的生活关系或社会中的价值标准的协调。（3）运用诚信原则也可以填补合同漏洞。在合同的内容确实存在遗漏，通过合同条款和合同法规定无法对合同漏洞进行解释时，可以适用诚信原则进行填补解释，弥补合同空白，平衡民事主体之间的利益。

3.诚信原则为利益关系平衡提供依据和法理支持。诚信原则谋求民事活动中当事人之间以及当事人与社会之间利益的平衡，即要求民事主体在进行民事活动、履行民事义务时，既要维护各方面当事人的利益平衡，又要维护当事人利益和社会利益的平衡。这三方利益平衡的实现，有赖于民事主体以诚实之理念善意地行使权利、履行义务，并通过法官的公正审理和能动性司法来保障，进而降低交易成本、提高交易效率、保障交易安全、实现社会公平正义。

【审判实践中应注意的问题】

一、诚信原则与公序良俗原则

诚信原则与公序良俗原则均为民法的基本原则，覆盖民法全领域，均为私法自治的限制，均为对道德的法律化，其实质也相同，均为赋予法官自由裁量权和克服成文法的局限性的工具。①对二者加以区分,有助于明晰理论框架,便于裁判适用。(1)二者的功能不同。公序良俗原则针对法律行为的内容进行"内容审查",诚信原则针对权利的行为进行"行使审查"。(2)二者的适用范围不同。诚信原则以"特别关联"为前提,公序良俗原则的适用并不以此为限。(3)二者保护的对象不同。诚信原则主要保护当事人的个体利益,而公序良俗原则常用于保护第三人及公众利益。(4)二者标准的设立不同。诚信原则是一个较高的行为标准,通常针对特殊、非典型的情形使用,而公序良俗原则是一个较低的行为标准,通常针对一般、典型的情形适用。违背公序良俗原则的行为具有较强的反社会性,一般导致法律行为的无效;违背诚信原则的行为反社会性弱,一般仅限制权利的行使或产生损害赔偿。②

二、惩处虚假诉讼行为,推进诉讼诚信建设

人民法院要努力培育和践行社会主义核心价值观,严厉惩处虚假诉讼行为,推进诉讼诚信建设。多年来,由于社会诚信缺失等多种因素影响,司法领域尤其是民事商事审判中虚假诉讼情况比较严重,特别在一些民营经济较为发达的地区。从发展态势上看,虚假诉讼分布的案件类型逐年增多,覆盖范围从原有的民间借贷、破产等案件发展到当前很多常见案件类型;从诉讼程序上看,案件程序从原有的普通程序发展到几乎所有诉讼程序。2013年以来,最高人民法院先后发布《关于房地产调控政策下人民法院严格审查各类虚假诉讼的紧急通知》《关于清查"以房抵债"等虚假诉讼案件的意见》《关于防范和制裁虚假诉讼的指导意见》,严厉打击虚假诉讼行为,有效遏制虚假诉讼蔓延态势。

---

① 参见徐国栋:《民法基本原则解释——成文法局限性之克服》,中国政法大学出版社2001年版,第172~347页。

② 参见于飞:《公序良俗原则与诚实信用原则的区分》,载《中国社会科学》2015年第11期。

当前司法实践中，虚假诉讼的表现主要是：（1）当事人为夫妻、父母等近亲属关系或者关联企业等共同利益关系；（2）原告诉请司法保护的标的额与其自身经济状况严重不符，被告存在经济状况恶化意图转移有效资产等特殊情况；（3）原告起诉所依据的事实和理由明显不合常理；（4）诉讼参与人之间无实质性民事权益争议，被告主动应诉并同意原告诉讼请求；（5）诉讼参与人提供的证据单一，前后矛盾，不能形成证据链条；或者诉讼参与人提供的证据只能证明案件事实存在，但双方并不存在争议焦点；（6）案件证据不足，但双方仍然主动迅速达成调解协议，请求人民法院出具调解书。

为此，人民法院要注意在案件事实查证中甄别虚假诉讼的情况。比如，要强化对证据真实性、合法性和关联性审查，适当加大依职权调查取证力度；严格适用自认规则。如果一方对另一方提出的于己不利的事实明确表示承认，且不符合常理的，要做进一步查明，慎重认定；要加强对调解协议、公证债权文书和仲裁裁决书、调解书的合法性审查；在涉及第三人撤销之诉、案外人执行异议之诉、案外人申请再审的案件中，要保护好各方的合法权益，认真甄别虚假诉讼。要加大对虚假诉讼的制裁力度。

第八条 民事主体从事民事活动，不得违反法律，不得违背公序良俗。

【条文主旨】

本条是关于民事活动合法性原则、遵守公序良俗原则的规定。

【条文理解】

一、民事活动合法性原则

学者认为，广义的合法性概念涉及广泛的社会领域，潜含着广泛的社会适用性。道德哲学主要是从个人的角度来判断某个行为是否"合法"。在政治学中，合法性一词通常用来指政府与法律的权威为民众所认可的程度。最早研究"合法性"问题的马克斯·韦伯认为，所谓的合法秩序（a legitimate order）是由道德、宗教、习惯（custom）、惯例（convention）和法律（law）等构成的。在公法特别是行政法领域，合法性被认为是政府行政的最基本条件。在现代法治国家，合法性既是政治活动、社会活动、公民活动的基本原则，也是经济活动、市场交换、民事法律关系的基本遵循。本条规定的"民事主体从事民事活动，不得违反法律"，是对民事主体从事民事活动的合法性要求。

（一）民事活动必须有法可依

法律是以国家强制力保证实施的、全体社会成员必须遵守的规则。在人类历史上，没有法律规定，民事活动也可以依照当事人需求、交易惯例、民间习俗进行。但这种民事活动存在极大的不确定性和风险,交易各方的权利和预期利益得不到保障。因此,即使在古代,也产生了汉谟拉比法典、十二铜表法、罗马私法等比较发达的民事法律来规范民事活动。资产阶级革命成功后,各国更是普遍制定民法典来巩固资产阶级革命成果,规范民事活动。《法国民法典》《德国民法典》等一大批西方国家民法典,都是通过建立私有财产神圣不可侵犯、所有权绝对、契约自由、过错责任等民法制度与原则,将所有民事关系纳入法律调整范围。

(二)民事活动必须依法进行

合法性原则要求,为了保障当事人行使民事权利、履行民事义务符合国家意志、社会公共利益,保护正常交易秩序,稳定和谐社会关系,协调不同当事人之间的利益冲突,民事活动必须遵守法律。包括:民事法律行为的内容必须合法。即不可以违反法律、行政法规的强制性规定;民事法律行为的形式应当合法。例如,民事活动如果要求书面形式,那么必须符合规定,不可以采用录音、录像的形式。①《民法典》总则编中的第131至132条规定,民事主体行使权利时,应当履行法律规定的和当事人约定的义务。民事主体不得滥用民事权利损害国家利益、社会公共利益或者他人合法权益。《民法典》物权编中的第208条规定,不动产物权的设立、变更、转让和消灭,应当依照法律规定登记。动产物权的设立和转让,应当依照法律规定交付。《民法典》合同编中的第509条规定,当事人应当按照约定全面履行自己的义务。当事人应当遵循诚信原则,根据合同的性质、目的和交易习惯履行通知、协助、保密等义务。当事人在履行合同过程中,应当避免浪费资源、污染环境和破坏生态。

法律规范可区分为强制性规范和任意性规范。对于强制性规范,民事主体必须遵守。如果违反,将导致民事法律行为无效或被撤销。对于任意性规范,当事人可以按照意思自治原则进行选择,但一经选择适用,也必须遵守。如果违反,也将承担不利后果与法律责任。因

---

① 参见邹海林:《民法总则》(第二版),法律出版社2018年版,第56页。

此，任意性规范并不意味着当事人可以任意违反，或违反后没有法律后果。此外，在特殊情况下，为维护社会公共利益、公序良俗和交易秩序，民法也可以对民事主体的意思自治、合同自由进行必要干预。如对格式合同及免责条款生效的限制性规定，对国家下达的指令性任务或者国家订货任务的强制缔约、履约要求等。

再进一步分析，不是所有违反法律和行政法规的强制性规范的民事法律行为都是无效民事法律行为。《民法典》总则编中的第153条规定："违反法律、行政法规的强制性规定的民事法律行为无效，但是，该强制性规定不导致该民事法律行为无效的除外。违背公序良俗的民事法律行为无效。"[1]本条规定延续了《合同法》第52条第5项和《合同法司法解释（二）》第14条的规定，将导致合同无效的法律形式的范围限定在全国人大及其常委会制定的法律和国务院制定的行政法规中的强制性规定，不过以除外的方式明确了不是所有对法律和行政法规的强制性规定的违反都会导致民事法律行为无效，但没有吸纳最高人民法院在《合同法司法解释（二）》中提出的效力性强制规定和管理性强制规定概念。此外，用"公序良俗"的概念取代了《民法通则》和《合同法》中的"社会公共利益"概念，明确了违反公序良俗的民事法律行为无效。

（三）民事主体必须对自己的违法行为依法承担责任

合法性原则既然要求民事主体遵守法律，一切民事活动都要以法律为依据，不得享有法外特权，不得超越法定、意定权限，那么如果违反，必将导致相应的法律后果，必须承担相应的法律责任。特别是，现代民事立法已经超越了近代民事立法的权利本位观念，要求民事主体在民事活动中权利义务责任相适应，《民法典》的有关规定也体现了这一发展趋势。《民法典》第131条规定：（1）民事主体在行使权利时，应当履行法律规定的和当事人约定的义务。《民法典》加强对义务履行的督促，有助于减少义务主体的违约行为，免于诉累，

---

[1] 《民法典》总则编中的第153条缩小了《民通则》中引起法律行为无效的法律形式的范围，将导致民事法律行为无效的法律形式限定于法律、行政法规。

节省司法资源。某些义务的自觉履行，如赡养义务、适当容忍义务，则会同时实现义务主体自身合法权利。（2）民事主体在享有权利、履行义务时，必须对自己的违法、违约行为承担责任，凡是在民事活动中违反法定义务、合同义务，破坏公共秩序、侵犯社会公益、违反社会公德、不讲诚实信用、违法滥用权利的，应当受到民事法律的制裁。为此，《民法典》总则编专门设立民事责任制度，合同编专门规定违约责任，侵权责任编专门规定侵权责任。

二、民事活动遵守公序良俗原则

公序良俗的概念包含两层意思：一是指公共秩序，包括社会公共秩序和生活秩序；二是指善良风俗，即由全体社会成员所普遍认可、遵循的道德准则。

（一）公序良俗的法源

公序良俗起源于罗马法。按照罗马法学家的观点，所谓公序即国家的安全、人民的根本利益；所谓良俗是指人民的一般道德准则。《法国民法典》第6条规定："任何人均不得以特别约定违反涉及公共秩序和善良风俗的法律。"法国民法是把公序良俗作为对契约自由的例外的限制。在法国法中，所谓公共秩序，实际上就是一种公共利益。所谓善良风俗，实际是指社会道德。违反公序良俗而无效的合同主要包括：违反性道德的合同、赌博合同、限制人身自由、违背家庭伦理道德等合同。《德国民法典》第138条确认了善良风俗的概念，但并没有采纳公共秩序的概念。在德国法中，善良风俗原则是对私法自治的一种限制。《德国民法典》施行后，1901年德国最高法院判决，关于是否违反善良风俗，由法官"按照正当且公平的一切人的道义感"规则来判断。日本民法采纳了公序良俗，并重点运用该原则对法律行为进行调整。日本学者我妻荣先生曾经将违反公序良俗的行为分为七种类型，即违反人伦的行为；违反正义观念的行为；乘他人窘迫、无经验获取不当利益的行为；极度限制个人自由的行为；限制营业自由的行为；处分生存基础财产的行为；显著的射幸行为。我国台湾地区"民法"第72条规定："法律行为有背于公共秩序或善良风俗者无效。"

(二)我国公序良俗原则的立法演变

在《民法典》之前,我国法律并未明确采用公序良俗的概念。《民法通则》第7条规定："民事活动应当尊重社会公德,不得损害社会公共利益,扰乱社会经济秩序。"《合同法》第7条规定："当事人订立、履行合同,应当遵守法律、行政法规,尊重社会公德,不得扰乱社会经济秩序,损害社会公共利益。"2014年11月,在全国人民代表大会常务委员会通过的《关于〈中华人民共和国民法通则〉第九十九条第一款、〈中华人民共和国婚姻法〉第二十二条的解释》中,出现了"公序良俗"这一表述。该解释规定："公民依法享有姓名权。公民行使姓名权,还应当尊重社会公德,不得损害社会公共利益。公民原则上应当随父姓或者母姓。有下列情形之一的,可以在父姓和母姓之外选取姓氏:(一)选取其他直系长辈血亲的姓氏;(二)因由法定扶养人以外的人抚养而选取抚养人姓氏;(三)有不违反公序良俗的其他正当理由。少数民族公民的姓氏可以从本民族的文化传统和风俗习惯。"《民法典》总则编共有四处使用了公序良俗:(1)第8条规定从事民事活动,不得违反公序良俗原则;(2)第10条对于法源的规定,适用习惯不得违背公序良俗;(3)第143条民事法律行为的有效要件之一为不得违背公序良俗;(4)第153条第2款,违背公序良俗的民事法律行为无效。

(三)公序良俗的类型

我国有学者参考国外判例学说,将违反公序良俗的行为类型化为10种:(1)危害国家公序型,比如以从事犯罪或者帮助犯罪行为为内容的合同;(2)危害家庭关系型,比如约定断绝亲子关系的协议;(3)违反道德型,如开设妓院的合同,实践中以性行为为对价获得借款的情形;(4)射幸行为型,如赌博、巨奖销售变相赌博等;(5)违反人权和人格尊严行为型,比如过分限制人身自由换取借款的情形;(6)限制经济自由型,比如利用互相借款扩大资金实力以分割市场、封锁市场的协议;(7)违反公平竞争型;(8)违反消费者保护型;(9)违反劳动者保护型;(10)暴利行为型。①

（四）公序良俗自由裁量权的行使

民事主体具有平等地位,按照意思自治原则进行民事活动,但并不表明其可以不受约束地实现民事权利,不能以有害于共同秩序的方式、目的实现权利。人民法院在审判实践中,遇到立法时未能预见到的扰乱社会公共秩序、有违社会公德的行为,而又缺乏相应的禁止性规定时,可以援引公序良俗原则来保护民事主体权利、维护社会公共利益。在此情况下,法官可以直接适用公序良俗原则判定该行为无效。但是,究竟是判定绝对无效,还是相对无效,需要慎重处理。法官在适应公序良俗原则时,还需注意:(1)只有当法律强制性规定不足,法律对于某项行为没有明确规定时,法官才可以借助该条文对法律行为的效力进行评价。因此在性质上该条文为补充性的强制性条款。当法律对于某个行为有明确的规定时,便无从适用该条文。(2)根据本法第10条的规定,"习惯"可以作为民法的渊源,在法律没有明确规定时,法官可以依照"习惯"进行裁判,但该"习惯"仅仅限于不违背公序良俗的习惯。

【审判实践中应注意的问题】

一、违反民事法律规范的民事责任

民事主体从事民事活动,违反法律,必然导致承担民事责任。民事责任是民事主体因违反民事法律、合同约定,侵害他人人身或财产依法应当承担的法律责任。违反民事法律规范,是承担民事法律责任的前提条件。应承担民事责任的民事违法行为通常包括:侵权行为、违约行为、不履行其他民事义务的行为:如不履行抚养、扶养、赡养

---

① 梁慧星:《市场经济与公序良俗原则》,载《中国社会科学院研究生院学报》1993年第6期。

义务的行为，不返还不当得利的行为，无因管理不给付管理人必要费用的行为，接受遗赠而不履行遗嘱所附义务的行为等。《民法典》总则编中的第179条规定了承担民事责任的方式，可归纳为四类：第一类是侵权行为禁止型责任，包括停止侵害，排除妨碍，消除危险；第二类是财产权利恢复型责任，包括返还财产，恢复原状，修理、重作、更换；第三类是合同和侵权赔偿型责任，包括继续履行，赔偿损失，惩罚性赔偿，支付违约金；第四类是人格利益保护型责任，包括消除影响、恢复名誉，赔礼道歉。

《民法典》第七编专门规定侵权责任，第三编合同第一分编通则第八章专门规定违约责任。第一编总则第八章专门规定民事责任。围绕要不要专门集中规定民事责任制度，在《民法典》编纂第一阶段起草《民法总则》时，曾有不同意见，但最终形成共识，单列第八章。主要理由：（1）我国刑法、民法和有关行政实体法都有相应的法律责任制度，即刑事责任、民事责任和行政责任。刑事责任、行政责任作为法律概念均已规定在刑法和行政法律法规中，《民法总则》专章规定民事责任，可以实现民事责任体系化，在立法层面构成我国三大法律责任制度。（2）《民法通则》对民事责任进行专章规定，经过三十多年的法治宣传教育和司法实践，这种立法模式已为社会公众和司法人员普遍接受和熟悉。人们均熟知民事责任作为民事主体违反民事义务应承担的法律后果，是民事权利得以实现的刚性保障。（3）基于处理好《民法典》编纂中总则编和各编的关系，在总则编中专章规定民事责任，建立这一上位概念，对《民法典》各编、民事单行法中的具体民事责任具有统领、指引作用。此外，与《民法通则》相比，《民法典》总则编关于民事责任的规定更加系统全面，一些条款属于创新性规定。

二、违反公序良俗应当采取相对无效、部分无效说

我国民法理论一直将违反公序良俗的法律行为理解为绝对无效，认为该法律行为自成立之时起，当然、确定、全部无效，且任何人都

可以主张其无效。但是，如果不加区别地赋予任何人主张无效的权利，有可能不利于受保护当事人的利益。因此，20世纪中期以来，一些发达国家和地区法院对违反公序良俗的法律行为，从绝对无效改为相对无效，且只赋予遭受不利益一方有主张无效的权利。同时，在无效的范围上，也从全部无效改为部分无效，即仅认定违反公序良俗的条款无效，而使其余条款继续有效。这样规定的好处，就是赋予当事人和法院更多的协商和裁量空间，可以更好地协调当事人之间的利害关系，达到保护经济上弱者的目的。这也符合公序良俗原则的本来意义，即对私法自治进行必要限制，弘扬社会公共道德，建立稳定的社会秩序，协调个人利益与社会公共利益和弥补强行法的不足。

> **第九条** 民事主体从事民事活动,应当有利于节约资源、保护生态环境。

【条文主旨】

本条是关于绿色原则的规定。

【条文理解】

本条以可持续发展理念为指导,借鉴现代人类中心主义的环境伦理观,传承我国天地人和、人与自然和谐共生的优秀文化,在《民法典》中确立绿色原则,构建生态时代人与自然和谐相处的新型关系,成为我国《民法典》一大亮点,回应了当下社会普遍关注的环境问题。在司法实践中,对很多民事行为的评判都直接或间接地涉及经济发展与环境保护平衡问题,司法机关也在不断探索建立环境修复、惩罚性赔偿、环境公益诉讼等制度,为《民法典》规定绿色原则提供了丰富的司法实践经验。

一、规定绿色原则的必要性和意义

(一)环境资源问题是我国经济社会发展面临的一项严峻挑战

中国在成为世界第二大经济体的同时,环境污染、资源消耗问题越来越突出。党的十八大把生态文明建设纳入中国特色社会主义事业五位一体总体布局,提出建设美丽中国目标;十八届三中全会决定首次确立了生态文明制度体系;十三五规划贯穿绿色发展新理念。党的十九大报告提出:"为把我国建设成为富强民主文明和谐美丽的社会主义现代化强国而奋斗",并强调:"我们要建设的现代化是人与自然和谐共生的现代化。"① 习近平总书记指出,"绿色发展是构建高质量现代化经济体系的必然要求,是解决污染问题的根本之策。"将绿色原则写入《民法典》,将保护环境、节约资源的理念贯穿于整个民事活动中,反映了民法的基本价值取向,是《民法典》回应环境问题挑战的一个鲜明标志,也是中国制定面向生态文明新世纪的《民法典》的应有态度。②

(二)绿色原则符合"现代人类中心主义"的环境伦理观

传统民事法律制度注重保护民事主体的人身和财产权利,忽视民事主体的环境性权利;注重环境资源的经济价值,忽视生态价值。这是长期以来主流理论一直奉行"强人类中心主义"环境伦理观的反映。将人类利益看作是调节人与自然关系的根本尺度,造成人类对大自然无节制的征服、支配和掠夺,导致严重的环境污染和生态破坏。绿色原则适应了可持续发展理念支配的"现代人类中心主义"的环境伦理观,为在民事活动中正确处理人与环境的关系提供了原则指引和制度框架,为利用私益或公益诉讼制度、民事责任制度依法制裁破坏生态环境的行为奠定了法律基础。

(三)反映并引领国际立法新潮流

据不完全统计,目前已有二十多个国家的宪法写入了可持续发展理念,一些国家在其宪法、环境保护基本法或司法判例中确认环境权或体现保护公民环境权的内容。德国、瑞士、荷兰民法典修订,越南颁布新民法典,都增加了有关环境保护的内容。我国《民法典》顺应这一立法潮流规定绿色原则,实际上承认了环境资源的生态价值、人格利益属性,为《民法典》相关编和专门立法确立环境生态领域特殊侵权行为规则,建立环境资源准物权制度、环境合同制度、环境人格权制度,以及环境侵权行为制度提供了法律依据。

---

① 习近平:《决胜全面建成小康社会夺取新时代中国特色社会主义伟大胜利——在中国共产党第十九次全国代表大会上的报告》,载《党建》2017年第11期。
② 《〈中华人民共和国民法总则〉条文理解与适用》,人民法院出版社2017年版,第147页。

（四）在《民法典》中贯彻宪法关于保护生态环境的要求

我国《宪法》第9条第2款规定："国家保障自然资源的合理利用，保护珍贵的动物和植物。禁止任何组织或者个人用任何手段侵占或者破坏自然资源。"第26条第1款规定："国家保护和改善生活环境和生态环境，防治污染和其他公害。"绿色原则贯彻了宪法关于保护生态环境的精神，将资源合理利用、生态环境资源保护上升到民法基本原则的地位，全面开启环境资源保护的民法通道，有利于构建生态文明下人与自然和谐的关系。[①]

二、绿色原则的含义

按照本条规定，民事主体在从事民事活动时，应当有利于节约资源、保护生态环境。绿色原则的内涵包括节约资源和保护生态环境两项。从法经济学角度讲，合理且有效率地利用所有相关财产或资源，将因此产生的一切成本和收益纳入考量，实现社会成本最小化或社会财富最大化。[②]民事主体在行使其民事权利，如物权、债权等权利时，应当充分发挥物的效用，使有限的资源在一定的范围内物尽其用。比如，《民法典》物权编中的第325条确立了自然资源有偿使用的制度，能够在一定程度上遏制滥用资源的行为，引导树立节约资源的观念。《环境保护法》主要通过行政手段实现对生态环境的保护，将绿色原则融入《民法典》后，能够与侵权责任编中的环境污染和生态破坏责任相衔接，在价值宣示的同时，有效实现生态环境保护的目标。

本条采用了"应当有利于"的表述，不同于公平原则、诚信原则、公序良俗原则等的规定中所采用的"应当遵循""不得违反"的表述，表明本条属于倡导性原则规范，即提倡和引导当事人采用特定行为模式的法律规范。[③]民法的基本原则是指导各种民事行为、民事立法和司法活动的根本准则，因而绿色原则作为《民法典》的基本原

[①] 李适时主编：《民法总则释义》，法律出版社2017年版，第32页。
[②] 贺剑：《绿色经济与法经济学》，载《中国法学》2019年第2期。
[③] 王轶：《民法典的规范类型及其配置关系》，载《清华法学》2014年第6期。

则之一，其重要作用表现在：（1）指导民事立法，在制定相关民事法律规范时以绿色原则为导向；（2）规范民事行为，确立民事主体在从事民事活动时的基本遵循；（3）为司法裁判活动提供标准，司法机关在裁判相关案件时，要将节约资源、保护生态环境作为一项重要的考量因素。

在本法起草过程中，对是否写入此条，存在同意和反对两种观点。反对的主要理由是，绿色原则主要体现在环境法、生态法中，不应该成为民法的原则，民事行为不都需要符合绿色原则。但多数观点认为，《民法典》应当担负起维护人民群众生命健康，促进社会和谐安定，推动经济社会可持续发展的历史使命。由于节能减排、保护环境已深入到国家和社会生活方方面面，对很多民事行为的评判都直接或间接地涉及经济发展与环境保护平衡问题，人民法院也在不断探索建立环境修复、惩罚性赔偿、环境公益诉讼等制度，因此应当作为民事活动的基本原则确立下来，回应人民群众对清新空气、干净饮水、安全食品、优质环境的迫切需求，实践绿色发展理念，促进生态文明建设，促进人与自然和谐共处。

三、绿色原则在《民法典》中的具体体现

绿色原则作为《民法典》的一项基本原则，贯穿于整部《民法典》之中，直接体现为各相关编中的制度和规则。"绿色原则"的本质是在《民法典》中为个人经济利益与生态公共利益的协调建立沟通机制，这一原则必须贯彻到《民法典》的具体制度中，而不能仅仅停留在倡导或者宣示层面。[1] 概括起来，体现在以下三方面：

（一）将节约资源、保护生态环境融入《民法典》物权编有关规范中

在物的归属方面，《民法典》第322条新增了添附的规定，明确了在没有约定和法律规定的情况下，可以按照充分发挥物的效用等原则确定。这种所有权归属方式有利于节约资源、避免物的浪费。在物

---

[1] 吕忠梅：《中国民法典的"绿色"需求及功能实现》，载《法律科学（西北政法大学学报）》2018年第6期。

的利用方面，第294条规定不动产权利人不得违反国家规定弃置固体废物，排放大气污染物、水污染物、土壤污染物、噪声、光辐射、电磁辐射等有害物质。第326条规定，用益物权人行使权利，应当遵守合理开发利用资源、保护生态环境的规定。第286条规定，业主相关行为应当符合节约资源、保护生态环境的要求等。

（二）将"绿色原则"体现到《民法典》合同编有关规范中

《民法典》合同编规定了一些"绿色"法定义务，直接约束合同当事人。比如，在合同履行环节，规定当事人应当避免浪费资源、污染环境和破坏生态（第619条规定，对没有通用包装方式的标的物，应当采取足以保护标的物且有利于节约资源、保护生态环境的包装方式）；在合同终止环节，第558条规定，债权债务终止后，当事人应当根据交易习惯履行旧物回收等义务。在典型合同分编中，第655条规定，用电人应当安全、节约和计划用电；第625条规定，标的物有效使用年限届满后应予回收的，出卖人负有回收的义务等。

（三）规定环境污染和生态破坏责任

《民法典》在《侵权责任法》环境污染责任的基础上，新增规定了生态破坏责任，用7个条文规定了环境污染和生态破坏责任，这是"绿色发展理念"在《民法典》各编中最直接、最集中的体现。为增强绿色原则的刚性约束、维护社会公共利益，《民法典》还规定了违反国家规定故意污染环境、破坏生态的惩罚性赔偿制度，在责任形式上增加了生态环境损害的修复和赔偿规则。

【审判实践中应注意的问题】

一、绿色原则为民事主体从事民事活动确立价值导向

在民事主体从事民事活动时，要严格执行《民法典》侵权责任编对环境污染责任的规定，在行使物权、债权、知识产权等财产权利时，要充分发挥物的效用，防止和避免资源被滥用，使资源的利用达

到利益最大化，使有限的资源在一定范围内得到更充分地利用。即使在婚姻家庭、继承等方面，也要体现绿色原则，以缓解资源的紧张关系。人们在利用家庭财产，以及在继承领域分配遗产时，应当采用最有利于发挥物的效能的方法。①

二、绿色原则为司法审判提供法律适用指引

绿色原则为司法实践中进行法律适用、法律解释、法律漏洞填补以及在利益冲突时的价值判断和选择，提供了法律适用指引。法院和法官要准确适用《民法典》和相关公益诉讼司法解释，依法制裁污染环境的侵权行为人，责令污染环境的责任人负担更重的举证责任，甚至承担惩罚性赔偿责任。要依法妥善审理环境公益诉讼案件，以司法裁判彰显国家保护生态环境的信心和决心。

三、违反法律法规污染环境、破坏生态的民事责任

按照2019年6月4日最高人民法院发布的《关于审理生态环境损害赔偿案件的若干规定（试行）》的规定，被告违反法律法规污染环境、破坏生态的，人民法院应当根据原告的诉讼请求以及具体案情，合理判决被告承担修复生态环境、赔偿损失、停止侵害、排除妨碍、消除危险、赔礼道歉等民事责任。具体来说：

1.受损生态环境能够修复的，判决被告承担修复责任，并同时确定被告不履行修复义务时应承担的生态环境修复费用。修复费用包括制定、实施修复方案的费用，修复期间的监测、监管费用，以及修复完成后的验收费用、修复效果后评估费用等。原告请求被告赔偿生态环境受到损害至修复完成期间服务功能损失的，人民法院根据具体案情予以判决。

2.受损生态环境无法修复或者无法完全修复，原告请求被告赔偿生态环境功能永久性损害造成的损失的，人民法院根据具体案情予以

---

① 杨立新：《中国民法总则研究》，中国人民大学出版社2017年版，第145页。

判决。

3.原告请求被告承担下列费用的，人民法院根据具体案情予以判决：（1）实施应急方案以及为防止生态环境损害的发生和扩大采取合理预防、处置措施发生的应急处置费用；（2）为生态环境损害赔偿磋商和诉讼支出的调查、检验、鉴定、评估等费用；（3）合理的律师费以及其他为诉讼支出的合理费用。

4.人民法院判决被告承担的生态环境服务功能损失赔偿资金、生态环境功能永久性损害造成的损失赔偿资金，以及被告不履行生态环境修复义务时所应承担的修复费用，应当依照法律、法规、规章予以缴纳、管理和使用。

5.一方当事人拒绝履行、未全部履行发生法律效力的生态环境损害赔偿诉讼案件裁判或者经司法确认的生态环境损害赔偿协议的，对方当事人可以向人民法院申请强制执行。需要修复生态环境的，依法由省级、市地级人民政府及其指定的相关部门、机构组织实施。

第十条 处理民事纠纷,应当依照法律;法律没有规定的,可以适用习惯,但是不得违背公序良俗。

【条文主旨】

本条是关于民法法源的规定。

【条文理解】

本条中所规定的民法法源包括法律以及不违背公序良俗的习惯。法源是法律适用过程中裁判依据的来源,是裁判所要依循的权威理由。[①]有学者分析了民法的法源在大陆法系和英美法系的不同,指出在大陆法系国家和地区,民法的法源主要有制定法、习惯法,还有包括学理等在内的其他渊源,英美法系国家和地区的法律渊源主要是判例法,也承认制定法的法律渊源地位。[②]《瑞士民法典》第1条规定:"凡依本法文字或释义有相应规定的任何法律问题,一律适用本法。无法从本法得出相应规定时,法官应依据习惯法裁判;如无习惯法时,依据自己如作为立法者应提出的规则裁判。在前一款的情况下,法官应依据公认的学理和惯例。"我国台湾地区"民法"第1条、第2条规定:"民事,法律所未规定者,依习惯;无习惯者,依法理。""民事所适用之习惯,以不背于公共秩序或善良风俗者为限。"

[①] 参见雷磊:《习惯作为法源?——以〈民法总则〉第10条为出发点》,载《环球法律评论》2019年第4期。
[②] 参见龙卫球:《民法总论》,中国法制出版社2001年版,第30~38页。

一、处理民事纠纷依据法律

法律具有多义性，狭义的法律仅指全国人大及其常委会行使国家立法权而制定的规范性文件。本条规定的"法律"应当从广义上理解，即依照《立法法》享有立法权的国家机关制定的法律规范的总称，包括全国人大及其常委会制定的法律和国务院制定的行政法规，还包括地方性法规、自治条例与单行条例。我国是成文法国家，法律应当优先适用。

具体来说，可以作为处理民事纠纷依据的法律包括：（1）《民法典》及一系列民商事单行法。《立法法》第8条第8项规定，民事基本制度只能由全国人民代表大会及其常务委员会制定法律。《民法典》是民法的基本渊源，是民法的主要表现形式。除此之外，其他民商事法律也是民法的渊源。（2）公法中所涉及的民事规范，如《土地管理法》《环境保护法》中有关民事事项的法律规范，《刑法》中合同犯罪、刑事附带民事责任的内容等。（3）国务院为执行民事法律而制定的行政法规以及全国人大及其常委会授权国务院制定的本属于应当制定法律的民事事项的行政法规。如《立法法》第9条规定："本法第八条规定的事项尚未制定法律的，全国人民代表大会及其常务委员会有权作出决定，授权国务院可以根据实际需要，对其中的部分事项先制定行政法规，但是有关犯罪和刑罚、对公民政治权利的剥夺和限制人身自由的强制措施和处罚、司法制度等事项除外。"（4）地方性法规。法律可以授权地方性法规对某种特定的民事关系作出具体规定。（5）自治条例和单行条例。法律可以授权民族自治地方对特定民事法律关系作出变通规定。（6）国际条约与国际惯例。在涉外民事关系的法律适用中，我国政府签订并经全国人大批准的国际条约或双边协定，也是民法重要的法源之一。[1]

---

[1]《〈中华人民共和国民法总则〉条文理解与适用》，人民法院出版社2017年版，第155~160页。

二、处理民事纠纷可以适用不违背公序良俗的习惯

习惯,是指在某区域范围内,基于长期的生产生活实践而为社会公众所知悉并普遍遵守的生活和交易习惯。有论者指出,对于同一种类之事物,由多数人继续通行而视为准则者,谓之习惯。[①] 习惯是人们长期生活经验的总结,它既是人与人正常交往关系的规范,也是生产生活实践中的一种惯行。此种惯行得到了人们的普遍遵守,尤其是对一些习惯而言,其效力在长期的历史发展过程中已经得到了社会公众的认可,长期约束人们的行为,因此也被称为"活的法"。习惯根据其适用,可以分为区域性习惯和行业性习惯、生活习惯和交易习惯等。

本条规定的"习惯"主要是指民事习惯。通常作为民法法源的"习惯",限于习惯法,即国家认可的民事习惯。它是在人们长期的生产生活实践中形成的一些行为规则,特定的群体具有将其作为行为规则、约束自身行为的内心确信,从而自觉或不自觉受其约束。将习惯作为民法的法源具有重要的意义,能够丰富民法规则的渊源,保持《民法典》的开放性;丰富法律规则内容,降低立法成本;限制法官自由裁量权,保障法律的准确适用。王利明教授认为,判断是否构成民法法源的习惯,应当同时具备积极条件和消极条件。习惯的积极条件包括:一是具有长期性、恒定性、内心确信性;二是具有具体行为规则属性,其并非宽泛的道德评价标准,而应当能够具体引导人们的行为。[②] 习惯的消极条件是不得违背公序良俗。

人民法院适用习惯处理民事纠纷应当把握三个条件:(1)法律没有规定。即相关的法律、行政法规、地方性法规对某一类民事纠纷如何处理没有明文的规定。(2)该习惯不违背公序良俗。即不违背本法第8条规定的公序良俗。公共秩序与善良风俗,体现了国家和社会层面的价值观念、民间道德观念,如果适用习惯与此相违背,将极大

---

① 徐谦:《民法总论》,上海法学编译社1923年版,第23页。
② 王利明:《论习惯作为民法渊源》,载《法学家》2016年第11期。

地损害法秩序，破坏法律的权威性。司法机关应当审查、判断是否存在该习惯，该习惯是否违反法律的强制性规定，是否符合公序良俗原则。（3）当事人主张存在某种习惯时，应首先负担证明义务。即当事人应当举证证明存在该特定的习惯。当然，法官依职权主动适用习惯裁判案件也是应有之义。

适用习惯处理民事纠纷在《民法典》物权编、合同编中均有所体现，如《民法典》物权编中的第289条规定："法律、法规对处理相邻关系有规定的，依照其规定；法律、法规没有规定的，可以按照当地习惯。"《民法典》合同编中的第510条规定："合同生效后，当事人就质量、价款或者报酬、履行地点等内容没有约定或者约定不明确的，可以协议补充；不能达成补充协议的，按照合同相关条款或者交易习惯确定。"司法实践证明，我国作为一个幅员辽阔的多民族国家，适用习惯处理民事纠纷是一项行之有效的做法。

【审判实践中应注意的问题】

一、国家政策能否作为民法的法源

《民法通则》曾把国家政策作为法源。《民法通则》第6条规定："民事活动必须遵守法律，法律没有规定的，应当遵守国家政策。"《民法典》没有再将国家政策作为民法法源。因为：（1）政策不具有稳定性。（2）政策往往不以公告的形式告之于全体国民，有的只以内部文件的形式下达给各有关机关。（3）政策的规范性太弱，缺乏对具体行为的指导性和可操作性。（4）国家政策作为裁判依据不清晰、说理较为困难。[1] 随着我国市场经济体制的建立和健全，依法治国方略的全面推进，不宜再将国家政策作为直接的民法渊源，理由如下：（1）中国特色社会主义法律体系已经形成，民事法律已经基本完备，

---

[1] 张红：《论国家政策作为民法法源》，载《中国社会科学》2015年第12期。

已经基本解决了无法可依的问题，适用国家政策增补民事法律漏洞的空间已经非常有限。（2）十八大后全面加强依法治国，法治的基本内涵在于依照法律而不是依照政策来治理社会关系。（3）国家政策的优势是灵活性，但其缺点是不稳定和不公开性，不利于形成社会关系的稳定预期。

国家政策不作为民法渊源，并不等于说国家政策在调整民事关系和民事司法裁判中不发挥作用。在司法裁判中，国家政策可以通过民法中引致条款发挥作用，如认定为不可抗力、情势变更、社会公共利益等情形，或者作为诚信原则、公序良俗原则的新内涵以平衡当事人的利益以及个人利益与社会利益，国家政策的目的同样可以实现。很多重要政策，对民事活动具有很强约束，如小产权房、房屋限购等问题，《民事诉讼法司法解释》第28条规定的政策性房屋概念等，国家政策可以作为裁判说理的依据。

二、关于司法解释的适用

我国是成文法国家，社会关系的规范和调整依靠权力机关颁布的法律。法律是国家立法活动的书面语言表达，是人民法院执法办案的基本遵循。法院、法官只有司法权而无立法权。立法权作为国家治理体系中一种相对独立的、具有政治性质的国家权力，是人民主权的反映，是立法机关行使制定、认可、解释、补充、修改或废止法律的权力。我国《立法法》第7条规定，全国人民代表大会和全国人民代表大会常务委员会行使国家立法权。

但是，法律具有原则性、普遍性和安定性等特征，在总体上滞后于社会生活，这就使得法院、法官在司法过程中面临推动法律、解释法律等变化发展的任务。2018年修订的《人民法院组织法》第18条第1款规定："最高人民法院可以对属于审判工作中具体应用法律的问题进行解释。"2007年3月23日最高人民法院发布《关于司法解释工作的规定》。根据该规定，司法解释权必须由最高人民法院依法行使，并限定为"严格在法律规定的范围内对审判工作中具体应用法律的问题行使司法解释权"。司法解释内容必须符合法律规定和有关立法精神。还特别强调：最高人民法院发布的司法解释，具有法律效力。《立法法》第104条规定："最高人民法院、最高人民检察院作出的属于审判、检察工作中具体应用法律的解释，应当主要针对具体的法律条文，符合立法的目的、原则和原意。遇有本法第四十五条第二款规定情况的，应当向全国人民代表大会常务委员会提出法律解释的要求或者提出制定、修改有关法律的议案。"

司法实践证明，在我国幅员辽阔，发展不平衡的情况下，司法解释对社会生活中新情况、新问题适用法律的补充性、建设性规定，有效满足了人民法院审判执行时适用法律的需要。（1）从司法解释的形式来看，分为"解释""规定""批复"和"决定"四种。对在审判工作中如何具体应用某一法律或者对某一类案件、某一类问题如何应用法律制定的司法解释，采用"解释"的形式；根据立法精神对审判工作中需要制定的规范、意见等司法解释，采用"规定"的形式；对高级人民法院、解放军军事法院就审判工作中具体应用法律问题的请示制定的司法解释，采用"批复"的形式；修改或者废止司法解释，采用"决定"的形式。（2）起草司法解释，应当深入调查研究，认真总结审判实践经验，广泛征求意见。涉及人民群众切身利益或者重大疑难问题的司法解释，可以向社会公开征求意见。司法解释送审稿应当送全国人民代表大会相关专门委员会或者全国人民代表大会常务委员会相关工作部门征求意见。（3）司法解释应经审判委员会讨论通过，以最高人民法院公告形式发布。司法解释应当自发布之日起30日内报全国人民代表大会常务委员会备案。（4）司法解释施行后，人民法院作为裁判依据的，应当在司法文书中援引。人民法院同时引用法律和司法解释作为裁判依据的，应当先援引法律，后援引司法解释。

三、关于指导性案例的适用

案例指导制度是最高人民法院为及时总结审判工作经验，指导各级法院审判工作，统一司法尺度和裁判标准，规范法官自由裁量权,充分发挥指导性案例作用的一项具有中国特色的司法制度。最高人民法院发布的指导性案例,是指由最高人民法院编选,经最高人民法院审判委员会审议决定后公开发布,对全国法院审判执行工作具有指导作用、法官应当参照适用的案例。新修改的《人民法院组织法》,明确规定最高人民法院可以发布指导性案例。《最高人民法院关于案例指导工作的规定》第2条规定,指导性案例应当符合以下条件:(1)社会广泛关注的;(2)法律规定比较原则的;(3)具有典型性的;(4)疑难复杂或者新类型的;(5)其他具有指导作用的案例。指导性案例中的裁判要点旨在对法律、司法解释抽象、原则的条款进行解释和细化,进一步明确法律适用规则和裁判规则,为法官审理案件提供更加具体的参照和遵循。指导性案例很好地满足了法官在将法律条文的抽象规则运用于解决具体案件时对法律概念、法律原则的内涵、外延进一步进行逻辑分析和价值判断的需要,从而在客观上弥补了法律和司法解释的不足。

指导性案例与英美法的判例不同,不属于正式的法律渊源。判例法最大的特色在于法官审理案件时有创制、解释法律的权力,是法官借由每一个具体案件的判决所发展而成的法律。法官主要以适用先前的判决(先例)来裁判案件,即对相似的案件应当以与先例一样的相同方式作出判决。在一个判例中,法官意见区分为两部分:首先为判决原理(the ratio decidendi)部分。这部分就判决中的争议焦点阐述法律原则,进行推理,对以后的相似案例具有拘束力。其次为被称为附随意见(obiter dictum)的其他部分。在这部分,法官就该判决争议焦点以外事项发表附带意见,其意见对以后判决仅具有说服效力,而无法律拘束力。我国属于大陆法系国家,是成文法,法官的审判活动属于一种演绎工作,即将成文法中的相关法律原则、条文规定适用到所审判的具体案件中。指导性案例是适用、解释法律的一种形式。因此,指导性案例是法官释法而不是法官造法,是总结法律经验法则而不是创制法律经验法则。

最高人民法院司法解释赋予了指导性案例以效力。根据《最高人民法院关于案例指导工作的规定》第7条，最高人民法院发布的指导性案例，各级人民法院审判类似案例时应当参照。鉴于指导性案例具有一定拘束力，各级法院在审理类似案件时应当参照，将指导性案例裁判要点转化为对案件的司法判断。指导性案例与国外判例的重要区别，在于有专门提炼出来的裁判要点，该裁判要点可以视为是最高人民法院司法解释的"零售"。因此，将"应当参照"范围限定在裁判要点上比较合适。当然，基本案情、裁判结果、裁判理由对法官审理类似案件也具有启发、参考价值，但不属于具有效力性的"应当参照"情形，且不要求在裁判文书说理部分引述。

理解"参照"，应当注意把握三点：(1)在审判案件过程中，法官要主动搜寻、发现与在审案件相类似的指导性案例。这就要求法官要同时发现法律、司法解释、指导性案例。(2)在审判中遇有与指导性案例相类似的案件时，应尽可能遵循指导性案例的审理思路，在对案件事实认定以及裁判依据的适用，尤其是对法律规范的选择、理解及适用上，尽可能体现出与指导性案例的一致性。(3)在裁判结果上，对类似案件的判决与指导性案例的判决不应存在明显差别。判断案件是否类似是参照适用的核心。关键是确定指导性案例中的裁判要点对当前案件是否适用。最高人民法院确立的原则是，正在审理的案件，在基本案情、法律适用两方面与指导性案例相类似的，就应当参照相关指导性案例。法官审理案件时，应当参照指导性案例而未参照的，必须有能够令人信服的理由；否则，既不参照指导性案例又不说明理由，导致裁判与指导性案例大相径庭，显失司法公正的，就可能是一个不公正的判决，当事人有权利提出上诉、申请再审。

鉴于指导性案例不属于法律渊源，因此，不应当作为裁判文书判决部分的法律依据来援引，但可以作为裁判文书说理部分的重要理由引述。这样既能引导法官更多地参照指导性案例办理案件，增强裁判说服力，充分发挥指导性案例的指导作用，又有利于在裁判文书中客观呈现法官的裁判思路，增强裁判的透明度和公信力。

第十一条 其他法律对民事关系有特别规定的，依照其规定。

【条文主旨】

本条是关于一般法与特别法的关系的规定。

【条文理解】

《立法法》第92条规定："同一机关制定的法律、行政法规、地方性法规、自治条例和单行条例、规章，特别规定与一般规定不一致的，适用特别规定；新的规定与旧的规定不一致的，适用新的规定。"因此，根据《立法法》关于"特别规定与一般规定"的表述，可将法律区分为一般法与特别法。《民法典》是由全国人大通过的法律，是民事领域的基本法，是一般法。其他法律特别是其他民事、商事性质的法律，一般由全国人大及其常委会制定和审议通过。鉴于全国人大常委会是全国人大的常设机构，且根据《立法法》规定直接行使立法权，因此与全国人大属于"同一机关"，其制定的法律相较于《民法典》，属于特别法。按照法律适用上特别法优于一般法的规则，其他法律对民事关系有特别规定的，优先适用其他法。特别是二者规定不一致时，应适用特别法。因此，本条做了与《立法法》规定精神完全一致的规定。

从法理上分析，一般法与特别法的区别主要表现在：（1）适用范围、适用对象不同。一般法是在一个国家全国范围内对全体社会成员普遍、经常适用的法律；特别法一般适用于特定领域、特定主体、特定事项，如《证券法》只适用于证券发行和交易领域、《公务员法》

只适用于特定身份主体的公务员。（2）法律效力层级不同。一般法的效力层级比特别法高。在特别法没有规定时，应当适用一般法。比如关于诉讼时效，《民法典》规定的一般诉讼时效期间为3年，而《海商法》第260条规定有关海上拖航合同的请求权时效期间为1年。此类特别法的规定必须优先适用。一般法没有具体条文规范时，应当根据一般法的精神、原则推定适用。

在《民法典》编纂过程中，有观点认为，《立法法》已经对一般法与特别法之间的关系作了规定，《民法典》不需要重复规定。考虑到我国制定了诸多单行民商事法律法规，对特定领域民商事法律关系作了规定。在《民法典》实施后，尽管《婚姻法》等9部民事法律同时废止，但没有纳入《民法典》的知识产权法、涉外民事关系法律适用法等继续存在和适用，大量商事法律的效力也没有任何变化，本条明确强调特别法优先的法律适用规则，有助于减少认识上的分歧，统一法律适用顺序和标准。

此外，需要注意的是，《立法法》第94条规定，法律之间对同一事项的新的一般规定与旧的特别规定不一致，不能确定如何适用时，由全国人民代表大会常务委员会裁决。行政法规之间对同一事项的新的一般规定与旧的特别规定不一致，不能确定如何适用时，由国务院裁决。

【审判实践中应注意的问题】

一般法的优先适用应以同一机关制定为前提。本条规定的是一般法与特别法之间的关系，而非新法与旧法、上位法与下位法的关系。根据《立法法》确定的特别法优于一般法的原则，应以同一机关制定为前提，故本条亦应遵循这一前提。本法为全国人大制定，实践中若需通过本条排除本法的适用，需满足与本法规定不一致的法律是由全国人大及其常委会所制定这一条件。本法规定实际上排除了与本法位阶不同的行政法规、地方性法规、自治条例、单行条例作为特别法的资格。

> **第十二条** 中华人民共和国领域内的民事活动,适用中华人民共和国法律。法律另有规定的,依照其规定。

【条文主旨】

本条是关于民法的效力范围的规定。

【条文理解】

一、民法的地域效力范围

民法地域效力范围,是指民法在什么空间领域内适用。本条规定,中华人民共和国领域内的民事活动,适用中华人民共和国法律。中华人民共和国领域包括中华人民共和国领土、领空、领海,以及根据国际法视为我国领域的我国驻外使馆,国籍为中国的船舶、航空器等。按照本条规定,在中华人民共和国领域内的民事活动都适用我国法律。民法的地域效力范围,又称为法域(legal unit 或者 law district)。从比较法角度,可区分为单一法域和复数法域。单一制国家一般为一个法域,如日本、法国等国。联邦制或其他特殊情况的国家同时并存复数法域,如美国一个州为一个法域,英伦三岛则有英格兰、苏格兰、爱尔兰和威尔士四个法域。不同法域的存在是法律冲突产生的前提条件。

在我国,由于民事法律规范制定的机关不同,其适用的领域也不完全相同,主要有以下几种情形:

1. 适用于我国全部领域的民事法律、法规。全国人民代表大会及其常务委员会制定的民事法律,如《民法典》、国务院制定的民事法规，适用于我国全部领域，但法律、法规中明确规定仅适用于某一地区的除外。

2.适用于局部地区的地方性民事法规。如地方性法规、民族自治地方的民事法规、经济特区或综合改革试验区的民事法规，适用于制定者管辖的行政区域之内。

3.适用于特别行政区的法律。香港特别行政区和澳门特别行政区法规中的民事法律规范，只适用于各该特别行政区。

在《民法典》编纂过程中，曾有观点建议增设涉外民事法律关系适用编。主要理由：（1）实施"一带一路"重大战略、推进贸易强国建设、促进国际贸易和投资自由化便利化、推进构建人类命运共同体的客观需要。我国经济与世界经济已经融为一体，我国企业和公民与外国企业和公民之间发生的大量投资贸易与日俱增，我国企业、人员在国外利益的保护直接影响到我国重大战略的实施和经济的发展。（2）《民法典》编纂应当回应经济全球化、对外开放和"一带一路"战略实施过程中中外市场主体的立法需求，为涉外民事关系法律适用提供法律制度供给，为我国法院依法准确适用国际条约和惯例，准确查明和适用外国法律，依法行使司法管辖权、裁判权，为中外市场主体提供及时有效的司法救济，提供法律依据。（3）将涉外民事关系法律适用纳入《民法典》体系，可以向世界彰显中国开放的大门不会关闭，只会越来越大，所有与我国的经济和社会交往，都能得到法律的平等保护。但立法机关认为，目前有涉外民事法律关系适用法，以后可以进一步修改完善。还有观点认为，目前国际上单边主义盛行，造成对国际经济关系、民事关系的冲击、破坏，对涉外民事法律关系涉及的国际条约等需要进一步研究、观察。

二、对"法律另有规定的，依照其规定"的理解

本条但书规定，"法律另有规定的，依照其规定"，应当理解为仅指存在涉外因素的情况。即只有当出现涉外情形时，才出现在我国领域内的民事活动不适用我国实体法律的可能性。对涉外民事关系的

法律适用，《民法通则》第8章共9条做了专门规定，分别涉及对国际条约与国际惯例的适用、定居国外的中国公民民事行为能力的法律适用、不动产所有权的法律适用、涉外合同的法律适用、涉外侵权行为损害赔偿的法律适用、涉外结婚与离婚的法律适用、涉外抚养的法律适用、涉外遗产法定继承的法律适用以及公共秩序保留制度。由于《民法通则》在《民法典》实施日即行废止，以上规定将在2021年1月1日失去法律效力。

本条所述的法律，包括《涉外民事关系法律适用法》。这是2010年10月28日全国人大常委会通过的、新中国第一部以单行法的形式全面系统规定涉外民事关系法律适用规范的专门法。该法共8章，52条，对涉外民事关系法律适用，包括一般规定、民事主体、婚姻家庭、继承、物权、债权、知识产权等法律适用作了规定。除此之外，还有一些单行民事法律也对涉外民事关系的法律适用作了特别规定，如《海商法》（第269条）等。根据特别规定，在中华人民共和国领域内的涉外民事活动，法律适用应当根据特定的民事法律关系类型的不同而具体适用相应的法律规范，并非一概适用中国法律。

本条规定的效力适用并没有排除我国领域外本法适用的可能性。由于对于我国领域外的民事活动是否适用我国法律涉及国际私法的法律适用问题，各国国际私法有相应规定，且不同的民事法律关系所适用的法律有不同规定，法律适用情况比较复杂。故本条未对此作出规定，但这并不意味着在中华人民共和国领域外的民事活动，就不能适用中华人民共和国法律，需要根据具体情况和所在国法律的具体规定确定。

【审判实践中应注意的问题】

一、关于意思自治原则与最密切联系原则的关系

《涉外民事关系法律适用法》第1章"一般规定"分别规定了意

思自治原则和最密切联系原则。该法第2条第2款规定："本法和其他法律对涉外民事关系法律适用没有规定的，适用与该涉外民事关系有最密切联系的法律。"按照该款规定，适用最密切联系原则的条件是"本法和其他法律"对涉外民事关系法律适用没有规定。第3条规定："当事人依照法律规定可以明示选择涉外民事关系适用的法律。"

二、涉外因素的认定标准问题

关于涉外因素的认定标准可参考《涉外民事关系法律适用法司法解释（一）》第1条规定，民事关系具有下列情形之一的，人民法院可以认定为涉外民事关系：（1）当事人一方或双方是外国公民、外国法人或者其他组织、无国籍人；（2）当事人一方或双方的经常居所地在中华人民共和国领域外；（3）标的物在中华人民共和国领域外；（4）产生、变更或者消灭民事关系的法律事实发生在中华人民共和国领域外；（5）可以认定为涉外民事关系的其他情形。

三、如何理解《涉外民事关系法律适用法》第4条的"强制性规定"

《涉外民事关系法律适用法》第4条规定："中华人民共和国法律对涉外民事关系有强制性规定的，直接适用该强制性规定。"对该条应从以下三方面理解：（1）强制性规定既表现在实体规范中，也表现在程序规范包括冲突规范中，"直接适用"的强制性规定主要是实体规范中的强制性规定。（2）民商事法中的强制性规定并非都属于《涉外民事关系法律适用法》第4条中的强制性规定。比如，本法第116条规定："物权的种类和内容，由法律规定。"该条是强制性规定，但不属于《涉外民事关系法律适用法》第4条中的强制性规定。因为该法明确规定不动产物权适用不动产所在地法律，动产质权适用质权设立地法律。（3）第4条中的强制性规定主要是指我国刑法和行政法、经济法中的强制性规定，特别是海关、税收、金融、外贸管理、反垄断、劳动保护、消费者保护等领域和民商事活动具有密切关系的强制性规定。属于强制性规定的,不适用公共秩序保留制度。①

四、关于动产物权的法律适用

《涉外民事关系法律适用法》区分不动产和动产对其法律适用作了规定,允许当事人协议选择动产物权法律适用的规定。主要理由在于:

1.在实际生活中物权和债权是交叉的,这一点表现在动产上更为明显。因为不动产物权的设立和变更主要采取登记方式,而动产物权的设立和转让则采取交付方式。动产的交付,从法律角度既和合同法有关,也和物权法有关。也就是说,动产交付既是物权取得的标志,也是合同履行的方式。因此,应当允许合同当事人选择适用的法律。

2.动产的种类非常广泛,大到飞机、船舶,小到铅笔、绣针;动产可以移动,既可能在国内移动,也可能移出境外;特别是动产既可能由所有人占有,也可能脱离所有人由他人使用。动产物权的情况如此复杂,怎么能够断定一个物之所在地法就能适应各种动产物权的需要呢?

3.冲突规范调整涉外民事关系,民事主体对自己的民事权利具有处分权,允许当事人选择适用的法律不仅表现在人身关系中,更表现在财产关系中。因此,扩大当事人协议选择适用法律的范围,可以说是国际私法的发展趋势。《涉外民事关系法律适用法》共有52条,其中有16条对当事人选择适用法律问题作出规定,也就是说,近三分之一是有关当事人选择适用法律的条文。涉外民事关系法律适用法允许当事人协议选择动产物权适用法律的规定,和物权法中物权法定的规定是一致的。选择适用的法律可能是本国法,也可能是外国法。②

---

① 王胜明:《涉外民事关系法律适用法若干争议问题》,载《法学研究》2012年第2期。
② 王胜明:《涉外民事关系法律适用法若干争议问题》,载《法学研究》2012年第2期。

第二章 自 然 人

第一节 民事权利能力和民事行为能力

> **第十三条** 自然人从出生时起到死亡时止,具有民事权利能力,依法享有民事权利,承担民事义务。

【条文主旨】

本条是关于自然人权利能力取得和终止的规定。

【条文理解】

一、关于自然人权利能力的理解

(一)概念

自然人的民事权利能力是自然人享有民事权利、承担民事义务的资格。[1] 本法沿用了《民法总则》的规定。"权利能力"的概念发端于《奥地利普通民法典》。[2]《奥地利普通民法典》第16条规定:"每个(生物学意义上的)人均生来就因理性而获得天赋的权利,并被据此被视为(法律上的)人。禁止奴隶制以及以此为依据的权力行使。"

---

[1] 参见王利明:《民法总则研究》,中国人民大学出版社2012年版,第201页。
[2] [日]星野英一:《现代民法基本问题》,段匡、杨永庄译,上海三联书店2012年版,第71页。

德国民法学者对之加以发展,《德国民法典》第 1 条规定:"人的权利能力始于出生完成之时。"同时,进一步区分了权利能力和行为能力,并将之不断抽象并适用于法人。受此影响,瑞士、土耳其、苏联等大陆法系国家和地区均规定了权利能力制度。权利能力是"生物人"到"法律人"的桥梁。《德国民法典》与《法国民法典》一样,均沿用了罗马法将"生物人"与"人格"相分离,进而使"生物人"和"法律人"相分离的立法技术。[①] 只是,前者规定为适"权利能力"之格,后者规定为适"人的理性"之格。从技术上说,"权利能力"是解决人格技术逻辑的关键环节;从观念上说,民事权利能力是对既往奴隶制"人格减等"、封建"家长制"等人与人不平等的摒弃,是近代人类社会自由、平等价值观念的集中体现。

(二)特征

自然人民事权利能力的特征有:

1. 不可剥夺性。民事权利能力始于自然人出生、终于死亡,自然人生存期间,权利能力不因任何事由丧失、消灭。同理,也不可转让或剥夺。

2. 平等性。自然人的权利能力一律平等。这是民事主体法律地位平等的必然要求。权利能力的平等是抽象的平等。

3. 一定的自然性。自然人的权利能力因主体出生而获得,因死亡而消灭,无须登记、自然取得。

(三)与相关概念的区别

1. 自然人民事权利能力与民事权利。自然人民事权利能力与民事权利具有紧密联系,民事权利必须以民事权利能力为前提,两者须臾不可分离。即便认可胎儿的继承权,也是以拟制的民事权利能力为前提的,并不能说明民事权利与民事权利能力的分离。[②] 同时,二者又有区别:(1)自然人民事权利能力是法律赋予民事主体享有民事权利承担民事义务的一种可能性,民事权利是民事主体在具体法律关系中

---

① 马俊驹:《人格和人格权理论讲稿》,法律出版社 2009 年版,第 62 页。
② 孙鹏:《民事权利与民事权利能力不可分》,载《政治与法律》1996 年第 1 期。

所享有的获利可能性。(2)自然人民事权利能力与自然人主体密不可分,不可转让、亦不可剥夺,而在不违反法律规定的前提下(如《民法典》人格权编中的第992条规定"人格权不可放弃、转让或者继承"),民事主体可以放弃或转让其享有的具体民事权利。(3)民事权利能力的内容、范围不因民事主体的具体资质状况(如年龄、智力)有所区别,与之相比,各类民事权利的客体、内容、取得、行使方式和存续期间皆有不同。

2. 自然人民事权利能力与自然人民事行为能力。自然人民事行为能力,是指能够通过自己独立的行为享有民事权利、承担民事义务的资格。本质上,民事行为能力关注的是人的理性。德国学者直接指出:"理智地形成意思的能力,在民法中称为行为能力。"[①] 相较于自然人民事权利能力的抽象平等性,民事行为能力更多考量了年龄、智力、精神状况等实际影响权利取得和义务承担的因素,并按照上述因素的不同,区分为完全民事行为能力、限制行为能力和无行为能力。同时,民事行为能力并不具有天然性、永续性,需具备一定条件方可取得。

3. 自然人民事权利能力与诉讼权利能力。诉讼权利能力也称"当事人能力",是指能够成为一般民事诉讼当事人所需要的诉讼法上的能力或资格。[②] 具有民事权利能力的自然人同时具有诉讼权利能力。

二、关于自然人的理解

此前,《民法通则》第二章章名用的是"公民(自然人)",《民法典》总则编将之全部修改为"自然人",更加凸显了民法的私法属性。"公民"是公法上的概念,通常与国籍相关,与公法上的权利义务密切相关。自然人则无国籍之分,包括本国公民、外国公民和无国籍人。但是,一般来说,对外国人而言,如果该外国人所属国家对等地

[①] [德]迪特尔·梅迪库斯:《德国民法总论》,邵建东译,法律出版社2000年版,第409页。

[②] 张卫平:《民事诉讼法》,法律出版社2016年版,第125页。

给予我国公民国民待遇，其在我国领域内实施民事活动，也与我国公民享有平等的民事权利能力。①

三、关于自然人民事权利能力的取得

民事权利能力的取得始于出生。规定自然人的权利能力始于出生的有《日本民法典》第 1 条："私权的享有始自出生。"我国台湾地区"民法"第 6 条、我国《澳门民法典》第 63 条均有相同规定。对于出生，有"阵痛说""一部产出说""全部产出说""断带说""泣声说""独立呼吸说"等。立法中，对自然人权利能力的开始有明确规定的是《德国民法典》第 1 条的规定："人的权利能力自出生完成之时开始。"所谓"出生完成"，德国通说认为是与母体完全分离。我国采用何种学说并不明确，学界主张不一，比如王利明教授主张"独立呼吸说"。不过，除特殊案件外，采用何种学说在实务上差别不大。只有在出生时仍生存的人，才取得民事权利能力。

四、关于自然人民事权利能力的消亡

自然人的权利能力终于死亡。对于死亡，有呼吸停止说、心跳停止说、脑电波消失说等。医院死亡证明记载的时间被推定为死亡时间，此外，宣告死亡的时间也被推定为死亡时间。

数人死亡而不知先后顺序的，各立法例通常对死亡顺序作出推定，如《德国失踪法》第 11 条规定，不知死亡先后顺序，推定为同时死亡。在我国的情形则比较复杂：根据《继承法意见》第 2 条的规定，在相互有继承关系的数人在同一事件中死亡，不能确定死亡先后时间的，推定没有继承人的人先死亡；都有继承人的，如几个死亡人辈分不同，推定长辈先死亡，辈分相同，推定同时死亡。本法第 1121 条基本沿用了这一规定。

自然人经常因种种原因下落不明，生死未卜，为了及早确定法律

---

① 王利明：《民法总则研究》，中国人民大学出版社 2012 年版，第 218 页。

关系，各立法例中，通常规定失踪后经过一定时期，可以通过法院作出宣告，推定被宣告人已经死亡，这一制度在瑞士、日本被称为"宣告死亡"；在德国，依不同情形，分别设置了"宣告死亡"和"确认死亡时间"两种制度；在我国台湾地区，则被称为"宣告死亡"；在我国澳门特别行政区，被称为"推定死亡"。《民法典》第46条规定了宣告死亡制度。

《德国失踪法》第16条规定，申请人包括：检察官；失踪人的法定代理人（必须经过监护法院同意）；失踪人的配偶、直系晚辈血亲、父母和其他对宣告死亡有法律上的利益的人。我国《民法通则意见》第25条规定，申请宣告死亡的利害关系人的顺序是：（1）配偶；（2）父母，子女；（3）兄弟姐妹、祖父母、外祖父母、孙子女、外孙子女；（4）其他有民事权利义务关系的人。对于申请人有无先后顺序，存在争论。

【审判实践中应注意的问题】

根据《民法典》总则编中的第13条规定，自然人从出生时起到死亡时止，具有民事权利能力，依法享有民事权利，承担民事义务。自然人死亡后，丧失权利能力，不再属于民事主体，不能享有民事权利、承担民事义务。死者虽不享有民事权利，不存在民事权利保护的问题，但死者的遗物、遗体、姓名、肖像、名誉、荣誉等仍为其近亲属权益之客体，仍应受到法律保护。如果死者的遗物、遗体、姓名、肖像、名誉、荣誉等受到其他组织或个人的损害，其近亲属有权主张权利，请求救济。如果损害公共利益的，应允许通过公益诉讼予以保护。

第十四条 自然人的民事权利能力一律平等。

【条文主旨】

本条是关于自然人民事权利能力平等性的规定。

【条文理解】

我国《宪法》第 33 条第 2 款规定：中华人民共和国公民在法律面前一律平等。从根本法的角度确定了公民的法律地位平等。民法中规定自然人的民事权利能力平等是公民法律地位平等原则的必然反映，[①]是宪法规定在民法上的集中体现和具体表达，是民法上的宪法精神的表现之一，也是私法自治特性的基本要求。

自然人的民事权利能力一律平等，不因其性别、年龄、民族、职务、文化程度等方面的差异而存在区别，都有平等享有权利和承担义务的资格。若外国人需要与我国公民享有平等的民事权利能力，一般需要其所属国家对等地给予我国公民国民待遇。无国籍人在我国领域内实施民事活动，也与我国公民享有平等的民事权利能力。

自然人权利能力平等是民法赖以生存的市民社会的本质特征，也是近代私法的重要进步。人的权利能力平等在今日被认为理所当然，然而，在当时的西欧历史上，却是具有划时代意义的重要事件。[②]古罗马法上以身份决定人格，故人与人之间的人格是不平等的。中世纪时期的人依其性别、身份、所属职业团体和宗教的差异而不同，分为

[①] 佟柔主编：《民法原理》，法律出版社 1983 年版，第 62 页。
[②] [日]星野英一：《现代民法基本问题》，段匡、杨永庄译，上海三联书店 2012 年版，第 71 页。

非自由人（奴隶、半自由人如降服民族及其子孙）和自由人（农奴、自由农、区属、贵族）。① 在家庭内部，各成员间地位也非平等，身份等级森严的特点非常鲜明。1804年《法国民法典》将自然法所倡导的无差别的"人类理性"作为实定法上人格取得依据，从而使"生而平等"的伦理价值观念在法典上得以落实。

古代中国长期处于"三纲""名教"统摄之下，形成的是义务本位的法观念，既缺乏独立主体意识，更缺乏权利平等观念。甲午战争之后，维新派把天赋人权的思想具体化为天赋的自由权和平等权，康有为、谭嗣同、严复等对这一观念大加推广，使法观念不断变革，并集中体现在辛亥革命后南京临时政府的一系列立法实践中。② 国民党政府颁布的《中华民国民法》（1949年废止）中，规定"人之权利能力，始于出生，终于死亡"。直至《民法通则》颁行，我国私法领域第一次开宗明义规定"公民的民事权利能力一律平等"。

自然人权利能力是否一律平等，在我国民法理论界素有争议。在《民法总则》起草过程中，多个版本的草案建议稿中均主张写明自然人民事权利能力平等。但也有学者对此持不同观点。有的学者指出："自然人的权利能力范围实际上有大有小，如结婚权利能力，并非人皆有之"，"可将权利能力做一般和特别之分"，③ 也有学者指出：自然人的权利能力根本不可能平等。公民与外国人、农村与城市人以及此城人与彼城人、被监禁者与自由人、失权人与全权人、军人与平民、出家人与在家人、健康人与患有特定疾病者，在能力上均有差别，如何还能坚持认为自然人权利能力平等呢？因此，如若规定自然人权利能力平等，应该增加"自然人的权利能力平等，但受立法、司法剥夺

---

① 李宜琛：《日耳曼法概论》，中国政法大学出版社2003年版，第25页。
② 如《中华民国临时约法》规定："中华民国人民一律平等。"参见张晋藩：《中国法律的传统与现代转型》，法律出版社2009年版，第426~434页。
③ 参见罗玉珍主编：《民事主体论》，中国政法大学出版社1992年版，第54页；柳经纬：《权利能力的若干基本理论问题》，载《比较法研究》2008年第1期；杨震：《民法总则"自然人"立法研究》，载《法学家》2016年第5期。

者除外"。① 对上述观点，试做如下评述：其一，鉴于自然人民事权利能力与法律人格的高度关联，"对于平等原则应从法律伦理价值的角度去理解，而不能机械地理解"；② 其二，自然人民事权利能力是一种"起点平等"，上述认为权利能力有大有小，实际上"混淆了作为取得权利资格的平等与具体取得的权利的平等之间的差异"；其三，实践中许多对人之行为范围的限制，是基于某种价值判断或者国家政策对自然人行为的限制而非对其"权利能力"的限制。③ 故此，本条规定的民事权利能力，其所指仅为抽象意义上享有法律允许享有的一切权利（权利之总和）的资格，而非具体意义上的特定资格。故"自然人的民事权利能力一律平等"成为本法的基本原则。

【审判实践中应注意的问题】

关于域外自然人、非无国籍人的民事权利能力认定。在国际私法上，对于自然人的民事权利能力的适用，基本上都以"属人法"来确定，"属人法"相关的地域因素主要有籍贯、住所、国籍、居所等，这些都是"属人法"的连接点。我国《涉外民事关系法律适用法》第12条第1款规定，自然人的民事权利能力，适用经常居住地法律。可见，我国立法是采取以"属人法"中的"住所地法主义"的方式来规定的。这对于具有"一国两制四法域"特点的我国而言，是解决区际私法冲突最具可操作性的做法。

---

① 徐国栋：《评析三个民法总则草案中的平等规定——从平等撤退的端倪以及可能的发展》，载《暨南学报》2015年第1期。
② 张俊浩主编：《民法学原理》，中国政法大学出版社2000年版，第96页。
③ 李永军：《民法总则》，中国法制出版社2018年版，第149页。

> **第十五条** 自然人的出生时间和死亡时间，以出生证明、死亡证明记载的时间为准；没有出生证明、死亡证明的，以户籍登记或者其他有效身份登记记载的时间为准。有其他证据足以推翻以上记载时间的，以该证据证明的时间为准。

【条文主旨】

本条是关于自然人出生时间和死亡时间的规定。

【条文理解】

自然人的民事权利能力始于出生、终于死亡。本条明确了出生时间、死亡时间的确定规则，为判断自然人的民事权利能力、自然人作为民事主体的资格提供依据。

一、出生时间

出生是重要的法律事实，会引起一系列法律关系的产生、变更或消灭。民法中的出生，应当指出生的完成。出生的完成有两个要件：一是胎儿的身体与母亲的身体完全脱离，但这种脱离不要求脐带完全切断；二是胎儿在与母体分离的时间点必须有生命，有生命是指在离开母体的时候心脏在跳动、脐带正在搏动，或者能够进行自然的肺部呼吸；[①]或者可以通过医疗仪器探测到确定的生命迹象，如脑电波。对于出生时间，民法理论中还有阵痛说、部分露出说等不同观点。阵痛说认为，分娩所伴随的规律阵痛开始即标志胎儿出生。但阵痛只

[①] 《德国户籍法执行条例（PStV 29）》采用此标准。

是分娩的开始,此时胎儿仍在母体当中,且不能区分胎儿是否有生命,以此确定出生时间不妥。部分露出说将胎儿部分露出母体即视为出生,刑法理论采用这一标准,认为自然人刑事权利能力始于出生的开始,即胎儿的身体部分露出母体这一时点,以此充分保护生命法益。[①] 出生的完成不要求胎儿脱离母体后有生存能力,早产儿、畸形儿等不能自主生存的婴儿,以及脱离母体后仅短暂存活的婴儿,都具有民事权利能力,可以导致相关民事法律关系的产生、变更、消灭。

二、出生时间的证明

《民法通则》没有明确规定自然人的出生时间及证明方式。关于出生时间的证明,《民法通则意见》进行了规定,已被本条吸收并修改。《民法通则意见》第1条规定:"公民的民事权利能力自出生时开始。出生的时间以户籍证明为准;没有户籍证明的,以医院出具的出生时间证明为准。没有医院证明的,参照其他有关证明认定。"[②] 依据《民法通则意见》,户籍证明对于出生时间的证明效力高于出生证明;而根据本条规定,出生证明的效力高于户籍登记。作出修改的理由是,出生证明是新生儿进行出生登记的原始凭证,记载了新生儿出生时的健康及自然状况。

三、出生医学证明

本条中的出生证明是指依据《母婴保健法》[③]第23条中的规定,医疗保健机构和从事家庭接生的人员按照国务院卫生行政部门的规定,出具的统一制发的新生儿出生医学证明。依据《卫生部、公安部关于统一规范〈出生医学证明〉的通知》(卫妇幼发〔1995〕第10号),

---

① 周光权:《刑法各论讲义》,清华大学出版社2003年版,第4、5页;另参见《德国刑法典》第217条。
② 《民法通则意见》第1条,1988年4月2日施行。
③ 《母婴保健法》,1994年10月27日通过,2009年8月27日第一次修正,2017年11月4日第二次修正。

我国自 1996 年 1 月 1 日正式开始启用《出生医学证明》。本条中的户籍登记是指依据《户口登记条例》进行的户口登记，该条例第 7 条规定："婴儿出生后一个月以内，由户主、亲属、抚养人或者邻居向婴儿常住地户口登记机关申报出生登记。弃婴，由收养人或者育婴机关向户口登记机关申报出生登记。"第 9 条规定："婴儿出生后，在申报出生登记前死亡的，应当同时申报出生、死亡两项登记。"本条中的其他有效身份登记包括居民户口簿、居民身份证、护照等能够证明出生时间的法定身份证件，[①] 以及自然人的出生档案，即关于孕妇和胎儿（新生儿）在医院接受检查、诊疗的医疗文件材料。出生档案是对自然人出生全过程的记载，在没有开具出生医学证明的情况下，也应具有对于自然人出生的证明力。

四、死亡时间

民法上的死亡包括宣告死亡与自然死亡。宣告死亡是法律拟制的死亡，其法律效果在于结束与被宣告死亡人相关的民事法律关系。死亡宣告对民事权利能力没有影响，死亡宣告只起到推定的效果，即达到规定的时间点后即推定死亡。本条中的死亡时间是指自然死亡的时间。

一般认为死亡时间应由自然科学来确定，民法没有直接进行规定。医学的进步（复苏、心肺机、营养供给等）使生与死的界限变得灵活，可以认为，死亡并不是一个确定的时间节点，而是一个程度问题。经典的死亡概念是生命终止于心跳和呼吸的停止；现代医学提出按照脑功能丧失为准，在大脑、小脑和脑干的全部功能终局性地、不

[①]《公安部、发展改革委、教育部等关于印发〈关于改进和规范公安派出所出具证明工作的意见〉》（公通字〔2016〕21 号，2016 年 9 月 1 日起实施）第 1 条第 1 项"中华人民共和国居民户口簿、居民身份证、护照是公民法定身份证件，具有证明公民身份的法律效力。对于居民户口簿、居民身份证、护照完全能够证明的以下 9 类事项，有关单位及其工作人员应予认可，公安派出所不再出具证明：1. 公民姓名。2. 公民曾用名。3. 公民性别。4. 公民身份号码（含 15 位升 18 位证明）。5. 公民民族成份。6. 公民出生日期。7. 公民出生地。8. 公民籍贯。9. 公民户籍所在地住址。"

可恢复地丧失,以及持续性地不再能探测到脑电波时,则人已死亡。在不同情况下,存在不同的死亡时间认定标准,例如,器官移植相关法规中,区分了脑死亡、心脏死亡(循环死亡)及脑-心双死亡标准。① 与此相关,《人体器官移植条例》第20条第1款中规定:"摘取尸体器官,应当在依法判定尸体器官捐献人死亡后进行。"中国目前尚没有就脑死亡进行立法,这主要是考虑到,对于死亡时间的认定,不仅涉及自然科学,也受到文化和社会观念中对于死亡概念的影响;在中国器官移植实践及司法裁判中,仍通常采用心死亡标准,② 但我国目前已逐步建立并完善了符合国情和文化特点的人体器官捐献体系,融合国际上"脑死亡"和"循环死亡"判定标准,形成了脑、心双死亡的中国标准。③ 目前,全世界有较多国家对脑死亡进行立法,以日本、美国、西班牙、英国、德国较为典型。

五、死亡时间的证明

死亡证明,是指证明自然人已经死亡的文件或证书。主要包括以下几类:(1)自然人死于医疗单位的,由医疗单位出具死亡医学证明书;(2)自然人正常死亡但无法取得医院出具的死亡医学证明书的,由社区、村(居)委会或者基层卫生医疗机构出具证明;(3)自然人非正常死亡或者卫生部门不能确定是否属于正常死亡的,由公安司法部门出具死亡证明;死亡的自然人已经火化的,殡葬部门出具火化证明;(4)死亡证明是记载死亡时间的原始凭证,具有证明死亡时间的准确性和规范性,因此本条将死亡证明记载的时间作为判断自然人死亡时间的最基本的依据。

---

① 《中国心脏死亡器官捐献分类标准》,参见《卫生部办公厅关于印发卫生部人体器官移植技术临床应用委员会第八次会议纪要的通知》(卫办医管函〔2011〕234号)。

② 《卫生部办公厅关于启动心脏死亡捐献器官移植试点工作的通知》(卫办医管发〔2011〕62号),2011年4月26日实施。参见谢某、曾某等与佛山市第一人民医院等一般人格权纠纷案,广东省佛山市禅城区人民法院(2016)粤0604民初5410号民事判决书。

③ 《国家卫生健康委员会关于政协十三届全国委员会第一次会议第1563号(医疗体育类148号)提案答复的函》,2019年1月11日。

死亡登记，是指自然人死亡后，户主、亲属等在规定的时间内向公安机关申报死亡登记，注销户口。《户口登记条例》第8条中规定："公民死亡，城市在葬前，农村在一个月以内，由户主、亲属、抚养人或者邻居向户口登记机关申报死亡登记，注销户口。"死亡登记需遵循严格的法定程序，户籍登记记载的死亡时间因此具有较强的法律效力。本条将户籍登记记载的死亡时间，作为判断自然人死亡时间的重要依据，没有死亡证明的，以户籍登记记载的死亡时间为准。

六、出生时间、死亡时间的其他证据

由于各种原因，出生证明、死亡证明以及户籍登记或者其他有效身份登记记载的时间也有可能出现记载错误。如果有其他证据足以推翻出生证明、死亡证明以及户籍登记或者其他有效身份登记记载的时间的，应以该证据证明的时间为准。

【审判实践中应注意的问题】

一、胚胎的法律性质

依据本法第13条及本条规定，已经形成但尚未出生的胚胎、胎儿，没有民事权利能力。但是，根据相关特别规定（例如，本法第16条），胚胎的部分利益可受到保护，以单个法律规则类比适用的方式，将关于自然人的法律规定适用于胚胎。随着人工辅助生殖技术的发展，出现了体外受精、冷冻胚胎的情况。体外形成的受精卵、冷冻胚胎可能最终不会进入母体、不进入孕育—出生的过程，因此体外冷冻胚胎与本法第16条所称胎儿的法律地位应有差别，不能进行相同的类比适用；但冷冻胚胎具有发展为人类生命的潜能，也并非民法上一

般之物,国家对于冷冻胚胎负有保护义务。①

二、死亡顺序

现实生活中,存在数个自然人在同一事件中死亡,无法准确判断其死亡时间的情况。因死亡顺序对继承等法律关系具有重大影响,本法第1121条规定了相互有继承关系的数人在同一事件中死亡且难以确定死亡时间时推定死亡顺序的规则。

---

① 无锡市中级人民法院(2014)锡民终字第01235号民事判决书。关于冷冻胚胎的法律地位,参见冯威:《"无锡体外受精——冷冻胚胎权属纠纷案"评析——基于美、德两国实践的比较论证》,载胡锦光主编:《2014中国十大宪法事例评析》,法律出版社2016年版,第146~171页。

第十六条 涉及遗产继承、接受赠与等胎儿利益保护的，胎儿视为具有民事权利能力。但是，胎儿娩出时为死体的，其民事权利能力自始不存在。

【条文主旨】

本条是关于胎儿利益保护的规定。

【条文理解】

继承开始时，也就是继承事件发生时，遗产直接移转给继承人。取得遗产需要两个条件：（1）身份基础；（2）继承能力，也就是在继承开始时生存或者是已经受孕的胎儿。由于我国没有指定继承人的制度，所以只有法律规定的人才是继承人；因被继承人的死亡而取得财产的人，除了包括继承人，还包括受遗赠人；继承事件发生时，继承人和受遗赠必须具有民事权利能力，一般而言，作为自然人的，必须生存；而作为法人的，必须存在。通常情形下，权利能力和继承能力是相同的。因此，就涉及对胎儿利益保护的问题。

法学家胡长清认为："胎儿者，乃母体内之儿也。自受胎时起，至出生完成之时，谓之胎儿。"[①] 法律保护的胎儿应该是指正在孕育中的"人"，保护的是从受孕那一刻起一直到脱离母体独立呼吸成为真正的民事主体，涵盖整个孕育阶段。[②] 胎儿是所有自然人生命发育的必经阶段，不仅存在未来需要保护的利益，也存在某些现实利益的保护需要，比如能否作为继承人继承份额，再如胎儿在其孕育过程中遭

---

① 胡长清：《中国民法总论》，中国政法大学出版社1997年版，第60页。
② 罗时贵、唐青林：《论民法对胎儿的保护》，载《南昌高专学报》2003年第1期。

受到损害致其出生后疾病的,或者其父母受到人身伤害影响到对其出生后的抚养等。

近代民法关于胎儿利益的保护之立法模式选择主要有三种:[①](1)总括的保护主义(概括主义)。即凡涉及胎儿利益之保护时,均视为其已经出生。如《瑞士民法典》第 31 条第 2 项规定:"子女只要其出生时尚存,出生前即具有权利能力。"我国台湾地区"民法"第 7 条规定:"胎儿以将来非死产者为限,关于其个人利益之保护,视为既已出生。"(2)个别的保护主义(个别规定主义)。即胎儿原则上无权利能力,但于若干例外情形下,视为有权利能力。法国、德国、日本等国家采取这种立法例。《法国民法典》第 906 条规定:"胎儿在赠与时已存在者,即有承受生前赠与的能力。胎儿在遗嘱人死亡时已存在者,即有受遗赠的能力,但赠与或者遗赠仅对于婴儿出生时能生存者,发生效力。"《德国民法典》第 1923 条规定:"在继承开始时尚未出生但已孕育的胎儿,视为在继承开始之前出生。"《日本民法典》第 721 条规定:"胎儿,就损害赔偿请求权,视为已出生。"《日本民法典》第 886 条规定:"1.胎儿就继承,视为已出生。2.前款规定,不适用于胎儿以死体出生情形。"《日本民法典》第 965 条还规定,胎儿继承能力的规定准用于受遗赠人。

就对胎儿应采取的保护模式,有观点认为,胎儿不仅有财产权利,还有人身权利,故应采取总括的保护主义,赋予胎儿民事权利能力;也有观点认为,涉及胎儿利益的,只需用法律明文规定即可,不必赋予其民事权利能力。本法最终采取了折中的模式,规定"涉及遗产继承、接受赠与等胎儿利益保护的,胎儿视为具有民事权利能力。但是胎儿娩出时为死体的,其民事权利能力自始不存在",也就是说仍以"自然人的权利能力始于出生"为原则,但在涉及本条规定的特定事项时,胎儿视为具有民事权利能力。由此可见,《民法典》实际上采取的为个别保护主义立法模式。在理解本条时,需要注意以下

---

① 尹田:《论胎儿利益的民法保护》,载《云南大学学报(法学版)》2002 年第 1 期。

几点：

一、关于保护的范围

本条只列举了"遗产继承""接受赠与"这两种情形，一是这两种情形主要涉及胎儿的权利，不涉及义务，这符合保护胎儿利益的立法初衷；二是规定遗产继承，也基本延续了《继承法》第28条的规定，保持了法律的稳定性和一致性；三是这也与采取个别保护主义立法模式的其他国家的规定保持一致。

二、关于胎儿民事权利能力的性质

有两大对立的学说：（1）法定生效条件说。依照此种学说，胎儿权利能力的取得有生效条件，即胎儿于孕育期间实际上并无民事权利能力，当胎儿出生时是活体时，再追溯至权利成立之时取得民事权利能力。（2）法定解除条件说。依照此种学说，胎儿的民事权利能力的取得有解除条件，即在孕育期间，胎儿也被推定为具有民事权利能力，而且这种推定是法律推定，不得推翻。但若娩出时为"死产"，其已经取得的民事权利能力才溯及地消灭，即"其民事权利能力自始不存在"。

三、关于胎儿权利的行使

应当比照未成年人监护制度，由其父母作为其法定代理人行使权利，既包括实施法律行为，也包括代理诉讼。

四、关于胎儿继承权、受赠与的实施

胎儿继承权的行使。宜继续适用《继承法》第28条规定："遗产分割时，应保留胎儿的继承份额。胎儿出生时是死体的，保留的份额按照法定继承办理。""遗产分割时"，应解释为包括法定继承和遗嘱继承，也包括遗赠在内的遗产分割。法定继承，视胎儿为继承权人，其继承权受保护，应予保留其"特留份"。遗嘱继承和遗赠均属于单方行为，无须胎儿的意思表示。故法定继承权当然取得，遗嘱和遗赠协议上亦无须胎儿签名。遗嘱、遗赠合法有效，且内容明确该胎儿享有继承权或受遗赠权利的，该胎儿即取得相应权利。遗产分割时，也将其继承份额作为"特留份"，出生时是死体的，保留的份额也按照法定继承办理。① 赠与合同是诺成合同。胎儿受赠与可以由其父母即监护人作为法定代理人订立合同。但原则上应当以纯受利益为限，不得附条件或者负担。但如所附条件或者负担远低于所受利益的，可以认定其效力。

五、关于损害赔偿请求权的行使

在《民法总则》草案审议过程中，有一些代表和委员提出对胎儿利益的保护，除了"遗产继承""接受赠与"之外，还应增加"损害赔偿请求"的内容，应承认胎儿的独立的损害赔偿请求权，不少学者也持有这种观点。立法机关在起草本条文时，最初规定了胎儿的损害赔偿请求权，即遗腹子出生后请求损害赔偿的问题。但有人指出此规定涉及妇女有无堕胎权的问题，而这一问题涉及伦理、宗教等多方面因素，民法无法解答。故立法机关最终用"等胎儿利益保护"这一表述涵盖未来的损害赔偿请求权，将这一问题暂行搁置。在司法实践中，已出现了认可胎儿赔偿请求权的案例。

【审判实践中应注意的问题】

一、关于试管婴儿的问题

夫妻关系存续期间，双方一致同意利用他人的精子进行人工授精并使女方受孕后，男方反悔，而女方坚持生出该子女的，不论该子女是否在夫妻关系存续期间出生，都应视为夫妻双方的婚生子女，在子

---
① 《继承法意见》第45条。

女未出生之前,应该保留胎儿利益。[1]

二、关于胎儿赔偿请求权

虽然本法并无规定,但此前相关判决对此多予以认可。如对于受害人死亡时尚未出生的非婚生子女,加害人仍负有赔偿责任。盖因《民法通则》第119条规定,侵害公民身体造成死亡的,加害人应当向被害人一方支付死者生前扶养的人必要的生活费等费用。其中,"死者生前扶养的人"既包括死者生前实际扶养的人,也应包括应当由死者抚养,但由于死亡的发生,未能抚养的尚未出生的子女。[2] 同时,交通事故双方在交警部门签订赔偿调解协议,但未对受害人一方尚未出生的胎儿抚养费作出明确约定的,胎儿应保有诉权,待其出生后有权向责任主体追索相应的抚养费用。

---

[1] 参见王德钦诉杨德胜、泸州市汽车二队交通事故损害赔偿纠纷案,载《最高人民法院公报》2006年第3期。
[2] 参见曹某某诉乔学才交通事故追索胎儿被抚养生活费纠纷案,江苏省沭阳县人民法院(2012)沭民初字第2769号民事判决书。

> **第十七条** 十八周岁以上的自然人为成年人。不满十八周岁的自然人为未成年人。

【条文主旨】

本条是关于成年人和未成年人年龄的规定。

【条文理解】

一、区分成年人与未成年人，在私法和公法上具有不同的意义

在私法上的法律意义如下：（1）用以判断主体行为的效力。成年人可以独立实施民事法律行为，未成年人可以实施的民事法律行为有限，其实施的民事法律行为要经过法定代理人的同意或追认。（2）用以确定扶养义务或监护关系。《继承法》《婚姻法》均规定了特定主体对于未成年人的抚养义务。

在公法上的意义主要在于：（1）保护宪法赋予公民的基本政治权利。《宪法》第34条规定，中华人民共和国年满18周岁的公民，不分民族、种族、性别、职业、家庭出身、宗教信仰、教育程度、财产状况、居住期限，都有选举权和被选举权；但是依照法律被剥夺政治权利的人除外。成年人具有法定的政治权利，未成年人则不然。（2）与刑法确立的追究刑事责任年龄一般规范保持一致，实现私法与公法的统一。《刑法》第17条规定："已满十六周岁的人犯罪，应当负刑事责任。已满十四周岁不满十六周岁的人，犯故意杀人、故意伤害致人重伤或者死亡、强奸、抢劫、贩卖毒品、放火、爆炸、投毒

罪的，应当负刑事责任。已满十四周岁不满十八周岁的人犯罪，应当从轻或者减轻处罚……"第49条规定："犯罪的时候不满十八周岁的人和审判的时候怀孕的妇女，不适用死刑。"从刑法条文可知，在追究犯罪嫌疑人刑事责任时，需综合考虑其是否成年或有无其他特殊情况。本条文对成年人和未成年人的划分是与刑法等公法相呼应，也是呼应刑法对未成年人施行"教育为主、惩罚为辅"方针，尊重未成年人的人格尊严、教育和保护相结合的原则的基本立场。

二、18周岁的年龄确定考量

年龄，是衡量一个人的知识和经验的标准。通常而言，自然人达到一定年龄后才能独立处理自己的事务，能够意识到自己行为所产生的后果。以年龄作为行为能力判断的主要因素，有最充分的合理性和现实性。目前，各国关于行为能力的判断，多以年龄为首要考量。[①]本条通过年龄确认民事主体的行为能力，与国际主流做法一致。世界上大部分国家或地区均将18周岁作为成年人的标准，也有部分国家将20周岁作为区分成年人和未成年人的分界。本条沿用了《民法通则》的规定，以18周岁作为分界线，基于如下考虑：（1）充分尊重自然人成长认知的科学规律。自然人的理性能力一般随年龄的增长而增长。[②]18周岁的自然人通常具备了在社会生活中必备的认知能力和判断能力，能够预测自己行为的效力，并且对后果有相应的承担能力。（2）充分关照未成年人合法权益保护。不满18周岁的未成年人，在品德、智力、体质等方面发展尚不健全，国家、社会、学校和家庭都有义务促进未成年人健康成长，保障其合法权益不受侵害。

[①] 例如，古罗马法中规定为25岁；现在各国中，奥地利规定为24岁，荷兰规定为23岁，有的国家把婚姻年龄和成年年龄规定为一致，有的则区分处分财产的民事权利能力和结婚年龄。

[②] 朱庆育：《民法总论》（第二版），北京大学出版社2016年版，第242页。

三、成年人与未成年人的划分不完全等同于民事行为能力的划分

成年与否,年龄是唯一考量因素。而是否具有完全民事行为能力,除需要达到法定年龄之外,还必须综合考量智力、精神等状况,即以"年龄主义+有条件的个案审查"的方式确定自然人的行为能力。《民法典》总则编中,关于民事行为能力与年龄、智力和精神状况相关因素的考量具体如下表:

表 《民法典》总则编中民事行为能力与年龄等因素的对应关系

民事行为能力	年龄	成年/未成年	智力、精神状况	收入状况
完全民事行为能力	18周岁以上	成年	正常	——
	16周岁以上(视为)	未成年	正常	以自己的劳动收入为主要生活来源
限制民事行为能力	8周岁以上	未成年	正常	
	18周岁以上	成年	不能完全辨认自己行为	
无民事行为能力	18周岁以上	成年	不能辨认自己行为	——
	8周岁以上(参照适用)	未成年	不能辨认自己行为	——

此外,《民法典》总则编中对民事行为能力的划分不等同于民事诉讼行为能力的划分。民事诉讼行为能力的具体内容详见《民事诉讼法》及相关司法解释。

【审判实践中应注意的问题】

一、关于周岁的计算

《民法典》总则编及《民法通则》并没有明确关于年龄计算的规定。需要指出的是：（1）周岁计算以公历为准。《民法典》总则编规定："民法所称的期间按照公历年、月、日、小时计算。"即不可依照农历或者其他年历。对于不同地区依照风俗习惯所说的"虚岁"等算法，也需要折换成周岁。（2）周岁从生日次日起算。《最高人民法院关于审理未成年人刑事案件具体应用法律若干问题的解释》第2条规定："刑法第十七条规定的'周岁'，按照公历的年、月、日计算，从周岁生日的第二天起算。"（3）18周岁以上包含18周岁本数。本法第1259条规定，民法所称的"以上""以下""以内""届满"，包括本数；所称的"不满""超过""以外"，不包括本数。

二、未成年人民事法律行为的追认

依据本法第19条的规定，8周岁以上的未成年人为限制民事行为能力人，除纯获利益的民事法律行为或者与其年龄、智力相适应的民事法律行为外，其原则上不得独立实施其他民事法律行为，否则该民事法律行为在效力上应当属于效力待定的民事法律行为，需要其法定代理人追认。所谓追认，是指法定代理人明确无误地表示同意限制民事行为能力人与他人签订的合同。这种同意是单方意思表示，无需合同相对人同意即可发生效力。需要指出的是，法定代理人的追认应当以明示的方式作出。

三、未成年人成年后对自己法律行为效力的追认

对于未成年人成年后对自己实施法律行为的效力追认问题，我国立法并未对此进行明确规定。实践中较具代表性的思路为：（1）未经允许而订立合同，未成年人未经法定代理人必要的允许而订立合同

的，合同生效取决于法定代理人追认；（2）未成年人已经成为完全行为能力人的，因为在其成年成为完全民事行为能力人之后，推定其对自己所实施的民事法律行为的性质、内容、后果有明确的认识，因此允许其追认民事法律行为的效力。

四、未成年人侵权案件的被告地位列明

《民事诉讼法司法解释》施行之前，司法实践中，对于未成年人侵权案件，既有将未成年人列为被告，也有将未成年人监护人列为被告或是将未成年人与监护人列为共同被告的情形。根据本法第1188条的规定："无民事行为能力人、限制民事行为能力人造成他人损害的，由监护人承担侵权责任。监护人尽到监护职责的，可以减轻其侵权责任。有财产的无民事行为能力人、限制民事行为能力人造成他人损害的，从本人财产中支付赔偿费用；不足部分，由监护人赔偿。"从诉讼理论来看，在未成年人侵权案件中，如只列未成年人为被告，将会出现被告不承担责任，而作为法定代理人的监护人承担责任的后果，该后果有违民事诉讼"两造对抗，败诉方承担责任"的基本原理。但是若只列未成年人的监护人为被告，也不符合本法侵权责任编中直接侵权人应当承担责任的规定。因此，《民事诉讼法司法解释》第67条规定："无民事行为能力人、限制民事行为能力人造成他人损害的，无民事行为能力人、限制民事行为能力人和其监护人为共同被告。"

> **第十八条** 成年人为完全民事行为能力人，可以独立实施民事法律行为。
>
> 十六周岁以上的未成年人，以自己的劳动收入为主要生活来源的，视为完全民事行为能力人。

【条文主旨】

本条是关于完全民事行为能力人的规定。

【条文理解】

一、民事行为能力的概念及划分

民事行为能力，是指民事主体依靠自己独立的行为行使民事权利、承担民事义务的资格。民事行为能力是民事主体从事民事活动的条件，其特点在于：（1）行为人具有独立进行民事法律行为的能力；（2）以意思能力为基础，即具备认识这种行为的能力，并且能够对自己的行为后果承担责任；（3）法定性，即某一自然人是否具有民事行为能力，并不依其个人意志决定，而是由国家法律规定。除法律规定和依法定程序外，自然人的民事行为能力不受限制或剥夺。与民事行为能力相对应的概念为民事权利能力。民事权利能力是静态的享有权利、承担义务的能力，始于出生、终于死亡。民事行为能力则是动态的通过具体行为取得权利、承担义务的能力，对应自然人的实际法律交往，因此需要根据自然人的实际情况进行具体区分。①

---

① 朱庆育：《民法总论》（第二版），北京大学出版社 2016 年版，第 242 页。

关于民事行为能力划分，我国采取"三分法"，[1]将自然人的民事能力分为完全民事行为能力、限制民事行为能力、无民事行为能力三种情况，并依此顺序依次规定。完全民事行为能力人具有健全的辨识能力，可以独立进行民事活动；限制民事行为能力人只能独立进行与其辨识能力相适应的民事活动；无民事行为能力人应当由其法定代理人代理实施民事活动。采取"三分法"的规定，根本原因在于实现对个人利益和社会利益的平衡。一是保护无行为能力和限制行为能力人的利益。行为能力欠缺，意味着欠缺独立行为的能力，在交易中容易受到损害。通过法律标准的确定，使那些不具有或欠缺意思能力的人不能自由行为，即不能通过自己的积极活动，设定权利义务关系，从而保护这些行为能力欠缺人的利益。二是保护交易安全和秩序。若任何人均可以其无意思能力主张交易无效，对交易安全保护并不利。为此，通过民事行为能力的划分，确定严格的、明确的标准，以提升交易行为的安全性，进而保护交易相对人的利益。

二、民事行为能力的特殊要求

首先，行为能力的区分首要考量的是年龄。通常情况下，成年人（年满18周岁）即为完全民事行为能力人。其次，要考虑智力、精神健康状况等因素。虽然本法第17条确立了18周岁的界分点。但是民事部门法在某些方面，基于行为的不同，对自然人完全民事行为能力的年龄要求也不同。对于一些重大、复杂的行为，对行为人的判断能力要求更高。如本法第1047条规定，结婚年龄，男不得早于22周岁，女不得早于20周岁。当然，对于纯获利益等行为，不受一般行为能力的限制，无民事行为能力人、限制民事行为能力人均可实施。

三、民事法律行为的认识

民事法律行为是民事主体作出的意图发生一定法律效果的意思表

---

[1] 世界上大部分国家和地区采取"三分法"，如德国、俄罗斯、我国台湾地区；也有部分国家和地区采取"两分法"，如日本、韩国。

示行为。本法第 133 条表述为"民事主体通过意思表示设立、变更、终止民事法律关系的行为"。对于民事法律行为的进一步认识与理解，参照该条。

四、以自己的劳动收入为主要生活来源

此前，《民法通则》第 11 条和第 13 条规定，18 周岁以上的人是完全行为能力人，但精神病人除外；此外，16 周岁以上不满 18 周岁的人，以自己的劳动收入为主要生活来源的人，也是完全行为能力人，《民法通则意见》第 2 条将其解释为"能够以自己的劳动取得收入，并能维持当地群众一般生活水平"。本条延续了上述规定。

五、视为完全民事行为能力人

16 周岁以上的未成年人，以自己的劳动收入为主要生活来源的，视为完全民事行为能力人。"视为"属于推定，并且属于不可推翻的推定。本条作如此规定，从理论层面来讲，是为了缓和自然人需达到法定成年年龄后才能取得完全行为能力规定的僵硬性；从体系上看而言，是为了与其他单行法规定保持一致。《劳动法》第 15 条规定："禁止用人单位招用未满 16 周岁的未成年人。文艺、体育和特种工艺单位招用未满十六周岁的未成年人，必须遵守国家有关规定，并保障其接受义务教育的权利。"该条文将 16 周岁作为常规用人用工的年龄界分，本条规定则与此相协调。此外，如此规定也充分关照生活实际。当个人能够独立参加工作、独立生活，也就预示着其具备了作为完全民事行为能力人的心智水平和独立的判断能力，能够独立参加各类民事活动。基于此，需要充分肯定其完全民事行为能力。

【审判实践中应注意的问题】

一、独立实施民事法律行为的确定

独立实施民事法律行为是指民事主体可以按照自己的意思表示，实施具体的法律行为。除代理等需要他人授意的特殊情形，无需事先征得他人的许可或同意。同时，其所实施的民事法律行为的后果由其自行承担。

二、以自己的劳动收入为主要生活来源的认识

1.明确劳动收入的内涵。劳动收入应当是固定的收入，如工资、奖金，而非如遗产继承、接受赠与等偶然、不确定的收入。

2.对主要生活来源的理解。"主要生活来源"一般是指未成年人依靠自己的劳动收入能够维持当地群众的一般生活水平，不需要借助其他人经济上的资助。需要注意的是，一般生活水平并非完全可量化、恒定的标准，其与地区经济发展水平、发展程度有直接相关性，不同地区的一般生活水平标准也有重大差别。在审判实践中，可以结合当地人力资源和社会保障局、统计局等部门公布的城镇居民人均消费支出指标、人均可支配收入指标进行判断。考虑到16周岁未成年人在实践中一般难以完全达到成年人的工作能力和收入水平，因此在判断时，还需要综合工作地点、是否独立生活等内容进行考量，以避免完全依照人均可支配收入为标准作出判断的僵硬性和不现实性。

第十九条 八周岁以上的未成年人为限制民事行为能力人，实施民事法律行为由其法定代理人代理或者经其法定代理人同意、追认；但是，可以独立实施纯获利益的民事法律行为或者与其年龄、智力相适应的民事法律行为。

【条文主旨】

本条是关于限制民事行为能力人的规定。

【条文理解】

一、限制民事行为能力人的概念

限制民事行为能力又称为不完全民事行为能力，指自然人部分独立，或者说在一定范围内具有民事行为能力。限制民事行为能力人的特点在于：（1）对于外界具有一定的判断力，基本能够明确自己日常行为的意义及对应义务，如到商店购物需要付费等。（2）判断力较弱。受年龄和智力等因素的限制，该群体的判断能力相对较弱，易受外界干扰或是存在较为明显的局限性，因此需要法律对其进行特别保护。限制民事行为能力人的概念界定充分考虑到人类成长的认知特征与规律，具有科学性。

二、"8周岁"的年龄确定

在本法总则编起草过程中，曾经一直以"不满6周岁"作为无民事行为能力人的年龄规定。在草案三审过程中，有的代表提出，6周岁儿童虽然具有一定的学习能力且已经开始接受义务教育，但认知和辨识能力依然不足，不具备单独实施相关民事行为的能力。有的专家则认为，6周岁儿童已经开始接受义务教育，具有独立交往的需求，《民法典》要尊重未成年人的天性，其核心是尊重未成年人一定程度自主决定的自由。有的委员和代表则认为，6周岁的未成年人的独立判断能力很低，易受他人引导或由于某种短期情况的状况而影响行为选择。6周岁的规定也缺乏相关教育学、儿童心理学、社会学方面的长期观察与充分论证。最终，基于社会经济持续发展，8周岁儿童普遍入学，其能够实施满足日常基本生活需要的民事法律行为的具体实际，《民法典》将8周岁作为区分无民事行为能力人和限制民事行为能力人的年龄界限。

三、不能独立实施民事法律行为的理解

限制民事行为能力人可以实施纯获利益的民事法律行为或者与其年龄、智力相适应的民事法律行为。换言之，除前述两类民事法律行为之外，限制民事行为能力人并不能独立实施民事法律行为。本条"排除性"的条文界定一方面是为了保护未成年人的合法权益；另一方面是为了维护交易安全，促使相对人对交易行为人的交易资格作出充分判断，提高交易安全。

【审判实践中应注意的问题】

一、与年龄、智力相适应的民事法律行为认定

在判断某一行为是否与限制民事行为能力人的年龄、智力状况相适应时，应当在个案中结合该未成年人的年龄、智力发育状况包括观察力、记忆力、理解力等内容进行判断。同时，个人认知能力与经济发展程度直接相关。例如，在互联网技术高速发展的当下，大部分儿童在年幼时期就能熟知手机等电子设备的使用、操作等；而在手机并不普及的20世纪初，无民事行为能力人一般对智能产品缺乏认知。

因此，在审判实践中，对于是否属于与年龄、智力相适应的民事法律行为的认定，需要结合当下的经济发展水平、居民总体生活情况，综合考察行为与本人生活相关联程度、本人的智力能否理解其行为并预见相应的行为后果、行为标的数额等内容，综合进行认定。

二、对于8周岁以上未成年人不能独立实施民事法律行为的效力认定

从法律角度而言，8周岁以上未成年人独立实施了非纯获利益的民事法律行为或者与其年龄、智力不相适应的民事法律行为，其效力认定取决于如下因素：

1.法定代理人是否有事先允许。8周岁以上未成年人的法定代理人可以事先允许其独立实施一定的民事法律行为。例如，学生甲（12岁）出国参加暑期夏令营，父亲表示可以购买其所需要的学习材料、参加付费参观活动等。夏令营期间，甲所进行的购买书籍、购票等行为都是有效的民事法律行为。

2.法定代理人是否进行追认。本法第23条规定："无民事行为能力人、限制民事行为能力人的监护人是其法定代理人。"对于限制民事行为能力人不能独立实施的民事法律行为，不能一律视为无效，而需要依其法定代理人的追认情况进行确定。若法定代理人明确追认，该民事法律行为有效。但是，若具体情形符合本法第145条的规定，法定代理人应当明确作出追认的意思表示，法定代理人未作表示的，视为拒绝追认，该民事法律行为无效。

> **第二十条** 不满八周岁的未成年人为无民事行为能力人,由其法定代理人代理实施民事法律行为。

【条文主旨】

本条是关于不满 8 周岁未成年人民事行为能力的规定。

【条文理解】

一、无民事行为能力

无民事行为能力,是指无实施有效法律行为的能力,或者说没有以其行为而取得权利、负担义务的能力。我国《民法典》关于民事行为能力的立法采取"三分法",即完全民事行为能力(本法第 18 条)、限制民事行为能力(本法第 19 条、第 22 条)、无民事行为能力(本法第 20 条、第 21 条),且均以积极方式规定。《德国民法典》虽亦采取"三分法",但以人具有完全行为能力为常态,未对完全行为能力作积极规定;仅消极规定无行为能力、限制行为能力,以之作为例外。

二、无民事行为能力与民事法律行为效力

无民事行为能力人实施的民事法律行为无效,本法第 144 条对此进行了单独规定。此前,在我国《民法通则意见》第 6 条中曾规定,无行为能力人接受奖励、赠与、报酬,他人不得以行为人无民事行为能力为由,主张以上行为无效。该条目的是规定无行为能力人可以实施"纯获利益的法律行为",且不论"接受报酬"是否属于纯获利益的法律行为（因为接受报酬可能同时导致报酬请求权消灭，在第22条中将论及）。但《民法典》未吸纳《民法通则意见》第6条的规定，对此主要观点认为，依据"三分法"的民事行为能力立法模式逻辑推演的结果，无民事行为能力人没有作出意思表示的能力，即不可能作出"接受奖励、赠与"的意思表示，因此，这种纯获利益的法律行为的特别规定只适用于限制民事行为能力人，而不适用于无民事行为能力人。8周岁以下的未成年人一旦被规定为无民事行为能力人，不管其意思能力或者智力状况如何，一律没有独立实施民事法律行为的能力。

对未成年人而言，年龄是区分无民事行为能力与限制行为能力的主要标准，且本法没有规定无民事行为能力人实施有效法律行为的例外情形。本法第21条规定了在年龄上属于限制民事行为能力人的未成年人，在无法辨认自身行为情况下，则属于无民事行为能力人。按照年龄确定无民事行为能力的未成年人，目的在于"保护无民事行为能力人及交易相对人信赖利益"。但以年龄作为单一标准的区分，也存在两个弊端：（1）未能顾及未成年人意思能力的个体差异。（2）交易相对人的合理信赖得不到保护。与无民事行为能力人订立合同或对其作出意思表示的人不受保护，即使对方不知情，并依情况也不可能考虑到另一方当事人无民事行为能力时，也同样如此。[①]这种情况在网络交易、远程交易、电子支付日益普及的情况下更加凸显。

关于无民事行为能力人实施有效法律行为的例外，涉及日常生活行为，如《德国民法典》第105条之一规定："成年的无行为能力人为以极少财产可达成之日常生活行为，其签订的合同中之给付以及约定的对待给付为有效，即给付与对待给付为有效。对无行为能力人的人身或者财产有严重危险的，前一句不适用。"这一条旨在促进成年的无民事行为能力的精神病人的社会化，也将未成年和成年的无民事行为能力人进行了区分。目前，我国尚无此规定，故无民事行为能力

[①] 参见［德］卡尔·拉伦茨：《德国民法通论》（上册），王晓晔等译，法律出版社2003年版，第142页。

的成年人也不可实施日常生活行为。对于不规定无民事行为能力人实施民事法律行为的例外，有观点认为，如果认为无民事行为能力人可以独立实施一些与其日常生活相关的民事法律行为及纯获利益的民事法律行为，那么无民事行为能力实际上就变异为一种限制民事行为能力制度，因为它与限制民事行为能力的区分不再表现为有一定的行为自由与无任何行为自由的差异，而是表现为哪一种民事行为能力之下的行为自由较大而已。①

三、侵权责任的承担

不满 8 周岁的未成年人依法不能独立实施民事法律行为，但对于其实施的侵权行为，仍需承担相应的民事责任。根据本法第 1188 条规定，无民事行为能力人、限制民事行为能力人造成他人损害的，由监护人承担侵权责任。监护人尽到监护职责的，可以减轻其侵权责任。有财产的无民事行为能力人、限制民事行为能力人造成他人损害的，从本人财产中支付赔偿费用；不足部分，由监护人赔偿。本法第 23 条规定，无民事行为能力人、限制民事行为能力人的监护人是其法定代理人。

【审判实践中应注意的问题】

关于网络交易与行为能力判断。互联网用户、电子产品用户的低龄化，使得 8 周岁以下未成年人有更多机会接触在线交易。在网络打赏、游戏充值等情形中，依据本法第 144 条的规定，8 周岁以下未成年人作出的行为应属于无效的法律行为。国家新闻出版署 2019 年 10 月发布的《关于防止未成年人沉迷网络游戏的通知》规定："所有网络游戏用户均须使用有效身份信息方可进行游戏账号注册"，"网络游戏企业须采取有效措施，限制未成年人使用与其民事行为能力不符

---

① 朱广新：《民事行为能力制度的体系性解读》，载《中外法学》2017 年第 3 期。

的付费服务。网络游戏企业不得为未满八周岁的用户提供游戏付费服务。"但网络游戏实名制并未得到严格执行,引发了大量消费者投诉和诉讼案件。除网络打赏、游戏充值外,对于形式多样的在线购物、二手商品销售等在线交易,难以要求均进行实名制认证,交易相对方亦难以判断交易对象的年龄、行为能力状态,对8周岁以下未成年人进行的此类交易是否均认定为无效,如何使得民事行为能力制度适应互联网时代的具体场景,避免严重影响网络交易的安定性,仍然需要更细致的分析。

> **第二十一条** 不能辨认自己行为的成年人为无民事行为能力人，由其法定代理人代理实施民事法律行为。
>
> 八周岁以上的未成年人不能辨认自己行为的，适用前款规定。

【条文主旨】

本条是关于不能辨认自己行为的成年人和8周岁以上未成年人民事行为能力的规定。

【条文理解】

一、不能辨认自己行为的成年人

本条相比《民法通则》作出较大改动，应予以关注。本条第1款源于《民法通则》第13条第1款，但扩大了无民事行为能力的成年人范围。《民法通则》规定的无民事行为能力或者限制民事行为能力的成年人的范围为"精神病人"。《民法通则》第13条第1款规定："不能辨认自己行为的精神病人是无民事行为能力人，由他的法定代理人代理民事活动。"《民法通则意见》第5条对此作出进一步规定，精神病人如果没有判断能力和自我保护能力，不知其行为后果的，可以认定为不能辨认自己行为的人；对于比较复杂的事物或者比较重大的行为缺乏判断能力和自我保护能力，并且不能预见其行为后果的，可以认定为不能完全辨认自己行为的人。成年人可能因多种原因导致行为能力欠缺，本条采用了《民法通则意见》中关于"不能辨认自己行为"的核心表述，使因严重疾病、身体残疾、年岁过高等原因不能辨认自身行为的成年人归入无民事行为能力人范畴，使其处于应当获得监护的状态，有利于对其提供特别保护，也能够实现对无民事行为能力成年人对他人合法权益、社会公共利益造成侵害的归责，更符合实践的需求。

本条第 1 款中的"不能辨认自己行为"和第 22 条中的"不能完全辨认自己行为"，是指辨认识别能力不足处于一种持续的状态，不能是暂行性或者短暂的状态，如因酗酒、滥用麻醉用品或者精神药品，对自己的行为暂时没有辨认识别能力的成年人，不属于本法所称的无民事行为能力人或者限制民事行为能力人。

二、8 周岁以上不能辨认自己行为的未成年人

本条第 2 款可理解为是对本法第 19 条的例外规定。8 周岁以上的未成年人原则上是限制行为能力人；如果证明其不能辨认自己行为，则成为无民事行为能力人。但对本条第 1、2 款中的"不能辨认自己行为"表述，可能出现不同理解，即 8 周岁以上的未成年人是否可能因与年龄较小相关的因素被认定为"不能辨认行为"，仍然是有必要探讨的。对于第 2 款"不能辨认自己行为"可能涉及情形的理解，会对本法第 145 条第 2 款善意相对人撤销权的适用造成影响。本法第 145 条通过相对人催告追认、赋予善意相对人撤销权的方式，对相对人合理信赖进行保护。本条第 2 款则可能为与未成年人之限制民事行为能力人实施民事法律行为的恶意相对人提供了适用本法第 145 条第 2 款规定的便利。如果对 8 周岁以上未成年人"不能辨认自己行为"进行过于宽泛的解释，则恶意相对人可以通过证明未成年人属于"不能辨认自己行为"应被认定为无民事行为能力的人，进而依据本法第 144 条，使民事法律行为自始、确定地无效。[①]因此，对本条第 2 款的适用情形，应作较为严格的限定。

---

① 朱广新：《民事行为能力制度的体系性解读》，载《中外法学》2017 年第 3 期。

三、无民事行为能力的认定标准

关于无民事行为能力的认定，本法有两类标准：一是根据自然人年龄进行概括认定，二是基于意思能力进行个案审查。本法第24条规定了"不能辨认自己行为"的成年人可以被法院认定为无民事行为能力人，本条第2款中的未成年人也可以依据第24条进行认定。"不能辨认自己行为"描述的是当事人的一种客观状态，这种状态独立于法院对自然人行为能力的认定而存在，实践中可能存在多种情形：（1）已经通过特别程序由法院认定为无民事行为能力人；（2）在普通程序个案中，要求法院认定无民事行为能力；（3）已被法院认定为无民事行为能力人，但"不能辨认自己行为"的状况已经消失，尚未被重新认定为限制民事行为能力或完全民事行为能力，但在个案中请求法院认定在实施具体法律行为时有民事行为能力。对于未经法院认定为无民事行为能力人的成年人，如何判断其某个具体时间点实施的法律行为的效力，在实践中并未完全统一。一种观点持形式审查标准，认为民事行为能力状态没有经过法院的司法裁判确认，则不能认定自然人在实施签订合同等行为时欠缺行为能力，且行为能力的认定不具有溯及力；[①] 另一种观点支持进行个案审查，认为可以在未经过司法认定的情况下对当事人缔结合同时的行为能力进行个案判断，主张行为人无民事行为能力的当事人应当负担证明责任。[②]

[①] 山西省长治市中级人民法院（2017）晋04民申20号民事裁定书。
[②] 吉林省吉林市中级人民法院（2017）吉02民终2674号民事判决书；上海市宝山区人民法院（2017）沪0113民初2184号民事判决书；广东省佛山市顺德区人民法院（2017）粤0606民初5203号民事判决书；广东省惠州市中级人民法院（2017）粤13民终1404号民事判决书；北京市朝阳区人民法院（2017）京0105民初5785号民事判决书。

【审判实践中应注意的问题】

一、无民事行为能力人不得结婚[①]

未成年人未达到法定婚龄，不符合本法规定的结婚条件；无民事行为能力的成年人，因为无法作出有效的意思表示，不能满足本法第1046、1049条关于结婚自愿、亲自申请婚姻登记的规定，因此无法缔结有效的婚姻法律关系。对于一方当事人于结婚登记时为无民事行为能力人，但并无本法第1051至1053条规定的无效、可撤销情形时，其作出的婚姻登记是何种效力，应使用本条进行判断。《德国民法典》第1314条规定了婚姻可撤销的事由，其中包括"一方配偶于结婚时，处于无意识或暂时性之精神障碍者"，"一方配偶于结婚时，不知其再结婚者"；本法可撤销婚姻的规定未列举上述情形。如果一方当事人在结婚登记时，因精神疾病等原因属于不能辨认自己行为的成年人，即使另一方已得知其患有精神疾病的状态仍与其进行婚姻登记，为保护无民事行为能力人的利益，也应运用体系解释，认定无民事行为能力人进行的婚姻登记行为无效。

二、行为能力个案审查的考量因素

法院在事后对当事人作出行为时的意思能力状况作出判断需要考量多重因素。即使对于已被认定为无民事行为能力的成年人，在个案中采用形式审查方式认定其作出的法律行为无效，也属于法律推定，应允许当事人通过相反证据进行推翻。本法第21条对成年人无民事行为能力的情形进行了较大扩张，为规范法院在个案中的自由裁量权，应当在教义学上形成关于判断自然人能否"辨认自己行为"应当考察的因素。这些考量因素可以包括：（1）法律行为与当事人的生

[①] 《德国民法典》第1304条有此规定。

活联系;(2)当事人的精神健康状况;(3)合同内容本身的公平性。[①]这三类考量因素,既包括基于行为能力规范体系对当事人意思能力的判断,也包括从利益权衡的角度进行的后果导向的考量,从而综合地得到具有较好社会效果的个案裁判结果。

[①] 彭诚信、李贝:《民法典编纂中自然人行为能力认定模式的立法选择——基于个案审查与形式审查的比较分析》,载《法学》2019年第2期。

第二十二条 不能完全辨认自己行为的成年人为限制民事行为能力人，实施民事法律行为由其法定代理人代理或者经其法定代理人同意、追认；但是，可以独立实施纯获利益的民事法律行为或者与其智力、精神健康状况相适应的民事法律行为。

【条文主旨】

本条是关于不能完全辨认自己行为的成年人民事行为能力的规定。

【条文理解】

将不能完全辨认自己行为的成年人作为限制民事行为能力人，参照了德国法的规定。但是，在德国一直存在争议，认为限制行为能力人对一些日常生活中的行为也有足够的判断力，将其作为限制行为能力人的规定具有一定歧视。因此，从1992年1月1日开始生效的《照管法》对《德国民法典》进行了修改，以照管人代替了原来成年的限制行为能力人的监护人，原来成年的限制行为能力人变成了完全行为能力人，不过，这些成年人的特定法律行为需要照管人同意。2004年7月，我国台湾地区"民法"总则编的修正草案中也有了类似的规定。在我国，由于不能完全辨认自己行为的人，仍可实施与自己精神状况相适应的法律行为，故可消除此类的批评。不过，"与自己精神健康状况相适应的法律行为"是一个极不确定的判断标准，交易相对人对此很难判断，需要结合审判实践进行考量。

限制民事行为能力人的行为效力主要分为以下两类：

一、无需同意的行为

（一）纯获利益的法律行为

限制民事行为能力人实施的纯获利益的法律行为，无需法定代理人同意。这里的"纯获利益"，是指法律上的利益，至于仅仅在经济上获利，例如，以低价购买商品，不是属于本条所指的"纯获利益的法律行为"。

1. 负担行为。对于负担行为，只有在限制民事行为能力人不因此而负义务的时候才属于"纯获利益的法律行为"，例如，不负义务的赠与合同，只要其负有一项附条件的义务，就不属于"纯获利益的法律行为"。

2. 处分行为。对于处分行为，只有在产生一个对限制民事行为能力人有利的权利移转、设定负担、抛弃、变更时，才属于"纯获利益的法律行为"。取得的物即使存在负担，例如，存在抵押权，也不影响其"纯获利益"的属性，因为抵押人仅仅就物的价值，而不就个人财产对主债务负责；土地上存在公法义务，例如，纳税义务，也不影响"纯获利益"的属性，因为它仅仅是基于所有权人地位产生的，而不是基于所实施的法律行为产生的。但是，也有德国判例认为，接受区分所有权的住宅的，如果所有权人应当以个人财产履行的一些共同管理规则中的义务，就不是纯获利益的法律行为；甚至，德国联邦最高法院提出了"综合评价物权行为和债权行为"的理论，认为此时赠与合同也不是纯获利益的法律行为。

值得探讨的是，未经法定代理人同意，向限制民事行为能力人给付财产，是否可以构成有效的履行。除履行赠与合同外，"履行"不是纯获利益的行为，因为它会导致债务消灭。故此，虽然限制民事行为能力人能够取得标的物所有权，但这种履行无效，债权人的法定代理人仍可请求再次履行，而对给付的标的物，债务人可以依照不当得利请求返还。如此处理，盖因对限制民事行为能力人的履行，存在其随意处分标的物的风险，未必能达到履行的目的，因此无效。债务人只能对其法定代理人履行。

3. 中性行为。对于"中性行为"，即对限制民事行为能力人无利益也无损害的行为，例如，限制民事行为能力人实施的无权处分行为（被权利人追认），代理他人实施法律行为，一般也可认为有效。

（二）日常生活必需的法律行为

除纯获利益的法律行为外，如我国台湾地区"民法"第77条则规定了限制行为能力人实施的日常生活必需的法律行为有效。本法对此尚无规定，但也有学者作相同主张。允许限制民事行为能力人其实施日常生活必需的法律行为是有必要的，一方面可以促使限制民事行为能力人参与社会，另一方面能够有效维护交易安全；而仅有"零用钱条款"是不够的。

此前《民法通则》第12条和第13条规定，限制民事行为能力人中，未成年人可以实施与他的年龄、智力相适应的法律行为，精神病人可以实施与他的精神健康状况相适应的法律行为。《民法通则意见》第3条和第4条采用了个案判断的方法，即从行为与本人生活关联程度、本人是否能理解其行为及其后果、行为标的数额三方面判断。我们认为，可将这两条解释为客观标准，即前述"日常生活必需的法律行为"，仅从行为与本人生活关联程度、行为标的数额等方面作客观判断即可，而不再具体考虑行为人是否能够认识其行为。

二、需同意的行为

（一）合同

除上述法律行为外，限制民事行为能力人实施的其他法律行为需要法定代理人同意。该同意可以向行为人表示，也可以向相对人表示；可以事前同意，也可以事后追认。法律行为需要一定形式的，同意不需要以该种形式作出。事前同意的，在法律行为实施前可以撤回，撤回既可以向行为人表示也可以向相对人表示。限制行为能力人后来成为完全行为能力人的，其追认取代法定代理人的追认。事前同意，可以对某一特定法律行为同意，也可以对某一类法律行为同意；

但是，对一切法律行为的同意实际上就是把限制行为能力人变成了完全行为能力人，这种概括式同意无效。

法定代理人除了通过法律行为表示同意外，还可以其他方式表示同意：（1）零用钱条款：如《德国民法典》第110条规定，限制行为能力人，以法定代理人或者第三人经法定代理人同意而给予的用于自由处分的金钱履行了合同中的给付义务的，合同有效。我国法律没有明文规定，但给付的金钱视为法定代理人的同意，是合理的。此外，以零用钱购买物品后再以该物品实施其他法律行为，只要其标的额未超过法定代理人同意范围，也是有效的，例如，购买书籍后再与他人交换书籍。（2）授权独立营业：限制行为能力人经法定代理人授权（需要经过监护法院同意）独立经营的，在经营范围内所实施的法律行为有效；该同意可以随时撤回（也需要经过监护法院同意）。我国法律对此没有规定，但授权独立经营无疑也属于法定代理人的同意。（3）授权建立雇佣关系：限制行为能力人经法定代理人的许可订立雇佣合同或者劳动合同的，其对于缔结或者废除该合同或者履行合同中义务所实施的法律行为有效；授权可以随时撤回。

未经法定代理人同意而订立的合同，效力未定，法定代理人追认后，合同有效；法定代理人拒绝追认的，合同最终无效。此处的合同有效，是溯及既往的生效。当然，当事人另有约定的除外。

法定代理人的追认可以向限制民事行为能力人表示，也可以向相对人表示；此外，本法第145条规定，相对人可以催告法定代理人在30日内追认，但是法定代理人在此之前已经向相对人追认或者拒绝追认，或者已经向限制民事行为能力人追认或者拒绝追认，而相对人知道此情形的，即不得再催告；相对人一旦作出催告，此时追认只能向相对人表示，而且，即使在催告前向限制民事行为能力人表示追认，该追认也不生效力；期满不追认的视为拒绝追认。此处的"30日"不可延长。需要说明的是，法定代理人拒绝追认时，合同自始不发生法律效力，而并非"合同无效"。

在法定代理人追认前，根据本法第145条的规定，善意相对人可以撤销合同，该撤销可以向法定代理人表示，也可以向行为人表示。这里的善意相对人是指不知行为人是限制民事行为能力人，限制民事行为能力人或者诈称其已得到法定代理人同意而相对人不知其未得到同意。

（二）单方法律行为

由于限制民事行为能力人实施的单方法律行为无需他人参与，为了使法律后果明确，原则上不适用合同法中追认的规定；而且，法定代理人如果愿意承认该法律行为，只需重新作出法律行为即可，而无需追认。此外，限制民事行为能力人的单方法律行为，即使经过法定代理人同意，但在实施时未出示书面同意文件或无其他证据证明法定代理人同意的，另一方以此为由立即表示拒绝的，法律行为无效。但法定代理人已将同意的事实告知另一方的，不得拒绝。这是由于单方法律行为中，相对人完全出于被动地位，为了使他能够对自己的法律关系有清楚的认识，如此处理更为妥当。

【审判实践中应注意的问题】

认定不能辨认自己行为的成年人为无民事行为能力人，应当经过特别程序进行宣告。根据《民事诉讼法》及《民事诉讼法司法解释》：

1. 应由其近亲属或者其他利害关系人向该自然人住所地基层人民法院提出申请，同时写明该自然人无民事行为能力的事实和根据。

2. 人民法院受理申请后，应根据其是否具有判断能力和自我保护能力、是否了解其行为后果来判断。必要时应当对被请求认定为无民事行为能力的自然人进行鉴定。在不具备诊断、鉴定条件的情况下，也可以参照群众公认的该自然人的精神状态认定，但应以利害关系人没有异议为限。

3. 人民法院经审理认定申请有事实根据的，判决宣告该自然人为无民事行为能力人；认定申请没有事实根据的，应当判决予以驳回。

4. 人民法院在判决宣告该自然人为无民事行为能力人的同时，应当指定其监护人。被指定的监护人不服指定，应当自接到通知之日起30日内向人民法院提出异议。经审理，认为指定并无不当的，裁定驳回异议；指定不当的，判决撤销指定，同时另行指定监护人。判决书应当送达异议人、原指定单位及判决指定的监护人。

5.如该自然人民事行为能力存在障碍的原因已经消除，根据其本人或监护人的申请，人民法院应当作出新判决、撤销原判决。

6.如在其他诉讼中，当事人的利害关系人提出该当事人患有精神病，要求宣告该当事人无民事行为能力或限制民事行为能力的，应由利害关系人向人民法院提出申请，由受诉人民法院按照特别程序立案审理，原诉讼中止。

第二十三条 无民事行为能力人、限制民事行为能力人的监护人是其法定代理人。

【条文主旨】

本条是关于非完全民事行为能力人的法定代理人的规定。

【条文理解】

本条源自《民法通则》第14条"无民事行为能力人、限制民事行为能力人的监护人是他的法定代理人"的规定,只是将该条中的"他的"更精炼的表述为"其"。2016年1月本法总则编第一次征求意见稿确定本条的文字表述后,在随后的历次修改中,除了条文序号的调整外,没有改动。大陆法系传统民法所谓的监护,是指在亲权法之外的对行为能力欠缺的救济制度。目前,本法总则编的监护制度融合了传统监护制度的救济和传统亲权制度的照顾、教育功能。[1]

一、关于本条中"无民事行为能力人、限制民事行为能力人的监护人"的理解

本条概念中,无民事行为能力人、限制民事行为能力人作为民事行为能力欠缺的自然人,相关规定的理解与适用见本书第18条至第22条的论述。监护的概念与规定见本书第26至第39条的论述。关于"无民事行为能力人、限制民事行为能力人的监护人",主要应注意监护人的选定原则。根据本法总则编相关规定可知,监护人的选定原则

---

[1] 李永军:《民法总则》,中国法制出版社2018年版,第183页。

上按法定顺序。即由以下人员按顺序担任未成年子女监护人：父母；祖父母、外祖父母；兄、姐；其他愿意担任监护人的个人或者组织。以下人员按顺序担任无民事行为能力或者限制民事行为能力的成年人监护人：配偶；父母、子女；其他近亲属；其他愿意担任监护人的个人或者组织。上述顺序可因被监护人父母遗嘱指定监护人、有监护资格的人协议确定监护人、有关组织指定监护人或者成年人事先与他人书面协议确定监护人而改变。没有上述具有监护资格的人时，监护人由民政部门或具备履行监护职责条件的被监护人住所地居民委员会、村民委员会担任。

二、关于法定代理人与监护人的关系

法定代理人是指基于法律规定而能够以他人名义独立与第三人实施民事法律行为的民事主体。通常来说，法定代理人与被代理人一般存在法定的血缘或亲权关系。学理上对法定代理，往往在两种意义上使用。其一，为婚姻法领域内，指夫妻之间的家事代理；其二，为民法上关于民事主体的规定，出于对民事行为能力欠缺的民事主体的保护而设立的制度。本条中的法定代理人即指第二种意义。

法定代理是代理的下位概念，与委托代理相对应。本法第163条第1款规定："代理包括委托代理和法定代理。"法定代理作为代理的下位概念，要遵循本法第161条、第162条关于代理的规范。需要注意的是，在《民法通则》第64条中，代理包含委托代理、法定代理、指定代理三个下位概念。其中，指定代理的定义是基于指定监护人的规定，即对监护人的确定有争议的，由相关部门或者人民法院指定。但从逻辑上，与委托代理相对应的概念应为法定代理，《民法通则》中的指定代理实为法定代理所包含的下位概念。在制定本法总则编时，取消了指定代理的规定。

法定代理制度与法律行为能力制度直接相关。法律行为能力制度的直接目的在于确定各类行为能力人的行为在法律上的效力如何，一旦行为人的行为能力不完全，那么其所实施的民事法律行为在效力评

价上即可能出现瑕疵。在无法将行为能力欠缺者完全排除在市场交易大门之外的前提下，必须通过某种制度设计，避免一般性地承认此种交易的效力，因后者会由于行为能力欠缺者自身无法履行而危及交易安全和交易效率。法定代理制度的意义正在于此，其通过法定代理人代理行为能力欠缺者实施民事法律行为或者允许其实施特定的行为，一方面使行为能力欠缺者能够参与交易、融入社会生活；另一方面也可确保行为能力欠缺者不致由此而遭受损害或导致他人因此受损。在法定代理制度的配合下，行为能力制度既能够对行为能力欠缺者实施的行为之效力进行有效管控，使其避免承受其自身无法履行的法律后果，又不会阻断其参与交易的法律通道，使其能够借助法定代理人的力量来弥补自身行为能力之不足。

关于法定代理人和监护人，事实上，在本法总则编中，法定代理人的范围与监护人范围实质上是重合的，除了监护人之外，本法总则编并未规定其他种类的法定代理人。而法定代理关系中的本人与监护法律关系中的被监护人的范围也是一致的。法定代理与监护的不同之处在于，监护是规范监护人与被监护人这一内部关系的规则，而法定代理则是将监护人与被监护人作为一个整体，规范该整体与外部进行的民事法律行为而产生的概念。因此，监护制度着眼于监护人和被监护人的身份认定以及监护人与被监护人之间的权利义务关系。法定代理是在解决了监护人身份之后，关于如何对外实施民事法律行为、承担法律后果的规范。法定代理制度与监护制度均着眼于对欠缺民事行为能力人的保护，分别以法定代理制度规范外部行为，以监护制度规范内部行为。从这个角度看，两种制度的立法目的和价值取向是相同的。

【审判实践中应注意的问题】

一、法定代理的权限与终止

无民事行为能力人、限制民事行为能力人的监护人作为法定代理人，其代理权限和代理权终止情形均与委托代理不同。

关于代理权限，委托代理的代理权限应基于委托人意思表示范围而定，而监护人作为法定代理人的代理权限则由法律直接规定。在法定代理制度中，无论是代理权的产生、范围抑或行使都不取决于本人的意志，本人自身行为能力不足，需仰赖法定代理人代为实施。因此应特别注意法定代理人实施代理行为是否符合法律规定的权限范围，以免对被代理的本人不利。

现行立法并未明确细化监护人作为法定代理人可以代理无民事行为能力人、限制民事行为能力人实施的民事法律行为的范围，本法第35条仅规定监护人应当按照最有利于被监护人的原则履行监护职责，实施代理行为，并应区分情况，尊重被监护人的意愿；即对未成年人的监护人，其在实施代理行为时，应根据被监护人的年龄和智力状况，尊重被监护人的真实意愿；对成年人的监护人，其在实施代理行为时，应最大程度尊重被监护人的真实意愿；对被监护人有能力独立处理的事务，不得干涉等。本法第162条规定，代理人以被代理人名义实施民事法律行为，其后果对被代理人发生效力。第162条规定的代理包含委托代理和法定代理，但根据本法第35条之规定，只有在遵循最有利于被监护人的原则，并应根据被监护人的年龄和智力状况，在被监护人有一定判断能力的情况下尊重被监护人的真实意愿，此时法定代理人的行为方可由本人承担法律后果。若法定代理人的行为有违保护本人利益的本旨、可能对本人不利，则该行为很可能不发生效力，也就谈不上本人需要承担法定代理人行为法律后果的问题。

此外，在适用中还应注意两点：其一，在本人确定对法定代理人的行为承担法律后果的情况下，由于本人与法定代理人之间存在监护关系，事实上仍是法定代理人代本人履行相应给付；其二，在本人获得或恢复相应的民事行为能力后，因法律后果的承担而需对外给付的义务，由本人负担。

关于代理权终止情形，本法第173条、第175条分别针对委托代理和法定代理进行了规定。两者的共同终止情形为：代理人丧失民事行为能力；代理人或被代理人死亡。法定代理与委托代理不同的终止情形包括：被代理人取得或者恢复完全民事行为能力。除此之外，监护人因具有本法第36条所规定的相关情形而被撤销监护资格时，其自然不再继续担任无民事行为能力人或限制民事行为能力人的法定代理人。

二、法定代理人的诉讼权利

《民事诉讼法》第57条中规定，无诉讼行为能力人由他的监护人作为法定代理人代为诉讼。《民事诉讼法司法解释》第83条中规定，在诉讼中，无民事行为能力人、限制民事行为能力人的监护人是他的法定代理人。事先没有确定监护人的，可以由有监护资格的人协商确定；协商不成的，由人民法院在他们之中指定诉讼中的法定代理人。

在诉讼中，法定代理人的地位与权利义务等同于当事人本人，享有诉讼当事人的权利，承担诉讼当事人的义务。根据现有规定，主要包括以下几项：（1）无诉讼行为能力人的法定代理人经传票传唤无正当理由拒不到庭，可按照撤诉或者缺席判决或拘传处理，可以代本人提起上诉；（2）无诉讼行为能力人未经法定代理人代为诉讼的，构成严重违反法定程序的审判错误事由；（3）一方当事人丧失诉讼行为能力、尚未确定法定代理人的，应中止审理。

三、离婚之后监护权的确定

本法第27条第1款规定："父母是未成年子女的监护人。"但是，此处仅是对监护资格的一般规定。在我国，父母离婚时，通常一方取得单独的监护权，只有在双方都同意的情形下，才能保持共同的监护权,① 而共同的监护权的行使方式,也应当根据约定确定,例如"轮流扶养"。类似的如我国澳门特别行政区《澳门民法典》第1761条规定:"一、在离婚、事实分居或撤销婚姻之情况下,亲权由获交托子女之父亲或母亲行使……四、无权行使亲权之父亲或者母亲,有权监督子女之教育及生活状况。"此时,丧失监护权的父母也无法成为未成年子女的法定代理人。②

---

① 《最高人民法院关于人民法院审理离婚案件处理子女抚养问题的若干具体意见》第6条。
② 类似案件见"李某诉王某某抚养纠纷案"。该判决认为:"离婚后不直接抚养无行为能力人的一方不应认定为监护人,由此也不应认定为无行为能力人的法定代理人,因而其无权代表无行为能力人提起诉讼。对已经受理的,应驳回起诉。"参见《人民司法·案例》2015年第20期。

第二十四条 不能辨认或者不能完全辨认自己行为的成年人，其利害关系人或者有关组织，可以向人民法院申请认定该成年人为无民事行为能力人或者限制民事行为能力人。

被人民法院认定为无民事行为能力人或者限制民事行为能力人的，经本人、利害关系人或者有关组织申请，人民法院可以根据其智力、精神健康恢复的状况，认定该成年人恢复为限制民事行为能力人或者完全民事行为能力人。

本条规定的有关组织包括：居民委员会、村民委员会、学校、医疗机构、妇女联合会、残疾人联合会、依法设立的老年人组织、民政部门等。

【条文主旨】

本条是关于认定成年人为无民事行为能力人或者限制民事行为能力人以及恢复为限制民事行为能力人或者完全民事行为能力人的规定。

【条文理解】

本条源自《民法通则》第19条"精神病人的利害关系人，可以向人民法院申请宣告精神病人为无民事行为能力人或者限制民事行为能力人。被人民法院宣告为无民事行为能力人或者限制民事行为能力人的，根据他健康恢复的状况，经本人或者利害关系人申请，人民法院可以宣告他为限制民事行为能力人或者完全民事行为能力人"的规定，比较《民法通则》和本法总则编关于本条的规定可知，后者对前者的改动主要表现为：(1)将"精神病人"修改为"不能辨认或者不能完全辨认自己行为的成年人";(2)申请认定的主体增加了"有关组织",并列举了"有关组织"的范围;(3)将"申请宣告"修改为"申请认定";(4)在"健康恢复"前面增加"智力、精神"。

上述改变有两点应予特别注意:

一、关于申请认定有无行为能力的对象的理解

自然人的民事行为能力以自然人对客观事物的判断和认知能力即意思能力为依据。只有有意思能力的人才有行为能力。从各国立法对民事行为能力的规定来看,依据年龄作为主要标准进行类型化区分是通常做法。一般而言,达到成年所要求的年龄标准,即为完全民事行为能力人。但除此之外,智力、精神健康状况也是影响自然人行为能力的重要因素。若智力、精神健康状况存在问题,即便达到成年年龄标准,自然人也可能属于限制民事行为能力人或无民事行为能力人。此前,我国《民法通则》将这类人简单定义为"精神病人"。但精神病人并非法律概念,且范围过于狭窄,不足以包括所有需要保护的意思能力欠缺的人。例如,处于植物人状态的自然人,已丧失判断辨别能力的"痴呆"老年人,按照这一规定仍然属于完全民事行为能力人,但实际上却已无民事行为能力。特别是,随着我国社会老龄化问题日益严重,出于对老年人的保护亟需对上述立法予以完善。从比较法的角度,美国、英国、德国、日本等多个国家均建有完整的成年监护制度。我国台湾地区"民法"也规定"对于心神丧失或精神耗弱至不能处理自己事务者,法院得因本人、配偶、最近亲属人或检察官之声请,宣告禁治产",相关立法精神均可资借鉴。

基于以上原因,本法总则编扩大认定无民事行为能力或者限制行为能力的成年人范围,将《民法通则》规定的"精神病人"修改为"不能辨认或者不能完全辨认自己行为的成年人",该规定包括但不限于"精神病人",将智力障碍者以及因疾病、年老等丧失或者部分丧失辨认自己行为能力的成年人均纳入无民事行为能力或者限制行为能力人的范围。

二、关于申请认定有无行为能力的主体的理解

一个成年人如被认定为限制行为能力人或无民事行为能力人，将对其处理自身人身或财产权益产生严重影响，故对申请认定主体必须严格限定。《民法通则》规定，有权申请认定自然人为无民事行为能力人或者限制民事行为能力人的主体为"利害关系人"，但未明确界定上述规定中"利害关系人"的具体范围，《民法通则意见》第24条中列举的申请宣告失踪的利害关系人范围可供参考。即包括：被申请认定无民事行为能力人或者限制民事行为能力人的配偶、父母、子女、兄弟姐妹、祖父母、外祖父母、孙子女、外孙子女以及其他与被申请人有民事权利义务关系的人。

但从司法实务来看，客观上存在成年人已符合无民事行为能力或限制民事行为能力认定标准，但没有利害关系人或利害关系人不愿向法院提出认定申请的情形。这种情形下，既不利于保护该成年人的合法权益，也不利于维护交易安全。对此，本条明确了其他组织可以作为申请人向法院提出申请，同时列举了其他组织的范围，包括居民委员会、村民委员会、学校、医疗机构、妇女联合会、残疾人联合会、依法设立的老年人组织、民政部门等。

根据上述列举，可知本条文拟保护的对象主要包括妇老残弱等群体。从列举的主体看，居民委员会、村民委员会均为基层群众性自治组织，是最贴近本区域居民（村民）的一级组织，一方面最可能了解居民（村民）是否具备完全行为能力，同时一旦个别居民（村民）不具备完全民事行为能力，除其自身利益受损之外，其所在区域其他居民（村民）利益也可能因此受损，故应允许居民委员会、村民委员会申请认定本地区（本村）居民（村民）无民事行为能力或限制民事行为能力以及恢复完全或限制民事行为能力。本条所指学校，从被申请人为成年人来推断，应主要指高中以上学历教育的学校。学校因直接管理成年学生而更容易了解其行为能力状态，为避免成年学生自身利益受损或危害其他学生的人身财产安全，维护校园正常教学秩序，有

必要允许学校申请认定。本条所指医疗机构，应包括医院、卫生院、疗养院、门诊部、诊所、卫生所（室）以及急救站等机构。医疗机构在诊断治疗时，可以第一时间发现并确认成年人是否具备完全民事行为能力。因此，允许医疗机构作为申请人也符合常理。妇女联合会作为专门维护妇女合法权益的社会团体组织，一旦发现成年女性不具备完全民事行为能力，可能使其自身利益受损时，有义务亦应被赋予通过申请认定该妇女为无民事行为能力、限制民事行为能力并确定监护人的方式，维护妇女合法权益的权利。中国残疾人联合会及其地方组织，代表残疾人的共同利益，维护残疾人的合法权益，一旦成年残疾人具有无民事行为能力、限制民事行为能力情形时，从维护残疾人的合法权益出发，应当赋予残疾人联合会申请认定该成年残疾人是否具备民事行为能力的权限。根据《老年人权益保障法》第7条的规定，依法设立的老年人组织应当维护老年人合法权益，为老年人服务。故本条将其列为申请主体之一。但需要注意的是，本条规定的老年人组织必须是依法设立，与之相区别的是老年人自行设立、未经有关部门批准或登记备案的组织。例如，老年合唱团、舞蹈队等，均属于民间组织，不具备通过申请认定有无民事行为能力、维护老年人合法权益的职能，不能依据本条提出申请。民政部门的工作职责包括社会救济、社会福利、社区服务、流浪乞讨人员的救助管理、指导中国残疾人联合会工作等，很多均与成年人有无民事行为能力相关联，故应允许民政部门作为申请主体。

【审判实践中应注意的问题】

一、关于无民事行为能力或者限制行为能力的认定

在认定的方式上需注意三点：
（一）一般应委托司法鉴定机构进行鉴定

对自然人的精神状态和民事行为能力的认定，人民法院一般应委

托具有相关资质的鉴定机构进行鉴定,以鉴定意见作为认定自然人有无民事行为能力或者限制行为能力的基本依据。

(二)参照医院出具的有关诊断证明、意见

在医院诊治过程中,有关专家对自然人病情所作出的科学检查、检测等结论性意见,人民法院可以在作出认定时作为证明材料使用。但应以利害关系人无异议为限,或者经开庭质证双方无异议,以及可与其他证据或事实相互印证。

(三)参照群众公认的事实和证据

群众公认的事实,一般应由该自然人住所地的村民委员会、居民委员会出具的证明材料所认定的事实,同时也包括与该自然人起居生活、日常工作密切接触的周围群众对该自然人基本情况的感知和认识。但参照群众公认的事实应当以利害关系人无异议为限。

二、关于恢复民事行为能力的认定

被宣告为无民事行为能力人或者限制民事行为能力人的自然人,在恢复行为能力或者部分恢复行为能力后,为使其能够亲自行使民事权利、履行民事义务,人民法院应当撤销原判决、作出新判决。但人民法院不应依职权主动进行,应以有关人员的申请为依据。有权提出申请的人包括无民事行为能力人或者限制民事行为能力人本人、利害关系人或者有关组织。

人民法院收到申请后,应当认真进行审查核实,如果能够确证无民事行为能力或者限制民事行为能力的原因已经消除的,应当撤销原判决,重新作出判决。具体而言,当被宣告为无民事行为能力人或者限制民事行为能力人的精神健康状况恢复到能够完全辨认自己行为后果的程度时,人民法院可以撤销原判决、作出新判决,宣告该自然人为完全民事行为能力人;当被宣告为无民事行为能力人的精神健康状况恢复到能够部分辨认自己行为后果的程度时,人民法院可以撤销原判决,作出新判决,宣告该自然人为限制民事行为能力人。关于被宣告为无民事行为能力人或者限制民事行为能力人的精神健康状况的恢复程度如何判断,一般可参照无民事行为能力或者限制行为能力的认定方式,通过鉴定意见、医院诊断证明、群众公认事实等进行判断。

三、关于认定无民事行为能力或限制行为能力的审判程序

(一)此类案件由被申请人住所地基层人民法院管辖

基层法院认定无民事行为能力或者限制民事行为能力的判决是终审判决。

(二)应当首先为被申请人确定代理人

根据《民事诉讼法》第189条第1款和《民事诉讼法司法解释》第352条的规定,人民法院审理认定公民无民事行为能力或者限制民事行为能力的案件,应当为该公民确定代理人。在认定公民无民事行为能力、限制行为能力案件特别程序中,代理人对维护被申请人的合法权益非常重要,其作用类似于诉讼程序中的法定代理人,故立法对代理人规定了较为宽泛的范围,以确保有适宜主体担任,具体而言:被申请人有近亲属的,由近亲属为代理人,近亲属互相推诿的,由人民法院指定其中一人为代理人。被申请人健康情况许可的,还应当询问本人意见。被申请人没有近亲属的,人民法院可以指定其他亲属为代理人;没有亲属的,可以指定经被申请人所在单位或者住所地的居民委员会、村民委员会同意且愿意担任代理人的关系密切的朋友为代理人。没有上述代理人的,由被申请人所在单位或者住所地的居民委员会、村民委员会担任代理人。

(三)案件的处理

人民法院经审理认定申请有事实根据的,判决被申请人为无民事行为能力或者限制民事行为能力人;认定申请没有事实根据的,应当判决予以驳回。

> **第二十五条** 自然人以户籍登记或者其他有效身份登记记载的居所为住所；经常居所与住所不一致的，经常居所视为住所。

【条文主旨】

本条是关于如何确定自然人住所的规定。

【条文理解】

本条源自《民法通则》第15条"公民以他的户籍所在地的居住地为住所，经常居住地与住所不一致的，经常居住地视为住所"的规定。本条对上述规定有所修改，主要包括：一是采用更为严谨规范的概念，以民法观念中的"自然人"取代"公民"；二是顺应放宽户口迁移政策的趋势，将认定自然人住所的依据从"户籍所在地的居住地"改为"户籍登记或者其他有效身份登记记载的居所"；三是与涉外民事关系法律适用法措辞统一，以"居所"取代"居住地"。其中，最应注意的是，改变了以户籍所在地的居住地认定居所这一唯一标准。

一、关于"自然人以户籍登记或者其他有效身份登记记载的居所为住所"的理解

自然人的住所是指自然人生活和法律关系的中心地。每个人从事民事活动、参与社会生活总是在一定的场所内，因这些场所可能各不相同，故需要在法律上确定自然人的住所。确定自然人的住所在法律上具有重要意义。在民法领域，住所是决定监护、决定宣告失踪、宣告死亡，决定债务履行地，决定诉讼管辖地，决定涉外法律适用之准

据法的重要因素。此外，住所在《公司法》《涉外民事关系法律适用法》《全国人民代表大会和地方各级人民代表大会选举法》《企业所得税法》《个人所得税法》等相关法律中均有重要意义。

自《民法通则》实施后，长期以来，我国司法实践中均以户籍所在地的居住地为住所。在早期人员流动不频繁、异地就业不多见的情形下，这样规定并无不妥。但随着社会经济发展，异地就业居住情况十分普遍，对大量流动人口而言，户籍所在地已不再是其生活和法律关系的中心地。此时，若仍固守将户籍所在地的居所认定为住所的标准，则必然导致立法与实践脱节。实质上，我国在社会领域大力推进户籍制度改革，积极推行居住证制度，亦是为了缓解户籍制度无法适应人口高频流动带来的弊端。2016年开始施行的《居住证暂行条例》是户籍制度改革的重要分水岭。该条例规定，公民离开常住户口所在地，到其他城市居住半年以上，符合有合法稳定就业、合法稳定住所、连续就读条件之一的，可以申领居住证。"其他城市"，是指公民常住户口所在地城市以外的其他市、县。"居住半年以上"，是指在居住地居住并办理暂住登记满半年。合法稳定就业，是指被国家机关、社会团体、事业单位录用（聘用），或者被国家机关、社会团体、企事业单位招收并依法签订劳动合同，或者在城镇从事第二、三产业并持有工商营业执照等，各地可以根据实际情况具体合理确定。"合法稳定住所"，是指公民在居住地实际居住具有合法所有权的房屋、在当地房管部门办理租赁登记备案的房屋、用人单位或就读学校提供的宿舍等。"连续就读"，是指在全日制小学、中学、中高等职业学校或普通高等学校取得学籍并就读。符合上述条件之一的，即可申请办理居住证。该条例第4条规定，居住证登载的内容包括：姓名、性别、民族、出生日期、公民身份证号码、本人相片、常住户口所在地住址、居住地住址、证件的签发机关和签发日期。由上，居住证制度作为一种针对流动人口的身份登记制度，已日益淡化户籍制度的身份登记功能。为应对户籍制度这一重大变化，本条增加了"其他有效身份登记"这一表述，户籍登记不再是确定自然人住所的唯一标准。

但考虑到现行居住证制度的推行并不是要完全取消自然人的户籍，户籍仍是大多数自然人与居所地长期稳定的联系；此外，婚姻、继承、收养等纠纷处理，仍与自然人户籍登记情况紧密相关。因此，本条规定将户籍登记记载的居所作为确定住所的主要依据之一。

关于以"居所"取代"居住地"的立法措辞，一则用语更加准确，此外也更符合国际法惯例。最早在立法层面规定居所的是2010年颁布的《涉外民事关系法律适用法》，其在第11条和第12条关于自然人的民事权利能力和民事行为能力的规定中，使用了"居所地"一词。随后颁布的《涉外民事关系法律适用法司法解释（一）》第15条"自然人在涉外民事关系产生或者变更、终止时已经连续居住一年以上且作为其生活中心的地方，人民法院可以认定为涉外民事法律关系适用法规定的自然人的经常居所地，但就医、劳务派遣、公务等情形除外"中对居所地进行了细化解释。将之对比《民法通则意见》第9条第1款"公民离开住所地最后连续居住1年以上的地方，为经常居住地。但住医院治病的除外"可知，两者并无实质区别。

二、关于"经常居所与住所不一致的，经常居所视为住所"的理解

经常居住的场所通常可称为经常居所。司法实践中，对"经常"的判断一般依据的是时间标准。按照《民法通则意见》第9条第1款规定，公民离开住所地最后连续居住1年以上的地方，为经常居住地（住院治病的除外）。该条确立了认定"经常"的两个条件：一是最后连续居住，这里的"最后"表明，只计算纠纷时的连续居住，而不考虑在此之前有无连续居住情形；二是连续居住1年以上，强调的是居住满1年，不能中断。因为只有持续的居住才有可能形成生活、社交的中心，也才能产生相应的法律关系。

当然，即便满足上述经常居所的客观要求，实务中仍应考虑一些主观因素：一是自然人在特定地点的居住是否基于其真实意愿；二是自然人的居住行为是否有定居的意图。具体而言，首先，如果确有证

据证明自然人居住在该地是因为被限制人身自由、身体抱恙或妨碍其行动的残疾、突发事件或自然灾害等不可抗力事件，致使其居住在该地并非出于其意愿，则即便其长期居住该地，一般也不能认定为经常居所。其次，如果有证据证明自然人生活在该居所并非为了日常生活，则也不宜认定该居所为经常居所。关于如何判断是否为了日常生活，一般应考察该自然人在该居所的居住时间长短以及该居所是否为其生活、社交的中心。对此，《涉外民事关系法律适用法司法解释（一）》第15条将"就医、劳务派遣、公务等情形"做特别处理，说明虽然自然人客观上在某地居住1年以上，但主观并无定居意图，则不能认定为经常居所地。

对特定自然人而言，一旦经常居所地形成，则意味着该居所地成为其日常生活、社交的中心。相应地，将该经常居所地视为住所，对该自然人产生的法律效果与户籍登记或者其他有效身份登记记载的居所对自然人产生的法律效果并无实质区别，故本条规定"经常居所与住所不一致的，经常居所视为住所"。

【审判实践中应注意的问题】

关于经常居所可视为住所的问题，需要注意连续居住的持续时间。《民法通则意见》第9条规定，公民离开住所地最后连续居住1年以上的地方，为经常居住地。而在《居住证暂行条例》出台后，有意见认为，该条例规定，公民离开常住户口所在地，到其他城市居住半年以上，符合相关条件的，即可申领居住证。因此该"半年"的居住时限可作为判定经常居所的重要考量因素。对此，应注意区分理解：根据自然人居住证记载的居所作为住所，是适用该条关于"自然人以户籍登记或者其他有效身份登记记载的居所为住所"的规定；但在现行立法未作修改的情况下，在适用"经常居所与住所不一致的，经常居所视为住所"时，建议仍以"连续居住1年以上"作为确定经常居所的依据。

第二节 监 护

> **第二十六条** 父母对未成年子女负有抚养、教育和保护的义务。
>
> 成年子女对父母负有赡养、扶助和保护的义务。

【条文主旨】

本条是关于父母子女之间法律义务的规定。

【条文理解】

本条是《民法通则》中所没有的新规定,其源自《宪法》第49条第3款关于"父母有抚养教育未成年子女的义务,成年子女有赡养扶助父母的义务"的规定,有关内容在《婚姻法》第21条"父母对子女有抚养教育的义务;子女对父母有赡养扶助的义务"和第23条"父母有保护和教育未成年子女的权利和义务"中也有所体现。《民法典》延续了《民法总则》关于监护制度的有关规定,确立了"以家庭监护为基础,以社会监护为补充,以国家监护为兜底"的监护制度体系。家庭关系是最基本的社会关系,父母子女关系是家庭关系中最核心的内容。我国历来重视家庭、亲属关系,普遍认为家庭和睦是社会和谐的基础,监护责任应主要由家庭来承担。本条即规定了家庭中父母与子女之间的监护义务,充分体现了基于家庭成员独立人格和平等地位之上的敬老爱幼的社会主义核心价值观。

一、关于监护的概念和性质

现代监护制度起源于罗马法。罗马法最初设置监护制度的主要目的是补充被监护人的能力，同时设置了保佐制度，主要目的是代理被保佐人管理其财产。后来两者间的区别逐渐消失。现代各国均根据本国国情承袭了罗马法的监护制度。按照监护的范围，监护制度有广义和狭义之分。英美法系国家或地区多采广义的监护制度体系，将亲权与监护统称为监护，父母是未成年子女的法定监护人，无父母时得另设监护人。而大陆法系国家或地区多采狭义监护制度体系，严格区分亲子关系和非亲子关系，将父母对未成年子女的监督和保护列为亲权制度，将对不在亲权保护之下的未成年人和其他限制行为能力、无行为能力成年人的人身和财产以及其他合法权益的监督和保护列为监护制度。20世纪以来，特别是在现代社会，各个国家和地区都更加注重对未成年人的照管和保护，亲权与监护的区别也越来越小。我国现行立法实际采用的是广义监护概念，将亲权内容纳入监护制度，力图实现互补与融合。同时，将对民事行为能力不充分的成年障碍人的照护也视为监护的一种。因此，在我国，监护可被定义为《民法典》所规定的对无民事行为能力人和限制民事行为能力人的人身、财产和其他合法权益进行监督、管理和保护，弥补其民事行为能力不足的民事制度。

关于监护的性质，学术界历来有不同的认识。主要的观点有权利说、义务说和职责说。权利说认为，监护是一种民事权利，主要理由是《民法通则》第18条第2款规定，监护人依法履行监护的权利，受法律保护。该说主要从身份权的角度考虑，认为监护主要是基于监护人与被监护人之间通常所具有的特定身份关系。义务说认为，监护的本质是法律课以监护人单方面的义务，监护制度设立目的在于保护被监护人的合法权益，如果监护人不履行义务，则要承担相应的法律责任。职责说则认为，监护的内容在于保护被监护人的人身和财产，兼具私法和公法双重性质。现代监护制度在强化监护人义务和职责的同时，也赋予了监护人必要的权利，确保监护人更好地履行监护职责。从《民法典》第34条和第35条的规定来看，监护人的职责包括保护被监护人的人身和财产权利、代理被监护人实施民事法律行为、按照最有利于被监护人的原则履行监护职责、不得借监护谋取个人利益；同时，监护人依法履行监护职责产生的权利，受法律保护。因此，我国现行立法对监护的性质倾向于职责说，监护人既享有职权又承担责任，体现了权利义务的统一，有利于监护制度补足行为能力欠缺、保护被监护人合法权益、维护社会秩序稳定功能的发挥。

二、关于父母对未成年子女的抚养、教育、保护义务

未成年子女，在民法上是指未满十八周岁的子女。《民法典》第17条规定："十八周岁以上的自然人为成年人。不满十八周岁的自然人为未成年人。"父母对子女的抚养教育和保护义务为法定义务，我国《宪法》《婚姻法》和《未成年人保护法》均有相关规定。

抚养，一般是指抚育和教养，是父母对未成年子女提供衣食住行、进行生活照料、给予精神关爱，保障其健康成长的法定义务。作为基于家庭身份关系而由法律明确规定的义务，父母对未成年人的抚养具有人身专属性和法律强制性，无论父母的抚养能力和生活条件如何，无论是否与子女共同生活，都应提供能力范围内的照顾，不能被豁免，如不履行抚养义务必须承担相应的法律责任。我国1950年《婚姻法》就专章规定了父母子女关系，明确父母对子女有抚养教育的义务。1980年《婚姻法》增加了子女有要求父母给付抚养费的权利和父母有管教和保护未成年子女的权利和义务。2001年《婚姻法》进一步强化了父母的法律责任。《未成年人保护法》第10条规定，父母应当依法履行对未成年子女的监护职责和抚养义务，禁止虐待、遗弃未成年人。即便有虐待、遗弃行为，或者有其他恶习而被剥夺监护权，仍应承担相应义务，不能被社会监护等其他监护形式完全取代。本条规定正是对上述立法精神的延续。

教育，是指父母应当依照法律和道德要求，对未成年子女进行知

识技能培育和健康人格养成，既包括正面的管教和引导，也包括对错误思想和不良行为的批评和惩戒。根据《未成年人保护法》的规定，父母有义务促使未成年人在品德、智力、体质等方面全面发展，把他们培养成为有理想、有道德、有文化、有纪律的社会主义事业接班人。根据《义务教育法》第5条的规定，父母必须依法保证适龄子女按时入学接受并完成义务教育。父母应当为未成年子女接受学校教育提供应有的物质条件，并且要为其提供良好的家庭教育。作为子女的第一任老师，父母要用正确的方式管理、教育未成年子女，引导其进行有益身心健康的活动，注重增强其自我保护意识和社会责任意识，注重传承中华民族传统美德、树立社会主义核心价值观。

保护，是指父母应当注意保护未成年子女的生命安全、身体健康、人格尊严以及财产安全，使其免受外界侵害。避免未成年子女从事与其年龄、心智不符的活动；严禁对未成年人实施家庭暴力和家庭歧视；预防和制止未成年人吸烟、酗酒、流浪、沉迷网络以及赌博、吸毒、卖淫等行为；对侵犯未成年子女合法权益的行为，要坚决予以制止和向有关部门提出检举和控告。未成年子女有财产来源的，应当从未成年人利益最大化出发保护、管理和处分其合法财产，避免受到不必要的损失和遭到他人非法侵害。

三、关于成年子女对父母的赡养、扶助、保护义务

成年子女，即年满18周岁的子女。子女对父母的赡养扶助义务为法定义务。我国《宪法》《婚姻法》和《老年人权益保障法》均有相关规定。面对人口老龄化的不断加剧，需要以家庭为基础，为老年人提供更加人性化的关怀，弘扬中华民族敬老、养老、助老的美德，促进和谐社会建设。赡养，主要是指成年子女对父母特别是在父母年迈、丧失劳动能力时，应当履行的经济上供养、生活上照料和精神上慰藉的义务。根据《老年人权益保障法》的要求，老年人养老以居家为基础，家庭成员应当尊重、关心和照料老年人。子女应当照顾老年人的特殊需要，妥善安排老年人的住房，不得强迫老年人居住或者迁

居条件低劣的房屋；应当关心老年人的精神需求，不得忽视、冷落老年人。与老年人分开居住的家庭成员，应当经常看望或者问候老年人。子女的配偶应当协助履行赡养义务。

扶助，是指成年子女对父母特别是在父母经济存在一定困难、自我照顾能力不足时，应当履行的及时提供帮助、确保维持正常生活的义务。根据《老年人权益保障法》的要求，父母患病时，子女应当使其及时得到治疗和护理；父母经济困难的，子女应当提供医疗费用。父母生活不能自理的，子女应当承担照料责任；不能亲自照料的，可以按照父母意愿委托他人或者养老机构等照料。子女有协助维修父母自有住房、耕种或者委托他人耕种父母承包的田地、照管或者委托他人照管父母的林木和牲畜等的义务，确保有关收益归老年人所有。

保护，是指成年子女应当依法采取措施，避免父母的人身和财产权益受到损失。根据《老年人权益保障法》的要求，父母自有的或者承租的住房，子女或者其他亲属不得侵占，不得擅自改变产权关系或者租赁关系；子女不得要求老年人承担力不能及的劳动；子女应当尊重老年人的婚姻自由，不得干涉父母离婚、再婚及婚后的生活；禁止对老年人实施家庭暴力。同时，针对目前比较突出的老年人被骗的问题，子女还应就信息网络知识、医疗保健知识、金融法律常识等多与父母沟通，增强其防范意识，保护其人身和财产安全。

【审判实践中应注意的问题】

第一，本条中的父母子女关系不仅包括自然血亲的父母子女关系，还包括法律拟制的父母子女关系。《民法典》婚姻家庭编将非婚生子女与父母之间、养父母与养子女之间、继父母与受其抚养教育的继子女之间的关系均等同于婚生子女与父母之间的关系，因此，无论基于自然血亲还是拟制血亲的父母子女之间，都应当适用本条自觉履行有关法定义务。

第二，父母对子女的抚养不受父母是否离婚的影响。抚养既是父母的权利也是义务,根据《民法典》婚姻家庭编中的第1084条"离婚后,父母对于子女仍有抚养、教育、保护的权利和义务"规定,当父母未离婚时,由父母双方共同行使抚养权利和履行抚养义务,直接养育、照料子女,为子女提供必要生活费用;当父母已离婚时,父母的抚养义务表现为,直接抚养子女的一方仍直接履行抚养义务,而未直接抚养子女一方则通过提供抚养费、行使探望权等方式,履行部分照料子女的抚养义务。故不管是否离婚,父母中任何一方都应当履行抚养未成年子女的义务,而不能以抚养为权利为由,通过放弃抚养权方式规避上述义务。

第三,成年子女不履行赡养义务的,无劳动能力的或者生活困难的父母有要求成年子女给付赡养费等权利;成年子女不得以放弃继承权或者其他理由,拒绝履行赡养义务;成年子女的赡养义务不因父母婚姻关系的变化而消除。

> **第二十七条** 父母是未成年子女的监护人。
> 未成年人的父母已经死亡或者没有监护能力的，由下列有监护能力的人按顺序担任监护人：
> （一）祖父母、外祖父母；
> （二）兄、姐；
> （三）其他愿意担任监护人的个人或者组织，但是须经未成年人住所地的居民委员会、村民委员会或者民政部门同意。

【条文主旨】

本条是关于未成年人的监护人的规定。

【条文理解】

本条源自《民法通则》第16条"未成年人的父母是未成年人的监护人。未成年人的父母已经死亡或者没有监护能力的，由下列人员中有监护能力的人担任监护人：（一）祖父母、外祖父母；（二）兄、姐；（三）关系密切的其他亲属、朋友愿意承担监护责任，经未成年人的父、母的所在单位或者未成年人住所地的居民委员会、村民委员会同意的"的规定。在2016年1月的《民法总则（草案）》征求意见稿中，将《民法通则》中的"兄、姐"修改为"成年兄、姐"、删除了"经未成年人的父、母所在单位"、增加了"民政部门同意"。在2016年5月的《民法总则（草案）》征求意见稿中，增加了"父母对未成年子女负有照管和保护的义务""未成年人的父母可以通过遗嘱指定未成年人的监护人；其父、母指定的监护人不一致的，以后死亡一方指定的为准"。2016年12月的《民法总则》草案三审稿中，删除了

2016年5月《民法总则（草案）》征求意见稿中增加的内容以及"成年"二字，并增加了"按顺序""有关组织"二词。《民法总则》第27条在全国人民代表大会通过时仅将"有关组织"中的"有关"二字删除，并无其他修改。由此，确立了我国未成年人法定监护制度体系。《民法典》保留了此条款。

一、关于父母是未成年子女的监护人

我国现行立法采用广义监护概念，将亲权内容，也就是父母对未成年子女人身财产管教保护的权利义务一并纳入监护制度。亲权是大陆法系民法中的传统概念，其作为基于身份关系的父母对未成年子女的专属权利义务，具有当然性、法定性和优先性，以保护管教未成年子女、促进子女健康成长为目的，父母不得抛弃也不得滥用。《民法典》第26条第1款规定"父母对未成年子女负有抚养、教育和保护的义务"，即体现了将亲权精神内核融入到监护制度的立法取向。本条在第1款首先规定"父母是未成年子女的监护人"，在明确父母为子女法定监护人的同时，突出了父母优先于其他具有监护资格主体的首要和当然责任人的地位。把父母作为监护人的情形独立出来，也充分体现了其重要性和特殊性，隐含了"大监护"体系下亲权制度的部分内容。在未成年人合法权益保护问题上，对未成年子女监护权与对未成年人亲权在内容和行使方式上并无实质区别。首先，父母对子女的监护以亲子关系为基础，无须批准，自然取得。当同时存在祖父母等其他有监护能力的人时，父母也是未成年子女的当然监护人，优先于其他有监护能力的人。其次，父母对未成年子女的权利是国际人权公约、各国宪法和相关法律规定的基本权利，也是父母必须履行的义务，不得任意放弃。只有父母丧失监护能力时，其对未成年子女的监护关系才终止。再次，由于通常情况下父母对未成年子女的利益更为关心，因此，在目前各国均加大对监护制度的干预和监督的情况下，对父母监护的介入更要注意保持谦抑的态度。在条件允许的情况下，应当尽可能地让被监护人在家庭中与父母共同生活。未经法定程序，

人民法院不得撤销父母的监护人资格。即便父母的监护人资格被依法撤销，除对被监护人实施故意犯罪外，确有悔改表现的，还可视情况恢复。

二、有监护资格主体的监护排序

未成年人监护制度体系应以未成年人权益保护为基本目标，以儿童最大利益原则为基本原则。在强化父母在未成年人监护体系中首要责任的基础上，要进一步形成家庭、社会、国家三位一体，有中国特色的未成年人监护制度体系。本条体现了我国传统家庭观念和伦理道德，父母子女关系为家庭关系的核心，祖父母、外祖父母与孙子女、外孙子女，兄姐与弟妹之间的关系，也属于紧密家庭关系范畴。本条从最有利于未成年人权利出发，着眼于监护制度保护被监护人权益、弥补其行为能力不足、维护社会正常秩序等功能的发挥，明确规定了在父母不具备民事主体资格或者丧失监护能力情况下，其他主体担任未成年人监护人的范围和顺序。

关于未成年人父母死亡或者没有监护能力问题。未成年人父母死亡包括自然死亡和宣告死亡两种，其后果均是丧失民事主体资格，不再享有民事权利能力和行为能力，也就无法担任监护人。未成年人父母没有监护能力，也是无法担任监护人的法定条件。监护人监护能力的认定，根据《民法通则意见》第11条的规定，应当根据监护人的身体健康状况、经济条件，以及与被监护人在生活上的联系状况等因素确定。

关于未成年人法定监护人的范围和顺序。根据《民法通则意见》第12条规定，《民法通则》中规定的近亲属，包括配偶、父母、子女、兄弟姐妹、祖父母、外祖父母、孙子女、外孙子女。据此可知，本条规定的法定监护人主要是被监护人的近亲属，其顺序主要根据法定监护人与被监护人的亲疏关系、履行监护职责的便利程度以及我国的社会生活习惯来确定。

关于法定监护人范围的扩大。《民法典》延续《民法总则》有关规定，将《民法通则》第16条规定的"关系密切的其他亲属、朋友"修改为"其他愿意担任监护人的个人或组织"。一方面对作为法定监护人的个人，不再要求是关系密切的亲属朋友，而是以"是否愿意担任监护人"这一个人意愿为衡量标准。另一方面将法定监护人从个人放宽到组织，虽然"组织"的具体所指并不明确，但从本条最终将起草过程中的"有关组织"修改为"组织"，可以看出立法的开放态度。社会组织担任监护人可以为家庭监护提供有益补充，也可以减轻国家监护的压力，符合我国经济社会发展和人民生活的需要，符合现代监护制度的发展趋势。

关于法定监护人顺序的确定。扩大未成年人法定监护人范围，可以更好地解决可能出现的监护"空位"问题，但也可能出现多个有监护能力的人互相推卸责任或争抢未成年人法定监护人的情形。相较《民法通则》及《民法通则意见》仅确定了指定监护的顺序，《民法总则》则首次明确了法定监护的顺序。据此，只有不存在前一顺序监护人或者前一顺序监护人没有监护能力时，后一顺序监护人才有资格成为实际的法定监护人。

关于在审查主体中删除未成年人父母所在单位和增加民政部门。随着我国经济社会的高速发展，职工和就业单位之间的黏合度日益减弱，就业单位普遍缺乏担任本单位职工未成年子女法定监护人资格的能力和意愿，更不宜作为指定监护人的主体处理监护人争议，以及直接担任监护人。为适应社会发展现状，本条延续《民法总则》的有关规定，删除了《民法通则》关于可经未成年人父母所在单位同意后确定近亲属之外法定监护人的规定，同时，增加了关于民政部门作为审查主体，既符合民政部门的工作职责，又体现了对我国监护制度的健全完善。

【审判实践中应注意的问题】

一、关于法定监护义务的履行

法定监护即直接按照法律规定的范围和顺序而设立的监护。在法定监护中，如果没有法律规定的不能担任监护人的限制性条件，就必须担任监护人，不得拒绝，也不得通过协议免除。父母有监护能力的情况下，不得与其他人签订监护协议由他人担任监护人而推卸自身责任。父母离婚时，只能就抚养费的数额等进行约定，不得免除父母任何一方对未成年子女的抚养义务。只有在父母死亡或失去监护能力的情况下，其他法定监护人才可以根据《民法典》第30条进行协商，合意确定未成年人的监护人。即便在父母丧失监护能力时，其对协议确定监护人也可以提出自己的意见。

二、关于监护能力的认定

本条中规定的未成年人的父母以及其他法定监护人，都首先要具有完全民事行为能力。作为监护人的兄、姐，也应当是具有完全民事行为能力的成年人。同时，对于监护人监护能力的认定，均可依照《民法通则意见》第11条的规定，即根据监护人的身体健康状况、经济条件，以及与被监护人在生活上的联系状况等因素确定。《民法总则释义》中对"监护能力"[①]做了以下论述：经研究认为，具有监护能力首先要具有完全民事行为能力，至于如何判断是否具有监护能力的其他条件，在实践中情况较为复杂，需要综合考虑多种因素，法律可不一一作出界定，需在实践中根据具体情况进行判断。实践中，没有监护能力多为以下三种情况：一是不具有完全民事行为能力；二是被剥夺人身自由；三是下落不明。具体到"父母没有监护能力"，一般表现为：不具备履行监护职责的身体健康要求或相应经济条件，父母

---

① 李适时主编：《民法总则释义》，法律出版社2017年版。

与未成年子女两地分离，生活联系较少，无法履行监护职责等。具体到"其他个人没有监护能力"，一般表现为：年龄较大、身体健康状况不佳、与未成年人相隔较远、自身工作生活负担繁重，无暇承担监护责任、或已负担较重监护任务，无法承担新的监护任务等。具体到"组织没有监护能力"，一般表现为：信誉不佳、没有相应人员和财产、无法对未成年人实施生活照护和人身财产保护、无法提供相应学习条件、无法代理被监护人实施法律行为、无法对被监护人的侵权行为承担责任等。对于"其他愿意担任监护人的个人或者组织"是否真正具备监护能力，能否真正维护未成年人合法权益，需经未成年人住所地的居民委员会、村民委员会或者民政部门结合未成年人的具体情况审查确定。

第二十八条 无民事行为能力或者限制民事行为能力的成年人，由下列有监护能力的人按顺序担任监护人：

（一）配偶；

（二）父母、子女；

（三）其他近亲属；

（四）其他愿意担任监护人的个人或者组织，但是须经被监护人住所地的居民委员会、村民委员会或者民政部门同意。

【条文主旨】

本条是关于无民事行为能力或限制行为能力成年人的监护人的规定。

【条文理解】

本条规定是在《民法通则》第17条第1款规定基础上的修改完善。《民法通则》第17条第1款规定："无民事行为能力或者限制民事行为能力的精神病人，由下列人员担任监护人：（一）配偶；（二）父母；（三）成年子女；（四）其他近亲属；（五）关系密切的其他亲属、朋友愿意承担监护责任，经精神病人的所在单位或者住所地的居民委员会、村民委员会同意的。"《民法总则（草案）》征求意见稿对本条的表述为："无民事行为能力或者限制民事行为能力的成年人，由下列人员中有监护能力的人依次担任监护人：（一）配偶；（二）父母；（三）子女；（四）其他愿意承担监护责任的个人或者有关组织，经被监护人住所地的居民委员会、村民委员会或者民政部门同意的。"最终定稿中，将"依次"担任监护人修改为"按顺序"，同时，对于担任无民事行为能力或限制民事行为能力成年人的监护人范围进行了完善，其中将子女与父母并列作为同一顺序监护人。《民法典》继续保留了此条款。

本条是对我国成年监护制度的创新性、基础性规定，借鉴了各国各地区的先进经验，顺应了时代发展，适应了老龄化社会的发展态势，体现了对成年身心障碍者的立法关怀。自20世纪60年代，成年监护制度改革开始在世界范围内兴起。法国、德国、日本等国均取得了重要的改革成果，建立了当代成年监护制度。如法国将需要设立监护的对象修改为精神官能已受到疾病损坏或因残疾年龄而衰竭以及体能受到损坏妨碍当事人表达其意志的成年人。德国将可设立监护的范围修改为由于心理疾病或身体上、精神上、心理上的残障而完全或部分不能处理其事务的成年人。日本则将需要设立监护的对象修改为因精神障碍欠缺事务辨识常态、辨识能力显然不足或不足者。类似"精神病人"的概念和表述，均被各国立法例所抛弃，更多体现现代人权精神。在我国，随着人口老龄化进程的加快，老年人的监护需求也日益增加，其他因疾病等导致失能失智以及经常处于不稳定状态的成年人，也应当列入被监护人范围，在确保其自身人身财产得到有效保护的同时，也可有效维护人际关系和社会秩序的稳定。我国《老年人权益保障法》进行修正时，实现了我国成年监护制度改革的突破，跟上了世界成年监护制度的改革潮流。但我国《老年人权益保障法》确定的成年监护制度只适用于老年人，对于18周岁以上不满60周岁的成年人则无从适用。本条即根据实际情况，总结《老年人权益保障法》等立法经验，采抽象标准确定成年被监护人范围，将《民法通则》确立的仅针对"精神病人"的成年监护制度升级为全面的成年监护制度。

一、关于成年被监护人范围的扩大

成年监护制度更直接体现"小监护"体系下的监护目的和制度内涵，即主要是弥补无民事行为能力人和限制民事行为能力人行为能力的不足，并对其人身财产等合法权益进行监督、管理和保护，同时保障交易安全和社会秩序。无民事行为能力或限制民事行为能力的成年人可能自始即不具备或不完全具备民事行为能力，也可能因疾病等原因导致后来丧失全部或部分意思能力。与未成年人相比，成年人作为无民事行为能力或限制民事行为能力人有时难以从外观作出判断，更需要对其设立监护人以确保监护制度功能的充分发挥。《民法典》第21条将不能辨认自己行为的成年人规定为无民事行为能力人，第22条将不能完全辨认自己行为的成年人规定为限制民事行为能力人。本条根据上述规定，将《民法通则》规定的"精神病人"范围扩大，修改为"无民事行为能力或者限制民事行为能力的成年人"，从而降低了成年监护制度对需要保护成年人的判断标准，将监护人的范围扩大到包括因智力、精神障碍以及因年老、疾病等各种原因导致的辨识能力不足的成年人，使社会生活中更多的因精神体能受损不能自行保障利益的成年人能够得到法律保护。可以说，本条的修改完善是我国立法回应社会发展和人民需要的必然，必将有力促进文明、和谐的社会主义社会的持续发展。

二、关于有监护资格主体的监护排序

关于成年人法定监护人范围的扩大。与《民法典》第27条类似，本条以"其他愿意担任监护人的个人或者组织"取代《民法通则》中"关系密切的其他亲属、朋友"作为兜底条款，同样体现了以"个人意愿"取代"关系密切"作为首要衡量标准的现代监护理念。同时，增加组织为监护人，也体现了社会监护的保障作用。而且，通常情况下，相较未成年人而言，成年人的监护人需要承担更为繁重的监护责任，也就更加需要在家庭监护之外的社会监护的保障和补充。

关于成年人法定监护人顺序的确定。与《民法通则》第17条相比，本条强调监护人要从有监护能力的人中"按顺序"产生。实践中，对有身心障碍的成年人的亲属而言，担任监护人无疑会是一个沉重的负担，容易出现亲属互相推诿，不愿担任监护人的情形。本条规

定强调了法定监护人的顺序性,以近亲属为主,并根据与被监护人的血缘关系、生活联系以及情感基础等因素,将配偶列为第一顺序监护人,将父母和子女并列作为第二顺序监护人,将其他近亲属列为第三顺序监护人,而其他愿意担任监护人的个人和组织则为第四顺序监护人。配偶关系源于合法的婚姻关系,以达到法定结婚年龄的成年男女通过婚姻登记程序缔结婚姻关系为开始时间,以一方死亡或双方离婚为终止时间。根据《婚姻法》的规定,夫妻双方共同生活,有相互扶养的义务,有对共同财产的支配权,情感基础良好、生活联系密切,因此,由配偶作为第一顺序监护人有利于保护被监护人的各项合法权益。父母子女之间既有天然情感,又有法定抚养、赡养关系,也是适合担任监护人的主要人员。根据《民法通则意见》第12条的规定,《民法通则》中规定的近亲属,包括配偶、父母、子女、兄弟姐妹、祖父母、外祖父母、孙子女、外孙子女。因此,本条中的其他近亲属即包括兄弟姐妹、祖父母、外祖父母、孙子女、外孙子女,其基于血缘关系担任监护人,同样也有利于尽职尽责履行监护义务,保障被监护人的身心健康。该条明确规定,原则上只有不存在前一顺序监护人或者前一顺序监护人没有监护能力时,后一顺序监护人才有资格成为实际的成年人的法定监护人。

与此同时,本条删除了《民法通则》中有关"精神病人所在单位"作为审查主体的规定,同时增加了民政部门。主要考虑为:《民法通则》的上述规定是符合当时社会条件的。但随着我国经济社会的快速发展,就业人员的流动性越来越频繁,异地就业情况也越来越多,就业单位与职工之间鲜有较强的关联度,就业单位已不适宜也没有能力对其职工监护人是否适格行使审查权。因此,本条从适应当前经济社会发展的客观需要出发,取消了单位的相应职责。同时,由于民政部门所承担的有关社会救济、社会福利事业、社区服务工作、流浪乞讨人员救助、指导中国残疾人联合会工作等职责均与成年人民事行为能力有关,由其作为成年人监护人资格的审查主体,有利于对成年人合法权益的实质保障,也体现了成年监护制度的进一步完善。

【审判实践中应注意的问题】

一、关于对法定监护顺位的适用

本条关于成年人法定监护人顺序的规定具有强制性，一般情况下，在不存在前一顺序监护人或者前一顺序监护人没有监护能力时，后一顺序监护人才有资格成为法定监护人。需要注意的是，成年监护是作为自然人行为能力补足制度出现的，其与产生于父母亲权基础上的未成年监护有很大不同。有身心障碍的成年人很可能已经形成了固定的自主意愿和偏好，尽管对法定监护顺序的安排已体现了"被监护人最大利益"原则，但基于上述考虑，对于成年人法定监护顺位的确定，应当在身心障碍者为无民事行为能力人的情况下才予适用。如果身心障碍者具有一定行为能力，可独立实施与其智力、精神状况相适应的民事行为，则应首先尊重其选择和意愿，除非其能力确有不及。

二、关于对成年人行为能力的判断

根据《民法典》第21条和第22条相关规定，不能辨认自己行为的成年人为无民事行为能力人；不能完全辨认自己行为的成年人为限制民事行为能力人。司法实践中，认定不能辨认自己行为的成年人为无民事行为能力人以及认定不能完全辨认自己行为的成年人为限制民事行为能力人，均须依《民事诉讼法》所规定的特别程序进行宣告。基于精神障碍或其他原因，成年人如果没有判断能力和自我保护能力，不知其行为后果的，可以认定为不能辨认自己行为的人。对于比较复杂的事物或者比较重大的行为缺乏判断能力和自我保护能力，并且不能预见其行为后果的，可以认定为不能完全辨认自己行为的人。根据《民法通则意见》的规定，对于当事人是否患有精神病，人民法院应当根据司法精神病学鉴定或者参照医院的诊断、鉴定确认。在不具备诊断、鉴定条件的情况下，也可以参照群众公认的当事人的精神状态认定，但应以利害关系人没有异议为限。其中关于群众公认的事实，一般为该自然人住所地的村民委员会、居民委员会出具的证明材料所认定的事实，同时也包括与该自然人日常工作和生活密切接触的周围群众对该自然人基本情况的感知和认识。在被监护成年人范围扩大的情况下，对于成年人是否为无民事行为能力或者限制民事行为能力，可结合上述规定综合判断。

> **第二十九条** 被监护人的父母担任监护人的,可以通过遗嘱指定监护人。

【条文主旨】

本条是关于遗嘱指定监护制度的规定。

【条文理解】

相较《民法通则》有关监护制度的规定,本条关于遗嘱指定监护的规定为《民法总则》新增条款,《民法典》继续保留了该条款。《民法总则(草案)》征求意见稿将该条列入了未成年人监护人确立条款中,表述为"未成年人的父母可以通过遗嘱指定未成年人的监护人,其父、其母指定的监护人不一致的,以后死亡一方的指定为准";二审稿中修改为"未成年人的父母可以通过遗嘱指定未成年人的监护人,其父、母指定的监护人不一致的,应尊重被监护人的意愿,根据最有利于被监护人的原则确定";三审稿则表述为"被监护人的父母可以通过遗嘱指定监护人"。最终定稿中,增加了有关限制性规定,即可以通过遗嘱指定监护人的,应当是正在担任监护人的被监护人父母。

通过遗嘱设立监护起源于罗马法,最早源于《十二表法》,是罗马法中一项较为完备的法律制度,主要是指父亲或是母亲通过遗嘱为处于其权利之下的未婚子女指定监护人。同时规定,遗嘱监护优于法定监护。遗嘱监护制度早已存在于世界上许多国家和地区的民法制度中,在承继罗马法有关规定的基础上,各个国家和地区不断完善和规范遗嘱监护制度,并对有关适用条件作出了严格的限制。《德国民法典》规定,生前享有对子女的人身和财产照护权的父母如指定了监护人,监护法院应当任命其为监护人;父母指定不同监护人的,以后死亡者指定的监护人为准。《日本民法典》规定,对未成年人最后行使亲权的人,可以依遗嘱指定监护人,但是无管理权者,不在此限;行使亲权的父母一方无管理权时,另一方可以依遗嘱指定监护人。《英国监护法》规定,对未成年子女享有照护权的父母可依遗嘱或契约指定监护人,该遗嘱监护人与仍然生存的父母一方共同担任监护人。我国台湾地区则规定,最后行使、负担对于未成年子女之权利、义务之父或母,得以遗嘱指定监护人。

应当说,遗嘱指定监护符合私法自治原则。根据《民法典》第27条的规定,如果父母死亡或者丧失监护能力,未成年人的监护人即根据法律规定的顺序,在法定监护人中产生。这样的规定虽可一定程度避免监护人"缺位",但无法体现当事人的意思自治。而根据本条规定,被监护人的父母作为与其子女血缘关系最近、情感最深厚的人,可以在去世前立下遗嘱,挑选自己最为信赖的人作为子女的监护人,最大限度保护子女利益,也彰显了民法自治原则,体现了民法的人文关怀。

根据本条规定,遗嘱指定监护是指被监护人的父母通过订立遗嘱为处于自己监护之下的子女指定监护人的法律行为。作为以指定监护人为主要内容的遗嘱,同样应符合一般遗嘱的形式要件和实质要件,如基于单方真实意思表示即可发生预期法律效果,遗嘱人必须具备完全民事行为能力,设立遗嘱不得进行代理,紧急情况下才可使用口头形式以及必须以遗嘱人的死亡作为生效条件等。同时,根据本条规定,遗嘱指定监护还应具备以下条件:一是指定主体为被监护人的父母,其他人担任监护人的无权通过遗嘱指定监护人;二是父母必须正在担任子女的监护人,如因丧失监护能力而没有担任监护人或者因侵害子女权益而被撤销监护资格的,就不能通过遗嘱指定监护人;三是指定监护应以遗嘱方式进行,而非通过协议等其他方式;四是本条中作为无民事行为能力或限制民事行为能力的被监护人,不仅包括未成年子女也包括成年子女;五是被指定的遗嘱监护人应当具有监护能力,经指定后确实无法履行监护义务的,应依法另行确定监护人;六是被指定的遗嘱监护人具有优先地位,其优于但不限于《民法典》第 27 条和 28 条所列法定监护人。

【审判实践中应注意的问题】

一、关于尊重被监护人的真实意愿问题

本条给被监护人父母提供了自主选择的空间。虽然本条未明确规定子女可就监护人的指定表达意愿,但从体系解释的角度看,本条包含了父母在指定遗嘱监护人时,应当尊重被监护人的真实意愿。在子女具有表达能力时,父母应征求子女意见,并从最大程度保护子女利益出发,力求综合各种因素探寻、判断子女真实意愿,在此基础上再进行遗嘱指定。

二、关于指定遗嘱监护人的主体资格问题

本条规定可以通过遗嘱指定子女监护人的父母,必须是完全民事行为能力人,且正在担任子女的监护人。如其虽然在立遗嘱时具有监护资格,但在其死亡时已经根据《民法典》第 36 条的规定被撤销监护资格或者经核实认定其具备应撤销监护资格情形的,遗嘱是否生效有待于法律进一步规定。根据监护制度宗旨及本条立法意图,宜结合"最有利于被监护人原则"及"尊重被监护人真实意愿原则"等综合予以考量和认定。

三、关于父母一方设立遗嘱的效力认定问题

如果被监护人的父母均健在,则应由双方协商一致来共同指定遗嘱监护人。关于共同指定遗嘱监护人的父母一方死亡后另一方另立遗嘱,或者父母通过各自遗嘱指定了不同监护人时的遗嘱效力问题,亦有待于法律进一步规定。根据监护制度的宗旨、本条立法意图,宜结合"以后死亡一方的指定为准"以及"最有利于被监护人原则"和"尊重被监护人真实意愿原则"等综合予以考量和认定。

> **第三十条** 依法具有监护资格的人之间可以协议确定监护人。协议确定监护人应当尊重被监护人的真实意愿。

【条文主旨】

本条是关于协议确定监护人的规定。

【条文理解】

本条充分体现了"最有利于被监护人原则"和"尊重被监护人真实意愿原则",是关于依法具有监护资格的人在尊重被监护人真实意愿的前提下通过协商一致的方式确定监护人的规定。相较《民法通则》而言,本条属新增规定,但并不是一项全新制度。《民法通则意见》第15条已经规定:"有监护资格的人之间协议确定监护人的,应当由协议确定的监护人对被监护人承担监护责任。"《民法总则(草案)》(征求意见稿)对此条的表述为:"监护人可以协议确定。协议确定监护人的,应当尊重被监护人的意愿。"三审稿表述为:"监护人可以由协议确定。协议确定监护人的,应当尊重被监护人的真实意愿。"最终定稿中,增加了"依法具有监护资格的人"的限定。应当说,本条是对我国司法实践经验的总结,也是顺应现代监护制度发展趋势、尊重人权保护理念的体现。

应当说,传统监护制度并不关注被监护人的意志,原则上是监护人意思优先。现代未成年监护制度改革,侧重于强化对未成年人监护的监督措施,以切实保障未成年被监护人的利益。而世界性的成年监护制度改革,目的在于追求"尊重本人自我决定权""维持本人生活正常化"和"保障障碍者本人"的基本理念。[①]具体而言，在涉及被监护人的人身、财产事务安排时，应当充分考虑身心障碍者的残余能力，最大限度地尊重其自我意愿；同时维护和尊重成年人在有辨识能力时对其丧失心智之后所作的预设性安排，这是意思自治的充分体现。[②]

一、关于尊重具有监护资格人的意思自治

本条规定的可以协议确定监护人的主体，必须是有监护资格的人，而监护资格的确定，应当依据本法第27条和第28条关于未成年人和无民事行为能力与限制民事行为能力监护人范围的规定以及《民法通则意见》第11条关于认定监护人监护能力的规定。其中对于未成年人而言，法律明确规定其父母为监护人，因此在未成年人的父母有监护能力时，不得与其他人签订监护协议，由其他人担任监护人，只有在父母死亡或没有监护能力的情况下，其他法定监护人才可通过协商确定监护人。而且，如果根据本法第27条和第28条确定的监护人顺序，已由前一顺位具有监护资格人协议确定监护人的，后一顺位即丧失协议权利。还需注意的是，经协商不得在具有监护资格之外的人中确定监护人，且因最终确定的监护人是有关各方合意的结果，一旦确定即不得随意变更。

协议确定监护是约定监护的一种。当具有监护资格的多人因监护人的确定存在争议时，既可以通过本条进行协商确定，也可以通过《民法典》第31条由有权机关进行指定。而本条规定的由有监护权的人通过协商确定监护人的方式，充分体现了对具有监护资格人意思自治的尊重。通过具有监护资格的人进行充分协商讨论，加之通过有效征求被监护人意见，最终确定监护人，将更有利于监护职责的顺利全面履行，也更有利于保护被监护人的合法权益。诚然，如果各方无法

[①] 杨立新：《我国〈民法总则〉成年监护制度改革之得失》，载《贵州省党校学报》2017年第3期。
[②] 焦富民：《民法总则编纂视野中的成年人监护制度》，载《政法论丛》2015年第6期。

达成一致，则仍需通过有权机关指定监护人。

二、关于尊重被监护人的真实意愿

近代民法，"为了保护本人和第三人的利益以及维护交易安全，大陆法系各国都对行为能力欠缺的成年人采取了强制保护的措施，即无论行为能力欠缺者的行为能力残余程度是多少，一律将其分为两类：完全无民事行为能力人和限制民事行为能力人，并通过法院进行司法拟制，宣告行为能力欠缺的成年人为禁治产人或准禁治产人，宣告后意味着其所为法律行为一概无效或者重大法律行为无效，然后对其设立监护或保佐等以弥补其能力不足。"[1]我国《民法总则》出台之前，监护制度特别是成年监护制度对被监护人的选择和意愿未能给予最大尊重和支持。《民法通则》以能否完全辨认自己的行为为标准将精神病人简单区分为无民事行为能力人和限制民事行为能力人，通过宣告制度完成对辨别能力有障碍的成年人行为能力的"一揽子"限制或剥夺，无法体现被监护人残存意思能力的差别，加之关于监护人非为被监护人利益不得擅自处置被监护人财产等规定，可以看出，原有监护制度更加倾向于"利益最大化原则"。近年来，随着对个人人格尊严的日益重视，意思能力欠缺者在法律能力行使程度上的差别以及个体特殊需要都得到越来越广泛的关注。各国家和地区立法也在不断反思接管式监护对被监护人意志的忽视问题，将监护功能定位向监督和照顾过渡。如修改后的法国成年人监护制度分为司法特殊保护、保护意义的监护和保护意义的财产管理三个层级，我国台湾地区新修正的成年监护制度也分为监护与辅助两个层级，修改后的日本成年人法定监护制度分为监护、保佐和辅助三个层级，德国则废弃原来的"监护、辅助"二元保护方式改采"照管"一种类型，照管人被要求在不违背被照管人利益情况下应尽量满足被监管人愿望。[2]本条规定，体

---

[1] 赵虎、张继承：《成年人监护制度之反思》，载《武汉大学学报（哲学社会科学版）》2011年第2期。

[2] 焦富民：《民法总则编纂视野中的成年人监护制度》，载《政法论丛》2015年第6期。

现了我国《民法典》对"最大程度尊重被监护人真实意愿"原则的肯定。协议确定监护人对被监护人利益影响重大，应当充分尊重被监护人的意见，包括其优先选定权和排除权。如果被监护人具有一定的表达能力，即应直接听取其意见。与此同时，也要善于排除干扰因素，结合其主观意愿以及其他相关情况发现和追寻其真实意愿。监护人的最终确定也要综合被监护人客观情况等多种因素进行分析，最大限度保护其身心健康。

【审判实践中应注意的问题】

一、注意区分成年监护和未成年监护

如前所述，未成年监护的目的在于以家庭为堡垒，以亲情血缘为纽带，由父母保护未成年人健康成长。因此，对于未成年监护而言，更侧重适用"最大利益"原则，特别是在父母为监护人的情况下，基于父母为子女的自然血亲，立法更倾向于信任父母对子女的保护，更强调父母的当然监护责任。因此，在未成年人的父母有监护能力时，不得与其他人签订监护协议来约定由其他人担任监护人。只有在父母死亡或没有监护能力的情况下，其他法定监护人才可通过协商确定监护人，此时，应当结合未成年人的年龄和智力状况，尊重其真实意愿。而对于成年监护，则更加注重通过制度设计帮助成年被监护人最大程度行使自己的权利，也即需要更多体现成年被监护人的意愿和偏好。对于被监护人有能力独立处理的事务，特别是其与日常生活相关的行为，应充分尊重其真实意愿，监护人不应干涉。在监护人协议确定时，应当结合其智力和精神健康状况，并综合考量成年被监护人平时或原有的价值偏好，尊重其真实意愿。

二、明确和"尊重被监护人意愿原则"的优先顺位

"最有利于被监护人原则"的出发点是为了更好地保护被监护人

的最大利益，但一定程度忽略了被监护人的能力差异、个人意愿和价值偏好。"尊重被监护人意愿原则"要求最大限度尊重被监护人的真实意愿，由其根据剩余能力和自我意识自主作出选择。具体实践中，可能出现二者发生冲突的情形。特别是由于目前我国监护制度特别是成年监护制度仍以行为能力为判断标准，监护人被法定赋予全部或部分代理权，因此被监护人的意愿是否得到最大限度尊重，要取决于能否具备更详细的制度保障。因此，特别对于成年人监护制度，应倾向于对"尊重被监护人意愿原则"的优先适用。

三、关于协议确定监护人的法律效力

通过协议确定监护人后，就会产生相应的法律效力。该监护人应该根据法律规定，保护被监护人的人身和财产权益，代理被监护人从事法律行为，除为被监护人利益外不得处理被监护人财产，违反监护职责或侵害被监护人合法权益应承担相应法律责任和赔偿损失。根据《民法典》第1188条的规定，无民事行为能力人、限制民事行为能力人造成他人损害的，由监护人承担侵权责任。监护人尽到监护职责的，可以减轻其的侵权责任。有财产的无民事行为能力人、限制民事行为能力人造成他人损害的，从本人财产中支付赔偿费用。不足部分，由监护人赔偿。本条亦应适用于经协商确定的监护人。

第三十一条 对监护人的确定有争议的,由被监护人住所地的居民委员会、村民委员会或者民政部门指定监护人,有关当事人对指定不服的,可以向人民法院申请指定监护人;有关当事人也可以直接向人民法院申请指定监护人。

居民委员会、村民委员会、民政部门或者人民法院应当尊重被监护人的真实意愿,按照最有利于被监护人的原则在依法具有监护资格的人中指定监护人。

依据本条第一款规定指定监护人前,被监护人的人身权利、财产权利以及其他合法权益处于无人保护状态的,由被监护人住所地的居民委员会、村民委员会、法律规定的有关组织或者民政部门担任临时监护人。

监护人被指定后,不得擅自变更;擅自变更的,不免除被指定的监护人的责任。

【条文主旨】

本条是关于指定监护制度的规定。

【条文理解】

人在社会中生活必然需要与他人进行必要的社会交往。当事人欲获得与其意思表示内容相应的法律效果需要通过实施法律行为来实现。当行为人欠缺行为能力时,法律需要对欠缺行为能力者提供必要的保护,为其设立法定代理人。为保证法定代理人有足够的动因履行保护职责,二者密切而长期的结合关系即属必要。因此法定代理人通常由行为能力欠缺者的亲属担当,包括亲权人与监护人。① 当有法定监护资格的人对监护人身份产生争议时,就需要由有权指定监护人的主体为行为能力欠缺者指定监护人,以明确监护职责应当由何人承担。通过指定监护制度,可以解决监护人身份的争议,更好地维护被监护人的合法权益,指定监护制度是对法定监护制度的必要补充。

一、有权指定监护人的主体范围

《民法通则》第 16 条第 3 款、第 17 条第 2 款对指定监护作出规定。依据《民法通则》,对于担任未成年人或者精神病人的监护人有争议的,由未成年人父、母所在单位,精神病人所在单位或者被监护人的住所地的居民委员会、村民委员会在被监护人的近亲属中指定监护人,对指定不服的,由人民法院裁决。《民法通则意见》第 16 条规定,对于担任监护人有争议的,应当按照《民法通则》第 16 条第 3 款或者第 17 条第 2 款的规定,由有关组织予以指定。《民法总则》实施后,有权指定监护人的主体范围发生变化。《民法总则》第 31 条第 1 款规定,对监护人的确定有争议的,由被监护人住所地的居民委员会、村民委员会或者民政部门指定监护人,有关当事人对指定不服的,可以向人民法院申请指定监护人;有关当事人也可以直接向人民法院申请指定监护人。《民法总则》中不再将未成年人父、母所在单位以及精神病人所在单位作为指定监护人的主体,同时增加民政部门为有权指定监护人的主体。《民法典》继承了《民法总则》关于指定监护人主体的规定。

(一)不再将未成年人父、母所在单位以及精神病人所在单位作为指定监护人的主体

将未成年人父、母所在单位以及精神病人所在单位作为指定监护人的主体是计划经济时代的产物,已经与当代社会严重脱钩。计划经济时代,企业组织形式比较单一,绝大多数工作岗位都由国有企业提

---

① 朱庆育:《民法总论》(第二版),北京大学出版社 2016 年版,第 398 页。

供,而在国有企业工作被认为是"铁饭碗",职工与单位之间建立的并不仅仅是劳动关系,还存在一种社会管理关系,由单位来履行指定监护人的职责尚具有合理性。但是随着市场经济逐步发展成熟,现代企业制度也发生了巨大的变化。劳动者与工作单位之间仅存在劳动合同关系,一般企业明显缺乏履行监护职责的意愿和能力,单位已不适宜作为指定监护的主体处理监护人争议。因此,本条取消单位指定监护人的资格是符合现实情况的。

(二)继续将被监护人住所地的居委会、村委会作为指定监护人的主体

依据我国现行立法的规定,村民委员会或者居民委员会属于基层群众性自治组织,其主要的职责是办理基层公共事务和公益事业。《村民委员会组织法》第2条中规定,村民委员会是村民自我管理、自我教育、自我服务的基层群众性自治组织,实行民主选举、民主决策、民主管理、民主监督。村民委员会办理本村的公共事务和公益事业,调解民间纠纷,协助维护社会治安,向人民政府反映村民的意见、要求和提出建议。第9条第1款规定,村民委员会应当宣传宪法、法律、法规和国家的政策,教育和推动村民履行法律规定的义务、爱护公共财产,维护村民的合法权益,发展文化教育,普及科技知识,促进男女平等,做好计划生育工作,促进村与村之间的团结、互助,开展多种形式的社会主义精神文明建设活动。《城市居民委员会组织法》中亦有类似规定,负有宣传宪法、法律、法规和国家的政策,维护居民的合法权益,教育居民履行依法应尽的义务,爱护公共财产,开展多种形式的社会主义精神文明建设活动和办理本居住地区居民的公共事务的公益事业职责。

作为基层群众自治性组织,村委会、居委会需要深入了解辖区村民、居民的生活情况,对于辖区村民、居民是否具有民事行为能力、欠缺行为能力人是否有监护人进行监护、欠缺行为能力人的亲属关系等信息应非常熟悉。因此,村委会、居委会具有履行指定监护人职责的条件,在对监护人产生争议时,村委会、居委会进行指定更加符合

被监护人的利益。因此《民法典》继承了《民法总则》以及《民法通则》中的有关规定。

（三）增加民政部门作为有权指定监护人的主体

依据《民法典》有关规定，可以将我国监护制度的体系概括为"以家庭监护为基础，以社会监护为补充，以国家监护为兜底"。立法加强了政府部门在监护制度中的作用，在多个条文中都反映了政府部门对监护工作的介入，主要包括民政部门解决担任监护人的争议、民政部门担任临时监护人、在没有具有监护资格的人时民政部门担任监护人以及在监护人实施严重侵害被监护人合法权益的行为时，民政部门可以申请撤销其监护资格。民政部门目前承担的工作中包括社会救济、社会福利事业、社区服务工作、流浪乞讨人员救助、指导中国残疾人联合会工作等，这些工作内容均部分涉及对欠缺行为能力人的救助与保护。因此，由民政部门指定监护人可以实现公权力对监护工作的必要干预。

二、简化了请求法院指定监护人的程序

《民法通则》及《民法通则意见》中规定，对担任监护人有争议的，由单位或者居民委员会、村民委员会在有监护资格的人中指定。对指定不服提起诉讼的，由人民法院裁决。未经指定而向人民法院起诉的，人民法院不予受理。从《民法通则》及《民法通则意见》对指定监护的规定来看，向法院之外的其他组织或机关申请指定监护人是申请法院指定监护人的前置程序。实践中，一方面诉讼程序上的冗繁降低了监护纠纷的解决效率，另一方面，可能导致被监护人的合法权益长期面临无人照管的困境。因此，《民法总则》取消了前置程序，规定有监护资格的人之间对担任监护人有争议或者相互推诿的，可以不经指定，由利害关系人直接向人民法院提起诉讼，人民法院根据"最有利于被监护人"的原则作出判决。

三、指定监护时应当"尊重被监护人的真实意愿"和遵循"最有利于被监护人"的原则

（一）尊重被监护人的真实意思表示

这一原则与民法中的意思自治原则相一致。被监护人有权决定与自身利益切实相关的事项。监护制度是为了保护行为能力欠缺者的利益、弥补其行为能力的缺失而建立的，监护人的确定与被监护人的利益密切相关，选择监护人就是被监护人的一项基本权利。因此，有权组织或机关在为被监护人指定监护人时，应当充分尊重被监护人的意思表示，尽可能在符合被监护人要求的情况下选任监护人，这也体现了公权力对私权利的尊重与保障。

（二）遵循"最有利于被监护人"的原则

被监护人包括未成年人和欠缺行为能力的成年人。其中，欠缺行为能力的成年人包括精神病人、行为能力受限的老年人以及因故欠缺意思能力的人等。民法作为规范和调整平等主体之间民事法律关系的基本法律，应当对处于社会弱势地位的被监护人给予充分的保护。我国立法将"最有利于被监护人"原则写入监护制度正是体现了"以人为本"的立法精神。

被监护人为未成年人时，"最有利于被监护人"原则就表现为"儿童最大利益原则"。"儿童最大利益原则"是国际通行的关于未成年人监护的首要原则。儿童因身心尚未成熟，在其出生以前和以后均需要特殊的保护和照料，包括法律上的适当保护。同时儿童又具有其独立的人格、自身的利益。"欲追求社会的最大利益，就必须注意到儿童及儿童的需要，将儿童视为独立的个体，给予法律的特殊保护。"[①] 1959年联合国大会通过的《儿童权利公约》提出了制定法律时"应以儿童的最大利益为首要考虑"的国际性指导原则。该公约第3条规定："关于儿童的一切行动，不论是由公私社会福利机构、法院、

[①] 唐菁菁：《指定监护制度完善研究》，湖南师范大学2016年硕士学位论文。

行政当局或立法机构执行，均应以儿童的最大利益为一种首要考虑。"此后，1979年12月18日联合国大会通过的《消除对妇女一切形式的歧视公约》、1989年11月20日联合国大会通过的《儿童权利公约》等国际文献均重申了"儿童最大利益"原则。我国已于1992年批准加入该公约，应当在立法和司法中体现对该原则的尊重和贯彻落实，将儿童权利保护落到实处。未成年人是社会中的弱势群体，缺乏自我保护的能力，受到侵害时也难以采取有效措施维护自身的利益，因此，指定监护人时应当充分考虑到未成年人的这种弱势地位，从未成年人利益最大化角度出发，切实保护好未成年人的合法权益。同时，应当综合考虑未成年人的年龄和成熟程度，未成年人与有监护资格的监护人之间的关系，未成年人对有监护资格人的家庭、即将就读学校等环境的适应度以及有监护资格人的心理和身体健康情况，且应当听取并尊重未成年人的真实意愿。

《民法典》规定的成年监护制度的适用范围相较于《民法通则》变得更为广泛，将因年老、残疾等原因导致行为能力欠缺的成年人都纳入到被监护人的范畴。各国的成年人监护立法中几乎都规定了最佳利益原则，即监护人在处理被监护人的财产管理和人身监护的过程中，必须优先考虑被监护人的希望与福祉。①以老龄化问题为例，中国正在向老龄化社会发展，老年人权益保护成为了备受关注的社会问题。国家已经将积极应对人口老龄化作为一项长期战略任务。老年人因疾病等原因导致辨识认知能力欠缺的情形较为常见。例如，阿尔兹海默症、脑卒中等疾病都是老年人易患的疾病，这些疾病会在不同程度上导致患者感知觉、思维、记忆、情感、行为等多方面的障碍，最终影响患者的民事行为能力。欠缺行为能力的老年人与未成年人一样缺乏自我保护的能力，因此，在指定监护时也应当充分考虑到老年人的利益，除了保证其基本的生活需要外还应考虑老人精神层面的需

---

① 秦红嫚：《我国监护制度的发展、问题与完善建议——兼评〈民法典（草案）〉总则中的相关规定》，载《浙江理工大学学报（社会科学版）》2020年第44卷。转引自李霞：《成年监护制度研究：以人权的视角》，中国政法大学出版社2012年版，第85页。

要。马斯洛在他的需求层次理论中提出人类需求像阶梯一样从低到高分为五种，分别是生理需求、安全需求、社交需求、尊重需求和自我实现需求。① 为了确保老年人能够老有所养、老有所依，在指定监护时应当"积极呼应被监护人需求升级的新时代现实，对'最有利于'的理解和落实更多地向被监护人情感、精神、方便和效用等发展的需要层次考虑"。②

四、临时监护

从各国立法情况来看，大多数国家都规定了对行为能力欠缺者的临时性保护措施。《法国民法典》第491条规定，在监护法官受理有关监护与财产管理的案件时，可以将需要保护的成年人置于司法保护之下，保护的时间为整个诉讼期间。《意大利民法典》规定在请求宣告禁治产和准禁治产诉讼中，法官在对被申请人检查后认为有必要时，为被申请宣告禁治产的人设立临时监护人，为被申请宣告准禁治产的人设立临时保佐人。临时监护人和临时保佐人的职务与监护人和保佐人的职务内容相当，担任临时的监护人和保佐人的职务到法官作出终审判决时止。③《德国民法典》第1846条规定，如果尚未任命监护人或监护人受到阻碍无法履行其义务，则监护法院应当采取为当事人之利益所必须的措施。④

《民法通则意见》也对临时监护人作了规定，即在人民法院作出判决前的监护责任，一般应当按照指定监护人的顺序，由有监护资格的人承担。但该条规定在实践中缺乏可操作性。发生指定监护的原因正是因为对监护人产生争议或是互相推诿，即使法律作出规定，但是由于临时监护人缺乏承担监护职责的意愿，往往不能妥善履行其监护

---

① 参见[美]马斯洛：《马斯洛的人本哲学》，成明编译，九州出版社2003年版，第1页。
② 刘建：《〈民法总则〉第31条和第35条"最有利于被监护人的原则"评析》，载《苏州大学学报（哲学社会科学版）》2019年第4期。
③ 陈苇主编：《外国婚姻家庭法比较研究》，群众出版社2006年版，第489页。
④ 郑冲、贾红梅译：《德国民法典》（修订本），法律出版社2001年版，第439页。

职责，使得被监护人的利益难以得到保障。同时，我国《未成年人保护法》第43条中规定，县级以上人民政府及其民政部门应当根据需要设立救助场所，对流浪乞讨等生活无着未成年人实施救助，承担临时监护责任。该规定明确了民政部门承担对生活无着的未成年人的临时监护责任。因此，《民法总则》为加强被监护人临时保护，规定指定监护人前，被监护人的人身权利、财产权利以及其他合法权益处于无人保护状态的，由被监护人住所地的居民委员会、村民委员会、法律规定的有关组织或者民政部门担任临时监护人。《民法典》继承了该规定。

五、监护人变更的限制与责任的承担

本条第4款对监护人变更作出了限制。在监护人被指定后，从保护被监护人利益出发，不得擅自变更监护人，例如，通过协议的方式将监护身份转移至他人。擅自变更的，不免除被指定的监护人的监护责任。

【审判实践中应注意的问题】

一、指定监护人的法定程序

根据本条规定，指定监护人可以通过两条途径：一是由村委会、居委会或者民政部门指定；二是可以直接申请法院指定。前者不再是后者的前置程序，因此，当事人直接向法院申请的，法院应当受理。

法院指定监护人后，被指定的监护人不得拒绝。但是由村委会、居委会或者民政部门指定监护人的，不服指定的监护人或者其他有监护资格的人，可以向法院申请。

根据《民事诉讼法司法解释》第351条规定，被指定的监护人不服指定，应当自接到通知之日起30日内向人民法院提出异议。经审理，认为指定并无不当的，裁定驳回异议；指定不当的，判决撤销指定，同

时另行指定监护人。判决书应当送达异议人、原指定单位及判决指定的监护人。人民法院应当比照民事特别程序审理。

二、法院指定监护人时应当尊重被监护人的真实意愿、最有利于被监护人

《民法典》将"尊重被监护人意愿"上升为强制性要求，这就要求法院在审理指定监护人案件中，凡是被监护人能够表达意思的，法院都应当听取被监护人的意见。被监护人为未成年人要考虑到未成年人的心理承受情况，可以采取到庭接受询问之外的方式征求其意见，避免给未成年人造成心理上的伤害。

《民法典》虽然规定了"最有利于被监护人"原则，但是没有对该原则作出具体的解释，确定相应的判断标准。人民法院在指定监护人时有较大的自由裁量权，法官需要结合案情和被监护人、监护人的特征来作出判断，除了考虑到被监护人的生存需要之外，还要考虑被监护人的发展层面的需要。

另外，《民法典》规定了监护人的法定顺序。但是法院在指定监护人时不受监护人法定顺序的限制。如果法定顺序在先者并不符合被监护人的意愿、并非最有利于被监护人，则应考虑顺序在后者。并且，在尊重被监护意愿、最有利于被监护人的大原则之下，监护人既可以是一人，也可以是数人，此数人不限于同一顺序。[1]

---

[1] 李宇：《民法总则要义——规范释论与判解集注》，法律出版社2017年版，第101页。

第三十二条 没有依法具有监护资格的人的，监护人由民政部门担任，也可以由具备履行监护职责条件的被监护人住所地的居民委员会、村民委员会担任。

【条文主旨】

本条是关于没有依法具有监护资格的人时监护人确立的规定。

【条文理解】

《民法总则（草案）》征求意见稿原来对该条文的表述为：无本法第26条、第27条规定的具有监护资格的人的，监护人由被监护人住所地的居民委员会、村民委员会或者民政部门担任。而《民法总则》最终的规定为在没有依法具有监护资格的人担任监护人时，原则上应当由民政部门担任，村委会、居委会在具备监护能力和监护意愿的情况下也可以担任。相较《民法通则》，《民法总则》在监护的每一个环节均强化了政府的监护职能，政府参与到监护制度的各个方面，且扮演着"兜底"的角色。该规定体现了政府在监护制度中保护欠缺行为能力者的监护职能。

这一规定也与我国实际情况相符合。居委会、村委会工作人员"属于兼职，且缺乏财政支持"，[1] 很可能缺乏专业人员与条件，其作为基层群众自治组织担任监护人及监护权力机关的能力，与民政部门相比较弱。近几年，民政部门则在保护未成年人合法权益方面作出有力探索。由最高人民法院、最高人民检察院、公安部、民政部四部门发布，于2015年1月1日实施的《侵害未成年人权益意见》规定，民

---

[1] 李霞、陈迪：《〈民法总则（草案）〉第34、35条评析——监护执行人的撤销与恢复》，载《安徽大学学报（哲学社会科学版）》2016年第6期。

政部门应当设立未成年人救助保护机构（包括救助管理站、未成年人救助保护中心），对因受到监护侵害进入机构的未成年人承担临时监护责任，必要时向人民法院申请撤销监护人资格。判决撤销监护人资格，未成年人有其他监护人的，由其他监护人承担监护职责。其他监护人应当采取措施避免未成年人继续受到侵害。没有其他监护人的，人民法院根据最有利于未成年人的原则，在《民法通则》第16条第2款、第4款规定的人员和单位中指定监护人。指定个人担任监护人的，应当综合考虑其意愿、品行、身体状况、经济条件、与未成年人的生活情感联系以及有表达能力的未成年人的意愿等。民政部门的职责包括承担受监护被侵害未成年人的国家监护责任。未成年人不仅是家庭的，也是国家的，政府是未成年人最终的保护主体，这种理念已经得到世界各国公认。国家监护责任一方面体现政府是父母或者其他监护人履行监护责任的支持后盾，另一方面，在父母或者其他监护人的监护出现问题时，政府可以通过一系列措施和程序对家庭监护进行干预，不能使未成年人处于无人监护或者其他危险环境中，且在必要时应直接承担监护责任，保障未成年人的安全。因此，民政部门在没有具有法定监护资格的人时首先承担起监护责任也与其职能相符。总之，通过提高儿童父母和其他监护人的责任意识，完善并落实不履行监护职责或严重侵害被监护儿童权益的父母或其他监护人资格撤销法律制度，有利于逐步建立以家庭监护为主体，以社区、学校等有关单位和人员监护为保障，以国家监护为兜底的未成年监护制度体系。

另外，本条也保留了未成年人和无民事行为能力与限制民事行为能力成年人住所地的村民委员会、居民委员会担任监护人的责任，这是立足于我国国情而设立的具有中国特色的监护制度。居民委员会、村民委员会对居住地区的未成年人和无民事行为能力与限制民事行为能力成年人的健康智力状况、家庭情况等比较了解。虽然实践中存在有的居委会、村委会基于人员、经费等条件的限制难以承担监护职责，但不能以此取消该项职责，否则会妨碍有承担监护职责意愿的居委会、村委会担任监护人。

> **第三十三条** 具有完全民事行为能力的成年人,可以与其近亲属、其他愿意担任监护人的个人或者组织事先协商,以书面形式确定自己的监护人,在自己丧失或者部分丧失民事行为能力时,由该监护人履行监护职责。

【条文主旨】

本条是关于成年人意定监护的规定。

【条文理解】

本条系《民法总则》新增条文,《民法典》继续保留该条款。

一、立法背景

我国《民法典》确立了成年人意定监护制度,是我国民法法典化进程中监护制度的一个重要突破,是对我国步入老龄化社会过程中出现法律问题的积极回应。

我国人口老龄化问题日趋凸显。老龄化社会的重要标志是社会人口结构呈现老年状态,即65岁以上老年人口占人口总数的7%。根据国家应对人口老龄化战略研究课题组的预测,我国65岁以上老年人口将逐渐增加到2020年的1.81亿人(占人口总数的12.6%)、2030年的2.54亿人(占人口总数的17.4%)、2040年的3.46亿人(占人口总数的23.9%)、2050年的3.63亿人(占人口总数的25.6%);而80岁以上高龄老年人口于2050年将达到1.08亿人,占老年人口总数的 22.5%。① 根据全国老龄工作委员会办公室发布的《第四次中国城乡老年人生活状况抽样调查》，仅至 2015 年，中国失能、半失能老年人口便已占到老年人口总数的 18.1%，约 4063 万人。② 阿尔兹海默症是导致成年人特别是老年人全部或部分丧失行为能力的重要原因。据不完全统计，截至 2016 年，我国阿尔兹海默病患者总人数已经接近 800 万，居世界第一。同时，我国也是全球阿尔兹海默病患者人数增速最快的国家之一，预计每年新增 30 万阿尔兹海默病患者。③ 此外，"失独家庭"的数量也呈现出明显的上升趋势。据我国全国老龄工作委员会办公室发布的数据，2012 年，我国"失独家庭"已超过 100 万，且以每年大约 7.6 万个家庭的速度增长。④ 而实际数据可能要高于官方公布的数据。可见，我国在老年人养老照护问题上面临巨大的挑战。

习近平总书记指出，"满足数量庞大的老年群众多方面需求、妥善解决人口老龄化带来的社会问题，事关国家发展全局，事关百姓福祉。"党的十九大报告强调，积极应对人口老龄化，构建养老、孝老、敬老政策体系和社会环境，推进医养结合，加快老龄事业和产业发展。2018 年我国对《老年人权益保障法》进行第二次修正，该法第 26 条第 1 款规定，具备完全民事行为能力的老年人，可以在近亲属或者其他与自己关系密切、愿意承担监护责任的个人、组织中协商确定自己的监护人。监护人在老年人丧失或者部分丧失民事行为能力时，依法承担监护责任。《民法总则》吸收了该规定的内容，并将意定监护制度的适用范围扩大到了所有成年人，完善了我国监护制度，

---

① 国家应对人口老龄化战略研究人口老龄化态势与发展战略研究课题组：《人口老龄化态势与发展战略研究》，华龄出版社 2014 年版，第 10~19 页。
② 全国老龄工作委员会办公室编：《第四次中国城乡老年人生活状况抽样调查数据开发课题研究报告汇编》，华龄出版社 2018 年版，第 414 页。
③ 参见《我国阿尔茨海默病患者居世界第一 平均仅 1/5 患者可得规范诊断》，载央广网，2020 年 6 月 13 日，http://china.cnr.cn/yaowen/20170922/t20170922_523960090.shtml. 转引自费安玲：《我国民法典中的成年人自主监护：理念与规则》，载《中国法学》2019 年第 4 期。
④ 参见吴玉韶主编：《中国老龄事业发展报告（2013）》，社会科学文献出版社 2013 年版，第 3 页。转引自费安玲：《我国民法典中的成年人自主监护：理念与规则》，载《中国法学》2019 年第 4 期。

具有重要的制度价值。与《民法总则》的规定相比,《民法通则》没有规定意定监护制度,将成年人与未成年人等同视之,忽略了具有完全行为能力的成年人在行为能力出现欠缺之前安排自己监护事宜的意志,缺乏对其选择监护人、确定监护职责范围等意愿的尊重。①《民法典》对意定监护制度作出规定,充分体现了尊重被监护人真实意思表示的原则,彰显了以人为本的立法理念。

二、设立意定监护行为的性质

意定监护制度的核心内容就是当事人通过书面形式确定自己的监护人,这一法律行为属于单方行为还是双方行为一直存有争议。有学者认为,"对第33条采用单方法律行为说,即具有完全民事行为能力的人可单方以书面形式确定他人为自己的监护人,更好地体现了对被监护人意愿的尊重,是落实监护制度目的的体现"。②但是如果追本溯源,这一制度实际来源于英美法上的"持续性代理权"制度,美国《统一持续性代理权授予法案》第二章规定,"持续性代理权是指,本人以书面方式指定其他人作为其代理人,被代理人确认日后丧失行为能力不影响该代理权的效力""或者确认该代理权将于行为人丧失行为能力之日起获得""或者本人有类似的意思表示,授权不因本人丧失行为能力而无效"。可见,"持续性代理权"制度的理论基础为委托契约关系。大陆法系国家也逐渐引入了意定监护制度,并规定于各国的《民法典》中。《瑞士民法典》第360条规定:"有行为能力的人,得委任自然人或法人,在其无判断能力时照护其人身或管理其财产,或者代理实施法律行为。委任人应与受任人明确规定所委任事务的具体内容,并指示如何执行其事务。受任人不适宜执行所委任的事务、不接受委任或者通知委任人终止委任时,委任人得采取其他处分代替之。"与此同时,其第361条对照护委任的形式要件作出了明确规定,

---

① 费安玲:《我国民法典中的成年人自主监护:理念与规则》,载《中国法学》2019年第4期。

② 参见李世刚:《〈民法总则〉关于监护制度的释评》,载《法律适用》2017年第9期。

即照护委任的意思表示形式应当是亲笔信或公证书，照护委任的亲笔信中应包括委任日期和签名，民事身份登记机构要将设立照护委任的事实、照护委任契约的存放地点等记载于数据库中。[①] 根据2007-308号法律，法国对其《民法典》中成年人监护制度进行了重大修改，在继续保留并优化1968年确立的"司法帮助＋监护＋保佐"法律救济制度的同时，又创立了成年人"未来委托保护协议"制度，将成年人之间就一方可能出现的行为能力瑕疵时他方作为监护人达成合意而形成的自主监护纳入到监护制度中，形成了对成年人法定式救济和合意式救济的双重体制。《法国民法典》中的未来委托保护协议，系指委托人于具有完全行为能力时，与受托人就在委托人将来出现完全或者部分丧失行为能力情形时受托人依约成为委托人的代理人并履行包括监护等职责的相关权利义务，达成的协议。其核心特征在于：该协议是在程式保护下的合意约定。[②] 该协议适用的规则包括债法中委托合同的规则和监护规则。[③] 大陆法系国家均将设立意定监护行为定性为"双方法律行为"，要求必须双方达成合意后订立监护协议。而且，从实践角度来看，监护涉及重大利益关系和法律责任，也将影响到监护人的个人生活，在没有与监护人形成意思表示一致的情况下仅通过监护人的单方意志就强制形成意定监护，显不具有现实可行性。[④] 因此，在对设立意定监护行为性质的理解上，我国亦应将其作为双方法律行为。

---

① 费安玲：《我国民法典中的成年人自主监护：理念与规则》，载《中国法学》2019年第4期。
② 费安玲：《我国民法典中的成年人自主监护：理念与规则》，载《中国法学》2019年第4期。
③ R P. CIV.V.Mandat de protection future，par F.Sauvage，n° 5. "Il relève par ailleurs des articles 1984 à 2010 du mêmecode relatifs au droit commun du mandat, mais dans la mesure où ces dispositions ne sont pas incompatibles." 转引自费安玲：《我国〈民法典〉中的成年人自主监护：理念与规则》，载《中国法学》2019年第4期。
④ 满洪杰：《〈民法总则〉监护设立制度解释论纲》，载《法学论坛》2018年第3期。

【审判实践中应注意的问题】

本条主要适用于成年人在全部或部分丧失行为能力前委任他人在其无判断能力时照护其人身或管理其财产的情形,审判实践中要注意以下两个问题:

一、意定监护成立以书面形式为要件

监护协议是确立监护法律关系的基本依据,它决定本人授权的范围、权限和期间等主要事项,明确监护人与被监护人的权利义务,并直接影响到第三人的利益。[①] 而签订监护协议的时间一般距监护条件成就的时间较远。为了有效地保证被监护人的真实意思表示最终能够实现,避免在监护条件成就时无据可循,法律要求必须订立书面的监护协议。根据《民法典》合同编中的第469条规定,书面形式不仅包括签字盖章的合同书、信件等,还包括虽然并无签字盖章但有证据表明是合意者自己的真实意愿表达的电子邮件等方式能够有形地表现所载内容,并可以随时调取查用的数据电文等形式。因此,对监护协议的书面形式应当采取广义的理解。

由于监护协议与订立协议的双方关系重大,因此,一些国家对于监护协议的形式要件作出了更高的要求。例如,《日本任意监护契约法》第3条规定,任意监护契约的订立,必须采用法务省规定的公证证书的形式。经过公证的监护协议具有更高的证明力,除非有相反证据不得推翻。虽然我国对此没有作出强制性的规定,但是我国在适用《民法典》第33条的过程中,也应当建立格式化的监护协议范本,列举人身监护和财产监护的具体事项,防止因协议内容的模糊而徒增争议。[②]

---

① 满洪杰:《〈民法总则〉监护设立制度解释论纲》,载《法学论坛》2018年第3期。
② 满洪杰:《〈民法总则〉监护设立制度解释论纲》,载《法学论坛》2018年第3期。

二、监护协议双方在签订协议时均应具有完全民事行为能力

根据民法的规定，当事人在订立协议时应当具有完全民事行为能力，否则该法律行为将会因为订约主体缺乏缔约资格而影响协议的效力。签订监护协议的双方亦应受到民法上关于缔约资格规定的约束。特别是当监护条件成立，被监护人处于全部或部分丧失民事行为能力的状态时，法院应当如何判定被监护人在订立监护协议时的生理和心理状态，从而认定该监护协议的效力，就变得非常重要。这也是很多国家要求监护协议必须进行公证的原因。对于监护协议效力的认定问题需要在今后的审判实践中进一步进行经验总结。

三、监护协议条件成就的判定

我国监护制度与民事行为能力相互关联，只有在自然人欠缺行为能力时才为其设立监护。据此，我国意定监护协议自订立协议的一方当事人丧失或者部分丧失行为能力时生效。

一般而言，心智丧失、不具有识别能力和判断能力，即为丧失民事行为能力；未完全丧失意思能力，能够进行适合其智能状况的民事行为，即为部分丧失民事行为能力。如何判断当事人是否能够辨认自己的行为比较困难。《民法典》第24条规定，由当事人的利害关系人或者有关组织向人民法院申请认定该成年人为无民事行为能力人或者限制民事行为能力人。因此，意定监护协议一般应当在当事人被认定为无民事行为能力或者限制民事行为能力时始发生效力。

> **第三十四条** 监护人的职责是代理被监护人实施民事法律行为,保护被监护人的人身权利、财产权利以及其他合法权益等。
>
> 监护人依法履行监护职责产生的权利,受法律保护。
>
> 监护人不履行监护职责或者侵害被监护人合法权益的,应当承担法律责任。
>
> 因发生突发事件等紧急情况,监护人暂时无法履行监护职责,被监护人的生活处于无人照料状态的,被监护人住所地的居民委员会、村民委员会或者民政部门应当为被监护人安排必要的临时生活照料措施。

【条文主旨】

本条是关于监护人监护职责的规定。

【条文理解】

一、监护职责

监护人的职责是监护制度的重要组成部分。《民法总则》第 34 条用 3 款条文规定了监护人的职责。第 34 条第 1 款明确规定了监护人的职责包括人身监护、财产监护和法定代理权,第 2 款规定了监护人因依法履行监护职责发生的权利受法律保护,第 3 款则将《民法通则》中的"给被监护人造成财产损失的应当赔偿损失"的规定,修改为"监护人不履行监护职责或者损害监护人合法权益的,应当承担法律责任"。《民法典》保留了这 3 款规定。

（一）监护职责的内容

监护职责又称监护事务，是指监护人依法享有的监护权利与所负担的监护义务的总称。①

我国将监护制度在本法总则编加以规定，反映出我国立法对监护制度的定位为被监护人行为能力欠缺的补正。因此，代理被监护人实施民事法律行为必然是监护职责中的核心内容。监护人为被监护人利益对外从事民事活动时，其监护职责表现为法定代理权，其所实施的法律行为的效力直接归属于被监护人。此外，我国在立法中将民事行为能力欠缺区分无民事行为能力和限制行为能力，监护人在行使法定代理权时的代理权限应有所区别。

监护人在履行职责时应当保护被监护人的人身权利、财产权利以及其它合法权益。这一规定自始有之，《民法总则》仅做了文字调整，内容并没有发生实质的改变，《民法典》继续沿用此规定。《民法通则意见》第 10 条对监护职责作出了相对于《民法通则》更加具体的规定，即监护人的监护职责包括：保护被监护人的身体健康、照顾被监护人的生活、管理和保护被监护人的财产、代理被监护人进行民事活动、对被监护人进行管理和教育、在被监护人合法权益受到侵害或者与人发生争议时，代理其进行诉讼。

1.对未成年人的监护职责。大陆法系国家在未成年人监护人职责的规定方面保持了人身性职责和财产性职责的区分。而对于英美法系国家，英国在 1989 年《儿童法》修改后，关于监护人职责的规定取消了人身性职责和财产性职责的区分，除了抚养义务，一般的非父母监护人几乎拥有与父母相同的职责。而美国法也没有区分人身性职责和财产性职责，同英国法类似，其也分为监护人的职责、权利、权力、义务等。②

（1）监护人的人身监护职责。我国《未成年人保护法》第 10 条规定，父母或者其他监护人应当创造良好、和睦的家庭环境，依法履

---

① 杨大文主编：《婚姻家庭法》，中国人民大学出版社 2008 年版，第 286 页。
② 王竹青、杨科：《监护制度比较研究》，知识产权出版社 2010 年版，第 159 页。

行对未成年人的监护职责和抚养义务。禁止对未成年人实施家庭暴力，禁止虐待、遗弃未成年人，禁止溺婴和其他残害婴儿的行为，不得歧视女性未成年人或者有残疾的未成年人。第11条规定，父母或者其他监护人应当关注未成年人的生理、心理状况和行为习惯，以健康的思想、良好的品行和适当的方法教育和影响未成年人，引导未成年人进行有益身心健康的活动，预防和制止未成年人吸烟、酗酒、流浪、沉迷网络以及赌博、吸毒、卖淫等行为。第12条规定，父母或者其他监护人应当学习家庭教育知识，正确履行监护职责，抚养教育未成年人。第13条规定，父母或者其他监护人应当尊重未成年人受教育的权利，必须使适龄未成年人依法入学接受并完成义务教育，不得使接受义务教育的未成年人辍学。第14条规定，父母或者其他监护人应当根据未成年人的年龄和智力发展状况，在作出与未成年人权益有关的决定时告知其本人，并听取他们的意见。第15条规定，父母或者其他监护人不得允许或者迫使未成年人结婚，不得为未成年人订立婚约。

（2）监护人的财产监护职责。监护人有管理被监护人财产的权利和义务，并有权代表被监护人从事财产法律行为。大多数国家都通过立法规定，监护人有权管理未成年人的财产，使用未成年人的财产用于抚养未成年人，支付其生活费用、教育费用等，这在我国司法实践中也是被承认的。但是，大陆法系国家还规定了监护人制作、更新财产清单与账目的职责，并定期将财产清单和账目向法律规定的机关、组织或者家庭会议提交，以确保监护人正确使用被监护人的财产，不致给被监护人造成损失。目前，我国立法没有对此作出详尽的规定，这可能给司法实践活动带来一些困难，需要法官在个案中对财产监护职责加以解释。

2. 对成年人的监护职责。我国立法上将成年人监护与未成年人监护都统一地在监护这一节中作出规定，在监护人的职责上没有作出明确的区分，但是应当注意的是，成年人监护与未成年人的监护还是存在较大的区别。考察其他国家的立法改革可以发现，德国、瑞士先后对自己原有的监护制度名称作出了改变,以瑞士立法为例,2013年修改的《瑞士民法典》英文版的翻译中,这一制度在英文版中直接使用"The protection of adults",被翻译为"成年人保护制度"。^①德国也将对成年人的监护更名为"照管"。由此可以看出,现代成年人监护制度的目的并不在于对被监护人的监管,而是对其进行必要的保护、照顾,使其获得与他人平等的主体地位。所以,现代成年监护制度除了对财产的监管职责之外,更加注重对被监护人人身上的照护职责,要将财产管理与人身监护相结合,提高被保护者的生活质量。例如,成年人的人身监护包括给予医疗上的治疗和养护责任,所以德国、瑞士等国家都相继在立法中规定对被监护人进行必要的医疗是监护人的法定义务。

目前本法在成年人监护职责的规定上没有作出具体的规定,但是我国的《精神卫生法》就充分体现了对精神障碍患者人身监护职责的落实。根据《精神卫生法》的规定,精神障碍患者的监护人不得对精神病患者使用家庭暴力或遗弃精神障碍患者,对精神障碍患者住院治疗享有同意权,监护人应当看护好在家居住的患者,妥善看护没有入院治疗的患者,根据医生嘱托督促其按时服药、接受随访或者治疗,监护人应当协助患者进行生活自理能力和社会适应能力等方面的康复训练等。在对老年人、残疾人、心理障碍患者等成年人进行照护的过程中,监护人同样应当积极为其提供医疗帮助,排除其身体、精神上的障碍,力求使其行为能力最大限度地得到恢复。

(二)监护权受到法律保护

监护人依法履行监护职责的权利,称为监护权。^②监护权受法律的保护,任何单位和个人都不得非法干涉或侵犯。侵害监护权的行为样态,主要是非法使被监护人脱离监护,或者妨害监护人履行监护职责。当监护权受到侵害或妨害时,监护人有权请求停止侵害、排除妨

---

① 陈钊:《我国成年人监护制度立法完善研究》,西南政法大学2018年博士学位论义。
② 李宇:《民法总则要义——规范释论与判解集注》,法律出版社2017年版,第105页。

碍。《精神损害赔偿司法解释》第 2 条规定，非法使被监护人脱离监护，导致亲子关系或者近亲属间的亲属关系遭受严重损害，监护人向人民法院起诉请求赔偿精神损害的，人民法院应当依法予以受理。如果监护人与被监护人无亲属关系的不得请求精神损害赔偿。

（三）监护人的法律责任

监护人不履行监护职责或者侵害被监护人合法权益的，应当承担法律责任。例如，对被监护人虐待、遗弃，情节恶劣构成犯罪的，应承担刑事责任；监护人不履行或不适当履行监护职责，给被监护人造成财产损失的，应当赔偿损失等。对于侵害被监护人利益或者不履行监护职责的监护人，人民法院可以根据有关人员或者组织的申请，撤销监护人的资格，另行指定他人担任监护人。

另外，因我国已将协议监护与意定监护制度纳入监护体系中，如果监护人违反协议约定的监护职责，还可能发生违约责任。

二、紧急情况下的临时生活照料措施

2020 年我国爆发了新冠肺炎疫情。疫情期间，湖北红安 17 岁的脑瘫患者鄢某，因父亲确诊治疗后无人照料最终死亡，引发社会广泛关注。针对此类监护人"失联"的情况，2020 年 5 月 22 日在十三届全国人大三次会议上，全国人民代表大会常务委员会副委员长王晨在《关于〈中华人民共和国民法典（草案）〉的说明》中指出《民法典（草案）》新增了该款规定，该款规定明确了在发生突发事件等紧急情况，监护人暂时无法履行监护职责，被监护人的生活处于无人照料状态的，被监护人住所地的居委会、村委会或者民政部门应当为被监护人安排必要的临时生活照料措施。[①] 全面地保护被监护人的权益，进一步完善了"以家庭监护为基础，社会监护为补充，国家监护为兜底"的监护制度体系，充分体现出我国立法对现实问题的快速反映，充分体现出把人民群众生命安全和身体健康放在第一位的"以人民为

---

① 王晨：《关于〈中华人民共和国民法典（草案）〉的说明——2020 年 5 月 22 日在第十三届全国人民代表大会第三次会议上》，载《人民日报》2020 年 5 月 23 日。

中心"的法治理念。

【审判实践中应注意的问题】

一、关于监护职责的实际履行

我国《民法典》对监护职责的规定属基础性、原则性规定。例如,有文章指出,通过调研所涉50份判决书显示,监护人怠于履行监护权、滥用监护权甚至侵害被监护人权益的现象较为普遍:如有的监护人擅自出售、出租被监护人的住房,而收益未用于或未全部用于被监护人;有的侵吞、藏匿、转移、私分被监护人的财产;有的藏匿被监护人的证件等。但因为法律规定的监护事务不够明确具体,监护人出现上述行为时,很难依法对监护人追责。实践中,监护人管理被监护人财产多数没有登记造册,这使得在法院查明事实时遇到了很大的障碍。[①] 对此,有待司法实践的经验积累以及配套法律和司法解释的出台,以切实保障被监护人的合法权益。

二、关于对未成年人的特殊监护职责

参照大陆法系国家立法中对未成年人监护职责的规定,结合我国《未成年人保护法》的内容,可以将未成年人人身监护职责概括为:(1)照料未成年人的日常生活;(2)对未成年人进行教育;(3)保护未成年人的身心健康;(4)指定住所;(5)医疗决定权。对于前三项内容,基本已经达成共识,法院在未成年人的监护案件的判决中基本都会涵盖以上内容。但是第4项和第5项内容,我国立法中没有明确规定。指定未成年人的住所,要求其居住在便于监护人履行监护职责的地方,这是监护人开展监护活动的前提,未成年人不得随意离开监护人指定的住所或居所。因此,监护人应当有权指定未成年人的住

[①] 林建军:《我国成年监护法律之缺失与完善———以民事审判实践为依据》,载《中华女子学院学报》2014年第5期。

所，以便于监护人履行监护职责，在个案中根据具体情况可以要求监护人与被监护人共同居住。此外，《民法典》侵权责任编中的第1219条规定，需要实施手术、特殊检查、特殊治疗的，医务人员应当及时向患者具体说明医疗风险、替代医疗方案等情况，并取得其明确同意。未成年人由于不具有完全的民事行为能力，不具备作出是否同意治疗方案的决定，需要由监护人代其作出决定，监护人作出医疗决定时应当完全从有利于未成年人的角度出发。

> **第三十五条** 监护人应当按照最有利于被监护人的原则履行监护职责。监护人除为维护被监护人利益外，不得处分被监护人的财产。
>
> 未成年人的监护人履行监护职责，在作出与被监护人利益有关的决定时，应当根据被监护人的年龄和智力状况，尊重被监护人的真实意愿。
>
> 成年人的监护人履行监护职责，应当最大程度地尊重被监护人的真实意愿，保障并协助被监护人实施与其智力、精神健康状况相适应的民事法律行为。对被监护人有能力独立处理的事务，监护人不得干涉。

【条文主旨】

本条是关于监护职责履行的规定。

【条文理解】

一、监护人应当按照最有利于被监护人的原则履行监护职责

《民法总则》在确定监护制度时以"最有利于被监护人"和"尊重被监护人真实意愿"为原则，确立了全新的监护理念。《民法典》保留了《民法总则》中监护制度的立法精神和法律条文。其中，《民法典》第31条第2款明文规定，居委会、村委会、民政部门或者人民法院应当尊重被监护人的真实意愿，按照最有利于被监护人的原则在依法具有监护资格的人中指定监护人。这是立法对"最有利于被监护人"原则的贯彻落实。此外，本条第1款也强调，监护人履行监护

职责时应当以"最有利于被监护人"为原则,注重保护被监护人的利益。确立"最有利于被监护人原则"充分体现出了我国监护法律制度"以人为本"的立法精神,以及"通过监护制度的立法完善和对相关司法工作的明确引导而加强对未成年人等被监护人弱势群体权益进行保护的制度用意"。[1]

在未成年人监护上,最有利于被监护人原则就体现为要实现"未成年人最佳利益",即要求监护人在处置未成年被监护人的事务前,应切实满足被监护人的利益而非监护人的利益,同时还要遵循未成年人的心理成熟程度使其逐渐参与决定。[2]虽然《民法典》没有对"最有利于被监护人"作出更加具体的规定,但是法院在司法裁判中应当充分考量相关因素,以确保指定监护、判断监护人履行职责时是否符合该原则。英美法系很多国家的立法都对考量因素作出了具体的规定,我国司法实践中可以借鉴国外制定的相关标准,在处理未成年人监护案件中综合加以考虑。监护人在履行监护职责时,应当让未成年人健康、幸福、有尊严的生活,关注未成年人生存和发展,涉及未成年人自身事务的应当鼓励未成年人积极参与自主决定。

在成年人监护上,最有利于被监护人原则在实质上要求充分"尊重被监护人意愿",一般是要做到支持其自主决定、最少限制以及最佳利益。所谓最佳利益,是指监护人在处理被监护人的财产管理和人身监护的过程中,必须优先考虑被监护人的希望与福祉。[3]《德国民法典》第1901条第2款规定,照管人必须以符合被照管人的最佳利益的方式,处理被照管人事务。被照管人的最佳利益,包括在其能力所及范围内按照自己的愿望和想法安排生活的可能性。因此,我国司法实践中在判断监护人履行监护职责是否符合"最有利于被监护人"原

---

[1] 刘建:《〈民法总则〉第31条和第35条"最有利于被监护人的原则"评析》,载《苏州大学学报》(哲学社会科学版)2019年第4期。

[2] 秦红嫚:《我国监护制度的发展、问题与完善建议——兼评〈民法典〉(草案)》总则中的相关规定》,载《浙江理工大学学报(社会科学版)》2020年第44卷。

[3] 李霞:《成年监护制度研究:以人权的视角》,中国政法大学出版社2012年版,第85页。

则时，可以通过以下途径，包括：考量被监护人如果具有意思能力时是否也会作出这种选择或者期待作出这种选择；作出这种选择是否符合被监护人过去或现在的感情、希望、信仰、价值观；询问家属、护理者或者其他人的意见确定监护人的意思；监护人是否尽量鼓励和引导被监护人参与到自己事务的决策中并尽力改善被监护人参与事务决策的能力；其他应当考虑的有利于被监护人的情形。①

"最有利于被监护人"原则体现在财产监管上，《民法典》在本条第1款第二句规定了"监护人除为维护被监护人利益外，不得处分被监护人的财产"的内容。从监护人角度理解，该内容是对监护人法定代理权的法定限制。监护人如果不是为了被监护人的利益而以被监护人的名义处分其财产，超越了法定代理权限，应当认为构成了无权代理，该处分财产的行为对被监护人不发生法律效力，而应当由监护人自己承担相应的法律责任。

判断监护人的处分行为是否为了被监护人的利益，应当以一个处于与监护人同等情境下的理性人的判断为标准，但不应以财产得丧为唯一标准。②

二、监护人履行监护职责时应当尊重被监护人的意愿

《民法典》强调现代监护制度应当遵循"被监护人利益最大化"原则，同时又特别要求体现对被监护人意愿的尊重。监护制度的设立必须在被监护人保护和尊重本人意愿之间找到合理的平衡，特别是在人身监护上，更应当对本人意愿给予更充分的尊重。由于未成年人监护与成年人监护本身存在较大区别，因此本条分两款对此作出规定。

（一）尊重未成年人的真实意愿

未成年人的监护人履行监护职责，在作出与被监护人利益有关的

---

① 参见秦红嫚：《我国监护制度的发展、问题与完善建议——兼评〈民法典〉（草案）》总则中的相关规定》，载《浙江理工大学学报（社会科学版）》2020年第44卷。

② 参见李宇：《民法总则要义——规范释论与判解集注》，法律出版社2017年版，第106页。

决定时，应当根据被监护人的年龄和智力状况，尊重被监护人的真实意愿。

《民法典》第19条规定："八周岁以上的未成年人为限制民事行为能力人，实施民事法律行为由其法定代理人代理或者经其法定代理人同意、追认，但是，可以独立实施纯获利益的民事法律行为或者与其年龄、智力相适应的民事法律行为。"第20条规定："不满八周岁的未成年人为无民事行为能力人，由其法定代理人代理实施民事法律行为。"因此，并非所有未成年人的民事法律行为都由监护人一概代理，8周岁以上的未成年人，可以独立实施与其年龄和智力状况相适应的民事法律行为。对于超出其年龄和智力范围、仍需要由监护人代理实施的其他法律行为，若未成年人表达了与其年龄和智力状况相符合的真实意愿，则应当得到监护人的尊重。特别是在一些涉及高度个人化的决定时，例如，离婚案件中未成年人抚养权归属、收养、医学治疗等事宜，应当赋予具有表意能力的未成年人以更大的话语权。法院审理案件时应当充分听取未成年人的意见。

（二）尊重成年被监护人的真实意愿

成年人的监护人履行监护职责，应当最大程度地尊重被监护人的真实意愿，保障并协助被监护人实施与其智力、精神健康状况相适应的民事法律行为。对被监护人有能力独立处理的事务，监护人不得干涉。

与未成年人不同，成年被监护人中有相当多数是曾经具有完全民事行为能力的，后因年老、生病等原因丧失行为能力，但是这种行为能力的丧失很多时候是一个渐进过程，因此成年被监护人往往还具有剩余行为能力。这就要求成年人监护人履行职责时应当特别注意尊重被监护人的真实意愿，听从被监护人剩余意思的要求，按照被监护人的意愿履行监护职责。

本条第3款规定在吸收国外立法经验的基础上，将传统的"消极防御保护"与"积极辅助"被监护人相互结合。虽然，我国没有像法国一样建立起被监护人保护的三分法律制度,①但是立法表述上已经反映出了成年人监护措施应多样化的趋势。根据立法规定,可以将被监护人的行为种类划分为以下三种:对于被监护人可以独立处理的事务,监护人应当遵从被监护人的意思,不得加以干涉;对于被监护人实施的与自己的智力、精神健康状况相适应但是无法独立处理的行为,监护人应当给予保障和协助;对于被监护人无法独立实施的与其智力、精神健康状况不相适应的民事法律行为,应当通过代理人的代理活动来完成,但是代理人在从事代理行为时应当符合"最有利于被监护人"原则。

本条规定,对被监护人有能力独立处理的事务,监护人不得干涉。这是对监护人代理权限的进一步限制。被监护人实施与自己的智力、精神健康状况相适应的民事法律行为,监护人应当给予尊重。此外,需要注意的是,对于"事务"的理解应当不仅仅局限于法律行为,还包括民事法律行为之外的事实行为。因此,被监护人对于法律行为之外的住所的选择、社会交往、日常活动等事务都享有自我决定权,如果被监护人能够独立处理的,监护人不得加以干预。

【审判实践中应注意的问题】

在是否正确履行监护职责的判断上,应当注意区分未成年人监护与成年人监护,特别是在父母担任未成年人监护人时,其监护职责与父母以外其他有监护资格的人担任监护人时的情形并不相同。基于父母与未成年人之间天然的亲密关系,国家立法显示出了对父母担任监护人的信任,也对父母设置了更高的监护要求。除了本法第34条第1款中规定的一般监护职责外,父母作为监护人时还应当承担本法第26

---

① 法国立法规定成年人的法律保护有三种:一是成年人的司法保护;二是成年人的协助保护;三是成年人的监护保护。这就是成年人法律保护的三分法制度,也被称为三分法的法律保护制度。三项措施的适用关系是递进式的。参见陈钊:《我国成年人监护制度立法完善研究》,西南政法大学2018年博士学位论文。

条第 1 款规定的抚养、教育、保护等建立在亲权关系基础上的职责。父母在担任未成年子女的监护人时,享有专属于父母身份的权利,比如,父母对子女必要的惩戒权。但是对于父母之外的监护人,则应当设置更多的限制,以确保其正确履行监护职责,防止侵害未成年人的合法权益。例如,我国台湾地区规定父母在必要范围内可以惩戒子女,父母以外的其他监护人没有这一监护事务内容,同时列举了监护人须经法院许可才生效的财产性监护事务。虽然我国现行法律中没有作出类似规定,但是法院在判断是否正确履行监护职责时应当考虑监护人的身份并加以区别对待,才更加合理。

> **第三十六条** 监护人有下列情形之一的,人民法院根据有关个人或者组织的申请,撤销其监护人资格,安排必要的临时监护措施,并按照最有利于被监护人的原则依法指定监护人:
> (一)实施严重损害被监护人身心健康的行为;
> (二)怠于履行监护职责,或者无法履行监护职责且拒绝将监护职责部分或者全部委托给他人,导致被监护人处于危困状态;
> (三)实施严重侵害被监护人合法权益的其他行为。
> 本条规定的有关个人、组织包括:其他依法具有监护资格的人,居民委员会、村民委员会、学校、医疗机构、妇女联合会、残疾人联合会、未成年人保护组织、依法设立的老年人组织、民政部门等。
> 前款规定的个人和民政部门以外的组织未及时向人民法院申请撤销监护人资格的,民政部门应当向人民法院申请。

【条文主旨】

本条是关于撤销监护人资格的规定。

【条文理解】

监护制度设立的目的,纯系为保护被监护人的利益。通过为行为能力欠缺者设定监护人,一方面对被监护人进行照管,保护其人身财产等权益,另一方面代理被监护人实施法律行为,从而避免被监护人因行为能力上的瑕疵而被阻挡在法律交往的大门之外,使被监护人能够为自身利益和发展进行更为充分的社会交往和活动。[1]因此，当出现监护人侵害被监护人利益的情况时，法律规定撤销监护人资格，就显得尤为必要。这既是对监护人行使监护权的监督和制约，也能及时制止侵害行为。通过撤销原监护人监护资格，重新指定新的监护人，避免被监护人长期处于被侵害或无人监护的状态，以充分维护被监护人的利益。

根据本条规定，撤销监护人资格需要注意以下几点：

一、申请撤销的主体

本条规定的有权申请撤销监护人资格的主体较为广泛，包括其他依法具有监护资格的人（如未成年被监护人的父母、祖父母、外祖父母、兄、姐等；成年被监护人的配偶、父母、子女、其他近亲属等）、居民委员会、村民委员会、学校、医疗机构、妇女联合会、残疾人联合会、未成年人保护组织、依法设立的老年人组织、民政部门等。从本条列举的主体来看，具有申请撤销资格的主体，既有被监护人的亲属，也有因法律规定而具有特定职责的组织。以上个人和组织，或因血缘亲属关系而在感情上最关心关注被监护人的利益，或因特定关系而负有某种保护被监护人利益免遭侵害的法定职责。同时，他们多与被监护人生活联系密切，也具有及时发现监护人监护中存在问题的可能性。当然，并不是任何人都有权申请撤销监护人资格，必须是与被监护人有一定利害关系的人或组织。本条第2款在列举有权申请撤销监督权的机构时使用了"等"，表明以上列举是不完全列举，其他符合条件但未在本条列明的个人和组织，也有权申请撤销监护人资格。本条第3款还规定，其他个人和民政部门以外的组织未及时申请撤销监护人资格的，民政部门作为申请撤销监护人资格的兜底单位，应当向人民法院提出申请。这主要是为防止出现无人过问的情形，最大限度地保护被监护人的权益。

---

[1] 参见朱庆育：《民法总论》（第2版），北京大学出版社2016年版，第398页。

对于申请撤销监护资格的顺序，本条并没有规定。也就是说，只要出现了申请撤销监护资格的情形，具有撤销主体资格的个人和组织，都可以提出撤销申请。这样规定，也是考虑到及时维护被监护人权益的需要。

二、申请撤销的条件

对于撤销监护人资格的情形，本条概括性地列举了三种：一是实施了严重损害被监护人身心健康行为。例如，监护人性侵、虐待、暴力伤害被监护人。二是怠于履行监护职责，或者无法履行监护职责且拒绝将监护职责部分或者全部委托给他人，导致被监护人处于危困状态。例如，监护人因吸毒、酗酒而无法照管被监护人。三是实施严重侵害被监护人合法权益的其他行为。第3项是兜底性条款，例如，监护人使用被监护人的财产为他人购买房产，严重侵害被监护人的财产权。

法律对撤销监护人的资格非常慎重，需要达到严重侵害被监护人健康成长和基本生存的程度。之所以规定只有在严重侵害未成年人权益的情形下，才可以判决撤销监护人资格，主要出于以下三点考虑：（1）追求被监护人最大利益原则的要求。未成年人心智尚未成熟，父母的关爱和家庭的温暖对未成年人健康成长至关重要，应当尽可能地让未成年人在原生家庭生活，这无疑对未成年人的成长来说是最有利的。同时，作为未成年人的当然监护人，父母抚养孩子既是伦理亲情的需求，也是法定的责任。撤销监护人资格只能适用于极少数特别严重的情形，如果撤销父母对未成年子女的监护资格的条件过于宽松，不仅不利于保护未成年人的利益，也会对作为社会细胞的核心家庭造成破坏，引发一系列社会问题。（2）符合我国国情。监护人对未成年被监护人有管教职责，对其行为进行必要约束，一则有利于未成年被监护人成长，二则也能够防止其侵害他人利益。在我国，以轻微体罚等方式教育孩子的现象普遍存在，符合中国传统家庭文化的认知，社会对此有一定的容忍度。如果撤销监护人资格的标准不够严格，则可能混淆监护侵害行为和不当教育方式，这是目前社会难以接受的，也不符合未成年人教育和保护的实际情况。（3）国际上的通常做法。许多国家如美国、英国、荷兰等也都对撤销监护人资格的情形作出严格限定，撤销监护人资格本着"不得已而为之"的原则是国际上的通常做法。

实践中，对于如何判断是否达到严重侵害被监护人的情形，应该结合具体情况综合判断。《侵害未成年人权益意见》第35条对人民法院可以判决撤销监护人资格的情形作了更为具体的列举，其规定："被申请人有以下情形之一的，人民法院可以判决撤销其监护人资格：（一）性侵害、出卖、遗弃、虐待、暴力伤害未成年人，严重损害未成年人身心健康的；（二）将未成年人置于无人监管和照看的状态，导致未成年人面临死亡或者严重伤害危险，经教育不改的；（三）拒不履行监护职责长达六个月以上，导致被监护人流离失所或者生活无着的；（四）有吸毒、赌博、长期酗酒等恶习无法正确履行监护职责或者因服刑等原因无法履行监护职责，且拒绝将监护职责部分或者全部委托给他人，致使未成年人处于困境或者危险状态的；（五）胁迫、诱骗、利用被监护人乞讨，经公安机关和未成年人救助保护机构等部门三次以上批评教育拒不改正，严重影响被监护人正常生活和学习的；（六）教唆、利用未成年人实施违法犯罪行为，情节恶劣的；（七）有其他严重侵害未成年人合法权益行为的。"

三、申请撤销的法律后果

（一）设置必要的临时监护措施

被监护人在权益受到监护人侵害之后，人民法院在指定新的监护人之前，如果被监护人处于无人监护的状态，其人身、财产极易受到侵害，对其非常不利。此时，人民法院应当指定临时监护人，履行法律规定的监护职责。

（二）依法指定新的监护人

撤销监护人资格的目的，是为被监护人重新确立符合要求的监护人，及时保障被监护人的权益。因此，人民法院在撤销原监护人资格后，应及时按照最有利于被监护人的原则，在具有监护资格的人或组织中指定新的监护人。根据《侵害未成年人权益意见》第36条规定："判决撤销监护人资格，未成年人有其他监护人的，应当由其他监护人承担监护职责。其他监护人应当采取措施避免未成年人继续受到侵害。没有其他监护人的，人民法院根据最有利于未成年人的原则，在《民法通则》第16条第2款、第4款规定的人员和单位中指定监护人。指定个人担任监护人的，应当综合考虑其意愿、品行、身体状况、经济条件、与未成年人的生活情感联系以及有表达能力的未成年人的意愿等。没有合适人员和其他单位担任监护人的，人民法院应当指定民政部门担任监护人，由其所属儿童福利机构收留抚养。"也就是说，在撤销监护人监护资格后，如果还有其他监护人，应当先由其他监护人承担监护职责。在没有其他监护人的情况下，则按照最有利于被监护人的原则，在有监护资格的个人或组织中指定新的监护人。如果没有合适的人或组织担任监护人，则由民政部门兜底，担任监护人。这也体现了监护制度中"以家庭监护为基础，社会监护为补充、国家监护为兜底"的原则。

【审判实践中应注意的问题】

人民法院为被监护人指定监护人时，应当听取被监护人及其亲属、居民委员会、村民委员会和民政部门的意见，综合考量与被监护人生活联系情况、身体健康状况、经济条件、监护意愿、未成年人本人意愿等选择合适的监护人。

关于监护人的消极资格，很多国家立法都有规定，例如，《法国民法典》规定下列人员不得担任监护人：未成年人；受监护或财产管理的成年人；被判处实体刑或加辱刑以及刑法规定不得负担监护任务的人；丧失亲权的人；明显行为不轨的人以及公认不诚实、一贯失职或无能力管理事务的人。我国台湾地区"民法"规定：未成年人及禁治产人，不得为监护人。一般认为，人民法院不得指定下列人员担任监护人：一是无行为能力人或限制行为能力人，如精神病人或者间歇性精神病人；二是对被监护人提起诉讼之人及其配偶、直系亲属；三是与被监护人有其他利害冲突的人；四是下落不明的人；五是患有严重危害被监护人利益的疾病，尚未治愈的人；六是涉嫌犯罪或已被判处刑罚的人，包括被判处非监禁刑罚的人；七是无监护能力或者对被监护人明显不利的其他人员。①

---

① 参见《〈中华人民共和国民法总则〉条文理解与适用》，人民法院出版社2017年版，第314、315页。

第三十七条 依法负担被监护人抚养费、赡养费、扶养费的父母、子女、配偶等，被人民法院撤销监护人资格后，应当继续履行负担的义务。

【条文主旨】

本条是关于被撤销监护人资格的人依法继续履行义务的规定。

【条文理解】

父母、子女、配偶被撤销监护人资格后，应当依法继续承担给付被监护人抚养费、赡养费、扶养费的义务。

从法律关系上看，监护资格和抚养义务是区分的，二者是相对独立的法律关系。被监护人的父母、子女、配偶，在监护资格被撤销后，其直接后果是不再承担监护职责。具言之，即不能再作为监护人代理被监护人实施民事法律行为，不能再作为监护人对未成年被监护人进行教育、监督和管教等。但是，撤销监护资格，并不免除父母、子女、配偶等基于血缘等关系确立的抚养义务，抚养义务是法定义务，独立于监护关系而存在，这些义务不因监护关系的终止而终止。

从立法目的上看，《民法典》将保护被监护人尤其是未成年人的利益作为重中之重予以规定，全面贯彻了最有利于被监护人的原则。设置撤销监护人资格，是出于保护被监护人利益的考虑，如果在撤销监护人监护资格的同时还免除了被监护人承担抚养费、赡养费、扶养费等应尽义务，实际上是损害了被监护人的利益，背离了保护被监护人利益的立法初衷。父母、子女、配偶继续承担法定抚养义务，支付抚养费、赡养费、扶养费等相关费用，是维持被监护人的基本生活水平，保障被监护人健康生活和正常发展的重要保障。实践中，被监护人多无独立财产，其需要的生活费、教育费、医疗费等费用，很大程度上都有赖于此。同时，父母、子女、配偶继续履行抚养费、赡养费、扶养费的负担义务，对于新指定的监护人履行监护职责意义重大。如果父母、子女、配偶不履行前述法定抚养义务，势必影响其他具有监护资格人担任监护人的积极性，也会严重影响新的监护人正常履行监护职责。

本条规定继承了《民法总则》第37条关于法定扶养义务不因监护人资格撤销而免除的规定。我国其他相关专门立法和司法解释也有类似规定。例如，《反家庭暴力法》第21条第2款规定："被撤销监护人资格的加害人，应当继续负担相应的赡养、扶养、抚养费用。"《未成年人保护法》第53条规定："父母或者其他监护人不履行监护职责或者侵害被监护的未成年人的合法权益，经教育不改的，人民法院可以根据有关人员或者有关单位的申请，撤销其监护人的资格，依法另行指定监护人。被撤销监护资格的父母应当依法继续负担抚养费用。"《侵害未成年人权益意见》第42条规定："被撤销监护人资格的父、母应当继续负担未成年人的抚养费用和因监护侵害行为产生的各项费用。相关单位和人员起诉的，人民法院应予支持。"

【审判实践中应注意的问题】

一、继续负担抚养费、赡养费、扶养费的主体，仅限于父母、子女、配偶，即负有法定抚养义务的主体

依《民法典》婚姻家庭编规定，法定的抚养关系有以下几种：一是父母对未成年子女等有抚养义务。未成年子女或不能独立生活的成年子女，有要求父母给付抚养费的权利。二是夫妻之间的相互扶养义务。需要扶养的一方，有要求另一方给付扶养费的权利。三是成年子女对父母负有赡养的义务。缺乏劳动能力或者生活困难的父母，有要求成

年子女给付赡养费的权利。① 其中，父母与子女，既包括亲生父母与亲生子女，也包括养父母与养子女，以及继父或继母与受其抚养教育的继子女。② 在此类纠纷中，如果被撤销监护资格的监护人不履行其依据法律规定应当承担的抚养义务，则新选任的监护人可以代理无民事行为能力人或者限制民事行为能力人提起诉讼，要求被撤销监护资格的监护人承担给付抚养费等义务。同时还要注意，监护人被撤销监护资格后，如果存在对被监护人的侵害行为，还要承担因监护侵害行为产生的各项费用。

二、注意与侵权责任中监护人责任区分

本条规定监护人被撤销监护资格后仍需承担法定抚养义务，那么作为未成年被监护人的父母被撤销监护资格后，对未成年人实施的侵权行为，是否应当承担赔偿责任？对此问题，实践中容易混淆。依照《民法典》侵权责任编中的第1188条第1款规定："无民事行为能力人、限制民事行为能力人造成他人损害的，由监护人承担侵权责任。监护人尽到监护职责的，可以减轻其侵权责任。"由于年龄和精神健康等原因，无民事行为能力人或限制民事行为能力人无法或不能全部理解其行为并预见行为后果，所以他们既易遭侵害，也容易侵害他人。法律要求监护人承担管理、教育被监护人的责任，在保护被监护人人身财产权利的同时，也避免被监护人从事侵权行为，对他人造成损害。一旦被监护人致人损害，法律规定由监护人承担赔偿责任，此时侵权行为人与责任人分离，属于典型的替代责任。监护人责任属于无过错责任，即使监护人尽到监护职责，并无过错，也要承担侵权损害赔偿责任。③ 作为未成年人的父母，如果因某种情事被撤销监护资格，也就意味着丧失了对未成年人的监护权，不再履行监护职责，此

---

① 参见王利明：《民法总则研究》，中国人民大学出版社2018年版，第224、225页。
② 参见《〈中华人民共和国民法总则〉条文理解与适用》，人民法院出版社2017年版，第321页。
③ 参见程啸：《侵权责任法》（第二版），法律出版社2015年版，第388页。

时未成年人致人损害，应当由指定的监护人承担赔偿责任，而不是由其父母承担。

三、撤销监护人资格案件，适用特别程序

在诉讼程序上，依据《民法通则意见》和《侵害未成年人权益意见》规定，人民法院审理撤销监护人资格案件，比照《民事诉讼法》规定的特别程序进行；审理要求监护人承担民事责任的案件，适用民事诉讼法的普通程序或者简易程序；既要求承担民事责任，又要求变更监护关系的，分别审理。

> **第三十八条** 被监护人的父母或者子女被人民法院撤销监护人资格后,除对被监护人实施故意犯罪的外,确有悔改表现的,经其申请,人民法院可以在尊重被监护人真实意愿的前提下,视情况恢复其监护人资格,人民法院指定的监护人与被监护人的监护关系同时终止。

【条文主旨】

本条是关于恢复监护人资格的规定。

【条文理解】

监护人的资格被撤销后,并不意味着永远丧失监护资格,在一定条件下也可以恢复。本条规定来源于《民法总则》第38条,在《民法总则》起草过程中,该条关于恢复监护人资格条件的规定经过了一个逐步趋严的过程。从申请主体、申请程序、悔改表现、被监护人意愿、不得恢复情形等几个方面对恢复监护资格作出严格限制,极力避免被监护人遭受二次侵害的情况发生。根据本条规定,申请恢复监护资格需符合以下条件:

一、提出申请的主体必须是被监护人的父母或子女

本条适用的对象仅限于被监护人的父母或者子女,作为监护人的其他个人或者组织一旦被撤销资格,即不再恢复。对未成年人而言,父母对于其不仅具有监护人的意义,更重要的是未成年人的精神和情感的寄托,对未成年人身心健康发展的重要性不言而喻。对于需要监护的成年父母而言,道理亦是如此。因此,本条规定给予作为父母或

子女的监护人以悔过自新,恢复监护资格的机会。在维持监护关系稳定性和亲权、亲属关系的价值衡量上,选择了后者。当然,最终目的仍是为了最大限度地维护被监护人的利益。

二、被撤销监护资格的人确有悔改表现

对于确有悔改表现的,不能仅要求其具有悔改的意愿,而且必须有悔改的行为。监护人是否有悔改的表现,最终应当由人民法院根据具体情形予以判断。[1]

三、由被撤销监护资格的人提出申请

监护人资格的恢复同监护人资格的撤销一样,都需要依照法定程序进行。即便监护人有悔改表现,且被监护人愿意恢复监护关系,该监护关系也不能当然恢复。首先必须由申请人向人民法院提出申请,然后再由人民法院根据具体情况判断是否准予恢复。

四、被监护人愿意恢复

申请恢复监护人资格,法律充分尊重被监护人的意愿,在申请人确有悔改表现和监护意愿的情况下,应征求被监护人的意见,由被监护人决定是否愿意恢复监护关系。

五、监护人不存在实施故意犯罪的情形

监护人因对被监护人实施故意犯罪而被撤销监护资格,意味着其监护资格永久丧失,无法再行恢复。但对因过失犯罪,例如,因过失导致被监护人受到伤害等被撤销监护人资格的,则可以根据具体情况来判断是否恢复监护人资格。例如,依据《侵害未成年人权益意见》第40条规定:"申请人具有下列情形之一的,一般不得判决恢复其监护人资格:(一)性侵害、出卖未成年人的;(二)虐待、遗弃未成年

---

[1] 参见李适时主编:《民法总则释义》,法律出版社2017年版,第113、114页。

人六个月以上、多次遗弃未成年人，并且造成重伤以上严重后果的；（三）因监护侵害行为被判处五年有期徒刑以上刑罚的。"①

【审判实践中应注意的问题】

一、确有悔改表现的认定

在实践中，被撤销监护资格的未成年人的父母或者成年子女提出恢复监护人资格的申请，涉及监护关系变更，原监护关系终止，新监护关系产生。人民法院宜从严把握，应当严格审查事实和证据，并结合被监护人以及有关人员和组织的意见，作出最后的判断。

具体而言，当事人申请恢复监护人资格，应当向人民法院提交书面申请，提交其对行为危害性的认识、悔改的决心、接受教育辅导的情况以及后续表现情况等证据材料，一般还需要提供其他亲属、居民委员会、村民委员会、民政部门、所在单位、被监护人所在社区、所在学校的证明等。如果居民委员会、村民委员会及民政部门对监护人开展监护指导、心理疏导等教育辅导工作并取得效果的，申请人还应当向法院提交上述报告。人民法院也可以依职权走访申请人、被监护人及其家庭，向当地民政部门、辖区公安派出所、居民委员会、村民委员会、共青团、妇联、未成年人所在学校、监护人所在单位等了解情况。人民法院应当征求被监护人现任监护人和有表达能力的被监护人的意见，并可以委托申请人住所地的民政部门或者其他相关组织，对申请人的监护意愿、悔改表现、监护能力以及被监护人的身心状况、生活情况等进行调查，形成调查评估报告。申请人正在服刑或者接受社区矫正的，人民法院应当征求刑罚执行机关或者社区矫正机构的意见。②

---

① 参见王利明：《民法总则研究》（第三版），中国人民大学出版社2018年版，第229页。
② 参见《〈中华人民共和国民法总则〉条文理解与适用》，人民法院出版社2017年版，第324页。

二、申请恢复监护人资格的期限

对监护人监护资格被撤销后,何时能够申请恢复监护资格,本条未作规定。对此,国外立法普遍规定有恢复期限的制度。例如,《法国民法典》规定,被撤销监护权的父或母,可以请求法院恢复他们被撤销的权利的全部或一部。同时规定,此种申请,仅仅在宣告完全撤销监护权或部分撤销监护权的判决成为不可撤销的判决之后,至少经过1年,才能提出;如申请被驳回,只有经过1年,才能再行提出。如在提交申请之前,子女已受安置已准备由他人收养,任何请求均不予受理。《侵害未成年人权益意见》第38条第1款规定:"被撤销监护人资格的侵害人,自监护人资格被撤销之日起三个月至一年内,可以书面向人民法院申请恢复监护人资格,并应当提交相关证据。"这实际上是对被撤销监护资格的未成年人的监护人申请恢复监护资格作出了期间规定,即3个月以后,1年以内。规定3个月以后才可以申请恢复监护人资格,目的是给当事人一个合理的悔过和恢复监护能力的期限。规定申请恢复资格应当在1年内,是为了避免未成年人的监护权长期处于不稳定状态,以便让新的监护人能够更好、更踏实地履行职责,也可以让民政部门1年以后放心地送养。

第三十九条 有下列情形之一的，监护关系终止：

（一）被监护人取得或者恢复完全民事行为能力；

（二）监护人丧失监护能力；

（三）被监护人或者监护人死亡；

（四）人民法院认定监护关系终止的其他情形。

监护关系终止后，被监护人仍然需要监护的，应当依法另行确定监护人。

【条文主旨】

本条是关于监护关系终止的规定。

【条文理解】

监护关系的终止，是指因某种法律事实存在，监护人与被监护人之间关于监护的权利义务和职责关系归于消灭。学理上，监护关系的终止有绝对终止与相对终止的区分。所谓绝对终止，是指由于被监护人方面的原因，监护关系失去存在的依据，监护关系本身归于消灭。绝对终止的原因主要有：（1）被监护人已成年，成为了完全民事行为能力人；（2）被监护人自然死亡或被宣告死亡；（3）被监护人被生父母认领或被他人所收养；（4）被监护人的父母不能行使亲权的原因已消灭；（5）无民事行为能力人或限制民事行为能力人的宣告被人民法院依法撤销。所谓相对终止，是指由于某种原因，原监护人不再履行监护职责，更换为新的监护人，但监护关系本身并不消灭。相对终止的主要原因有：（1）监护人自然死亡或被宣告死亡；（2）监护人被宣告为无民事行为能力人或限制民事行为能力人；（3）监护人因正当理由退出监护;(4)监护人被依法撤销监护人的资格;(5)监护人丧失了监护能力。①

实践中,一般把监护关系的终止分为自然终止和因人民法院的撤销而终止两种情况。自然终止,是指在发生特定的法律事实时,监护关系自行终止,不需任何机关或组织进行宣告。例如,未成年人因年满18周岁成为成年人,具备完全的民事行为能力,能够独立实施民事法律行为,无需再受监护人监护,监护关系自然终止。因撤销而终止,指人民法院根据有关个人或组织的申请,宣告撤销监护,监护关系即终止。例如,被人民法院宣告为无民事行为能力或限制民事行为能力的精神病人在其痊愈时,人民法院可根据被监护人的健康恢复状况,经其本人或利害关系人申请,宣告其为完全民事行为能力人,作出撤销监护的判决。再如,监护人严重侵害被监护人的权益,或者监护人丧失监护能力的,人民法院可根据有关个人或组织的申请,撤销监护人的资格,从而终止监护关系。②

依据本条规定,以下四种情形可以导致监护关系终止:

一、被监护人取得或者恢复完全民事行为能力

监护制度设定的目的是为了弥补无民事行为能力或行为能力受到限制的被监护人的行为能力欠缺问题。被监护人取得或者恢复完全民事行为能力,就意味着被监护人已经具备完全的辨识能力,可按照自己的意思独立进行民事法律行为,监护之目的和必要不复存在,监护关系自然终止。此种情形主要包括两种情况,具体而言,一是未成年人年满18周岁,监护关系终止;二是精神病人痊愈,由法院作出撤销监护判决,监护关系亦告终止。

二、监护人丧失监护能力

监护制度是对行为能力欠缺者的保护制度。由监护人作为法定代

---

① 参见余延满:《亲属法原论》,法律出版社2007年版,第508页。
② 参见马忆南:《婚姻家庭继承法学》,北京大学出版社2018年版,第202页。

理人，代理无行为能力人实施法律行为，代理或许可限制行为能力人实施超出其判断能力的法律行为。具备完全的民事行为能力是对监护人的最低要求。因此，监护人一旦因某种原因而成为限制行为能力人或无行为能力人，也就无法再履行监护职责，监护目的无法实现，监护关系也就此终止。此外，监护人因为身体健康状况、经济条件，以及被监护人生活上的联系等因素，不再具有监督和保护被监护人合法权益的能力，监护关系也应当终止。

三、被监护人或者监护人死亡

监护关系由双方当事人即监护人与被监护人共同构成，任何一方死亡，都将导致监护关系终止。如果是被监护人死亡，监护关系终止，自不待言。如果是监护人死亡，则客观上无法履行监护职责，监护关系也应当终止。此时，如果被监护人仍为无行为能力人或限制行为能力人，应当依法另行确定监护人，旧的监护关系终止的同时，新的监护关系开始。

四、人民法院认定监护关系终止的其他情形

此为兜底性条款，对前三项未能全部涵盖的情形进行兜底，赋予法院一定的自由裁量权，当特定情形出现时，由法院综合各种情况判断监护关系是否终止，以全面保护被监护人的利益。例如，监护人因正当理由而辞职，经向有关机关提出申请并经同意，也将导致监护关系终止。被监护人被他人收养，被监护人与收养人基于收养关系建立新的监护关系，原来的监护关系即行终止。

【审判实践中应注意的问题】

监护关系终止的法律后果，本条并未规定。实践中，监护关系终止的主要法律后果，是对被监护人财产的清算，以确定双方应予清结的账目以及应移交或交还财产的范围。需要注意以下几个问题：

一、清算主体

监护人为义务人,被监护人为权利人。如监护人无行为能力,应由新监护人代为清算;如监护人已死亡,则应由其继承人进行清算,继承人的这种义务并不因实行限定继承原则而免除。

二、财产清算

清算账目须交监护权力机关或监护监督机关审查认可,并经新监护人、被监护人或其继承人同意后才发生效力。在新监护人、被监护人或其继承人对于清算账目未认可之前,原监护人不能免除其责任。清算的费用,原则上由被监护人承担;但若由于监护人的过失而产生的费用,则由监护人承担。监护人侵害被监护人财产的,新监护人、被监护人或其继承人有权要求损害赔偿。

三、财产交还

被监护人财产清算后,如有剩余财产,自然发生财产的交还问题。被监护人已经取得完全民事行为能力的,应将财产返还给被监护人;有新监护人的,应将财产移交给新监护人;如被监护人死亡的,返还给其继承人;如监护人与被监护人同时死亡,则应由监护人的继承人将财产交还给被监护人的继承人。

第三节　宣告失踪和宣告死亡

> **第四十条**　自然人下落不明满二年的，利害关系人可以向人民法院申请宣告该自然人为失踪人。

【条文主旨】

本条是关于宣告失踪的规定。

【条文理解】

宣告失踪和宣告死亡都是民事主体部分的重要法律制度。本条明确规定了宣告失踪的基本规则。对于本条的理解需要把握以下几点：

一、宣告失踪概述

宣告失踪，是指自然人离开自己的住所下落不明达到法定期限，经该自然人的利害关系人申请，人民法院依照法定程序宣告其为失踪人的民事主体制度。《民法通则》第20条第1款规定："公民下落不明满二年的，利害关系人可以向人民法院申请宣告他为失踪人。战争期间下落不明的，下落不明的时间从战争结束之日起计算。"《民法总则》在该条规定基础上明确规定了宣告失踪制度，仅是将原有条文中的"公民"修改为"自然人"，与其他有关自然人的表述一样，使得民事主体回归私法的本质；另将"他"修改为"该自然人"使得表述更加严谨，本法总则编保留了这一规定。

本条规定宣告失踪制度的目的，是通过司法判决确认自然人失踪的事实,结束该失踪人的某些身份关系不稳定状态,尤其是其财产无人管理及其权利不能正常行使、义务不能及时履行的非正常状态,使得有关失踪人的权利义务得到正常行使,以保护失踪人和利害关系人的利益,维护社会经济秩序的稳定。

二、宣告失踪须满足的条件

当事人必须在符合某些条件时才可以被宣告失踪。这里的宣告失踪条件指的是实体上符合该条件即可被宣告失踪的条件,而非申请宣告失踪的必备条件。依据本条规定,宣告失踪应当满足如下条件:

(一)必须有自然人下落不明满两年的事实

所谓下落不明,是指自然人离开最后居所和住所后没有音讯的状况,这种状况须是持续、不间断地存在。也就是说,从自然人音讯消失起开始计算,持续地、不间断地经过两年时间。下落不明与生死不明并非同一。下落不明是指不知其下落,有的人不知住在哪里,但知道其仍然还活着,也可以称为下落不明。而生死不明的,则是不知其是否仍然生存。

(二)必须由利害关系人向人民法院提出申请

对利害关系人的范围问题,本条并未明确规定,最高人民法院早在1986年作出的《最高人民法院关于失踪人的工作单位能否向人民法院申请宣告失踪人死亡的批复》(1986年2月18日)[①] 即规定了申请宣告失踪的利害关系人"必须是与被申请宣告死亡的人存在一定的人身关系或者民事权利义务关系的人"。此后的《民法通则意见》第24条明确规定:"申请宣告失踪的利害关系人,包括被申请宣告失踪人

[①] 该批复的原文是:"湖北省高级人民法院:你院鄂法(1985)民行字第14号《关于失踪人的工作单位能否向人民法院提出申请宣告失踪人死亡》的请示报告收悉。经我们研究认为:《中华人民共和国民事诉讼法(试行)》第一百三十三条所指的利害关系人,必须是与被申请宣告死亡的人存在一定的人身关系或者民事权利义务关系的人。宣恩县人大常委会为解决减员增补以及停发失踪人聂××的工资等问题不宜作为利害关系人向人民法院申请宣告失踪人死亡,应按《中华人民共和国地方各级人民代表大会和地方各级人民政府组织法》及我国劳动制度的有关规定处理。"

的配偶、父母、子女、兄弟姐妹、祖父母、外祖父母、孙子女、外孙子女以及其他与被申请人有民事权利义务关系的人。"由于本条对于利害关系人的顺序并没有规定，该司法解释的规定属于细化法律规定的具体规定，与法律文本的规定并不冲突，故在《民法典》施行后，替代这一规定的新司法解释出台之前，这一规定的精神可以继续适用。在解释上讲，上述利害关系人可以由一人或数人同时申请，鉴于该司法解释中对宣告失踪的利害关系人的顺序并没有作出规定，故在宣告失踪时，利害关系人的申请也没有先后顺序的要求。原则上讲，这些利害关系人中只要有一个人或者数人申请宣告失踪，即使其他人反对，这时只要申请失踪符合受理的条件，人民法院就应当受理。

此外，有意见指出，由于请求宣告失踪主要是为了了结债权债务关系，所以较之于请求宣告死亡，其申请人的范围较广，不仅包括失踪人的近亲属，还包括失踪人的债权人。法律在规定请求宣告失踪的利害关系人时，虽不应当规定利害关系人的顺序，但应当规定利害关系人的范围。宣告失踪的目的主要是了结债权债务关系，所以，应当将债权人作为利害关系人加以规定，如果债权人不能提出申请，将不利于保护债权人的利益。[①] 这一观点较有道理，从宣告失踪的制度目的看，债权人应当属于申请宣告失踪的利害关系人，在解释上可以将其作为"其他与被申请人有民事权利义务关系的人"。此外，与债权人地位类似，失踪人的合伙人也应属于此类。鉴于债权利益保护，同时也涉及交易安全及正常交易秩序的维护，在以后起草的新司法解释中有必要对是否将"债权人"明确列为宣告失踪的主体作进一步研究论证。

（三）必须经过法院依据法定程序宣告

宣告失踪只能由人民法院作出，其他任何机关和个人无权作出宣告失踪的决定。人民法院在受理宣告失踪的申请以后，应当依据《民事诉讼法》规定的特别审理程序，发出寻找失踪人的公告，公告期

[①] 王利明：《民法总则研究》，中国人民大学出版社2012年版，第242页。

满以后，仍没有该自然人音讯的，人民法院即可宣告该自然人为失踪人。

【审判实践中应注意的问题】

对于本条的适用，在审判实践中要注意以下两点：

一、关于审理宣告失踪案件的民事特别程序要求

对于宣告失踪案件，《民事案件案由规定》在三级案由"三十二、宣告失踪、宣告死亡案件"项下，专设两个四级案由"372、申请宣告公民失踪""373、申请撤销宣告失踪"。无论哪个案由项下的案件，在程序上都是适用民事特别程序。具体而言，这主要包括：（1）关于宣告失踪案件的管辖法院。依据《民事诉讼法》第183条第1款的规定，公民下落不明满2年，利害关系人申请宣告其失踪的，向下落不明人住所地基层人民法院提出。依据《民法通则意见》第28条中的规定，住所地与居住地不一致的，由最后居住地基层人民法院管辖。此外，《最高人民法院研究室关于四川汶川特大地震发生后受理宣告失踪、死亡案件应如何适用法律问题的答复》（法研〔2008〕73号）第1条规定："根据民事诉讼法第一百六十六条第一款、第一百六十七条的规定。申请宣告失踪、宣告死亡的，应当由利害关系人向下落不明人住所地基层人民法院提出。由于特大地震灾害后，'下落不明人住所地基层人民法院'受到严重破坏，难以开展审判工作，对申请宣告失踪、宣告死亡的案件不能行使管辖权的，上级人民法院可以依照民事诉讼法第三十七条第二款的规定，指定其他基层人民法院管辖。"这一司法政策的内容对于类似重大自然灾害引发的宣告失踪案件，具有参照适用的效力。（2）关于申请宣告失踪的要求。依据《民事诉讼法》第183条第2款的规定，申请宣告失踪要采取书面形式。申请书应当写明失踪的事实、时间和请求，并附有公安机关或者其他有关机关关于该公民下落不明的书面证明。人民法院对此要作必

要审查，对于不符合申请条件的，要依法裁定驳回。(3)关于宣告失踪案件的审理程序。依据《民事诉讼法》的规定，宣告失踪案件适用特别程序，实行一审终审，并由审判员一人独任审理。(4)关于多个申请人的列法问题。依据《民事诉讼法司法解释》第346条的规定，符合法律规定的多个利害关系人提出宣告失踪、宣告死亡申请的，列为共同申请人。

二、关于涉外宣告失踪案件的准据法

依据《涉外民事关系法律适用法》第13条的规定："宣告失踪或者宣告死亡，适用自然人经常居所地法律。"

> **第四十一条** 自然人下落不明的时间自其失去音讯之日起计算。战争期间下落不明的，下落不明的时间自战争结束之日或者有关机关确定的下落不明之日起计算。

【条文主旨】

本条是关于宣告失踪中下落不明的起算时间的规定。

【条文理解】

自然人下落不明须满足一定期间的经过，方可被宣告失踪。因此，其下落不明的时间起算点就显得尤为重要，本条对此作了明确规定。对于本条的理解需要把握以下几点：

一、关于本条的起草情况

关于自然人下落不明的起算时间，《民法通则》仅对战争期间下落不明的情形作了规定，其第20条第2款规定："战争期间下落不明的，下落不明的时间从战争结束之日起计算。"但对于通常形态下的自然人下落不明的起算时间并没有规定。《民法通则意见》针对审判工作实际，对这一问题作了明确规定，依据其第28条的规定，《民法通则》第20条第1款第1项中的下落不明的起算时间"从公民音讯消失之次日起算"。《民法总则》在此基础上，综合各方意见对宣告失踪的起算时间以单独一条予以规定，并对战争期间下落不明的宣告失踪时间的起算点作了软化处理，即除了从战争结束之日起计算之外，还可以从"有关机关确定的下落不明之日"起计算。本条保留了这一规定。

二、关于下落不明的认定

《民法通则意见》第26条规定:"下落不明是指公民离开最后居住地后没有音讯的状况。对于在台湾或者在国外,无法正常通讯联系的,不得以下落不明宣告死亡。"该条规定与本法总则编并不冲突,故在《民法典》施行后,替代解释出台之前,其精神可以继续适用。而且从解释上,本条虽然没有给下落不明下定义,但从其对起算时间的界定上看,也是指"失去音讯"的情形。对于下落不明的界定与宣告失踪的起算时间密切相关。对于宣告失踪起算时间的确定,要将本条规定与司法解释的这一规定相结合来确定,即判断上首先要离开最后居住地,这是前提条件。这里的居住地而非住所,该居住地应当是利害关系人所知悉的最后居住地。其次是失去音讯。至于宣告失踪的起算时间则应当是满足离开最后居住地这一条件后的失去音讯的时间,而非离开最后居住地的时间。有意见指出,应当从最后获得该自然人消息之日起算,这一观点较有道理,但也要结合《民法通则意见》第26条的规定予以适用。

三、关于战争期间下落不明的宣告失踪起算时间问题

此前《民法通则》对此的规定是自战争结束之日起开始计算。战争是人类的灾难,战争导致社会不稳定甚至动荡,人们颠沛流离甚至因战争而死亡的情形会大量存在。在战时状态,正常的社会秩序都会受到极大冲击,查找不到自然人的情形较和平年代会大量发生。在战争期间下落不明的,下落不明的时间自战争结束之日起算的规则也具有其合理性,因为战时状态中往往也难以确定其最后没有音讯的时间,且这期间本来正常的社会秩序就受到冲击,从其失去音讯的时间计算可能不尽合理,也不便操作。因此,对战争期间下落不明的通行做法就是从战争结束之日起计算。但这一规则也有过于僵化的问题,尤其是能够明确知道该自然人在某一次具体战役中下落不明的,这时再从整个战争结束之日起计算,对于有关利害关系人不尽公平。因

此，本条在综合各方意见的基础上，明确增加了可以选择的相对灵活的宣告失踪的时间起算点，即除了从战争结束之日起计算外，还可以选择从"有关机关确定的下落不明之日起计算"，也就是说在有关机关证明的下落不明之日可以作为起算点，这里的有关机关，应当是有权机关，比如军队上的有权对因战争下落不明的人予以认定的机关，地方上则是民政或者公安部门等，当然必须以该机关具备有此权力或者职责为前提。这里的有关机关确定自然人下落不明的文件在证据属性上应当是公文书证的一种，应当适用公文书证的规则。而且依据本条规定，除了有关机关之外的其他证明材料，比如一般的证人证言等都不能作为确定战争期间自然人失去音讯的有效依据。

对于本条的适用，还要注意本条规定并未像宣告死亡的条件（本法第46条的规定）一样，对于意外事件下落不明的情形没有设置特别的起算时间规则，故应统一适用本条规定的宣告失踪的一般起算规则，即从自然人失去音讯之日起计算。

【审判实践中应注意的问题】

对于本条的适用，在审判实践中要注意以下两点：

一、关于宣告失踪与宣告死亡这两项制度的程序衔接问题

应该说，宣告失踪与宣告死亡虽然都属于一种法律上的拟制，对稳定法律关系、保护利害关系人合法权益都具有重要意义，但二者在法律效果上存在本质不同，前者主要是设置财产代管的一项制度，而后者则是会发生被宣告死亡的人与自然死亡相同的法律后果。因此，这两项制度属于并不存在交叉甚至冲突的问题，在符合各自适用条件的情况下，这两个制度可以单独适用，当事人申请了宣告失踪之后并不意味着就不能适用宣告死亡。正因如此，《民法通则意见》第29条规定："宣告失踪不是宣告死亡的必经程序。公民下落不明，符合申请宣告死亡的条件，利害关系人可以不经申请宣告失踪而直接申请宣

告死亡。但利害关系人只申请宣告失踪的，应当宣告失踪；同一顺序的利害关系，有的申请宣告死亡，有的不同意宣告死亡，则应当宣告死亡。"《民事诉讼法司法解释》在此基础上又在第345条进一步规定："人民法院判决宣告公民失踪后，利害关系人向人民法院申请宣告失踪人死亡，自失踪之日起满四年的，人民法院应当受理，宣告失踪的判决即是该公民失踪的证明，审理中仍应依照民事诉讼法第一百八十五条规定进行公告。"上述规定在《民法典》施行后，没有新的司法解释予以废改前其精神可以继续适用。当然，如果是失踪人在没有被宣告失踪前，已符合宣告死亡条件的，其往往可以整体吸收宣告失踪的法律后果，实践中当事人通常会选择直接适用宣告死亡制度。而且在当事人已经被宣告死亡的，因其发生于自然死亡相同的法律后果，故通常也就不可能再有宣告失踪制度适用的可能。尤其是在当今"互联网+大数据"时代，资讯交流便捷，当事人在被宣告死亡期间仍然进行民事活动的，也极易被发现，这时应当适用的是撤销死亡宣告制度。

二、关于宣告失踪程序中的公告期问题

对此，《民法通则意见》第34条第2款规定："人民法院审理宣告失踪的案件，应当查清被申请宣告失踪人的财产，指定临时管理人或者采取诉讼保全措施，发出寻找失踪人的公告，公告期间为半年。公告期间届满，人民法院根据被宣告失踪人失踪的事实是否得到确认，作出宣告失踪的判决或者终结审理的裁定。如果判决宣告为失踪人，应当同时指定失踪人的财产代管人。"但依据《民事诉讼法》第180条、第185条的规定，人民法院受理宣告失踪案件后，应当发出寻找下落不明人的公告。宣告失踪的公告期间为3个月，因意外事故下落不明，经有关机关证明该公民不可能生存的，宣告死亡的公告期间为3个月。人民法院适用宣告失踪的案件，应当在公告期满后30日内审结。有特殊情况需要延长的，由本院院长批准。故上述《民法通则意见》关于6个月公告期的规定与民事诉讼法的规定冲突，不能

再继续适用,对此应统一适用《民事诉讼法》的规定。

此外,关于公告的形式。依据《民事诉讼法司法解释》第347条的规定,寻找下落不明人的公告应当记载的内容有:"(一)被申请人应当在规定期间内向受理法院申报其具体地址及其联系方式。否则,被申请人将被宣告失踪、宣告死亡;(二)凡知悉被申请人生存现状的人,应当在公告期间内将其所知道情况向受理法院报告。"

> **第四十二条** 失踪人的财产由其配偶、成年子女、父母或者其他愿意担任财产代管人的人代管。
>
> 代管有争议,没有前款规定的人,或者前款规定的人无代管能力的,由人民法院指定的人代管。

【条文主旨】

本条是关于失踪人财产代管人范围的规定。

【条文理解】

宣告失踪最重要的法律后果就是为被宣告失踪的自然人确立财产代管制度。本条来自《民法通则》第21条第1款"失踪人的财产由他的配偶、父母、成年子女或者关系密切的其他亲属、朋友代管。代管有争议的,没有以上规定的人或者以上规定的人无能力代管的,由人民法院指定的人代管"。《民法总则》第42条在此基础上作了适当修改,此次《民法典》编纂保留了《民法总则》第42条的规定。对于本条的理解需要把握以下几点:

一、为失踪人的财产设定代管人的一般规则

在自然人被宣告为失踪人后,由于其民事主体资格仍然存在,所以不产生婚姻关系解除和继承开始的后果,而主要产生财产代管的法律后果。

人民法院判决宣告自然人失踪的,应当同时指定失踪人的财产代管人。《民事诉讼法司法解释》第343条规定:"宣告失踪或者宣告死亡案件,人民法院可以根据申请人的请求,清理下落不明人的财产,

并指定案件审理期间的财产管理人。公告期满后，人民法院判决宣告失踪的，应当同时依照《民法通则》第二十一条第一款的规定指定失踪人的财产代管人。"至于代管人的范围，《民法通则》第21条第1款规定："失踪人的财产由他的配偶、父母、成年子女或关系密切的其他亲属、朋友代管。代管有争议的，没有以上规定的人或者以上规定的人无能力代管的，由人民法院指定的人代管。"《民法总则》在此基础上对财产代管人的范围采用了大致相当的规定，只是将"关系密切的其他亲属、朋友"修改为"其他愿意担任财产代管人的人"。在解释上，《民法通则》规定的"关系密切的其他亲属"，包括失踪人的兄弟姐妹、祖父母、外祖父母、孙子女、外孙子女。除此之外还有"关系密切的朋友"，但是实践中对于如何把握"关系密切"缺乏具体认定标准，不便操作。《民法总则》对此作出修改，采用他人主观愿意担任代管人的标准，一方面认定标准较为明确具体，便于操作；另一方面很大程度上也能够拓宽代管人的范围，有利于更加充分发挥财产代管制度的功能。但在此需要注意的是，对于愿意担任代管人的人是否能够被最终指定为财产代管人，人民法院要综合判断，并不能仅仅依据该人有代管意愿，就指定其为代管人。对此，《民法通则意见》第30条第1款规定："人民法院指定失踪人的财产代管人，应当根据有利于保护失踪人财产的原则指定。没有《民法通则》第二十一条规定的代管人，或者他们无能力作代管人，或者不宜作代管人的，人民法院可以指定公民或者有关组织为失踪人的财产代管人。"该条规定与《民法典》的规定并不冲突，在《民法典》施行后，替代的司法解释出台前，其精神可以继续适用。对于非近亲属之外的自然人或者其他组织指定为财产代管人的，也要遵循有利于保护失踪人财产的原则。但在无民事行为能力人、限制民事行为能力人失踪的，则其监护人即为财产代管人。

人民法院应当依据上述基本规则为失踪人指定财产代管人。在代管有争议，包括当事人争作代管人或者相互推诿的情形，或者没有本条第1款规定的代管人或者虽然有这些人但他们没有代管能力的，则由人民法院按照有利于保护失踪人财产的原则指定有关自然人或者有关组织担任财产代管人。

二、实务中确定失踪人财产代管人的争点问题及解决思路

实务中确定失踪人财产代管人的争点问题主要有二：一是关于代管人的优先顺序问题；二是代管人的人数问题。

（一）关于代管人的优先顺序问题

本条只是明确了可以担任财产代管人的范围，但并未就该范围内的主体之间在担任财产代管人先后性上作出明确规定。目前，在司法实务中确定担任财产代管人先后性，主要有两种排序标准。一种是根据与失踪人关系的密切程度排序；另一种是根据代管人的管理能力排序。前一种排序标准的优点在于，这更符合失踪人的心理预期，符合日常生活经验判断；缺点在于与失踪人关系最密切的人，未必是最有能力帮助失踪人管理财产实现保值增值的人。第二种排序标准的优点在于，由管理能力最强的人担任财产代管人客观上更有利于帮助失踪人财产的保值增值；缺点在于财产代管人管理能力强并不见得与失踪人关系密切。我们认为，可考虑根据与失踪人关系密切程度确定一个一般性的失踪人财产代管人先后顺序。之所以主要根据与失踪人关系密切程度而不是根据财产管理能力大小确定财产代管人人选先后顺序，主要理由在于：

第一，根据与失踪人关系远近排序确定失踪人财产代管人的顺序符合失踪人对财产处分的心理预期。根据日常生活经验可知，失踪人在自身无法亲自管理财产的情况下，基于信任通常都会选择将财产交给与其关系密切的人管理。

第二，从本条对与失踪人关系密切的人的列举来看，大多是与其有血缘或姻亲关系的近亲属。这是因为基于血缘或姻亲关系，近亲属比其他人在管理失踪人财产问题上会付出更多的时间和精力。

第三，由与失踪人关系密切的近亲属管理失踪人财产，可以更大程度消除信息不对称可能衍生的财产流失。由于失踪人下落不明，无

法亲自管理其财产,在立法没有要求财产代管人向利害关系人实时汇报且事实上财产代管人无法做到实时汇报的情况下,其他利害关系人因信息不对称也不能做到实时监控财产代管人的财产管理行为。显然,这种信息不对称状态可能诱使财产代管人懈怠其财产管理行为,甚至会通过不当管理,谋取其一己之私。而如果将财产代管人确定在与失踪人有密切联系的近亲属范畴,则血缘关系和姻亲关系的存在,可以在一定程度上约束财产代管人的不当行为。

综上,可以在实务上考虑借鉴《民法通则意见》第25条关于申请宣告死亡的利害关系人顺序确定失踪人财产代管人顺序。即第一顺序,配偶;第二顺序,父母、子女;第三顺序,兄弟姐妹、祖父母、外祖父母、孙子女、外孙子女;第四顺序,其他有民事权利义务关系的人。

(二)关于能否指定多个财产代管人的问题

当出现失踪人没有配偶或夫妻双方均失踪的情形时,则可能会出现上述第二顺序、第三顺序或者第四顺序各自顺序内的主体均要求担任财产代管人或均不愿意担任财产代管人的情形。这就可能涉及人民法院能不能指定多个财产代管人的问题。从我国现行立法来看,并未对失踪人财产代管人的人数作出限制性规定。故在实务上,人民法院可探索根据失踪人财产的多少、管理难度大小等合理确定失踪人财产代管人的具体人数。在失踪人财产代管人有数人的情形下,关于失踪人财产管理方法也可以通过内部协议约定的方式进行,没有内部约定或者约定不明时,则应当根据具体情形综合判断。

此外,在实务中也可以探索尽量尊重失踪人此前意愿的原则。当失踪人在失踪前已经确定其财产代管人选时,原则上可以不必再依据本条规定来确定财产代管人,但如果失踪人意愿确定的代管人已经死亡或者丧失民事行为能力或限制民事行为能力的除外。

【审判实践中应注意的问题】

对于本条的适用，在审判实践中要注意以下两点：

一、关于当事人失踪能否中止诉讼的问题

《民事诉讼法》第150条规定，有下列情形之一的，中止诉讼：（1）一方当事人死亡，需要等待继承人表明是否参加诉讼的；（2）一方当事人丧失诉讼行为能力，尚未确定法定代理人的；（3）作为一方当事人的法人或者其他组织终止，尚未确定权利义务承受人的；（4）一方当事人因不可抗拒的事由，不能参加诉讼的；（5）本案必须以另一案的审理结果为依据，而另一案尚未审结的；（6）其他应当中止诉讼的情形。中止诉讼的原因消除后，恢复诉讼。该条规定并未明确列举当事人失踪作为诉讼中止的事由，但是否可以作为第六项兜底条款所规定的"其他应当中止诉讼的情形"值得探讨。我们认为，对此应当具体问题具体分析。在未经宣告失踪程序前，这时该当事人是否属于失踪人员尚无经过法定程序认定，这时人民法院应当按照审理一般民事案件的方式，依法运用相应的送达方式，必要时通过公告送达程序向该当事人送达，经过合法送达方式送达相应诉讼文书后，该当事人仍未到庭的，则要依法适用驳回起诉或者缺席判决制度。① 对于这一情形，《民法通则意见》第33条规定："债务人下落不明，但未被宣告失踪，债权人起诉要求清偿债务的，人民法院可以在公告传唤后缺席判决或者按中止诉讼处理。"如果该当事人已经被利害关系人向人民法院申请宣告失踪，人民法院依法受理且尚未审结的，这时应当适用上述第5项规定的"本案必须以另一案的审理结果为依据，另一案尚未审结的"，中止诉讼。如果该当事人已经被人民法院宣告失踪，则这时应当由其财产代管人承继该诉讼，此时应当对原来中止

---

① 《民事诉讼法》第143条规定："原告经传票传唤，无正当理由拒不到庭的，或者未经法庭许可中途退庭的，可以撤诉处理；被告反诉的，可以缺席判决。"第144条规定："被告经传票传唤，无正当理由拒不到庭的，或者未经法庭许可中途退庭的，可以缺席判决。"

的诉讼恢复审理。①

二、关于人民法院对宣告失踪的处理结果

依据《民事诉讼法》第179条、第185条、第186条的规定，公告期间届满，人民法院应当根据被宣告失踪的事实是否得到确认，在作出宣告失踪、宣告死亡的判决或者驳回申请的判决。人民法院在依照本章程序审理案件的过程中，发现本案属于民事权益争议的，应当裁定终结特别程序，并告知利害关系人可以另行起诉。被宣告失踪、宣告死亡的公民重新出现，经本人或者利害关系人申请，人民法院应当作出新判决，撤销原判决。依据《民事诉讼法司法解释》第348条规定："人民法院受理宣告失踪、宣告死亡案件后，作出判决前，申请人撤回申请的，人民法院应当裁定终结案件，但其他符合法律规定的利害关系人加入程序要求继续审理的除外。"此外，对于涉及重大灾难导致宣告失踪的情形，《最高人民法院印发〈关于处理涉及汶川地震相关案件适用法律问题的意见（一）〉的通知》（法发〔2008〕21号）第8条第2款指出："利害关系人申请宣告下落不明人失踪的，人民法院作出宣告失踪判决后，应当变更财产代管人为当事人，相关法律文书向财产代管人送达。"这对于其他类似案件具有参照意义。

---

① 但在其他领域，则要依据是否有特别规定予以判断，比如在行政复议程序中，依据《行政复议法实施条例》第41条第1款第4项的规定，作为申请人的自然人下落不明或者被宣告失踪，影响行政复议案件审理的，行政复议中止。该条第2款又规定："行政复议中止的原因消除后，应当及时恢复行政复议案件的审理。"

第四十三条 财产代管人应当妥善管理失踪人的财产，维护其财产权益。

失踪人所欠税款、债务和应付的其他费用，由财产代管人从失踪人的财产中支付。

财产代管人因故意或者重大过失造成失踪人财产损失的，应当承担赔偿责任。

【条文主旨】

本条是关于财产代管人职责的规定。

【条文理解】

本条来自《民法通则》第21条第2款的规定："失踪人所欠税款、债务和应付的其他费用，由代管人从失踪人的财产中支付。"此次《民法典》编纂保留了这一规定，没有作出修改。宣告失踪制度的主要目的在于为失踪人设立财产代管人，代替失踪人行使民事权利、承担民事义务来保护失踪人及其利害关系人的合法利益。一方面，维护失踪人的合法利益，使其不因财产无人管理而遭受他人损害；另一方面，维护与失踪人有利害关系的当事人的合法利益，使其不因失踪人失踪这一事实而利益受损。

一、关于失踪人财产代管人的性质和代管原则

代管人既可以作为财产代管人，也可以作为指定代理人。首先，代管人是财产保管人，他应当负有像对待自己事务一样的注意义务，来保管失踪人的财产，因其故意或重大过失造成失踪人财产损害的，

应当负损害赔偿责任。其次，财产代管人不仅仅是保管人，他在法律以及法院授权的范围内有权代理失踪人从事一定的民事法律行为，即以失踪人的财产代其清偿债务，也有权代理其接受债权。由于此种代理是因法院的指定而确定，故其在性质上是一种指定代理。由于绝大多数失踪人的代管人代为管理财产是无偿的，所以，财产代管人仅因自己的故意或重大过失造成失踪人的财产损害时，才应当承担赔偿责任；对于一般的过失造成的损害，则不应当承担损害赔偿责任。

本条第1款规定了财产代管人的原则，即财产代管人要尽到善良代管人的义务，妥善管理失踪人的财产，维护其财产权益。财产代管人的义务与其他有偿的法律关系不同。财产代管人管理行为并非合同约定，而是来自法律直接规定，代管财产的目的不是从中获利，而是无偿地为失踪人管理财产。财产代管人应当尽到善良管理人的义务，做到像管理自己的事务一样管理失踪人的财产。《民法通则意见》第30条第1款中规定："人民法院指定失踪人的财产代管人，应当根据有利于保护失踪人财产的原则指定。"我国台湾地区"非讼事件法"（2005年修正）第118条规定："财产管理人应以善良管理人之注意，保存财产，并得为有利于失踪人之利用或改良行为，但其利用或改良有变更财产性质之虞者，非经法院许可，不得为之。"上述规定都体现了这一原则。

二、关于财产代管人的代管义务和范围

失踪人财产代管是为保护失踪人财产设定的一种法律制度。代管中的"代"即代理，是由代管人代理失踪人的财产管理，是法定代理；"管"，即代管人为实现失踪人的财产利益最大化而管理财产，包括占有和处分，所得收益归失踪人所有。也有观点认为，目前法律并未明确财产代管人的权限，仅规定失踪人所欠税款及其他费用由代管人从失踪人的财产中支付。本条第2款规定了财产代管人应当履行失踪人应当履行的义务，包括从失踪人的财产中支付失踪人所欠税款、债务和应付的其他费用。《民法通则意见》第31条中规定，"其他费用"，包括赡养费、扶养费、抚养费和因代管财产所需的管理费等必

要的费用。

本条第 1 款规定："财产代管人应当妥善管理失踪人的财产，维护其财产权益。"这里的"妥善管理"作何理解？我们认为，除保存行为（包括对财产的保管、维护、收益等）及改良行为外，还可包括必要的经营行为和处分行为。如可以采取必要的措施对易于变质的失踪人的财产变价处分，保存价金；将失踪人闲置的房屋对外出租，收取租金等。如果一律禁止财产代管人对失踪人财产进行经营或处分，非但可能造成失踪人财产不能增值，甚至可能导致失踪人财产发生贬值。考虑到我国《民法通则》所确立的宣告失踪制度中的财产代管人制度，较之日本与我国台湾地区的规定，其程序更为复杂，被宣告失踪人的下落不明之状态更为稳定，故就我国失踪人之财产代管人的管理权限而言，可以包含保存行为、改良行为和必要的经营行为、处分行为。[1] 除了清偿失踪人的债务，代管人还应代理失踪人追索其债权或者接受债权。司法实践中，一般也支持失踪人财产代管人对代管财产处分权利。例如，在原告为失踪人财产代管人，起诉被告银行要求支取失踪人在该行存款一案中，法院判决认为，《民法通则》及其司法解释关于对财产代管人的权利限制仅针对使用权和处分权权能，并未约束转移占有实现收益等权能，代管人未履行代管职责可以行使占有权和收益权；原告主张办理存款支取业务行为，并非针对失踪人财产的使用和处分行为，原告作为财产代管人可凭人民法院判决书和财产代管人证明及代管人有效身份证件向被告要求办理存款支取业务。[2]

三、失踪人财产代管人的责任承担问题

本条第 3 款规定了财产代管人因故意或者重大过失造成失踪人财产损失的，应当承担赔偿责任。在失踪人财产代管过程中，既可能发

---

[1] 肖峰：《失踪人财产代管人代管若干问题分析》，载最高人民法院民事审判第一庭编：《民事审判指导与参考》2013 年第 4 辑（总第 56 辑），人民法院出版社 2014 年版。

[2] 原告王某某与被告中国银行股份有限公司石狮支行储蓄存款合同纠纷案，福建省石狮市人民法院（2015）狮民初字第 683 号。

生因代管人积极或消极行为使失踪人财产权益受损的状况，又可能出现因代管人管理不周，出现失踪人财产造成他人损害的情况。此时，判断财产代管人是否应为此承担责任，则应根据《民法典》合同编、侵权责任编的相关规定加以判断。失踪人财产代管人在代管财产过程中因故意或重大过失造成失踪人财产损失或他人损失时，应根据侵权责任编的一般归责原则，由财产代管人自行承担责任。

【审判实践中应注意的问题】

司法实践中，可能存在的争议是何为"必要的经营行为和处分行为"。一种观点采客观主义，认为只有从客观结果上看，该经营行为和处分行为确实让失踪人受益了才能认定为必要的经营行为和处分行为；另一种观点则采主观主义，认为只要财产代管人在实施经营失踪人财产或处分失踪人财产时，主观上是为了失踪人利益即可认定为必要的经营行为和处分行为。我们认为，上述两种观点都有失偏颇：首先，财产代管人对失踪人财产进行经营或处分本质上多为商业交易行为。既然是商业交易行为，自然可能出现意料不到的商业风险。而要求财产代管人事先就能预测并规避这种风险不符合商业规律。其次，财产代管人所代管的财产毕竟不是属于自己的财产，难免会在日常管理中出现懈怠、过失，这种懈怠、过失与其财产代管人主观上是为失踪人利益管理之间并不矛盾。故若仅以财产代管人主观上是为了失踪人利益作为其过错免责充要条件，亦对失踪人财产的保值增值不利。而且，财产代管人主观上是否为失踪人利益对财产进行管理或处分在司法实务中也很难进行判断。我们认为，这里对是否具有必要性的判断，一般应结合普通人日常生活经验：如果该经营或处分行为的实施对增加失踪人财产价值或防止失踪人财产价值减少的可能性明显大于不实施该行为，则该行为的实施就具有必要性。[①]

[①] 肖峰：《失踪人财产代管人代管若干问题分析》，载最高人民法院民事审判第一庭编：《民事审判指导与参考》2013年第4辑（总第56辑），人民法院出版社2014年版，第51页。

> **第四十四条** 财产代管人不履行代管职责、侵害失踪人财产权益或者丧失代管能力的，失踪人的利害关系人可以向人民法院申请变更财产代管人。
>
> 财产代管人有正当理由的，可以向人民法院申请变更财产代管人。
>
> 人民法院变更财产代管人的，变更后的财产代管人有权请求原财产代管人及时移交有关财产并报告财产代管情况。

【条文主旨】

本条是关于变更失踪人财产代管人的规定。

【条文理解】

本条合理吸收了《民法通则意见》第35条的规定，保留了《民法总则》第44条的规定，没有作出修改。关于本条的理解涉及以下几个方面：

一、财产代管人的变更事由

本条分别规定了两种财产代管人变更的事由：第一种，财产代管人不履行代管职责、侵害失踪人财产权益或者丧失代管能力的；第二种，失踪人的财产代管人有正当理由的情形下，可自己申请变更财产代管人。

（一）利害关系人申请变更财产代管人

根据本条规定，失踪人的财产代管人不履行代管职责、侵害失踪人财产权益或者丧失代管能力的，失踪人的利害关系人可以申请人民法院变更财产代管人。对于利害关系人仅以失踪人财产代管人不履行代管职责为由要求更换代管人的，法院应考虑财产代管人不履行代管职责行为的发生频率、时间长短等，综合考量后再决定是否更换代管人。至于"侵害失踪人财产权益"则应考虑失踪人财产管理人是否构成主观上的过错。如果失踪人财产管理人在侵害失踪人财产权益问题上没有过错或只有轻微过失，则同样没有必要更换财产代管人。关于"丧失代管能力"主要包括以下三种情形：（1）财产代管人被依法宣告为限制行为能力或无行为能力人，丧失代管能力；（2）因出国、外地求学等原因长时间离开失踪人财产所在地，客观上无法代管；（3）因生病、受伤等身体原因丧失代管能力，无法代理财产代管事务。

这里的利害关系人虽然在立法上没有明确界定其范围，但考虑到申请宣告失踪的目的是为了维护被申请失踪人及其有民事权利义务关系的人的财产利益，故可考虑类推适用《民法通则意见》第24条之规定，确定为失踪人的配偶、父母、子女、兄弟姐妹、祖父母、外祖父母、孙子女、外孙子女以及其他与被申请人有民事权利义务关系的人。

（二）失踪人的财产代管人自己申请变更

本法第42条第1款规定，失踪人的财产由其配偶、成年子女、父母或者其他愿意承担财产代管人的人代管。财产代管人的代管意愿已成为制定财产代管人的重要条件。同时，代管意愿亦应成为变更财产代管人的理由。根据本条规定，财产代管人有正当理由的，也可以向人民法院申请变更财产代管人。除此之外，《民法通则意见》第35条第1款规定："失踪人的财产代管人以无力履行代管职责，申请变更代管人的，人民法院比照特别程序进行审理。"如果失踪人的财产代管人仅表达其主观上不愿继续管理失踪人财产的意愿，但却不能举证证明存在上述客观情形的，法院是否应同意其变更申请？我们认为，失踪人财产代管人对失踪人财产的管理仅出于保护失踪人合法权益的需要，而且往往是出于与失踪人有较为密切的关系而实施的无偿代管行为,并非其法定义务,应最大程度尊重其意愿。若财产代管人有正当理由不愿意担任财产代管人的,依据《民事诉讼法司法解释》第344条第1款的规定,失踪人的财产代管人经人民法院指定后,代管人申请变更代管的,……申请理由成立的,裁定撤销申请人的代管人身份,同时另行指定财产代管人;申请理由不成立的,裁定驳回申请。

二、关于失踪人财产代管人的诉讼主体资格问题

如果失踪人财产代管人在代管财产过程中造成他人损害,根据侵权责任编相关规定,由被侵权人为原告、以失踪人财产代管人为被告提起侵权之诉,当无疑义。但如果失踪人财产代管人在代管财产过程中侵害的是失踪人财产权益时,根据《民法通则意见》第35条第2款"失踪人的财产代管人不履行代管职责或者侵犯失踪人财产权益的,失踪人的利害关系人可以向人民法院请求财产代管人承担民事责任。如果同时申请人民法院变更财产代管人的,变更之诉比照特别程序单独审理"的规定,应由失踪人的利害关系人作为原告,以失踪人财产代管人作为被告提起侵权之诉。

三、关于变更失踪人财产代管人适用的诉讼程序

实务中,对申请变更失踪人财产代管人适用特别程序还是普通程序存在不同观点。对失踪人财产代管人自己申请变更代管人适用程序没有争议,都认为应比照特别程序进行审理。但在利害关系人申请变更失踪人财产代管人的适用程序问题上则存在着不同观点。我们认为,失踪人的利害关系人申请人民法院变更财产代管人的,人民法院应告知其以原指定的代管人为被告起诉,并按普通程序进行审理。法律依据是《民事诉讼法司法解释》第344条第2款:"失踪人的其他利害关系人申请变更代管的,人民法院应当告知其以原指定的代管人为被告起诉,并按普通程序进行审理。"

四、变更财产代管人的后果

本条第 3 款规定:"变更后的财产代管人有权请求原财产代管人及时移交有关财产并报告财产代管情况。"变更财产代管人后,原财产代管人应当为新财产代管人履行代管职责提供便利:一是及时移交有关财产;二是报告财产代管情况。

【审判实践中应注意的问题】

一、关于财产管理人和财产代管人

适用时要注意财产管理人和财产代管人的区别:

1. 财产代管人是依据本法第 42 条的规定设立的,代管期间是从设定代管人起至被宣告失踪的公民重新出现或被宣告死亡,财产代管人对代管财产有一定的处分权,如从失踪人财产中支付失踪人所欠税款、债务和应付的其他费用;而特别程序中的财产管理人的责任仅限于保管财产,并没有处分此项财产的权利,其管理期间仅限于特别程序期间。

2. 人民法院在特别程序中指定财产管理人,应当依申请进行,不宜依职权主动指定;而在作出宣告失踪判决时,无论当事人是否申请,都应当同时指定财产代管人。但实务中也有观点认为,无论指定财产管理人,还是在作出宣告失踪判决的同时指定财产代管人,都应当依申请进行,不宜主动依职权指定。[①]

3. 人民法院指定财产代管人,应当符合本法第 42 条第 1 款的规定。对于失踪人为无民事行为能力人、限制民事行为能力人的,其监护人即为财产代管人,无需另行指定。

---

① 参见马原主编:《〈民事诉讼法适用意见〉释疑》,中国检察出版社 1994 年版,第 126 页。

二、关于无民事行为能力人、限制民事行为能力人宣告失踪后财产代管人不履职的变更问题

在申请变更失踪人财产代管人时,有一类常见情形,即根据《民法通则意见》第30条第2款,无民事行为能力人、限制民事行为能力人失踪的,其监护人即为财产代管人。但如果该监护人不服指定、不履行财产代管职责或者侵害了失踪的被监护人的合法权益,应如何适用法律,则有争议:一种观点认为,应根据立法关于失踪人财产代管人的相关规定处理。即根据《民事诉讼法司法解释》第344条的规定,财产代管人自己申请变更代管的,比照《民事诉讼法》特别程序的有关规定进行审理。失踪人的其他利害关系人申请变更代管的,人民法院应告知其以原指定的代管人为被告起诉,并按普通程序进行审理。另一种观点则认为,既然财产代管人有监护人身份,则应根据有关监护的立法规定进行处理,即如果被指定监护人不愿担任监护人时,根据《民法通则意见》第19条第1款之规定,被指定人对指定不服提起诉讼的,人民法院应当根据本意见第14条的规定,作出维持或者撤销指定监护人的判决。如果判决是撤销原指定的,可以同时另行指定监护人。此类案件,比照民事诉讼法中规定的特别程序进行审理。如果监护人不履行监护职责,或者侵害被监护人的合法权益,则可根据《民法通则意见》第20条之规定,由《民法通则》第16条、第17条规定的其他有监护资格的人或者单位向人民法院起诉,要求变更监护关系的,按照特别程序审理。[1] 本法第34条规定,监护人保护被监护人的人身权利、财产权利以及其他合法权益等。关于监护人财产的监护责任,包括:(1)对于被监护人的合法财产,应当妥善管理和保护;(2)对于被监护人应得的合法收益,如依法应得的抚养费等,应当尽到保护义务;(3)对于被监护人财产的经营和处分,应当尽到善良管理人的注意义务等。根据本法第36条第1款第2项

---

[1] 肖峰:《失踪人财产代管人代管若干问题分析》,载最高人民法院民事审判第一庭编:《民事审判指导与参考》2013年第4辑(总第56辑),人民法院出版社2014年版,第61页。

的规定,"怠于履行监护职责,或者无法履行监护职责且拒绝将监护职责部分或者全部委托给他人,导致被监护人处于危困状态的",是人民法院撤销监护人情形之一。我们认为,在前述问题中,还要辨别当事人的诉讼请求,如果当事人仅是变更财产代管人,应根据申请人的不同分别适用特别程序或普通程序。监护人的财产代管行为已足以构成可以撤销监护人资格的条件时,应当按照《民法通则意见》第20条的规定处理。但在监护人是近亲属时,撤销监护人资格已属于非常严重的情形,应当非常慎重,是否仍然按照司法解释规定继续适用特别程序,需要认真研究。

> **第四十五条** 失踪人重新出现，经本人或者利害关系人申请，人民法院应当撤销失踪宣告。
>
> 失踪人重新出现，有权请求财产代管人及时移交有关财产并报告财产代管情况。

【条文主旨】

本条是关于撤销失踪宣告的规定。

【条文理解】

本条保留了《民法总则》第45条的规定，没有作出修改。申请撤销宣告失踪是指被宣告失踪的人重新出现，本人或利害关系人向人民法院申请撤销对宣告失踪人的判决，以恢复其失踪前的事实状态和法律状态。人民法院作出的宣告公民失踪的判决，只是一种法律上的推定，并不能排除失踪人重新出现的可能。法律对申请宣告失踪做了规定，对撤销宣告失踪也做了规定。在判决宣告公民失踪后，如果失踪人出现的，经其或者利害关系人申请，人民法院在查证属实后，应当作出新判决，撤销原判决。结合《民事诉讼法》相关规定，实务中需要注意以下几点：

一、失踪人重新出现

自然人因失去音讯下落不明而被宣告失踪，失踪宣告的撤销自然就要以这种状态的消除为条件。本条的规定将"被宣告失踪的人重新出现或者确知他的下落"修改为"失踪人重新出现"，主要考虑：一是和宣告失踪条件保持一致；二是确知下落也可以理解为明知下落。失踪人重新出现，是指重新得到了失踪人的音讯，从而消除了下落不明的状态。

二、申请的法院

应当向作出该宣告失踪判决的原审人民法院提出,而不能向其他法院提出。失踪人重新出现,则构成裁判基础的事实在裁判作出后发生了改变,由于原审法院对裁判相对更加熟悉,基于程序迅速、经济便利的考量,所以上述情形出现时由原审法院进行变更更符合非讼程序的设立目的。

三、申请的主体

撤销宣告失踪判决需依申请。申请人可以是失踪人本人或者利害关系人。这里的利害关系人范围,可以继续考虑参照适用《民法通则意见》第24条之规定,确定为失踪人的配偶、父母、子女、兄弟姐妹、祖父母、外祖父母、孙子女、外孙子女以及其他与失踪人有民事权利义务关系的人。

四、申请的期限

申请撤销宣告失踪的判决并没有期限的限制,只要裁判作出后,出现了新的事实,失踪人重新出现,失踪人本人和利害关系人就可以提出申请。

本条规定了关于失踪人重新出现后,失踪人财产的移交问题。被宣告失踪的人重新出现,经本人或者利害关系人申请,人民法院应当撤销对他的失踪宣告。宣告失踪撤销后,与撤销宣告失踪有密切联系的失踪人的财产代管人的代管职责也相应消灭,财产代管人应当将代管的财产及其收益返还给重新出现的失踪人,财产代管人要向本人返还财产并将自己管理失踪人财产期间所进行的处分详细地告诉本人,财产代管人因代管而支出的必要费用,有权要求本人偿付。

在宣告失踪后,配偶已办理离婚尚未再婚的,被宣告失踪的人重新出现,按照本法婚姻家庭编的规定办理。

> **第四十六条** 自然人有下列情形之一的,利害关系人可以向人民法院申请宣告该自然人死亡:
> (一)下落不明满四年;
> (二)因意外事件,下落不明满二年。
> 因意外事件下落不明,经有关机关证明该自然人不可能生存的,申请宣告死亡不受二年时间的限制。

【条文主旨】

本条是关于自然人宣告死亡的规定。

【条文理解】

宣告自然人死亡,是对自然人死亡在法律上的推定,这种推定将产生与生理死亡基本一样的法律效果。宣告死亡是自然人下落不明达到法定期限,经利害关系人申请,人民法院经过法定程序在法律上推定失踪人死亡的一项民事制度。自然人长期下落不明造成财产关系和人身关系的极不稳定状态,影响到经济秩序和社会秩序,通过宣告死亡制度,可以及时了结下落不明人与他人的人身关系和财产关系,从而维护正常的社会秩序。宣告死亡作为区别于宣告失踪的一种制度,必须符合一定的要件。本条保留了《民法总则》第46条规定,没有作出修改。根据本条的规定,宣告自然人死亡需要满足以下条件:

一、自然人失踪的事实

宣告死亡和宣告失踪要求有自然人失踪的事实,但对自然人失踪的时限要求与宣告失踪的要求不一样。申请宣告死亡的,在通常情况下,自然人下落不明必须满4年;在因意外事件下落不明的,自然人下落不明的时限为2年。本法第41条规定,自然人下落不明的时间自其失去音讯之日起计算。战争期间下落不明的,下落不明的时间自战争结束之日或者有关机关确定的下落不明之日起计算。该条不仅适用于宣告失踪的情形,也适用于宣告死亡的情形。

此外,根据本条的规定,因意外事件下落不明,经有关机关证明该自然人不可能生存,利害关系人申请宣告其死亡的,则申请人申请死亡宣告不受2年时限的限制。对于本条所规定的意外事件的内涵和外延的界定,尚需要进一步加以明确。一般而言,意外事件是指非因当事人的故意或过失而偶然发生的事故。意外事件造成的结果是行为人不可预见的,由于其具不可预见性,也就不能要求行为人予以避免或预防。例如,登山爱好者攀登珠峰遭遇暴风雪而失踪。再如,游客在海滩游泳遭遇海啸而失踪。当然,鉴于意外事件而影响自然人失踪的情形较少,在具体审理案件时则可以由审判人员根据具体情况来加以判断。

二、利害关系人的申请

利害关系人的申请既是宣告死亡的基本条件之一,又是宣告死亡的程序要求。《民法通则意见》对《民法通则》所规定宣告死亡的利害关系人排序进行了规定。我们认为,鉴于早在制定《民法总则》过程中就已经取消了申请宣告死亡的利害关系人的顺序,故在实践中不宜再参照适用《民法通则意见》第25条有关顺序的规定。

三、人民法院宣告

非经人民法院宣告,则不能确认自然人被宣告死亡。根据《民事诉讼法》的规定,宣告死亡适用特别程序。

【审判实践中应注意的问题】

一、关于利害关系人的范围

本条并没有规定可以申请宣告死亡的利害关系人的范围，这就存在《民法通则意见》第25条关于利害关系人的范围是否适用问题。我们认为，有资格申请宣告死亡的利害关系人的范围仍然可以参照《民法通则意见》第25条确定。但在本法对于申请宣告死亡的顺序持否定态度的情况下，如何避免当事人恶意利用宣告死亡制度、损害失踪人利益的问题，也需要审判实践加以注意。当然，如果不再适用顺位的要求，则对于利害关系人的范围应该予以限缩解释。仅仅只有财产利益而无身份利益的利害关系人不应再有申请宣告死亡的资格。

二、关于"其他有民事权利义务的人"的条件

我们认为，《民法通则意见》第25条第4项中"其他有民事权利义务的人"的条件至少包括：（1）同下落不明的自然人具有利益关系。（2）如果不通过宣告自然人死亡制度，则其利益不能得到满足；反过来说，只要通过其他制度能够保护其利益的，则不能允许其宣告失踪自然人死亡。但是，对于以下利害关系人，似应持否定的态度，不允许其申请宣告失踪人死亡：（1）失踪自然人的债权人。主要理由是债权人可以通过其他诉讼程序维护其债权，在债务人下落不明的情况下，其可以申请宣告债务人失踪，并确定财产代管人，并由财产代管人参与诉讼，偿还其债务，而不需要宣告失踪人死亡来实现其债权。（2）与失踪自然人具有劳动关系的单位。自然人同单位往往基于劳动合同产生劳动法上的权利义务关系。就此而言，单位自然同失踪自然人具有利害关系；且在实践中，单位往往会由于雇员失踪而产生是否解除劳工合同、停缴社会保险等重大利害关系。但是，同失踪自然人具有劳动关系的单位的利益可以通过其他制度予以实现，比如通过宣告失踪来终止劳动关系，而不需要通过宣告死亡这种后果更严厉的制度来实现其目的。

> **第四十七条** 对同一自然人,有的利害关系人申请宣告死亡,有的利害关系人申请宣告失踪,符合本法规定的宣告死亡条件的,人民法院应当宣告死亡。

【条文主旨】

本条是关于宣告死亡与宣告失踪的关系的规定。

【条文理解】

一、宣告死亡与宣告失踪的异同

宣告失踪与宣告死亡的相同点在于:二者都是为保护失踪人和相对利益,作出对失踪人下落不明状态的法律推定。二者的不同点在于:(1)目的不同。宣告失踪旨在为失踪人设立财产代管人;宣告死亡则旨在结束失踪人参与的以其住所地为中心的民事法律关系。(2)条件不同。宣告失踪的失踪期间为2年;宣告死亡的失踪期间一般为4年,基于意外事件的时间为2年。(3)公告期间不同。宣告失踪的公告期间为3个月;宣告死亡的公告期间一般为1年(因意外事故下落不明,经有关机关证明该公民不可能生存的,宣告死亡的公告期间为3个月)。(4)撤销后果不同。宣告死亡的撤销具有溯及力,最终将恢复原状;宣告失踪则无此效力。

二、宣告死亡与宣告失踪的功能

在宣告失踪与宣告死亡具有上述区别的情况下,二者所发挥的功能也是有所区别的。因此,在我国民法制度上,并不要求宣告失踪是宣告死亡的先决程序。在这一问题上,《民法通则意见》规定:"宣告失踪不是宣告死亡的必须程序。公民下落不明,符合申请宣告死亡的条件,利害关系人可以不经申请宣告失踪而直接申请宣告死亡。"《民法总则》在起草过程中,吸收了上述司法解释的经验。本法保留了《民法总则》第47条规定,未作修改。

【审判实践中应注意的问题】

关于《民法通则意见》第29条的适用问题。该解释仍有保留意义的内容是"公民下落不明,符合申请宣告死亡的条件,利害关系人可以不经申请宣告失踪而直接申请宣告死亡。"人民法院在审理案件时,仍然可以适用。

> **第四十八条** 被宣告死亡的人，人民法院宣告死亡的判决作出之日视为其死亡的日期；因意外事件下落不明宣告死亡的，意外事件发生之日视为其死亡的日期。

【条文主旨】

本条是关于被宣告死亡人的死亡时间的规定。

【条文理解】

一、推定死亡时间

宣告死亡是人民法院经利害关系人的申请，按照法定程序推定下落不明的公民死亡的法律制度。与自然死亡相比，宣告死亡中推定死亡的时间显得尤为重要。我国《民法通则》未对被宣告死亡人的具体死亡日期作出规定，这导致实践中争议很大。《继承法意见》第1条第2款规定："失踪人被宣告死亡的，以法院判决中确定的失踪人的死亡日期，为继承开始的时间。"但是上述规定一方面没有明确具体法律依据，且该条规定的法院判决确定的死亡日期也容易引起不同的理解，各地人民法院对此认识也不一致。在实践中，有的法院以寻找失踪人届满之日作为被宣告失踪人死亡的日期；有的法院以判决作出之日作为被宣告死亡人死亡的日期；还有的法院以判决文书中直接确定的日期为死亡日期。针对上述实践中的不同做法，《民法通则意见》第36条中明确规定："被宣告死亡的人，判决宣告之日为其死亡的日期。"但该规定在理解上也是有歧义的，"判决宣告之日"至少可有以下三种理解：（1）判决书落款部分标明的制作完成日期；（2）判决书中由法官直接根据具体情况确定的死亡日期；（3）法院制作的判决书公开宣判之日。除此之外，以"判决宣告之日"作为失踪人死亡的日期，将导致很多被保险人在发生意外事故而下落不明的情况下，经由宣告死亡之后，该死亡日期往往已经超过了保险期间，从而造成保险受益人的利益无法得到满足的弊端。2015年公布的《最高人民法院关于适用〈中华人民共和国保险法〉若干问题的解释（三）》第24条规定："投保人为被保险人订立以死亡为给付保险金条件的人身保险合同，被保险人被宣告死亡后，当事人要求保险人按照保险合同约定给付保险金的，人民法院应予支持。被保险人被宣告死亡之日在保险责任期间之外，但有证据证明下落不明之日在保险责任期之内，当事人要求保险人按照保险合同约定给付保险金的，人民法院应予支持。"这一规定实际上就是考虑到在宣告死亡的时间过长而超过保险责任期的情形下，应给予被保险人特殊保护。

在《民法总则》起草过程中，为消除可能带来的歧义，第48条规定："被宣告死亡的人，人民法院宣告死亡的判决作出之日视为其死亡的日期。"同时，考虑到由于特殊事由而宣告死亡的死亡日期，后段还规定："因意外事件下落不明宣告死亡的，意外事件发生之日视为其死亡的日期。"本条保留了《民法总则》第48条的规定，没有作出修改。

二、适用要求

1. 就一般情形的宣告死亡来说，被宣告死亡人的死亡日期为"人民法院宣告死亡的判决作出之日"。该日期即为判决书上所载明的文书作出日期为宣告死亡人的死亡日期。

2. 就本条规定的因意外事件被宣告死亡的人来说，该意外事件发生之日即为其死亡之日。就意外事件而言，可能是即发性的事件，也可能是持续一段时间的事件。本法采取的模式是意外事件发生之日即为宣告死亡人的死亡日期，而非意外事件结束之日作为宣告死亡人的死亡日期。

【审判实践中应注意的问题】

1.《民法通则意见》第 36 条第 1 款关于宣告死亡的日期为宣告死亡人的死亡日期，不应再适用。

2. 判决作出之日为死亡日期的适用。在实践中，法律文书生效往往需要送达当事人。就宣告死亡的判决而言，其需要送达当事人才对当事人发生法律效力。但是，宣告死亡的判决生效同宣告死亡人的死亡日期不是同一个问题。宣告死亡人的死亡日期是文书作出之日，也就是说基于宣告死亡人死亡的事实而发生法律关系的变化自文书作出之日就发生了。即使该文书在作出之日之后很久才送达当事人，或者经公告送达，也不影响上述法律关系基于死亡日期而发生变化的事实。

第四十九条 自然人被宣告死亡但是并未死亡的，不影响该自然人在被宣告死亡期间实施的民事法律行为的效力。

【条文主旨】

本条是关于被宣告死亡人但并未死亡的自然人实施民事法律行为的效力的规定。

【条文理解】

一、行为效力判定

《民法通则》第24条第2款规定，有民事行为能力的人在被宣告死亡期间实施的民事法律行为有效；《民法通则意见》第36条第2款作出进一步解释：被宣告死亡和自然死亡的时间不一致的，被宣告死亡所引起的法律后果仍然有效，但自然死亡前实施的民事法律行为与被宣告死亡引起的法律后果相抵触的，则以其实施的民事法律行为为准。在《民法总则》起草过程中，大家一致认为，自然人被宣告死亡但是并未死亡的，该自然人在被宣告死亡期间实施的民事法律行为仍然有效。因此，本条在吸收《民法通则》和《民法通则意见》规定的基础上规定：自然人被宣告死亡但是未死亡的，不影响该自然人在被宣告死亡之期间实施的民事法律行为的效力。

本法第13条规定："自然人从出生时起到死亡时止，具有民事权利能力，依法享有民事权利，承担民事义务。"对于被宣告死亡的自然人而言，如果其并未实际死亡，比如因意外事件而失踪，而其实际仍然生存的，则该自然人的民事权利能力如何处理？我们认为，就被宣告死亡的自然人参与的具体民事法律关系来说，宣告死亡发生与自然死亡相同的法律后果。但是，宣告死亡并不是引起该自然人民事权利能力终止的法律事实，有民事行为能力人在被宣告死亡期间实施的民事法律行为仍然有效，亦不应当影响自然人的民事行为能力。

二、适用要求

1.该自然人实施的民事法律行为的效力需要根据相关法律规定处理。就法律条文的表述而言，本条较《民法通则》第24条第2款"有民事行为能力人在被宣告死亡期间实施的民事法律行为有效"的表述在逻辑上更周延。该自然人并未死亡，则其实施的行为需要根据相关的法律规定并结合其行为能力情况进行判断，如果不符合民事法律行为有效的要件，则会发生无效的法律后果；而无效的法律后果仍然在法律上具有效力。

2.本条虽然仅仅规定"自然人被宣告死亡但是并未死亡的，不影响该自然人在被宣告死亡期间实施的民事法律行为的效力"，但是在解释上应当包括其实施的不合法行为和事实行为的效力。比如，该自然人实施了侵害他人人身权的行为，则受害人有权根据本法侵权责任编的规定请求其承担相应的侵权责任。

【审判实践中应注意的问题】

一、自然人实施的民事法律行为的效力与死亡宣告引起的法律关系

本条规定，自然人被宣告死亡但是并未死亡的，不影响该自然人在被宣告死亡期间实施的民事法律行为的效力。如果基于死亡宣告判决产生的法律效果与自然人在宣告死亡期间实施的民事法律行为产生矛盾时，应如何处理？在立法过程中有不同观点。一种观点认为，被宣告死亡和自然死亡的时间不一致的，被宣告死亡所引起的法律后果

仍然有效，但自然死亡前实施的民事法律行为与被宣告死亡引起的法律后果相抵触的，则以其实施的民事法律行为为准。《民法通则意见》即采此观点。《民法通则意见》第36条第2款规定："被宣告死亡和自然死亡的时间不一致的，被宣告死亡所引起的法律后果仍然有效，但自然死亡前实施的民事法律行为与被宣告死亡引起的法律后果相抵触的，则以其实施的民事法律行为为准。"另一种观点认为，被宣告死亡和自然死亡的时间不一致的，被宣告死亡所引起的法律后果仍然有效，但自然死亡前实施的民事法律行为与被宣告死亡引起的法律后果相抵触的，则以被宣告死亡引起的法律后果为准。由于此问题争议较大，立法机关未作规定。我们认为，对此未作规定的，《民法通则意见》修改前应当继续适用。

二、宣告死亡的判决对物权变动效力的影响

民事案件包括诉讼案件和非讼案件，相应地，法院裁判也有诉讼裁判和非讼裁判之分。前者以解决当事人之间的民事权利义务争议为内容；后者不直接涉及民事权利义务争议，不以解决当事人之间的民事权利义务争议为直接内容，而是以解决程序问题或特殊事项为内容。而物权变动是解决民事权利义务争议的法律后果，故非讼裁判不可能导致物权变动。有一种观点认为，宣告死亡的判决可以导致物权变动。我们认为该观点显然不妥。宣告死亡的判决属于非讼判决，并不解决当事人之间的民事权利义务争议，只是解决被宣告死亡人的人身及财产关系问题。宣告死亡与自然死亡产生相同的法律后果，就继承而言，自然人的宣告死亡与自然死亡，都是继承开始的原因。《民法典》物权编中的第230条即将继承作为导致物权变动的法定原因。宣告死亡只是继承开始的原因，而继承的事实才是导致物权变动的直接原因。故宣告死亡的判决本身不能直接引起物权变动，直接导致物权变动的是继承的事实。

第五十条 被宣告死亡的人重新出现，经本人或者利害关系人申请，人民法院应当撤销死亡宣告。

【条文主旨】

本条是关于撤销死亡宣告的规定。

【条文理解】

一、死亡宣告撤销

宣告死亡只是基于法律所拟制的死亡，是一种推定，被宣告死亡并不等于自然人生理上的死亡。自然人是否真正死亡，仍然不能肯定。对于被宣告死亡的人没有真正死亡的，法律上应当撤销宣告死亡判决。本条规定，被宣告死亡的人重新出现，经本人或者利害关系人申请，人民法院应当撤销死亡宣告。对于撤销死亡宣告的程序，《民事诉讼法》第186条亦规定，经本人或者利害关系人申请，人民法院应当作出新判决，撤销原判决。依据上述规定，撤销死亡宣告的程序如下：

二、撤销死亡宣告程序

（一）受理和管辖

申请撤销宣告死亡应由本人或者利害关系人提出申请，申请应提交申请书。申请书应当写明该自然人重新出现的事实、时间和请求。如果是利害关系人提起申请的，还可以附有公安机关或者其他有关机关关于该自然人重新出现的书面证明。申请应向作出死亡宣告判决的基层人民法院提出。

（二）适用特别程序审理

在审理撤销死亡宣告的案件中，人民法院需要查明被宣告死亡的人重新出现的事实，该种事实可以基于被宣告死亡的人出现，也可以由有关机关加以书面证明。在审理此类案件中，人民法院不需要发布公告，仅需要根据被宣告死亡人重新出现的事实作出判决。

（三）撤销死亡宣告的判决

人民法院经审理，确认被宣告死亡的自然人仍然生存的，则应作出新判决，并在新判决的判项中撤销原判决。

【审判实践中应注意的问题】

一、宣告死亡案件和撤销宣告死亡案件一样都适用特别程序

宣告死亡案件和撤销宣告死亡案件均适用特殊程序。依据《民事诉讼法》第178条的规定，该两类案件实行一审终审，原则上由审判员一人独任审理。根据《民事诉讼法》第180条的规定，适用特别程序审理的案件，应当在立案之日起30日内或者公告期满30日内审结。有特殊情况需要延长的，由本院院长批准。

需要注意的是，根据《民事诉讼法》第178条的规定，对于适用特别程序的案件，涉及重大、疑难的案件，由审判员组成合议庭审理。鉴于本法取消了宣告死亡的利害关系人的申请顺序，在未来可能导致一系列的纠纷，而宣告死亡又涉及利害关系人的重大身份关系，故对于此类案件在必要时可以被归入"重大、疑难的案件"的范围，由审判员组成合议庭审理。

二、宣告死亡的判决书判项

2016年最高人民法院发布的《人民法院民事裁判文书制作规范》和《民事诉讼文书样式》，在涉及宣告死亡的文书样式中关于判项的

参考内容是:"宣告某某某死亡。"该参考判项系基于《民法通则》和《民法通则意见》的规定而列明的。我们上面已经分析,《民法通则意见》关于宣告死亡的自然人的死亡日期为"判决宣告之日为其死亡的日期",因此,只要人民法院能够确定判决宣告之日,就可以确定该自然人的死亡日期。但是,根据本法第49条的规定,宣告死亡的自然人的死亡日期区分为一般情形的死亡日期和基于意外事件的死亡日期。一般情形的死亡日期为判决书作出之日,即判决书上所载明的文书制作日期;意外事件的死亡日期为该事件的发生之日。而对于当事人基于发生意外事件而申请宣告死亡的案件来说,该文书制作的日期明显晚于"事件发生之日",在此情况下,再在文书判项中仅仅写明"宣告某某某死亡"似与上述法律规定有所冲突。为解决此种冲突,应修改《民事诉讼文书样式》,人民法院在制作基于意外事件的宣告死亡判决书时,应在查明事实中重点列明意外事件的发生日期,并将判项修改为"宣告某某某于某年某月某日(事件发生之日)死亡"。至于一般情形的宣告死亡的判决书判项则不予变化。

三、撤销死亡宣告与其他诉讼程序的合并问题

在审判实践中,当事人在申请撤销死亡宣告的同时,能否同时根据本法第53条的规定,请求相关的当事人返还其财产,即撤销死亡宣告与返还财产诉讼能否合并审理的问题。对此,我们认为是不可以的。主要理由在于,申请撤销死亡适用的是特别程序,实行一审终审。而根据本法第53条规定提起的诉讼属于具体实体权利的请求,根据《民事案件案由规定》,其具体的案由虽然被归入到第十部分"适用特殊程序案件案由"之"三十二、宣告失踪、宣告死亡案件"的二级案由之下,但是这属于案由编写时基于其与宣告死亡有关联而进行的编排。返还财产诉讼涉及实体审理时则应适用民事普通程序,而非适用特别程序,其与撤销宣告死亡的程序功能是不同的,既不能放在同一程序中进行审理,亦不能予以合并审理。

> **第五十一条** 被宣告死亡的人的婚姻关系，自死亡宣告之日起消除。死亡宣告被撤销的，婚姻关系自撤销死亡宣告之日起自行恢复。但是，其配偶再婚或者向婚姻登记机关书面声明不愿意恢复的除外。

【条文主旨】

本条是关于死亡宣告制度中有关婚姻关系处理的规定。

【条文理解】

宣告死亡判决生效后，被宣告死亡人的法律关系发生变动，人身关系消灭，财产继承开始，从而结束因被宣告死亡人下落不明所带来的不稳定状态。但宣告死亡毕竟是拟制死亡，被宣告死亡人仍有可能生还，因此，被宣告死亡人与配偶的婚姻关系是否存续，及如果宣告死亡被撤销其与原配偶的婚姻关系如何处理，均是宣告死亡制度中需要解决的重要问题。

《民法通则意见》第37条规定："被宣告死亡的人与配偶的婚姻关系，自死亡宣告之日起消灭。死亡宣告被人民法院撤销，如果其配偶尚未再婚的，夫妻关系从撤销死亡宣告之日起自行恢复；如果其配偶再婚后又离婚或者再婚后配偶又死亡的，则不得认定夫妻关系自行恢复。"该条解决了宣告死亡后婚姻关系处理问题，在实践中被证明是较好的制度规定。《民法总则》第50条基本吸收了司法解释的规定并进行了完善。本条保留了《民法总则》第50条规定，只对个别文字进行了修改。本条在理解时应当注意把握以下几点：

一、自然人与配偶的婚姻关系基于宣告死亡而消除

从法律上看，自然人被宣告死亡产生与自然死亡相同的法律后果，即他的人身、财产关系都要发生变动。婚姻关系是人身关系中的一种，随死亡宣告判决的生效而消除。从法院宣告失踪人死亡之日起结束失踪人与生存配偶的婚姻关系，生存配偶可以选择是否再婚，也能充分地保护生存配偶的婚姻利益。

二、死亡宣告被撤销后配偶未再婚的婚姻关系的效力

宣告死亡只是拟制死亡，并不能完全确定死亡的实际情况，有可能被宣告死亡人确已死亡，拟制正确；但也有可能依旧生存，拟制错误。这时候若被宣告死亡人重新出现并撤销对他的死亡宣告，那么该怎么确定原婚姻关系的效力，是否可以恢复，这在理论上存在着分歧。本条吸收了《民法通则意见》第37条规定的内容，并根据婚姻自愿原则进行了完善，一方面，规定如果死亡宣告被撤销，配偶未再婚的，则该婚姻关系自撤销死亡宣告之日起自行恢复；另一方面，规定在尊重配偶婚姻自由的原则下，如果该配偶不愿意恢复婚姻关系，则该婚姻关系不自行恢复。

三、生存配偶再婚后原婚姻关系的效力

失踪人被宣告死亡后，生存配偶获得再婚的权利，在其选择再婚后被宣告死亡人重新出现并申请撤销死亡宣告，他们的原婚姻关系能否恢复，在学界也存在着争议。

在法院宣告自然人死亡后，自然人的主体在法律上丧失，由此自然产生其与他人的身份关系消灭。故被宣告死亡人与生存配偶的婚姻关系消灭。在被宣告死亡人的配偶与第三人结婚的情况下，配偶与第三人的婚姻具有法律效力，受到法律的保护。若此时死亡宣告被撤销，则该配偶与第三人的新婚姻关系仍然继续维持，原婚姻关系不能恢复。因此，《民法通则意见》第37条中规定，如果再婚后又离婚或

者再婚后配偶又死亡的，不能认定夫妻关系自行恢复。

本条规定的"其配偶再婚"的条件非常明确，即只要配偶再婚，即导致被宣告失踪人与原配偶的婚姻关系不能自行恢复，这包括了以下几种情形：

第一，被宣告死亡人的配偶与第三人再婚，第三人尚在世且未离婚的，则此种情况下配偶与第三人的婚姻关系之存续导致不能自行恢复原婚姻关系。

第二，被宣告死亡人的配偶与第三人再婚，再婚后第三人已经死亡的，此种情况下也不能自行恢复原婚姻关系。如果被宣告死亡人与其配偶欲恢复婚姻关系，则需要重新履行婚姻登记手续。

第三，被宣告死亡人的配偶与第三人再婚，且再婚后又离婚的，此种情况下也不能自行恢复原婚姻关系。如果被宣告死亡人与其配偶欲恢复婚姻关系，仍然需要重新履行婚姻登记手续。

【审判实践中应注意的问题】

本法第48条规定："被宣告死亡的人，人民法院宣告死亡的判决作出之日视为其死亡的日期；因意外事件下落不明宣告死亡的，意外事件发生之日视为其死亡的日期。"本法将被宣告死亡的人的死亡日期区分为两种：判决作出之日和意外事件发生之日。这里应当注意的是，本条规定的"死亡宣告之日"包含两层含义：被宣告死亡人的婚姻关系，自人民法院宣告死亡的判决作出之日起消除，但自然人因意外事件下落不明宣告死亡的，自意外事件发生之日起消除。

第五十二条 被宣告死亡的人在被宣告死亡期间，其子女被他人依法收养的，在死亡宣告被撤销后，不得以未经本人同意为由主张收养行为无效。

【条文主旨】

本条是关于死亡宣告被撤销后子女收养关系的处理的规定。

【条文理解】

本条规定来自《民法通则意见》第38条，删除了"但收养人和被收养人同意的除外"，规定收养关系属于身份关系，不能依当事人的意思自治来决定收养关系的效力。

根据《民法典》婚姻家庭编中的第1093条的规定，下列未成年人，可以被收养：（1）丧失父母的孤儿；（2）查找不到生父母的未成年人；（3）生父母有特殊困难无力抚养的子女。对于第（1）项、第（2）项情形，有可能是父母被宣告死亡的情形。对于父母被宣告死亡的，其子女根据《民法典》的规定可能被收养。如果被收养子女原来的父母重新出现，经申请撤销死亡宣告的，其与已被收养子女关系能否自行恢复？收养父母与收养子女的关系是否受到影响？实务中曾出现诸多争议。本条即是解决死亡宣告被撤销后子女关系的处理问题。

《民法通则意见》第38条规定："被宣告死亡的人在被宣告死亡期间，其子女被他人依法收养，被宣告死亡的人在死亡宣告被撤销后，仅以未经本人同意而主张收养关系无效的，一般不应准许，但收养人和被收养人同意的除外。"该意见在总结实践经验的基础上，认为自然人一旦被宣告死亡，则其主体资格丧失，在其子女被送养符合收养条件的情况下，则其子女被收养的法律关系是合法有效的。即使宣告死亡被撤销，也不改变已经成立且有效的合法收养关系。实践证明，上述规定是科学的，对于稳定社会秩序，倡导建立良好的家庭伦理秩序具有积极的意义。

【审判实践中应注意的问题】

根据本条规定，即使是收养人与被收养人同意，也不改变原收养关系的效力。因此，原收养关系继续有效。在原收养关系继续有效的情况下，如何处理被收养人与被撤销宣告死亡人的关系，需要进一步加以研究。对此，我们认为，符合收养关系解除条件的，似可通过收养关系的解除来解决。

收养关系的解除是指依法终止原有的亲属关系以及权利义务关系。根据《民法典》婚姻家庭编第1114、1115条的规定，有以下情况之一的，当事人可以解除收养关系：（1）收养人、送养人双方协议解除收养关系的。（2）收养人不履行抚养义务，实施虐待、遗弃等侵害未成年养子女合法权益行为的。（3）养父母与成年养子女关系恶化，无法共同生活的。因此，在《民法通则意见》第38条中所规定的"收养人和被收养人同意"的情况下，可以认为符合"收养人、送养人双方协议解除收养关系"的条件。解除收养关系时，当事人应当到民政部门办理解除收养关系的登记。收养关系解除后，养子女与养父母及其他近亲属的权利和义务关系即行消除，与生父母及其他近亲属间的权利和义务关系自行恢复，但成年养子女与生父母及其他近亲属间的权利和义务关系是否恢复，当事人可以协商确定。收养关系解除后，经养父母抚养的成年养子女，对丧失劳动能力又无生活来源的养父母，应当给付生活费。因养子女成年后虐待、遗弃养父母而解除收养关系的，养父母可以要求养子女补偿收养期间支出的生活费和教育费。

第五十三条 被撤销死亡宣告的人有权请求依照本法第六编取得其财产的民事主体返还财产；无法返还的，应当给予适当补偿。

利害关系人隐瞒真实情况，致使他人被宣告死亡而取得其财产的，除应当返还财产外，还应当对由此造成的损失承担赔偿责任。

【条文主旨】

本条是关于被撤销死亡宣告的人请求返还财产的规定。

【条文理解】

宣告死亡是法律对失踪人已经死亡及其死亡时间的推定。此种推定有可能被以后出现的事实所推翻。被宣告死亡人重新出现后，一旦由法院作出撤销死亡宣告判决，将从根本上否定原死亡宣告判决，并由此引发一系列法律后果。当失踪人重新出现之后，法律应该保护其合法权益，体现在财产关系上，对被宣告死亡人财产的处理要恢复到宣告死亡前的状态，即被宣告死亡人在撤销死亡宣告后，享有请求返还财产的权利。本条规定吸收了《民法通则意见》第39条、第40条的规定，并基于该两条规定均解决返还财产的问题，将该两条规定合并为一条，在对个别语言进行完善的基础上规定为两款："被撤销死亡宣告的人有权请求依照本法第六编取得其财产的民事主体返还财产；无法返还的，应当给予适当补偿。""利害关系人隐瞒真实情况，致使他人被宣告死亡而取得其财产的，除应当返还财产外，还应当对由此造成的损失承担赔偿责任。"

一、关于本条第1款的适用

本条第1款规定："被撤销死亡宣告的人有权请求依照本法第六编取得其财产的民事主体返还财产；无法返还的，应当给予适当补偿。"就本条所规定的返还财产而言，主要针对依照继承取得其财产的民事主体而设置。具体在适用时，需要注意以下构成要件：

1. 请求权行使的主体。根据本款规定，行使本款规定请求返还财产的权利主体为"被撤销宣告死亡的人"。在该被撤销宣告死亡的人系限制民事行为能力人或者无民事行为能力人的情况下，则应该根据本法关于自然人民事行为能力的规定进行处理。

2. 请求权行使的对象。根据本款规定，行使本款规定请求返还财产的对象为依继承取得其财产的"民事主体"。故对于适用本款规定有权请求返还的对象，需要注意以下几个问题：（1）只能针对基于继承取得财产的民事主体，如果基于买卖取得其财产的，则原则上不能适用。（2）如果该财产已经被第三人依法取得，则被撤销宣告死亡的自然人不能向该第三人请求返还。

3. 请求返还财产的范围。对继承其遗产的人，被宣告死亡人有权请求其返还原物，包括在宣告死亡期间本应受领的财产和用属于其所有的资本或收入进行投资而取得的财产。如果原物不存在的，则该继承人应当给予适当补偿。当然，如果该财产已经被第三人善意取得，则被宣告死亡的人无权请求该第三人返还其取得的财产。被宣告死亡人只能请求基于其死亡实际取得该财产的人给予适当补偿。

4. 对于基于自然人被宣告死亡而继承其遗产的民事主体，被宣告人有权请求其返还财产。无论该继承人取得其财产是基于善意还是恶意，均在所不问。继承遗产的人不能以其系善意，主张取得该遗产的所有权。

二、本条第2款规定的适用

对于利害关系人隐瞒真实情况使他人被宣告死亡而取得其财产

的，由于存在该申请行为瑕疵和企图占有他人财产之意图，则属于恶意取得他人的财产，当被撤销死亡宣告者请求返还财产时，恶意占有人应当返还原物及原物所生之孳息，如果对被撤销死亡宣告者造成损失的，则还应当承担赔偿责任。适用本条的构成要件如下：

1. 返还财产请求权人为被撤销死亡宣告的人。

2. 返还财产的对象为隐瞒真实情况申请宣告死亡且取得被宣告死亡人财产的人。因此，本款规定的返还财产的义务人必须是隐瞒真实情况申请宣告死亡的人，且其必须因此而取得财产，二者缺一不可。

3. 本条规定的责任形式不仅限于返还财产，还包括对由此造成的损失承担赔偿责任。比如，被宣告死亡人的房屋被继承，且该被继承的房屋已经被卖给第三人，第三人又基于善意取得该房屋。在此情况下，被撤销宣告死亡的人有权请求返还该房屋的出卖款，同时请求赔偿该房屋现值和出卖款之间的差价。

【审判实践中应注意的问题】

被保险人被撤销死亡宣告后，保险人给付的意外伤害保险死亡保险金应该如何处理？对该问题《保险法》没有明确规定。《民法通则》第25条和《民法通则意见》第39条、第40条仅规定了被撤销死亡宣告的人的财产返还请求权以及损害赔偿请求权，对于保险人等利害关系人的权利并未作出规定。根据《民法通则》第92条"没有合法根据，取得不当利益，造成他人损失的，应当将取得的不当利益返还受损失的人"之规定，应当认为被保险人被撤销死亡宣告后，受益人或者被保险人的继承人所取得的死亡保险金构成了不当得利，保险人有权请求其返还。[①]

[①] 杜万华主编：《最高人民法院关于保险法司法解释（三）理解与适用》，人民法院出版社2015年版，第575页。

第四节 个体工商户和农村承包经营户

> **第五十四条** 自然人从事工商业经营，经依法登记，为个体工商户。个体工商户可以起字号。

【条文主旨】

本条是关于个体工商户的规定。

【条文理解】

一、关于个体工商户的概念和立法沿革

个体工商户，是指公民以个人财产或家庭财产为经营资本，经依法登记，在法律允许的范围内从事工商业经营的一种特殊民事主体。

将个体工商户放在自然人一章中规定是由个体工商户的法律性质决定的。个体工商户本质上是自然人从事工商业经营即商事活动资格法律化的表述，是对自然人商事资格的确认，自然人通过商业登记，转换为商自然人。个体工商户享有民事主体资格，对外以"户"的名义独立进行民事活动，成为民事主体的一种特殊形式，它是一种既不同于公民，也不同于法人的特殊民事主体。公民在一定条件下成为个体工商户，并没有改变其一般民事权利能力和民事行为能力，只是取得了从事某些商品生产和经营活动的民事权利能力和民事行为能力。另外，在自然人章中保留个体工商户和农村承包经营户，主要是基于

中国社会现实的考虑，是基于现阶段国情作出的符合实际的规定。[①]个体工商户和农村承包经营户是我国社会存在的现实问题，尽管在法理上不是严格的民事主体，但确实具有特别的地位，有进行特别规定的必要。个体工商户以"户"为单元，并非旨在法律上创设"户"的主体地位，某种程度上更符合商自然人的概念，如《个人所得税法》规定，个体工商户的生产经营所得需要缴纳个人所得税。

个体工商户的特征：（1）个体工商户的经营资本直接来自个人财产或家庭共有财产，可以自然人经营，也可以家庭经营，财产所有者与经营者和劳动者不分离，其性质属于个体经济范畴。（2）个体工商户依法从事工业和手工业、建筑业、交通运输业、商业、饮食业、服务业、修理业等非农业性经营活动，这与农村承包经营户依法从事农、林、牧、副、渔业等生产经营活动有所区别。（3）个体工商户对外以户的名义独立进行民事活动，这里的"户"的含义是指工商登记上的户。个体工商户以户的名义对外从事经营活动，这与公民以个人的名义对外从事经营活动是不完全相同的。（4）个体工商户必须依法登记。登记事项包括经营者姓名和住所、组成形式、经营范围、经营场所。个体工商户使用名称的，名称作为登记事项。（5）个体工商户可以起字号。所谓"字号"就是个体工商户的商号，它是经营者的一个外部标记。在"字号"名义下进行的一切民事行为都是个体工商户的行为。

个体工商业在我国是一种比较传统的经济形式，个体工商户在推进我国改革和经济发展乃至社会秩序的变动中发挥了巨大历史作用。《民法通则》规定个体工商户制度之前，国务院于1984年2月27日颁布了《关于农村个体工商业的若干规定》（已失效），确认了农村个体工商业存在的合法性，提出了"农村个体工商业户"的概念，《民法通则》是从基本法律层面确认了城镇乡村在内的个体工商户制度。《民法通则》第26条、第28条、第29条分三个条文对个体工商户进

[①] 梁慧星：《民法总则立法重大问题》（上），载《中国律师》2016年第7期。

行了界定，并规定个体工商户的合法权益受法律保护以及明确了个体工商户的债务承担规则。除了基本法律对个体工商户进行规定外，国家还通过行政法规、规章等完善个体工商户制度。1987年，国务院发布《城乡个体工商户管理暂行条例》（已失效），同年，原国家工商行政管理总局也发布《城乡个体工商户管理暂行条例实施细则》（已失效），开展个体工商户的核准登记。为更好地贯彻国家鼓励非公有制经济发展的方针政策，进一步充分发挥个体工商户服务经济社会发展和扩大就业的重要作用，鼓励、支持、引导和规范个体工商户的健康发展，2011年4月16日，国务院颁布《个体工商户条例》。与此相应，原国家工商行政管理总局于同年公布了《个体工商户登记管理办法》。至此，个体工商户制度形成了以《民法通则》作为民商事基本法，以《个体工商户条例》与《个体工商户登记管理办法》为配套行政法规和规章的立法模式。《民法总则》沿续了《民法通则》中个体工商户制度并进行了修正。本条保留了《民法总则》第54条的规定，没有修改。

二、对个体工商户的修改及原因

与《民法通则》第26条相比，本条有4处不同：（1）删除了《民法通则》中关于"在法律允许的范围内"的规定。（2）删除了《民法通则》中关于"合法权益，受法律保护"的内容。关于财产权保护，个体工商户应当与其他经济主体，在保护私人合法权益和宪法原则以及基本法关于财产权的确认与保护规则方面是一样的，没有必要单独规定。（3）将《民法通则》第26条规定"依法经核准登记"修改为"依法登记"；主要是基于《个体工商户条例》已经将个体工商户由核准登记制更改为登记制。（4）将《民法通则》第26条中的"公民"修改为"自然人"。

【审判实践中应注意的问题】

一、关于个体工商户的民事主体问题

根据本条的规定,个体工商户可以起字号,实践中还可以刻制并使用印章,理论中存在个体工商户民事主体资格方面的争议。有自然人说、法人说或准法人说以及特殊自然人说等观点。通说认为,从个体工商户的特殊意义以及设立、权利义务等方面,说明了个体工商户区别于普通的自然人,属于特殊自然人。

二、关于个体工商户的民事诉讼主体资格问题

《民法通则意见》第41条规定:"起字号的工商户,在民事诉讼中,应以营业执照登记的户主(业主)为诉讼当事人,在诉讼文书注明系某字号的户主。"《民事诉讼法司法解释》第59条规定:"在诉讼中,个体工商户以营业执照上登记的经营者为当事人。有字号的,以营业执照上登记的字号为当事人,但应同时注明该字号经营者的基本信息。营业执照上登记的经营者与实际经营者不一致的,以登记的经营者和实际经营者为共同诉讼人。"

> **第五十五条** 农村集体经济组织的成员，依法取得农村土地承包经营权，从事家庭承包经营的，为农村承包经营户。

【条文主旨】

本条是关于农村承包经营户的规定。

【条文理解】

《民法总则》制定时，民事主体制度中"自然人"一章保留了"个体工商户""农村承包经营户"制度，并对农村承包经营户进行了重新界定。《民法通则》第27条对农村承包经营户的概念界定为："农村集体经济组织的成员，在法律允许的范围内，按照承包合同规定从事商品经营的，为农村承包经营户。"《民法总则》第55条对农村承包经营户的概念界定为："农村集体经济组织的成员，依法取得农村土地承包经营权，从事家庭承包经营的，为农村承包经营户。"相较于《民法通则》第27条"农村集体经济组织的成员，在法律允许的范围内，按照承包合同规定从事商品经营的，为农村承包经营户"的规定，变化有三：（1）删除"在法律允许的范围内"，与个体工商户的表述修改一致，实际上一方面体现私法的性质；另一方面，无论是个体工商户，还是农村承包经营户，其"经营"的含义应当做广义理解，只要是不属于法律、行政法规禁止的，都可以开展经营活动；（2）以"农村土地承包经营权"取代"承包合同"，与《物权法》的表述一致，赋予承包人以用益物权；（3）以"家庭承包经营"取代"商品经营"，表述更加严谨，家庭承包经营不必限定于商品经营，经营内容是农村承包经营户的私权行使，无须立法过多干涉。《民法通则》中对于农村承包经营户的概念的界定，在主体上更侧重承包合同、商品经营两个关键词。《民法总则》除延续了农村集体经济组织成员主体资格规定以外，更侧重土地承包经营权、家庭承包经营两个关键词。

《民法总则》的改变主要是基于我国土地承包经营权保护的立法发展完善而逐步改变的。1986年制定的《民法通则》第一次在民事法律中作出了土地承包经营权受法律保护的规定，即公民、集体依法对集体所有的或者国家所有由集体使用的土地、森林、山岭、草原、荒地、滩涂、水面的承包经营权，受法律保护。承包双方的权利义务，依照法律由承包合同规定。那一时期颁布的《土地管理法》等法律对土地承包经营权所做的规定，也停留在承包合同的角度。2002年《农村土地承包法》按照党的十五届三中全会"赋予农民长期而有保障的土地使用权"的要求以及《宪法》确立的"农村集体经济组织实行家庭承包经营为基础、统分结合的双层经营体制"的规定，从物权的角度对土地承包经营权做了规定。2007年《物权法》颁布，确立了土地承包经营权是用益物权，明确土地承包经营权人依法对其承包经营的耕地、林地、草地等享有占有、使用和收益的权利，有权从事种植业、林业、畜牧业等农业生产。对承包地享有占有、使用和收益的权利，体现了用益物权的基本特征和土地承包经营权人的基本权利。此次《民法典》编纂保留了《民法总则》第55条的规定，没有作出修改。

【审判实践中应注意的问题】

一、农村承包经营户具有民事主体资格

关于个体工商户和农村承包经营户是否具备民事主体资格问题，争议很大。本法明确个体工商户和农村承包经营户是具有中国特色的民事主体，是用中国的办法解决中国的问题，巩固有中国特色的民事

法律制度。从改革开放以来的实践看,"两户"的规定符合中国国情,对解放生产力、促进我国经济社会发展及解决就业问题发挥了重要作用。截至2016年年底,我国登记的个体工商户有5929.95万户,而农村承包经营户直接涉及2.3亿农户的权益,因此,本法确认了个体工商户和农村承包经营户的民事主体地位。①

二、关于农村承包经营户的诉讼主体资格

实践中有两种认识和做法。一种是以农户成员为诉讼主体。依据《农村土地承包纠纷司法解释》第4条第1款的规定,农户成员为多人的,由其代表人进行诉讼。另一种是以农村承包经营户为诉讼主体。依据是《农村土地承包纠纷司法解释》第3条的规定,承包合同纠纷,以发包方和承包方为当事人。前款所称承包方是指以家庭承包方式承包本集体经济组织农村土地的农户,以及以其他方式承包农村土地的单位或者个人。我们主张第二种处理方法,理由:(1)《农村土地承包法》和《物权法》都规定了"户"是承包合同的主体,当发生土地承包纠纷时,户就应该是诉讼主体,由"户"享有合同权利、承担合同义务和责任,而非个人。(2)《农村土地承包纠纷司法解释》第3条是关于诉讼主体的规定,第4条仅是关于诉讼代表人的规定,不可混为一谈。

三、关于涉及土地承包经营权纠纷的案件类型

按照法律和司法解释的规定,承包地被征收类案件中既有行政类诉讼也有民事类诉讼,在适用时要特别注意加以区分。

应当作为行政类诉讼的案件包括:

1. 被征收人对征收行为的合法性提起诉讼的,应当以征收人即国家机关作出的征收决定为诉讼标的,为行政诉讼。

2. 土地被征收后,征收机关未给予补偿或者未给予充分补偿的,

---

① 参见张荣顺:《具有鲜明中国特色的民法总则》,载《中国人大》2017年第19期。

被征收人起诉要求征收机关支付补偿费或者要求增加补偿费的案件，即对征收标准提出的诉讼，也属于行政诉讼的范围。

3.土地补偿费是对失地补偿，根据《土地管理法实施条例》第26条的规定，土地补偿费归农村集体经济组织所有。村集体认为该土地补偿费"分不分""分给谁"由其决定，在农村集体经济组织作出分配方案之前，农村集体经济组织成员向人民法院起诉要求分配土地补偿费的，应当作为行政案件受理。

应当作为民事案件受理的案件包括：

1.征收补偿费用支付给农村集体经济组织后，土地承包经营权人要求取得自己应得部分的补偿费用的，作为民事案件处理。

2.地上附着物和青苗的补偿费是对承包地上的建筑物和生长物的补偿，是对承包经营权人的补偿，农村集体经济组织不得截留，承包经营权人起诉农村集体经济组织要求取得其应得份额的，应当作为民事案件受理。

3.安置补助费和社会保险费用，是对失地农民的社会保障性的补偿，其分配应当按征收补偿安置方案的规定进行，如果约定分配给失地农民个人的，被征收土地的农民可以起诉农村集体经济组织支付该笔费用，作为民事案件受理。

> **第五十六条** 个体工商户的债务，个人经营的，以个人财产承担；家庭经营的，以家庭财产承担；无法区分的，以家庭财产承担。
>
> 农村承包经营户的债务，以从事农村土地承包经营的农户财产承担；事实上由农户部分成员经营的，以该部分成员的财产承担。

【条文主旨】

本条是关于个体工商户、农村承包经营户债务承担的规定。

【条文理解】

《民法通则》第29条规定："个体工商户、农村承包经营户的债务，个人经营的，以个人财产承担；家庭经营的，以家庭财产承担。"《民法总则》在《民法通则》的基础上进行了完善：（1）在个体工商户无法区分个人经营和家庭经营的情况下，明确债务以家庭财产承担责任。规定由家庭财产承担责任有利于法官认定，且有利于债权人利益的保护。（2）明确规定农村承包经营户的债务承担问题。农村承包经营户为家庭生产经营共同体，以家庭为基础单位，家庭自始至终都是生产经营组织，在立法技术上把"户"经营放在首要位置进行规定，在责任承担上也明确以"户"对外承担责任。本次《民法典》编纂保留了《民法总则》第56条的规定，没有作出修改。

一、关于个体工商户的债务承担

根据本条规定，关于个体工商户的债务承担，首先需要区分个人经营和家庭经营。(1)个人经营的个体工商户,是以全部个人财产承担无限清偿责任。个人全部财产包括作为投资经营的全部资本和家庭共有财产中的应有份额。清偿债务的顺序首先以投资经营的资本清偿,不足时再以共有财产中的应有份额清偿。这是因为个人经营实际上是自然人一人独资经营。独资经营的权利主体是自然人个人。由个人行为而产生的法律责任只能由个人承担,他人不因与自己无关的行为而受牵连。(2)家庭经营的个体工商户,是指在家庭中有两个或两个以上的自然人同时作为从业人员参加经营的个体工商户,属于家庭合伙经营的性质。家庭经营的债务承担首先应以投资经营和全部资本抵债,如果资不抵债,就应以家庭共有财产中划分他们的应有份额承担无限连带责任。一般来说,未参加经营的家庭成员,对其经营债务不承担清偿责任。(3)在实践中,个人经营还是家庭经营无法区分时,应以家庭财产承担债务清偿责任。

二、关于农村承包经营户的债务承担

本条第2款规定,农村承包经营户的债务,以从事农村土地承包经营的农户财产承担;事实上由农户部分成员经营的,以该部分成员的财产承担。

根据《农村土地承包法》的规定,农村土地承包经营包括两种承包方式,即家庭承包和招标、拍卖、公开协商等其他方式的承包。家庭承包是集体经济组织人人有份的承包,主要是对耕地、林地和草地的承包,具有社会保障功能;其他方式的承包,主要是对"四荒地"等农村土地的承包,是通过招标、拍卖、公开协商等市场化方式有偿取得的承包经营权。农村土地家庭承包的承包方式是本集体经济组织的农户。作为生产单位的农户,一般是依靠家庭成员的劳动进行农业生产与经营活动,农户是农村集体经济中的一个独立的经营单位。因此,对于与其发生交易活动产生的债务,应当以户的财产承担责任,也即是以从事农村土地承包经营的农户财产承担。但是对于"四荒地"等的农村土地承包,由于是通过招标、拍卖、公开协商等市场化方式发包取得的经营权,既可以发包给农户,也可以发包给本集体经济组织以外的个人或单位。对于发包给农户的,以该农户的财产承担责任;对于发包给本集体经济组织以外的个人或单位的,由个人和单位的财产承担责任。但是考虑到随着我国城乡结构调整以及城镇化的发展,有的家庭成员进城务工,不再参与家庭土地承包经营,也不分享家庭承包收益,如果再让其承担债务有违公平。因此,本条规定,对于事实上由农户部分成员经营的,以该部分成员的财产承担。

【审判实践中应注意的问题】

一、家庭经营责任范围

对于个体工商户,由于参加经营的家庭成员的身份关系不同,家庭经营的责任范围也不尽一致:

1.配偶双方共同经营或配偶双方与未婚子女共同经营时,一般来说,全部家庭财产都应当作为履行债务的担保。全部家庭成员既作为整体从事经营,亦作为整体承担民事责任,责任限度当然涉及全部家庭财产。

2.配偶一方与未婚子女共同经营,配偶另一方并不参加经营的,不参加经营的另一方配偶对经营债务不承担责任,因此,他(她)的个人财产与他(她)在家庭共有财产中的应有份不能用于清偿经营债务。

3.未婚的兄弟姐妹之间共同经营的,父母只要不加入经营活动,就不应以他们的共同财产对子女的经营债务负责。如果父母出资而不经营,就应以出资为限对子女的经营债务负责。

二、由家庭从事承包经营的,应以家庭财产承担责任

这里所说的家庭财产,是指家庭成员共同所有的财产,而不应包括家庭财产中属于个人的财产。在确立财产责任时,应区别家庭共有

财产和家庭成员的个人财产。就个人经营来说，不仅个人投入经营的个人财产应用于清偿债务，家庭财产中的属于个人的部分也应用来清偿债务。根据《民法通则意见》第44条中的规定，如以家庭共有财产清偿农村承包经营户的债务，应当保留家庭成员的生活必需品和必要的生产工具。

第三章 法 人

第一节 一般规定

> **第五十七条** 法人是具有民事权利能力和民事行为能力，依法独立享有民事权利和承担民事义务的组织。

【条文主旨】

本条是关于法人概念的规定。

【条文理解】

法人是世界各国规范经济秩序以及整个社会秩序的一项重要法律制度。《民法典》从中国实际出发，创造性地规定了法人分类及特别法人等制度，具有鲜明的中国元素，而且吸收了商事特别法的规定，体现了民商合一的原则。[①]

一、法人界定

法人作为一种独立的民事主体，在民事活动中与自然人、非法人组织具有同等的法律地位。本条对法人的界定包括三个要素：一是其为一种社会组织；二是具有民事权利能力和民事行为能力；三是依法

---

① 王利明：《民法总则》，中国人民大学出版社2017年版，第149页。

独立享有民事权利和承担民事义务。

1.法人是一种社会组织,是为了实现特定的目标而有意识地组合起来的社会群体,它不像自然人那样作为一个有血有肉的生物体存在,而是作为一个组织体存在。

2.具有民事权利能力和行为能力是法人作为民事主体的基本特征。法人的民事权利能力与自然人一样,都是法律对法人主体的承认,法人的民事主体资格和民事权利能力是统一的。但法人与自然人的民事权利能力和民事行为能力不完全相同:(1)依照《民法通则》第二章的规定,自然人分为完全民事行为能力人、限制民事行为能力人和无民事行为能力人,而法人则不能这样划分;(2)对法律、行政法规有专门规定的法人,应当在核准登记的经营范围内从事活动,而自然人的活动范围则无此限制;(3)有些民事权利如生命健康权、婚姻自主权等为自然人专有,法人则没有;(4)自然人的民事权利能力和民事行为能力可分离,而法人的权利能力和行为能力同时发生、同时消灭,而且在范围上是一致的。

3.法人是能够独立承担民事责任的社会组织,这是法人与非法人组织的根本区别。法人的独立责任是指法人在违反义务而对外承担责任时,其责任范围应当以其所拥有或经营管理的全部财产为限,法人的成员和其他人不承担责任。而作为三大民事主体之一的非法人组织,按照本法第102条中规定的能够以自己的名义从事民事活动,具有民事权利能力和民事行为能力,但是不能够独立承担责任,其财产不足以清偿债务时,依照本法第104条中的规定,出资人或者设立人应承担无限责任。

二、法人本质

法人本质及权利能力的认识有助于对法人概念的理解,主要有拟制说、法人否认说和法人实在说三种观点:[①]

[①] 史尚宽:《民法总论》,中国政法大学出版社2000年版,第139页。

1. 法人拟制说。该说认为，本来只有自然人是权利义务主体，法人取得权利义务主体的资格，是因法律的规定拟制其为自然人而来，法人在性质上是一种拟制法人。普赫塔（Puchta）学派主张法人是思想上的无形的权利主体，文德赛（Windscheid）学派主张法人系人或财的集合，拟制为有人格。拟制说的贡献在于承认法人应像自然人那样作为权利义务的主体，不足之处在于没有说明法人的实质意义，以及在何种范围及程度可以将法人与自然人同等看待或者有何区别。

2. 法人否认说。该说是拟制说的一种发展形态，持该观点的学者认为法人的本质不过是个人与财产，法人纯系法律之拟制，在个人或物品财产之外不再有任何物的概念，法人就是因一定目的而组成的财产。布林兹学派（Brinz）提出无财产说或目的财产说，认为"目的财产"没有必要强制确定其主体，直接认定为无主财产比较适当；耶林（Jhering）学派提出享有者主体说，认为法人财产的真正主体，实质是享有其财产利益的人；宾达（Binder）学派提出管理者主体说，认为法人财产的真正主体，是现任的管理法人财产的人。法人否认说的前提是非自然人不得为权利主体，将自然人代替法人作为权利主体。

3. 法人实在说。该说认为，法人是相对于个人的自然有机体而言在社会生活中有机存在的组织实体，亦应是权利义务的主体。基尔克（Gierke）学派提出有机体说或团体人格说，认为法人在个人的意思之外有团体意思、在个人生活之外有团体生活、在自然有机体之外有社会有机体，法人的实体是具备团体意思的社会有机体，"法人先于法律"，即人组成的团体是一个客观存在的组织体，不论国家是否给予承认，它都是存在的，法律承认只是对客观存在的反映，是国家基于结社问题的政策考量结果；米休（Michoud）学派提出组织体说，认为法人的独立实体在于法律上的组织体，法人无论为社团或者财团，都没有自我意识以及心理上的意志，不能将其与自然人的有机体同等对待，强调组织体与成员之间独立人格的分离，组织体是能够通过内部民主集中制形成独立意志的独立法人。法人实在说并没有说清法人为什么应是权利义务主体以及对法人组织体赋予权利能力的实质理由及依据。

法人本质的各种学说反映不同时代的社会背景和法学思潮，有助于从不同的层面和角度理解法人制度的历史发展和现行规定，使我们认识到，法人实际上是一种目的性的创造物，一定的人或财产成为权利义务归属的主体，经由其机关从事民事法律行为，在社会实际生活中有其自我活动的领域，通过法律技术及形式上赋予"人"的人格，类推自然人的民事行为能力和民事权利能力，使其成为权利义务主体，满足社会经济发展和人们社会生活的需要。

三、法人责任能力

法人的责任能力是法人的本质属性之一，是推动法人制度产生、发展和完善的原动力。西方法人制度肇端于罗马法，公元3世纪，随着古罗马社会经济的发展，团体逐渐发展起来并取得了法律上的地位。16世纪初，对外贸易和企业规模的扩大以及对资本的大量需求，在意大利以及地中海沿岸城市出现了一种以海运为主的"康孟达"组织，这种组织是航海者和货币持有者以契约的形式而形成的一种商业合伙形式，并初步显露出所有者与经营者分离以及有限财产责任的最初形态。1673年《法国商事条例》是公司制度的历史性进步，正是它的出现和发展初步形成了公司法人制度。由于规模经济的发展对资本的需求以及投资者既想赚钱又极力逃避风险等原因，直接引起了多种有限责任公司的兴起。到近代资本主义成熟时期，大规模事业几乎都为有限公司或公益法人所占有。现代公司法人制度对无限公司进行了扬弃，《苏俄民法典》进一步将独立承担民事责任扩及一切法人。法人有限责任最终解决了两个基本问题：（1）交易需求，规模经济的发展需要人或财的组合，使多数的人及一定的财产得以成为权利义务主体，通过设立的机关对外代表法人，以解决交易的便捷；（2）责任限制，设置有独立的人格、享有权利和承担义务的法人，将法律的责任限定于法人的财产，将法人成员的责任限制于法人之外，避免个人的其他财产因此受到影响，从而有助于个人根据其资产实力，积极加入法人参与社会经济活动。法人的有限责任是区分法人与非法人的标准，法人之外的社会组织或团体原则上都应承担无限责任。有限责任是法律赋予法人这种社会团体所享有的一种特权，满足了社会经济整合发展和个人生活保护的双重需要。我国几十年来的立法主导思想就是坚持法人的有限责任，[①]《民法典》将合伙企业、个人独资等划入非法人组织亦为坚守这一原则。

四、法人分类

法人的分类是法人制度的基石，大陆法系国家或地区的法人分类一般先是分为公法人和私法人，再将私法人分为财团法人和社团法人，最后将社团法人分为营利法人和非营利法人。《民法通则》将我国法人划分为企业、机关、事业单位、社会团体、联营等法人类型，未完全采纳大陆法系的分类结构，是一种过渡性立法，一方面顺应了当时的历史潮流、推动了经济体制改革和对外开放；另一方面，随着社会主义市场经济的发展和完善，其历史局限性已不适应新形势的要求，存在一些问题亟待解决。如一人社团的出现、财团的财产来源由主动募捐发展到被动劝募（包括公募和私募），财团法人和社团法人的交叉地带越来越多，传统的二分法已不再重要，对现实生活的解释已不再有力。又如《民法通则》在规定法人独立承担民事责任的同时，带来的合伙企业及其他非法人团体的民事法律地位问题，形式上登记为法人而实际上并不具备法人条件的组织其债务应由谁负清偿责任问题等。《民法典》沿袭《民法总则》的分类方法，以法人的本质属性即经济属性来作基本划分，再辅以特别法人进行完善，最终将法人的分类定位于营利法人、非营利法人和特别法人，比《民法通则》的法人分类体例更加科学、结构更加严谨、规范更加合理、内容更加协调一致。这一分类是将西方法学理论与中国特色社会主义经济制度相结合的创新，完善了我国市场经济法主体的体系结构，基本囊括了

[①] 王利明主编：《中国民法典草案建议稿及说明》，中国法制出版社2004年版，第294页。

现阶段我国主要的法人形态，结合了国家管理政策和社会组织改革的现实并考虑了可能的政策走向，克服了其他分类的弊端，有助于针对不同类型的法人设定不同的民事活动规则，便于在审判实践中按照规定的标准对具体的诉讼主体予以定性并适用相应的法律规则。

【审判实践中应注意的问题】

法律确定法人民事主体资格，赋予其权利能力和行为能力，最终目的就是要让法人对其行为后果负责。对法人进行类型划分，不仅是学术研究的需要，更是为其活动规则设定和法律责任界定所需。营利法人是指以出资人获取利润分配为目的的组织，以公司法人为典型。非营利法人是指不以成员获取盈余分配为目的的组织，包括事业法人、社团法人（行业协会）、捐助法人（慈善、扶贫、宗教），非营利法人可以从事营利活动，但不能向成员分配盈余，这是营利法人与非营利法人的根本区别。其他如机关法人既不营利又不分配，合作社不以营利为目的，从事营利活动后又可向成员分配等情形，不能归类于营利法人或非营利法人的，为特别法人。教育、医疗、养老等兼具公益和营利属性的机构，应根据目的和性质进行区分。在司法实践中，如果民办的教育机构、医疗机构、养老机构等，设立人是以营利为主要目的，相关法律法规也允许其分配利润，应归属于营利法人；而国有资金或非营利法人设立的医院、学校、养老院等，不以营利为目的，设立人亦不分配利润，则应定性为非营利法人。

> **第五十八条** 法人应当依法成立。
> 法人应当有自己的名称、组织机构、住所、财产或者经费。法人成立的具体条件和程序，依照法律、行政法规的规定。
> 设立法人，法律、行政法规规定须经有关机关批准的，依照其规定。

【条文主旨】

本条是关于法人成立的条件和程序的规定。

【条文理解】

一个组织若要成为法人，必须符合法律规定的条件和程序。《民法通则》第37条规定，法人应当具备四项条件：（1）依法成立；（2）有必要的财产或者经费；（3）有自己的名称、组织机构和场所；（4）能够独立承担民事责任。在学理上讲，能够独立承担民事责任是法人的特征而非条件。[1] 在逻辑上讲，独立承担民事责任是法人成立之后的法律效果。[2] 本条采上述条件之前3项予以修改重述，而第4项则在本法第60条涉及。

一、法人应当依法成立

依法成立，是指依照法律规定而成立（这里所说的法律不限于民事法律，也包括有关法人登记、管理方面的行政法规），包含两方面内容：一是指法人成立的程序和条件合法；二是指法人组织合法，即

---

[1] 魏振瀛主编：《民法》，北京大学出版社2013年版，第76页。
[2] 王利明：《民法总则研究》，中国人民大学出版社2012年版，第298页。

法人的目的宗旨、组织机构、经营范围等均合法。

法人是由法律赋予法律人格的社会组织，故法人非依法律的规定，不得成立。[①]在欧洲中世纪商事公司勃兴时期盛行自由主义（也称放任主义），公司的设立无需具备任何形式，法律不加干涉，这种原则下，公司与合伙很难区别，极易出现借公司名义的欺诈行为，也使国家对这类组织难以管控，因而已被历史抛弃。随着法人组织形式的日益丰富，不少国家分别在民法典或其他单行法规及判例中对法人设立程序和条件作出规制，依法成立早已是法人制度和社会发展的必然趋势和要求。

我国以法定主义为一般原则，根据法人类型和国家管制程度的不同，涵盖了准则主义（登记主义）、许可主义、特许主义[②]等常见情形，由相关法律、法规分别予以具体规定。

二、法人应当有自己的名称、组织机构、住所、财产或者经费

法人必须具备以下条件才能成立：

（一）名称

法人以自己的名义进行民事活动，通过自己的名称与其他法人、组织和自然人相区别，因此法人必须有自己的名称。我国对法人的名称有一定要求，除由国家直接命名外，各类法人的名称登记一般有相应的法律、法规予以限制和指引，如《公司法》《企业名称登记管理规定》《社会团体登记管理条例》等。

（二）组织机构

法人的组织机构是对内管理法人事务，对外代表法人进行活动的机构。法人的团体意志只有通过一定的组织机构才能形成和实现。所以，任何社会组织要成为法人，都要有一定的机构。一般而言，法人的组织机构主要有三个：一是决策机构，如股东大会；二是执行机

[①] 王利明：《民法总则》，中国法制出版社2010年版，第136页。
[②] 梁慧星：《民法总论》，法律出版社2011年版，第135页。

构,如董事会;三是监督机构,如监事会。

(三)住所

法人作为权利主体,与自然人一样必须具备住所。法人的住所具有法律意义,是确定债务履行、登记管辖、诉讼管辖、法律文书送达、涉外民事法律关系准据法等的地点,是法人承担民事责任的前提条件。一旦产生经济纠纷和法律责任,如无固定住所,就可能找不到法人,无法让其承担责任,这不但损害相对方的利益,也给经济秩序造成混乱。与法人的住所不同,法人的场所范围更广泛,包括了法人的住所和法人从事业务经营活动的其他地点。法人可以有多个场所,但只能有一个住所。

(四)财产或者经费

法人的财产和经费是法人独立享有民事权利、履行民事义务、承担民事责任的物质基础和财产保障。法人应当有自己的财产或者经费,所谓"自己的",是指法人独自享有的,独立于其他社会组织、法人发起人及法人成员的财产。法人没有自己的财产就不能从事各种民事活动,也就不能取得权利并承担义务。

三、法人成立的具体条件和程序,依照法律、行政法规的规定

这是一个授权性的条款。由于法人种类繁多,不同法人承担的社会职能、目的范围不同,因此除上述一般条件外,对各类法人的成立还需更具体、更有针对性的条件和程序加以指引和规范,如注册资本、审批登记。这种指引和规范,应由法律、行政法规来规定。

四、设立法人,法律、行政法规规定须经有关机关批准的,依照其规定

我国对法人成立大多采取准则主义,只要符合法律规定的条件,就可经过登记而成立。但有些法人还需经过有关机关的批准才能成立,如特殊行业的公司、外商投资企业、各种国家机关、全民所有制

事业单位。具体审批程序和条件，应由法律、行政法规来设定。

【审判实践中应注意的问题】

我国对不同类型法人的成立所采取的原则和依据的法律、法规不同。

一、营利法人

有限责任公司和股份有限公司以准则主义为原则，以许可主义为例外（《公司法》第6条）。其他企业法人原则上应采许可主义，如全民所有制企业（《全民所有制工业企业法》第16条第1款）、集体所有制企业（《城镇集体所有制企业条例》第14条第1款及《乡村集体所有制企业条例》第14条第1款）、商业银行（《商业银行法》第11条）等。

二、非营利法人

事业单位法人和社会团体法人分为两类，一类是无需办理法人登记，从成立之日起即具有法人资格的，如中国科学院、工会（《工会法》第11条、第14条）、全国妇联、共青团等原则上属于特许主义；另一类是需要办理法人登记的，如各种学会、研究会、行业团体、宗教团体，根据《事业单位登记管理暂行条例》第3条、《社会团体登记管理条例》第3条之规定，应属于许可主义。[①] 基金会（《基金会管理条例》第9条）[②] 和社会服务机构（《民办非企业单位登记管理暂行

[①] 根据《民政部社会团体登记管理条例（修订草案征求意见稿）》第3条，对于社会团体法人，拟采取准则主义为原则、许可主义为例外。

[②] 根据《民政部基金会管理条例（修订草案征求意见稿）》第12条第1款、第2款，对于基金会，拟采取准则主义为原则、许可主义为例外。

条例》第 3 条）[①] 采许可主义。此外，对于学校[②]（《教育法》第 28 条、第 32 条，《民办教育促进法》第 12 条）和医院[③]（《医疗机构管理条例》第 9 条、第 13 条），兼采特许主义和许可主义。

三、特别法人

机关法人的设立，取决于宪法和国家机关组织法的规定，属于特许主义。农村集体经济组织法人、[④] 合作经济组织法人的设立属于准则主义。基层群众性自治组织法人（《城市居民委员会组织法》第 6 条第 2 款、《村民委员会组织法》第 3 条第 2 款）属于特许主义。

[①] 为与慈善法的表述相衔接，《民政部社会服务机构登记管理条例》(《民办非企业单位登记管理暂行条例》修订草案征求意见稿）已将"民办非企业单位"名称改为"社会服务机构"并对后者进行了重新定义。根据该条例第 10 条的规定，对于社会服务机构，拟采取许可主义为原则、准则主义为例外。

[②] 关于学校法人的营利性，《民办教育促进法》第 19 条中规定，民办学校举办者可以自主选择设立非营利性或营利性民办学校。

[③] 医疗机构可分为营利性和非营利性两类，为行文方便，列入非营利类一并介绍。

[④] 关于农村集体经济组织法人的设立暂无法律、行政法规明确规定，参考《中共中央、国务院关于稳步推进农村集体产权制度改革的意见》精神和比照农民专业合作社法相关规定，暂认为采准则主义。

第五十九条 法人的民事权利能力和民事行为能力,从法人成立时产生,到法人终止时消灭。

【条文主旨】

本条是关于法人民事权利能力和民事行为能力产生、消灭的时间的规定。

【条文理解】

法人与自然人同属民事主体,都具有民事权利能力和民事行为能力。作为法律拟制的"人",法人的权利能力和行为能力产生和消灭的时间与自然人有联系也有区别。自然人的民事权利能力从出生时起到死亡时止,而法人并非自然生命体,对法人来说,法人的成立相当于自然人的出生,此时其成为了具备法人资格的民事主体,故法人的权利能力始于其成立;法人的终止相当于自然人的死亡,此时其民事主体资格不复存在,故法人的权利能力消灭于其终止。与自然人不同的是,法人不存在年龄、健康状态的问题,故法人在其成立时即具备完全的民事行为能力。因此,法人的民事行为能力和民事权利能力在时间上是一致的,[1] 在法人成立时同时产生,在法人终止时同时消灭,在法人资格存续期间始终同时存在。

法人的权利能力从法人成立时产生,法人成立需要登记的,自登记之时产生;不需要登记的,自主管机关批准成立时产生。法人的权利能力到法人终止时消灭,法人因解散、被宣告破产以及法律规定的

---

[1] 王利明:《民法总则研究》,中国人民大学出版社 2012 年版,第 285 页。

其他原因而清算期间，具有清算的权利能力，直到依法向国家管理机关进行注销登记，或在批准或宣布终止之日，其权利能力最终消灭。

【审判实践中应注意的问题】

一、法人成立的时间认定

不同类型的法人，根据其成立所依据的法律法规不同，成立时间是不同的。

有限责任公司和股份有限公司的成立时间是其营业执照签发日（《公司法》第7条、《公司登记管理条例》第25条）；其他企业法人根据《企业法人登记管理条例》第16条之规定，在依法核准登记注册、领取营业执照之日起即告成立。对于事业单位和社会团体，无需办理法人登记、从批准成立之日即具有法人资格的，以有关机关批准成立之日为成立时间；对于需要办理登记的，在登记管理机关准予登记、核发法人证书之日起方告成立（《事业单位登记管理暂行条例》第8条、第11条，《社会团体登记管理条例》第12条、第15条）。基金会（《基金会管理条例》第11条）和社会服务机构（《民办非企业单位登记管理暂行条例》第11条、第12条）以登记管理机关准予登记、核发法人证书之日为成立时间。其他各类需办理法人登记的社会组织，如无有关法律、法规的例外规定，一般也应以准予登记、核发相关证书之日为成立时间。对于无需登记的机关法人，依法批准设立或特许成立之日即告成立。

需注意的是，在法人设立期间，法人尚未成立，不具备权利能力和行为能力，在此过程中发起人或筹备人为了法人的利益，以尚未成立的法人名义从事一些民事行为，由此产生的民事责任承担，根据本法第75条的规定确定。

二、法人终止的时间认定

法人在依法完成清算、注销登记后终止,即一般而言,法人必须经过注销程序,由登记机关将其营业执照注销并登记,其法人资格才消灭。根据本法第68条的规定,原则上,法人无论以哪种原因终止,都要依法完成清算、注销登记。目前,我国对于各类法人的终止,大多都有关于注销的规定,如《公司登记管理条例》第44条、《企业法人登记管理条例》第20条、《基金会管理条例》第16条、《事业单位登记管理暂行条例》第13条、《社会团体登记管理条例》第21条。与法人依法成立相一致,法人人格的消灭也需经国家公权力确认,方为法律上彻底终止,故法人终止的时间应以注销登记日期为准。

此外,法人依照法律、法规须经批准才能终止的,则依照相关规定确定终止时间。一般而言,无需登记、经批准或特许成立的法人如国家机关等,其终止亦无需注销登记,应以批准或宣布终止之日为终止时间。如有特殊规定则依照其规定,如工会,从《工会法》第12条可知,基层工会的终止时间应与其所在企业终止或所在事业单位、机关被撤销的时间一致。

三、企业法人营业执照被吊销时法人并未终止

作为被诉主体的企业法人由于种种原因被市场监督管理部门吊销了营业执照,实践中存在不同的处理方式:有的以被告主体不存在为由不予立案或裁定驳回原告诉讼请求,有的公告送达、缺席判决被吊销执照的企业承担责任,有的追加或变更企业上级主管部门或股东、投资人为被告,判决其承担连带或直接清偿债务责任。这种处理不一的情况不利于充分保护各相对方的合法权益,主要原因是对吊销营业执照的法律性质缺乏准确定位。

营业执照的吊销与注销的法律效果并不一样:注销导致企业法人资格消灭,吊销则是市场监督管理部门依据相关行政法规对违法的企

业法人作出的一种行政处罚,[①]与前者是两个不同层面的问题。实践中要准确把握、定位吊销营业执照的法律性质和后果。企业法人被市场监督管理部门吊销营业执照时,本质上是被剥夺了经营权,丧失从事生产经营活动的资格,但其法人资格依然存在,依然具有民事权利能力和民事行为能力,具备诉讼主体资格。最高人民法院在《关于企业法人营业执照被吊销后,其民事诉讼地位如何确定的复函》中明确指出:企业法人被吊销营业执照后,应当依法进行清算,清算程序结束并办理工商注销登记后,该企业法人才归于消灭。因此,企业法人被吊销营业执照后至被注销登记前,该企业法人仍应视为存续,可以自己的名义进行诉讼活动。如果该企业法人组成人员下落不明,无法通知参加诉讼,债权人以被吊销营业执照企业的开办单位为被告起诉的,人民法院也应予以准许。该开办单位对被吊销营业执照的企业法人,如果不存在投资不足或者转移资产逃避债务情形的,仅应作为企业清算人参加诉讼,承担清算责任。

[①] 参见最高人民法院民事审判第二庭:《最高人民法院关于公司法解释(三)、清算纪要理解与适用》,人民法院出版社2014年版,第549页。

第六十条 法人以其全部财产独立承担民事责任。

【条文主旨】

本条是关于法人独立责任的规定。

【条文理解】

一、规范制定

本条规定，是以《民法通则》第37条和第48条的规定为蓝本，在总结多年来民法学界研究共识的基础上，对法人的独立责任所作出的规定。《民法通则》第37条第2、4项规定，有必要的财产或经费、能够独立承担民事责任是法人应当具备的条件。第48条进一步规定："全民所有制企业法人以国家授予它经营管理的财产承担民事责任。集体所有制企业法人以企业所有的财产承担民事责任。中外合资经营企业法人、中外合作经营企业法人和外资企业法人以企业所有的财产承担民事责任，法律另有规定的除外。"之所以规定法人的独立责任，其立法目的在于使法人的成员（投资人）不必对法人的债务承担任何形式的责任。从立法渊源的角度考察，前述规定源于《苏俄民法典》。1922年《苏俄民法典》第19条规定了法人独立承担民事责任。该条规定国有企业为与国库无关的法人，以其可自由支配的财产承担民事责任。这一规定的目的在于打破战时建立的管理体制，推动国有企业走向市场。这一规定，为1964年《苏俄民法典》第23条所继承，同时该法典第32条进一步规定："法人以属于它的财产（作为法人的国家组织则以拨给它的财产）负责清偿自己的债务。"根据上述规定，不仅国有企业法人的责任独立于其出资人国家，所有其他类型的法人均独立承担民事责任。由此可见，我国《民法通则》第37条、第48条关于法人条件、独立承担责任的规定，基本上是按1964年《苏俄民法典》第23条和第32条的精神写成的。

《民法通则》颁行后，民法学界围绕着法人财产和独立责任进行了讨论，并形成了通说。学界认为，法人的全部财产为法人所拥有的独立财产。独立财产包括三层含义：（1）法人的财产独立于其他法人和自然人的财产，彼此不相混同；（2）法人的财产独立于法人成员的财产；（3）法人的财产独立于其创始人（包括国家）的其他财产。[①]质言之，法人的独立财产，是指法人拥有的、独立于其创设人或成员的财产。[②]法人独立承担民事责任，是指法人以其独立支配的财产对其自身债务承担清偿责任。除了这一狭义上的理解之外，广义上的法人独立责任还包括法人出资人的有限责任。[③]有学者将法人责任划分为责任独立型法人、责任半独立型法人、责任非独立型法人、责任补充型法人等形态，虽然有其立法例的支持，但在我国固有的法制传统中，立法并未赋予合伙企业、无限责任公司、两合公司等企业以法人资格，且从世界范围来看，无限责任公司和两合公司法人已经趋于式微，《民法通则》和《公司法》《合伙企业法》等没有承认无限责任公司、两合公司、合伙企业为法人的必要。故立足于我国立法的实际情况，我国现行法上的法人，只有独立承担责任这一种形态。强调法人以其财产独立承担民事责任，使其成员、股东享受有限责任利益，不仅符合我国对国有企业实行公司制改造以限制国家作为投资人的责任和风险的政策目的，也有利于鼓励社会大众采取法人的组织形式进行投资创业和开展其他非营利性的活动。

[①] 彭万林主编：《民法学》，中国政法大学出版社1994年版，第74页。
[②] 江平主编：《法人制度论》，中国政法大学出版社1996年版，第206页。
[③] 刘心稳主编：《中国民法学研究述评》，中国政法大学出版社1996年版，第139、140页。

二、法人独立承担责任

根据本条规定,社会组织要成为法人,必须能够独立承担民事责任,而法人的独立财产是其承担民事责任的基础。主要可以从三个方面来进行把握:(1)法人独立承担责任是法人的本质属性。法人具有主体地位,最核心的理由是其权利能力具有独立性。法人运用其权利能力取得权利和负担义务过程中所表现出的独立性,其中最基础的就是独立责任能力,独立责任能力是权利能力的最终体现,法人如不能独立承担责任,则表明其不具有相应的权利能力。(2)法人独立承担的责任,原则上必须是其自身的民事责任。因此,在法人为其成员、股东或他人提供担保、承担债务等例外场合,必须依法履行法律或法人章程规定的批准程序。(3)法人独立承担责任并不意味着其他主体不得为其承担责任。就法人的责任形式而言,法人是以其支配的财产来为其契约行为或侵权行为承担民事责任,原则上,法人只能自己承担清偿债务的责任,法人的成员、股东对法人的债务不负责任,但在法人的出资人出资不足、滥用法人的人格损害债权人利益等例外场合,并不排除其成员、股东对法人债务承担连带责任。

三、区分法人的独立责任和其成员的有限责任

法人以其全部财产承担责任,本质上是一种无限责任。无限责任是指债务人以其全部财产对其债务承担责任,直至清偿为止方能免责。《法国民法典》第2092条对无限责任作了经典的表述:"凡本人负债者,应以现在的及将来取得的动产及不动产履行其清偿的义务。"因此,任何债务人,无论其是自然人还是法人,都必须以其全部资产对其债务承担清偿责任,从这一意义上讲,债务人的责任都是无限的,无限清偿责任应为公司责任的基本形态。如果说法人或公司以其全部财产为限对外承担法律责任,可以理解为法人或公司有限责任的话,那么,自然人以其所有的财产对其债务负责的理念,也可以称为

自然人之有限责任。这样的理解，显然是混淆了有限责任和无限责任各自特定的法律内涵。当然，法人以其全部财产为限对债务承担无限责任，并不排除法人能够在法律另有规定或协议另有约定等特殊情形下承担有限责任的可能。

> **第六十一条** 依照法律或者法人章程的规定，代表法人从事民事活动的负责人，为法人的法定代表人。
>
> 法定代表人以法人名义从事的民事活动，其法律后果由法人承受。
>
> 法人章程或者法人权力机构对法定代表人代表权的限制，不得对抗善意相对人。

【条文主旨】

本条是关于法定代表人的定义、法律地位、行为的效果归属和越权行为效力的规定。

【条文理解】

法人作为"组织体"参与经济或社会事务，客观上必须由自然人代为进行，这些代法人实施法律行为的自然人，在域外法学理论中称为法人的代表人，其所对应的国内法律概念，就是本条第1款所规定的法定代表人。基于对法人本质的不同认识，民法理论上关于法人代表人的性质形成了代表说和代理说两种学说。代表说主要为大陆法系国家所采纳，其基于法人实在说的理论起点，认为法人既具有意思能力也具有行为能力，法人的能力需要依靠其代表机关来实现。法人代表人的行为，就是法人自身的行为，代表人是法人的机关，法人和代表人是同一人格，"代表为法人之机关，犹如其手足，其所为的法律行为，即为法人的自身行为，当然由法人承受"。[①] 代理说主要为英美

---

① 王泽鉴：《民法总则》，中国政法大学出版社2001年版，第444页。

法系国家所采纳,基于法人拟制说或法人否认说的理论起点,认为法人不过为法律赋予其人格的拟制体,离开法律法人本身并不存在,因此,法人不具有行为能力。法人对外行为的实施是通过代理人实现法人的意思表示,代理人与法人之间主要依靠代理关系加以调整。

应当指出,在代表人所实施的法律行为的效果归属方面,两种理论并无差别,均认为效果归属于法人,即由法人承担该行为的后果,但在代表人实施的违法行为、事实行为和占有等行为的效果归属方面,二者之间存在一些差别:(1)对法定代表人实施的违法行为,代表说认为,代表人的行为就是法人的行为,法人是对自身的行为承担民事责任;而代理说则认为,法人是对他人即代理人的行为承担民事责任。(2)对代表人实施的事实行为,代表说认为属于法人的行为;代理说则认为应当作为类似于代理的关系处理。(3)对法人的占有,代表说认为法人是直接占有人,代表人为占有机关;代理说则认为法人为间接占有人,代表人为直接占有人。

从学说传统来看,传统民法学者对于法人本质的理论采法人实在说,认为法人机关有集体机关和个人机关之分,"法人的机关是法人的当然代表人"。[①] 在改革开放之后,随着立法文件中对"法定代表人"一词的采用,"一长制"的法人机关观念得到不适当的强化。1981年公布的《经济合同法》第31条规定:"经济合同订立后,不得因承办人或法定代表人的变动而变更或解除。"该法并未具体明确法定代表人的内涵。1982年公布的《民事诉讼法(试行)》第44条第2款规定:"企业事业单位、机关、团体可以作为民事诉讼当事人,由这些单位的主要负责人作为法定代表人。"1984年公布的《最高人民法院关于贯彻执行〈民事诉讼法(试行)〉若干问题的意见》(已失效)第14条规定:"机关、团体、企业事业单位的法定代表人,应是该单位的正职行政负责人。没有正职行政负责人时,可以由副职行政负责人作为法定代表人,法定代表人有权按照民诉法的规定委托诉讼代理

---

① 佟柔、赵中孚、郑立主编:《民法概论》,中国人民大学出版社1982年版,第45页;佟柔主编:《民法原理》,法律出版社1983年版,第63页。

人。"及至 1986 年公布的《民法通则》第 38 条关于"依照法律或者法人组织章程规定，代表法人行使职权的负责人，是法人的法定代表人"的规定作出后，民法理论开始将法定代表人解释为：一般由公司的董事长等正职担任，为唯一确定的自然人，享有当然的代表公司的权利。① 民法学说一度认为，法定代表人制度包括三个方面的内容：（1）法定代表人具有单一性，只有符合法律规定条件的某一个自然人才能成为法定代表人；（2）法定代表人的产生具有法定性，公司不可以通过章程约定非董事长之外的其他人担任法定代表人；（3）法定代表人可以法人名义从事各项活动，并直接为法人取得权利或承担义务。②

至 20 世纪 90 年代，因"法定代表人的权限无所不包"观念所引发的种种弊端开始引起社会各界关注。在讨论民法典编纂的过程中，这一问题当然成为一项重要的议题。江平教授指出，法定代表人制度的改革，"绝不仅仅是经济学的问题，也绝不仅仅是公司法的问题，而是民法的问题。……要改就必须统一地进行法定代表人制度的研究。这个问题很复杂，需要民法、商法共同研究。如果仅仅从经济学角度提出不要法定代表人制度，那绝对不行，需要结合民法典起草进行研究。"③ 中国法学会民法典编纂项目领导小组 2015 年 4 月 19 日完成的《中华人民共和国民法典·民法总则专家建议稿（征求意见稿）》第 66 条规定："法人应当依法设立自己的机关，法人机关应当依据法律和章程行使职权。依照法律或章程规定，代表法人行使职权的负责人，是法人的法定代表人。"该条系针对《民法通则》第 38 条所提出的修改建议，除了在文义上可以解释为法人机关不必限定为一人之外，与原有的法律规定并无不同。

法定代表人滥权的问题，根源并不在于立法规定，问题可能主要

---

① 江平主编：《民法学》，中国政法大学出版社 2000 年版，第 149 页。
② 徐彦冰：《论法定代表人制度的弊端及其完善》，载 [日] 滨田道代、顾功耘主编：《公司治理：国际借鉴与制度设计》，北京大学出版社 2005 年版，第 112 页。
③ 江平：《〈公司法〉中的几个重要问题》，载 [日] 滨田道代、顾功耘主编：《公司治理：国际借鉴与制度设计》，北京大学出版社 2005 年版，第 13、14 页。

出在法律的解释方面，以及团体法意识薄弱的观念问题。实事求是地说，那种认为"国有企业的资产属于国家，厂长和经理由政府主管部门委任或聘用，代表政府对企业进行管理，自然享有'总括的和不可限制的'权力"的观念，并不是一个正确的解释结论，而是不适当地忽视了法律、法规和国家政策等对法定代表人权力所施加的各种限制的结果。从历史发展的角度来看，对国有企业领域的法定代表人权限问题，我们经历了20世纪50年代初期的"一长制"、50年代中后期开始的"党委领导下的厂长负责制"、80年代早期开始的"厂长负责制"、90年代中期开始的建设"产权清晰、权责明确、政企分开、管理科学的现代企业制度"的发展历程，其中的一个重要的主线，就是贯彻了从对代表人"放权—收权—放权—分权制衡"的规范路径。在1993年的《公司法》中，已经开始按照市场经济体制的要求，在企业的治理结构上从"一长领导制"向分权制约的方向发展，但在观念层面，厂长、经理或董事长是企业的"领导者"而非"代表人"，"以人治企"的思路仍然有着相当大的思维定式。1999年颁布的《合同法》开始对法定代表人的越权行为加以规范，该法第50条规定："法人或其他组织的法定代表人、负责人超越权限订立的合同，除相对人知道或应当知道其超越权限的以外，该代表行为有效。"2005年《公司法》的修订，则进一步剥夺了法定代表人对为他人提供担保、对外投资等事项的单独决定权，并从公司治理的角度，进一步明确了股东、法定代表人、董事、经理在公司这一层级组织中的各自权限范围。因此，改变法定代表人的地位认识最有效的方法还是应当直接从条文本身的语义出发，辅之以相关法律的体系化衔接，使得法定代表人的权限范围明晰化。

一、本条第1款规定，依照法律或者法人章程的规定，代表法人从事民事活动的负责人，为法人的法定代表人

这一规定，除个别文字表述的调整外，沿用了《民法通则》第38条的规定。过去民法学界的通说对这一条规定的解释，主要是从两个方面展开：一是从法定代表人的产生来看，法定代表人可以由法律直接规定，也可以由法人的成员根据章程来确定；二是从法定代表人的权力行使来看，法定代表人有权代表法人对外行使职权，同时也有义务正确地组织、领导法人的经营活动，模范地执行国家的法律和政策，如果他没有很好地履行自己的职责，或进行违法活动，就应当承担责任。[1]因此，仅仅将本条规定解释为"作为法定代表人的主要负责人或者直接根据法律规定产生，或者根据法人章程产生"，[2]是不够全面的。我们认为，既然法定代表人是依据法律或法人章程产生，其代表权当然应当解释为来源于法律规定或者章程规定。也就是说，法定代表人不得超越法律或法人章程所规定的范围行使代表权。这不仅是文义解释的当然结果，更是法定代表人忠实义务的必然要求。这也是我们过去一直没有解决好，今后应当加以强调的一个问题。

传统民法的制度安排，大多以自然人之间的关系为规范模型，并衍生出相关的制度设计。在各类团体成为民法的规范对象之后，从既往规范自然人的法律规范中寻找相类似的规范以资适用是各国民法的通常路径。以法人制度为例，法人和代表人的关系，就是类比自然人之间监护、代理关系、将法人视为无行为能力人的结果。但随着团体法的发展，这种以自然人之间关系加以简单的类推适用，将团体内部关系视为"黑箱"的传统规范路径，难以有效地解释和规范现实生活。事实上，构建法人团体内部分权制衡的治理结构，明确团体内部的职责权限划分，已经成为现代团体立法的一项重要内容。如对非营利法人，《慈善法》第12条第1款规定，慈善组织应当根据法律法规以及章程的规定，建立健全内部治理结构，明确决策、执行、监督等方面的职责权限，开展慈善活动。对营利法人，《公司法》中关于机构分权的规定可以作为分权制衡的典型立法例。为构建分权制衡、权

---

[1] 佟柔主编：《中国民法学·民法总则》，中国人民公安大学出版社1992年版，第165、166页。

[2] 梁慧星主编：《中国民法典建议草案稿附理由·总则编》，法律出版社2013年版，第137页。

责明确的法人治理结构，团体法一般将法人事务的决定和执行的权力在组织内部进行划分，并对法定代表人的权限进行限制，这种法定限制可以分为两个方面：一是法人机构之间的权力划分；二是法人机构与代表人之间的权力划分。法人机构之间的权力划分，主要体现在权力机构和执行机构的权限分配。一般而言，执行机构的职权是执行法人的目的事务，即对内实施管理、对外实施行为。但出于某种政策的考虑，有些种类的交易，法律规定其决定权不在执行机构，而是属于权力机构的决定事项。如根据《公司法》第16条、第38条、第100条的规定，涉及公司为其股东或者实际控制人提供担保、公司增减资本、发行债券、分立、合并、解散、清算或变更公司组织形式等事项，应当由股东（大）会决议。再如，《慈善法》第14条第2款规定，慈善组织的发起人、主要捐赠人以及管理人员与慈善组织发生交易行为的，不得参与慈善组织有关该交易行为的决策，有关交易情况应当向社会公开。关于法人机构与代表人之间的权力划分，是法律在法人机构分权的基础上对业务执行权的一种特别限制。也就是说，这些事项本在业务执行的权限之内，但出于特别考虑，法律对此作了特别限制。如根据《公司法》第16条第1款及第149条第3项、第4项的规定，公司向其他企业投资或者为他人提供担保、董事、高管人员将公司资金借贷给他人、与公司订立合同或交易的，均须经董事会或者股东（大）会的同意。对上述法律规定的限制事项，在法人机构分权、职权法定的基本架构下，应当解释为就法定限制事项，未经有权机构决定，代表人依法不享有代表公司的权限，不得对外签订合同、实施相关行为。

除上述法定限制之外，法人章程也可以对法定代表人的权限进行限制，这种限制也称为约定限制或意定的限制。当然，约定限制除法人章程之外，法人还可以通过成员决议、股东会决议、董事会决议等方式对法定代表人的权限进行限制，规定一些特别重要的业务事项须由集体决议后方可作出。相比于章程的限制，以内部决议的方式限制代表权限的措施非常封闭，第三人一般无从知晓。

在既往的审判实践中，受"首长负责制"的公法思维模式影响，对"一长制"的法定代表人的代表权限通常不作特别考虑，在审判工作中，一般都是按照是否以法人的名义、公章是否真实等形式标准来审查代表人的行为是否为职务行为。团体法上对代表权所施加的法定限制，客观上要求我们改变审判实践中的"代表人签字就是法人的行为""公章管理不严是法人内部的事情，不影响法人在外部关系中行为的效力"等形式主义的思维，必须将代表权限的审查置于法人分权治理结构的法律框架之下。在本法施行后，对法定代表人的代表权限必须根据法律和章程规定加以审查、确定，这是我们在审判工作中必须强调的一个重大改变。

二、本条第2款规定，法定代表人以法人名义从事的民事活动，其法律后果由法人承受

本条规定是对《民法通则》第43条的修改，该条规定，企业法人对它的法定代表人和其他工作人员的经营活动，承担民事责任。之所以作这样的修改，是因为法人的其他工作人员的活动，是否应当由法人承担民事责任，可以由代理制度加以规定。而本条重点是解决法定代表人的行为与法人行为之间的关系问题。根据法人实在说的理论逻辑，法人的代表人和法人是一个人格，为同一主体，故法定代表人以法人的名义实施的行为，后果当然由法人承受。但值得进一步研究的是，按照《民法通则》的规范路径，法定代表人的经营活动由法人承担民事责任，审判实践中往往会借助职务行为和个人行为的区分来判断责任的承担主体，而在《民法典》将"经营活动"改为"以法人名义"之后，在审判工作中还有无必要再对代表人的行为是职务行为还是个人行为加以区分？我们认为，从体系解释的角度，本款规定的是代表人合同行为的效果归属，本法第62条规定的是代表人职务侵权行为的责任承担，因此，虽然本款规定没有使用职务行为的表述，但在判断代表人行为是否应当归属于法人时，首先应当着眼于是否为职务行为，并应当结合本条第1款和第3款的规定加以衡量，而不能

简单地以法条的表面文字表述得出"法定代表人所有以法人名义实施的行为均由法人承担后果"的结论。

三、本条第3款规定，法人章程或者法人权力机构对法定代表人代表权的限制，不得对抗善意相对人

由于《民法通则》对法人可否以其章程或通过其他方式对法定代表人的权限进行限制未作规定，且在立法例上有不同的做法，导致实践中对此理解不一。因此，通过参考、借鉴域外相关立法例，在承认法人能够通过章程、成员决议等方式限制法定代表人权限的前提下，为保护交易安全，保护善意第三人的信赖利益，作出了本款规定。在比较法上，废除传统的"越权原则"（ultra vires）和法人章程的"推定通知理论"（the doctrine of constructive notice）已经成为普遍的做法。从域外文献的讨论情况来看，近年来关于越权行为的讨论，关注的重点集中在法人机关（代表人、代理人）是否超越代表和代理权限（exceed/act beyond one's power or authority）及行为的效果归属层面，这一点显著有别于早期文献主要关注是否超越了法人的权利能力或目的意义层面的"越权原则"（ultra vires）。在审判实践中，应当注意从三个方面把握本款规定：（1）在法人内部，通过章程或者权力机构的决议等方式对法定代表人的权限进行限制，是有效的。（2）该种限制的效力能否对抗第三人，则取决于第三人是否善意：在相对人属于善意，即不知道或不应当知道存在此种限制的情形下，则法人对法定代表人的越权行为不得主张效果不归属于法人；在相对人实际知道或因重大过失而不知道此种限制的情形下，则该越权行为的效果不归属于法人，其法律后果应当类推适用无权代理制度，由法定代表人承担个人责任，而不是由法人承担缔约过失责任，这不仅是文义解释的当然结论，更是民法学体系基本逻辑的要求。（3）在举证责任分配方面，应推定相对人为善意，相对人知道或应当知道法定代表人权力受限的事实，应由法人一方负担举证责任。

最后，需要重点强调的是，本条规定将在组织法和行为法两个方

面对审判工作产生重大影响,不仅要求我们在体系上准确把握本条的3款规定之间的内在逻辑关系,还要将本条规定置于整个民商法体系中加以理解和把握。

在组织法方面,《公司法》和《慈善法》已经有了对法定代表人的代表权限进行限制的法律规定,未来随着非营利法人立法进程,这种法律限制还将进一步明确、具体。在行为法方面,《民法典》合同编中的第504条规定:"法人的法定代表人或者非法人组织的负责人超越权限订立的合同,除相对人知道或者应当知道其超越权限外,该代表行为有效,订立的合同对法人或者非法人组织发生效力。"这就要求我们在判断法定代表人的行为效果归属时,必须从整个法律的体系化理解出发:

1.根据本条第1款的规定,法定代表人的代表权来自于法律或者法人章程的规定。基于此,法定代表人的权限应根据法律或者法人章程进行判断,法定代表人只能在法律或者法人章程规定的权限范围内行使代表权。法律或者法人章程可对法定代表人的权限进行限制,前者为法定限制,包括本法和其他单行法律对法定代表人权限的限制;后者为约定限制,包括法人章程或者法人权力机构对法定代表人权限的限制。

2.根据本条第2款规定,法定代表人以法人名义从事的民事活动,其法律后果由法人承受。该款的适用应以第1款为前提,即法定代表人只有在法律或者法人章程规定的权限范围内以法人名义从事的民事活动,其法律后果才由法人承受。法人超越法律或者法人章程的规定行使代表权,构成越权代表。

3.根据本条第3款规定,法人章程或者权力机构对法定代表人的代表权的限制,不得对抗善意第三人。根据该规定,法定代表人超越法人章程或者权力机构的限制,以法人名义从事的民事活动,其法律后果原则上仍应由法人承担,除非法人能够证明该第三人并非善意。也就是说,法人章程、决议对法定代表人权限进行限制的情况下,非善意的第三人不得主张法定代表人的行为效果归属于法人。本条没有明确规定法定代表人超越法定限制从事民事活动的效果归属，这并非法律漏洞。"当法律有强制性规定时，任何人均不得以不知法律有规定或宣称对法律有不同理解而免于适用该法律"，这一教义性的原理，是法律职业必须遵循的。因此，对超越法定限制的行为，法人原则上不承受该行为的效果，除非第三人能够证明自己的善意。这是通过当然解释可以得出的结论，系不言自明之理。需要注意的是，法定限制与约定限制下，第三人善意证明责任的负担是不同的。在法定限制场合，相对人的善意需要自己举证证明；而在约定限制场合，交易相对人的善意是被依法推定的。对于民法上关于善意的判断标准，可参考关于本法第85条的相关解释内容。

> **第六十二条** 法定代表人因执行职务造成他人损害的，由法人承担民事责任。
>
> 法人承担民事责任后，依照法律或者法人章程的规定，可以向有过错的法定代表人追偿。

【条文主旨】

本条是关于法定代表人职务侵权行为的民事责任的规定。

【条文理解】

法人就法定代表人行为所承担的民事责任，既包括合同责任，也包括侵权责任。《民法典》将法人为其法定代表人所承担的责任进一步体系化，本法第61条第2款规定的是法人就其法定代表人行为承担的合同责任，而对法定代表人的职务侵权行为所致的民事责任放在本条专门规定，同时将法人的其他工作人员所导致的法人责任进一步体系化，其他工作人员的合同责任由代理法加以调整，其他工作人员的职务侵权责任由侵权法中的使用人责任规则加以解决。因此，本条的规范对象仅限于法定代表人职务侵权行为所致的民事责任。

在民法理论上，由于对法人本质所持的学术观点不同，对法人有无民事责任能力存在不同的学说。持法人否认说者，尽管理由不尽相同，但都认为法人无民事责任能力。持法人实在说者，从法人的意思能力、法人机关之行为与法人行为的一体性、法人民事责任能力的法定性等不同的角度出发，大多肯定法人有民事责任能力。[①] 从立法例

[①] 梁慧星：《民法总论》第5版，法律出版社2017年版，第133、134页。

来看，各国立法并未因学术论争的存在而采取不同的做法，法律明文规定法人的侵权损害赔偿责任是各国较为一致的立场。如《德国民法典》第31条规定，社团对于董事会、董事或依章程任命的其他代理人执行属于其权限以内事务，发生应负损害赔偿责任的行为，致他人受损害时，应负赔偿责任。《日本民法典》第44条标题即为法人的侵权行为能力，其第1款规定，法人对于其理事或其他代理人在执行职务时加害他人的损害，负赔偿责任。在法人对其代表人的加害行为承担赔偿责任的同时，代表人是否应当承担责任及如何承担责任，立法例上有不同的做法。《德国民法典》规定，法人应对受害人承担单独责任；《瑞士民法典》规定，法人对受害人承担单独责任，然后法人得追究有过错的行为人的个人责任；《日本民法典》规定，法人原则上应对受害人承担单独责任，但董事等人有过错的，应与法人一起对受害人承担连带赔偿责任；我国台湾地区"民法"规定，法人应与代表人对受害人承担连带赔偿责任。上述立法例的主要不同点在于，法定代表人与法人是否就该侵权行为共同承担连带责任。我们认为，在一般情况下，既然承认法定代表人的行为即是法人自身的行为，则使法定代表人对受害人负直接责任于法理不符，法人承担责任后，可以根据法律或者法人章程的规定，对有过错的代表人行使追偿权，但这并不影响在一些特殊的领域，基于震慑和吓阻违法的考虑，以特别法的方式规定法定代表人应当就其实施的职务侵权行为与法人共同承担责任。

【审判实践中应注意的问题】

在审判实践中适用本条时应当注意，本条所规定的侵权责任是一种特殊侵权责任。侵权责任的成立必须具备以下两个条件：（1）必须是法人的代表人因执行职务的行为而致人损害。所谓"执行职务的行为"，是指执行法人目的事业职务内的行为，主要包括两种情形。第一，狭义的职务上行为。第二，与职务行为有牵连的行为。[①]如果加害行为虽非为职务行为本身，但其发生与职务行为有时间、地点以及内容上的关联，可以认定为与职务行为有牵连。（2）法定代表人的加害行为须具备侵权责任的构成条件，如加害行为的违法性、损害后果、加害行为与损害后果之间存在因果关系及行为人有过错（适用无过错责任的除外）。法人对于其代表人或其他有代表权的人的加害行为承担责任后，有权根据法律规定或者公司章程、组织规章的规定，对有过错的代表人或其他有代表权的人行使追偿权。

[①] 王泽鉴：《民法总则》，北京大学出版社2009年版，第170页。

第六十三条 法人以其主要办事机构所在地为住所。依法需要办理法人登记的,应当将主要办事机构所在地登记为住所。

【条文主旨】

本条是关于法人住所的规定。

【条文理解】

自然人有住所,法人也应有住所。法人住所的效力与自然人基本相同。住所是法人设立的重要条件之一,亦是法人的法律关系的中心地。[①]《民法通则》第39条规定:"法人以它的主要办事机构所在地为住所。"《民事诉讼法司法解释》第3条、《公司法》第10条、《公司登记管理条例》第12条均规定法人原则上以主要机构所在地为其住所,《公司登记管理条例》还规定经公司登记机关登记的公司的住所只能有一个,公司的住所应当在其公司登记机关辖区内。本条内容源自《民法总则》。《民法总则》的历次审议稿有一定变化,第二次审议稿沿用了《民法通则》第39条内容,第三次审议稿在此基础上进行了修改,规定法人以其登记的住所为住所,依法不需要登记的,以主要办事机构所在地为住所。为进一步明确认定法人住所的原则及更进一步规范法人住所登记事项,最终稿在《民法通则》第39条的原有内容上,增加了"依法需要办理法人登记的,应当将主要办事机构所在地登记为住所"的规定。

"办事机构所在地"是指执行法人业务活动,决定和处理组织事

[①] 魏振瀛主编:《民法》,北京大学出版社、高等教育出版社2000年版,第91页。

务的机构所在地。"主要办事机构所在地"则应理解为统率法人业务的机构所在地。当法人只设一个办事机构时，该办事机构所在地即为住所，当法人设有多个办事机构时，则以其主要办事机构所在地为住所，①如总公司所在地、总厂所在地、总行所在地等。依照《民事诉讼法司法解释》第52条的规定，依法设立并领取营业执照的法人的分支机构可以作为诉讼参加人。由于此类法人的分支机构经常进行业务活动，对外发生民事法律关系，法人分支机构所在地是其事务执行地，应以法人分支机构所在地为其住所。

法人的登记是指法人筹办人、负责人或代表人，为设立、变更或终止法人资格，依照专门登记法律或其他规范中的相关内容及程序，将法定登记事项向登记主管机关申请登记，经其审查核准，登载于登记簿并公之于众的行为。②商事登记的重要功能即向市场公示商事主体的基本信息，以降低市场参与者的信息搜寻成本，提高交易效率。依照《公司登记管理条例》第9条的规定，公司住所是公司的法定登记事项。为更好地规范法人登记，维护交易安全以及保护相对人利益，本条增加"应当将主要办事机构所在地登记为住所"的规定。

从法律上确定法人住所，具有多重意义。第一，为确定诉讼管辖提供依据。《民事诉讼法》第21条第2款规定："对法人或者其他组织提起的民事诉讼，由被告住所地人民法院管辖。"从法律上确定法人住所，有利于明确案件管辖法院。第二，确定法律文书的送达处所。《民事诉讼法》第88条中规定："直接送达诉讼文书有困难的，可以委托其他人民法院代为送达，或者邮寄送达。"对法人来说，无论是直接送达还是邮寄送达，均以法人住所地为受送达处所。第三，确定债务履行处所。就合同约定不明时的履行问题，《民法典》合同编中的第511条中规定，履行地点不明确，给付货币的，在接受货币一方所在地履行；交付不动产的，在不动产所在地履行；其他标的，在履行义务一方所在地履行。就法人而言，其履行所在地即为其住所地。

---

① 张俊浩主编:《民法学原理》，中国政法大学出版社2000年版，第199、200页。
② 朱慈蕴:《我国商事登记立法的改革与完善》，载《国家检察官学院学报》2004年第6期。

【审判实践中应注意的问题】

审判实践中应当注意三个问题：

第一，一般情况下，法人的主要办事机构所在地、注册地或登记地、住所地是重合的，故一般而言，法人登记的住所地即为主要办事机构所在地。

第二，法人的住所系具有法律意义的概念，是指法人依法向主管行政机关登记的地点，不同于法人的场所。法人的场所是指法人从事业务活动或生产经营活动的处所，既包括法人机关所在地，也包括法人的生产经营场所和其他分支机构所在地。法人的住所只有一个，而法人的场所，包括营业场所、生产车间、销售网点则可以有多个。

案例：在天研时代公司与东平公司企业借贷纠纷管辖权异议案[①]中，法院认为，研时代公司所称其主要办事机构并未悬挂天研时代公司的公司标牌，也无人员办公，在该公寓G座物业管理部门处登记的公司也非天研时代公司，故该证据仅能证明该公司承租了北京市朝阳区××东路×号院××××公寓×座×××室，并不能足以证明该处所即为天研时代公司的主要办事机构。经公司登记机关登记的公司的住所只能有一个，公司的住所应当在其公司登记机关辖区内。公司变更住所的，应当在迁入新住所前申请变更登记，并提交新住所使用证明。故天研时代公司提出的管辖异议理由不能成立，裁定驳回天研时代公司对本案管辖权提出的异议。

第三，法人尤其是营利法人的登记对相对人利益十分重要，法人登记具有公示公信效力，法人应当依照本条规定，将主要办事机构所在地登记为住所，法人依法登记后，又以其登记的住所与其主要办事机构所在地不一致为由，提出管辖异议或者主张人民法院相关法律文书送达地址有误的，不予支持。

---

① 北京市第一中级人民法院（2014）一中民终字第07236号民事裁定书。

第六十四条 法人存续期间登记事项发生变化的,应当依法向登记机关申请变更登记。

【条文主旨】

本条是关于法人应依法办理变更登记的规定。

【条文理解】

登记是民法的重要制度之一,一般认为,登记的目的是将既有形式、权利公示于外,以待第三人尊重权利人的权利,履行其基本义务。法人登记构成了公示法人相关事项的重要制度,通过法人登记,其他主体可获知法人的产生、变更和消灭。在商事交易中,为确保交易安全,商事主体可通过查阅交易对象登记情况而确知其是否成立、是否存续、注册资本多少、住所何在等重要事项,以便作出更准确的商业判断和决策。根据我国登记管理相关规范,法人登记包括法人的设立登记、变更登记和注销登记。法人登记的法律意义,一是在于保护交易安全。维护交易安全是现代民商法的重要价值之一,为保护交易安全,就必然要求公示法人有关事项。由于登记机关一般为国家行政机关或司法机关,其所公布的登记信息具有权威性,故就法人变更而言,规定法人须将所有重要事项的变更登记于登记机关,使得法人变更相关事项及信息对社会公众产生公信力。二是在于利于监督管理。各国或地区法律均将与法人尤其是营利法人经营管理相关的重要事项规定为法定登记事项,以方便登记机关对法人进行监督管理。具体而言,即是国家通过建立完善的登记制度实现对法人经营的适度干预,法人登记为实现对法人的监管奠定了重要基础。就法人变更登记这一登记类型而言，规定法人发生变更须依法申请变更登记，可以使公司登记机关随时了解法人重要信息的变化，以便更好地实现间接管理与监督。

法人的变更，则是指法人在存续期间，法人组织上合并、分立以及活动宗旨、业务范围等登记事项的变化。法人在存续期间，基于各种原因和目的，如调整经营方向、改变经营规模、分散经营风险、优化资源配置，可能会变更与其自身存在条件有密切关联的登记事项，如组织形式、注册资本、合并、分立等。法人的变更通常对法人的人格产生重要影响，特别是合并和分立，会导致法人人格的消灭。由于法人的变更通常会涉及第三人及交易安全，故本条规定法人存续期间发生登记事项变更的，应当依法向登记机关申请变更登记。

法人变更的类型包括法人人格的变更、法人组织形态的变更及法人重要事项的变更。法人人格的变更包括法人的合并和分立。法人的合并是指两个或两个以上法人根据法律规定或合同约定变更为一个法人，包括新设合并、吸收合并两种形式。吸收合并是指一个法人归并到另一个现存的法人中去，参加合并的两个法人只消灭一个法人，另一个法人继续存在并吸收已消灭的法人，法人兼并、合并多属于此。如浙江大学、杭州大学、浙江医学院等合并为浙江大学即是如此。新设合并则是指两个以上的法人合并为一个新法人，参加合并的法人均消灭，新的法人产生。法人的分立是指一个法人分为两个或两个以上法人的现象，包括创设式分立和存续式分立。创设式分立，是指一个法人分成两个或两个以上的法人，原法人消灭，如中国人民保险公司分立为中国人民财产保险公司和中国人寿保险公司即属此情形。存续式分立则是指原法人存续，并分出一部分财产设立新法人。几个法人各分出一部分财产共同成立一个或几个新法人也属于存续式分立的情形。法人组织形态的变更，是指在不消灭法人人格的前提下，法人从一种组织形态转变成另一种组织形态。法人组织形态的变更往往导致法人责任形式、权利义务的改变，如依照《公司法》的规定，有限责任公司依照法定条件和程序，变更为股份有限公司。

法人其他重要事项的变更系在不消灭法人人格的前提下，法人的某些登记事项发生改变，如名称、住所、法定代表人、经营场所、经营范围、经营期限、注册资本、分支机构等发生变化。以上事项的变更可能对债权人、出资人的利益产生重大影响。[①] 就法人其他重要事项的变更，如法定代表人的变更，因形式和程序较为复杂，国家出台了专门规定予以规范，如《企业法人法定代表人登记管理规定》第6条即对法定代表人变更的登记事宜规定："企业法人申请办理法定代表人变更登记，应当向原企业登记机关提交下列文件：（一）对企业原法定代表人的免职文件；（二）对企业新任法定代表人的任职文件；（三）由原法定代表人或者拟任法定代表人签署的变更登记申请书。"

【审判实践中应注意的问题】

审判实践中应当注意两点：

第一，法人应将其存续期间发生变化的登记事项依法向登记机关申请变更登记，如法人未办理变更登记，对于变更事项，如法人住所、法定代表人相关的权利义务及责任等的认定，应以变更前的登记信息为依据，法人不得以其相关事项实际发生变更为由对抗善意第三人。

第二，法人未依法申请变更登记情形下其民事行为效力的认定，应依照本法有关民事法律行为的效力的规定、本法合同编、《公司法》及其司法解释对合同效力的规定依法作出认定。如有限责任公司股东经协商，自愿在原有股东内部转让股份的协议应认定为有效，该协议签订后如未履行股东变更程序，一般而言，不应因此影响合同效力。主张转让双方或其他股东主张未经股东变更程序的协议因形式欠缺而无效的，一般不予支持。

[①] 苏号朋：《民法总论》，法律出版社2006年版，第158、159页。

第六十五条 法人的实际情况与登记的事项不一致的，不得对抗善意相对人。

【条文主旨】

本条是关于法人登记的公信效力的规定。

【条文理解】

法人登记的公信效力，是指法人凡经登记的内容，应当推定其具有相应的法律效力，善意第三人根据登记内容所为的行为应当有效。[①] 法人登记制度，要求法人将所有重要事项登记于法人登记机关，其他民事主体可以查阅这些事项，以便准确获知法人的重要信息，以达到公示目的。由于登记机关多为国家机关（行政机关或司法机关，在我国主要系工商行政部门），其对法人的设立、变更、注销进行的登记行为，彰显了公权力对私权利的确认、对私法事实的公示，其所公布的登记信息具有权威性，足以使社会公众相信其真实、准确，故对社会公众产生公信力。交易相对方可根据登记公布的信息判断其履约能力、交易风险。如法人登记"外观"不能为社会一般人所信赖，势必造成登记制度的混乱，阻碍民商事交易的进行，亦难以达到保护交易安全的效力。法人登记具有公信力，是各国民法普遍认可的基本原理，更是商法"商事外观"原则的应有之义，究其原因，一方面在于公权力的可信任性，另一方面则是交易安全的要求。

---

① 赵中孚主编：《商法总论》，中国人民法学出版社2009年版，第183页。

一、法人登记的公信效力首先是法人登记的正确性推定效力

法人已经登记事项应与其实际状况一致,这是民事法律制度的基本要求。

案例:在李某芬与轧辊公司、李某丰清算责任纠纷一案①中,法院认为,李某丰与李某芬是华丰公司股东,虽然两人签订股权转让协议,李某芬将所持有的华丰公司50%股权转让给李某丰,但并未在工商登记机关办理股权转让和股东变更登记,华丰公司的股权变更不能对抗债权人轧辊公司。对于轧辊公司而言,李某芬仍然具有华丰公司股东的身份,应承担华丰公司股东的责任。虽然因当事人过错或登记机关疏忽等诸多原因造成登记事项与实际状况不一致的情况并不少见,但无论系何种原因,除特殊情形外,就第三人而言,有权部门的登记情况均是正确的,其可以相信登记的事实与实际情况一致。

二、法人登记的公信效力还体现在其具有善意保护效力

所谓法人登记的善意保护效力,是指法人登记公示的事项即使与法人实际情况不一致,对于基于信赖该公示事项而与法人交易的善意第三人而言,其正当权益不因错误登记而受损。否则,若善意第三人在每次交易时,都因不信赖法人登记事项而不得不自力审查相对人的各项情况,不仅于民事效益不利,亦有违基本公平。如何界定第三人"善意"的含义,亦是本条的重点内容。近现代民商立法大多在以下两种情况下使用"善意"一词:(1)指行为人动机纯正,没有损人利己的不法或不当目的的主观态度;(2)指行为人在为某种民事行为时不知存在某种足以影响该行为法律效力因素的一种心理状态。②本条内容中"善意"应是指行为人对其实施的行为和后果的一种心态,行为人非因自身过错而"不知""无法知道"或"不应知道"相对人登记的情况与其实际情况不符。

---

① 河北省高级人民法院(2014)冀民二终字第159号民事判决书。
② 王利明、王轶:《动产善意取得制度研究》,载《现代法学》1997年第5期。

【审判实践中应注意的问题】

审判实践中应当注意两点：

第一，判断第三人善意与否是否以第三人实际查阅登记簿载明的内容为前提。一般而言，只要第三人按登记的内容进行交易，即使未阅览登记簿也不宜推定其非善意第三人。不必过分探求第三人是否实际查阅从而确定其知或不知、信或不信，若第三人交易行为与登记内容相符合，即可以推定第三人无过失。实践中对过错的认定可结合具体情况，依客观实际或交易习惯下社会一般人之标准作出一般性的规定。

第二，根据《公司法》第32条第3款的规定，公司应当将股东的姓名或者名称向公司登记机关登记；登记事项发生变更的，应当办理变更登记。未经登记或者变更登记的，不得对抗第三人。股东名册在处理各股东关系上具有确定的效力，一般情况下，记载于股东名册的股东，才可以依股东名册的记载主张行使股东权利。一般情况下，名义上或实质上的权利人在尚未完成股东名册登记或者股东名册上的股东名义变更前，不能对抗公司。

第六十六条 登记机关应当依法及时公示法人登记的有关信息。

【条文主旨】

本条是关于法人登记公示制度的规定。

【条文理解】

公司登记公示制度是指特定国家机关依法对法人设立、变更、注销等过程中的法定登记事项予以登记备案，并且以法定形式向社会公示的制度。本条系我国首次以法律的形式正式确立法人登记信息公示原则，属《民法总则》新增规定，《民法典》予以保留，意义重大。正确理解和适用本条规定，需主要从以下几点把握：

一、法人登记公示制度的地位和性质定位

除法律另有规定，法人非经登记不得成立。因此，法人登记制度是整个法人制度的基础。从法人登记制度的功能来看，其首要功能在于对法人主体资格进行确认，并承载着国家对市场秩序的监管职能，包括市场准入、经营监督、经济数据统计、财税制度调整等，这表明法人登记制度具有明显的公法属性；法人登记的另一主要功能在于向社会公开发布公司等法人主体有关的基础信息和资料，辅助市场活动参与者对交易活动作出符合自己意思的判断，以维护交易安全。由此而言，公司登记制度在具备公法性的同时也自然具备相应的私法性质。公示是法人登记制度维护交易安全与效率的重要手段。法人登记公示制度作为法人登记制度的组成部分，不仅承继了公法性特点，而且是其私法价值的核心体现。法人登记公示制度通过向社会发布法人的基础信息和基础资料，以达到维护交易安全以及市场诚信的效果，[①]这正是法人登记制度的核心价值所在，具有极强的不可替代性。因此，从制度定位上讲，法人登记公示制度毫无疑问处于整个法人登记制度的核心地位。基于以上认识，党的十八届三中全会之后开展的全国工商登记改革工作，正是以公司登记公示制度为核心，进行我国整个公司登记制度的改革与重构。

二、法人登记公示原则的基本要求

法人登记公示制度以让一般社会公众知悉登记事项为目的，公示范围包括法人主体的经营身份、状况、能力、信誉等，以减少交易风险，降低交易成本。为实现上述目的，法人登记公示原则主要应包含以下几层含义：

（一）公示主体法定

法人登记信息的主体应为法律规定的国家机关，以确保公示内容的权威性和可信赖性。

（二）公示内容法定

如果内容没有法定，则不能产生公示的公信力。根据法人登记阶段的不同，要求公示的法定内容也相应不同。

（三）公示方式法定

公示方式是登记公示效力体现的载体，如果不符合法定形式，就不能产生公示的效力。根据《日本公司法典》第939条规定，日本公司登记信息的法定公示方式有政府公报、有关时事事项的日刊报纸、电子公告等。根据《企业登记档案资料查询办法》的有关规定，我国现有公司登记公示制度可分为主动公示和依申请公示两种类型。主动公示方式，主要包括营业执照公示和网络公示两种方式；依申请公示，主要是登记机关依照一定程序，为查询申请人就公司机读档案资

[①] 王利明：《民法总则》，中国人民大学出版社2017年版，第162页。

料、书式档案资料提供查阅、复制、抄录等公示服务。

（四）及时公示

登记机关应将已登记的事项及时公示，特别是对于法人变更登记等事项更要从速公示，唯此才能最大限度地保障交易安全。

三、法人登记机关为登记信息公示法定机关

我国法律法规规定的法人登记机关较多：市场监督管理部门是有限责任公司、股份有限公司和其他企业法人等营利性法人的登记机关；民政部门是非营利法人中社会团体法人、基金会、捐助法人等的登记机关；政府机构编制管理机关是非营利法人中事业单位法人的登记机关等。依据本条规定，上述法人登记机关，也是其负责登记的法人主体的信息公示法定机关。

四、登记机关负有及时公示的法定义务

及时公示是法人登记公示制度的基本要求。在2013年我国商事登记制度改革之前，有些登记机关在实际工作中还一定程度存在"重登记过程完成、轻公示作用发挥"的倾向，在为市场主体提供畅通、便捷、有效的法人信息知晓通道工作方面还有完善空间。《民法典》总则编明确规定登记机关及时公示的法定义务，不仅是对一个法律原则的建构，也对登记机关依法全面正确履职提出了更高的要求。及时公示法人登记信息，主要可从以下两方面入手：

（一）增强公示方式的时效性

由于互联网信息传递具有传统媒体无法比拟的速度优势以及受众广泛的特点，且不受地域、距离及繁琐程序的限制，最适宜法人登记事项的公告和档案查询，能有效解决我国商事登记档案利用率不高、公示时效性不强等的问题。

（二）增强法人登记信息查询的便捷度

从理论上讲，企业登记事项都属于应公示的法律文件，并非商业秘密，对企业登记事项进行查询以保证交易安全是法律赋予每一个市

场参与者的权利，也是登记机关的法定义务。根据《企业登记档案资料查询办法》的有关规定，目前市场主体查阅、复制企业法人登记档案文件的前置程序和条件，仍有简化的空间。在市场经济条件下，法人登记制度除具有创设法人主体和实现国家对市场主体进行监管的功能外，更为重要的功能在于公示市场主体的登记信息，以实现商业信息的公共服务功能。因此，建立、完善方便迅捷的法人信息查阅、复制、抄录等利用制度，需要登记机关自身由管理型职能向服务型职能转变，使登记信息公示工作更多地体现为一项政府服务行为，以更好地履行法定职责。

【审判实践中应注意的问题】

一、关于法人登记公示制度与民事责任衔接问题

根据《民法典》第65条关于"法人的实际情况与登记的事项不一致的，不得对抗善意相对人"的规定，法人登记信息具有公示对抗效力。基于此，法人登记公示效力将会直接影响到民事责任的承担。在表见代表领域，《民法典》合同编中的第504条中特别强调了"除相对人知道或者应当知道其超越权限的以外"，法人的法定代表人实施的越权代表或无权代表行为有效。在法人登记通过公示具备对抗效力的情况下，如登记的法定代表人既与真实法定代表人不符，也不是相对人的交易对手，该相对人将很难证明其是善意相对人，人民法院应当排除表见代表的适用。由此可知，公司登记公示将在相对人善意无过失的认定方面产生决定性的影响。

二、关于涉法人登记信息的民行交叉案件处理原则

法人登记属行政行为，受行政法律关系调整。因法人实际情况与登记事项不一致而引发民商事案件，在是否需要待行政登记行为被撤销后再作审理等问题上，涉及民商事案件与行政案件如何协调问

题。总的来说，要坚持基础法律关系先行原则：如果民商事审判必须依据行政行为内容或者行政诉讼查明的事实认定民商事法律行为要件事实，则在行政行为或者行政诉讼裁判作出前，民商事案件应中止审理。行政行为或者行政诉讼裁判作出后，民商事案件应及时恢复审理；如果行政行为、行政诉讼必须以民商事审判结果为依据，则民商事审判应尽快作出裁判，没有中止审理的必要。一般而言，对于非因登记机关过错而导致的公司股东变更登记，原股东为救济权利而分别提起民事确权之诉和行政撤销之诉，因该登记内容属证权性登记，行政诉讼有赖于民事确权之诉的结果，该民商事案件应当尽快作出裁判。

第六十七条 法人合并的,其权利和义务由合并后的法人享有和承担。

法人分立的,其权利和义务由分立后的法人享有连带债权,承担连带债务,但是债权人和债务人另有约定的除外。

【条文主旨】

本条是关于法人合并、分立后权利义务承担的规定。

【条文理解】

法人合并,是指两个或两个以上法人合并为一个法人;法人分立,是指一个法人分成两个或者两个以上的法人。法人合并与分立,是法人组织变更的主要形式,也是法人自我调整组织结构最主要的法律手段。公司通过法人合并或分立的方式,可以有效开展现代公司资产重组,调整公司组织结构,降低投资风险和成本,提升公司盈利能力。法人合并的基本形式分为吸收合并和新设合并,前者仅是被合并的法人主体资格不复存在,后者则是原有的法人资格均被消灭并产生新的法人。[①]法人分立的基本形式分为新设分立和派生分立,前者是原法人主体资格消灭而新设两个及以上法人,后者是原法人主体资格保留并新设其他法人。法人合并、分立的过程中,涉及一系列法人组织结构变化、债权债务关系调整、法人财产转移等问题,特别是对原法人债权人保护问题,需要在民事基本法和特别法中统筹加以规定。正确理解和适用本条规定,需要重点把握以下几点:

---

① 朱庆育:《民法总论》,北京大学出版社2013年版,第434页。

一、法人合并、分立的，权利、义务以变更后的法人享有和承担为原则

法人变更，虽然会对原法人权利、义务造成一定影响，但无论如何变更，都不会导致原法人权利、义务的消灭。法人合并、分立时，在法人财产方面，原有的财产所有权、经营权、知识产权等都一并转移给合并、分立后的企业；在债权债务方面，虽然合并和分立也是一种权利、义务的概括转让，但因此而引起的债权债务关系转让均由法律直接规定（如本条之规定等），是法定的债权债务概括转移。具体而言，变更后的法人依法有权请求原法人的债务人履行义务，原法人的债权人亦有权请求变更后的企业法人偿还债务，分立后的各个法人对原法人的债务承担连带清偿责任。在民事损害赔偿责任方面，因变更后的法人承继了原法人移转的权利，也就当然有义务承担原法人的赔偿义务，故由合并、分立后的法人主体承担侵权损害赔偿责任。

二、在法人分立情形下实行协议优先原则

法人特别是公司法人分立行为，受民事法律规范的调整。契约自由是民法中的基本原则，当然也是法人分立情形下债务承担的一般原则，即在法人分立过程中，只要法人与债权人之间的债务承担协议不存在无效事由，就对各方当事人产生法律约束力。基于意思自治原则，协议的效力还应当优先于法律的任意性规定，也就是说，上述债务承担协议能够排除适用各分立后法人承担连带责任的法律规定。事实上，法人分立后债务的承担，经各方约定，无论是由分立后的各个企业按照一定比例分担，还是由分立后的某一个企业或某几个企业按照一定比例分担，均属于分立企业作为市场经济中的市场主体自行决策的范畴，法律不应干涉。这是私法自治原则在企业分立中的具体体现。也正是基于此，在《民法典》出台之前，《合同法》第90条就分立法人的债务承担问题，明确规定了上述协议优先的原则。需要注意的是，由于法人分立必然会对法人财产进行改造，分立的后果必然会造成作为法人责任财产的法人资产的变化,所以,分立行为不仅仅涉及分立前的法人与存续法人或者新设法人的权利和义务,也必然影响到原法人债权人债权的实现。因此,债权人为了维护自身的合法权益,有权就分立后各法人之间的债务承担协议享有知情权和异议权。因此,协议优先原则适用的前提在于,各分立后法人的债务承担约定,必须经债权人同意才能产生对债权人的约束力。否则,债权人可以根据企业法人财产原则,依法追究有关责任主体的民事责任,有关责任主体不能以分立协议中关于债务承担的约定来对抗债权人的主张。

三、法人合并、分立的有关特别程序规定

由于上述债权人保护规则较为严格,我国现有法律没有规定法人合并、分立必须进行强制清算。但法人的合并或分立,或多或少地会使得原有登记事项发生变更,直接影响到法人权利的行使和义务的履行并关乎法人登记的公信力。因此,法人合并或分立的,应当按照《民法典》第64条的规定向登记机关申请变更登记。另外,除到登记机关办理变更登记外,对于法律、行政法规规定的法人合并、分立需经审查批准的,应履行审查批准手续。

【审判实践中应注意的问题】

一、准确界定企业吸收合并与企业资产出售行为的界限,区别适用不同的债务承担规则

企业吸收合并与企业资产出售行为虽然在表现方式上有明显区别,但因吸收合并也会导致被兼并方企业资产的减少,在交易效果上,表面上与企业出售资产效果趋同,使得审判实践中出现了将企业吸收合并的债务承担规则扩大适用到企业出售资产情形。实际上,企业出售资产后,其资产规模并未减少,只是资产形态发生了变化,主

要是将实物资产转为了货币资产，企业的偿债能力也并未由此削弱。为厘清两者债务承担规则，《最高人民法院研究室关于企业资产出售合同效力和民事责任承担问题的答复》明确规定："企业出售资产的合同，如果买受人支付了合理的对价而且不具有合同法第五十二条规定的情形的，人民法院应当认定出售合同有效。企业出售资产行为不适用《最高人民法院关于审理与企业改制相关的民事纠纷案件若干问题的规定》，企业出售其资产后应自行承担其原对外债务。"最高人民法院（2015）民提字第207号民事判决也就此问题专门予以了重申。

二、法人分立情形下债务转让对保证责任的影响问题

法人分立发生后，不可避免地会使原法人财产减少，虽然原债务无论是基于法律规定还是当事人约定，都可能发生债务转让。在原债务有保证人的情况下，就涉及了本条规定与《民法典》合同编中的第697条第1款的协调问题。第697条第1款规定："债权人未经保证人书面同意，允许债务人转移全部或者部分债务，保证人对未经其同意转移的债务不再承担保证责任，但是债权人和保证人另有约定的除外。"由此可见，一旦发生主债务的转移，无论是何种形式的转移，除债权人和保证人另有约定外，都必须取得保证人的同意，否则，保证人可不再承担保证责任。就法人分立具体而言，保证人责任是否获得免责，应当区分以下三种情形：（1）债权人不许可债务人（被分立法人）转让债务而债务人和第三人（存续公司或者新设公司）擅自约定转让债务的，此种转让不发生债务转让的法律效力，保证人的保证责任仍然不能免除。（2）虽然债权人许可债务人转让债务但实际并未发生债务转让效果的，保证人的保证责任也不能免除。例如，因其他原因，公司分立未被批准或被确认无效，此时保证责任仍不能免除。（3）债务转让经债权人同意但未取得保证人的同意的，保证人的保证责任依法予以免除。

> **第六十八条** 有下列原因之一并依法完成清算、注销登记的，法人终止：
> （一）法人解散；
> （二）法人被宣告破产；
> （三）法律规定的其他原因。
> 法人终止，法律、行政法规规定须经有关机关批准的，依照其规定。

【条文主旨】

本条是关于法人终止事由和终止程序的规定。

【条文理解】

法人终止，也就是法人民事主体资格的消灭。法人终止后，其民事权利能力和行为能力随之消灭。虽然在法律意义讲，法人终止与自然人死亡相同，但法人作为社会组织体消灭，既无生命，更无继承人而言。因此，法人的终止须严格法定，须有法定事由的出现，并经一系列法定程序进行，其主体资格方可消灭。之所以如此，一是法人的团体性质决定了其社会影响力较大，草率终止法人可能扰乱社会秩序，国家需要对法人退出机制进行干预；二是法人的终止将导致其存续期间所发生的一切法律关系消灭，为保护第三人的信赖利益，须在此程序中严格依照法定要求进行，而不能仅依法人的意思自治行事。《民法通则》关于法人终止的规定较为简单，一些规定还容易引起理解上的分歧，《民法典》总则编就此专门予以了完善。正确理解和适用本条规定，需重点把握以下两个方面：

一、关于法人终止的法定事由

法人的终止须经特定程序才能实现法人终止的法律效果,而法定终止事由的出现则是启动法人终止程序的前提。《民法通则》没有在法人总则部分就法人的终止事由作出总括性规定,只在"企业法人"一节中规定终止的原因包括依法被撤销、解散、依法宣告破产、其他原因四种情形;《公司法》第180条将解散情形又细化为:公司章程规定的营业期限届满或公司章程规定的其他解散事由出现、股东会或股东大会决议解散、因公司合并或者分立需要解散、依法被吊销营业执照、责令关闭或者被撤销、人民法院依照《公司法》第182条的规定予以解散。以上法人终止的具体事由,从市场退出的发起方式看,可分为法人自愿退出市场和强制退出市场两大类型。自愿退出市场情形,主要包括公司章程规定的营业期限届满或公司章程规定的其他解散事由出现、股东会议决议解散、因公司合并或者分立需要解散三种情形。自愿退出市场虽是法人意思自治的体现,但是与法人设立不同,退出市场不仅关系到公司及其股东之间的利益,还涉及法人存续期间已发生的法律关系中的其他利害关系人。因此,各国立法都对该意思自治进行了必要的限制。强制退出市场的事由,主要包括行政强制退出市场、司法强制退出市场和因不能清偿债务被依法宣告破产而退出市场三种情形。需要特别指出的是,本条规定的法人终止事由相较《民法通则》,最大的变化在于将依法被撤销情形纳入了法人解散的情形。被撤销,是指法人因违法行为而被行政机关撤销登记,强制解散的行政处罚,属行政强制退出市场的范围。各国对于行政强制解散公司主要有否认行政强制解散与允许行政强制解散两种立法模式,《民法典》将法人被撤销纳入法人解散的情形,是对2005年《公司法》允许行政强制解散公司法人立法例的肯定,表明我国采用了允许行政强制解散的立法模式。

二、关于法人终止的程序法定

法人的终止是由一系列法律程序和法律行为构成的时间过程，必须遵循法定的程序和要求。根据本条规定，当法人终止原因出现时，法人应进入清算程序，在依法完成清算后，再办理注销登记，才能使法人终止。由此，法人终止依时间顺序总体分三个步骤进行：启动与法人终止事由的出现；主要过程是清算程序；最后一步为办理注销登记。以上程序，先后顺序绝不可颠倒。清算是法人终止程序中的最为重要的环节，运行良好的清算制度能最大限度减少法人终止的负面影响。清算可分为破产清算和非破产清算，各国民法典中的法人清算程序均是指非破产清算，而鉴于破产清算程序的复杂性，各国一般都专立破产法加以规制。破产清算和非破产清算虽在程序上有很大区别，但两者实质都是对即将终止的法人资产和债权债务进行全面清理，异曲同工。注销登记是企业法人退出市场的最后一步，清算人在清算完结后根据法律规定自清算完结之日起一定的时限内向法人登记机关申请注销登记并依法提供注销登记申请书、清算报告以及法人证照等资料。需要指出的是，注销登记良好制度效果的实现与完备的法人登记公示制度紧密相关。

【审判实践中应注意的问题】

实践中，应厘清法人终止制度中解散、注销、终止等基本概念，进而准确认定法人终止各阶段的民事责任主体。

长期以来，受《民法通则》第三章法人一般规定部分对法人终止制度规定较为简单、对市场退出机制的研究不够重视等多种因素影响，理论和实务界对公司解散、公司终止、公司注销等概念时常在认识上出现混同，致使曾经一度出现了一系列司法适用争议，比较典型的有公司解散或被吊销营业执照的法人诉讼资格问题。为解决上述认识问题，《民法典》在法人一般规定部分明确法人终止的法定事由和法定程序，使得上述概念的界限更加明晰。

第一，解散仅是法人终止的原因行为，而不是法人终止的必经程序，不能与清算程序相提并论。法人基于自愿作出解散决议或者因行政强制被解散的，都是法人解散事由的情形之一。对于法人解散，至多也只能看作是一个行为，而不应认为是法人终止中存在解散程序。因此，在法人终止的语境下，法人解散作为法人退出市场的原因行为，其概念的名词属性更为强烈。因此，法人解散并不能意味着法人终止，未经清算和注销登记，该法人仍具有民事主体资格。

第二，法人终止是在法人解散等事由出现，经清算和注销登记程序后所形成的法人资格消灭的法律效果。因此，法人终止相较于法人解散、法人清算和法人注销，是一个上位和整体概念，四者不在一个层次。需要特别注意的是，法人注销虽然是法人终止效果的完成标志，但法人注销与法人终止也不能简单等同。根据《民法典》第72条第3款中规定，依法不需要办理法人登记的，清算结束时法人即终止，而无须办理注销登记。在此情形下，法人终止并不以法人注销为前提。

对于以上概念的界限，简而言之，解散指引起法人终止的原因，是法人终止的开始，之后法人进入清算程序，一般情况下完成清算并经注销登记，法人民事主体资格才归于消灭，法人终止这一整体效果才最终达成。基于以上认识，我们可以得出这样的结论：在法人出现终止事由时，只要其未依法清算完毕并办理注销登记手续，其民事主体资格就仍然存续，仍应作为民事诉讼主体参加诉讼活动，并按照法人制度独立承担民事责任。

第六十九条 有下列情形之一的，法人解散：

（一）法人章程规定的存续期间届满或者法人章程规定的其他解散事由出现；

（二）法人的权力机构决议解散；

（三）因法人合并或者分立需要解散；

（四）法人依法被吊销营业执照、登记证书，被责令关闭或者被撤销；

（五）法律规定的其他情形。

【条文主旨】

本条是关于法人解散原因的规定。

【条文理解】

法人解散，是指已经成立的法人，因法人章程规定或者法定事由出现而停止经营活动，开始进行清算，使法人人格消灭的行为。法人解散后，一般需要经过清算程序，清理法人财产和债权债务，处理未尽事宜，最终通过注销登记等方式，消灭法人人格。法人人格在法人解散后、清算完结前仍然存在，但其行为能力被限定于清算范围内，只能开展与清算有关的活动。除法人破产终止等情形外，法人解散是法人终止的主要事由。

法人解散的原因通常可以分为自愿解散和强制解散。自愿解散，是指法人基于自身意愿而解散，如法人的权力机构决议解散、章程规定的存续期间届满等。强制解散又称非自愿解散，是指法人非因自身意愿，被政府有关部门决定或法院裁判而解散。强制解散又可分为行政解散和司法解散，前者多基于行政机关作出的行政决定，如吊销营业执照、责令关闭等；后者主要指公司法人因出现显著困难或公司僵局而由法院判决解散的情形。法人变更也是法人解散的原因之一，如法人合并和分立，同样会引起法人主体资格的消灭；但法人变更并不进行清算，其权利义务依照有关法律规定或约定转移给合并或分立的新主体。

就本条规定的解散原因，可区分自愿解散、行政解散和司法解散等情形予以理解。

一、自愿解散

本条第1、2、3项规定属于自愿解散情形。

（一）法人章程规定的存续期间届满或者法人章程规定的其他解散事由出现

法人可以通过章程等形式规定其营业期限，该期限一般自营业执照、登记证书等证照签发之日起计算。如《公司法》第7条第1款规定："依法设立的公司，由公司登记机关发给公司营业执照。公司营业执照签发日期为公司成立日期。"如法人的存续期间届满，应当停止营业活动，进入解散程序；如果法人的存续仍有必要，可以由法人权力机构作出延长期限的决议，并通过向登记机关办理变更登记后加以存续；法律法规就此有特别规定的，应从其规定。《公司法》第181条规定，公司可以通过修改公司章程而存续，明确依照上述规定修改公司章程的，有限责任公司须经持有三分之二以上表决权的股东通过，股份有限公司须经出席股东大会会议的股东所持表决权的三分之二以上通过。此外，法人也可以根据自身情况，在章程中规定特定的解散事由，一旦这些事由出现，法人即停止经营活动而进入解散程序。例如，章程规定的法人设立宗旨已经实现，无存续之必要等。

（二）法人的权力机构决议解散

在法人章程规定的存续期间未满、特定解散事由也未出现时，法人权力机构可以以决议形式解散法人。因解散属于法人重要事务，需经过法人权力机构进行正式决议。《公司法》第43条规定，股东会会议作出公司合并、分立、解散或者变更公司形式等决议，必须经代表三分之二以上表决权的股东通过。一人有限责任公司解散可以采用书面决定方式作出，并由股东签名后置备于公司。对于国有独资公司，其解散应按照《公司法》第66条之规定，由国有资产监督管理机构决定，重要的国有独资公司解散的，还应当由国有资产监督管理机构审核后，报本级人民政府批准。

（三）因法人合并或者分立需要解散

此系法人变更后解散的情形。法人合并，是指两个或两个以上的法人通过签订协议等方式，不经过清算程序，直接合并为一个法人的法律行为，可分为吸收合并和新设合并两种方式。前者是指一个法人吸收其他法人而继续存续，被吸收法人解散的方式，又称存续合并；后者是指两个或两个以上的法人合并，合并后各方解散的方式，又称新设合并。法人合并均会产生法人解散的结果。法人分立，是指一个法人通过签订协议等方式，不经过清算程序分立为两个或两个以上的法人，可分为存续分立和解散分立两种方式。前者是指一个法人分离为两个或两个以上的法人，该法人本身继续存在，又称派生分立；后者是指一个法人分离为两个或两个以上的法人，该法人本身解散，又称新设分立。在解散分立的情况下，发生法人解散的结果。

二、行政解散

本条第4项规定即属于行政解散情形。其中，吊销营业执照、登记证书，是指剥夺被处罚法人已取得的营业执照、登记证书，使其丧失继续从事经营活动的资格；责令关闭，是指因行为人违反了有关法律法规规定，由行政机关作出停止经营的处罚决定，使法人停止其经营活动；被撤销，是指由行政机关撤销有瑕疵的行政登记。上述情形均源于行政机关的行政行为，在上述行为发生后，法人应解散并进入清算程序。以公司为例，《公司法》第198条、第211条、第213条等分别规定，对于虚报注册资本、提交虚假材料或者采取其他欺诈手段隐瞒重要事实取得公司登记,情节严重的,撤销公司登记或者吊销营业执照;公司成立后无正当理由超过6个月未开业的,或者开业后自行停业连续6个月以上的,可以由公司登记机关吊销营业执照;利用公司名义从事危害国家安全、社会公共利益的严重违法行为的,吊销营业执照。此外,其他有关法律法规就上述事项的规定,也会导致法人的行政解散。如《基金会管理条例》第41条规定:"基金会、基金会分支机构、基金会代表机构或者境外基金会代表机构有下列情形之一的,登记管理机关应当撤销登记:(一)在申请登记时弄虚作假骗取登记的,或者自取得登记证书之日起12个月内未按章程规定开展活动的;(二)符合注销条件,不按照本条例的规定办理注销登记仍继续开展活动的。"

三、司法解散

司法解散在司法实践中比较常见,主要针对公司主体。如《公司法》第182条专门规定了公司的司法解散程序,并在《公司法司法解释(二)》第1条中作了细化规定,本条第5项"法律规定的其他情形"即包括此种情形。公司作为私主体,其运行应坚持自治原则,但当公司经营管理发生严重困难,继续存续会使股东利益受到重大损失,而通过其他途径又不能解决时,为改变公司瘫痪状态,保护中小股东利益,司法权可以审慎介入,以法院判决的方式解散公司。法律不轻易赋予股东通过司法程序解散公司的权利,审理公司解散诉讼需要注意合理把握公司自治与司法介入的关系。另外,《公司法司法解释(二)》第1条第2款规定,股东以其知情权、利润分配请求权等权益受到损害,或者公司亏损、财产不足以偿还全部债务,以及公司被吊销企业法人营业执照未进行清算等为由,提起解散公司诉讼的,人民法院应不予受理。公司解散程序和公司清算程序在诉讼构造、性质等方面均不相同,也不能一并处理。

案例:在林方清诉常熟市凯莱实业有限公司、戴小明公司解散纠纷案①中，法院认为，凯莱公司两名股东各占50%的股份，只要两名股东的意见存有分歧、互不配合，就无法形成有效表决，显然影响公司的运营。凯莱公司已持续4年未召开股东会，无法形成有效股东会决议，也就无法通过股东会决议的方式管理公司，股东会机制已经失灵。执行董事戴小明作为互有矛盾的两名股东之一，其管理公司的行为已无法贯彻股东会的决议。林方清作为公司监事不能正常行使监事职权，无法发挥监督作用。由于凯莱公司的内部运营机制早已失灵，林方清的股东权、监事权长期处于无法行使的状态，其投资凯莱公司的目的无法实现，利益受到重大损失，且凯莱公司的僵局通过其他途径长期无法解决。林方清在提起公司解散诉讼之前，已通过其他途径试图化解与戴小明之间的矛盾，但双方仍不能达成一致意见。此外，林方清持有凯莱公司50%的股份，也符合《公司法》关于提起公司解散诉讼的股东须持有公司10%以上股份的条件。综上所述，凯莱公司已符合《公司法》及《公司法司法解释（二）》所规定的股东提起解散公司之诉的条件。

【审判实践中应注意的问题】

《民法典》就法人解散原因进行的规定，与对法人分类的调整变化相互对应。由于我国经济社会的快速发展，新的组织形态不断出现，法人形态已经发生了较大变化，《民法典》吸收《民法总则》的立法成果，调整改变了《民法通则》关于企业法人、机关法人、事业单位法人和社会团体法人的分类，并按照法人设立目的和功能等方面的不同，将法人分为营利法人、非营利法人和特别法人，且在总则编第三章"法人"第一节"一般规定"中规定了法人解散原因，突出了法人解散制度的重要性。但就制度本身而言，主要还是针对营利法人，其中又以公司法人最为典型。对于事业单位、社会团体、基金

---

① 最高人民法院指导案例8号。

会、社会服务机构等非营利法人以及机关法人、农村集体经济组织法人、合作经济组织法人、基层群众性自治组织等特别法人，特别是民办学校、民办非企业单位、机关单位等主体，在解散的具体适用范围以及解散原因方面存有较大差异，还需结合其他相关法律法规规定进行处理。如《民办教育促进法》就民办学校终止时的清算事宜，区分情况规定：民办学校自己要求终止的，由民办学校组织清算；被审批机关依法撤销的，由审批机关组织清算；因资不抵债无法继续办学而被终止的，由人民法院组织清算。

> **第七十条** 法人解散的,除合并或者分立的情形外,清算义务人应当及时组成清算组进行清算。
>
> 法人的董事、理事等执行机构或者决策机构的成员为清算义务人。法律、行政法规另有规定的,依照其规定。
>
> 清算义务人未及时履行清算义务,造成损害的,应当承担民事责任;主管机关或者利害关系人可以申请人民法院指定有关人员组成清算组进行清算。

【条文主旨】

本条是关于法人应及时清算及未及时清算责任的规定。

【条文理解】

一、法人解散应及时清算

清算,是指法人终止前,依照一定程序了结法人事务,清收债权、清偿债务,分配剩余财产,使法人人格消灭的行为。法人解散的,法人资格并不能立即终止,而必须经过清算。原因在于四个方面:(1)营利法人的出资者往往不止一人,人数较多,如法人终止要求全体出资者对财产分配方式和程序形成决议,难以形成一致意见,容易引发争议,增加成本,需要法律规定统一的清算制度。(2)营利法人,尤其是现代公司,股东众多,所有权与经营权可能存在分离,实际控制公司的董事、经理或者实际控制人可能在法人终止前私自处分法人财产或者不公平分配法人财产,损害股东和其他债权人利益,故有必要规定法定程序对法人财产公平进行清算。(3)营利法人的出资人大部分以出资额为限对法人债务承担有限责任，法人以其财产为债权人提供保障，如法人未清偿债务直接终止，债权人的债权将无法实现，故有必要要求法人终止前依照特定程序将法人财产向债权人进行平等清偿。（4）法人终止，除了影响股东和债权人利益外，还可能影响职工等其他利害关系人，必须通过法定程序保障这些利害关系人参与法人财产的分配。

《民法通则》第47条规定："企业法人解散，应当成立清算组织，进行清算。企业法人被撤销、被宣告破产的，应当由主管机关或者人民法院组织有关机关和有关人员成立清算组织，进行清算。"《公司法》第183条中规定："公司因本法第一百八十条第（一）项、第（二）项、第（四）项、第（五）项规定而解散的，应当在解散事由出现之日起十五日内成立清算组，开始清算。"《民办教育促进法》第58条第1款规定："民办学校终止时，应当依法进行财物清算。"《商业银行法》第69条、《保险法》第149条、《证券投资基金法》第5条等亦要求商业银行、保险公司、基金管理人、基金托管人依法进行清算。《民法总则》在综合以上内容的基础上规定，法人解散的，除合并或者分立的情形外，清算义务人应当及时组成清算组进行清算。《民法典》保留了《民法总则》的规定。法人合并或者分立的，根据《民法典》第67条规定，法人的权利义务由合并或者分立后的法人承担，原法人相关利害关系人的利益通常不会受到侵害，无须进行清算。

二、清算义务人

清算义务人，是指基于其与法人之间存在的特定法律关系而在法人解散时对法人负有依法组织清算的义务，并在法人因未及时清算给相关权利人造成损害时依法承担相应责任的民事主体。清算义务人与清算人是两个不同的法律概念。清算义务人的义务是组织清算，故又有人称之为法人清算的组织主体。而清算人是在清算中具体实施清算事务的主体。当然，清算义务人亦可直接担任清算人。

《公司法》第183条中规定,有限责任公司的清算组由股东组成,股份有限公司的清算组由董事或者股东大会确定的人员组成。《公司法司法解释(二)》第18条进一步明确,有限责任公司的股东、股份有限公司的董事和控股股东、公司的实际控制人是清算义务人。本条第2款是对所有法人的清算义务人的规定。法人执行机构或者决策机构直接负责法人的运营,了解法人运行状况,要求其承担清算义务具有职权上的便利性,可以有效防止公司财产的流失,进而保护债权人等利害关系人的利益。本条第2款第一句明确,法人的董事、理事等执行机构或者决策机构的成员为清算义务人。法人虽有一定的财产,但并不当然具有出资主体,即使有出资主体,出资主体承担的是出资义务,要求所有出资主体承担清算义务并不妥当,故本条没有将出资主体作为清算义务人。当然,本条第2款第一句只是一般性规定。对于特定类型法人的清算义务人,允许法律、行政法规另行规定。例如,对于有限责任公司与股份有限责任公司,《公司法》第184条和《公司法司法解释(二)》第18条有特殊规定,应依照以上规定认定有限责任公司与股份有限公司的清算义务人。

三、清算义务人的责任

对于清算义务人的责任,《公司法》第183条规定,公司应当在解散事由出现之日起15日内成立清算组,开始清算;逾期不成立清算组进行清算的,债权人可以申请人民法院指定有关人员组成清算组进行清算。因清算义务人对公司组织清算属于一种作为行为,如果义务人不作为,法院可以判决其承担清算责任,这种判例在实践中是存在的,但是对于给付行为,判决执行时存在一定困难。鉴于此,《公司法司法解释(二)》通过增加清算义务人不作为的成本迫使其选择作为,即在清算义务人不进行清算时,可通过将其清算责任向财产责任转化的方式,达到督促其依法清算和规范法人退出行为的目的,同时实现对公司解散清算中债权人利益的保护。《公司法司法解释(二)》第18条规定:"有限责任公司的股东、股份有限公司的董事和控股股东未在法定期限内成立清算组开始清算，导致公司财产贬值、流失、毁损或者灭失，债权人主张其在造成损失范围内对公司债务承担赔偿责任的，人民法院应依法予以支持。有限责任公司的股东、股份有限公司的董事和控股股东因怠于履行义务，导致公司主要财产、账册、重要文件等灭失，无法进行清算，债权人主张其对公司债务承担连带清偿责任的，人民法院应依法予以支持。上述情形系实际控制人原因造成，债权人主张实际控制人对公司债务承担相应民事责任的，人民法院应依法予以支持。"本条第3款借鉴以上规定的内容，抽象出适用于所有法人的清算人民事责任条款，规定："清算义务人未及时履行清算义务，造成损害的，应当承担民事责任；主管机关或者利害关系人可以申请人民法院指定有关人员组成清算组进行清算。"根据该规定，清算义务人未及时履行清算义务的，应承担两个方面的责任：一是清算责任，即主管机关或者利害关系人可以申请人民法院指定有关人员组成清算组进行清算，有关人员可以包括清算义务人；二是赔偿责任，即清算义务人未及时履行清算义务人给他人造成损害的，应承担损害赔偿责任。

【审判实践中应注意的问题】

一、关于"及时"的判断

清算义务人只有在未及时履行清算义务的情况下，才需要承担相应的民事责任，故"及时"的判断对于实践中认定清算义务人的责任尤为重要。《公司法》第183条规定，公司解散的，应当在解散事由出现之日起15日内成立清算组，开始清算。其他法律对清算时间没有特殊规定的，可以参照该规定进行判断。当然，法律对解散和清算有特殊规定或者特定类型法人的清算有特殊性的，则应考虑该特殊规定以及特殊性。

二、关于清算义务人的赔偿责任

本条所规定的"清算义务人未及时履行清算义务,造成损害的,应当承担民事责任"较为原则。实践中,对于该赔偿责任的法理基础、构成要件、法律后果、举证责任、诉讼时效等问题,可以参照《公司法司法解释(二)》第18条相关理解进行处理。当然,特定类型法人与公司存在区别,且这种区别导致需要作出不同于《公司法司法解释(二)》第18条的处理的,则应特殊处理。

案例:在上海存亮贸易有限公司诉蒋志东、王卫明等买卖合同纠纷案[1]中,法院认为:存亮公司按约供货后,拓恒公司未能按约付清货款,应当承担相应的付款责任及违约责任。房恒福、蒋志东和王卫明作为拓恒公司的股东,应在拓恒公司被吊销营业执照后及时组织清算。因房恒福、蒋志东和王卫明怠于履行清算义务,导致拓恒公司的主要财产、账册等均已灭失,无法进行清算,房恒福、蒋志东和王卫明怠于履行清算义务的行为违反了公司法及其司法解释的相关规定,应当对拓恒公司的债务承担连带清偿责任。

三、关于利害关系人的范围

清算义务人未及时履行清算义务,只有利害关系人才可以要求清算义务人履行清算责任或者赔偿损失。利害关系人的范围,除了债权人外,还应包括公司股东以及职工等其他可能参与法人财产分配的主体。[2]

---

[1] 最高人民法院指导案例9号。
[2] 石宏主编:《民法总则条文说明、立法理由及相关规定》,北京大学出版社2017年版,第156页。

第七十一条 法人的清算程序和清算组职权，依照有关法律的规定；没有规定的，参照适用公司法律的有关规定。

【条文主旨】

本条是关于法人清算程序和清算组职权的规定。

【条文理解】

法人清算是指法人解散后，依照法定程序清理公司债权债务，处理法人剩余财产，了结各种法律关系，并向法人登记机关申请注销登记，使法人人格消灭的行为。法人除因合并或者分立等原因外，一般经由清算程序而消灭法人人格。在公司法领域，公司清算程序可以按照不同标准进行分类，如按照法律是否对清算活动有强制性，可以分为任意清算和法定清算；按照清算是否受到法院或行政机关的干预，可以分为普通清算和特别清算等。我国公司法一般使用强制清算的概念，不同于日本、我国台湾地区的特别清算制度。公司强制清算，是指公司解散后，在无法自行组织清算或自行清算出现显著障碍时，通过公权力介入而开始的清算程序。在公司解散逾期不成立清算组进行清算，或者虽然成立清算组但故意拖延清算，或者清算组存在可能严重损害债权人或者股东利益的违法行为时，债权人可以申请法院指定成立清算组对公司进行强制清算，公司股东亦可以提起强制清算申请。此外，从广义上讲，法人清算还包括破产清算和非破产清算，破产清算受破产法调整，并不包括在本条范围之内。公司清算的上述分类对法人清算的分类有直接借鉴意义。法人解散后，需通过相应的法律制度设计来保障各方主体的权利义务得到公平有序的安排，其制度价值体现在对债权人、投资人以及其他利益相关方的权益保护等诸多方面。对于法人的清算程序，有关清算义务人应遵循法律规定和相应程序，开展自行清算，自行清算不能的，再进入强制清算程序。

法人清算工作由清算组来具体实施。清算组，又称清算人，是指根据法律规定或者清算主体选任或者法院指定具体负责清算工作的主体，主要负责执行清算事务，对外代表清算中的法人。[①]清算组需与清算义务人、破产管理人等概念相互区分。清算义务人一般指基于与法人之间的特定法律关系在法人解散时对法人负有及时清算义务，并在法人未及时清算给权利人造成损失时，依法承担相应责任的主体。清算义务人的职责随着法人解散而当然产生，其可能成为清算组成员而实施清算，也可能不进入清算组而由其他人组成清算组进行清算，如《公司法》第 183 条的规定。破产管理人，是指破产程序中负责企业破产事务的主体，与清算组在产生方式、任职资格、工作职责等方面均有不同。

对于清算组的构成，在公司强制清算领域，《公司法司法解释（二）》第 8 条明确规定，可以由公司股东、董事、监事、高级管理人员或依法设立的律师事务所、会计师事务所、破产清算事务所等社会中介机构以及上述中介机构中具备相关专业知识并取得执业资格的人员担任，上述人员也可以共同组成清算组开展清算工作。《公司强制清算会议纪要》第 22 条专门规定，公司股东、董事、监事、高级管理人员能够而且愿意参加清算的，人民法院可优先考虑指定上述人员组成清算组；上述人员不能、不愿进行清算，或者由其负责清算不利于清算依法进行的，人民法院可以指定《人民法院中介机构管理人名册》和《人民法院个人管理人名册》中的中介机构或者个人组成清算组；人民法院也可根据实际需要，指定公司股东、董事、监事、高级管理人员，与管理人名册中的中介机构或者个人共同组成清算组。一般情况下，清算组成员的人数应当为单数。对于清算组的职权，主要

---

① 李适时：《民法总则释义》，法律出版社 2017 年版，第 205 页。

为清理法人财产，通知、公告债权人，处理与清算有关未了结业务，清缴所欠税款，清理债权、债务，处理剩余财产，代表法人参与民事诉讼活动等。清算组在从事清算事务时，违反法律、行政法规或者法人章程给法人或者债权人造成损失时，应当承担相应民事责任，如《公司法司法解释（二）》第28条的规定。

《民法典》对法人分类作了较大调整，按照法人设立目的和功能等方面的不同，将法人分为营利法人、非营利法人和特别法人三类。但就清算程序而言，目前的法律规范主要集中于公司法领域，如《公司法》《公司法司法解释（二）》以及《公司强制清算会议纪要》。其中，《公司法》在第十章"公司解散和清算"第183条至第189条进行了基本规定；2008年5月，最高人民法院公布施行《公司法司法解释（二）》，重点对公司解散和清算案件适用法律问题作出明确规定，尤其是对清算义务人不适当履行清算义务的责任承担等问题作出规定，推动了现实问题的解决。2009年11月，最高人民法院公布了《公司强制清算会议纪要》，专门针对公司强制清算案件非讼程序的特点和清算程序规范的不完善，进一步明确该类案件的审理原则，细化了有关程序和实体规定，以便于更好地规范公司退出市场行为。上述规范性文件构成目前公司清算程序的基本规则体系，也使得其他法人主体的清算退出程序有了具体参照。

对于非公司类法人的清算程序，如对其有特别规定，还需按照这些规定处理。如对于非营利法人，《民法典》第95条规定："为公益目的成立的非营利法人终止时，不得向出资人、设立人或者会员分配剩余财产。剩余财产应当按照法人章程的规定或者权力机构的决议用于公益目的；无法按照法人章程的规定或者权力机构的决议处理的，由主管机关主持转给宗旨相同或者相近的法人，并向社会公告。"明确了非营利法人剩余财产的具体处理方式。在有些专门法律法规中，也有对清算事项的规定，如《民办非企业单位登记管理暂行条例》第16条等，但大都是从管理规范角度设置的规则，在具体程序操作上如无特别规定，仍需参照《公司法》的有关规定。

【审判实践中应注意的问题】

　　实务中需注意公司强制清算与公司破产清算的关系。二者都是以最终消灭法人资格为目的的制度设计，在程序环节上具有相似性。《公司强制清算会议纪要》第39条专门规定了强制清算程序中对破产清算程序的准用规则，明确该会议纪要未予涉及的情形，如清算中，公司的有关人员未依法妥善保管其占有和管理的财产、印章和账簿、文书资料，清算组未及时接管清算中公司的财产、印章和账簿、文书，清算中公司拒不向人民法院提交或者提交不真实的财产状况说明、债务清册、债权清册、有关财务会计报告以及职工工资的支付情况和社会保险费用的缴纳情况，清算中公司拒不向清算组移交财产、印章和账簿、文书等资料，或者伪造、销毁有关财产证据材料而使财产状况不明，股东未缴足出资、抽逃出资，以及公司董事、监事、高级管理人员非法侵占公司财产等，可参照《企业破产法》及其司法解释的有关规定处理。而在第16部分，第32条至35条规定了强制清算和破产清算的衔接制度。依据《公司法司法解释（二）》第17条的规定，清算组还可以通过与债权人协商制作有关债务清偿方案并清偿债务的方式，避免债务人进入破产程序，节约社会资源。同时需注意的是，因强制清算程序与破产程序毕竟在适用条件、规则以及法院和债权人介入程度等多方面存在不同，在司法实务中还需清晰界分不同背景条件，以准确适用两种程序的各项制度规范，不能加以混淆。

> **第七十二条** 清算期间法人存续，但是不得从事与清算无关的活动。
>
> 法人清算后的剩余财产，按照法人章程的规定或者法人权力机构的决议处理。法律另有规定的，依照其规定。
>
> 清算结束并完成法人注销登记时，法人终止；依法不需要办理法人登记的，清算结束时，法人终止。

【条文主旨】

本条是关于法人清算期间法律地位、剩余财产分配和法人清算终止的规定。

【条文理解】

一、法人清算期间的法律地位

法人解散后，应当进入清算程序；待清算完毕后，进行注销登记或履行其他手续使法人终止。在上述过程中，一般将解散事由出现之后至清算完毕前的法人称为清算中法人。此时，法人人格并不当然消灭，但其行为能力仅限于清算目的范围之内，不得开展与清算无关的经营活动。就清算中法人的人格属性问题，一般认为，法人在清算目的范围内继续存续，且解散前法人与清算中法人在法律人格上应系同一主体。此亦国外通行的立法例，如《日本公司法》第476条规定，依前条规定进行清算的股份公司，在清算目的范围内，视为在清算结束前仍在存续。

(一) 清算中法人的诉讼代表人

清算期间，法人主体资格存续，涉及清算中法人的诉讼应当以该法人为诉讼主体，以法人的名义进行。但此时，因清算组接管法人决策和执行机关的相应权力，故由清算组在清算目的范围内，对内执行清算事务，对外代表法人了结债权债务。一般情况下，法人的清算组由多人组成，故应明确清算组负责人，便于参加诉讼活动。实践中，法人解散后至清算完毕前，除正在清算过程中的法人外，还可能包括应当清算而未清算的情况，如此时需要参加诉讼活动，则可参照《公司法司法解释（二）》第10条的有关规定，由原法人的法定代表人等代表法人参加诉讼。

(二) 清算组的法律责任

由于清算组负责清算期间法人的主要活动，其应对自身行为负责。在公司法领域，各国立法例均规定了清算组成员不履行义务或履行义务不当时，需承担相应的法律责任。《公司法》第189条规定，清算组成员应当忠于职守，依法履行清算义务；清算组成员不得利用职权收受贿赂或者其他非法收入，不得侵占公司财产；清算组成员因故意或者重大过失给公司或者债权人造成损失的，应当承担赔偿责任。对于具体的清算组成员责任诉讼问题，《公司法司法解释（二）》第23条进一步规定，清算组成员从事清算事务时，违反法律、行政法规或者公司章程给公司或者债权人造成损失，公司或者债权人主张其承担赔偿责任的，人民法院应依法予以支持；有限责任公司的股东、股份有限公司连续180日以上单独或者合计持有公司百分之一以上股份的股东，依据《公司法》第151条第3款的规定，以清算组成员有前款所述行为为由向人民法院提起诉讼的，人民法院应予受理；公司已经清算完毕注销，上述股东参照《公司法》第151条第3款的规定，直接以清算组成员为被告、其他股东为第三人向人民法院提起诉讼的，人民法院应予受理。上述规定明确了清算组成员责任诉讼的具体程序路径。《公司法》对于清算组的法律责任规定，为其他类型法人的清算组责任负担提供了参照。

二、法人清算后的剩余财产分配

《民法典》按照法人设立目的和功能等方面的不同,将法人分为营利法人、非营利法人和特别法人三类。对于本条第2款的规定,应区分不同法人类型进行分析。剩余财产分配问题,主要涉及营利法人。清算组在清理法人财产、编制资产负债表和财产清单后,应当编制清算方案,并视法人清算的不同性质,报经法人权力机构或者人民法院确认。如《公司法》第186条规定,清算组在清理公司财产、编制资产负债表和财产清单后,应当制定清算方案,并区分自行清算还是强制清算,分别报股东会、股东大会或者人民法院确认。对于公司剩余财产的具体分配顺序,应在分别支付清算费用、职工的工资、社会保险费用和法定补偿金,缴纳所欠税款后,有限责任公司按照股东的出资比例分配,股份有限公司按照股东持有的股份比例进行分配。对于非营利法人,《民法典》第95条规定:"为公益目的成立的非营利法人终止时,不得向出资人、设立人或者会员分配剩余财产。剩余财产应当按照法人章程的规定或者权力机构的决议用于公益目的;无法按照法人章程的规定或者权力机构的决议处理的,由主管机关主持转给宗旨相同或者相近的法人,并向社会公告。"明确了非营利法人剩余财产的具体处理方式。对于机关法人等特定法人,结合《民法典》第98条的规定,并不过多涉及剩余财产分配问题。

三、法人的清算终止

法人终止,是指法人根据法定程序彻底结束经营活动并使法人资格归于消灭的事实状态和法律结果。在法人清算结束后,应当及时办理注销登记。就办理注销登记的具体流程,如为公司法人,《公司登记管理条例》第42条、第43条有明确规定,公司清算组应当自公司清算结束之日起30日内向原公司登记机关申请注销登记,申请注销登记时应当提交下列文件:(1)公司清算组负责人签署的注销登记申请书;(2)人民法院的破产裁定、解散裁判文书,公司依照公司法作出的决议或者决定,行政机关责令关闭或者公司被撤销的文件;(3)股东会、股东大会、一人有限责任公司的股东、外商投资的公司董事会或者人民法院、公司批准机关备案、确认的清算报告;(4)企业法人营业执照;(5)法律、行政法规规定应当提交的其他文件。国有独资公司申请注销登记,还应当提交国有资产监督管理机构的决定,其中,国务院确定的重要的国有独资公司,还应当提交本级人民政府的批准文件。对于部分不需要办理登记的法人,其法人资格自清算结束时终止。

法人解散,除合并或者分立的情形外,清算义务人应当及时组成清算组进行清算。但在实践中,实际存在法人未经清算即办理注销登记的情形,如法人解散后没有清算,但以虚假的清算报告骗取有关登记机关办理了注销登记;或者在股东或第三人等主体向登记机关承诺对法人债务承担责任的情况下,未经清算即办理了注销登记。此时,如债权人主张有关主体就法人债务承担责任的,可参照《公司法司法解释(二)》第19条、第20条规定的内容和精神处理。

【审判实践中应注意的问题】

对于部分特定主体的剩余财产分配问题,因相关法律法规对其有明确规定,应当首先按照这些规定处理。如民办学校,按照《民办教育促进法》第59条的规定,民办学校终止时,首先对民办学校的财产按照下列顺序清偿:(1)应退受教育者学费、杂费和其他费用;(2)应发教职工的工资及应缴纳的社会保险费用;(3)偿还其他债务。之后仍有剩余财产的,需进一步区分该学校是否具有营利性而区别对待:非营利性民办学校清偿上述债务后的剩余财产继续用于其他非营利性学校办学;营利性民办学校清偿上述债务后的剩余财产,依照《公司法》的有关规定处理。

第七十三条 法人被宣告破产的，依法进行破产清算并完成法人注销登记时，法人终止。

【条文主旨】

本条是关于法人破产终止的规定。

【条文理解】

破产清算，是指对于丧失清偿能力的债务人，经法院审理与监督，强制清算其全部财产，对全体债权人公平清偿的法律程序。在我国，破产程序还包括破产和解和破产重整程序。其中，破产和解，是指具备破产原因的债务人，为避免破产清算，而与债权人达成和解协议以了结债务，协议经法院认可后生效的法律程序。破产重整，是指对可能或已经发生破产原因但有再建希望的企业，在法院主持下，通过各方利害关系人的参与，并借助法律强制性地调整其利益关系，进行企业营业重组与债务清理，以挽救企业、避免破产、获得新生的法律制度。破产制度是商品经济社会法律体系的重要组成部分，其作用主要在于公平清理债权债务、保护债权债务人和其他利益相关主体的合法权益、维护社会主义市场经济秩序以及挽救有价值的困境企业等。破产是法人终止的原因之一。本条规定的破产终止情形，主要指破产清算。

破产宣告，是指法院依据当事人申请或法院依职权裁定宣布债务人破产以清偿债务的活动。破产程序中，一般主要由破产管理人负责破产事务，其是接管破产主体并负责对破产企业财产进行清理、保管、支配、估价以及处理的专门机构。债务人被宣告破产后，破产管理人应当拟定破产财产变价方案,并按照债权人会议的决定或者法院的裁定,适时变价出售破产财产,并分配破产财产。因破产财产分配完毕、破产人无财产可供分配或债务人财产不足以清偿破产费用的,破产管理人均应请求人民法院裁定终结破产程序。人民法院裁定终结破产程序后,破产管理人应在破产程序终结之日起一定期限内,持人民法院终结破产程序的裁定,向法人登记机关办理注销登记,从而使破产法人的法律人格归于消灭。就破产程序终结后的追加分配等问题,企业破产法针对企业法人作出规定,自破产程序终结之日起2年内,发现应当追回的财产或应当供分配的其他财产,债权人可以请求人民法院按照破产财产分配方案进行追加分配;但财产数量不足以支付分配费用的,不再进行追加分配,由人民法院将其上交国库。在企业破产程序中,破产管理人于办理注销登记完毕的次日终止执行职务,但此时如仍存在诉讼或者仲裁未决情况,破产管理人仍需负责。这些制度设计也为其他类型的法人破产提供了制度参照。

法人在依法完成破产清算并注销后终止,对于未依破产程序受偿的债权,不能请求债务人继续履行。上述破产清算一般是在全面掌握债务人财产和负债情况的基础上,对既有法律关系的彻底清理。但对于某些特殊情况,如债务人人员下落不明或者财产状态不清的破产案件,还应参照《最高人民法院关于债权人对人员下落不明或者财产状况不清的债务人申请破产清算案件如何处理的批复》的有关内容和精神处理。

【审判实践中应注意的问题】

关于法人的破产能力问题。破产能力,是指债务人能够适用破产程序解决债务问题的资格。就此主要存在两种立法例:一般破产主义和商人破产主义。[1]前者指破产法适用于不能清偿债务的所有债务人,

---

[1] 付翠英:《破产法比较研究》,中国人民公安大学出版社2004年版,第87页。

不因其是否为商人而有所差别，自然人、法人均可由债权人或债务人向法院申请破产；后者是指破产法仅适用于商人而不适用于非商人。前者是目前现代破产立法的趋势。《企业破产法》第2条规定："企业法人不能清偿到期债务，并且资产不足以清偿全部债务或者明显缺乏清偿能力的，依照本法规定清理债务。企业法人有前款规定情形，或者有明显丧失清偿能力可能的，可以依照本法规定进行重整。"上述规定明确了破产法的适用对象为企业法人，自然人等主体并未被包括在内。对于其他企业法人以外的组织，《企业破产法》第135条规定："其他法律规定企业法人以外的组织的清算，属于破产清算的，参照适用本法规定的程序。"即上述主体在出现破产原因时，可以参照适用《企业破产法》规定的程序进行债务清理。对于个人独资企业等非法人组织，最高人民法院在2012年12月11日公布《最高人民法院关于个人独资企业清算是否可以参照适用企业破产法规定的破产清算程序的批复》，明确个人独资企业在不能清偿到期债务，并且资产不足以清偿全部债务或者明显缺乏清偿能力的情况下，可以参照适用企业破产法规定的破产清算程序进行清算；但在人民法院参照适用破产清算程序裁定终结个人独资企业的清算程序后，个人独资企业的债权人仍然可以就其未获清偿的部分向投资人主张权利。本条就法人的破产终止作出明确规定，相关的破产程序和机制应适用或参照适用我国《企业破产法》的规定。

> **第七十四条** 法人可以依法设立分支机构。法律、行政法规规定分支机构应当登记的，依照其规定。
>
> 分支机构以自己的名义从事民事活动，产生的民事责任由法人承担；也可以先以该分支机构管理的财产承担，不足以承担的，由法人承担。

【条文主旨】

本条是关于法人分支机构的设立及民事责任的规定。

【条文理解】

一、法人的分支机构

法人可以根据业务需要，设立分支机构。法人设立分支机构，应当符合法律规定。本条第1款明确规定："法人可以依法设立分支机构。法律、行政法规规定分支机构应当登记的，依照其规定。"例如，对于公司法人，《公司法》第14条第1款规定，公司可以设立分公司，设立分公司，应当向公司登记机关申请登记，领取营业执照。《公司登记管理条例》第七章对分公司登记有关事项进行了规定。对于其他企业法人，《企业法人登记管理条例》第34条第1款规定，企业法人设立不能独立承担民事责任的分支机构，由该企业法人申请登记，经登记主管机关核准，领取营业执照，在核准登记的经营范围内从事经营活动。公司以及企业法人设立分支机构，应当依照以上法律、法规进行登记。

分支机构是法人在一定区域内设置的从事经营或者其他业务活动

的机构。分支机构是法人的组成部分，但与法人内设机构不同，分支机构是具有一定独立性的机构。分支机构通常有自己的名称、场所、管理机构和负责人以及从事业务活动所需要的资金和从业人员，建立符合规定的财务制度，营利法人分支机构还领取独立的营业执照。为便于分支机构开展业务活动，应允许分支机构以自己的名义从事民事活动。本条第2款第一句前半部分明确分支机构可以自己的名义从事民事活动。

二、分支机构的民事责任

分支机构虽然具有一定的独立性，但属于法人的组成部分，不具有独立的法人资格，不能独立承担民事责任。（1）分支机构虽然有自己的名称，但其名称应反映其与法人的隶属关系；（2）分支机构虽可以从事经营及其他业务活动，但没有独立的章程，其经营权限来自于法人的授权；（3）分支机构虽有自己的组织机构和工作人员，但其人员管理由法人决定，自身没有自主权；（4）分支机构虽有自己的财产，但所有资产隶属于法人并列入法人的资产负债表。因此，分支机构不具有独立的法人资格，不能独立承担民事责任。基于此，本条第2款第一句后半部分明确分支机构从事民事活动产生的民事责任由法人承担。需要注意的是，此处的民事责任不限于合同责任，还包括侵权责任。

分支机构有一定的财产，其虽不具有法人资格，不能成为最终民事责任的承担主体，但对于分支机构的债务，应允许由分支机构管理的财产承担，不足部分再由法人承担。这样，一方面便于分支机构债权人就近选择分支机构主张权利；另一方面也减轻业务范围覆盖广、拥有众多分支机构的法人的负担。基于此，本条第2款第二句明确，分支机构的民事责任，也可以先以该分支机构管理的财产承担，不足以承担的，由法人承担。

【审判实践中应注意的问题】

一、法人分支机构的认定

法人可以依法设立分支机构，分支机构的设立必须符合法律的规定。根据《公司法》以及《企业法人登记管理条例》的相关规定，公司以及其他企业法人分支机构的设立，应当向登记机关申请登记，领取营业执照。因此，只有领取营业执照的机构才能作为企业法人的分支机构，才能以自己的名义从事民事活动。[①] 现实生活中，分支机构的外延很大，形态很多。有的是总公司自己设立分公司，这种分公司较为规范，是公司法意义上的分公司。还有很多分公司并非公司法意义上的分公司，仅是其他经济实体挂靠到总公司名下，这些实体多为个体工商户、个人合伙以及个人独资企业等。它们挂靠总公司后以分公司的名义对外开展业务。这类分公司与总公司的关系，有的是承包关系，有的是报账制。对于此类分公司，应就个案具体分析其应承担的民事责任。

实践中，建设工程企业在开发特定项目时，可能成立项目公司或者项目部，这些项目公司或者项目部如按照《公司法》第14条第2款设立为子公司的，则具有独立法人资格，可以独立承担民事责任；如按照《公司法》第14条第1款设立为分公司的，虽可以自己名义从事民事活动，但不具有独立法人资格，产生的民事责任由法人承担；如未设立为子公司，亦未设立为分公司的，则可能属于法人的下属机构，不具有独立法人资格，应以法人名义从事民事活动，产生的民事责任亦由法人承担。

二、分支机构之间的纠纷不属于法院受案范围

法人可以依法设立多个分支机构，多个分支机构在各自区域内开

[①] 夏平：《法人分支机构的法律地位与责任承担》，载《西部法学评论》2019年第4期。

展业务活动,但均不具有法人资格,从事民事活动产生的民事责任均由法人承担,故分支机构与法人之间的纠纷以及同一法人下设的不同分支机构之间产生的纠纷,属于法人内部的纠纷,不属于法院受案范围。对法人的分支机构以自己为原告、以法人或者同一法人的其他分支机构为被告的诉讼,应裁定驳回起诉。

三、分支机构具有一定的独立性

分支机构是法人的组成部分,从事民事活动产生的责任由法人承担。分支机构具有一定的独立性,以分支机构名义从事民事活动的责任虽由法人承担,但亦存在与法人自身从事民事活动不同的效果。例如,分支机构与外界交易发生的债权债务,原则上应以分支机构所在地为清偿地或履行地。因为第三人之所以通过分支机构与法人交易,一般是因为这样做比较便利,如果以合同当事人实质上是法人为由,要求以法人总部所在地为清偿地或履行地,则对第三人和法人都未必有利。因此,以分支机构名义与第三人交易产生债权债务的,应以分支机构所在地为履行地,涉及诉讼时,亦应以分支机构所在地而非法人总部所在地作为确定法院管辖权的因素。

现实生活中,有些公司虽然在特定区域设定分公司,分公司依法进行登记并取得营业执照,但分公司对外仍以总公司名义签订合同,此时应认定为分公司的行为还是总公司的行为?这需要根据案件具体情况进行判断。实践中,分公司通常是基于总公司的概括授权在授权范围内从事经营活动,如总公司在概括授权之外单独委托分公司以总公司名义对外签订特定合同,将该合同认为是分公司代总公司签订的合同更为妥当;如分公司在总公司概括授权范围内从事经营活动,只是对外所签合同为总公司标准合同,且盖有总公司公章,将该合同认为是分公司为自己签订的合同更为妥当。

四、分支机构的诉讼主体资格

根据2012年修正前的《民事诉讼法》第49条第1款规定,公民、法人和其他组织可以作为民事诉讼的当事人。根据《最高人民法院关于适用〈中华人民共和国民事诉讼法〉若干问题的意见》第40条规定，法人依法设立并领取营业执照的分支机构、中国人民银行及各专业银行设在各地的分支机构、中国人民保险公司设在各地的分支机构等属于《民事诉讼法》第49条规定的其他组织，具有诉讼主体资格，可以作为当事人参加民事诉讼。2012年《民事诉讼法》修正时并未变更原《民事诉讼法》第49条的内容，只是将条文顺序变更为第48条。针对修正后《民事诉讼法》的理解与适用问题，《民事诉讼法司法解释》第52条规定："民事诉讼法第四十八条规定的其他组织是指合法成立、有一定的组织机构和财产，但又不具备法人资格的组织，包括：（一）依法登记领取营业执照的个人独资企业；（二）依法登记领取营业执照的合伙企业；（三）依法登记领取我国营业执照的中外合作经营企业、外资企业；（四）依法成立的社会团体的分支机构、代表机构；（五）依法设立并领取营业执照的法人的分支机构；（六）依法设立并领取营业执照的商业银行、政策性银行和非银行金融机构的分支机构；（七）经依法登记领取营业执照的乡镇企业、街道企业；（八）其他符合本条规定条件的组织。"根据该规定，依法成立的社会团体的分支机构，依法设立并领取营业执照的法人的分支机构，依法设立并领取营业执照的商业银行、政策性银行和非银行金融机构的分支机构具有诉讼主体资格，可以作为民事诉讼的当事人。需要注意的是，根据《最高人民法院关于适用〈中华人民共和国民事诉讼法〉若干问题的意见》第40条，中国人民银行及各专业银行设在各地的分支机构、中国人民保险公司设在各地的分支机构亦属于民事诉讼法所指的"其他组织"，可以作为诉讼当事人。《民事诉讼法司法解释》第52条虽没有明确规定，但应认为不影响以上分支机构的诉讼主体资格。

案例：在天同证券公司与健康元公司、天同证券深圳营业部证券合同纠纷管辖权异议案[1]中,法院认为,天同证券深圳营业部系天同证券公司的分支机构,虽不是法人,但其依法设立并领有工商营业执照,具有一定的运营资金和在核准的经营范围内开展证券交易等业务的行为能力,属于民事诉讼法规定的其他组织,可以作为民事诉讼的当事人。

五、分支机构超越权限从事民事活动的效力

分支机构以分支机构的名义从事经营活动,实际上是基于法人的授权。法人为分支机构营业注册出具文件,任命分支机构负责人,授权以分支机构的名义对外为经营行为。当然,这种授权是一种概括授权,分支机构在法人为分支机构设定的营业范围内对外以分支机构名义为民事行为,无须再得到法人的事先批准或追认。分支机构是法人的下设经营机构,分支机构的所有人员均只是法人的员工,其从事的民事活动是否应由法人承担责任应根据民事代理以及职务行为相关规定进行判断。分支机构超越法人授权对外订立合同的,属于越权代理,除构成表见代理外,法人不应承担责任,第三人只能要求实际行为人承担责任。

六、分支机构的民事责任如何承担

分支机构不具有独立的主体资格,不能独立承担民事责任,分支机构从事民事活动产生的民事责任应由法人承担。对于法人承担的是何种性质的责任,理论上存在以下几种观点:一是直接责任,即相对人对于分支机构所应承担的民事责任,可以不向分支机构主张权利,而直接要求法人承担责任;二是补充责任,即相对人对于分支机构所应承担的民事责任,应先向分支机构主张权利,分支机构的财产不足以清偿的,才可要求法人承担民事责任;三是连带责任,即相对人对于分支机构所应承担的民事责任,可以同时向分支机构与法人主张权

---

[1] 《最高人民法院公报》2006年第6期。

利，分支机构与法人承担连带责任。对于该问题，《民法总则》起草过程中争议较大，曾规定为直接责任，即"分支机构以自己的名义从事民事活动产生的民事责任由法人承担"，后又修改为补充责任，即"分支机构以自己的名义从事民事活动的，产生的债务先以其财产进行清偿，不能清偿的，由法人清偿"，最后又修改为当前的表述"分支机构以自己的名义从事民事活动，产生的民事责任由法人承担；也可以先以该分支机构管理的财产承担，不足以承担的，由法人承担"，《民法典》沿用了这个表述，该表述是直接责任与补充责任的结合，具体如何适用有待进一步明确。

实践中需要注意的是，权利人如仅起诉分支机构，法院也仅判决分支机构承担责任。权利人在申请执行阶段，发现分支机构不具有清偿能力，能否直接要求追加法人作为被执行人进行执行？对此，《最高人民法院关于民事执行中变更、追加当事人若干问题的规定》第15条规定："作为被执行人的法人分支机构，不能清偿生效法律文书确定的债务，申请执行人申请变更、追加该法人为被执行人的，人民法院应予支持。法人直接管理的责任财产仍不能清偿债务的，人民法院可以直接执行该法人其他分支机构的财产。作为被执行人的法人，直接管理的责任财产不能清偿生效法律文书确定债务的，人民法院可以直接执行该法人分支机构的财产。"

第七十五条 设立人为设立法人从事的民事活动,其法律后果由法人承受;法人未成立的,其法律后果由设立人承受,设立人为二人以上的,享有连带债权,承担连带债务。

设立人为设立法人以自己的名义从事民事活动产生的民事责任,第三人有权选择请求法人或者设立人承担。

【条文主旨】

本条是关于设立人为设立法人从事民事活动产生的民事责任如何承担的规定。

【条文理解】

法人是法律承认的具有民事主体资格的组织。法人依法成立后取得法人资格,能够作为民事主体参与民事活动,并独立承担从事民事活动产生的民事责任。法人作为一个组织,并不能凭空产生,需要设立人以设立法人为目的从事相应的设立行为才能成立。法人从设立到成立,需要一段时间,该段时间内,设立人为设立法人必须与他人进行交易,从事与法人设立相关的民事活动,设立人从事这些民事活动产生的民事责任如何承担,需要法律予以明确。

设立人是具体实施设立法人行为的主体,其法律地位决定设立人从事设立法人民事活动产生民事责任如何承担。对于设立人的法律地位,针对公司设立中发起人的法律地位,法学界存在无因管理说、为第三人利益契约说、设立中的公司机关说和当然继承说四种学说,每种学说均有不足。[①]（1）无因管理说认为，发起人与公司之关系，属于一种无因管理，公司成立后，因发起人设立公司行为产生的权利义务，依无因管理的法理归于公司。因发起人对公司设立存在法定义务，不符合无因管理中行为人从事管理行为无义务的要求，且发起人有报酬请求权，亦不符合无因管理中行为人通常无权主张报酬的要件。（2）为第三人利益契约说认为，发起人因发起设立而与他人所成立之法律关系，是以将来成立的公司为第三人（受益人）而订立的为第三人利益契约。因第三人利益契约只能为第三人设定利益，不能让其负有义务，无法说明发起人对于股份认购人所负之义务将来何以移转给公司。（3）设立中的公司机关说认为，公司在成立之前，属于无权利能力之社团，发起人即为此社团之机关。该说无法说明公司不能成立时设立行为所需的费用和债务由发起人承担连带责任的问题。（4）当然继承说认为，发起人是未经登记成立的公司的代理人，发起人之权利义务于公司成立之时，当然由公司承继。因公司成立之前尚无法律人格，无法委托发起人为代理人，故该说无法说明设立行为所产生的法律效果为何当然由公司承继。

以上学说存在的不足，反映了设立人的法律地位的复杂性。从实践角度，设立人的法律地位可以从两个方面来认识：一方面，从设立人与设立中的法人关系看，设立人作为一个整体属于设立中法人的机关，对外代表设立中的法人从事设立活动。由于设立中的法人与成立后的法人是同一的，设立人因设立行为所产生的权利义务当然归属于成立后的法人。另一方面，从设立人之间的关系看，设立人之间属于合伙，法人未能合法成立，设立人对因设立行为产生的义务对外承担连带责任。基于以上理由，本条对设立人为设立法人从事民事活动产生的民事责任承担进行规定。

本条第1款规定，设立人为设立法人从事的民事活动，其法律后果由法人承受；法人未成立的，其法律后果由设立人承受，设立人为

[①] 赵旭东主编：《公司法学》，高等教育出版社2015年版，第89、90页。

2人以上的,享有连带债权,承担连带债务。对于本条规定的理解,应注意以下几个方面:(1)设立人必须是以设立法人为目的从事民事活动。设立人一般应以法人的名义从事设立法人有关的民事活动,因此所产生的民事责任才能由成立后的法人承担。设立人未以法人的名义而是以自己的名义从事的民事活动所产生的民事责任如何承担,应根据本条第2款确定。(2)设立人从事的民事活动不限于法律行为。设立人为设立公司,需要对外签订民事合同,因合同订立、履行产生的义务和责任,均由成立后的法人承担。设立人为设立公司,还可能从事其他一些民事活动,其在履行设立职责过程中可能造成他人损失,产生赔偿责任,例如,建造办公场所可能造成他人损害的侵权责任、雇用工作人员可能存在的工伤赔偿等,这些责任亦应由成立后的法人承担。(3)法人依法成立的,法律后果由法人承担;法人未依法成立的,法律后果由设立人承担。法人依法成立的,设立人所实施的设立法人的行为,性质上应认定为设立中法人的机关从事的民事活动,相关法律后果当然归于成立后的法人;法人未成立的,设立人所实施的设立法人的行为,性质上应认定为设立人自己的活动,相关法律后果由设立人承担,设立人为数人的,全体设立人作为合伙享有连带债权,承担连带债务。

本条第2款规定,设立人为设立法人以自己的名义从事民事活动产生的民事责任,第三人有权选择请求法人或者设立人承担。设立人为设立法人,原则上应以法人的名义从事民事活动,但实践中,有些设立人并未认识到法人与自己为两个不同的民事主体,虽然为设立法人从事民事活动,但仍以自己的名义进行,此种情形下的民事责任如何承担需要明确,故本条第2款专门予以规定。设立人以自己的名义对外签订合同,设立人是合同的当事人,应允许第三人要求设立人承担相应责任。设立人虽以自己的名义对外签订合同,但因其以设立法人为目的,从保护第三人合理信赖利益的角度而言,亦应允许第三人选择成立后的法人承担相应责任。

案例：在焦作盛弘建筑设备租赁中心诉李某租赁合同纠纷案[①]中，法院认为，修武太极酒店于2009年10月22日成立，在成立以前尚不具备独立民事主体资格，李某与焦作盛弘签订的4份租赁合同均在修武太极酒店成立前，此时李某为修武太极酒店设立以自己名义与焦作盛弘签订租赁合同，不是法定代表人行为，而是公司发起人责任问题。焦作盛弘与李某签订租赁合同时没有义务去了解承租人将设备用于何处，2011年6月22日修武太极酒店与焦作盛弘签订的遗留问题解决协议，属修武太极酒店对其他债务的认可，其自愿承担相关义务并不违反法律规定，但这与公司设立阶段的发起人责任没有直接的关联性，并不能免除作为合同相对人李某的民事责任。根据《公司法司法解释（三）》第2条之规定，李某作为修武太极酒店的发起人，焦作盛弘享有请求李某和修武太极酒店承担责任的选择权，焦作盛弘作为合同债权人直接以李某为被告要求其承担相应的民事责任于法有据。

【审判实践中应注意的问题】

一、设立人的认定

本条是关于设立人为设立法人从事民事活动的法律后果的规定，适用本条的前提是准确界定设立人。关于设立人，《民法典》没有专门规定。针对公司法中类似于设立人的发起人，《公司法司法解释（三）》第1条规定："为设立公司而签署公司章程、向公司认购出资或者股份并履行公司设立职责的人，应当认定为公司的发起人，包括有限责任公司设立时的股东。"根据该规定，公司发起人应当具备三个特征：一是签署公司章程；二是向公司认购出资或者股份；三是履行公司设立职责。有学者对于将履行公司设立职责作为公司发起人的

[①] 焦作市中级人民法院（2014）焦民一终字第124号民事判决书。

条件存在疑问，认为发起人并不一定实际参与公司筹备事务。① 从审判角度讲，这实际更多是如何理解"履行公司设立职责"的问题，如将其理解为承担设立公司的责任而不是实际参与或者实际经办筹备事务，将履行公司设立职责作为发起人的特征亦无不可。法人设立人的认定可参照《公司法司法解释（三）》第1条关于发起人的规定，综合签署章程、认购出资、履行设立职责三个因素进行判断。

二、设立法人的时间界限

本条规定设立人为设立法人从事民事活动的民事责任承担问题，只有设立人在设立法人期间从事的民事活动才适用本条规定，设立人在设立法人期间开始前、终止后从事的活动，不属于设立中法人的行为，不适用本规定，故审判实践中应准确界定设立法人的时间界限。

关于设立法人的起点，理论界针对设立中公司的起点，存在章程订立说、认购一份以上股份说、公司名称预先核准说、发起人订立协议说等观点。②（1）章程订立说认为，公司赖以存在的基础是发起人订立的公司章程，设立中公司的起点应从发起人订立公司章程开始。（2）认购一份以上股份说认为，设立中公司的起点自发起人认购一股以上股份时起。（3）公司名称预先核准说认为，设立中公司的起点为在工商登记机关名称预先核准时开始。（4）发起人订立协议说认为，设立中公司的起点应该从发起人以成立公司为目的而订立协议开始。章程订立说强调的是公司设立中的公司章程，认购一份以上股份说强调的是公司设立中的财产，公司名称预先核准说强调设立中公司的对外公示性，发起人订立协议说则强调公司设立中发起人的意思合意。法人设立行为从本质上属于共同法律行为，即设立人为使法人得以成

---

① 胡晓静、殷艳梅：《论设立中公司的民事主体地位——以德国法为借鉴》，载《吉林大学社会科学学报》2013年第6期。
② 杨国平：《前设立中公司与后设立中公司的界定及责任承担》，载《河南省政法管理干部学院学报》2010年第4期。

立并取得主体资格的共同行为，①法人章程是这种共同法律行为的直接体现。章程的制定，意味着一个组织体的框架已经基本形成，组织体内部运作的基本规则已经确定，也即意味着一个组织体的产生，成为超越设立人内部合同关系的组织体。从这个角度看，将制定法人章程作为设立法人的起点更为符合法人设立行为的性质。对于无须制定法人章程的法人，则需要根据相关规定进行判断。

关于法人设立的终点，应根据法人是否设立成功区别对待。法人设立成功，法人成立，法人的设立程序结束。关于法人的成立，根据本法第78条规定，依法设立的营利法人，由登记机关发给营利法人营业执照，营业执照签发日期为营利法人的成立日期。营利法人依法登记成立的，法人的设立程序于营业执照签发日期结束，设立中的法人终止。非营利法人、特别法人的具体成立时间应根据相应法律规定进行认定。法人设立不成功的，法人不成立，设立中法人因无法完成使命亦没有存在必要，应当消灭。设立中法人何时消灭，取决于对设立中法人法律性质的认识。对于设立中法人的性质，理论界对于设立中公司的性质存在无权利能力社团说、合伙说、非法人团体说、同一体说等几种学说，②无论采何种学说，均不能否认设立中法人具有的一定独立性。设立中法人在存续期间不可避免发生一些需要清理的债权债务关系，设立中法人消灭前应对这些债权债务进行清算，保护相对人的合法权利。设立中法人未办理登记，其法人资格应自清算结束时终止。

三、设立法人从事的民事活动的界定

设立人从事的民事活动，只有为设立法人实施的，相应的法律后果才可由成立后的法人或者法人未成立时的全体设立人承担。对于如

---

① 韩长印：《共同法律行为理论的初步构建——以公司设立为分析对象》，载《中国法学》2009年第3期。
② 赵旭东主编：《公司法学》，高等教育出版社2015年版，第117页；茅院生：《论设立中公司的独立性》，载《中国法学》2006年第3期；胡晓静、殷艳梅：《论设立中公司的民事主体地位——以德国法为借鉴》，载《吉林大学社会科学学报》2013年第6期。

何判断设立人从事的活动是否为设立法人实施,理论上存在实质标准与形式标准两种判断方法:前者以设立人从事的民事活动是否是设立公司固有的或者必要的行为进行判断;后者以设立人从事的民事活动是否以法人的名义实施进行判断。

对于公司发起人对外从事的交易行为,《公司法司法解释(三)》以形式标准为主、实质标准为辅。根据《公司法司法解释(三)》第2条规定,发起人以自己名义对外签订的合同,原则上由发起人承担责任,公司成立后予以确认或者已经实际享有合同权利或者履行合同义务的除外,相对人可以要求公司承担责任;根据《公司法司法解释(三)》第3条规定,发起人以设立中公司名义对外签订的合同,原则上由公司承担责任,公司有证据证明发起人利用设立中公司的名义为自己的利益签订合同的,公司可以主张不承担责任,相对人善意的除外。对于公司发起人从事的其他行为,《公司法司法解释(三)》采实质标准。根据《公司法司法解释(三)》第5条,发起人因履行公司设立职责造成他人损害,公司成立后,受害人可以请求公司承担侵权赔偿责任;公司未成立,受害人可以请求全体发起人承担连带赔偿责任。

本条在条文表述上未明确应以实质标准还是形式标准来判断设立人从事的活动是否属于设立法人从事的民事活动。实践中,对于设立人为设立法人从事民事活动的认定,可参照《公司法司法解释(三)》第2条至第5条相关规定进行处理,但同时应注意本条存在的不同规定。

(一)设立人以法人名义对外签订合同时的责任承担

设立人以法人名义对外签订的合同,法人成立后,相对人可以要求法人承担相应责任,成立后的法人有证据证明设立人利用法人名义为自己利益签订的合同,法人可以不承担责任,相对人善意的除外;法人未成立的,由设立人承担合同责任,设立人为多人,其他设立人有证据证明签订合同的设立人以设立中法人的名义为自己利益签订合同的,其他设立人可以不承担责任,相对人善意的除外。在此需要注意的是，理论界有观点认为，设立人是设立后法人的机关，设立人应以拟设立的法人的名义对外签订合同，所产生的法律后果才可由成立后的法人承担。设立中的法人不具有民事主体资格，不能以自己的名义从事经营行为，设立人以设立中法人名义签订的合同均为无效。该观点存在值得商榷之处。设立中法人虽尚未成为法人，但任何人均难以否认其具有一定的独立性，各国立法与实践亦逐步认可其在一定范围内的主体资格，将其与成立后的公司视为同一主体不同的阶段，故只要设立中法人可与其他法人、自然人区分开来，设立人以设立中法人名义签订合同，与以拟设立的法人的名义签订合同，具有相同法律效果，原则上均应由成立后的法人承担责任。《公司法司法解释（三）》第3条的表述即是"发起人以设立中公司的名义对外签订合同"。

（二）设立人以自己名义对外签订合同时的责任承担

设立人以自己名义对外签订的合同，原则上应由设立人自己承担责任，但相对人有证据证明设立人是为设立法人签订的合同，应允许相对人请求成立后的法人承担责任；法人未成立的，应允许相对人请求所有设立人承担连带责任。

（三）设立人为设立公司从事非法律行为的责任承担

设立人为设立公司从事的非法律行为，相应法律责任是否应由成立后的法人或者不成立时的其他设立人承担，则应根据设立人所从事的民事活动是否属于设立法人必要进行判断。如设立人从事的民事活动是设立法人所必要的，所产生的赔偿责任由成立后的法人承担，法人未成立的，由全体设立人承担连带责任。设立人对法人或者其他设立人承担赔偿责任存在过错的，法人或者无过错的设立人承担赔偿责任后，可以向有过错的设立人进行追偿。如设立人从事的民事活动不属于设立法人所必要的，成立后的法人以及其他设立人均不认可时，应由设立人自己承担赔偿责任。

（四）设立人为多数时的责任承担

设立人为设立法人对外从事的民事活动，法人未能设立时，相关的民事责任应由全体设立人承担。从理论上看，全体设立人内部属于合伙关系，故对设立法人期间产生的债务应承担连带责任。设立人之间可以对责任负担进行约定，但这种约定仅在设立人之间有法律效力，不能对抗债权人。《公司法司法解释（三）》第4条规定："公司因故未成立，债权人请求全体或者部分发起人对设立公司行为所产生的费用和债务承担连带清偿责任的，人民法院应予支持。部分发起人依照前款规定承担责任后，请求其他发起人分担的，人民法院应当判令其他发起人按照约定的责任承担比例分担责任；没有约定责任承担比例的，按照约定的出资比例分担责任；没有约定出资比例的，按照均等份额分担责任。因部分发起人的过错导致公司未成立，其他发起人主张其承担设立行为所产生的费用和债务的，人民法院应当根据过错情况，确定过错一方的责任范围。"非公司法人设立人之间的责任，可类推适用该规定。理论界有观点认为，设立中法人具有一定的独立性，尽管全体设立人之间属于合伙关系，但让全体设立人对设立法人过程中产生的债务承担无限责任，可能增加设立人的负担，不利于鼓励投资和创业，故应对设立人的责任范围进行限制。这种观点具有一定的合理性，但目前尚缺乏法律、法规的支持，有待进一步研究。

第二节 营利法人

> **第七十六条** 以取得利润并分配给股东等出资人为目的成立的法人,为营利法人。
>
> 营利法人包括有限责任公司、股份有限公司和其他企业法人等。

【条文主旨】

本条是关于界定营利法人内涵与外延的规定。

【条文理解】

法人是具有民事权利能力和民事行为能力,依法独立享有民事权利和承担民事义务的组织。法人的民事主体资格来自法律的创设,只有法律认可的享有主体资格的组织才能成为法人。因经济社会发展环境不同,不同国家和地区的法律所认可的享有主体资格的组织类型不完全一致。法人的分类,一方面应与经济社会发展状况相一致,涵盖所有法人类型;另一方面分类标准应该清晰、明确,便于法人制度的体系化、立法编排的简单化、法律适用的规范化。

《德国民法典》区分公法人与私法人、社团与财团,并以此为基础进行体系化,《韩国民法典》和我国台湾地区的"民法"采该模式。《日本民法典》则采营利法人、公益法人以及中间法人的分类模式,并进行体系化。我国《民法通则》将法人分为企业法人、机关法人、事业单位法人和社会团体法人,与当时经济社会发展状况相适应。随着我国经济社会的发展,新的组织形式不断出现,法人形态发生了较大变化,《民法通则》的分类模式难以适应新的情况,有必要进行调整完善。《民法典》遵循《民法通则》关于法人分类的基本思路,适应社会组织改革发展要求,按照法人设立目的和功能等方面的不同,将法人分为营利法人、非营利法人和特别法人,并分别规定在相关章节。本条对营利法人进行界定,明确营利法人与其他类型法人的区别,确定有关营利法人相关规定的适用范围。

一、营利法人是以取得利润并分配给其股东等出资人为目的成立的法人

根据该界定,营利法人的认定应注意以下几个方面:

(一)营利法人以取得利润为目的

从经济学角度,利润是指资本的增值,即以现金、实物、劳务等为资本而获得的经济上的利益。

(二)营利法人以将取得的利润分配给出资人为目的

营利法人的出资人设立营利法人的根本目的是为了自己获取收益,其除了要求法人要获取利润外,还要求法人将获得的利润以合法的方式分配给出资人。因此,营利法人除以取得利润为目的外,还应以取得的利润分配给出资人为目的。法人经营虽以取得利润为目的,但如获取收益只是为实现自身发展,并未分配给出资人,亦不属于营利法人。《民法典》第87条第1款明确规定:"为公益目的或者其他非营利目的成立,不向出资人、设立人或者会员分配所取得利润的法人,为非营利法人。"

(三)营利法人以取得利润并分配给股东等出资人为目的而成立

判断营利法人的标准是营利法人成立是否以取得利润并分配给出资人为目的。法人成立时以取得利润并分配给出资人为目的,但经营过程中因各种原因不能或者经出资人同意不向出资人分配利润的,不改变其营利法人的性质。法人成立时不以取得利润并分配给出资人为目的,经营期间不得向出资人分配利润。

二、营利法人包括有限责任公司、股份有限公司和其他企业法人等

根据该规定,营利法人主要包括三大类型:

(一)有限责任公司、股份有限公司

有限责任公司与股份有限公司是指依据公司法成立的公司。公司是企业法人,有独立的法人财产,享有法人财产权。股东设立公司的目的是获得回报,股东获取回报的权利体现为股东对公司的利润分配请求权。

(二)其他企业法人

其他企业法人是指有限责任公司、股份有限责任公司之外的企业法人,包括全民所有制企业、城镇集体所有制企业、农村集体所有者的乡镇企业等。

(三)其他营利法人

其他营利法人是指非企业营利法人,如营利性民办学校。根据最新的《民办教育促进法》,民办学校举办者可以取得合理回报,民办学校存在营利性民办学校和非营利性民办学校,营利性民办学校属于营利法人。[①]

案例:在上海佳华企业发展有限公司与上海佳华教育进修学院股东知情权纠纷案[②]中,法院认为,案件的焦点是佳华公司是否有权查阅、复制佳华学院的章程、董事会会议决议、监事会会议决议和财务会计报告及查阅会计账簿。举办者作为民办学校的出资人,享有的合法权益应当包括了解和掌握学校办学和管理活动等重要信息的权利,该权利是举办者依法取得合理回报、参与重大决策和选择管理者等权利的重要基础。举办者在履行出资义务,让渡其财产所有权的同

[①]《民办教育促进法》第19条规定:"民办学校的举办者可以自主选择设立非营利性或者营利性民办学校。但是,不得设立实施义务教育的营利性民办学校。非营利性民办学校的举办者不得取得办学收益,学校的办学结余全部用于办学。营利性民办学校的举办者可以取得办学收益,学校的办学结余依照公司法等有关法律、行政法规的规定处理。"

[②]《最高人民法院公报》2019年第2期。

时,应当享有对应的权利。佳华学院章程中规定出资人可以要求合理回报,该回报具有财产性特征,表明举办者在出资后将享有财产性权益。就立法目的而言,举办者的合法权益应当包括知情权在内的各种权利和利益,即举办者有权知悉学校办学和管理等活动的信息。

三、传统民法理论存在社团与财团的分类

所谓社团,是指为了追求共同目的而结合的具有法人资格的人合团体。社团是人合团体,其存在可能以公益为目的,亦可能以营利为目的,以营利为目的的社团是营利法人,非以营利为目的的社团则为非营利法人。

财团法人,是指实现捐助者特定目的的具有法人资格的财产集合。财团法人是财产集团,不存在将法人收益分配给特定出资人的问题,故财团法人通常为非营利法人。[①]

四、营利法人与非营利法人的成立目的不同,决定二者权利能力、成立条件、组织机构、内外关系等存在区别

在权利能力方面,营利法人可以从事经营活动,并将利润分配给出资者;非营利法人原则上不能从事经营活动,即使从事经营活动,也不得分配利润。在成立条件方面,营利法人依法登记成立;非营利法人有的依法登记成立,依法不需要办理登记的,从成立之日起具有法人资格。在组织机构方面,营利法人应设权力机构、执行机构,可以设监事机构;非营利法人不一定都有权力机构,有的只有决策机构。在内外关系方面,营利法人应向出资人分配利润和剩余财产,出资人损害法人、其他出资人或者债权人利益的,应当承担赔偿责任;非营利法人不得向出资人或者设立人分配利润或者剩余财产,出资人或者设立人亦不存在损害法人、其他出资人或者债权人利益的情形。

[①] 营利法人与非营利法人的分类模式在理论界存在不同声音。参见罗昆:《我国民法典法人基本类型模式选择》,载《法学研究》2016年第4期。

【审判实践中应注意的问题】

一、关于本条的规范性质

本条是对营利法人内涵与外延的界定，其本身并不具有规范性的内容，原则上不能单独作为当事人主张权利的依据。本条虽然界定营利法人是以取得利润并分配给其股东等出资人为目的成立的法人，但不表示营利法人成立后就必须从事经营活动获取利润，并将利润分配给出资人。营利法人成立后没有分配利润的，出资人不能单独依据本条诉请营利法人分配利润，而仍需寻找其他法条作为权利依据。

本条不能单独作为当事人主张权利的依据，但并不意味着其对于审判实践没有意义。作为对营利法人进行描述的说明性法条，本条可以辅助其他具有规范性的法条发挥功能，用于帮助确定其他法条所确立法律规则的构成要件。例如，本法第84条规定，营利法人的控股出资人、实际控制人、董事、监事、高级管理人员不得利用其关联关系损害法人的利益；利用关联关系造成法人损失的，应当承担赔偿责任。该条是关于营利法人控股出资人、实际控制人、董事、监事、高级管理人员从事关联交易民事责任的规定，包含构成要件与法律效果两个要素，属于完全法条，可以单独作为权利基础，当事人可以依据该法条提起诉讼，但该条文并不能单独发生效用，其仅适用于营利法人，故适用时应对营利法人的范围进行界定，此时需要根据本条关于营利法人的界定进行判断。

二、关于公司法相关规定对营利法人的类推适用

营利法人包括有限责任公司、股份有限公司和其他企业法人等。对于有限责任公司、股份有限公司，公司法对股东权利、公司治理、公司资本、公司解散等作了较为完善的规定，确立了相应的法律制度，其中有部分制度是基于公司的营利性特征进行的规定。因各方面原因，现有法律对于公司以外的营利法人缺乏系统性规定，实践中如

何处理存在争议。鉴于营利法人在营利性方面具有的共性，公司法关于公司营利性的相关规定可以类推适用于其他营利法人。例如，《公司法》对利润分配请求权以及与利润分配请求权密切相关的知情权等相关权利的规定，可类推适用于营利法人。当然，类推适用并非完全适用，公司法相关规定能否适用应根据拟处理事项与公司法相关规定处理的事项是否相同或类似、是否需要做同等对待进行判断。

第七十七条 营利法人经依法登记成立。

【条文主旨】

本条是关于营利法人设立原则的规定。

【条文理解】

法人是基于法律认可具有民事权利能力和民事行为能力的组织。法人不可能凭空产生，须由设立人设立，才能成立。关于法人的设立，存在五种设立原则。① 一是自由设立主义，又称放任主义，即国家对于法人的设立完全听凭当事人自由，不要求具备任何形式，不加以任何干涉或限制；二是特许设立主义，又称立法特许主义，即法人的设立，须经特别立法或国家元首之许可；三是行政许可主义，即法人的设立，须经行政机关之许可；四是准则设立主义，又称登记主义，即法律对于法人的设立，预先规定一定的条件，可遵照该条件设立，无须先经行政机关许可，依照法定条件设立后，仅需向登记机关办理登记，法人即可成立；五是强制设立主义，即国家实行强制设立法人制度。

法人设立的不同原则体现了国家对设立人设立法人自由权限的不同干预程度。自由设立主义给予设立人最大自由，但过于放任的自由可能造成社会秩序的混乱，故该主义虽在欧洲中世纪商事公司勃兴时一度盛行，但目前鲜有采用。特许设立主义对法人设立采取禁止、遏制态度，不利于发挥法人在促进经济社会发展中的作用，亦鲜有采

---

① 梁慧星：《民法总论》，法律出版社2011年版，第135页。

用。行政许可主义介于自由设立主义与特许设立主义之间,《德国民法典》对于财团法人的设立、《日本民法典》对公益法人的设立采该主义。准则设立主义较行政许可主义更为宽松,给予设立人在法定条件下充分的设立自由,《德国民法典》对于社团法人的设立、《日本民法典》对于营利法人的设立均采该主义。强制设立主义一般适用于特殊产业或特殊团体。本条明确,营利法人的设立采准则设立主义,设立人可以依据法律预先设定的条件设立法人,依法登记后成立,取得法人资格,原则上无须经行政机关许可。当然,这只是法人设立的一般原则,并不排除法律对于特定类型的营利法人的设立采行政许可主义。实践中,营利法人的设立应根据相关法律具体判断。

营利法人包括有限责任公司、股份有限公司和其他企业法人等,法律对于不同营利法人的设立分别进行规定。

一、公司的设立

根据《公司法》第 6 条第 1 款,有限责任公司与股份有限公司采准则主义。《公司法》第 23 条和第 76 条分别规定了有限责任公司与股份有限公司设立的一般条件。根据《公司法》第 6 条第 2 款,一些公司的设立采许可主义,设立前需办理批准手续,至于哪些公司的设立需要办理批准手续,应由法律、行政法规进行规定。

二、其他企业法人的设立

其他企业法人包括全民所有制企业、城镇集体所有制企业、农村集体所有者的乡镇企业、外商投资企业等。根据《企业法人登记管理条例》第 14 条规定,企业法人办理开业登记,需要经主管部门或有关审批机关批准,该部分法人的设立属于行政许可主义。

三、其他营利法人的设立

根据《民办教育促进法》第 12 条规定,举办民办学校,需要经有关部门的审批,故无论是营利性民办学校还是非营利性民办学校,其设立均采行政许可主义。

【审判实践中应注意的问题】

法人设立瑕疵，是指经登记机关核准登记并获营业执照而宣告成立的公司，在设立过程中，存在不符合法律规定的条件或程序的情形。从理论上讲，既然法律明确规定法人设立必须符合特定的条件与程序，法人设立瑕疵本应该导致法人设立无效，法人的法人人格应予消灭。然而，这种消极的做法，将会对与之发生交易关系的利益相关者造成严重的影响，对社会交易安全与经济秩序将产生严重的破坏，因此，对设立存在瑕疵的法人，各国立法建立相应的制度予以规范。例如，对于公司设立瑕疵，域外不少法律确立了公司设立无效制度，允许利害关系人诉请确认公司设立无效，以消除公司的法人资格。需要注意的是，公司设立存在瑕疵，利害关系人可诉请确认设立无效，但只有在法院作出无效判决之后，法人才丧失法人资格。法院作出确认无效之前，法人仍具有主体资格。我国《公司法》尚未确立公司确认无效之诉，而是规定了行政撤销制度。《公司法》第198条规定："违反本法规定，虚报注册资本、提交虚假材料或者采取其他欺诈手段隐瞒重要事实取得公司登记的，由公司登记机关责令改正，对虚报注册资本的公司，处以虚报注册资本金额百分之五以上百分之十五以下的罚款；对提交虚假材料或者采取其他欺诈手段隐瞒重要事实的公司，处以五万元以上五十万元以下的罚款；情节严重的，撤销公司登记或者吊销营业执照。"根据该规定，公司设立存在瑕疵的，行政主管机关可以撤销公司登记，但在撤销登记前，公司仍具有法人资格。

第七十八条 依法设立的营利法人，由登记机关发给营利法人营业执照。营业执照签发日期为营利法人的成立日期。

【条文主旨】

本条是关于营利法人取得营业执照以及成立时间的规定。

【条文理解】

营利法人系以取得利润并分配给股东等出资人为目的成立的法人，包括有限责任公司、股份有限公司和其他企业法人等。

根据本法第58条法人应当依法成立以及第59条关于"法人的民事权利能力和民事行为能力，从法人成立时产生，到法人终止时消灭"的规定，未办理设立登记及取得营业执照的营利法人，不具备法人的民事权利能力和民事行为能力，不具有法人资格，也不能以法人名义参与民事活动。因此，所有营利法人，都应当依法设立并办理设立登记，由登记机关颁发营业执照，并以营业执照签发日期为营利法人的成立日期。

一、营业执照系由市场监督管理部门统一制作和颁发，其他任何单位和个人均无权制作和颁发

根据我国《公司登记管理条例》第6条至第8条以及国务院《企业法人登记管理条例》的规定，依法需要办理企业法人登记的，未经企业登记主管机关核准登记注册，不得从事经营活动。企业法人登记主管机关是国家市场监督管理总局和地方各级市场监督管理部门。各级登记主管机关在上级登记主管机关的领导下，依法履行职责，不受

非法干预。根据我国《公司登记管理条例》第9条的规定，法人的登记事项包括名称、住所、法定代表人姓名、注册资本、公司类型、经营范围、营业期限、有限责任公司股东或者股份有限公司发起人的姓名或者名称。营业执照是确定法人权利义务的依据之一：（1）营业执照上核定事项包括企业基本情况，向社会表明了其基本的权利义务，其开展经营活动的范围；（2）营业执照对营利法人具有约束力，是登记机关颁发的具有法律约束力的文件，营利法人只有在营业执照核定的范围内从事生产经营活动，才能受到法律保护；（3）任何个人和公司不得伪造、出租、出借、转让、出卖营业执照；（4）营业执照正本必须悬挂在主要办事场所或者主要经营场所。特别需要注意两点：（1）营利法人在取得法人登记机关核发的《企业法人营业执照》后，才能刻制印章，开立银行账户，申请纳税登记；（2）一人有限责任公司应当在法人登记中注明自然人独资或者法人独资，并在公司营业执照中载明。

二、营业执照具有证明营业资格和法人资格的双重功能

营利法人设立申请经法人登记机关核准并颁发营业执照后，即发生以下法律效力，营业执照具有证明营业资格和法人资格的双重功能。[①]

（一）营利法人取得从事经营活动的合法身份

我国《公司法》第7条规定："依法设立的公司，由公司登记机关发给公司营业执照。公司营业执照签发日期为公司成立日期。公司营业执照应当载明公司的名称、住所、注册资本、经营范围、法定代表人姓名等事项。公司营业执照记载的事项发生变更的，公司应当依法办理变更登记，由公司登记机关换发营业执照。"营利法人凭据此执照刻制印章、开立银行账户、申请纳税登记。营利法人在登记注册的范围内从事经营活动，受国家法律的保护。

[①] 石宏主编：《民法总则条文说明、立法理由及相关规定》，北京大学出版社2017年版，第178页。

（二）营利法人取得法人资格

营利法人设立申请经法人登记机关核准登记，领取企业法人营业执照后，营利法人即具有企业法人资格。

（三）营利法人取得名称专用权，并对外以法人名义进行活动

申请设立登记的营利法人，其名称经法人登记机关核准登记后，营利法人可以使用该名称并以其名义从事经营活动，享有权利，承担义务。营利法人对登记的名称享有名称专用权并受法律保护。

（四）取得营利法人经营权，对外以营利法人名义进行活动

根据我国《公司登记管理条例》第3条第2款关于"未经公司登记机关登记的，不得以公司名义从事经营活动"的规定，营利法人只有在设立登记后，才能取得经营权，对外以营利法人名义进行活动。

【审判实践中应注意的问题】

对未取得营业执照开展经营、用工行为或超越经营范围对外订立合同的法律效力的界定，应注意以下问题：

一、未取得营业执照即开展经营行为的情形

根据国务院《无证无照经营查处办法》第5条至第7条的规定，以下几种未取得营业执照即开展经营的行为，应依法予以查处：（1）经营者未依法取得许可从事经营活动的；（2）经营者未依法取得营业执照从事经营活动的；（3）经营者未依法取得许可且未依法取得营业执照从事经营活动的。

二、未取得营业执照的用人单位与劳动者发生纠纷的情形

未取得营业执照的用人单位不具有法人资格，也不能以法人名义参与民事活动，但与劳动者发生纠纷时仍应承担民事责任。根据《劳动合同法》第93条以及《最高人民法院关于审理劳动争议案件适用法律若干问题的解释（三）》第4条的规定，只要未办理营业执照、不具备

合法经营资格或者用工主体资格的用人单位与劳动者之间签订的不是违反法律强行性规定、违背社会善良风俗和社会公共道德的劳动合同，即便存在非法用工，也应当承认其劳动关系的存在。在纠纷发生时按照法律倾斜于劳动者的原则，由用人单位承担相应的责任。当用人单位不存在或者无力承担责任时，法人的发起人或者出资人应当依法承担责任。

三、超越经营范围订立合同的情形

（1）本法合同编中的第504条关于法人或者其他组织的法定代表人、负责人超越权限订立的合同，除相对人知道或者应当知道其超越权限的以外，该代表行为有效的规定中所称"超越权限"包括了超越法人的经营范围，即法定代表人越权的行为准用表见代理规定，对外代表行为在相对人知道或者应当知道其超越权限的情况下无效。（2）根据《合同法司法解释（一）》第10条关于"当事人超越经营范围订立合同，人民法院不因此认定合同无效。但违反国家限制经营、特许经营以及法律、行政法规禁止经营规定的除外"的规定，营利法人超越营业执照载明的范围从事生产经营和营利活动所签订的合同不一定无效。上述条文所称"不因此认定合同无效"，还应从民事行为无效的事由方面进行认定，如意思表示、行为能力等要件是否存在瑕疵或者欠缺。总之，法人的经营范围是法定的登记事项，法人本应在此范围内从事经营活动，但即便超越了经营范围签订了合同，只要不违反法律的强制性规定，从保护相对方的角度，也应认定其有效，特别是不应允许法人任意以其行为超越经营范围为由主张对外签订的合同无效。

第七十九条 设立营利法人应当依法制定法人章程。

【条文主旨】

本条是关于营利法人应当依法制定法人章程的规定。

【条文理解】

法人章程是指法人必须具备的，由发起设立法人的投资者制定的，就法人的重要事务及法人的组织和活动作出具有规范性的长期安排，对法人、股东、内部经营管理人员具有约束力的，调整法人内部组织关系和经营行为的自治规则。章程是根据法人成员共同的民事法律行为而成立的，其内容对于公司法具有补充性和排除公司法中选择性条款的效力，在实体意义上，构成了法人组织和活动的基本准则，在法人一系列文件中处于宪章性的地位。[①] 我国学术界和实务界通说认为法人章程是法人自治性质的根本规则。

一、所有的营利法人均应制定法人章程

营利法人之所以应制定法人章程，原因有以下四个方面：（1）营利法人是由投资者资本以及人合的联合，股东之间需要对法人的组织和行为规则形成共同意志，并以此为行为准则，并得到全体股东的遵守；（2）营利法人的组织和行为虽是按照法律法规的要求而形成，但不同类型营利法人的营利目的、营利模式以及经营行为不同，因此，应在法律规定的范围内，依据各营利法人的实际情况对法定规则进行

---

① 朱慈蕴：《公司法原论》，清华大学出版社2011年版，第82页。

补充;(3)营利法人以取得利润并分配给股东等出资人为目的,必然会依据其经营范围对外产生联系,需要向外界表明公司基本情况,包括公司形式、经营目的、资本构成、法定代表人以及重要管理制度等,应以章程的形式告示其交易对方;(4)法人章程对法人、股东以及法人董事、监事、高级管理人员具有约束力,并以法人章程为规范公司组织行为的根本规范和具体规则。

二、法人章程的记载事项

制定章程是设立法人所有民事法律行为中最核心、最基础的环节。营利法人必须依法制定章程,章程的制定和变更都要通过严格的法定程序进行。根据法人章程的记载事项是否为法律所明确规定,记载事项可以分为必要记载事项和任意记载事项。法律明文规定必须在章程中载明或者选定才能生效的事项,为必要记载事项,其中又包括绝对必要记载事项与相对必要记载事项;法律未明文规定,可以由章程制定者任意选择是否记载的事项,为任意记载事项。法人章程中绝对必要记载事项的内容因法人类型不同而有所区别,但基本包括公司的组织机构及其议事规则、公司股东的权利与义务、公司以及公司成员之间的行为规则和职权划分。一般认为,必要记载事项包括法人名称、法人住址、法人目的、法人资本、法人责任、法人公告等条款。根据《公司法》的规定,有限责任公司的章程应当载明:(1)公司名称和住所;(2)公司经营范围;(3)公司注册资本;(4)股东的姓名或者名称;(5)股东的出资方式、出资额和出资时间;(6)公司的机构及其产生办法、职权、议事规则;(7)公司法定代表人;(8)股东会会议认为需要规定的其他事项。股份有限公司的章程中还需要载明公司设立方式、公司股份总数、每股金额和注册资本、发起人的姓名或者名称、认购的股份数、出资方式和出资时间、董事会及监事会的组成与职权和议事规则、利润分配办法等内容,并将股份有限公司的法人章程置备于该公司。

除前述规定的绝对必要记载事项外,《公司法》还有部分须在法人章程中进行记载才能生效的法定事项，即相对必要记载事项，但欠缺该事项并不影响法人章程整体效力。比如，《公司法》第16条第1款关于"公司章程对投资或者担保的总额及单项投资或者担保的数额有限额规定的，不得超过规定的限额"，《公司法》第43条第1款关于有限责任公司"股东会的议事方式和表决程序，除本法有规定的外，由公司章程规定"，《公司法》第75条关于"自然人股东死亡后，其合法继承人可以继承股东资格；但是，公司章程另有规定的除外"等规定。

法人章程还可以就《公司法》未作规定或未作详细规定的内容进行规定，即对任意记载事项进行规定，该类规定起到对《公司法》的补充作用，与《公司法》共同构成法人组织和运行的规范。

三、设立协议与法人章程

发起人协议又称设立协议，是指在法人设立过程中，由发起人订立的关于法人设立事项的协议，性质上属于合伙协议。设立协议与法人章程之间存在着密切联系。例如，法人名称、注册资本、经营范围、股东构成、出资形式等事项，不仅是法人章程的绝对必要记载事项，也是设立协议的主要内容。有的发起人协议不仅通过约定上述内容调整协议各方在设立过程中的权利义务、协调各发起人的设立行为，甚至还约定诸如未来公司的组织机构、股份转让、增资、减资、合并、分立、终止等事项。而且，在实务中，在订立有设立协议的场合，往往是以发起人协议为基础制定法人章程，发起人协议的基本内容通常都为法人章程所吸收。

法人的设立活动是基于发起人的设立协议而发生的，是履行该协议的行为。法人章程一经制定，发起人协议的内容即被其吸收，因法人章程系全体股东依据公司法自行制定的行为规范和共同意志，法人章程条款中与发起人协议规定不同的条款，视为对发起人协议的变更，故应以法人章程的记载为准。对公司设立后的股东之间、股东与公司之间、公司与管理机构之间的纠纷，或是纠纷内容主要涉及公司内部权利分配时，应根据章程来确定责任承担。但出现在公司设立阶段的出资纠纷或者是纠纷主体均为法人设立人，如需要追究发起人在设立公司过程中的资本充实责任、损害赔偿责任或者法人发起人应对外承担责任的，则应根据法人设立协议追究发起人的法律责任。

【审判实践中应注意的问题】

一、影响法人章程效力的因素

法人章程系根据同一内容的多个意思表示一致而成立，属于多方法律行为。该法律行为可能因欠缺法律行为的有效要件而无效，导致行为人设立、变更或终止民事法律关系的意思表示不能发生预期的法律后果。根据本法第143条关于民事法律行为效力的规定，影响法人章程效力的因素包括以下三种：

1.法人章程制定者行为能力欠缺。法人章程的制定者因法人组织形式和设立方式的不同略有不同。有限责任公司章程的制定者为其发起人；股份有限公司若采发起设立方式，其章程的制定者为其发起人，在募集设立的情况下，因章程须经过创立大会通过，创立大会的组成人员包括发起人和认股人均属于法人章程的制定者。这些主体在制定章程时，如欠缺行为能力，将导致法人章程效力存在瑕疵。行为能力欠缺者如充当法人的发起人，应由其法定代理人代为参与制定法人章程，其法定代理人依法进行的代理行为，法律后果由被代理人承担，此时法人章程不因发起人行为能力欠缺而当然无效。

2.意思表示不真实。法人章程的制定者在制定法人章程时，如果存在意思表示不真实的情况，也将导致法人章程无效。根据本法第146条至第151条关于民事法律行为的效力的规定，制定者以虚假的意思表示制定的章程或者条款无效；如基于重大误解、以欺诈或者胁迫手段使制定者违背真实意思制定的章程、条款，行为人或者重大误解、受欺诈、受胁迫方有权请求人民法院或者仲裁机构予以撤销。上述无效的或者被撤销的章程或者条款自始没有法律约束力。

3. 法人章程的内容违反法律的强制性规定和公序良俗。公司法上关于法人章程内容的强制性规定,主要体现在对法人章程绝对必要记载事项的规定上。对各绝对必要记载事项,如法人名称、住所、组织形式的选择,法律都给予了一定的限制。如法人章程中没有载明绝对必要事项,或者虽然载明但违反法律规定,将导致无效的法律后果。[①] 因此,章程制定者在制定章程时,对于绝对必要记载事项,应按照法律的规定逐一进行记载。就相对必要记载事项以及任意记载事项,如果章程中未予记载,并不导致该章程无效。此外,法人章程中的内容如果违反公序良俗,也将导致该章程无效。

二、法人章程或者条款无效的常见情形

1. 法人章程对股权转让的限制性条款与法律和行政法规的强制性规定相抵触的,应确认该法人章程条款无效,对股东没有法律约束力,股东违反该条款转让股权而签订的股权转让合同有效。

2. 法人章程实质性剥夺股东依据《公司法》第33条、第97条规定查阅或者复制公司文件材料的权利,法人以此为由拒绝股东查阅或者复制的,人民法院将不予支持。

3. 自然人股东因继承发生变化时,有限责任公司的法人章程可以对其他股东主张依据《公司法》第71条第3款的规定行使优先购买权的权利予以限制。

---

① 郑玉波:《民法总则》,中国政法大学出版社2003年版,第225页。

> **第八十条** 营利法人应当设权力机构。
> 权力机构行使修改法人章程，选举或者更换执行机构、监督机构成员，以及法人章程规定的其他职权。

【条文主旨】

本条是关于营利法人权力机构及其职权的规定。

【条文理解】

一、营利法人权力机构概述

法人机关是法人从事法人事务的机构。法人机关在内部结构上，不是单一的一个职能机构，而往往由几个衔接的职能部分构成。[①] 在今天，营利法人的主要形式为公司法人。公司组织机构又称公司机关。公司作为具有权利能力和行为能力的企业法人，其意思表示和具体行为都必须通过一定的组织机构体现出来。各国对公司组织机构的设置不尽相同，大体上可分为单层制和双层制两种不同的模式。单层制以美国为代表，即公司机关只有股东（大）会和董事会。股东（大）会下设董事会，股东（大）会的权力限于公司法及章程明文列举的部分，未列举的部分全部都归董事会。美国公司的董事会拥有很大权力，董事会是集经营决策、业务执行、公司监督和对外代表于一身的机关。双层制以德国为代表，公司机关由股东（大）会、监事会、董事会组成。三者为上下级关系，即股东（大）会之下设监事

---

① 龙卫球：《民法总论》（第二版），中国法制出版社2002年版，第364页。

会，监事会向股东（大）会负责并报告工作；监事会之下设董事会，董事会向监事会负责并汇报工作。股东（大）会是公司的权力机关；监事会既是公司监督机关，也是董事会的领导机关；董事会为公司经营决策机关、业务执行机关和对外代表机关。①我国《公司法》规定的公司机关构成既非美国的单层制，也不同于德国的双层制。根据我国《公司法》的规定，公司法人包括股份有限公司和有限责任公司，其机关由股东（大）会、董事会、监事会构成。股东大会为最高权力机构；董事会为执行机构，对股东（大）会负责，非由职工代表担任的董事会成员由股东（大）会选举或更换；监事会为监督机关，非由职工代表担任的监事会成员由股东（大）会选举和更换。除公司法人，营利法人还有其他企业法人形式，如具有法人资格的国有企业、集体所有制企业等。目前，绝大部分国有企业、集体企业已经进行了公司改制，但仍有部分未进行改制。另外，还有合作社法人，它是社员在平等互助的基础上，以共同经营方法，谋求社会经济利益与自身生活改善的法人组织。②非公司形式的国有企业法人和集体企业法人没有复杂的机关结构，实行厂长（经理）负责制，厂长（经理）或负责人是对外执行人，也是对内事务决定人和执行人。

权力机关是指社员根据法律和章程组成就社团法人重大事务进行表决的机构，也称意思机关或社员总会。权力机关形成法人意思，是社团法人独有的机构，财团法人并不设这一机构。③就公司而言，我国《公司法》第36条规定，有限责任公司股东会由全体股东组成。股东会是公司的权力机构，依照公司法行使职权。第98条规定，股份有限公司股东大会由全体股东组成。股东大会是公司的权力机构，依照公司法行使职权。股东（大）会以会议的形式行使权力，而不采取常设机构或日常办公的方式，这是由股东会的权力性质和所有权与

---

① 周有苏等：《新公司法论》，法律出版社2006年版，第304页。
② 龙卫球：《民法总论》（第二版），中国法制出版社2002年版，第338页。
③ 马俊驹：《法人制度的基本理论和立法问题之探讨（中）》，载《法学评论》2004年第5期。

经营权相分离的现代公司制度的基本原理所决定的。[1]

二、法人权力机构的职权

权力机构既区别于执行机构，不执行日常业务，也区别于监督机构和咨询机构。营利法人的权力机构负责就法人的重大事项作出决议，法律选择对社员的利害关系有重大影响的事项作为权力机构的职权范围。

（一）修改法人章程

根据本法第79条的规定，设立营利法人应当依法制定法人章程。不论是制定章程的社员或发起人，还是后加入的社员、股东以及公司机关当然都受章程的约束。[2] 就公司而言，公司章程是指依法制定的规定公司性质、宗旨、组织和活动原则、名称和住所、经营范围、组织机构及其活动方式、权利义务分配等重大事项的文件。章程是公司作为一个法人组织的重要标志，也是公司法规定的公司成立和存在的必要前提和条件。[3] 公司法规定了法定的权利义务，公司章程规定了约定的权利义务。公司章程是公司的契约，以此约定股东、董事和公司的权利义务。

章程修改是指增加或者删减章程记载的内容，包括对章程记载事项的增删，对某一事项的具体内容进行字句上的删减，还包括对章程整体结构布局的调整。法人章程内容应当具有相对稳定性，但并不是不可改变的。许多国家将公司章程修改的决定权交给股东（大）会行使，有些国家将公司章程修改的决定权交给董事会或者监事会行使。我国《民法典》第80条第2款规定，营利法人章程的修改权，由营利法人的权力机构行使。由于章程在公司中的重要地位和作用，各国立法都对章程的修改规定了严格的表决生效条件。根据我国《公司

---

[1] 安建主编：《中华人民共和国公司法释义》，法律出版社2013年版，第71页。
[2] ［韩］李哲松：《韩国公司法》，吴日焕译，中国政法大学出版社2000年版，第77页。
[3] 周有苏等：《新公司法论》，法律出版社2006年版，第195页。

法》的规定，有限责任公司股东会会议作出修改公司章程的决议，必须经代表三分之二以上表决权的股东通过。股份有限公司股东大会作出修改公司章程的决议，必须经出席会议的股东所持表决权的三分之二以上通过。

（二）选举或更换执行机构、监督机构成员

法人的权力机构为法人最高意思机关，其决议是社员意志的共同体现。在公司法人中，股东作为公司的投资者和公司财产的终极所有者，在不同程度上控制着公司。公司的意志从根本上来看，仍是股东意志的体现。然而，这种体现了股东意志的公司意志，并不等同于股东的意志。为彰显这种意志的属性，我们将其称为独立的意志。公司作为抽象的法律人格者，必然具有其独立的意志。[1]由于股东的所有权与对公司的控制权分离，股东对公司管理和控制的能力是有限的，并且是间接的。股东（大）会在公司治理中的地位不是直接管理公司，其主要任务是选择公司的管理者和监督者。股东（大）会有权选任和决定本公司的非由职工代表担任的董事、监事，对于不合格的董事、监事可以予以更换。在现代社会竞争日益加剧的情况下，股东（大）会拥有用人权是必需的。董事、监事受公司股东会委托或委任，为公司服务，参与公司经营管理活动。[2]

（三）法人章程规定的其他职权

营利法人章程是法人的纲领性文件，对于制定章程的社员或发起人和后加入的社员、股东以及公司机关均具有约束力。权力机构可以行使法人章程规定的其他职权，是法人意思自治原则的体现，权力机构有权利也应当依据法律和章程规定履行职权。

---

[1] 范健、王建文：《商法的价值、源流及本体》，中国人民大学出版社2007年版，第240页。

[2] 安建主编：《中华人民共和国公司法释义》，法律出版社2013年版，第72页。

【审判实践中应注意的问题】

一、本法就营利法人组织机构的规定与其他法律相关规定的适用关系问题

除《民法典》对营利法人的组织机构、法定代表人作出规定外,其他法律如《公司法》《全民所有制工业企业法》等对此也作出规定。《民法典》对于法人组织机构的规定,是总括性、一般性的规定,根据特别法优先于一般法的法律适用原则,应当首先适用特别法的相关规定。比如,《民法典》第80条对营利法人权力机构职权作出规定,《公司法》第16条、第37条、第99条、第121条等对股东(大)会的职权及其行使也作出了相关规定,在判断某事项是否属于公司股东(大)会的职权时,应当首先适用《公司法》相关规定。

二、《公司法》关于权力机构职权的规定属于强制性规范还是任意性规范

公司通过修改公司章程或者股东(大)会决议的方式,将《公司法》规定的属于股东(大)会的职权授权董事会行使,是否违法?对此存在不同观点。一种观点认为我国《公司法》关于股东会职权的规定属于强制性规范,当事人不得以公司章程或股东决议的形式予以限制或者剥夺,其他公司机关不能超越自己权限来决定股东会职权范围内的事项。另一种观点则认为,权力机构的职权范围属于公司自治范畴,应当允许股东会将部分职权下放董事会行使。此问题目前在理论界和实务界争议较大,也有观点认为应当区分不同的公司类型来对待,还有观点认为应区分不同的职权内容分析。对此仍有待进一步研究和探讨。

> **第八十一条** 营利法人应当设执行机构。
>
> 执行机构行使召集权力机构会议，决定法人的经营计划和投资方案，决定法人内部管理机构的设置，以及法人章程规定的其他职权。
>
> 执行机构为董事会或者执行董事的，董事长、执行董事或者经理按照法人章程的规定担任法定代表人；未设董事会或者执行董事的，法人章程规定的主要负责人为其执行机构和法定代表人。

【条文主旨】

本条是关于营利法人执行机构的职权以及法定代表人担任的规定。

【条文理解】

一、营利法人执行机构概述

营利法人执行机构是根据法律和章程，由社员大会任命人员担任执行法人事务的机构，可以由一人担任，也可以由数人担任，组成复合机构。在公司，一般采取复合结构形式，称董事会或理事会，其成员称董事或理事。[①] 公司实行所有权与经营权相分离原则，由股东选任董事组成董事会作为公司的决策机构，负责公司经营管理。公司可根据法律规定和实际需要确定董事会的组成人员人数。董事会成员人

---

① 龙卫球：《民法总论》（第二版），中国法制出版社 2002 年版，第 366 页。

数通常应为单数,以防止董事会在作出决定时出现赞成、反对各半的僵局。①

本条明确规定,营利法人应当设执行机构。执行机构是营利法人的必设机构。从公司实际运行情况看,股东(大)会往往由于股东人数众多和分散,具有召集不易的特点,股东通过股东(大)会表达的意愿和决策必须通过董事会来具体贯彻执行。因此,董事会具有常设机构的性质。董事会是公司的业务执行机关,对公司股东(大)会负责。董事会成员是由公司股东(大)会选举而产生的,同时,也可由股东(大)会解任。对于实践中股东人数较少或者规模较小的有限责任公司来说,如果强制性要求其设立多数人组成的董事会,不仅可能加大公司的运作成本,而且不一定能够达到平衡股东利益和提高公司运作效率的目的。因此,《公司法》规定,股东人数较少或者规模较小的有限责任公司,可以设一名执行董事,不设董事会。这不仅符合公司效率的原则,也符合法律上的意思自治和为当事人提供更多选择的原则。②

二、营利法人执行机构的职权

营利法人执行机构依据法律和章程行使以下职权:

(一)召集权力机构会议

通常来说,营利法人的权力机构是以会议的形式行使权力,比如股东(大)会以会议的形式行使权力,而不采取常设机构或日常办公的方式,这是由股东(大)会的权力性质决定的。营利法人执行机构负责召集权力机构会议,执行权力机构决议。我国《公司法》第41条规定,有限责任公司设立董事会的,股东会会议由董事会召集,董事长主持。有限责任公司不设董事会的,股东会会议由执行董事召集和主持。根据该条规定,不论是股东会的定期会议或临时会议,都由董事会召集,董事长主持。董事会召集是指以董事会的名义通知会议

---

① 安建主编:《中华人民共和国公司法释义》,法律出版社2013年版,第80页。
② 周有苏等:《新公司法论》,法律出版社2006年版,第340页。

召开、安排会务等。有限责任公司因股东人数较少、规模较小不设立董事会，只设立执行董事的，该类公司的股东会议由执行董事召集和主持。

（二）决定法人的经营计划和投资方案

营利法人须以营利为目的。①营利法人的经营计划和投资方案，决定着股东的营利情况。在有限责任公司和股份有限公司，股东（大）会决定了公司的经营方针和投资计划后，董事会据此决定公司的经营计划和投资方案，并组织实施，是董事会经营决策权的重要体现。②

（三）决定法人内部管理机构的设置

营利法人执行机构负责法人的经营活动，有权决定法人内部管理机构的设置。根据《公司法》规定，董事会有权根据公司的具体情况，确定内部的管理机构设置，如设立具体业务部门或行政管理部门等。

（四）法人章程规定的其他职权

营利法人章程是法人的纲领性文件，对于制定章程的社员或发起人以及后加入的社员、股东和公司机关均具有约束力。本条规定法人章程可以就执行机构职权的未尽事项作出规定，是法人意思自治原则的体现，执行机构有权利也应当依据法律和章程规定履行职权。

另外，《公司法》第46条明确规定了董事会的职权范围，同时，第50条第2款规定，执行董事的职权由公司章程规定。这实际上赋予了公司章程更大的权力，公司章程规定的执行董事职权可以等同于董事会，也可以超出或者不及董事会的职权。③

三、法定代表人的担任

所谓法人的代表机关，是指法人的意思表示机关及代表法人对外

---

① 史尚宽：《民法总论》，中国政法大学出版社2000年版，第143页。
② 安建主编：《中华人民共和国公司法释义》，法律出版社2013年版，第83页。
③ 安建主编：《中华人民共和国公司法释义》，法律出版社2013年版，第88页。

进行民事活动的机关。在关于如何代表（或代理）法人的问题上，存在不同的立法例，大致有共同代表制、单独代表制与单一代表制。

1. 共同代表制。在共同代表制下，董事会对外代表社团，具有法定代表人的地位。

2. 单独代表制。在单独代表制下，法人的每个董事或者理事都可以对外代表法人。德国采取共同代表和单独代表结合的制度。①

3. 单一代表制。我国采取单一代表制，法定代表人单独具有对外执行权。

本法第61条第1款规定，依照法律或者法人章程的规定，代表法人从事民事活动的负责人，为法人的法定代表人。法定代表人以法人名义从事的民事活动，其法律后果由法人承受。按照我国《公司法》第13条第1款的规定，公司法定代表人依照公司章程的规定，由董事长、执行董事或者经理担任，并依法登记。②法定代表人是营利法人的重要职能机关，是法人治理结构的重要组成部分。根据本法第61条第2款、第3款的规定，法定代表人以法人名义从事的民事活动，其法律后果由法人承受。法人章程或者法人权力机构对法定代表人代表权的限制，不得对抗善意相对人。

1993年颁布实施的《公司法》第45条规定，董事长为公司的法定代表人。赋予董事长特定的业务执行权和决策权，确立了法定代表人作为一个法定常设机关的地位。2005年《公司法》修订，第13条规定扩大了公司法定代表人的人选范围，包括经理和执行董事都可以担任法定代表人。这一修改内容表明了公司法回归公司意思自治的精神和方向，让公司在一定范围内自行决定代表人的设置。

对于未设董事会或者执行董事的营利法人，法人章程规定的主要负责人为其执行机构和法定代表人。例如，非公司形式的国有企业和集体所有制企业法人不设董事会和执行董事，企业法人章程规定的主要负责人通常是厂长（经理）。《全民所有制工业企业法》第45条规

---

① 龙卫球：《民法总论》（第二版），中国法制出版社2002年版，第369页。
② 李永军：《民法总论》（第二版），法律出版社2009年版，第316页。

定，厂长是企业的法定代表人。《城镇集体所有制企业条例》第31条规定，集体企业实行厂长（经理）负责制。厂长（经理）对企业职工（代表）大会负责，是集体企业的法定代表人。法人章程规定的主要负责人对内行使执行机构的职权，行使召集权力机构会议，决定经营计划和投资方案，决定内部管理机构的设置以及法人章程规定的其他职权；对外代表法人从事民事活动，行使职权。

【审判实践中应注意的问题】

对于公司的法定代表人是否应为一人，公司章程是否能够对此作出任意性规定，存在不同意见。一些专家、学者认为，从国际上看，多数国家和地区都允许多人对外代表公司，一些国家规定公司应当通过章程、股东（大）会决议或董事会决议确定公司对外代表人。也有一些部门、专家担心，设定多个法定代表人可能在实践中造成混乱，会改变我国多年来已形成的交易习惯，给不法分子欺诈公司及交易相对人提供可乘之机。[1] 如果采取多元制，则会产生大量的无权代表的情形，这可能会损害交易相对人的合法权益。[2] 本条规定表明，在我国，法定代表人可以由董事长、执行董事或者经理担任，至于究竟由谁担任，则由公司章程根据本公司具体情况规定。

---

[1] 安建主编：《中华人民共和国公司法释义》，法律出版社2013年版，第36页。
[2] 王利明主编：《中国民法典草案建议稿及说明》，中国法制出版社2004年版，第296页。

> **第八十二条** 营利法人设监事会或者监事等监督机构的,监督机构依法行使检查法人财务,监督执行机构成员、高级管理人员执行法人职务的行为,以及法人章程规定的其他职权。

【条文主旨】

本条是关于营利法人监督机构及其职权的规定。

【条文理解】

一、营利法人监督机构及其选任

由于法人的社员大会并非天天伴随法人事务的执行者,因此,法人的社员为了自己的利益设立一个向自己负责并报告工作的机构,以监督法人执行机关的行为及财务状况。但是监督机构并非是所有法人的必设机关,在我国,监督机构仅仅是公司法人的必设机关,而对非公司法人则是任设机关。[①]在各国公司立法实践中,有两种不同的监督机制:一类以美国、英国等英美法系国家为代表,公司的股东(大)会下不设监事会,公司的监督职能由董事会兼任,董事会中设立由不执行公司业务的外部董事主导的专业委员会,负责对执行公司业务的董事及其他公司高级管理人员进行监督;另一类以大多数大陆法系国家如德国、日本等为代表,公司内部设立由股东(大)会选出的监事会,作为专门的监督机关,负责监督公司的业务执行情况和检查公司的财务状况。我国采取了大陆法系国家通行的公司制度模式。[②]

[①] 李永军:《民法总论》(第二版),法律出版社2009年版,第317页。
[②] 安建主编:《中华人民共和国公司法释义》,法律出版社2013年版,第91页。

我国《公司法》第51条第1款规定，有限责任公司设监事会，其成员不得少于3人。股东人数较少或者规模较小的有限责任公司，可以设1~2名监事，不设监事会。第117条第1款规定，股份有限公司设监事会，其成员不得少于3人。监事会作为股东（大）会产生的机构，是股东意志和公司意志的直接体现，通过行使监督职能形成对经营者的约束，不断矫正经营者可能出现的偏离股东和公司行为目标的行为。①

监事的选任往往根据监事会成员的来源不同而有所区别。有的国家规定，监事由股东（大）会选举产生，其选举和罢免的程序都同于董事，如《日本商法典》规定，监察人由股东（大）会选任。有的国家规定监事由股东（大）会任命，有的国家规定由章程任命，如《法国商事公司法》规定，首任监事会成员由公司章程予以任命。②根据我国《公司法》规定，监事会应当包括股东代表和适当比例的公司职工代表，其中职工代表的比例不得低于三分之一，具体比例由公司章程规定。监事会中的职工代表由公司职工通过职工代表大会、职工大会或者其他形式民主选举产生。监事会成员除职工代表监事外，其余由股东代表监事组成，股东代表监事由股东（大）会选举产生。董事、高级管理人员不得兼任监事。

二、营利法人监督机构的职权

营利法人监督机构主要负责对法人业务和财务进行监督。其职权具体如下：

（一）依法行使检查法人财务的权力

营利法人监督机构有权对法人的财务状况进行检查，对法人的财务报表、会计凭证等实施检查、调查。比如，公司监事会可以查阅公司账簿和其他会计资料，核对公司董事会提交的股东会的会计报告、营业报告和利润分配方案等会计资料，发现疑问可以复核等。

---

① 周有苏等：《新公司法论》，法律出版社2006年版，第349页。
② 周有苏等：《新公司法论》，法律出版社2006年版，第350页。

(二)对法人经营管理活动进行监督

监督机构有权对营利法人的经营管理活动进行监督。根据我国《公司法》的规定,公司监事会或者不设监事会的公司监事通过以下方式对公司经营管理活动进行监督,具体包括两个方面:(1)对董事、高级管理人员执行公司职务时违反法律、行政法规、公司章程或者股东会决议的行为进行监督,并可以提出罢免违规的董事、高级管理人员的建议。(2)纠正或者停止董事、高级管理人员侵害公司利益的行为。当监事会发现董事、高级管理人员的行为违反法律、行政法规、公司章程或者股东会决议,超越权限行使权力以及其他损害公司利益的行为时,有权要求其停止违规行为并予以纠正。[1]我国《公司法》第54条规定,监事可以列席董事会会议,并对董事会决议事项提出质询或者建议。监事会、不设监事会的公司的监事发现公司经营情况异常,可以进行调查;必要时,可以聘请会计师事务所等协助其工作,费用由公司承担。

(三)法人章程规定的其他职权

营利法人可以根据其自身情况和实现监督机构职能的需要,在法人章程中对监督机构的职权作出规定,监督机构应当依照章程行使职权。

【审判实践中应注意的问题】

关于监事会或者不设监事会的公司监事依据《公司法》第151条规定提起的诉讼中的当事人诉讼地位问题,《公司法》第151条第1款规定,董事、高级管理人员有《公司法》第149条规定的情形的,有限责任公司的股东、股份有限公司连续180日以上单独或者合计持有公司1%以上股份的股东,可以书面请求监事会或者不设监事会的有限责任公司的监事向人民法院提起诉讼。根据上述规定,监事会或

---

[1] 安建主编:《中华人民共和国公司法释义》,法律出版社2013年版,第94页。

者不设监事会的有限责任公司的监事收到股东书面请求后，可以提起诉讼。那么，监事会或者不设监事会的有限责任公司的监事依据《公司法》第151条第1款规定对董事、高级管理人员提起诉讼的，公司、监事会以及不设监事会公司的监事的诉讼地位如何呢？有观点认为，应当将公司列为第三人，但是，此类诉讼中，公司与有独立请求权第三人以及无独立请求权第三人的情形并不相符。此类诉讼中，监事会或者不设监事会的有限责任公司的监事提起诉讼，行使的是公司的诉权，诉讼要解决的争议涉及公司的实体权益。因此，应当将公司列为原告，依法由监事会、监事会代表或者不设监事会的有限责任公司的监事代表公司进行诉讼。

> **第八十三条** 营利法人的出资人不得滥用出资人权利损害法人或者其他出资人的利益；滥用出资人权利造成法人或者其他出资人损失的，应当依法承担民事责任。
>
> 营利法人的出资人不得滥用法人独立地位和出资人有限责任损害法人债权人的利益；滥用法人独立地位和出资人有限责任，逃避债务，严重损害法人债权人的利益的，应当对法人债务承担连带责任。

【条文主旨】

本条是关于营利法人的出资人不得滥用出资人权利、法人地位和有限责任损害他人利益，以及权利滥用行为民事责任的规定。

【条文理解】

本条是在《公司法》第20条关于公司股东不得滥用股东权利、法人独立责任和股东有限责任等制度损害他人利益的规定的基础上，考虑到出资人滥用权利的现象并非公司所独有，将该项规定加以归纳、提炼，作为对所有营利法人出资人的一般原则要求。

营利法人的出资人为了共同的事业成立法人，并享有股东有限责任和法人独立责任等法律制度优惠以降低风险，其在享受权利的同时，应当依法和依章程正当行使权利，这是出资人的基本义务。出资人正当行使权利，不仅是权利不得滥用原则的要求，也是权利、义务平等原则的要求。营利法人的出资人依法、正当行使权利受法律保护，滥用权利将受到法律的制裁。因此，在总结《公司法》实施以来的经验的基础上，本条将出资人不得滥用出资人权利、不得滥用法人独立地位、不得滥用出资人有限责任损害他人利益作为营利法人的出资人正当行使权利的一般原则要求，并明确了滥用权利应当依法承担民事责任。

根据本条第1款的规定，营利法人的出资人在行使权利时，不得滥用权利损害法人和其他出资人的利益，所保护的法益，是法人的内部关系中相关当事方的合法权益。对此可以从两个方面加以把握：（1）在实体法律的遵守方面，出资人行使权利不得超越法律规定的边界；（2）在程序方面，出资人权利的行使要遵守法律规定的程序。以乡镇企业为例，《乡镇企业法》第14条规定："乡镇企业依法实行民主管理，投资者在确定企业经营管理制度和企业负责人，作出重大经营决策和决定职工工资、生活福利、劳动保护、劳动安全等重大问题时，应当听取本企业工会或者职工的意见，实施情况要定期向职工公布，接受职工监督。"如果乡镇企业的出资人在确定企业负责人时，仅以出资比例的多数决定为依据而不听取职工的意见，甚至不顾多数职工的反对意见，就属于滥用出资人权利。在2005年《公司法》修订后，司法实践中对股东滥用权利损害公司利益和其他股东利益的情形进行了探索和总结，对一些较为典型的行为基本取得了共识。例如，公司法规定股东在涉及公司为其担保事项进行表决时应当回避，如股东违反这一规定强行参与表决，则构成滥用股东权利。又如，股东知情权的行使，法律规定有限责任公司股东有查账权，但前提是股东应当有正当的理由，一般为公司的经营活动特别是在财务处理上有损害股东利益之嫌。如果股东为个人经营的目的，以查账为由，窃取公司商业秘密，则构成股东滥用权利。再如，公司章程规定公司出售重大资产需股东大会特别决议通过，公司的控股股东无视章程的规定，不经法定程序，强令公司经营管理层出售该资产，也构成股东权利的滥用。还有，公司股东为谋取利益，在不具备分红条件的情况下以股东会决议的方式向股东分配利益，属于滥用股东权利损害公司利益，并可能损害公司债权人利益。此外，在一些股东人数较少的有限责任公司，股东之间进行股权转让，约定转让款项由公司支付或者由公司提供担保，也属于典型的滥用股东权利损害公司利益。从司法实践中反映较为集中的问题来看，判断是否构成出资人滥用权利损害其他出资人利益或者法人利益，在法律没有明确规定出资人的权利边界和程序的情形下，是一个非常困难的问题，未来能否借鉴"商业目的的合理性"和"行为与目的的合比例性"这两个标准来综合判断出资人行为的正当性，值得在审判工作中进一步研究和探索。根据本款规定，只要能够认定出资人的行为属于滥用权利损害公司利益或其他出资人利益的，首先应当依法认定相关的法律行为、决议行为无效，对由此给公司和其他股东造成损失的，滥用权利的出资人应承担赔偿责任。除了损失赔偿这种单一的救济方式之外，由于营利法人大多处于封闭结构，出资人很难通过"用脚投票"的方式退出，为维护法人的持续经营，在审判实践中也可以进一步探索其他合理的救济措施，以防出现在因个别出资人的滥权行为引发的诉讼审结之后，法人的运营实际上却进入僵局状态。

本条第2款规定，出资人不得滥用法人独立地位和出资人有限责任损害债权人的利益。为降低投资风险，鼓励投资人出资兴办实业，立法创制了出资人有限责任和法人独立责任的制度，并赋予出资人和法人各自不同的人格，以独立人格、独立责任作为法人制度的核心。对出资人而言，其依约缴纳认缴的出资后，即享受有限责任的待遇，不再对营利法人的债务承担责任；出资人与营利法人之间人格独立，营利法人以其全部法人财产独立承担责任。对债权人而言，营利法人的独立财产是其债权实现的一般担保。营利法人在经营活动中，与债权人独立地发生债权、债务关系，承担由此产生的民事责任。但在实际经济生活中，许多出资人在出资之后，并不遵循法律规定的分权制衡的治理结构，而是通过各种途径控制着其所出资的营利法人，为赚取高额利润或逃避债务，常常擅自挪用公司的财产或者与自己的财产混同、账目混同、业务混同。有的出资人为达到非法目的，设立一个壳企业从事违法活动，实际控制该企业，但又以有限责任为掩护逃避责任。在这些情况下，营利法人实际上已失去了独立地位，该独立法人地位被股东滥用了。同时，出资人利用上述方式逃避其应承担的责任，也滥用了其有限责任的待遇，债权人将面临极大的交易风险。面对这一现实问题，一些国家在维护出资人有限责任的基本原则的同时，本着权利和义务相一致的原则，为切实保护债权人的利益、维护正常的交易秩序，创制了法人人格否认的制度。① 即当符合法定条件，认定出资人滥用法人独立地位和有限责任时，可以"揭开法人的面纱"，将出资人和法人视为一体，追究二者共同的法律责任。

根据本条规定，出资人滥用法人独立地位和有限责任逃避债务，严重损害债权人利益的，应当对法人债务承担连带责任。从审判实践中反映的情况来看，出资人利用法人独立地位侵占公司财产，逃避债务，损害债权人利益的情况比较严重，且方式和手段呈现出越来越复杂、隐蔽和多元化的特点。在案件审理中，审判一线对滥用的认定标准、举证责任分配、适用对象等还存在着不同的认识。《民法典》在总结既往审判经验的基础上，将法人人格否认作为营利法人的一般规则加以规定，非常必要，有利于防止出资人滥用法人人格、有限责任获取非法利益，以保护债权人利益、维护正常的交易秩序。

【审判实践中应注意的问题】

适用本条规定应把握以下几个原则：（1）坚持有限责任这一法人制度的基石。出资人有限责任和法人独立责任是营利法人制度的核心内容，因此，法人人格否认制度的适用应当限制在司法审判中针对某一具体案件适用，不得任意扩大其适用范围。（2）我国的法人人格否认制度主要适用于出资人滥用法人独立地位和出资人有限责任，逃避债务的行为，即出资人有逃避债务的主观恶意和具体行为；应当有严重损害营利法人债权人利益的后果。（3）由于实践中出资人滥用有

---

① 王利明：《民法总则》，中国人民大学出版社2017年版，第184页。

限责任和法人独立地位的表现形式多样，在法律中难以一一列举，最高人民法院将继续通过公布司法解释、指导性案例和典型案例等方式指导审判实践。本条并未确定出资人滥用法人独立地位和有限责任的具体标准，人民法院可以根据审判实践的情况对何为"滥用"、何为"严重"进一步研究和探索。

第八十四条 营利法人的控股出资人、实际控制人、董事、监事、高级管理人员不得利用其关联关系损害法人的利益；利用关联关系造成法人损失的，应当承担赔偿责任。

【条文主旨】

本条是关于法人的控股出资人等关联人不得利用关联关系损害法人利益的规定。

【条文理解】

关联交易一般是指具有投资关系或合同关系的不同主体之间所进行的交易，又称为关联方交易。关联交易本身是一种中性的经济行为。正常的关联交易，可以稳定营利法人的业务，分散经营风险，有利于法人的发展，但实务中常有控制法人利用与从属法人的关联关系和控制地位，迫使从属法人与自己或其他关联方从事不利益的交易，损害从属法人和其他出资人利益。为此，各国和地区对关联交易都有或繁或简的相关规定，调整关联关系，保护从属法人及其他出资人的利益。在大陆法系国家，一般在人事控制、会计原则、公司财务控制等方面有较为详细的规定，法院也可以根据法律原则规定作出裁判。在英美法系国家和地区，由于法官的自由裁量权较大和其造法功能，通常可以由法官根据案件的具体情况作出裁判，所以后者对关联交易的控制多表现在判例法中。

从我国的实际情况来看，营利法人中股权结构的"一股独大"和"一股独霸"，是一个较为普遍的现象。虽然控股出资人通过关联交易对营利法人的经营业务提供"支持"的事例并不少见，但控股出资人利用非公平关联交易"掏空"其所支配的营利法人是更为多发和常见的现象，已成为我国法人治理中面临的最棘手问题，特别是在较大的公司和上市公司中。历史上，我国上市公司的控制股东、实际控制人通过关联交易损害上市公司及其中小股东利益的主要方式是直接的资金占有和上市公司违规担保等方式。但从新近的发展来看，控制股东和实际控制人"掏空"上市公司的方式已经由原先的单向性资产掠夺转变为以股价套现为主、资产变性为辅的多渠道"掏空"，特别是利用上市公司并购重组手段实施掠夺，出现了关联交易的非关联化和隐性化倾向，方法更隐蔽，监管难度更大。另一方面，控制股东、实际控制人通过资产交易、关联担保以及资产置换等方式"支持"上市公司的行为大量出现。这种与"掏空"行为方向相反的利益输送看似损害了控制股东、实际控制人的利益，提升了上市公司和中小投资者的利益。但在实质上，控制股东和实际控制人的这一"自残"行为的真正目的，大多并非是真正为上市公司的发展提供更好的支撑，而是通过关联交易粉饰报表，通过并购实现股份变现和资产变性，甚至通过内幕交易和市场操纵行为获取不法利益，暂时的付出是为了长远的利益最大化。由于关联交易行为严重地损害公司、少数股东和债权人的利益，财政部门、税务部门、证券监管部门从财政、税收、上市公司监管等方面对公司关联交易控制作了一些规定，《公司法》第21条就作了原则规定。在《民法典》之前的《民法总则》起草过程中，考虑到关联交易行为并非公司这一种营利法人所独有，故增加本条规定，以规范所有的营利法人。同时，考虑到关联交易的情况较为复杂，还需要在实践中进一步总结经验，因此，本法只作了一条原则性规定，主要是明确了营利法人的关联方利用关联关系损害法人利益的法律后果。

根据本条规定，与营利法人有关联关系的五种人不得利用其与法人的关联关系损害营利法人利益。（1）控股出资人，对控股出资人的界定，可以参考《公司法》第216条关于控股股东的定义，是指其出资额占营利法人的资本总额50%以上，或者虽然出资额不足50%，但依其出资额所享有的表决权已足以对营利法人的权力机构的决议产生重大影响的出资人。(2)实际控制人,是指虽然不是法人的出资人,但通过投资关系、协议或者其他安排,能够实际支配法人行为的人。(3)董事,是指法人权力机构选举出来的董事会成员。(4)监事,是指法人权力机构选举出来的监事会成员。(5)高级管理人员,是指营利法人的经理、副经理、财务负责人以及上市公司董事会秘书和公司章程规定的其他人员。所谓关联关系,是指营利法人的控股出资人、实际控制人、董事、监事、高级管理人员与其直接或者间接控制的企业之间的关系以及可能导致公司利益转移的其他关系;但是,国家控股的企业之间不仅仅因为同受国家控股而具有关联关系。

在法学理论上,根据关联交易实施主体的不同,将上述五种人员所实施的关联交易分为经营者实施的关联交易和控制人实施的关联交易两种基本类型。经营者实施的关联交易行为,也称为自我交易,是指公司与董事、高管本人或者其关联人(例如,董事或高级管理人员的近亲属或家族公司)之间的购买或者出售公司资产等交易。对自我交易,英美法上已经改变了传统的一律禁止的立场,通常允许董事和高级管理人员同其任职公司进行交易。其主要考虑包括如下几个方面:(1)对于小型的封闭型公司而言,公司的董事、高级管理人员和主要股东可能是交易的唯一对手。因为局外人无法对公司前景作出评估预期而缺乏交易动机,或者因为小公司为了与局外人交易而不得不披露商业秘密。与同信息不对称的局外人进行交易相比,自我交易更容易达成,减少谈判成本,并可使公司、股东双方获得更大利益。因此,对于小公司,基于成本与效益考虑,禁止自我交易的效果本身并不十分明显。(2)一味禁止自我交易的成效不彰。有些性质严重的自我交易,如并购中的严重违法行为,可能触及刑法而另有专门法律加以规范。况且,当违法性质轻微的自我交易行为被发现时,完全可以运用民事责任手段或对其继续工作的信用进行威胁的手段来进行制止,没有必要一定禁止自我交易。(3)禁止自我交易可能会导致滥诉,这可能会增加经营者对风险的厌恶,阻碍经营者的创新动机,从而损害股东与公司利益。在通常的自我交易中，法律所关注的是对营利法人的决策有影响力的董事、高管以低于正常交易或其他可获得的条件同公司进行交易。在所有这些情况下，均可推定公司与自我交易的董事、高管之间的利益冲突非常尖锐。与经营者不同的是，控股出资人和实际控制人在其营利法人的投资通常较多，对营利法人的经营业绩有较大的财产利益，同时基于资本多数决原则享有经营者选择权，从而控制着公司的经营权。控股出资人和实际控制人由于其拥有的控制权可以获得超额的现金流量权时，常常存在"利用控制权追求自身利益最大化，转移公司资源，侵害中小投资人利益"的冲动，因此，对控制股东的利益冲突交易进行监管也就成为各国立法普遍面临的问题。在欧洲大陆，企业集团是工业组织的普遍模式，对企业集团内部控股股东与其关联公司之间的利益冲突交易，各国立法大多将控制股东看作是事实董事，或干脆对控制股东的利益冲突交易进行单独监管。

本条还原则规定了对公司关联交易的处理，利用关联关系造成法人遭受损失的，应当承担赔偿责任。这里主要涉及的问题是判断一项关联交易是否公允，对此，理论上并未达成共识。美国公司法学者罗伯特·C.克拉克教授主张，可以单独或者综合运用以下两种方法来认定关联交易公平与否：一是可获得的条件比较法；二是竞争市场比较法。前者是指对相对公司而言，有一名忠诚而独立的即不受利益冲突影响的理性而又拥有充分信心的决策者，代表他们作出同意表示的交易的结果如果比关联交易的结果更有利，那么该关联交易就是不公平的。这是一种假想的方法，运用在无法得到确凿的市场可比数据的场合是非常有用的。后者是指在一个适度竞争的市场中，两个独立当事人之间的明显可比交易的结果如果比关联交易的结果更有利，通常即认为该关联交易对相关公司是不公平的。这种方法的运用要求得到客观数据，因为一旦关联交易当事人的情况和需要与市场中交易当事人并不具有可比性的话,这种方法就会失效。① 尽管这两种方法都比较抽象,可操作性不强,但各国基本上还是依据这两种方法的路径来制定具体的监管制度,其中,交易的价格是关键。美国法院通常采用尊重商业判断的做法,来判断交易价格是否公允。法院认为,交易在不存在利益冲突的情形下,董事会比法院更有能力判断价值问题,因此会尊重董事会的选择,除非异议股东能够证明董事会所接受的价格明显过低,或者不是可获得交易条件的结果。相反,如果一项交易属于控股股东与公司间的交易,或与公司董事、高管有利害关系的控制权转移,或者通过控股股东作为一方当事人的公司合并实现控制权转移的情况下,即在交易存在利益冲突的情形下,董事会或控股股东受到私利的玷污的质疑,法院就不太相信董事会的判断,而是更愿意考虑一个自愿进行交易、有判断能力且掌握全部信息的买方所可能给出的价格,即第三方价格。除此之外,公允价格确定的标准,还包括拍卖标准、清算标准、第三方报价标准、"愿买愿卖"、市场价值等标准,依据不同情况适用不同标准。从我国审判实践中的情况来看,人民法院审理关联交易引发的纠纷案件的数量还比较少,对这方面的研究还处于起步阶段,不同国家和地区的做法可以作为我们研究相关审判工作的参考。

---

① [美]罗伯特·C.克拉克:《公司法则》,胡平等译,工商出版社1999年版,第120页。

> **第八十五条** 营利法人的权力机构、执行机构作出决议的会议召集程序、表决方式违反法律、行政法规、法人章程,或者决议内容违反法人章程的,营利法人的出资人可以请求人民法院撤销该决议。但是,营利法人依据该决议与善意相对人形成的民事法律关系不受影响。

【条文主旨】

本条是关于营利法人机关的决议撤销的规定。

【条文理解】

营利法人的权力机构和执行机构作为法人的意思决定和执行机关,其行使权力的方式是通过召开会议并作出决议的方式来实现的。上述决议一旦依法作出并生效,则变为营利法人的意志,对营利法人及其成员具有约束力。因此,权力机构、执行机构的决议对法人成员关系重大,如果有关决议存在瑕疵,可能损害成员的合法权益,营利法人的出资人有权对其提起撤销之诉。

根据本条的规定,权力机构和执行机构决议的瑕疵分为内容瑕疵和程序瑕疵:内容瑕疵是指决议的内容违反章程的规定;程序瑕疵主要指召集程序、表决方式违反法律、行政法规、法人章程的规定。由于营利法人的权力机构和执行机构的决议能否顺利执行直接影响营利法人行为的效率,而决议是否公平、合法也是涉及出资人权益的重要问题,法律规定对三者要兼顾。本条规定,主要考虑到决议内容违反章程规定的瑕疵,是对法人成员意思自治的违反,与决议的召集程序、表决方式违反法律、行政法规的规定和法人章程规定的性质及后果大致相同,本着兼顾公平和效率的原则,统一规定为可撤销的决议。根据本条规定,营利法人的权力机构、执行机构的决议在会议召集程序和表决方式上违反有关法律、行政法规的,任何出资人可以提起撤销之诉。上述决议无论是在内容还是在程序上有违反章程的瑕疵的,股东只能提起撤销之诉。对该撤销权的行使期间,其他法律有规定,依照其规定,如根据《公司法》第22条之规定,撤销之诉需由股东自决议作出之日起60日内提起;超过60日的,股东便失去这一权利,法院不再受理该撤销之诉。其他法律没有规定的,解释上应当确定为在合理期间内行使,以免因时间过长而影响与营利法人相关的法律关系的稳定。在出资人提起撤销诉讼时,其应当持有营利法人的出资份额,即具有法人成员的适格性。决议被人民法院撤销的,自撤销之日起失去效力。

因社团决议具有一经作出即推定有效的特点,为保护与营利法人交易的善意第三人的利益,本条规定撤销之诉不影响营利法人依据该决议与善意相对人形成的民事法律关系。也就是说,即便决议被人民法院撤销,营利法人也不得据此主张其与善意相对人之间的法律关系不归属法人或无效。从近几年审判实践中反映出的问题看,对善意相对人的保护呈现出概念泛化的倾向,甚至存在为保护第三人利益而忽视一方利益的苗头。因此,有必要强调保护善意相对人的适用前提。民法理论认为,保护善意相对人的立法政策是为保护交易安全,交易安全为与财产静的安全相对应的动的安全。静的安全是指对于主体本来享有之利益,由法律加以保护,不使他人任意夺取,亦称享有的安全或所有的安全;动的安全是指主体依自己之活动取得新利益时,法律对于该项取得行为进行保护,不使其归于无效,其着眼于利益之取得。取得新利益的行为包括继承、接受赠与等无偿行为和交易等有偿行为,并以交易安全为动的安全之主要类型。静的安全与交易安全冲突的由来,是因为交易事项(如权利、意思、主体能力)中虚像的出现,该虚像往往是影响交易行为效力的重要因素,而交易对方善意无过失地相信了该虚像。所谓"虚像",是相对于实像而言的,是指社会现象中常有看起来如此，但实际上并非如此之情形；所谓"实像"，是指交易诸事项的本来面貌。①实像为静的安全之保护依据，而善意无过失地信其虚像则为此时动的安全之保护依据。两种安全要求发生矛盾冲突时，势必造成一方损害，法律只能存其一而去其他，决定由何方负担损害和如何分配损害，这就是法律对静的安全和动的安全之调节。保护交易安全的立法在交易安全与静的安全发生冲突时，牺牲静的安全（实像利益）或者由静的安全享有人承受其他形式的不利益，即"以虚像代替实像，俾资保护权利之取得者"，②亦即善意无过失地相信虚像与相信实像有同等效力。交易安全之所以受保护，是因为交易相对人在交易中善意无过失。换句话说，交易人之交易行为，要获得其所期待和信赖的合法性与确定性，其主观上必须处于善意无过失的心理状态。申言之，对交易事项之虚像的信赖，须善意无过失。

因此，在营利法人的决议被人民法院的判决撤销后，营利法人依据该决议与第三人之间形成的法律关系是否归属于营利法人，该第三人是否善意无过失是决定性的因素。如果相对人在与营利法人成立该法律关系时知道或者应当知道决议存在被撤销的瑕疵事由，则不能成为善意第三人，无权根据本条规定主张相应的利益。"知道"，是指事实上的知道，即相对人实际上了解或认识到了营利法人的权力机构、执行机构的决议存在程序瑕疵或违反章程规定的内容瑕疵。"应当知道"，是指推定的知道。在一般情况下，这是一个需要结合个案衡量的事实问题，学理上难以抽象出一个统一的认定标准。立法史上，合同法对"应当知道"曾经采用了"因重大过失而不知"的标准。所谓"因重大过失而不知"，是指对相对人而言，根据其所知悉的一切情形，决议存在的程序瑕疵或内容瑕疵是如此显而易见，只要不是熟视无睹，不可能不知该瑕疵。个案中能够辅助判断的情形，不仅包括特定交易的具体情况，如交易性质、金额、重要性，而且包括当事人

---

① 刘得宽：《民法诸问题与新展望》，我国台湾地区三民书局1979年版，第247页。
② 刘得宽：《民法诸问题与新展望》，我国台湾地区三民书局1979年版，第249页。

之间的惯常做法、关于某种交易的特别交易习惯或交易行规等。对于相对人善意的衡量标准，除了相对人事实上不知道该瑕疵存在的情况外，在尽了形式审查义务之后仍然不可能知道瑕疵存在的事实，也应当认定相对人属于善意。但需要注意的是，在一些特别法中，立法基于某些事项的重要性，对该事项的决议权限、议事规则作了较为严格的规定时，如果相关决议同时存在决议权限的僭越和议事规则的违反，程序瑕疵将会影响相对人善意的判断。如在公司为控股股东提供担保的案件中，公司虽然向相对人提供了股东会决议，但该决议是在控股股东的召集下召开，且控股股东参加了表决，由于该控股股东所实施的行为同时构成滥用股东权利，如果相对人未能审查发现该明显存在的瑕疵，应当认定其具有重大过失。

> **第八十六条** 营利法人从事经营活动，应当遵守商业道德，维护交易安全，接受政府和社会的监督，承担社会责任。

【条文主旨】

本条是关于营利法人应当履行义务的规定。

【条文理解】

营利法人以将利润分配给出资人为目标，追求营利性。作为社会经济活动的基本单位，营利法人在追逐营利性时，应该有一定的限度，需要承担一定的社会责任。

1.应当遵守商业道德。商业道德是商事主体从事商业活动中应当遵循的道德规范。营利法人遵守商业道德，符合自身的长远利益，亦有助于维护诚信市场交易秩序，符合社会公共利益。

2.应当维护交易安全。交易安全是市场主体从事交易过程中的合理信赖。营利法人从事经营活动应当诚信经营，主动披露交易信息，积极履行合同义务，不能损害交易相对方的合法权益。

3.应当接受政府和社会的监督。营利主体从事经营活动，应当接受政府和社会各界的监督。通过监督，促使营利法人的行为更加规范，更符合法律要求，更符合商业道德，更符合社会公共利益。

4.应当承担社会责任。营利法人在从事经营、为出资人创造利润的同时，应当最大限度地增进股东利益以外的其他相关主体的最大利益，实现社会利益的最大化。这种社会利益包括雇员（职工）利益、消费者利益、债权人利益、中小竞争者利益、当地社区利益、环境利益、社会弱者利益及整个社会公共利益等。

【审判实践中应注意的问题】

一、企业社会责任

本条亦是关于营利法人社会责任的规定。企业社会责任是指企业在谋取自身以及股东利益的同时，应当最大限度地增进股东利益以外的其他相关主体的最大利益，实现社会利益的最大化。这种社会利益包括雇员（职工）利益、消费者利益、债权人利益、中小竞争者利益、当地社区利益、环境利益、社会弱者利益及整个社会公共利益等。

企业社会责任的实质是对企业绝对营利性的修正。现代企业制度产生于自由资本主义时期，企业被认为是资本所有者的财产，是实现股东利益的工具，企业应以股东利益最大化为唯一目标，并在追求股东利润最大化的同时自动实现社会福利最大化。随着经济和社会的发展，企业规模越来越大，大型企业、跨国企业逐渐出现，在政治、经济、文化以及社会等各个方面的影响越来越大，片面强调企业的营利性导致很多企业忽视对社会共同利益的维护，企业发展中产生很大的外部负效应，大量社会问题如劳动者保护、自然资源和环境保护、消费者保护等由此产生。鉴于此，自由市场经济理论下的企业所有理论和个人利益最大化将自动实现社会福利最大化的观点受到挑战，企业也不再被视为资本所有者的私人财产，而是所有企业利益相关者的结合体，企业不应仅仅以股东利润最大化为唯一目标，而应当增进企业利益与相关者的利益。因此，企业社会责任是对企业片面强调营利性的纠正，目的是促使企业在发展中实现经济效益和社会效益的共同进步。

在企业社会责任作为一个理论问题提出并受到学术界广泛关注之前，以《合同法》《担保法》《公司法》《企业破产法》等为代表的民商法就要求企业在经营活动中必须遵纪守法、诚实守信，这是企业社会责任理念的早期体现。同时，应保护资源环境、维护消费者和劳动者合法权益以及建立公平高效市场等方面的要求，各国已经在环境保护、消费者权益保护、劳动者权益保护以及反垄断、反不正当竞争等方面制定了相应的法律，将企业应承担的最低限度的社会责任上升为法律义务，使之成为企业必须遵守的行为规范，这对企业社会责任的实现发挥了积极作用。尽管如此，民商法领域更为强调形式平等和正义，对推进体现实质平等和正义的企业社会责任作用有限；经济法和社会法在立法取向上更多强调对企业给社会造成的负面外部效应的遏制，而不能体现企业对社会尽可能带来正面外部效应的鼓励，在法律实现机制上，更多强调事后的惩罚和救济，而非对企业社会责任的事前监督和鼓励。为了弥补以上不足，各国法律界开始在公司法制度以及其他相关法律制度方面寻求变革，增设一系列促进企业社会责任落实的法律机制。以美国为代表的英美法系国家和地区更多通过建立企业社会责任行动的保护与激励机制来推进企业的社会责任。一方面，在司法实践中，通过经营判断法则和公司目的扩展说等方式改革越权原则，为企业社会责任提供法律依据；另一方面，在立法上为董事以及高级管理人员的信义义务增设了其他利益相关者条款，授权或者强制董事以及高级管理人员在经营中考量其他利害关系人的利益。此外，有的国家和地区已经开始探索在立法上确立企业社会责任的一般条款。以德国为代表的大陆法系则更多通过企业治理机制的完善来推进企业社会责任，即通过强化公司相关利益主体，尤其是公司职工对公司机关，特别是董事会、监事会的参与来实现对相关利益主体的保护，德国、荷兰等推行的职工参与公司治理制度是其中的典型。

需要注意的是，现有的企业法律制度基本上是以企业营利性为出发点建立起来的，引入企业社会责任将对现有的企业法律制度的指导思想、基本制度以及运作机制等方面产生极大的冲击，处理不好将有可能会动摇现有包括公司法律制度在内的所有企业法律制度的根基，因此，引入企业社会责任理念对原有的公司法制度以及其他相关法律制度进行改革必须十分慎重。

二、公司社会责任可诉化问题

《公司法》第5条对公司社会责任制度进行规定，但该规定更多是宣示性的条款，实践中不能依据《公司法》第5条对公司或者股东违反社会责任提起诉讼。本条虽然亦确立了企业社会责任，但该规定亦更多具有宣示意义，尚不能在司法实践中直接援引，作为要求营利法人承担社会责任的依据。当然，为了更好地推进企业社会责任，可以在司法实践中逐步探索公司社会责任可诉机制，但这只能通过司法解释或者指导性案例来确立，实践中不宜直接以本条判决企业承担社会责任，或者判决企业承担违反社会责任的赔偿责任。

第三节 非营利法人

> **第八十七条** 为公益目的或者其他非营利目的成立，不向出资人、设立人或者会员分配所取得利润的法人，为非营利法人。
> 非营利法人包括事业单位、社会团体、基金会、社会服务机构等。

【条文主旨】

本条是关于非营利法人定义及种类的规定。

【条文理解】

一、非营利法人的理解

非营利法人，是"营利法人"的对称，指为公益目的或者其他非营利目的成立，不向其成员或者设立人分配利润的法人。"非营利法人"的法律概念在我国系《民法总则》首创，《民法典》予以保留，在此之前，与"非营利法人"含义相同、概念最为接近的法律概念是"非营利性法人"。"非营利性法人"作为一个法律概念最早出现在《基金会管理条例》第2条第1款，其规定："本条例所称基金会，是指利用自然人、法人或者其他组织捐赠的财产，以从事公益事业为目的，按照本条例的规定成立的非营利性法人。"与"非营利法人"含义相近的法律概念还有"非营利性组织""非营利性社会组织""从事非营利性社会服务活动的社会组织"等。比如，《社会团体登记管理条例》第2条规定："本条例所称社会团体，是指中国公民自愿组成，为实现会员共同意愿，按照其章程开展活动的非营利性社会组织。"《民办非企业单位登记管理暂行条例》第2条规定："本条例所称民办非企业单位，是指企业事业单位、社会团体和其他社会力量以及公民个人利用非国有资产举办的，从事非营利性社会服务活动的社会组织。"财政部制定的《民间非营利组织会计制度》则直接在规章名称中使用了"民间非营利组织"的概念，用以指称包括社会团体、基金会和民办非企业单位在内的各类民间非营利组织。

非营利法人既包括面向社会大众，以满足不特定多数人的利益为目的的公益法人，如中华慈善总会、中国红十字会、环境保护协会、保护妇女儿童组织、各类基金会；也包括为其他非营利目的成立的法人，比如为互助互益目的（既非为公益又非为成员的经济利益，而是为成员的非经济利益）而成立的互益性法人（又称为共益性法人），仅面向成员提供服务，如商会、行业协会、学会、俱乐部等。非营利法人均不得分配利润，这是由其设立目的决定的。非营利法人如果在其存续期间分配利润，则与营利法人难以区分，背离非营利法人的设立目的。尽管非营利法人均不得分配利润，但在法人终止后能否分配剩余财产方面，为公益目的设立的非营利法人与为其他目的设立的非营利法人不同。为其他目的设立的非营利法人可以分配剩余财产，但为公益目的设立的非营利法人不得分配剩余财产。将非营利法人按照为公益为目的设立和为其他非营利目的设立进行区分，有助于国家针对不同性质的非营利法人，制定不同的法律规范和政策措施，更好地促进各类非营利法人的发展。

二、立法规范

把法人区分为营利法人和非营利法人，在境外有立法先例。日本将法人分为营利法人和一般法人（非营利法人）。一般法人，是指一般社团法人和一般财团法人，其均为非营利法人。为此，日本专门颁布了《一般社团法人及一般财团法人法》。将一般法人（非营利法人）进一步细分为公益法人和其他一般法人。成为一般社团法人或一般财团法人的要件是不以营利为目的，且不得分配利润。成为公益社团法人或公益财团法人，除了非营利性外，还要求公益性。美国律师协会起草的《美国非营利法人示范法（1987年）》已被美国多数州采用，该法将非营利法人划分为三种类型：公益法人、互益法人和宗教法人。美国国内税务局也依照公益和互益的标准，将非营利法人划分为服务公众型和服务成员型两大类。《美国非营利法人示范法》和《联邦税法》在非营利法人的类型划分上有差别，非营利法人示范法将宗教法人作为一种单独类型，《联邦税法》将宗教法人归入公益法人类型之中。但总体而言，美国非营利法人的法律形态是按照组织目的标准进行划分的，公益法人和互益法人为其基本类型。《俄罗斯民法典》第50条规定："法人，可以是以获取利润为其活动之主要目的的组织（营利性组织），或者是不以获取利润为其活动之主要目的，也不在其参加者中分配所获利润的组织（非营利性组织）。"保加利亚的非营利法人既包括以公益为目的的非营利法人，也包括以私人利益为目的的非营利法人。《保加利亚非营利法人法》第2条第1款规定："非营利法人可以自由决定其目的并可以决定从事公益活动或为私人利益而活动，这些决定应在章程、组织章程细则或附属修订中阐明。"《保加利亚非营利法人法》明确禁止所有的非营利法人分配利润，该法第3条第6款规定："非营利法人不能分配利润。"关于清算后剩余财产的分配，则区别公益法人与其他非营利法人，设定了不同的处置规则。

其实，我国相关法律和行政法规已在按照营利法人和非营利法人的思路立法。比如，《民办教育促进法》第19条规定："民办学校的举办者可以自主选择设立非营利性或者营利性民办学校。但是，不得设立实施义务教育的营利性民办学校。""非营利性民办学校的举办者不得取得办学收益，学校的办学结余全部用于办学。""营利性民办学校的举办者可以取得办学收益，学校的办学结余依照公司法等有关法律、行政法规的规定处理。"

本条第 2 款对几种典型的非营利法人作了列举，但非营利法人并不限于这些具体列举的"事业单位、社会团体、基金会、社会服务机构"，还包括其他非营利法人。为此，本款使用了"等"字。对于现实生活中已经存在或者可能出现的其他法人组织，如果符合非营利法人的特征，可以归入非营利法人。

【审判实践中应注意的问题】

一、关于"出资人、设立人或者会员"的理解

本条第 1 款规定："为公益目的或者其他非营利目的成立，不向出资人、设立人或者会员分配所取得利润的法人，为非营利法人。"关于本款规定的"出资人、设立人或者会员"，对于传统民法学上的社团法人而言，是指其成员（社员）；对于财团法人（捐助法人）而言，是指其设立人（捐助人）。《民法典》未在条文表述中使用"法人成员"或"法人社员"的概念，而是使用了更为通俗化的"出资人""会员"的概念。需要注意的是，本款同时使用了法人的"出资人""会员"的概念，这两个概念加在一起，其外延与"法人成员"或"法人社员"相同。

二、关于"非营利"概念的理解

本条所称的"非营利"概念，是相对"营利"而言的。关于"非营利"的含义，可从"营利"与"赢利""盈利"的区别中加以把握。根据汉语词典，"赢"，意为"赚"，相对于"赔"，从而"赢利"是指赚得了利润，或者即指利润，是一种静态的表示。"盈"，意为充满、多余，"盈利"即指利润，或者较多的利润，属于财会专业术语。而"营"的意思是谋求，"营利"相应地是指谋求利润，"营利目的"或"营利性"，就是指以谋求利润为目的。因此，"非营利目的"或"非营利性"的含义，并不是经济学意义上的无利润，也不是不从事经营

活动，而是一个用以界定组织性质的词汇，它指这种组织的运作目的不是为获取利润。[①]《社会团体登记管理条例》第2条将社会团体定义为"中国公民自愿组成，为实现会员共同意愿，按照其章程开展活动的非营利性社会组织"；第4条第2款规定："社会团体不得从事营利性经营活动"，也就是说，可以从事非营利性经营活动。

为加强对社会团体从事经营活动的管理，1995年7月10日民政部、国家工商行政管理局发布《关于社会团体开展经营活动有关问题的通知》（民社发〔1995〕14号），具体就社会团体开展经营活动问题作了规定。该通知的主要内容节录如下："一、本通知适用于经社会团体登记管理机关核准登记的社会团体。""二、开展经营活动的社会团体，必须具有社团法人资格。不具备法人资格的社会团体，不得开展经营活动。""三、社会团体开展经营活动，可以投资设立企业法人，也可以设立非法人的经营机构，但不得以社会团体自身的名义进行经营活动。社会团体从事经营活动，必须经工商行政管理部门登记注册，并领取《企业法人营业执照》或《营业执照》。""四、社会团体申请营业登记，其经营范围应与社会团体设立的宗旨相适应；申请企业法人登记，其经营范围应符合国家有关规定。""五、社会团体设立的非法人经营机构，其所得的当年税后利润，应全部返还给所从属的社会团体；社会团体投资设立的有限责任公司和股份有限公司，其利润分配，应按《中华人民共和国公司法》规定的有关条款执行；社会团体独资设立的企业法人，应在企业章程中明确载明其宗旨是为该社会团体的事业发展服务，其返还给该社会团体的当年税后利润，应符合国家的有关规定。""六、社会团体所办非公司企业的经济性质，根据投资来源依法核定。""八、社会团体及其所办企业法人不得接受其他经济组织的挂靠。"

2010年12月27日，民政部发布的《关于清理本部门规章、规范性文件的公告》（民政部公告第193号）指出："根据国务院办公厅

[①] 石宏：《民法总则条文说明、立法理由及相关规定》，北京大学出版社2017年版，第197页。

《关于做好规章清理工作有关问题的通知》(国办发〔2010〕28号)的有关要求,我部开展了对规章、规范性文件的全面清理工作。经2010年12月20日我部第3次部务会议审议通过,继续有效的规章33件,废止的规章1件;继续有效的规范性文件130件,废止的规范性文件72件。现将民政部现行有效规章目录和规范性文件清理结果目录予以公布。"第193号公告有两个附件,附件1为"民政部现行有效规章目录";附件2为"民政部规范性文件清理结果目录"。在附件2中,又进一步区分为"继续有效的规范性文件目录"和"废止的规范性文件目录"。在"废止的规范性文件目录"中,第10项为《民政部、国家工商行政管理局关于社会团体开展经营活动有关问题的通知》。也就是说,自2010年12月27日起,《民政部、国家工商行政管理局关于社会团体开展经营活动有关问题的通知》已被废止。但其后至今,并无新的替代性的相关行政法规、部门规章或规章性文件对社会团体开展经营活动问题进行规范。关于社会团体开展经营活动问题,需要关注后续可能出台的相关规范。

> **第八十八条** 具备法人条件，为适应经济社会发展需要，提供公益服务设立的事业单位，经依法登记成立，取得事业单位法人资格；依法不需要办理法人登记的，从成立之日起，具有事业单位法人资格。

【条文主旨】

本条是关于事业单位法人资格取得的规定。

【条文理解】

一、事业单位法人资格

根据1998年国务院颁布的《事业单位登记管理暂行条例》第2条的规定，事业单位是指国家为了社会公益目的，由国家机关举办或者其他组织利用国有资产举办的，从事教育、科技、文化、卫生等活动的社会服务组织。事业单位依法举办的营利性经营组织，必须实行独立核算，依照国家有关公司、企业等经营组织的法律、法规登记管理。国家事业单位登记管理局制定的《事业单位登记管理暂行条例实施细则》对事业单位的定义进行了细化，该实施细则第4条规定："本细则所称事业单位，是指国家为了社会公益目的，由国家机关举办或者其他组织利用国有资产举办的，从事教育、科研、文化、卫生、体育、新闻出版、广播电视、社会福利、救助减灾、统计调查、技术推广与实验、公用设施管理、物资仓储、监测、勘探与勘察、测绘、检验检测与鉴定、法律服务、资源管理事务、质量技术监督事务、经济监督事务、知识产权事务、公证与认证、信息与咨询、人才交流、就业服务、机关后勤服务等活动的社会服务组织。"上述条例及实施细则是我国目前对事业单位进行法律调整的主要依据。

依照《事业单位登记管理暂行条例》第3条的规定，事业单位经县级以上各级人民政府及其有关主管部门批准成立后，应当依照条例的规定登记或者备案；事业单位应当具备法人条件。依照该条例第5条规定，国务院机构编制管理机关和县级以上地方各级人民政府机构编制管理机关是本级人民政府的事业单位登记管理机关；事业单位实行分级登记管理。该条例第6条至第8条规定了办理事业单位法人登记的条件和程序。第6条规定："申请事业单位法人登记，应当具备下列条件：（一）经审批机关批准设立；（二）有自己的名称、组织机构和场所；（三）有与其业务活动相适应的从业人员；（四）有与其业务活动相适应的经费来源；（五）能够独立承担民事责任。"第7条规定："申请事业单位法人登记，应当向登记管理机关提交下列文件：（一）登记申请书；（二）审批机关的批准文件；（三）场所使用权证明；（四）经费来源证明；（五）其他有关证明文件。"第8条第1款规定："登记管理机关应当自收到登记申请书之日起30日内依照本条例的规定进行审查，作出准予登记或者不予登记的决定。准予登记的，发给《事业单位法人证书》；不予登记的，应当说明理由。"

除规定经登记取得事业单位法人资格外，《事业单位登记管理暂行条例》还规定了自批准之日起即取得法人资格的，不需登记，但要备案。该条例第11条规定："法律规定具备法人条件、自批准设立之日起即取得法人资格的事业单位，或者法律、其他行政法规规定具备法人条件、经有关主管部门依法审核或者登记，已经取得相应的执业许可证书的事业单位，不再办理事业单位法人登记，由有关主管部门按照分级登记管理的规定向登记管理机关备案。""县级以上各级人民政府设立的直属事业单位直接向登记管理机关备案。"第12条第2款规定："对备案的事业单位，登记管理机关应当自收到备案文件之日起30日内发给《事业单位法人证书》。"关于法人不经登记能否成立问题，有不同立法例。对于不经登记即可成立问题，《瑞士民法典》有相关规定。该法第52条规定："团体组织以及有特殊目的的独立机构,在商事登记簿上登记后,即取得法人资格""公法上的团体组织及机构,非经济目的的社团、宗教财团、家庭财团,不须经上述登记。"日本和我国台湾地区民事立法要求法人须经登记成立。《日本民法典》第36条规定："法人及外国法人必须根据本法及其他法律的规定进行登记。"《日本一般社团法人及一般财团法人法》第22条规定："一般社团法人在其主要事务所所在地进行设立注册后成立。"我国台湾地区"民法"第30条规定："法人非经向主管机关登记,不得成立。"

二、事业单位改革与立法规范

2011年《中共中央国务院关于分类推进事业单位改革的指导意见》指出："事业单位是经济社会发展中提供公益服务的主要载体,是我国社会主义现代化建设的重要力量。""按照政事分开、事企分开和管办分离的要求,以促进公益事业发展为目的,以科学分类为基础,以深化体制机制改革为核心,总体设计、分类指导、因地制宜、先行试点、稳步推进,进一步增强事业单位活力,不断满足人民群众和经济社会发展对公益服务的需求。""划分现有事业单位类别。在清理规范基础上,按照社会功能将现有事业单位划分为承担行政职能、从事生产经营活动和从事公益服务三个类别。对承担行政职能的,逐步将其行政职能划归行政机构或转为行政机构;对从事生产经营活动的,逐步将其转为企业;对从事公益服务的,继续将其保留在事业单位序列、强化其公益属性。今后,不再批准设立承担行政职能的事业单位和从事生产经营活动的事业单位。""细分从事公益服务的事业单位。根据职责任务、服务对象和资源配置方式等情况,将从事公益服务的事业单位细分为两类:承担义务教育、基础性科研、公共文化、公共卫生及基层的基本医疗服务等基本公益服务,不能或不宜由市场配置资源的,划入公益一类;承担高等教育、非营利医疗等公益服务,可部分由市场配置资源的,划入公益二类。具体由各地结合实际研究确定。"

根据中央关于分类推进事业单位改革的指导意见，我国事业单位改革的目标是将承担行政职能和从事生产经营活动的事业单位从事业单位法人中剥离出去，而从事公益服务的事业单位仍将保留在事业单位序列中长期存在。因此，《民法典》仍应规定事业单位法人，考虑到事业单位分类改革正在进行中，而《民法典》的规定应具有稳定性和长期性，《民法典》规定的事业单位法人应仅指从事公益服务的事业单位，不再包括承担行政职能和从事生产经营活动的事业单位。这样处理符合中央关于事业单位分类改革的方向，也有利于促进事业单位法人的长远健康发展。此前，第十二届全国人民代表大会第五次会议审议的《民法总则（草案）》第92条规定，具备法人条件，为实现公益目的设立的事业单位，经依法登记成立，取得事业单位法人资格；依法不需要办理法人登记的，从成立之日起，具有事业单位法人资格。有的代表提出，按照事业单位改革的要求，事业单位主要是国家举办的提供公益服务的法人组织，与一般的公益性非营利法人不完全相同，建议对上述规定中有关表述再斟酌。宪法和法律委员会经研究，建议将草案第92条中的"为实现公益目的设立的事业单位"修改为"为适应经济社会发展需要，提供公益服务设立的事业单位"。[①]2017年通过的《民法总则》采纳了宪法和法律委员会的该项修改建议。此次《民法典》编纂，对此予以保留，具体内容规定于《民法典》第88条。

【审判实践中应注意的问题】

《民法典》规定的事业单位法人与现阶段具有事业单位名义的法

[①] 参见《第十二届全国人民代表大会法律委员会关于〈中华人民共和国民法总则（草案）〉审议结果的报告》（2017年3月12日第十二届全国人民代表大会第五次会议主席团第二次会议通过），载http://www.npc.gov.cn/npc/xinwen/2017—03/15/content_2018917.htm，2017年3月16日访问。

人之间的关系。《民法典》规定的事业单位法人仅限于"为适应经济社会发展需要，提供公益服务设立的事业单位"，而现阶段，事业单位改革尚在进行当中，具有事业单位名义的法人，除从事公益服务的事业单位外，还有承担行政职能的事业单位和从事生产经营活动的事业单位。因此，在事业单位改革完成之前，审判实践中涉及其他法律关于事业单位法人的规范的，应当在区分其属性的基础上，据实处理。以事业单位对外提供保证为例，《担保法》第9条规定："学校、幼儿园、医院等以公益为目的的事业单位、社会团体不得为保证人。"《担保法司法解释》第3条规定："国家机关和以公益为目的的事业单位、社会团体违反法律规定提供担保的，担保合同无效。因此给债权人造成损失的，应当根据担保法第五条第二款的规定处理。"第16条规定，从事经营活动的事业单位、社会团体为保证人的，如无其他导致保证合同无效的情况，其所签订的保证合同应当认定为有效。

第八十九条 事业单位法人设理事会的,除法律另有规定外,理事会为其决策机构。事业单位法人的法定代表人依照法律、行政法规或者法人章程的规定产生。

【条文主旨】

本条是关于事业单位法人组织机构的规定。

【条文理解】

《事业单位登记管理暂行条例》第6条规定了申请事业单位法人登记应当具备的条件,其中第2项为"有自己的名称、组织机构和场所"。但是,对于事业单位应当具备哪些组织机构,该条例未作规定。

2011年《中共中央国务院关于分类推进事业单位改革的指导意见》(中发〔2011〕5号)提出:"改革管理体制。实行政事分开,理顺政府与事业单位的关系。行政主管部门要加快职能转变,创新管理方式,减少对事业单位的微观管理和直接管理,强化制定政策法规、行业规划、标准规范和监督指导等职责,进一步落实事业单位法人自主权。对面向社会提供公益服务的事业单位,积极探索管办分离的有效实现形式,逐步取消行政级别。对不同类型事业单位实行不同的机构编制管理,科学制定机构编制标准,合理控制总量,着力优化结构,建立动态调整机制,强化监督管理。""建立健全法人治理结构。面向社会提供公益服务的事业单位,探索建立理事会、董事会、管委会等多种形式的治理结构,健全决策、执行和监督机制,提高运行效率,确保公益目标实现。不宜建立法人治理结构的事业单位,要继续完善现行管理模式。"

为贯彻落实《中共中央国务院关于分类推进事业单位改革的指导意见》精神，切实做好分类推进事业单位改革工作，经国务院同意，国务院办公厅发布《关于印发分类推进事业单位改革配套文件的通知》（国办发〔2011〕37号），将《关于事业单位分类的意见》《关于承担行政职能事业单位改革的意见》《关于创新事业单位机构编制管理的意见》《关于建立和完善事业单位法人治理结构的意见》《关于分类推进事业单位改革中财政有关政策的意见》《关于分类推进事业单位改革中从事生产经营活动事业单位转制为企业的若干规定》《关于分类推进事业单位改革中加强国有资产管理的意见》《关于深化事业单位工作人员收入分配制度改革的意见》《事业单位职业年金试行办法》9个配套文件印发。

《关于建立和完善事业单位法人治理结构的意见》就建立和完善事业单位法人治理结构提出如下意见（节录）：

二、总体要求

"要把建立和完善以决策层及其领导下的管理层为主要构架的事业单位法人治理结构，作为转变政府职能、创新事业单位体制机制的重要内容和实现管办分离的重要途径。要明确事业单位决策层的决策地位，把行政主管部门对事业单位的具体管理职责交给决策层，进一步激发事业单位活力。要吸收事业单位外部人员参加决策层，扩大参与事业单位决策和监督的人员范围，进一步规范事业单位的行为，确保公益目标的实现。要明确决策层和管理层的职责权限和运行规则，进一步完善事业单位的激励约束机制，提高运行效率。"

三、主要内容

面向社会提供公益服务的事业单位要探索建立和完善法人治理结构。不宜建立法人治理结构的事业单位，要继续完善现行管理模式。

（一）建立健全决策监督机构

决策监督机构的主要组织形式是理事会，也可探索董事会、管委会等多种形式。理事会作为事业单位的决策和监督机构，依照法律法规、国家有关政策和本单位章程开展工作，接受政府监管和社会监督。理事会负责本单位的发展规划、财务预决算、重大业务、章程拟订和修订等决策事项，按照有关规定履行人事管理方面的职责，并监督本单位的运行。理事会一般由政府有关部门、举办单位、事业单位、服务对象和其他有关方面的代表组成。直接关系人民群众切身利益的事业单位，本单位以外人员担任理事的要占多数。根据事业单位的规模、职责任务和服务对象等方面特点，兼顾代表性和效率，合理确定理事会的构成和规模。结合理事所代表的不同方面，采取相应的理事产生方式，代表政府部门或相关组织的理事一般由政府部门或相关组织委派，代表服务对象和其他利益相关方的理事原则上推选产生，事业单位行政负责人及其他有关职位的负责人可以确定为当然理事。要明确理事的权利义务，建立理事责任追究机制。也可探索单独设立监事会，负责监督事业单位财务和理事、管理层人员履行职责的情况。

（二）明确管理层权责

管理层作为理事会的执行机构，由事业单位行政负责人及其他主要管理人员组成。管理层对理事会负责，按照理事会决议独立自主履行日常业务管理、财务资产管理和一般工作人员管理等职责，定期向理事会报告工作。事业单位行政负责人由理事会任命或提名，并按照人事管理权限报有关部门备案或批准。事业单位其他主要管理人员的任命和提名，根据不同情况可以采取不同的方式。

（三）制定事业单位章程

事业单位章程是法人治理结构的制度载体和理事会、管理层的运行规则，也是有关部门对事业单位进行监管的重要依据。事业单位章程应当明确理事会和管理层的关系，包括理事会的职责、构成、会议制度，理事的产生方式和任期，管理层的职责和产生方式等。事业单位章程草案由理事会通过，并经举办单位同意后，报登记管理机关核准备案。

《关于建立和完善事业单位法人治理结构的意见》为建立和完善事业单位法人治理结构提供了指引，但时至今日，改革尚未完成。一方面，仍有大量适宜建立法人治理结构的事业单位尚未建立理事会；另一方面，还有相当数量不宜建立法人治理结构的事业单位，需要继续完善现行管理模式。因此，《民法典》没有强行规定事业单位法人一律要设理事会，而是规定，对于已经设立了理事会的，理事会为其决策机构。而且，考虑到事业单位法人的内部治理情况复杂，允许法律对此作出不同的规定。同样基于事业单位法人特殊性的考虑，对于事业单位法人的法定代表人，规定依照法律、行政法规或者法人章程的规定产生。

【审判实践中应注意的问题】

事业单位法人的理事会成员不一定属于清算义务人。本条规定："事业单位法人设理事会的，除法律另有规定外，理事会为其决策机构"，亦即并非所有事业单位法人的理事会都是决策机构，有的事业单位法人的理事会仅是作为咨询、协商机构存在的。《民法典》第70条第2款规定："法人的董事、理事等执行机构或者决策机构的成员为清算义务人。法律、行政法规另有规定的，依照其规定。"鉴于并非所有事业单位法人的理事会都是决策机构，对于并非作为决策机构存在的理事会而言，其成员相应地不负有清算义务，也就不是清算义务人。

> **第九十条** 具备法人条件,基于会员共同意愿,为公益目的或者会员共同利益等非营利目的设立的社会团体,经依法登记成立,取得社会团体法人资格;依法不需要办理法人登记的,从成立之日起,具有社会团体法人资格。

【条文主旨】

本条是关于社会团体法人资格取得的规定。

【条文理解】

根据2016年修正的《社会团体登记管理条例》第2条的规定,社会团体是指中国公民自愿组成,为实现会员共同意愿,按照其章程开展活动的非营利性社会组织。国家机关以外的组织可以作为单位会员加入社会团体。《宪法》第35条规定了公民的结社自由,公民依法自愿组成社会团体的权利是结社自由的一个重要方面。这一点体现在了《社会团体登记管理条例》第1条关于立法目的的表述中,该条规定:"为了保障公民的结社自由,维护社会团体的合法权益,加强对社会团体的登记管理,促进社会主义物质文明、精神文明建设,制定本条例。"该条例是我国目前对一般社会团体进行法律调整的主要依据。

依照《社会团体登记管理条例》第9条中的规定,申请成立社会团体,应当经其业务主管单位审查同意,由发起人向登记管理机关申请筹备。该条例第10条规定了成立社会团体应当具备的条件:(1)有50个以上的个人会员或者30个以上的单位会员;个人会员、单位会员混合组成的,会员总数不得少于50个;(2)有规范的名称和相应的组织机构；（3）有固定的住所；（4）有与其业务活动相适应的专职工作人员；（5）有合法的资产和经费来源，全国性的社会团体有10万元以上活动资金，地方性的社会团体和跨行政区域的社会团体有3万元以上活动资金；（6）有独立承担民事责任的能力。社会团体的名称应当符合法律、法规的规定，不得违背社会道德风尚。社会团体的名称应当与其业务范围、成员分布、活动地域相一致，准确反映其特征。全国性的社会团体的名称冠以"中国""全国""中华"等字样的，应当按照国家有关规定经过批准，地方性的社会团体的名称不得冠以"中国""全国""中华"等字样。

《民法典》确认了社会团体法人类型。理解本条规定，需要注意以下几个方面：

一、社会团体法人必须具备会员

依照《社会团体登记管理条例》第10条的规定，成立社会团体应当有50个以上的个人会员或者30个以上的单位会员；个人会员、单位会员混合组成的，会员总数不得少于50个。

二、社会团体法人包括的范围十分广泛

社会团体法人既有为公益目的设立的，亦有为会员共同利益等非营利目的设立的。前者如中华慈善总会、中国红十字会等，后者如商会、校友会、同乡会等。

三、社会团体既有依法登记成立的，也有依法不需要办理法人登记而成立的

对于需要办理登记程序的社会团体，依照《社会团体登记管理条例》第7条的规定，全国性的社会团体，由国务院的登记管理机关负责登记管理；地方性的社会团体，由所在地人民政府的登记管理机关负责登记管理；跨行政区域的社会团体，由所跨行政区域的共同上一级人民政府的登记管理机关负责登记管理。根据《社会团体登

记管理条例》第3条规定，参加中国人民政治协商会议的人民团体等不属于该条例规定登记的范围。为了认真贯彻《社会团体登记管理条例》，经党中央、国务院领导同志同意，民政部发布《关于对部分团体免予社团登记有关问题的通知》（民政部民发〔2000〕256号），就部分社团不登记和可以免予登记的有关问题通知如下："一、参加中国人民政治协商会议的人民团体不进行社团登记。参加中国人民政治协商会议的人民团体有：中华全国总工会、中国共产主义青年团、中华全国妇女联合会、中国科学技术协会、中华全国归国华侨联合会、中华全国台湾同胞联谊会、中华全国青年联合会、中华全国工商业联合会。""二、经国务院批准可以免予登记的社会团体有：中国文学艺术界联合会、中国作家协会、中华全国新闻工作者协会、中国人民对外友好协会、中国人民外交学会、中国国际贸易促进会、中国残疾人联合会、宋庆龄基金会、中国法学会、中国红十字总会、中国职工思想政治工作研究会、欧美同学会、黄埔军校同学会、中华职业教育社。""三、上述可以免予登记的团体，如果愿意按《条例》规定到社会团体登记管理机关进行登记和参加年检的，可按照《条例》和有关规定办理登记手续。如果不愿到社会团体登记管理机关进行登记，社会团体登记管理机关在这次社团清理整顿中不再更换新的社会团体法人证书。已经领取社会团体法人证书和已刻制的印章等应退回社会团体登记管理机关。""四、除了国务院批准可以免予登记的社团之外，其他全国性社团和省级及其以下地方性社团都应该按照《条例》的规定履行登记手续。"关于法人不经登记即可成立问题，《瑞士民法典》也有相关规定。该法第52条规定："团体组织以及有特殊目的的独立机构，在商事登记簿上登记后，即取得法人资格。""公法上的团体组织及机构，非经济目的的社团、宗教财团、家庭财团，不须经上述登记。"

四、社会团体法人不同于传统民法理论所称的社团法人

尽管我国在法律、行政法规中一律使用"社会团体"或者"社

会团体法人"的概念，但在行政机关的一些文件及日常的新闻报道中，常常将社会团体简称为"社团"，将社会团体法人简称为"社团法人"。这种用法是存在问题的。社团法人是与财团法人（捐助法人）相对应的概念，社团法人为人的组织体，[①]其成立的基础在人，以成员为必要。社团法人的内涵大于社会团体法人，除社会团体法人外，还包括有限责任公司、股份有限公司、农民专业合作社等。

【审判实践中应注意的问题】

判断一个社会组织是否为社会团体法人，应当依照本条规定，从实质上加以把握。比如，社会团体的表现形式之一为"协会"，但名称为"协会"的，不一定就是社会团体。1989年国务院发布的《社团登记管理条例》（已失效），对社会团体按名称进行归类，凡协会、学会、联合会、研究会、基金会、联谊会、促进会、商会等，均为社会团体。因此，1993年《消费者权益保护法》出台时，将消费者协会界定为社会团体。该法第31条规定："消费者协会和其他消费者组织是依法成立的对商品和服务进行社会监督的保护消费者合法权益的社会团体。"其实，将消费者协会定性为社会团体是不妥的。因为，消费者协会没有会员，不收会费，是由政府发起成立的保护消费者的专门机构，不是消费者自发成立的自我保护组织，不符合社会团体的构成要件。这一问题在《消费者权益保护法》颁布20年后得到解决。2013年10月25日，第十二届全国人民代表大会常务委员会第五次会议作出了《关于修改〈中华人民共和国消费者权益保护法〉的决定》，将原第31条改为第36条，明确"消费者协会和其他消费者组织是依法成立的对商品和服务进行社会监督的保护消费者合法权益的社会组织"，并相应地将原第12条中的"社会团体"修改为"社会组织"。

---

① 王泽鉴：《民法总则》，北京大学出版社2009年版，第174页。

> **第九十一条** 设立社会团体法人应当依法制定法人章程。
>
> 社会团体法人应当设会员大会或者会员代表大会等权力机构。
>
> 社会团体法人应当设理事会等执行机构。理事长或者会长等负责人按照法人章程的规定担任法定代表人。

【条文主旨】

本条是关于社会团体法人章程和组织机构的规定。

【条文理解】

设立社会团体法人应当依法制定法人章程,《社会团体登记管理条例》中做了规定。在该条例第 2 条关于社会团体法人的定义"中国公民自愿组成,为实现会员共同意愿,按照其章程开展活动的非营利性社会组织"中,即将"章程"作了突显。第 11 条规定了申请筹备成立社会团体,发起人应当向登记管理机关提交的文件,其中第 5 项为"章程草案"。第 14 条更是明确了章程必备事项,即"社会团体的章程应当包括下列事项:(一)名称、住所;(二)宗旨、业务范围和活动地域;(三)会员资格及其权利、义务;(四)民主的组织管理制度,执行机构的产生程序;(五)负责人的条件和产生、罢免的程序;(六)资产管理和使用的原则;(七)章程的修改程序;(八)终止程序和终止后资产的处理;(九)应当由章程规定的其他事项。"第 20 条又进一步规定:"社会团体修改章程,应当自业务主管单位审查同意之日起 30 日内,报登记管理机关核准。"由此可见,《社会团体登记管理条例》对于法人章程是非常重视的。

《民法典》亦规定设立社会团体法人应当依法制定法人章程。这是因为，章程是设立社会团体法人的法定必备文件，是社会团体法人为了调整其内部关系，规定内部成员的行为而制定的具有明显行为规则性质的文件，是社会团体法人内部管理和活动的根本准则，对社会团体法人具有重要意义，不可或缺。所以，应当在《民法典》中明确设立人订立章程的义务。

关于社会团体法人的权力机构、执行机构和法定代表人，《社会团体登记管理条例》第14条规定："筹备成立的社会团体，应当自登记管理机关批准筹备之日起6个月内召开会员大会或者会员代表大会，通过章程，产生执行机构、负责人和法定代表人，并向登记管理机关申请成立登记。筹备期间不得开展筹备以外的活动。""社会团体的法定代表人，不得同时担任其他社会团体的法定代表人。"依照该条规定，社会团体法人应当设会员大会或者会员代表大会，应当设执行机构，应当产生法定代表人，但未规定理事会等执行机构的具体形式，亦未规定法定代表人的人选范围。

为了健全社会团体法人的内部治理，《民法典》就此作出更为详细的规定。本条第2款中出现的"会员大会或者会员代表大会"和第3款中出现的"理事会""理事长或者会长"，皆为指引性规定，上述指引性规定之后的"等"字，表明了并非限制性规定。如此规定，旨在尊重会员自治。需要注意的是，关于法定代表人的人选范围，并未限定为理事长或者会长等主要负责人。这是因为，社会团体法人情况较为复杂，差异性较大，法定代表人由谁担任，应当交给社会团体法人的设立人通过章程确定规则，不宜一概限定为主要负责人，以体现对社会团体法人意思自治的尊重。但法定代表人的人选范围关系到交易安全和交往安全，因此也不能毫无限制。依照本条第3款规定，法定代表人依章程确定，但须是社会团体法人的负责人。从不同国家和地区的立法来看，一般都规定社员大会（成员大会）为权力机构，并要求设理事。《瑞士民法典》第64条第1款规定："社员大会为社团的最高机关。"《俄罗斯民法典》第65条之3规定："社团参加人全体大会，系社团的最高机关。"

《日本一般社团法人及一般财团法人法》第 35 条第 1 款规定:"社员大会可以就本法规定的事项及一般社团法人的组织、运营、管理等所有有关一般社团法人的事项进行决议。"第 60 条规定:"一般社团法人必须设置一人或二人以上的理事。""一般社团法人可以通过章程规定,设置理事会、监事或会计审计员。"第 61 条规定:"设置理事会的一般社团法人及设置会计审计员的一般社团法人必须设置监事。"第 62 条规定:"大规模一般社团法人必须设置会计审计员。"我国台湾地区"民法"第 50 条第 1 款规定:"社团以总会为最高机关。"

本条未将监事会等监督机构作为社会团体法人的必设机构。这是因为,社会团体是否设立监事会等监督机构,应属其会员自治范畴,宜由社会团体法人自行决定。

【审判实践中应注意的问题】

除法律、行政法规另有规定外,社会团体法人的理事会成员属于清算义务人。本条第 2 款和第 3 款中规定:"社会团体法人应当设会员大会或者会员代表大会等权力机构","社会团体法人应当设理事会等执行机构"。《民法典》第 70 条第 2 款规定:"法人的董事、理事等执行机构或者决策机构的成员为清算义务人。法律、行政法规另有规定的,依照其规定。"因此,社会团体法人的理事会成员为清算义务人。需要注意的是,社会团体法人的理事会是作为执行机构存在的,这一点与捐助法人和事业单位法人不同。对于捐助法人而言,其理事会为决策机构;对于事业单位法人而言,除法律另有规定外,其理事会为决策机构。

> **第九十二条** 具备法人条件,为公益目的以捐助财产设立的基金会、社会服务机构等,经依法登记成立,取得捐助法人资格。
>
> 依法设立的宗教活动场所,具备法人条件的,可以申请法人登记,取得捐助法人资格。法律、行政法规对宗教活动场所有规定的,依照其规定。

【条文主旨】

本条是关于基金会、社会服务机构、宗教活动场所等捐助法人资格取得的规定。

【条文理解】

《民法通则》根据当时的经济社会发展状况,规定了企业法人、机关法人、事业单位法人和社会团体法人这四种法人类型。《民法通则》实施后,随着我国经济社会各方面蓬勃发展,这四种法人类型逐渐不能满足经济社会发展的需求。基金会、社会服务机构无法纳入《民法通则》确立的法人分类。此外,寺庙等宗教活动场所,均无法人资格,有关部门希望赋予其法人地位,但同样无法在《民法通则》确定的法人类型中找到归属。实际上,基金会、社会服务机构和宗教活动场所在法人属性上系捐助法人,其他大陆法系国家和地区一般称之为"财团法人",是"社团法人"的对称。社团法人为人的组织体,其成立的基础在人,以成员为必要。而捐助法人为财产的集合体,其成立的基础在财产,① 并无成员。具有法人资格的捐助财产（捐助法人），不同于非独立的捐赠财产或募捐财产。捐助法人虽然也有人的参与，必须由人进行管理并代表法人对外进行民事活动，但是代表捐助法人进行活动的人并非法人的成员而是管理人员。捐助法人的范围广泛，除基金会、宗教活动场所外，还包括社会服务机构等，比如捐资设立的学校、医院、孤儿院、养老院、图书馆、文化馆、博物馆。

不同国家和地区立法普遍规定了财团法人类型。《德国民法典》第80条规定："1.对于成立有权利能力的财团，必须得到捐助行为和财团所在地所应在的州有管辖权的机关的认许。2.捐助行为满足第81条第1款的要件，财团目的的长久和持续的实现得以保证，且财团目的不危害公共利益的，必须认许财团为有权利能力。3.州法律关于宗教财团的规定不受影响。依照州法律被与宗教财团同等对待的财团，准用第1句的规定。"《瑞士民法典》第80条规定："设立财团法人，得有为特别目的而捐助的财产。"第81条规定："1.财团法人依公证方式或遗嘱方式设立。2.在商业登记簿上登记，必须依照财团证书进行；必要时，根据监督官厅的命令，亦须呈交管理人员名册。"《意大利民法典》第14条规定："社团和财团须以公证的方式设立。""财团也可以以遗嘱的方式设立。"《俄罗斯民法典》第123条之17规定："1.基于自愿的财产性出资并且致力于慈善目的、文化目的、教育目的或者有益于大众的其他社会目的，由公民和（或）法人成立的不实行会员制的单一制非营利性组织，被视为本法典所称的基金会。"《日本一般社团法人及一般财团法人法》第163条规定："一般财团法人在其主要事务所所在地进行设立注册后成立。"我国台湾地区"民法"第59条规定："财团于登记前，应得主管机关之许可。"

鉴于我国立法未使用过"社团"与"财团"的概念，已被广泛使用的"社会团体"概念，与传统民法所称的"社团"概念并不相同，极易混淆，而"财团"概念也难被一般人所理解。因此，社团法人与

---

① 王泽鉴：《民法总则》，北京大学出版社2009年版，第192页。

财团法人的概念和分类可为民法理论所运用，立法上却暂不宜采用，但我国民法应当对财团性质的法人作出明确规定。财团法人的创设人一旦将财产转移给法人，即丧失对该财产的任何权利，也不可能置换出相应的财产权，故称其为捐助人。尽管有的捐助人在法人成立后也参与法人治理，但其权源并非财产权，而是按照法人章程规定享有的权利。因此，以捐助法人的概念来表述财团性质的法人，能够反映财团法人的本质属性，亦符合语言习惯，便于理解。

一、基金会

捐助法人通常由捐助财产设立，其典型形式是各种基金会。我国实行改革开放以来，由海外侨胞以及国内人士捐资设立的儿童福利、残疾人福利以及教育科研方面的基金会数量大幅增长。为了加强对基金会的管理，以利于基金会的健康发展，国务院于1988年公布了《基金会管理办法》（已失效），该办法第2条第1款规定："本办法所称的基金会，是指对国内外社会团体和其他组织以及个人自愿捐赠资金进行管理的民间非营利性组织，是社会团体法人……"将基金会明确作为社会团体法人进行界定，应当是受限于《民法通则》提供的四种法人类型而为的无奈之举。但基金会与社会团体法人存在着本质上的差别，如果混淆了这两类法人，则有可能将基金会中的管理人员误认为是法人的成员，从而导致其设立宗旨和财产用途被非法改变。2004年，国务院发布《基金会管理条例》，该条例第2条规定："本条例所称基金会，是指利用自然人、法人或者其他组织捐赠的财产，以从事公益事业为目的，按照本条例的规定成立的非营利性法人。"该条例将基金会定性为"非营利性法人"，改变了将基金会定性为社会团体法人的做法，无疑是正确的。不过，却无法纳入《民法通则》确立的法人分类。从基金会的定义可知，基金会完全符合捐助法人的性质，经依法登记成立，取得捐助法人资格。

二、社会服务机构

"社会服务机构"作为法律概念,最早出现在《慈善法》中。《慈善法》第8条规定:"本法所称慈善组织,是指依法成立、符合本法规定,以面向社会开展慈善活动为宗旨的非营利性组织。""慈善组织可以采取基金会、社会团体、社会服务机构等组织形式。"该条所称的"基金会、社会团体和社会服务机构",对应的是民政部门登记的三类社会组织,即按照《基金会管理条例》登记的基金会、按照《社会团体登记管理条例》登记的社会团体,以及按照《民办非企业单位登记管理暂行条例》登记的民办非企业单位。《慈善法》首次用"社会服务机构"替代了"民办非企业单位"。在民政部门登记的非营利性民办学校、民办医院、民办养老院、民办博物馆、民办社会工作机构等组织,都是民办非企业单位。

中国自古以来就有民间力量兴办教育、赈灾、福利事业的传统。古代有书院、义学、义仓、育婴堂等民间组织,近代出现了教会办的非营利医院、学校和福利院。新中国成立以后到改革开放前,由于实行计划经济,公共服务由政府提供,因此,民办社会事业中断了近三十年。民办非企业单位是改革开放之后发展起来的一类新型社会组织,是社会力量参与社会事业的重要载体。1982年《宪法》明确国家鼓励社会力量兴办教育事业、医疗卫生设施,从国家根本法层面,为民办社会事业的发展提供了法制保障。随着计划经济体制被逐步打破,体制外的社会力量开始参与提供公共服务,各地涌现了大量民办学校、民办医院、民办研究所。1996年7月,中央政治局常委会专题研究民间组织管理工作,决定将这类组织命名为"民办非企业单位",归口民政部门统一登记。1998年10月,国务院颁布了《民办非企业单位登记管理暂行条例》,明确了民办非企业单位的内涵和外延,该条例规定,民办非企业单位是"企业事业单位、社会团体和其他社会力量以及公民个人利用非国有资产举办的,从事非营利性社会服务活动的社会组织"。

民办非企业单位发展非常迅速，各类民办非企业单位广泛活跃在教育、科技、文化、卫生、体育、养老、社会工作、环境保护、法律援助等领域，在促进经济发展、繁荣社会事业、创新社会管理、提供公共服务、增加就业岗位、扩大对外交往等方面发挥了重要作用，已成为我国社会主义现代化建设不可或缺的重要力量。

《慈善法》将"民办非企业单位"的名称修改为"社会服务机构"，主要是考虑到"民办非企业单位"这一名称已经落后于这类组织发展的实际需要。一方面，"民办非企业单位"是一个否定式的命名，外延不清，从字面理解，容易涵盖其他组织，如基金会、社会团体等组织也都是民办的，也都是"非企业"；另一方面，这一名称内涵不清，不能准确反映这类组织提供社会服务、从事公益事业等特征。同时，过于强调"民办"，不利与官办民营、民办公助以及推进有条件的事业单位转为社会组织等新的发展趋势相适应。近年来，许多专家学者、社会组织从业人员都建议对名称进行调整，认为现有名称虽然在20世纪90年代用于笼统涵盖社会上各类民办社会事业并无不妥，但随着民办非企业单位的发展路径和特点越来越清晰，应当在法律法规修订中重新命名。在《慈善法》的起草过程中，这一意见得到了党中央和全国人大的认可，并在《慈善法》中正式将"民办非企业单位"更名为"社会服务机构"。2016年8月，中共中央办公厅、国务院办公厅印发《关于改革社会组织管理制度促进社会组织健康有序发展的意见》，提出我国社会组织的主体是社会团体、基金会和社会服务机构，进一步以中央文件形式明确了"社会服务机构"的性质和地位。

经过较长时间的发展历程，社会服务机构的性质逐渐明确。在民办社会事业复苏阶段，公众对其的通俗理解是，民间资本举办的从事教科文卫体等事业单位业务范围活动的组织。《民办非企业单位登记管理暂行条例》明确将民办非企业单位定义为"企业事业单位、社会团体和其他社会力量以及公民个人利用非国有资产举办的，从事非营利性社会服务活动的社会组织"。根据《民法典》的规定，社会服务机构是民间力量通过捐助方式举办的非营利组织，以自身的资产对社会提供公益性的社会服务。相较于企事业单位和其他社会组织，社会服务机构主要具有以下特征：（1）民间性。社会服务机构举办者是除国家机关以外的组织或个人，其举办资金主要不是国有资产，而是民间资金。（2）非营利性。社会服务机构的利润不分配，举办者不是股东，不享有分配权，社会服务机构终止时，剩余财产不能私分，只能用于公益事业。当然，非营利组织可以通过服务活动获得收入，这是非营利组织生存和发展的基础。（3）自主性。社会服务机构自筹资金、自聘人员，没有国家财政拨款和事业编制。同时，社会服务机构一经登记，就有了独立的法律地位，可以依法依章程独立自主地开展业务活动。

根据本法规定，今后设立民办学校、民办医院等非企业的法人组织，设立人可以根据设立的目的，选择登记为营利法人，或者登记为社会服务机构。选择登记为营利法人的，法人存续期间可以分配利润，法人终止时，可以分配剩余财产。选择登记为社会服务机构的，取得捐助法人资格，享受国家财政、税收等各方面扶持，但法人存续期间不得分配利润，法人终止时，不可以分配剩余财产，剩余财产将继续用于公益目的。

三、宗教活动场所

宗教活动场所分寺院、宫观、清真寺、教堂（简称寺观教堂）以及其他固定宗教活动场所两类。筹备设立宗教活动场所，由宗教团体向拟设立的宗教活动场所所在地的县级人民政府宗教事务部门提出申请。其中设立寺观教堂，需逐级报省级政府宗教事务部门审批；设立其他固定宗教活动场所，由设区的市级政府宗教事务部门审批。经批准后，方可开展筹备工作。筹备完成后，由宗教活动场所管理组织向县级政府宗教事务部门申请登记，符合条件的，发给宗教活动场所登记证。信教公民的集体宗教活动，一般应当在经登记的宗教活动场所内举行，由宗教活动场所或者宗教团体组织的宗教教职人员或者符合本宗教规定的其他人员主持,按照教义教规进行。凡不作为宗教活动场所而只作为参观游览场所的寺观,不得开展宗教活动,不得设置"功德箱"接受宗教性的捐献。

宗教团体在性质上属于社会团体,在民政部门登记。《宗教事务条例》第7条第1款规定:"宗教团体的成立、变更和注销,应当依照国家社会团体管理的有关规定办理登记。"全国性宗教团体主要包括中国佛教协会、中国道教协会、中国伊斯兰教协会、中国天主教一会一团(天主教爱国会和天主教主教团)、中国基督教三自爱国运动委员会等。根据《宗教事务条例》的规定,宗教团体与宗教活动场所无隶属关系,是相互独立的。但条例赋予了宗教团体管理宗教活动场所的部分职责,如设立宗教活动场所应当由宗教团体提出申请,宗教活动场所的主要教职任职应当经宗教团体同意等。此外,宗教团体与宗教活动场所之间也有教务指导关系,宗教团体制定的规章制度,宗教活动场所需要执行。

1994年国务院颁布了《宗教活动场所管理条例》,同年国家宗教事务局根据此条例,制定了《宗教活动场所登记办法》(已失效)。该办法规定第9条,依法登记的宗教活动场所,根据《民法通则》的规定,具备法人条件的,同时办理法人登记,并发给法人登记证书。宗教活动场所法人依法独立享有民事权利和承担民事责任。该办法确定了对宗教活动场所实行法人登记的制度,随后全国曾有2万多处宗教活动场所办理了法人登记。2005年实施的《宗教事务条例》没有重申宗教活动场所法人资格问题,该条例第48条规定:"本条例自2005年3月1日起施行。1994年1月31日国务院发布的《宗教活动场所管理条例》同时废止。"随着《宗教活动场所管理条例》被废止,宗教活动场所的法人资格不再明确。由于《宗教事务条例》没有明确宗教活动场所可以获得法人资格,目前宗教活动场所均未能进行法人登记。

《宗教事务条例》虽没有对宗教活动场所的主体性质作出明确规定。但目前根据条例的相关规定,有的认为,宗教活动场所属于民间非营利组织。如条例第21条、第20条规定设立宗教活动场所由宗教团体申请，要有必要的资金，体现了宗教活动场所的民间性。第25条规定，宗教活动场所应当成立管理组织，实行民主管理。宗教活动场所管理组织的成员，经民主协商推选，并报该场所的登记管理机关备案。按此规定宗教活动场所不仅是空间概念，还是组织概念。第57条规定，宗教活动场所可以按照国家有关规定接受境内外组织和个人的捐赠，用于与该宗教活动场所宗旨相符的活动。此规定体现了宗教活动场所的非营利性质。《财政部民间非营利组织会计制度》将宗教活动场所中的寺院、宫观、清真寺、教堂与社会团体、基金会、民办非企业单位一道作为民间非营利组织纳入该会计制度。

《宗教事务条例》专设"宗教财产"一章，明确宗教团体、宗教活动场所的合法财产受法律保护，同时要求宗教团体和宗教活动场所规范财务管理。国家宗教事务局据此制定了《宗教活动场所财务监督管理办法（试行）》。该办法对会计制度及预算、收入、支出、资产等管理作了具体规定。根据该办法规定，宗教活动场所的收入主要包括：（1）按照国家有关规定接受的境内外组织和个人的捐赠；（2）提供宗教服务的收入和宗教活动场所门票的收入；（3）经销宗教用品、宗教艺术品和宗教出版物的收入；（4）从事社会公益慈善事业和其他社会服务的收入；（5）政府资助；（6）其他合法收入。

宗教活动场所法人地位的缺失，给其参与社会活动带来了很多问题：（1）参与民事活动受限。一些地方、一些部门在处理涉及宗教活动场所的事务时，往往因为理解不同、宗教问题比较敏感或陌生等原因，以种种借口回避或否定宗教活动场所的民事主体地位，从而使宗教活动场所开展民事活动、维护自身合法权益困难重重，尤其在门票收入分配、拆迁补偿、订立合同、开设银行账户、房地产登记、机动车登记、诉讼维权、设立公益慈善组织等方面，面临不少困难。例如，在宗教活动场所建设过程中，与建筑公司签订合同较为困难，而且一旦发生纠纷，无法作为起诉和应诉主体通过司法途径维护自己的合法权益，往往只能靠政府部门或者宗教团体出面协调解决，场所利益难以得到全面保护。（2）宗教活动场所主体地位不明，容易出现宗教财产被侵占、被处分的情形，从而导致宗教财产流失。而且因为没有法人地位，宗教活动场所无法办理房产证、土地证。（3）宗教界发挥积极作用受束缚。目前宗教活动场所无法独立开展医疗、扶贫、养老等慈善性的事业，必须由宗教团体出面。（4）宗教活动场所自我管理能力水平较低。目前，宗教活动场所由于没有法人资格，不能按照法人来运作和进行监管，自我管理水平较低。随着经济社会的发展，财务管理不规范等宗教活动场所内部问题不断暴露，政府监管盲区和社会监督缺位也逐步显现，传统的场所管理模式受到了新的挑战。从现实情况看，赋予宗教活动场所法人地位具有必要性和可行性。《中共中央、国务院关于加强和改进新形势下宗教工作的意见》也明确要求，要研究解决宗教活动场所的法人资格问题和宗教财产权属问题。根据这一精神，《民法典》第92条第2款规定："依法设立的宗教活动场所，具备法人条件的，可以申请法人登记，取得捐助法人资格。法律、行政法规对宗教活动场所有规定的，依照其规定。"理解本款规定，需要注意以下三点：（1）宗教活动场所法人资格登记以自愿为原则。（2）不影响国家对宗教活动场所的规范和管理。宗教活动场所从事各类活动必须遵守国家法律法规，必须接受国家相关部门依据《宗教事务条例》等行政法规对其进行的规范和管理。（3）赋予宗教活动场所法人地位不影响其与宗教团体的关系。

【审判实践中应注意的问题】

基金会、社会服务机构皆具有法人资格，但宗教活动场所不一定具有法人资格。根据《基金会管理条例》第2条"本条例所称基金会，是指利用自然人、法人或者其他组织捐赠的财产，以从事公益事业为目的，按照本条例的规定成立的非营利性法人"的规定，凡基金会，皆为法人。对社会服务机构而言，虽然脱胎于民办非企业单位，但与民办非企业单位又存在着不小的差别，其中之一便是，民办非企业单位并非都具备法人资格。《民办非企业单位登记管理暂行条例》第12条第1款规定："准予登记的民办非企业单位，由登记管理机关登记民办非企业单位的名称、住所、宗旨和业务范围、法定代表人或者负责人、开办资金、业务主管单位，并根据其依法承担民事责任的不同方式，分别发给《民办非企业单位（法人）登记证书》《民办非企业单位（合伙）登记证书》《民办非企业单位（个体）登记证书》。"但社会服务机构不同，由于是捐助法人的一种，不存在法人的成员，因而不可能存在"个体"和"合伙"的可能，只可能以法人形式存在。综上，不存在不具备法人资格的基金会或者社会服务机构。

但对于宗教活动场所而言，法人资格登记以自愿为原则。因为不同宗教的做法不同，依法设立的宗教活动场所是否登记为法人，由其自行决定。宗教活动场所选择登记为法人的，可以独立享有民事权利和承担民事义务；不选择登记为法人的，尊重其选择，其享有的宗教信仰自由权利与登记为法人的宗教活动场所一样，只是没有独立的民事主体资格。

> **第九十三条** 设立捐助法人应当依法制定法人章程。
>
> 捐助法人应当设理事会、民主管理组织等决策机构，并设执行机构。理事长等负责人按照法人章程的规定担任法定代表人。
>
> 捐助法人应当设监事会等监督机构。

【条文主旨】

本条是关于捐助法人章程及组织机构的规定。

【条文理解】

本条第1款规定，设立捐助法人应当依法制定法人章程。对于捐助法人而言，由于没有会员大会等权力机构，关于捐助法人的组织及其管理方法，除了法律、行政法规的规定外，是由捐助人制定的捐助章程规定的。捐助章程还要规定法人的目的及所捐的财产等必不可少的内容。在捐助法人成立后，章程便成为独立的文件，约束捐助法人及其决策机构、执行机构的成员等。由此可见，由于捐助法人没有权力机构，相较于其他法人类型，章程的作用尤其重要，对于实现捐助人的捐助目的不可或缺。关于捐助法人章程，《慈善法》和《基金会管理条例》均作了较为详细的规定。《慈善法》第8条第2款规定："慈善组织可以采取基金会、社会团体、社会服务机构等组织形式。"第9条规定了慈善组织应当符合的条件，其中第4项为"有组织章程"。第11条详细规定了慈善组织章程的必备内容："慈善组织的章程，应当符合法律法规的规定，并载明下列事项：（一）名称和住所；（二）组织形式；（三）宗旨和活动范围；（四）财产来源及构成；（五）决策、执行机构的组成及职责；（六）内部监督机制；（七）财产管理使用制度；

(八)项目管理制度;(九)终止情形及终止后的清算办法;(十)其他重要事项。"第12条第1款规定:"慈善组织应当根据法律法规以及章程的规定,建立健全内部治理结构,明确决策、执行、监督等方面的职责权限,开展慈善活动。"《基金会管理条例》第5条规定:"基金会依照章程从事公益活动,应当遵循公开、透明的原则。"第8条规定了设立基金会的必备条件,其中第3项为"有规范的名称、章程、组织机构以及与其开展活动相适应的专职工作人员"。第9条规定了申请设立基金会,申请人应当向登记管理机关提交的文件,其中第2项为"章程草案"。第10条则专门就基金会章程应当载明的内容作了规范,该条第1款规定:"基金会章程必须明确基金会的公益性质,不得规定使特定自然人、法人或者其他组织受益的内容。"第2款规定:"基金会章程应当载明下列事项:(一)名称及住所;(二)设立宗旨和公益活动的业务范围;(三)原始基金数额;(四)理事会的组成、职权和议事规则,理事的资格、产生程序和任期;(五)法定代表人的职责;(六)监事的职责、资格、产生程序和任期;(七)财务会计报告的编制、审定制度;(八)财产的管理、使用制度;(九)基金会的终止条件、程序和终止后财产的处理。"为了尽可能尊重捐助人的意愿,维护法人章程的稳定,该法第15条第2款规定:"基金会修改章程,应当征得其业务主管单位的同意,并报登记管理机关核准。"

捐助法人没有成员,因此没有权力机构。为了维持捐助法人的正常运行,有必要设立决策机构和执行机构。关于捐助法人的决策机构、执行机构和法定代表人,《慈善法》有所涉及,《基金会管理条例》作了较为详细的规定。如前所述,《慈善法》第11条详细规定了慈善组织章程的必备内容,其中第5项为"决策、执行机构的组成及职责"。该法第16条规定:"有下列情形之一的,不得担任慈善组织的负责人:(一)无民事行为能力或者限制民事行为能力的;(二)因故意犯罪被判处刑罚,自刑罚执行完毕之日起未逾五年的;(三)在被吊销登记证书或者被取缔的组织担任负责人,自该组织被吊销登记证书或者被取缔之日起未逾五年的;(四)法律、行政法规规定的其他情形。"《基金会管理条例》第三章专章规定了基金会的组织机构。关于决策机构，该条例明确决策机构的组织形式为理事会。第 21 条规定："理事会是基金会的决策机构，依法行使章程规定的职权。""理事会每年至少召开 2 次会议。理事会会议须有 2/3 以上理事出席方能召开；理事会决议须经出席理事过半数通过方为有效。""下列重要事项的决议，须经出席理事表决，2/3 以上通过方为有效：（一）章程的修改；（二）选举或者罢免理事长、副理事长、秘书长；（三）章程规定的重大募捐、投资活动；（四）基金会的分立、合并。""理事会会议应当制作会议记录，并由出席理事审阅、签名。"关于法定代表人，该条例明确规定理事长为法定代表人。条例第 24 条规定："担任基金会理事长、副理事长或者秘书长的香港居民、澳门居民、台湾居民、外国人以及境外基金会代表机构的负责人，每年在中国内地居留时间不得少于 3 个月。"关于执行机构，《基金会管理条例》未作规定。实践中，往往在理事会之外另设秘书处，作为基金会的执行机构。

此外，关于宗教活动场所的决策机构，《宗教事务条例》第 25 条规定："宗教活动场所应当成立管理组织，实行民主管理。宗教活动场所管理组织的成员，经民主协商推选，并报该场所的登记管理机关备案。"

为了健全捐助法人的内部治理结构，《民法典》就捐助法人的组织机构作了更为周全的规定。本条第 2 款规定："捐助法人应当设理事会、民主管理组织等决策机构，并设执行机构。理事长等负责人按照法人章程的规定担任法定代表人。"本条第 2 款中出现的"理事会"和"民主管理组织"，皆为指引性规定，上述指引性规定之后的"等"字，表明了并非限制性规定。如此规定，旨在尊重私法自治。关于法定代表人的人选范围，未限定为理事长等主要负责人。这是因为，法定代表人由谁担任，应当交给捐助法人的设立人通过章程确定规则，不宜一概限定为主要负责人，以体现对捐助法人意思自治的尊重。但法定代表人的人选范围关系到交易安全和交往安全，因此也不能毫无限制。依照本条第 2 款规定，法定代表人依章程确定，但须是捐助法人的负责人。当然，如果法律认为有必要加以限制的，可以另行规定。根据《民法典》第11条的规定："其他法律对民事关系有特别规定的，依照其规定"。

捐助法人没有成员，因而立法应当设定规则以健全其内部监督机制。《慈善法》第11条详细规定了慈善组织章程的必备内容，其中第6项为"内部监督机制"。第72条第1款规定："慈善组织应当向社会公开组织章程和决策、执行、监督机构成员信息以及国务院民政部门要求公开的其他信息。上述信息有重大变更的，慈善组织应当及时向社会公开。"《基金会管理条例》第22条规定："基金会设监事。监事任期与理事任期相同。理事、理事的近亲属和基金会财会人员不得兼任监事。""监事依照章程规定的程序检查基金会财务和会计资料，监督理事会遵守法律和章程的情况。""监事列席理事会会议，有权向理事会提出质询和建议，并应当向登记管理机关、业务主管单位以及税务、会计主管部门反映情况。"第23条中规定："基金会理事、监事及其近亲属不得与其所在的基金会有任何交易行为。""监事和未在基金会担任专职工作的理事不得从基金会获取报酬。"与社会团体法人不同，《民法典》明确规定捐助法人应当设立监事会等监督机构。

【审判实践中应注意的问题】

除法律、行政法规另有规定外，捐助法人的理事会、民主管理组织等决策机构成员为清算义务人。本条第2款中规定："捐助法人应当设理事会、民主管理组织等决策机构，并设执行机构。"《民法典》第70条第2款规定："法人的董事、理事等执行机构或者决策机构的成员为清算义务人。法律、行政法规另有规定的，依照其规定。"因此，捐助法人的理事会、民主管理组织等决策机构成员为清算义务人。需要注意的是，捐助法人的理事会是作为决策机构存在的，在理事会之外，另设秘书处等执行机构。捐助法人的秘书处等执行机构成员不是清算义务人。

第九十四条 捐助人有权向捐助法人查询捐助财产的使用、管理情况，并提出意见和建议，捐助法人应当及时、如实答复。

捐助法人的决策机构、执行机构或者法定代表人作出决定的程序违反法律、行政法规、法人章程，或者决定内容违反法人章程的，捐助人等利害关系人或者主管机关可以请求人民法院撤销该决定。但是，捐助法人依据该决定与善意相对人形成的民事法律关系不受影响。

【条文主旨】

本条是关于决定可撤销等强化捐助人监督力度的规定。

【条文理解】

捐助法人没有成员，无法通过成员大会对理事会等进行有效监督。因此，必须强化其他的监督制约手段。从不同国家和地区的立法来看，《日本一般社团法人及一般财团法人法》第172条第2款规定："一般财团法人的财产中如果存在章程规定的、为开展属于一般财团法人目标事业而必不可缺的基本财产，理事必须依据章程规定维持该基本财产，且不可对该基本财产作出有碍开展属于一般财团法人目标事业的处理。"我国台湾地区"民法"第64条规定："财团董事，有违反捐助章程之行为时，法院得因主管机关、检察官或利害关系人之声请，宣告其行为为无效。"我国《民法典》第93条将监事会等监督机构作为捐助法人的法定必备机构，是必要的，但仅设监督机构还不足以达到规制目的。因此，《民法典》又设本条规定，进一步强化监督效果。

一、本条第 1 款的理解

本条第 1 款规定："捐助人有权向捐助法人查询捐助财产的使用、管理情况，并提出意见和建议，捐助法人应当及时、如实答复。"该款内容借鉴了《基金会管理条例》和《慈善法》的相关规定精神。《基金会管理条例》第 39 条第 1 款规定："捐赠人有权向基金会查询捐赠财产的使用、管理情况，并提出意见和建议。对于捐赠人的查询，基金会应当及时如实答复。"《慈善法》第 42 条第 1 款规定："捐赠人有权查询、复制其捐赠财产管理使用的有关资料，慈善组织应当及时主动向捐赠人反馈有关情况。"需要特别指出的是，《民法典》的规定与《基金会管理条例》《慈善法》的上述规定，尽管监督措施类似，但实施监督措施的主体完全不同。《基金会管理条例》和《慈善法》上述规定的监督措施实施主体是捐赠协议的捐赠人，这一点可从前述引用的两个法条各自第 2 款的内容得知。《基金会管理条例》第 39 条第 2 款规定："基金会违反捐赠协议使用捐赠财产的，捐赠人有权要求基金会遵守捐赠协议或者向人民法院申请撤销捐赠行为、解除捐赠协议。"《慈善法》第 42 条第 2 款规定："慈善组织违反捐赠协议约定的用途，滥用捐赠财产的，捐赠人有权要求其改正；拒不改正的，捐赠人可以向民政部门投诉、举报或者向人民法院提起诉讼。"《民法典》本条规定的监督措施实施主体则是捐助人。捐助人是捐助法人的设立人，而捐赠人是向捐助法人捐赠财产的人，是赠与合同的一方当事人。捐助人与捐赠人是完全不同的主体。《基金会管理条例》和《慈善法》将相关监督措施赋予捐赠人行使，《民法典》将相关监督措施的实施主体扩展到捐助人，弥补了捐助人监督手段的缺乏，是对捐助法人监督制度的完善。

二、本条第 2 款的理解

本条第 2 款是就决定的撤销所作的规定。关于本款规定，需要注意以下几点：

1. 对于违反捐助章程的行为，立法应当给予相关利害关系人或者主管机关相应的纠正渠道。对于捐助法人而言，他律法人的意义在于约束自己的依据是在外部产生并且存在的，其意思不应由法人自己产生并进行变更，这与社团法人不同。社团法人是自律法人，有自己的意思机关，即通过社员大会来修改、变更自己作为组织的意思。因此，财团法人的意思完全体现在捐助章程中，体现的是捐助人最初的意思。[①] 而这一意思在完成登记之后，取得了法律效力，非经法律程序，捐助章程的内容不得变更。而且，对于捐助人而言，在制定完捐助章程后，其章程作为指导捐助法人运作的唯一的意思来源就已经独立存在，不受捐助人的控制。因此，对于捐助章程而言，在捐助法人成立后，便成为独立的文件，约束捐助法人及其决策机构、执行机构的成员等。如果捐助章程被违反，则立法应当给予救济。

2. 决议可撤销制度针对的是不存在严重瑕疵的决议，比如会议表决程序、表决方式违反法律、行政法规和法人章程，或者决议内容违反法人章程。对于这类决议的效力，即维持其效力，还是撤销该决议，交由捐助人等利害关系人或者主管机关决定。如果捐助人等行使撤销权并得到支持，则决议被撤销，自始没有法律约束力；如果捐助人等不行使撤销权，则决议有效，具有法律约束力。对于上述不存在严重瑕疵的决议的效力，不规定其无效，而是将是否撤销的权利交给捐助人等利害关系人和主管机关，由其权衡利弊后，本着对捐助法人更为有利的立场作决定，应当是更为妥当的立法安排。鉴于决议的可撤销与其他民事法律行为的可撤销事由（如欺诈、胁迫、重大误解、显失公平等）相比具有特殊性，而且属于法人内部事项，属于组织法的范畴，宜放在法人一章作出规定。需要指出的是，本条规定使用了"决定"一词。之所以未用"决议"而用"决定"，主要是考虑到行为主体除捐助法人的决策机构、执行机构外，还有法定代表人。法定代表人作出的决定，不能称为决议。反之，捐助法人的决策机构、执行

[①] 胡岩：《财团法人之研究》，中国政法大学出版社2013年版，第112页。

机构作出的决议，可以称为决定。决定的内涵大于决议。这一点从物权编的相关规定中可以得到印证。《民法典》物权编中的第265条第2款规定："农村集体经济组织、村民委员会或者其负责人作出的决定侵害集体成员合法权益的，受侵害的集体成员可以请求人民法院予以撤销。"第280条规定："业主大会或者业主委员会的决定，对业主具有法律约束力。""业主大会或者业主委员会作出的决定侵害业主合法权益的，受侵害的业主可以请求人民法院予以撤销。"此外，行使撤销权的主体限于主管机关和利害关系人，利害关系人除捐助人外，还包括捐助人的继承人等。本条款的规定，从作出决定的主体看，涵盖决定机构、执行机构和法定代表人；从撤销权启动的事由看，包括作出决定的程序违法或违反章程，以及决定内容违反章程；从撤销权的行使主体看，包括捐助人等利害关系人和主管机关。本条规范力度比较大，有助于减少决策机构、执行机构或者法定代表人违法或违反法人章程的现象，保障捐助人捐助目的的实现。

3.基于维护交易安全的考虑，相关决定被人民法院撤销后，捐助法人依据该决定与善意相对人形成的民事法律关系不受影响。

【审判实践中应注意的问题】

一、本条对于决议无效情形未作规定，并非疏漏

对于存在瑕疵的决议，法律规定了决议的无效和可撤销制度。决议无效制度针对的是存在严重瑕疵的决议，比如决议内容违反法律、行政法规的效力性强制规定。决议无效是对决议效力的强行干预和否定。《民法典》第134条规定："民事法律行为可以基于双方或者多方的意思表示一致成立，也可以基于单方的意思表示成立。""法人、非法人组织依照法律或者章程规定的议事方式和表决程序作出决议的，该决议行为成立。"依照该条规定，决议系法律行为的一种。既然决议作为法律行为的一种，其无效判断规则与其他法律行为的无效判断

规则应当是一致的，可以一并适用《民法典》第153条的规定，即"违反法律、行政法规的强制性规定的民事法律行为无效。但是，该强制性规定不导致该民事法律行为无效的除外。""违背公序良俗的民事法律行为无效。"

二、相关决定被人民法院撤销后，捐助法人依据该决定与善意相对人形成的民事法律关系不受影响

这并不意味着撤销权的行使没有效果。如果决定存在瑕疵并被人民法院撤销，造成损失的，可要求有过错的决策机构成员、执行机构成员或者法定代表人赔偿。这方面的立法精神在《基金会管理条例》中已有体现。《基金会管理条例》第43条第1款规定："基金会理事会违反本条例和章程规定决策不当，致使基金会遭受财产损失的，参与决策的理事应当承担相应的赔偿责任。"当然，如果表决时投了反对票，则该投反对票者不应当承担赔偿责任。

> **第九十五条** 为公益目的成立的非营利法人终止时,不得向出资人、设立人或者会员分配剩余财产。剩余财产应当按照法人章程的规定或者权力机构的决议用于公益目的;无法按照法人章程的规定或者权力机构的决议处理的,由主管机关主持转给宗旨相同或者相近的法人,并向社会公告。

【条文主旨】

本条是关于为公益目的成立的非营利法人终止时剩余财产处置的规定。

【条文理解】

非营利法人终止时,能否向出资人、设立人或者会员等分配剩余财产,是区别"为公益目的成立的非营利法人"和其他非营利法人的主要标准。

之所以规定为公益目的成立的非营利法人终止时,不得向出资人、设立人或者会员分配剩余财产。主要有以下考虑:

1.从理论上分析。公益性法人不仅享受公益事业用地及建设的优惠,还享受国家规定的税收优惠政策、信贷优惠政策及政府经费资助等各项扶持,公益性法人也因其公益性而更易获得来自社会各界的捐赠。因此,公益性法人清算后的剩余财产具有相当程度的公共性,性质上已不同于设立人投入的财产,不应当分配给设立人,否则会给打着公益幌子而行营利之实者以可乘之机。比如,《民办教育促进法》第46条规定:"县级以上各级人民政府可以采取购买服务、助学贷款、奖助学金和出租、转让闲置的国有资产等措施对民办学校予以扶持；对非营利性民办学校还可以采取政府补贴、基金奖励、捐资激励等扶持措施。"第47条规定："民办学校享受国家规定的税收优惠政策；其中，非营利性民办学校享受与公办学校同等的税收优惠政策。"第51条规定："新建、扩建非营利性民办学校，人民政府应当按照与公办学校同等原则，以划拨等方式给予用地优惠。新建、扩建营利性民办学校，人民政府应当按照国家规定供给土地。"

2. 从法人设立者的初衷考虑。将剩余财产仍然用于性质、宗旨相同或者相似的社会公益事业，最符合法人设立者的初衷。

3. 符合我国的一贯做法。《慈善法》第18条第3款规定："慈善组织清算后的剩余财产，应当按照慈善组织章程的规定转给宗旨相同或者相近的慈善组织；章程未规定的，由民政部门主持转给宗旨相同或者相近的慈善组织，并向社会公告。"《民办教育促进法》第59条第2款中规定："非营利性民办学校清偿上述债务后的剩余财产继续用于其他非营利性学校办学。"《基金会管理条例》第10条第1款规定："基金会章程必须明确基金会的公益性质，不得规定使特定自然人、法人或者其他组织受益的内容。"第33条规定："基金会注销后的剩余财产应当按照章程的规定用于公益目的；无法按照章程规定处理的，由登记管理机关组织捐赠给与该基金会性质、宗旨相同的社会公益组织，并向社会公告。"《宗教事务条例》第60条规定："宗教团体、宗教院校、宗教活动场所注销或者终止的，应当进行财产清算，清算后的剩余财产应当用于与其宗旨相符的事业。"财政部制定的《民间非营利组织会计制度》对包括社会团体、基金会和民办非企业单位在内的各类民间非营利组织作了明确具体的界定，指出非营利组织应符合以下三个条件：（1）该组织不以营利为宗旨和目的；（2）资源提供者的该组织投入资源不取得经济回报；（3）资源提供者不享有该组织的所有权。

4. 为公益目的设立的非营利法人终止后不得将剩余财产分配给出资人、设立人或者会员，也是大多数国家和地区的普遍做法。《日本公益社团法人及公益财团法人认定法》第29条第1款或第2款规定，关于在受到取消公益认定的处分时或是因合并而消灭了法人时（继承其权利义务的法人是公益法人时除外），如有以公益目的取得的财产余额的（指第30条第2款规定的以公益目的取得的剩余资产），必须以章程制定把与此相当金额的财产，在该公益认定取消日或是该合并日起1个月以内，赠与以类似的事业为目的的其他公益法人或学校法人、社会福祉法人、更生保护（社区矫正）法人、独立行政法人、国立大学法人（或是大学共同利用机关法人）、地方独立行政法人、其他以上述法人为标准的政令（行政法规）规定的法人，或是地方公共团体。该条第18项规定："必须以章程制定在结算时把剩余财产归属于以类似的事业为目的的其他公益法人或前项规定的法人，或是国家或是地方公共团体。"

《美国非营利法人示范法》（1987年）第14章第6条就法人解散的效力作了规定，其第1款第5项规定："服从于任何合同的或者法定的要求，根据法人章程或者章程细则的规定或授权而转让财产。"第6项规定："法人是公益或者宗教法人并且章程或者章程细则无解散后财产分配规定的，服从于任何合同或法人的要求，向下列人转让财产：《国内税收法典》第501条第3款第3项规定的一个或者数个以上的人；被解散的法人未被规定于第501条第3款第3项的，一个或者数个以上的公益或者宗教法人。"

《俄罗斯民法典》及《俄罗斯非营利组织法》均就非营利法人剩余财产的分配作了相关规定。《俄罗斯民法典》第63条第8款规定："如果本法典或者其他法律未作其他规定，非营利性组织进行清算时，满足债权人请求之后所剩余的财产，根据非营利性组织章程，用于成立该非营利性组织之宗旨和（或）用于慈善目的。"《俄罗斯非营利组织法》第20条第1款规定："在非营利组织解散的情况下，满足债权人要求后剩余的财产，应当依照非营利组织成立文件的规定用于该组织为之建立的目的和（或）慈善目的。但是，本联邦法律和其他联邦法律另有规定的情况除外。在不可能依照非营利组织成立文件利用被解散的非营利组织财产的情况下，非营利组织的财产应当上缴国库。"

南非不仅对非营利组织剩余财产的分配作了规定，而且将违反规定分配剩余财产的行为明确规定为犯罪行为。《南非非营利组织法》第 12 条第 2 款就申请登记的非营利组织的章程所应当规定的内容作了列举，其第 15 项为"规定该组织终止或者解散时，全部债务清偿完毕后的剩余财产应当移转于和该组织目的相似的其他非营利组织"。第 29 条第 1 款规定："非营利组织终止或者解散时，没有将其剩余财产依照本法第 12 条第 2 款第 15 项的规定移转的，构成犯罪。"

《巴西第 9790 号法律》旨在调整非营利性私法实体取得公益性民事社会组织资格的问题。该法第 4 条第 4 项规定："根据本法第 3 条，为取得公益性民事社会组织的资格，一个法律实体的章程中必须包含下列各项规定。……团体解散时，其剩余财产转归具有本法规定法律资格的其他法律实体所有，与本团体具有相同公共目标的法律实体优先。"

我国台湾地区"民法"第 44 条规定："法人解散后，除法律另有规定外，于清偿债务后，其剩余财产之归属，应依其章程之规定，或总会之决议。但以公益为目的之法人解散时，其剩余财产不得归属于自然人或以营利为目的之团体。""如无前项法律或章程之规定或总会之决议时，其剩余财产归属于法人住所所在地之地方自治团体。"

综上，上述各国和地区对公益性的非营利法人解散后剩余财产的处置规则基本上是一致的，即坚持"近似原则"，剩余财产应当按照法人章程的规定或者权力机构的决议用于宗旨相同或者相近的公益目的；无法按照法人章程规定或者权力机构的决议处理的，由政府负责处理，但仍须用于宗旨相同或者相近的公益目的。

【审判实践中应注意的问题】

一、关于违反本条规定分配剩余财产的后果

为公益目的成立的非营利法人终止时，如果违反本条规定，向其出资人、设立人或者会员分配剩余财产，则因无合法根据取得财产，构成不当得利，依法应予返还。拒不返还的，相关利害关系人或者主

管机关应当可以向人民法院提起诉讼。

二、关于非为公益目的设立的非营利法人，其剩余财产的处置规则问题，本条未设专款规定，但并非疏漏

依照法律适用规则，既然立法未就非为公益目的设立的非营利法人剩余财产的处置另设特殊规则，则应当适用第三章第一节"一般规定"部分的相应规定。《民法典》第72条第2款规定："法人清算后的剩余财产，按照法人章程的规定或者法人权力机构的决议处理。法律另有规定的，依照其规定。"从不同国家和地区的立法来看，对于非为公益目的设立的非营利法人，大多有类似的规定。比如，《保加利亚非营利法人法》第15条（针对公益法人之外的其他非营利法人）第1款规定："除非本法另有规定，偿还债权人后剩余的财产应当根据章程、组织章程细则或非营利法人的最高机关的决定进行分配。如果在解散之前不存在这样的决定，则由清算人决定。"我国台湾地区"民法"第44条规定："法人解散后，除法律另有规定外，于清偿债务后，其剩余财产之归属，应依其章程之规定，或总会之决议。"对于非为公益目的设立的非营利法人，亦有明确规定分配给法人成员的。比如，《德国民法典》第45条第3款规定："归属权人未确定，且依照章程，社团系专为成员利益而设立的，财产按等份归属于在解散或者被剥夺权利能力时现存的成员；其他情况下，归属于社团所在地的州的国库。"需要指出的是，关于互益性法人存续期间不可以分配利润但终止时可以分配剩余财产的规定，还有着现实法上的参考。《证券法》第96条规定："证券交易所、国务院批准的其他全国性证券交易场所为证券集中交易提供场所和设施，组织和监督证券交易，实行自律管理，依法登记，取得法人资格。"第101条规定："证券交易所可以自行支配的各项费用收入，应当首先用于保证其证券交易场所和设施的正常运行并逐步改善。""实行会员制的证券交易所的财产积累归会员所有，其权益由会员共同享有，在其存续期间，不得将其财产积累分配给会员。"

第四节　特别法人

> **第九十六条**　本节规定的机关法人、农村集体经济组织法人、城镇农村的合作经济组织法人、基层群众性自治组织法人，为特别法人。

【条文主旨】

本条是关于特别法人范围的规定。

【条文理解】

在民法学理上，法人分类通常采取三个层次：（1）依据法人设立的法律依据是公法还是私法，将法人首先区分为公法人和私法人。（2）依据私法人成立的基础，将其区分为社团法人和财团法人。前者以社员为基础，是人的组织体，成员在社团中取得社员权，如公司、社会团体；后者以特定的财产为基础，是财产的组织体，不存在成员，如基金会、寺庙等宗教场所。（3）依据社团法人成立的目的，将其进一步分为营利社团、公益社团和中间社团。营利社团即从事经济行为逐利并将利润和剩余财产分配给社员的社团。公益社团是以不特定多数人的公益为目的的社团。中间社团指既非以公益又非以营利为目的，而是为了特定成员的共同利益成立的社团。[①]

[①] 王泽鉴：《民法总则》，中国政法大学出版社2001年版，第151页以下；梁慧星：《民法总论》（第四版），法律出版社2011年版，第121页以下；王利明：《民法总则研究》，中国人民大学出版社2003年版，第385页以下。

《民法通则》没有采取社团法人与财团法人的分类，而采取了另一种分类法：将法人区分为企业法人与非企业法人，非企业法人再分为机关法人、事业单位法人和社会团体法人。这一分类法源于苏联的法人基本类型模式。但随着我国经济社会的发展，新的组织形式不断出现，法人形态发生了较大变化，原有的分类已经难以适应新的情况，有必要进行调整完善。

应如何对法人进行分类，是《民法总则》起草中争论的焦点问题之一。起草过程中至少存在二分法、三分法、四分法、五分法、六分法等各种不同观点。① 最为常见则是二分法：一是严格遵循大陆法系民法传统理论，分为社团法人与财团法人，财团法人属于非营利性法人，社团法人内部再分为营利性社团法人与公益性社团法人；二是以《民法通则》关于企业法人与非企业法人的分类为基础，突出法人目的之属于营利性或非营利性，将企业法人改称营利性法人，将非企业法人改称非营利性法人。

《民法总则（草案）》（2015年8月28日民法室室内稿）曾采纳前一种方案，将法人分为社团法人、财团法人。因为机关和事业单位既不是社团也不是财团，无法纳入社团法人与财团法人的分类，故另外规定机关和事业单位法人。实则机关和事业单位属于社团、财团之外的第三种组织体，其与社团同属于人结合而成的组织体，区别在于：机关和事业单位没有成员（股东、会员），故无法纳入社团概念。此外，中国公司法上的一人公司，也不符合社团的概念。立法机关注意到社团法人与财团法人这一分类标准的缺点及民法立法和理论的发展趋势，故自2016年2月《民法总则（草案）》（征求意见稿）始，放

---

① 二分法，例如将法人分为营利法人、公益法人和基金会，见北京航空航天大学法学院课题组完成的《民法典·通则编》（草案建议稿）；四分法坚持《民法通则》的法人分类模式，但将基金会归入"机关、事业单位、社会团体法人"中，见王利明：《中国民法典学者建议稿及立法理由·总则编》，法律出版社2005年版，第152页以下；五分法，例如在《民法通则》规定的四类法人的基础上增加捐助法人，见2002年全国人大法工委发布的《民法（草案）》第48~51条；六分法，例如将法人分为合伙、公司、合作社、财团法人、社会团体、宗教团体，见徐国栋主编：《绿色民法典草案》，社会科学文献出版社2004年版，第119页以下。

弃了社团法人与财团法人的分类法,改采另一种方案,即依法人目的之是否营利,将法人分为营利法人与非营利法人。在最初的分类中,在非营利法人内部,又进一步分为事业单位法人、社会团体法人、捐助法人和机关法人。①

将法人分为营利法人与非营利法人两大类,简单明确,比"社团""财团"的用语更加通俗易懂。但同时,营利法人和非营利法人的分类依据在于法人的设立宗旨和目的事业,营利法人的种类在我国法上相对较少,但广义上的非营利法人的种类甚多,仅试图通过营利法人与非营利法人的分类而将其全部纳入非营利法人中,实际上并不科学,不尽合理。如农村的合作经济组织法人,就很难将其归入营利法人还是非营利法人之中,即使将非营利法人解释为包括公益法人和中间法人,也很难解释何以农民专业合作社法人可以分配盈余,而且是"按成员与本社的交易量(额)比例返还"等方式分配。若固守营利法人与非营利法人的疆界,这类回应社会强烈需求的企业可能在中国丧失法律土壤。②又如机关法人,是因行使职权的需要而享有相应的民事权利能力和民事行为能力的国家机关。其从事民事活动,如购置办公用品、租用国有的房屋时,以机关法人的资格出现,并且与其他民事主体处于平等的地位。在一般意义上,非营利法人主要以国家科层制序列以外的各种民间社会团体等形式出现,是政府部门和营利组织以外的"第三部门",不应包含国家机关。如将机关法人归入非营利法人,显然与一般意义上的理解殊为不同,也抹杀了机关法人自身的特殊性。因此,《民法总则》自第二次审议稿开始至最终通过,在营利法人与非营利法人之外,将一些不宜纳入这两类的法人(因其与一般意义上的法人相比具有各自的特殊性)归入"特别法人"这一类别。全国人大常委会法工委认为,根据我国社会生活实际,具有特

---

① 梁慧星:《〈中华人民共和国民法总则(草案)〉:解读、评论和修改建议》,载《华东政法大学学报》2016年第5期。
② 谢鸿飞、傅穹、许德风:《〈民法总则〉中的法人分类制度》,载《交大法学》2016年第4期。

殊性的法人组织主要有机关法人、基层群众性自治组织和农村集体经济组织、合作经济组织。对上述法人，单独设立一种法人类别，有利于其更好地参与民事生活，也有利于保护其成员和与其进行民事活动的相对人的合法权益。① 此次《民法典》编纂，保留了《民法总则》的法人分类规定。

【审判实践中应注意的问题】

根据《民法典》第 97 条至第 101 条的规定，机关、农村集体经济组织、城镇农村的合作经济组织、基层群众性自治组织在是否为特别法人上，存在一定区别。有独立经费的机关和承担行政职能的法定机构、基层群众性自治组织，一律具有法人资格；而农村集体经济组织、城镇农村的合作经济组织，则并非一概均为特别法人，取得法人资格为一般性规定，法律、行政法规另有规定的，则依其规定，不取得法人资格。这是因为，农村集体经济组织与城镇农村的合作经济组织，在本质上均为具有集体合作特点的自治经济主体，采取何种组织形式，原则上可由其成员自由选择决定，一方面，一般性地赋予其法人地位，以使其作为民事主体能够得到平等保护；另一方面，亦应尊重其成员自由选择的权利，不宜绝对固化各类经济组织的类型选择，而是交由其选择其认为最适合自己的组织模式，这有利于实践中各类合作经济组织的灵活发展。

---

① 张璁：《全国人大常委会审议民法总则草案法人一章增加特别法人类别》，载《人民日报》2016 年 12 月 20 日。

> **第九十七条** 有独立经费的机关和承担行政职能的法定机构从成立之日起,具有机关法人资格,可以从事为履行职能所需要的民事活动。

【条文主旨】

本条是关于机关法人的规定。

【条文理解】

机关法人是《民法通则》所规定的一类法人类型,该法第50条第1款规定:"有独立经费的机关从成立之日起,具有法人资格。"《民法典》延续了《民法通则》的立法精神,承认国家机关的法人资格,另一方面又对机关法人赋予了新的内涵:一是将机关法人作为特别法人的一种类型予以规定;二是对机关法人的内涵做了新的调整,将"承担行政职能的法定机构"纳入了机关法人的范围;三是对机关法人从事民事活动的范围作出限制。准确理解机关法人的内涵,应注意把握以下几个方面:

一、有独立经费的机关

机关法人是我国特有的一种法人类型。《民法通则》第50条第1款将机关法人限定为有独立经费的机关。这里的机关,指的是国家机关,是指国家为实现其政治统治职能和管理职能而设立的国家机构的总称,包括立法机关、行政机关、审判机关、检察机关和军事机关,它们主要的活动经费都是由中央和地方各级财政负担。具体而言,国家机关主要包括:(1)县级以上各级中国共产党委员会及其所属各工作部门;(2)县级以上各级人民代表大会机关;(3)县级以上各级人民政府及其所属各工作部门;(4)县级以上各级政治协商会议机关;(5)县级以上各级人民法院、检察院机关;(6)县级以上各民主党派机关;(7)乡、镇中国共产党委员会和人民政府,以及街道办事处。

对于何谓"有独立的经费",理论和实践中的认识不完全一致。

一种观点认为,有独立的经费就是有独立的财产。例如,袁学伦、张风雪、谢娟、张红星、惠新峰等与内乡县经济贸易委员会人身损害赔偿纠纷一案[①]的民事判决,法院以内乡县经济贸易委员会有独立的财产和经费,有自己的名称、组织机构和场所,能够独立承担民事责任为由,认定其具备机关法人的资格。

另一种观点认为,有独立的经费不仅是指有财政拨付的资金,而且机关还能够按照自己的意志对资金加以使用。如最高人民法院在江阴化工塑料厂与新疆维吾尔自治区人民政府、新疆维吾尔自治区水利厅等购销合同纠纷案[②]中认为,新疆维吾尔自治区改水防病物资供应处尽管有由政府拨款的采购资金,但由于该供应处对该资金的使用没有决策的权利,因而其不具有法人资格。

还有一种观点认为,有独立的经费是指机关在财政部门具有独立的预算经费。如广东省烟草公司潮安县公司庵埠经营部与汕头市人民政府等购销合同纠纷案[③]中,最高人民法院认为,汕头市打私办在财政局具有单独的预算经费,因而其具有独立经费,为机关法人。由于机关是否具有法人资格直接决定了该机关是否成为民事法律关系中的权利义务主体,并影响到该机关所从事的具体民事行为的效力,因而明确机关的法人主体资格是相对人与机关从事交易和主张权利的前提。

---

① 袁学伦、张风雪、谢娟、张红星、惠新峰等与内乡县经济贸易委员会人身损害赔偿纠纷案,河南省高级人民法院(2001)豫法民终字第745号民事判决书。
② 江阴化工塑料厂与新疆维吾尔自治区人民政府、新疆维吾尔自治区水利厅等购销合同纠纷案,最高人民法院(2001)民二终字第70号民事判决书。
③ 广东省烟草公司潮安县公司庵埠经营部与汕头市人民政府等购销合同纠纷案,最高人民法院(1997)经终字第269号民事判决书。

我们认为,"有独立经费"应解释为有独立的单位预算经费,主要理由有两点:

其一,国家机关的经费主要来自预算拨款。对此,《预算法》第47条第2款明确规定:"各级政府、各部门、各单位的支出必须按照预算执行。"需要说明的是,2001年以前,不少国家机关的经费除了预算拨款以外,还有一定数额的收费和罚款资金可供支配,但2001年国务院办公厅转发财政部《关于深化收支两条线改革进一步加强财政管理的意见》之后,要求各部门的预算外收入全部纳入财政专户管理,有条件的纳入预算管理,任何部门不得坐收、坐支。随着近几年改革的深入推进,国家机关的经费支出已经基本上都纳入预算管理或财政专户管理。

其二,单位预算经费是预算经费中最低层次的独立经费。目前,我国国家预算体系框架由四个层次组成:第一层次是国家预算,由中央和地方各级预算组成。第二层次是一级预算,由一级政府的各部门预算组成。第三层次是部门预算,由单位预算组成。比如财政部的部门预算,由该部机关预算及所属事业单位的预算构成。第四层次也就是最低一层为单位预算。比如财政部机关的预算、财政部国库支付中心的预算等。由于单位预算是整个预算体系最基本的独立构成部分,因此称得上"独立经费"的经费,最低限度也应当属于单位预算层次的经费。

二、承担行政职能的法定机构

与《民法通则》第50条第1款的规定相比,《民法总则》第97条对机关法人的内涵赋予了新的内容,将"承担行政职能的法定机构"也纳入机关法人的范围。此次《民法典》编纂时,沿用了这一规定。

承担行政职能的法定机构,是指不属于行政机关序列,但又行使行政机关职能的社会组织,包括银保监会、证监会、社保机构等组织,它们与其他政府组织没有隶属关系,本身不是行政机构,但又行使一定的行政管理职能。行政职能也叫政府职能，是指行政主体作为国家管理的执法机关，在依法对国家政治、经济和社会公共事务进行管理时应承担的职责和所具有的功能。它体现着公共行政活动的基本内容和方向，是公共行政本质的反映。将承担行政职能的法定机构纳入机关法人，意味着承担行政职能的法定机构能够从事民事活动，成为民事活动中的平等民事主体，享有民事权利，承担民事义务，相对人可以与承担行政职能的法定机构从事交易，向其主张权利。

三、机关法人的民事权利能力和民事行为能力受到限制

机关享有法人资格，其法律意义在于作为民法上的主体参与民事活动，其法人地位的确定应遵循法人制度的基本要求。但同时，由于机关法人在社会生活中的特殊地位和所具有的政治统治载体功能，其根本宗旨和目的也并非从事民事活动、参与市场经济活动，因此，机关法人的民事权利能力和民事行为能力受到一定的特殊限制，本条将其限制在"为履行职能所需要的民事活动"。

机关法人的民事权利能力是法人作为民事主体而存在一种资格，有了这种资格，法人就可以以自己的名义享有民事权利和承担民事义务。机关法人民事权利能力的限制体现在两个方面：

1. 机关法人不具有作为商事主体的权利能力，原则上不能在生产经营领域进行投资。对此，1998年7月，中共中央、国务院决定，军队、武警部队和政法机关一律不再从事经商活动，所办企业于1998年年底前与军队、武警部队和政法机关脱钩。同年11月又决定，中央党政机关必须在1998年年底以前与所办经济实体和管理的直属企业完全脱钩。2004年《国务院关于投资体制改革的决定》也明确规定，"政府投资主要用于关系国家安全和市场不能有效配置资源的经济和社会领域。"

2. 机关法人原则上不具有作为保证人的权利能力。对此，《担保法》第二章第8条明确规定："国家机关不得为保证人，但经国务院批准为使用外国政府或者国际经济组织贷款进行转贷的除外。"

机关法人的民事行为能力是指机关法人作为民事权利主体，以自己的行为取得民事权利并承担民事义务的资格，其实质是机关法人通过自己的行为去独立实施民事行为，进而去享受权利并承担义务的资格。权利能力是行为能力的基础，权利能力所受到的限制必然要在行为能力上有所体现，这是由权利能力和行为能力的性质所决定的。因为权利能力决定了是否具有主体资格，行为能力则决定主体是否可以亲自作为，在不具备主体资格的情况下自然谈不上是否可以亲自作为的问题。机关法人的行为能力主要受到其指向的国家机关的机构级别、职责任务的制约。比如，由于中央银行的首要职责任务是保持币值稳定，避免通货膨胀，因此《人民银行法》第29条中明确规定："中国人民银行不得对政府财政透支。"又如，为避免基层政府和部门对国有财产的任意处置导致财产流失，《民法典》物权编中的第246条、第255条分别规定"国有财产由国务院代表国家行使所有权""国家机关对其直接支配的不动产和动产，享有占有、使用以及依照法律和国务院的有关规定处分的权利"。据此，大多数机关法人都不具备对其直接支配的不动产和动产进行收益和自主进行处分的行为能力。

四、机关法人在我国属于特别法人

在传统民法上，西方国家民法多采用社团法人与财团法人的基本分类；而在法学理论上，大陆法系国家一般将法人分为两类，一类是私法人，另一类是公法人。公法人主要是政府法人和特殊法人，特殊法人是指根据特定法律规定成立的由政府出资或者管理的公益性机构或者监管机构等。政府法人并不是特殊法人，而是与特殊法人并立的一种公法人类型。与之不同的是，《民法通则》按照是否构成企业为标准，将法人区分为企业法人与非企业法人，机关法人、事业单位法人和社会团体法人属于非企业法人。对于机关法人的分类存在较大的认识分歧：第一种观点认为，机关法人既不能归入营利法人，也不能归入非营利法人，应归为其他法人；第二种观点认为，机关法人实质就是政府法人，政府法人不是特别法人，是公法人，这在各个国家都是非常明确的，如果按照公法人、私法人和特别法人分类，可能太复杂，为了简化，可以将机关法人归入其他法人；第三种观点认为，机关法人实际是非营利的法人，建议将机关法人放在非营利法人中予以规定。

《民法总则》改变了以往我国传统的法人分类方法，以营利性作为法人分类的基本标准，将法人区分为营利法人与非营利法人；除此之外，创设性地将机关法人、农村集体经济组织和城镇、农村的合作经济组织以及基层群众性自治组织作为特别法人予以规定。特别法人是与普通法人相对应的法人分类，是根据《民法总则》的规定取得的法人资格，而不是依据其他特别法设立的法人。机关法人的本质是政府法人，相当于大陆法系的一种公法人，其设立和终结程序有别于普通法人，其民事权利能力、民事行为能力受履行职能所需的限制，故不能简单地将机关法人归入营利法人，也不能归入非营利法人，《民法总则》创新性地将其规定在特别法人中，这一分类体现了立法应有的理性，直接反映了我国现实的国情，表现出强烈的中国特色。此次《民法典》编纂，保留了这一规定。

五、国家机关的法人化进程

对于国家机关是否具有法律上的独立人格，国内外主流公私法理论基本认可国家主体性的二元结构理论，即国家具有法律上的独立人格，而机关则无法律上的独立人格。大陆法系传统也是认可国家的法人地位而否定国家机关的法人资格，并在立法上形成了公共机构非法人化的事实。但是，我国受苏联国家特殊民事主体理论和国家机关法人理论的影响，从20世纪50年代开始，就在立法和理论上认可了国家机关的法人地位并延续至今。

1955年制定的《民法总则》草稿第19条规定："国家机关、群众团体、社会组织、合作社、企业、学校、医院等能以自己的名义取得民事权利和负担民事义务，并在法院起诉、应诉的公私组织都是法人。"第二次草稿中也有相似规定。1986年《民法通则》以立法形式明确赋予国家机关以独立的法人人格，机关法人作为法人的一种类型，成为与企业法人、事业单位法人、社会团体法人并列的法人类型。《民法总则》不仅延续了这种立法精神，更进一步明确了机关法人可以从事为履行职能所需要的民事活动。此次《民法典》编纂，沿用了这一规定。

参考国外立法例，相关国家及地区的民法也不乏认可国家机关法人资格的先例。1922年《苏俄民法典》第13条规定："一切享有取得财产权利和能够承担义务，并且能够在法院起诉和应诉的机关、社会团体和其他组织，都是法人。"20世纪90年代，日本在《独立行政法人通则法》第2条设立独立行政法人制度，其主要内容是政府对于那些已无必要由行政组织直接管理，但又不能完全交由民间机构实施的公共事务和事业，在以立法的方式将其目的、任务和业务范围作出明确规定之后，授予承担这些事务和事业的公共组织以独立的法人资格，使它们在业务经营、资金运用、人事管理等方面享有充分的自主权。[①]

【审判实践中应注意的问题】

机关法人从事民事活动的范围受到限制，只能从事为履行职能所需要的民事活动，不得超出职能范围从事与一般民事主体相同的民事活动。比如，党政机关不得投资办企业。对于机关法人超出职能范围所从事的民事活动，一般应认定为无效民事行为。

[①] 朱光明：《日本的独立行政法人化改革评析》，载《日本学刊》2004年第1期。

> **第九十八条** 机关法人被撤销的，法人终止，其民事权利和义务由继任的机关法人享有和承担；没有继任的机关法人的，由作出撤销决定的机关法人享有和承担。

【条文主旨】

本条是关于机关法人终止后权利义务承继的规定。

【条文理解】

一、机关法人的终止

机关法人的终止是指机关法人丧失民事主体资格，不再具有民事权利能力和民事行为能力。法人终止具有严格的法定主义特征，主要体现为法人终止的原因和程序均须按法定要求进行，既需要有法定的事由出现才能终止，也需要经过清算等一系列法定程序才能完成终止。之所以在制度上如此设计，主要是因为法人与自然人不同，其终止并非自然事件，而是可以人为控制的，如果没有必要的法律规制，任由法人自行决定是否终止或如何终止，必然会损害市场交易安全以及对相关民事主体的信赖利益的保护。

本条规定了机关法人的终止原因是被撤销。机关法人被撤销包含两种情形。一种情形是，法人在存续期内，因其目的或行为违反法律、公共秩序或善良风俗而被法院宣告解散。比如，我国台湾地区"民法"第36条规定："法人之目的或其行为，有违反法律、公共秩序或者善良风俗者，法院得因主管机关、检察官或利害关系人之请求，宣告解散。"另一种情形是，因法人目的事业已经完成或者确定无法完成时，由法人的设立者依法决定撤销该法人。在我国的法律实践中，对于机关法人而言，基本不会出现第一种情形的撤销，机关法人依法被撤销主要是指第二种情形，尤其是在我国政府机构进行改革的情况下，机关法人被其设立者依法撤销更属常见情形。需要强调的是，机关法人被撤销必须符合以下条件：一是撤销决定必须由有法定权力的机关作出，一般而言，国家机关的撤销需要由批准其成立的上级主管部门作出决定才能生效；二是作出撤销决定的程序必须符合法律要求。

二、机关法人终止后权利义务的概括转移

实践中，一些机关法人存在长期不清偿债务或不能清偿债务的情况，比如一些政府部门长期拖欠办公楼施工单位的施工费用，一些乡镇政府负债问题未得到有效解决。尤其是在我国改革的大背景下，机关结构调整后，机关难以继续存续的情况客观存在，不明确机关法人终止后的权利义务承继问题，一般利益相关人与机关法人从事商业交流或其他民事活动时会面临较大风险，缺乏制度保障。本条规定了机关法人终止后权利义务概括转移的规定，明确了机关法人终止后的权利义务承担主体，在法律层面给了相关经营者以保障，体现了民法公平、平等的基本原则。

法人享有权利、承担义务之能力，称为法人的民事权利能力。法人的民事权利能力始于法人成立，终止于法人消灭，机关法人概莫能外。机关法人被撤销的，法人终止，其不再具备享有民事权利、承担民事义务的主体资格。但是，机关法人终止后，若有继任其职能的机关法人，则已经终止的机关法人的民事权利义务由继任的机关法人概括承受。所谓概括承受，是指终止机关法人的全部资产和责任，包括动产、不动产、债权、债务等，一律全部由继任的机关法人承受，继任的机关法人不得进行选择，不得附有任何先决条件。本条规定与《公司法》第174条"公司合并时，合并各方的债权、债务，应当由合并后存续的公司或者新设的公司承继"以及《民法典》第67条第

1款"法人合并的,其权利和义务由合并后的法人享有和承担"的内涵基本一致。《公司法》第174条是关于公司债权人保护的规定,债权人作为公司外部利益最为密切的相关者,对其权利的维护直接影响我国经济资本市场的稳定与发展。同理,本条的规定也是对机关法人的利益相关人的权利保障制度。本条规定:"没有继任的机关法人的,由作出撤销决定的机关法人享有和承担"。此规定保证了利益相关人即使在机关法人被撤销且无继承机关的情况下,也能有承担责任的机构法人。

> **第九十九条** 农村集体经济组织依法取得法人资格。
> 法律、行政法规对农村集体经济组织有规定的，依照其规定。

【条文主旨】

本条是关于农村集体经济组织取得法人资格的规定。

【条文理解】

一、农村集体经济组织的内涵与特征

农村集体经济组织是计划经济下的产物，从新中国早期的人民公社变迁而来。改革开放之后，人民公社体制开始解体，农村改革实行政社分开，乡政府、村委会和村民小组逐步建立，由此形成了乡镇、村、组三级集体经济组织格局。我国《宪法》第8条规定："农村集体经济组织实行家庭承包经营为基础、统分结合的双层经营体制，农村中的生产、供销、信用、消费等各种形式的合作经济，是社会主义劳动群众集体所有制经济，参加农村集体经济组织的劳动者，有权在法律规定的范围内经营自留山、自留地、家庭副业和饲养自留畜。"第17条规定："集体经济组织在遵守有关法律的前提下，有独立进行经济活动的自主权。"从上述规定来看，《宪法》所规定的农村集体经济组织是一个广义的概念，包括农村社区集体经济组织、供销合作社、信用合作社以及乡镇集体企业。而从狭义上而言，农村集体经济组织一词仅指1984年人民公社解体之后新成立的地区性合作经济组织。《中共中央关于一九八四年农村工作的通知》指出，"为了完善统一经营和分散经营相结合的体制,一般应设置以土地公有制为基础的地区性合作经济组织,这种组织可以叫农业合作社、经济联合社或群众选定的其他名称;可以以村(大队或连队)为范围设置,也可以以生产队为单位设置;可以同村民委员会分立,也可以一套班子两块牌子。以村为范围设置的,原生产队的资产不得平调,债权债务要妥善处理。此外,农民还可不受地区限制,自愿参加或组成不同形式、不同规模的各种专业合作经济组织。"

本条规定所指的农村集体经济组织是指狭义的农村集体经济组织。从法律层面来讲,我国的农村集体经济组织是以土地的集体所有制为基础,以乡村区域为范围,以管理土地和集体财产、组织本集体成员共同开展大规模的生产经营活动和提供其他社会经济服务的集体性经济组织。它是集体生产资料所有权的代表者,是我国在农村实行社会主义公有制的基本组织形式,是劳动群众集体所有制的典型组织形式,是一个与传统户籍管理、行政区划、社会保障等密切联系的有中国特色的合作经济组织。农村集体经济组织的特别之处在于三个方面:(1)集体所有,即其是建立在家庭承包经营基础上的集体经济。(2)土地纽带,该特征一方面受到我国历史传统文化的影响,另一方面,农村集体经济组织是建立在一定范围内的土地公有基础上的经济组织。农村集体经济组织是农村集体土地的经营者和管理者,承担着农村集体土地的经营和管理职责。(3)成员固定,所谓"固定"是指相对于一般经济组织而言,农村集体经济组织成员的身份取得有着特别的规定和标准。

二、农村集体经济组织依法取得法人资格

在《民法通则》中,集体经济组织被定位为"其他组织"。其他组织与法人之间最主要的差异在于法人能够独立承担民事责任,而其他组织不能独立承担民事责任。当其他组织发生资不抵债的情况时,一般应由其开办人或其上级单位承担连带责任。由于集体经济组织不具备法人资格,在现实中面临着诸多尴尬,无法作为市场主体参与市

场经济，限制了其自身职能的发挥，导致农村集体经济组织的主要职能在于发包集体土地以及为集体成员提供一定的公共产品，农村集体经济组织不能按照市场经济的要求相应调整自身职能和治理结构，造成其与市场经济的格格不入。随着城镇化的快速推进，农村集体资产归属不清晰、权责不明确、保护不力等问题日益突出。

对于是否赋予农村集体经济组织以法人资格，曾存在较大争议。有观点认为，农村集体经济组织本就不具有法人资格，赋予其法人资格有些勉强。还有观点认为，目前很多省份集体经济组织的职能早就由村民委员会代行了，而且很多省、直辖市、自治区下面根本就没有这么一个组织了，建议规定村民委员会依法代行村集体经济组织的职能，删去农村集体经济组织作为特别法人的规定。

上述观点不符合我国农村集体经济组织产生、发展及改革的实际，在学理上也站不住脚。农村集体经济组织的基础是生产资料的社会主义公有制，在农村，就是劳动群众集体所有。法人制度的基础是私有制和西方传统的产权制度。在集体所有制中，劳动者享有土地等生产资料的所有权，由此产生的资产收益和劳动收益都归劳动者所有。由于资本与劳动在组织中的地位不同，使得集体经济组织很难简单地划为营利组织或非营利组织，与西方传统的法人形态确有一些区别。

为什么会有区别？因为我国农村集体经济组织的产生及发展，形成以下几个基本特征：一是社区性（地域性），是以土地等资源性资产为中心、以地缘为基础的组织，与土地存在天然的依附关系。[1] 二是成员资格对内开放性及对外的封闭性。集体经济组织成员的权利来源于成员资格，有资格才有权利，无资格即丧失权利。对组织内的新出生人口具有开放性，出生便是天然成员，享受"天赋人权"。对上述情形之外的其他人，则具有封闭性。三是经济组织与自治组织交织。经济职能、社会职能、自治职能交织，是经济组织又不同于商事

---

[1] 王利明：《民法总则》，中国人民大学出版社2017年版，第208页。

公司，是自治组织又承担"准行政"职能。上述特征，简单用国外的法人理论套用，显然难以完全对接，而这正是中国特色。给予符合条件的农村集体经济组织法人资格，是争取平等的法律地位。

2006年颁布、2017修正的《农民专业合作社法》为我国农村集体经济组织的法人化构建提供了可资借鉴的经验。该法明确规定依法登记设立的农民专业合作社具有法人资格，对由成员出资、公积金、国家财政直接补助、他人捐赠以及合法取得的其他资产所形成的财产享有所有权，并以上述财产对外承担责任；专业合作社的成员则以其出资额和对应的公积金份额承担有限责任。2016年11月4日中共中央、国务院出台了《关于完善产权保护制度依法保护产权的意见》中明确提出，"将平等保护作为规范财产关系的基本原则"，确立集体经济组织法人资格，是平等保护各类市场主体的体现。法人与非法人最大的区别在于承担责任形式的不同。法人以其全部财产即法人财产承担民事责任，是一种有限责任，仅限于投资人的股份而不涉及其个人财产，其责任独立于社员。非法人组织的出资人或设立人对非法人组织债务承担无限责任。确立农村集体经济组织的法人资格和类型，完全是有限责任，这是问题的实质，当然也有利于其建立法人治理结构，规范和促进农村集体经济组织健康发展。

为此，《民法典》在"特别法人"一节，明确了农村集体经济组织在具备条件的情况下拥有法人资格，解决了农村集体组织在民事活动中法律定位不明的问题。同时，将农村集体经济组织取得法人资格规定在"特别法人"一节中，弥补了以往将法人绝对地划分为营利和非营利两类的不足，给农村集体经济组织参与必要民事活动提供了便利，有利于完善农村集体经济实现形式和运行机制，增强农村集体经济发展活力。

应当注意的是，农村集体经济组织必须"依法"取得法人资格。"依法"首先应该符合法人成立的条件，即依法成立，有自己的名称、组织机构和住所，有独立的财产和经费，能够独立承担民事责任四个原则性条件。其次，应符合法律法规关于农村集体经济组织取得法人资格的特别规定，如是否需要经过有关机关批准，是否需要向有关机关进行登记。因为《民法总则》将农村集体经济组织归入"特别法人"的范畴，《民法典》保留了这一规定，本条第2款的规定属于对农村集体经济组织特别法人主体地位的确认，也是为未来相关的立法预留空间。

【审判实践中应注意的问题】

农村集体经济组织作为法人只是农村集体资产的管理主体，而不是集体资产的所有者，农村集体经济组织所有并非农村集体经济组织成员所有之和。所以，当农村集体经济组织作为法人以自己的名义对外从事民事活动时，其所有的财产或经费不是其管理的属于农村集体经济组织成员所有的不动产或动产。

> **第一百条** 城镇农村的合作经济组织依法取得法人资格。
> 法律、行政法规对城镇农村的合作经济组织有规定的，依照其规定。

【条文主旨】

本条是关于城镇农村的合作经济组织取得法人资格的规定。

【条文理解】

一、合作经济组织的内涵

对于何谓合作经济，在理论上并无统一认识。目前我国理论界对合作经济的界定主要有两种倾向：一是把合作经济定义为一种经济组织形态。二是认为合作经济是一种经济活动的组织方式，即生产要素组合的一种方式。国内有些学者把合作经济界定为小商品生产者自愿组成、分散所有、联合经营的经济组织形态。例如，有观点认为合作经济作为一种经济活动的组织形式，是劳动群众（农村、工人、手工业者、市民等）为改善生活或生产条件，谋取和维护自身利益，在自愿互利基础上建立的经济组织，表现为一种特定的经济关系，突出表现为它是劳动的联合，不是资本的联合。还有一些学者把合作经济定义为不同的组织在生产要素上实行合作的组织经营形式，是企业之间的一种组织形态，而不是企业本身。也有人认为合作经济是由所有实行劳动者联合经营的、形式多样的经济组织集合而成的一种特殊的经济成分。此外，还有少数学者把合作经济界定为一种特殊的企业组织类型。城镇、农村的合作经济组织作为一种合作经济组织形式，是合作经济的有效载体之一。

在合作经济的发展过程中，由于受不同历史、文化传统的影响，各国对合作经济组织的界定不尽相同。如在德国，合作组织是一种由利益相同的全体社员建立的，共同所有、共同出资、共同管理，以促进群体成员的经济利益为目标的企业。美国农业部把合作经济组织定义为"用户所有、用户控制和用户受益的公司型企业"[①]。我国法律法规中未对合作经济组织作出明确的定义，仅在《农业法》第11条第2款规定："农民专业合作经济组织应当坚持为成员服务的宗旨，按照加入自愿、退出自由、民主管理、盈余返还的原则，依法在其章程规定的范围内开展农业生产经营和服务活动。"目前，理论界对合作经济组织的提法并不统一，有学者称其为"合作社"，有学者称之为"合作经济组织"；对于农村的合作经济组织，又有"农业合作经济组织""农民合作经济组织"等不同称谓。我们认为，农业的外延过大，而对农民的界定也存在问题，故本条规定使用了"农村合作经济组织"的概念。

二、合作经济组织的法律定位

在合作化运动发展较为成功的国家，对合作经济组织的法律地位一般有比较明确的规定。关于这些发达国家的合作经济组织是社团法人还是企业法人的问题，国外理论界曾存在过争议，但现在基本都有明确的界定，即认为合作经济组织是一种特殊类型的企业，其法律地位应该是企业法人。

我国立法和政策上对合作经济组织的法律性质缺乏统一、明确、权威的界定。2002年12月修订的《农业法》也只是对农村合作经济组织作了原则性规定，并未明确赋予其民事主体地位。对合作经济组织的法律性质究竟如何界定，理论界意见不一。《民法总则》在"特别法人"一节，明确了农村和城镇的合作经济组织在具备条件的情况

---

① 慕永太主编：《合作社理论与实践》，中国农业出版社2001年版。

下拥有法人资格,解决了农村和城镇的合作经济组织在民事活动中法律定位不明的问题。此次《民法典》编纂时,沿用了这一规定。

城镇农村的合作经济组织是否取得法人资格,关键要看它是否符合法人的四个基本特征。我国的合作经济组织都有自己的名称、固定的场所、组织机构和独立的财产,农村合作经济组织还要求有自己的章程,这是其成立的基础,在这点上它具备了典型的法人形态。依法成立的合作经济组织的组织机构由社员大会、理事会(董事会)和监事会组成,社员大会是最高权力机构,理事会(董事会)和监事会各司其职,并向社员大会负责,这样合作经济组织完全形成了能够代表组织体实现民事权利和民事义务的健全机构。合作经济组织的财产一般来源于成员股金、积累资金和政府贷款,也有少部分其他资金,这些财产构成了合作经济组织独立支配的财产,合作经济组织以这些财产独立承担民事责任,成员不得借口是自己的股金或者其他财产而拒绝用于对外清偿债务。由此可以看出,规范的合作经济组织完全符合法人的特征。《民法典》对符合法人构成条件的合作经济组织赋予其法人资格,既有完备的理论支撑,又能够鼓励城镇农村的合作经济组织积极参与民事活动,促进城镇农村经济的可持续性发展。

城镇农村的合作经济组织以商品经济的存在和发展为先决条件,其对社员不以营利为目的,是一种人合型企业。城镇农村的合作经济组织的这一特性并不符合营利法人和非营利法人的特性。换言之,合作经济组织是一种介于企业法人与社会团体法人之间的中间状态的经济组织。这就是城镇和农村的合作经济组织的特别之处,使其无法归入到一般法人的分类之中,故《民法典》将其放在"特别法人"中予以规定。

三、城镇农村的合作经济组织"依法"取得法人资格

"依法"是对城镇农村的合作经济组织取得法人资格的条件限制。对"依法"的理解,首先,应该符合《民法典》规定的法人成立的条件。其次,应该明确设立城镇农村的合作经济组织法人是否需要履行

法定登记、报批手续。《农民专业合作社登记管理条例》第 3 条规定："农民专业合作社经登记机关依法登记，领取农民专业合作社法人营业执照（以下简称营业执照），取得法人资格。未经依法登记，不得以农民专业合作社名义从事经营活动。"依据上述规定，符合法人成立条件的农民专业合作社，依法经过登记后取得法人资格，不需要有关部门的审批。

本条第 2 款规定："法律、行政法规对城镇农村的合作经济组织有规定的，依照其规定。"《民法典》将城镇和农村的合作经济组织规定在"特别法人"一节，属于对城镇和农村的合作经济组织特别法人地位的确认性条款，对于其详细具体的内容未作规定。为了更好地发挥城镇和农村的合作经济组织的法人作用，对于没有规定的部分应适用其他法律法规的规定。例如，在《农民专业合作社法》中，对农民专业合作社的设立和登记、成员、组织机构、财务管理、合并、分立、解散和清算、法律责任等事项作了明确的规定。在《农民专业合作社登记管理条例》中，对于城镇农村的合作经济组织登记事项、设立登记程序、变更登记、注销登记、法律责任都作出了明确的规定。农民专业合作社应当依照上述规定依法取得法人资格。

【审判实践中应注意的问题】

在实践中，城镇、农村的合作经济组织与合伙制企业、股份制公司、集体经济组织经常被混淆，应注意区分：

一、城镇农村的合作经济组织与合伙制企业的区别

以农村合作经济组织为例，其生产资料由成员共同占有，但由于农业生产经营的一些特性使得农民可以分户经营，这与合伙制企业不同。农村合作经济组织要求成员投入一定的资金、实物或技术等作为股金，方可取得成员资格，但由于农村合作经济组织是以劳动的联合为主，因此，在利润分配上股金的分红受到限制。农村合作经济组织

的成员仅以其出资额为限对合作经济组织的债务承担有限责任,而在合伙制企业中各合伙人对企业债务承担无限连带责任。

二、城镇农村的合作经济组织与股份制公司的区别

首先,农村合作经济组织与股份制公司最大的不同在于成员以劳动合作为主,而非资本的合作为主。因此,无论成员实力大小和出资多少,都实行民主选举、民主决策、民主管理,一人一票制。这种"一人一票"原则充分体现了民主、平等的精神,完全不同于股份制公司在经济管理中按持股多少来决定发言权的做法。其次,两者在主体资格方面也存在差异。根据我国《农民专业合作社法》第20条第1款的规定,农民至少应当占成员总数的80%。而公司的经营主体则没有地域或资格的限制。再次,两者存在的目的不同。农村合作经济组织的一切经济活动都是为了提高农民的生产或生活水平,对于经营活动中产生的利润,最终也会按照交易额返还给农民。最后,两者的管理机制不同,农民既是农村合作经济组织的所有者,又是业务管理者,同时还是合作经济活动的参与者,集所有者、管理者、参与者身份集于一身。而公司的所有者、经营者通常是相互分离的。

三、城镇农村的合作经济组织与集体经济组织的区别

集体经济组织与合作经济组织在我国经常被混淆,已经成为合作经济组织立法与政策制定的主要障碍,严重阻碍合作经济组织的生存和发展。二者实际有本质区别:

第一,所有制结构上的区别。合作经济组织是成员共同占有生产资料、民主控制、成员参与并受益的经济组织。合作经济组织由成员出资,并将其资本置于成员控制之下。入股出资是为了取得成员资格的基本条件。股本及其增值是成员个人的所有者权益,也是成员为合作经济组织债务承担有限责任的保证。合作经济组织承认和确保成员个人的所有者权益,并由成员控制合作经济组织的成本。集体经济组织不仅取消和否定集体中个人对企业的所有者权益,而且集体所有的

所谓"集体"范围的大小往往是模糊的、不确定的。

第二,在法人治理机制上的区别。合作经济组织是成员控制的民主组织。成员是控制合作社的主体,控制程序则是民主的。成员拥有民主选举、民主决策和民主监督的权利以及为实现这些权利所必需的知情权。选举产生的机构和人员要对全体成员负责。而集体经济组织内部民主管理的程度相对不足。

第三,在分配制度上的区别。合作经济组织的盈余是属于成员的权益,由成员大会决定其分配,一般按劳动分红或者是交易额比例返还。集体经济组织否定个人的所有者权益,利润不向个人返还,由利润形成的公共积累归集体所有。

> **第一百零一条** 居民委员会、村民委员会具有基层群众性自治组织法人资格,可以从事为履行职能所需要的民事活动。
> 未设立村集体经济组织的,村民委员会可以依法代行村集体经济组织的职能。

【条文主旨】

本条是关于基层群众性自治组织法人的规定。

【条文理解】

基层群众性自治组织是我国特色的基层组织,既包括城镇居民委员会,也包括农村村民委员会,具有准基层政权的性质。它所具有的自治性、群众性、民主性、法制性、自律性和基层性的特点,使它与国家政权机关和其他社会组织区别开来。但是,一直以来基层群众性自治组织的法律地位并不清晰,因其缺乏独立法人地位而面临许多问题,一定程度上制约了基层组织的发展。本条规定明确赋予居民委员会和村民委员会以独立法人地位,解决了两者在民事活动中主体地位不清的问题。

一、居民委员会的法人地位

《城市居民委员会组织法》第2条第1款规定:"居民委员会是居民自我管理、自我教育、自我服务的基层群众性自治组织。"同时,该法又规定上级政府及其派出机关对居民委员会有指导权力,居民委员会有协助上级政府及其派出机构工作的义务。实践中,城市居民委员会并不是纯粹的具有独立地位的自治组织,还承担了许多政府职能。

　　居民委员会这种模糊的定位，使居民委员会游离于机关事业单位、社会民间组织之外，没有独立法人资格，主要体现在两个方面：一是居民委员会主体地位不独立。社区自治是社区居民将自己的权利授予社区自治组织以管理社区日常事务，是公权力有选择地退出市民社会、还政于民的结果。因此，居民委员会行使自治权的过程是行使私权的过程，居民委员会是一个行使私权的主体，在日常生活中必然要与其他主体发生各种民事关系，但实践中居民委员会并不能作为合同一方主体订立合同、涉诉应诉。二是财产不独立。居民委员会不同于村民委员会，它没有对集体所有资源的占有、使用、收益、处分的权利。目前而言，居民委员会的办公经费几乎全部来自政府的财产划拨。《城市居民委员会组织法》第4条第2款规定："居民委员会管理本居民委员会的财产，任何部门和单位不得侵犯居民委员会的财产所有权。"但是在实践中，居民委员会没有独立的账户，政府将社区的办公经费划在了街道办事处的账户下，社区居委会要使用办公经费需街道办事处的协助。居民委员会对工作经费的支取采用报账式的随用随取。

　　为促进基层群众性自治组织的发展，充分发挥各民事主体在市场经济中的作用，本条规定对居民委员会进行了法人化改造，明确赋予居民委员会具有基层群众性自治组织法人资格。立法作出这种选择，具有明确的法理依据，即居民委员会具备法人的基本特征：一是居民委员会拥有行使自我管理、自我教育、自我服务的权利能力和行为能力；二是居民委员会每年都会从国家那里获得一定数额的办公经费，名义上它属于居民委员会的独立财产；三是我国法律规定居民委员会的名称以地方名为前缀，具有专有性，同时规定每个社区都必须有一定规格的办公场所、一定的人员配备，保证居民委员会的日常工作；四是在承担民事责任方面，因为居民委员会是民事权利义务关系中最直接的当事人，在具备独立财产权的前提下，让居民委员会去独立承担民事责任也未尝不可。当然，居民委员会作为基层群众性自治组织法人，还需要相关法律法规进一步完善细化其具体规定。

二、村民委员会的法人地位

《村民委员会组织法》第2条第1款规定："村民委员会是村民自我管理、自我教育、自我服务的基层群众性自治组织，实行民主选举、民主决策、民主管理、民主监督。"依据上述规定，村民委员会是基层群众性自治组织，自治主体是村民。与其他自治组织相比较，村民委员会具有以下特征：一是村民委员会属于村民自治组织体系的一部分而不是一级政权机关，其行使单一的自治职能。村民委员会成员由村民直接选举产生，不脱离生产劳动，可以适当补贴；村民委员会与基层政府是协助与指导关系，而不是领导与被领导的关系，更不是命令与服从的关系。乡镇人民政府对村民委员会工作给予指导、支持和帮助，但不得干预依法属于村民自治范围内的事务。二是村民委员会是村民自治运作的常设机构，承担着管理村民自治范围内各种日常事务的任务，是村级事务的直接管理者。三是村民委员会是村民自治的常设性工作机构，是体现村民意志的村民会议和村民代表会议决定的执行者。四是村民委员会接受乡镇政府的指导，并协助乡镇政府工作。

法律制度上村民委员会是基层群众性自治组织，但由于村民自治范围内的事务与国家公共事务存在一定程度的重合，村民委员会在实践中带有很强的行政主体色彩，再加之有关村民委员会的法律制度在确立相关法律主体的地位与关系方面存在模糊，村民委员会作为基层群众性自治组织的自治功能受到了限制。加快依法治国的进程，把我国建设成为社会主义法治国家，是农村依法进行村民自治的外部环境和制度保障，依法进行村民自治也是社会主义法治国家建设的有机组成部分，村民委员会的制度建设是我国社会主义法律制度建设的有机组成部分。《民法典》对包括村民委员会在内的基层群众性自治组织进行法人改造，是顺应法治建设潮流的重要举措。村民委员会作为基层群众性自治组织法人，享有独立的民事主体资格，可以从事为履行职能所需要的民事活动，必将极大促进村民委员会自治功能的发挥。

三、未设立村集体经济组织的，村民委员会可以依法代行村集体经济组织的职能

从法律的角度而言，村民委员会是村民选举执行村民自治的常设机构，村集体经济组织的经营不属于村民自治的范畴。《村民委员会组织法》第8条第3款规定，村民委员会应当尊重并支持集体经济组织依法独立进行经济活动的自主权，维护以家庭承包经营为基础、统分结合的双层经营体制，保障集体经济组织和村民、承包经营户、联户或者合伙的合法财产权和其他合法权益。

然而，村集体经济组织由于历史的原因成立得很少。在《农村土地承包法》实施的十几年中，多数地区是以村民委员会代行集体经济组织发包权能的，在实践中许多地方的村民委员会成员同时兼任村集体经济组织的负责人。因此，无论从历史的承续，还是现实多数农村的实际做法看，从法律上明确在未设立村社合一的农村集体经济组织的自然村，由村民委员会依法代行村集体经济组织职能，是能够得到绝大多数农村群众认可的，是可行的。

本条第2款立足于我国农村经济发展的实际，广泛听取了各方意见，对农村集体经济组织和村民委员会履行职责的顺序进行了整理，亦即农村集体资产优先由农村集体经济组织进行管理，农村集体经济组织在民事活动中担任一方民事主体，只有在没有设立村集体经济组织的自然村，村民委员会在有关法律、法规规定的条件下才可以作为一方民事主体，依法代行农村集体经济组织的职能，[①] 这在承认和发挥团体作用，方便、鼓励和稳定交易等方面有着重大意义。

---

① 郭洁：《论农村集体经济组织的营利法人地位及立法路径》，载《当代法学》2019年第5期。

民法典理解与适用丛书

中华人民共和国民法典总则编理解与适用

[下]

最高人民法院民法典贯彻实施工作领导小组 主编

人民法院出版社
PEOPLE'S COURT PRESS

CONTENTS 总目录

绪论：《民法典》编纂概述 …………………………………… 1
第一章　基本规定 …………………………………………… 9
第二章　自　然　人 ………………………………………… 99
第三章　法　　　人 ………………………………………… 297
第四章　非法人组织 ………………………………………… 515
第五章　民事权利 …………………………………………… 542
第六章　民事法律行为 ……………………………………… 684
第七章　代　　　理 ………………………………………… 802
第八章　民事责任 …………………………………………… 877
第九章　诉讼时效 …………………………………………… 946
第十章　期间计算 …………………………………………… 1008

后　　记 ……………………………………………………… 1023

目 录
CONTENTS

下 册

第四章 非法人组织

第一百零二条
【条文主旨】.. 515
本条是关于非法人组织界定的规定。

第一百零三条
【条文主旨】.. 519
本条是关于非法人组织设立原则的规定。

第一百零四条
【条文主旨】.. 522
本条是关于非法人组织民事责任的规定。

第一百零五条
【条文主旨】.. 525
本条是关于非法人组织对外代理的规定。

第一百零六条
【条文主旨】.. 528
本条是关于非法人组织解散情形的规定。

第一百零七条

【条文主旨】···533

本条是关于非法人解散清算的规定。

第一百零八条

【条文主旨】···538

本条是关于非法人组织准用本法关于法人一般规定的规定。

第五章　民事权利

第一百零九条

【条文主旨】···542

本条是关于自然人一般人格权的规定。

第一百一十条

【条文主旨】···549

本条是关于具体人格权概括列举的规定。

第一百一十一条

【条文主旨】···555

本条是关于个人信息权及义务人对自然人个人信息权所负有义务的规定。

第一百一十二条

【条文主旨】···563

本条是关于自然人身份权的概括宣示规定。

第一百一十三条

【条文主旨】···568

本条是关于平等保护民事主体财产权利的规定。

目录

第一百一十四条

【条文主旨】 ·· 572

本条是关于物权概念和分类的规定。

第一百一十五条

【条文主旨】 ·· 577

本条是关于物权客体的规定。

第一百一十六条

【条文主旨】 ·· 582

本条是关于物权法定原则的规定。

第一百一十七条

【条文主旨】 ·· 586

本条是关于对不动产或者动产征收、征用补偿的规定。

第一百一十八条

【条文主旨】 ·· 594

本条是对民事主体依法享有债权以及债权概念的规定。

第一百一十九条

【条文主旨】 ·· 601

本条是对合同法律效力的规定。

第一百二十条

【条文主旨】 ·· 607

本条是关于民事侵权责任一般条款的规定。

第一百二十一条

【条文主旨】 ·· 613

本条是关于无因管理的规定。

第一百二十二条
　　【条文主旨】·· 619
　　本条是关于民事主体享有不当得利返还请求权的规定。

第一百二十三条
　　【条文主旨】·· 626
　　本条是关于知识产权及其权利客体的规定。

第一百二十四条
　　【条文主旨】·· 633
　　本条是关于继承权的规定。

第一百二十五条
　　【条文主旨】·· 640
　　本条是关于民事主体享有股权和其他投资性权利的规定。

第一百二十六条
　　【条文主旨】·· 648
　　本条是关于民事主体享有其他民事权利和利益的兜底性规定。

第一百二十七条
　　【条文主旨】·· 654
　　本条是关于数据、网络虚拟财产保护的引致性规定。

第一百二十八条
　　【条文主旨】·· 662
　　本条是关于弱势群体等特定民事主体民事权利保护的规定。

第一百二十九条
　　【条文主旨】·· 668
　　本条是关于民事权利取得方式的规定。

第一百三十条
【条文主旨】.. 672
本条是关于民事主体按照自己的意愿行使民事权利的规定。

第一百三十一条
【条文主旨】.. 676
本条是关于民事主体权利与义务相统一原则的规定。

第一百三十二条
【条文主旨】.. 680
本条是关于禁止权利滥用原则的规定。

第六章 民事法律行为

第一节 一般规定

第一百三十三条
【条文主旨】.. 684
本条是关于民事法律行为定义的规定。

第一百三十四条
【条文主旨】.. 688
本条是关于民事法律行为何时成立的规定。

第一百三十五条
【条文主旨】.. 691
本条是关于民事法律行为形式的规定。

第一百三十六条
【条文主旨】.. 696
本条是关于民事法律行为生效时间的规定。

第二节　意思表示

第一百三十七条
【条文主旨】 700
本条是关于有相对人的意思表示生效时间的规定。

第一百三十八条
【条文主旨】 704
本条是关于无相对人的意思表示生效时间的规定。

第一百三十九条
【条文主旨】 705
本条是关于以公告方式作出的意思表示生效时间的规定。

第一百四十条
【条文主旨】 707
本条是关于意思表示表达方式的规定。

第一百四十一条
【条文主旨】 710
本条是关于意思表示撤回的规定。

第一百四十二条
【条文主旨】 713
本条是关于意思表示解释的规定。

第三节　民事法律行为的效力

第一百四十三条
【条文主旨】 720
本条是关于民事法律行为有效应当具备条件的规定。

第一百四十四条

【条文主旨】.. 724

本条是关于无民事行为能力人实施的民事法律行为的效力的规定。

第一百四十五条

【条文主旨】.. 726

本条是关于限制民事行为能力人实施的民事法律行为效力的规定。

第一百四十六条

【条文主旨】.. 729

本条是关于以虚假意思表示实施的民事法律行为的效力以及隐藏行为效力的规定。

第一百四十七条

【条文主旨】.. 732

本条是关于基于重大误解实施的民事法律行为的效力的规定。

第一百四十八条

【条文主旨】.. 736

本条是关于行为人以欺诈的手段实施的民事法律行为的效力的规定。

第一百四十九条

【条文主旨】.. 739

本条是关于因第三人欺诈实施的民事法律行为效力的规定。

第一百五十条

【条文主旨】.. 742

本条是关于因受胁迫而实施的民事法律行为效力的规定。

第一百五十一条

【条文主旨】·················· 745

本条是关于显失公平的民事法律行为的效力的规定。

第一百五十二条

【条文主旨】·················· 750

本条是关于撤销权消灭期间的规定。

第一百五十三条

【条文主旨】·················· 754

本条是关于民事法律行为违反法律、行政法规的强制性规定无效和违反公序良俗无效的规定。

第一百五十四条

【条文主旨】·················· 775

本条是关于恶意串通的民事法律行为效力的规定。

第一百五十五条

【条文主旨】·················· 778

本条是关于无效或者被撤销的民事法律行为效力的规定。

第一百五十六条

【条文主旨】·················· 782

本条是关于民事法律行为部分无效与其他部分效力的关系的规定。

第一百五十七条

【条文主旨】·················· 784

本条是关于民事法律行为无效、被撤销或确定不发生效力时法律后果的规定。

第四节 民事法律行为的附条件和附期限

第一百五十八条
【条文主旨】·································· 793
本条是关于民事法律行为附生效条件和解除条件的规定。

第一百五十九条
【条文主旨】·································· 796
本条是关于民事法律行为条件成就和不成就拟制的规定。

第一百六十条
【条文主旨】·································· 799
本条是关于附期限的民事法律行为的规定。

第七章 代 理

第一节 一般规定

第一百六十一条
【条文主旨】·································· 802
本条是关于代理范围的规定。

第一百六十二条
【条文主旨】·································· 808
本条是关于直接代理效力的规定。

第一百六十三条
【条文主旨】·································· 813
本条是关于委托代理和法定代理的规定。

第一百六十四条

【条文主旨】 819

本条是关于代理人责任的规定。

第二节 委托代理

第一百六十五条

【条文主旨】 824

本条是关于委托代理形式和内容的规定。

第一百六十六条

【条文主旨】 829

本条是关于共同代理的规定。

第一百六十七条

【条文主旨】 833

本条是关于代理违法事项责任承担的规定。

第一百六十八条

【条文主旨】 837

本条是关于禁止自己代理或者双方代理的规定。

第一百六十九条

【条文主旨】 842

本条是关于复代理的规定。

第一百七十条

【条文主旨】 847

本条是关于职务代理的规定。

第一百七十一条

【条文主旨】 853

本条是关于无权代理及其法律后果的规定。

第一百七十二条
【条文主旨】..861
本条是关于表见代理的规定。

第三节　代理终止

第一百七十三条
【条文主旨】..867
本条是关于委托代理终止的规定。

第一百七十四条
【条文主旨】..871
本条是关于被代理人死亡后委托代理行为继续有效情形的规定。

第一百七十五条
【条文主旨】..874
本条是关于法定代理终止事由的规定。

第八章　民事责任

第一百七十六条
【条文主旨】..877
本条是关于民事责任的原则性的规定。

第一百七十七条
【条文主旨】..882
本条是关于按份责任承担规则的规定。

第一百七十八条
【条文主旨】..887
本条是关于连带责任承担规则的规定。

11

第一百七十九条

【条文主旨】 ·· 895

本条是关于民事责任承担方式的规定。

第一百八十条

【条文主旨】 ·· 905

本条是关于不可抗力的规定。

第一百八十一条

【条文主旨】 ·· 909

本条是关于正当防卫的规定。

第一百八十二条

【条文主旨】 ·· 914

本条是关于紧急避险的规定。

第一百八十三条

【条文主旨】 ·· 919

本条是关于见义勇为受到损害后的民事责任的规定。

第一百八十四条

【条文主旨】 ·· 925

本条是关于自愿实施紧急救助行为免责的规定。

第一百八十五条

【条文主旨】 ·· 929

本条是关于侵害英雄烈士人格利益的民事责任的规定。

第一百八十六条

【条文主旨】 ·· 937

本条是关于违约责任和侵权责任竞合的规定。

第一百八十七条
　【条文主旨】... 941
　　本条是关于民事责任优先原则的规定。

第九章　诉讼时效

第一百八十八条
　【条文主旨】... 946
　　本条是关于诉讼时效期间、诉讼时效期间起算及诉讼时效期间延长的规定。

第一百八十九条
　【条文主旨】... 952
　　本条是关于同一债务分期履行情况下诉讼时效期间起算时间点的规定。

第一百九十条
　【条文主旨】... 957
　　本条是关于无民事行为能力人或者限制民事行为能力人对其法定代理人的请求权的诉讼时效期间起算时间点的规定。

第一百九十一条
　【条文主旨】... 962
　　本条是关于未成年人遭受性侵害的损害赔偿请求权的诉讼时效起算时间点的规定。

第一百九十二条
　【条文主旨】... 967
　　本条是关于诉讼时效效力、时效抗辩和义务人自愿履行的规定。

第一百九十三条

【条文主旨】 ··· 974

本条是关于诉讼时效被动适用的规定。

第一百九十四条

【条文主旨】 ··· 978

本条是关于诉讼时效中止事由和效力的规定。

第一百九十五条

【条文主旨】 ··· 983

本条是关于诉讼时效中断法律适用规则的规定。

第一百九十六条

【条文主旨】 ··· 988

本条是关于不适用诉讼时效情形的规定。

第一百九十七条

【条文主旨】 ··· 992

本条是关于诉讼时效法定的规定。

第一百九十八条

【条文主旨】 ··· 996

本条是关于仲裁时效与诉讼时效衔接的规定。

第一百九十九条

【条文主旨】 ··· 1004

本条是关于除斥期间法律适用规则的规定。

第十章　期间计算

第二百条

【条文主旨】 ··· 1008

本条是关于期间计算一般规则的规定。

第二百零一条

【条文主旨】 ………………………………………………… 1012

本条是关于期间起算点的规定。

第二百零二条

【条文主旨】 ………………………………………………… 1015

本条是关于期间届满日的规定。

第二百零三条

【条文主旨】 ………………………………………………… 1017

本条是关于特定期间届满日的规定。

第二百零四条

【条文主旨】 ………………………………………………… 1021

本条是关于期间计算约定或者特别规定优先适用的规定。

后　记 ………………………………………………………… 1023

第四章　非法人组织

> **第一百零二条**　非法人组织是不具有法人资格,但是能够依法以自己的名义从事民事活动的组织。
>
> 非法人组织包括个人独资企业、合伙企业、不具有法人资格的专业服务机构等。

【条文主旨】

本条是关于非法人组织界定的规定。

【条文理解】

我国的社会实践中,非法人组织以自己的名义从事各种民事活动,实际上是民事活动的一类主体,虽不具有法人资格,但应受民法的调整。[①] 然而,《民法通则》关于民事主体,仅规定了公民(自然人)、法人,没有规定其他形式的主体。我国其他民事法律中普遍有"其他组织"的规定,例如,《民事诉讼法》第3条规定:"人民法院受理公民之间、法人之间、其他组织之间以及他们相互之间因财产关系和人身关系提起的民事诉讼,适用本法的规定。"第48条第1款规定:"公民、法人和其他组织可以作为民事诉讼的当事人。"因此,有必要规定非法人组织作为民事活动主体法律地位。《民法总则》第四

---

① 梁慧星:《民法总论》,法律出版社2017年版,第144页。

章规定了"非法人组织",是对《民法通则》的完善,不仅解决了民事实体法之间存在的矛盾,也解决了民事实体法与程序法之间存在的矛盾。《民法典》对这一内容予以保留。

非法人组织作为一种组织形式,在世界上广泛存在,但各国家或地区对其称谓不同。例如,德国称为"无权力能力的社团";日本称为"非法人社团或财团";英美称为"非法人社团"或"非法人团体";我国台湾地区称为"非法人团体"。[①] 从历史上看,世界各国民法关于民事主体的理论和立法确有一个从承认单一主体(自然人)到承认多元主体(自然人、法人、非法人组织等)的发展变化过程,其决定因素就是社会物质生活条件。

本条的重大意义就在于明确了非法人组织的民事主体地位,即在自然人、法人之外的所谓"第三类"主体。同时,由于非法人组织在现实生活中涉及的领域非常广泛、数量庞大,难以细致规范,因此,本条采取概括加列举的立法技术,对非法人组织进行了界定。第1款概括指出非法人组织的部分特征,即"不具有法人资格,但是能够依法以自己的名义从事民事活动的组织";第2款对日常生活中常见的非法人组织进行了不完全列举,即"包括个人独资企业、合伙企业、不具有法人资格的专业服务机构等"。

关于非法人组织的特征,应当将本条与本章其他条文,特别是第104条结合起来看,才为完整。根据这些规定,非法人组织具备以下特征:(1)有自己的名称、组织机构、场所,有独立的财产;(2)依法登记;(3)能够以自己的名义从事民事活动;(4)该组织的财产不足以清偿债务时,其出资人或者设立人一般要承担无限责任。

关于非法人组织的分类,学理上根据不同的标准有多种分类形式,例如将非法人组织分为非法人社团、非法人财团;再根据是否具有营利目的将非法人社团分为营利性非法人社团、公益性(非营利性)非法人社团等。本条第2款没有严格根据特定标准分类列举,而

---

① 郑跟党:《试论非法人组织》,载《中外法学》1996年第5期。

是不完全列举。

关于个人独资企业，我国有单行法律予以规定。《个人独资企业法》第2条规定："本法所称个人独资企业，是指依照本法在中国境内设立，由一个自然人投资，财产为投资人个人所有，投资人以其个人财产对企业债务承担无限责任的经营实体。"

关于合伙企业，我国也有单行法作出明确规定。《合伙企业法》第2条规定："本法所称合伙企业，是指自然人、法人和其他组织依照本法在中国境内设立的普通合伙企业和有限合伙企业。""普通合伙企业由普通合伙人组成，合伙人对合伙企业债务承担无限连带责任。本法对普通合伙人承担责任的形式有特别规定的，从其规定。""有限合伙企业由普通合伙人和有限合伙人组成，普通合伙人对合伙企业债务承担无限连带责任，有限合伙人以其认缴的出资额为限对合伙企业债务承担责任。"

《民事诉讼法司法解释》第52条规定："民事诉讼法第四十八条规定的其他组织是指合法成立、有一定的组织机构和财产，但又不具备法人资格的组织，包括：（一）依法登记领取营业执照的个人独资企业；（二）依法登记领取营业执照的合伙企业；（三）依法登记领取我国营业执照的中外合作经营企业、外资企业；（四）依法成立的社会团体的分支机构、代表机构；（五）依法设立并领取营业执照的法人的分支机构；（六）依法设立并领取营业执照的商业银行、政策性银行和非银行金融机构的分支机构；（七）经依法登记领取营业执照的乡镇企业、街道企业；（八）其他符合本条规定条件的组织。"该司法解释虽然是对民事程序法中涉及的"其他组织"的描述，但在审判实践中可以作为认定非法人组织的参考。

【审判实践中应注意的问题】

司法实践中，应当注意区分非法人组织与非经登记的组织、非法组织的概念。非法人组织所表征的是该组织不具有独立法人资格和地位，并不涉及其政治的正确性、组织或行为的合法性；非经登记的组织是未履行登记程序的组织，仅仅是揭示该组织设立或成立没有履行法定的或必要的注册登记程序，不能简单地认为其所从事的或实施的行为违反法律；非法组织则是指该组织所从事的事业或所实施的行为违反法律、行政法规的规定，危害国家政权、社会秩序或公共利益的组织，具有违法性。①

还应当注意将非法人组织这一民事主体区别于民事诉讼主体。根据本条规定，非法人组织在民事实体法上即具有了主体地位，实现了非法人组织民事主体地位与民事诉讼主体地位的一致，意义重大。

---

① 肖海军：《非法人组织在民法典中的主体定位及其实现》，载《法商研究》2016年第2期。

> **第一百零三条** 非法人组织应当依照法律的规定登记。
> 设立非法人组织，法律、行政法规规定须经有关机关批准的，依照其规定。

【条文主旨】

本条是关于非法人组织设立原则的规定。

【条文理解】

非法人组织的设立，必须经过登记，一些特殊的非法人组织的设立还需要经过有关机关批准。合法性是非法人组织不可或缺的特征，而满足非法人组织合法性的关键要件则是依法成立。从程序来看，设立非法人组织必须履行法定的核准登记手续或满足其他的合法要件，如企业须经工商行政管理部门的登记并取得营业执照，社会团体则须经民政部门核准登记并取得社会团体登记证等。从实体来看，非法人组织必须是法律允许成立的组织，其成立宗旨不得与法律、法规以及社会公共道德相抵触，事实上这已经排斥了非法组织的存在。这种实体上的合法性，是非法人组织的组织人格得到法律肯定必须首先满足的基本要件。

从各国关于非法人组织设立原则的历史发展来看，非法人组织最为典型的设立原则包括许可主义、登记主义或自由主义。其中大陆法系国家或地区原来大多奉行许可主义，英美法系国家或地区一般选择登记主义，只有极少数国家或地区实行自由主义。但自20世纪中叶以来，以登记主义为一般性要求，且对未登记之非法人组织持宽容态度，几乎成为两大法系主要国家或地区的共同选择。

在我国，非法人组织的设立通常按照有无营利性，实行两种完全不同的制度。其中，对于非营利性非法人组织特别是民间社团组织，我国现有法律、行政法规、部门规章一般选择的是设立许可与强制登记制度，对未经登记成立的非营利性非法人组织持明确的禁止与否认态度。对于营利性非法人组织的设立，我国立法原则也经历了从普遍许可主义到一般许可、例外登记主义，再从一般登记、例外许可主义到普遍登记主义的转变。自2014年我国实行商事登记制度改革以来，所有的法人和非法人组织的设立均奉行登记主义原则。未经登记而营业或擅自以企业名义经营的，则属非法经营的范畴，应当予以禁止或取缔。

我国曾关于非法人组织设立或成立过程中的许可主义，不仅与我国《宪法》第35条所规定的结社自由的原则与精神不相符，也为私法自治原则所不容，其结果只能是压制民间创新，抑损社会活力。就其合理性与可行性而言，许可主义的要旨在于赋予特定主管机关对非法人组织的设立是否符合公益进行无害性审查的职责，而由于主管机关的人员有限和信息不对称，其实际上无法完全确保审查成效，结果往往是走走过场。在我国商事登记制度已全面摒弃许可主义，而推行普遍登记主义的当下，非营利性非法人组织的设立若依然奉行许可主义，很显然已经不合时宜。与此同时，从组织的可识别性、内部信息的充分公示、社会交往和交易安全的维护、对善意第三人信赖利益的保护等方面考虑，非法人组织的登记或备案无疑可起到一定的积极作用。

【审判实践中应注意的问题】

区分非法人组织与未经登记的组织、非法组织、非法社团。

事实上，非法人组织所表征的只是该组织不具有独立法人资格和地位；未经登记的组织是指该组织的设立或成立没有经过法定的或必要的注册登记程序，并非指其所从事的事业或实施的行为违反法律规定；而非法组织则系指所从事的目的事业或所实施的具体行为违反法律、行政法规，危害国家政权、社会秩序或公共利益的组织，此类组织既包括在形式上已经过登记但实质上从事违法活动的组织，也包括法律规定必须履行许可、登记程序但未经许可、登记的组织。

关于未经登记的组织，其实质只是该组织未经注册、登记和公示，于相对第三人而言，所欠缺的只是该组织的可识别性和信息的对称性。在此情形下，此类组织自然不应被视为一个完全独立的法人组织，其法律地位就相当于无法人资格的组织，其所缔结的法律关系则可比照非法人组织所实施的民事行为处理。质言之，未经登记而事实上已正式成立并开展经常性活动的组织在法律上就可推定为非法人组织。

关于非法组织，最早提及的规范性文件为1981年2月20日《中共中央、国务院关于处理非法刊物非法组织和有关问题的指示》。其中把非法组织限定在行为或活动"违反宪法和法律"之类组织的范围之内，但1997年5月14日《民政部关于查处非法社团组织的通知》第2条则把非法组织定义为"未经核准登记，擅自以社会团体或社会团体分支组织名义在所辖区域内进行活动"的社团组织。至此，未经登记的社团均以非法社团对待。在2000年4月10日《民政部取缔非法民间组织暂行办法》和2003年1月6日《国务院无照经营查处取缔办法》（已失效）颁布后，凡未经登记的民间组织、经营组织皆以非法组织对待，均属查处、取缔的对象。

第一百零四条 非法人组织的财产不足以清偿债务的,其出资人或者设立人承担无限责任。法律另有规定的,依照其规定。

【条文主旨】

本条是关于非法人组织民事责任的规定。

【条文理解】

非法人组织的民事责任,是指非法人组织对其法律行为应承担的民事法律责任。我国非法人组织承担民事责任应遵循以下原则:对于非法人组织,基于其财产的相对独立性,应先以其享有处分权的财产清偿债务;若该部分财产不足以清偿债务,则由出资人或设立人承担无限责任,其中一人偿还债务超过自己应当承担份额的,可再向其他共有人追偿。当然,"法律另有规定的",出资人可以不承担无限责任,例如,合伙企业中的有限合伙人。[1]虽然非法人组织具备了一定的法人特征,依法享有民事权利并承担相应的民事义务,但是非法人组织与法人仍存在着很大的差别,这种差别除了表现在法人相对于非法人组织具有更强的团体性外,最显著地表现在它们的责任形式上的差别。法人一经设立便与其设立人及其他法人成员各自为独立的民事主体,各自的财产相互分离,民事责任也各自独立、互不连带。而非法人组织的财产因缺乏独立性或独立性较差,所以非法人组织所需要承担的是一种团体的有限责任与其成员的无限责任相结合的一种责任形式,即如果非法人组织以自己所有的财产对外承担责任不足而进行

---

[1] 王利明:《民法总则》,中国人民大学出版社2017年版,第266页。

清偿时，由其成员负连带责任或补充责任。例如，在刘某与被告王某追偿纠纷案中，法院认为，因海安日出公司股东虚假出资，导致公司实有资本低于法定最低限额，故公司不具备独立法人资格，各出资人均不具有合法的股东资格，出资人之间应认定为合伙关系。合伙人对合伙债务对外以个人财产承担无限连带责任，因而该案公司财产不足以清偿债务时，"股东"之间应当按照合伙关系对公司债务承担连带清偿责任。但在合伙内部，合伙的债务由合伙人按照出资比例或者协议的约定分担责任。合伙人对外偿还合伙债务超过自己应当承担数额的，有权向其他合伙人追偿。

因此，与法人的民事责任特点相比，非法人组织的民事责任有以下两个特点：

1.非法人组织的民事责任是一种无限责任。与法人相似，非法人组织也是以自有财产对外承担责任，区别在于，法人在其财产赔付完成之后其所承担的民事责任就宣告结束，而非法人组织在财产赔付完成之后只是非法人组织财产责任结束，若此时债务仍未清偿完毕，非法人组织成员仍需以其个人财产继续赔付。因此，法人的责任是一次性的，其成员除出资法人的财产外，无须再负任何责任；而非法人组织的责任则是二次性的，其组织成员除出资非法人组织的财产外，往往还须以其另外的个人财产负二次补充责任。

2.非法人组织的民事责任是一种连带责任。与法人承担民事责任的有限性特点相反，非法人组织承担的民事责任为连带责任，这是由非法人组织的自身特点所决定的。非法人组织成立时并没有法定最低限额独立财产的要求，因此，在最终承担相关责任时，法律设定其对外责任是先以非法人组织自己的财产负责，在组织财产不足以清偿时，由组织成员负连带责任。也就是说，非法人组织不能作为独立组织与其出资人或设立人相分离，其民事责任问题就形成了组织与成员互不分离、互为连带、互相转承的法律关系。

本条规定有助于保护与非法人组织实施民事行为的第三人的合法利益，符合法律承认非法人组织具有民事主体资格的宗旨。

【审判实践中应注意的问题】

在非法人组织存续期间，当同时存在非法人组织债务和非法人组织设立人、负责人或内部成员之个人债务时，原则上非法人组织的债务应优先以非法人组织的财产予以清偿；非法人组织设立人、负责人或内部成员的个人债务应优先以其个人财产予以清偿；但非法人组织设立人、负责人或内部成员自愿以个人财产优先清偿非法人组织债务的则在所不限。

> **第一百零五条** 非法人组织可以确定一人或者数人代表该组织从事民事活动。

【条文主旨】

本条是关于非法人组织对外代理的规定。

【条文理解】

非法人团体须设有管理内部事务及对外代表组织进行交往的机构,并有进行活动的场所。非法人组织还须设有代表人或管理人来代表非法人组织从事法律行为。非法人组织可以形成独立于其成员个人意思的团体意思,通过代表人或管理人对外代表团体,以团体的名义进行民事法律行为。

具体来说:(1)非法人组织须是具有稳定性的人合组织体。[①]非法人组织是由多数人组成的组织体,而且,这个组织体不是临时的、松散的,而是应设有代表人或管理人,有自己的名称、组织机构、组织规则,并有进行业务活动的场所。在构成上,非法人组织是多人的集合,是具有自身一定的目的而成立和存在,并拥有名称、组织机构及相应的代表人或管理人,表现为团体形态。非法人组织可以形成独立于其成员个人意思的团体意思,通过代表人或管理人对外代表团体,以团体的名义进行民事法律行为。(2)非法人组织须设代表人或管理人。非法人团体须设有管理内部事务及对外代表组织进行交往的机构,并有进行活动的场所。非法人组织须设有代表人或管理人来

[①] 梁慧星:《民法总论》,法律出版社2017年版,第147页。

代表非法人组织从事法律行为。此代表人或管理人与法人的代表人或管理人的不同之处在于：对于非法人组织，只要求设有代表人或管理人，而不要求必须按照法律规定的组织形式；而对于法人，法律则要求设有规定的机关，且对这些机关有严格的形式要求。（3）非法人组织须以非法人组织的名义进行民事活动。非法人团体须有依法核准登记的名称，有权以此名称对外从事法律活动，从而有别于只能以所属法人名义对外交往的法人内部的职能部门。这是非法人组织区别于自然人与一般松散组织的标志。如果不以非法人组织的名义对外进行民事活动，就没有作为非法人组织而承认其主体性的必要。

非法人组织的成员基本上可以分为三类：即非法人组织机关成员、一般成员和准成员。（1）非法人组织的主要负责人是非法人组织的法定代表人。非法人组织代表机关成员与非法人组织责任之法律关系与法人机关成员与法人责任之法律关系十分相似。（2）非法人组织一般成员与非法人组织机关成员是按照二者在组织内部职位上的不同来进行划分的，但同作为组织成员，两者在地位上是平等的。对于营利性组织而言，他们都是出资人；对于非营利性组织而言，他们都是会员。（3）非法人组织的准成员，是指非法人组织的雇员或工作人员。根据本条规定，无论是非法人组织内的何种性质的成员，均可代表非法人组织从事民事活动，所产生的民事责任由该非法人组织承担。

此外，还应注意以下几点：（1）非法人组织的事务执行人性质上为代理人，因此事务执行人在代理权限内的行为，其责任应归属于作为被代理人的全体成员。即使成员全体仅以团体财产为限承担责任，也不应成为代理人需要为代理行为承担责任的原因，否则这种行为性质上就不是代理行为。由此代理人在代理权限范围内的行为应由作为被代理人的团体全体成员承担责任。在超越代理权时的行为则应考察其是否构成表见代理，如果不符合表见代理，则构成狭义无权代理而由行为人负责。（2）关于职务侵权问题，法人法定代表人职务侵权与非法人组织事务执行人职务侵权性质上也不同。前者，法定代表人为法人机关,法定代表人执行职务行为法律上视为法人自己行为,由法人承担责任的性质实际上应理解为法人对自己的行为承担责任。法人赔偿后,可以向有过失之法定代表人追偿。后者,二者性质上为主体间之关系,事务执行人的行为性质上为事务执行人自己的行为。因此,与法人的法定代表人职务侵权可视为法人自己的行为不同,非法人组织事务执行人之职务侵权行为应视为自身行使侵权行为,前者责任由法人承担后,可向有过错之法定代表人追偿;后者应由行为人自己承担。(3)对于非法人组织的事务执行人实施的与职务无关的行为致人损害的,构成侵权的应由行为人承担责任。

【审判实践中应注意的问题】

关于非法人组织的雇员与非法人组织的责任关系。对于合伙组织等非法人组织中的雇员这类准成员在进行职务行为或授权行为时,其产生的相应民事责任也应当由非法人组织承担。对于非法人组织而言,无论属何种类型,组织雇员的相关责任实际上最终都由组织承担。至于组织为准成员代负责任后,还要不要向其追偿,或者组织财产不足以承担相应责任时,是否应当追究准成员的连带责任,根据《人身损害赔偿司法解释》第9条的规定,对工作人员或雇员的外部连带责任和内部责任的追究制度应当同时存在,缺一不可,因此雇主或雇主和雇员都可成为赔偿义务主体。

> **第一百零六条** 有下列情形之一的，非法人组织解散：
> （一）章程规定的存续期间届满或者章程规定的其他解散事由出现；
> （二）出资人或者设立人决定解散；
> （三）法律规定的其他情形。

【条文主旨】

本条是关于非法人组织解散情形的规定。

【条文理解】

一、关于非法人组织解散的法律特征

非法人组织解散是出现需要消灭该组织的民事主体资格的原因，而逐渐终止其权利义务的法律行为。它具有以下几个法律特征：

1. 原因特定。存在消灭特定非法人组织民事主体资格的原因，包括法律规定的原因或者当事人约定的原因，其中约定原因可以通过当事人协商变更（如修改章程）使非法人组织不在原设定的解散条件出现后解散而仍然保持存续。

2. 程序效果特定。宣布解散后，应当启动终止非法人组织权利义务的程序。终止非法人组织的民事主体资格的行为不是即刻瞬间完成，它需要一个过程即程序。解散就是这个程序的开始，紧接着应当进一步完成两个规定动作——清算和注销登记，至此最终消灭其民事主体资格。

3. 实体效果特定。解散原因发生后，特定非法人组织的民事主体

资格并不随即消灭，其独立的民事主体资格至清算结束前依然存在，只不过其权利能力受到一定的限制，其活动范围原则上限于与清算有关的事务，不得从事积极的营利性或者公益性（非营利性）活动。

这三个方面的法律特征总体上与公司等法人的解散基本类似，但在解散原因和具体行为的实施上有细节方面的差异。

二、关于决定或者宣布解散主体

现行法律（包含本法和《合伙企业法》《个人独资企业法》等）并无直接、明确规定决定或者宣布非法人组织解散的主体。可以理解，该主体首先是非法人组织的权力机关或者出资人、设立人；其次出于某些法定原因，主管机关可以命令，人民法院也可以根据主管机关或者利害关系人的申请责令非法人组织解散。有关法律依据可以是本条第 2 项的规定（直接援引）和本法第 70 条第 3 款的规定（根据本法第 108 条的规定参照适用）。虽然本法第 70 条第 3 款的规定系法人清算的规定，但在法律对决定或者宣布非法人组织解散的主体没有规定的情况下，依据解散与清算的关联，根据本法第 108 条的规定，可以参照适用本法第三章第一节关于法人的一般规定。

三、关于非法人组织的解散原因

本条专门规定非法人组织的解散原因，首先应当明确本条规定的主旨和功能：一是概括指引功能；二是剩余适用功能。《个人独资企业法》《合伙企业法》对个人独资企业和合伙企业解散原因有具体规定的情况下，本条规定并没有改变该部分单行法的具体规定，可以视为对相关单行法规定的概括，具体适用时相关单行法的规定应当直接援引，而不宜仅援引本条。对于不具有法人资格的专业机构等其他非法人组织，如果法律对其解散原因没有具体规定，本条规定应直接适用，覆盖缺乏单行法规定的其他非法人组织的解散。《乡村集体所有制企业条例》《民办非企业单位登记管理暂行条例》没有对乡村集体所有制企业、民办非企业单位的解散情形作出规定，没有登记为法人的乡村集体所有制企业、民办非企业单位,应当作为非法人组织,其解散直接适用本条规定。

非法人组织解散的原因或者事由,在性质上是导致其解散的法律事实,一般可分为两大类:一类是任意解散事由(又称自愿解散事由),即基于出资人或者设立人的意愿预先设定解散情形或者适时决定解散,本条第1项、第2项分别规定这两种任意解散事由,其任意性体现在事由的自由决定和自由变更方面;另一类是强制解散事由,即非法人组织基于法律或者行政法规的规定,而非基于其出资人或者设立人本身的意愿而被迫解散,这类法定原因出现后,非法人组织可以主动依法宣布解散,不主动解散的,就要基于主管机关的命令或者人民法院的裁定予以强制解散,本条第3项的规定主要是非任意性事由。

结合现行《合伙企业法》和《个人独资企业法》的具体规定,任意解散事由包括:《合伙企业法》第85条第1项至第3项规定的事由(合伙期限届满,合伙人决定不再经营;合伙协议约定的解散事由出现;全体合伙人决定解散);《个人独资企业法》第26条第1项和第2项规定的事由(投资人决定解散;投资人死亡或者被宣告死亡,无继承人或者继承人决定放弃继承)。强制解散事由包括:《合伙企业法》第85条第4项至第7项规定的事由(合伙人已不具备法定人数满30天;合伙协议约定的合伙目的已经实现或者无法实现;依法被吊销营业执照、责令关闭或者被撤销;法律、行政法规规定的其他原因);《个人独资企业法》第26条第3项和第4项规定的事由(被依法吊销营业执照;法律、行政法规规定的其他情形)。

由上不难看出本条第3项所列"法律规定的其他情形"范围大于上述单行法规定的"法律、行政法规规定的其他原因",本条第3项具有概括单行法中非任意性解散事由和兜底条款的双重功能,而单行法中的规定仅是一个兜底条款。单行法规定"法律、行政法规规定的其他原因",主要是为了避免列举不全,顺应经济社会的发展,便于和其他法律、行政法规相协调,如果其他法律、行政法规根据需要对特定类型的非法人组织的解散原因进一步作出规定,根据该兜底条款的指引，则照准适用。鉴于本条规定的具体解散事由比较清晰，且单行法有具体规定，这里重点仅作架构性解析，不再深入具体事由的内涵。

【审判实践中应注意的问题】

在审判实践中，应当注意三个问题。

第一，要在明确掌握非法人组织的具体类型的基础上，正确处理本条与有关单行法的关系，单行法有规定的应当直接援引单行法的规定。

根据现行法律和行政法规的规定，非法人组织的范围可以分为以下三类：第一类是确定性属于非法人组织，即个人独资企业和合伙企业；第二类是需要根据是否登记为法人来确定，目前乡村集体所有制企业、民办非企业单位既可能登记为法人，也可能不登记为法人，① 只要其不登记为法人的即为非法人组织；第三类是属于有争议但目前尚不具有被认定为非法人组织条件的机构。例如，业主委员会目前能否作为非法人组织来对待，理论上有不同认识，我们倾向认为，鉴于目前业主委员会有登记上的法律障碍，业主委员会尚不具备被认定为非

---

① 《乡村集体所有制企业条例》第10条规定：乡村集体所有制企业经依法审查，具备法人条件的，登记后取得法人资格，厂长（经理）为企业的法定代表人。《乡村集体所有制企业条例》没有规定登记成立乡村集体所有制企业是否应当具备法人条件，是否应当登记为法人，仅是特别规定具备法人条件的情形，并不排除不具备法人条件的情形，故该类企业存在法人和非法人两种形式。《民办非企业单位登记管理暂行条例》第17条规定：民办非企业单位法定代表人或者负责人应当自完成清算之日起15日内，向登记管理机关办理注销登记。办理注销登记，须提交注销登记申请书、业务主管单位的审查文件和清算报告。登记管理机关准予注销登记的，发给注销证明文件，收缴登记证书、印章和财务凭证。《民办非企业单位登记管理暂行条例》没有明确规定登记成立民办非企业单位是否应当具有法人条件，是否应当登记为法人，但从有关条文关于"民办非企业单位法定代表人或者负责人"的表述看，该类组织存在法人与非法人两种情形。

法人组织的条件。①居民委员会、村民委员会、社会团体和基金会这四种组织，本法第87条、第96条以及之前的法律、行政法规均已经明确其为法人，②对其法人属性不应有争议。因此，目前考察非法人组织，主要是以下几种：个人独资企业和合伙企业；没有登记为法人的乡村集体所有制企业、民办非企业单位。

第二，在实体上应注意，非法人组织的民事主体资格在解散至清算结束之前仍然存在。据此，非法人组织从解散至清算结束并办理注销登记前，有关非法人组织的民事诉讼，仍应当以非法人组织的名义进行；非法人组织确定清算组织或者清算人的，由清算组织负责人、清算人代表非法人组织参加诉讼；尚未确定清算组织或者清算人的，由原负责人代表非法人组织参加诉讼。

第三，要在程序上应注意，解散之后必须要进行清算。非法人组织在诉讼或者仲裁中宣布解散的，法院或者仲裁机构一般应当等待确定清算组织或者清算人。待清算组织或者清算人确定后，由清算组织或者清算人在其职权范围内代表非法人组织参加民事诉讼或者仲裁，包括重新委托诉讼代理人或者重新确认之前非法人组织委托的诉讼代理人。但是，如果在诉讼或者仲裁中辩论终结后至裁判即将作出前，非法人组织出现解散事由或者宣布解散，法院或者仲裁庭也可以根据具体情况，在进入清算程序前及时裁判，让清算组或者清算人代表非法人组织进入之后的诉讼或者执行程序。

---

① 具体地说，尽管《物业管理条例》第12条、第15条中规定：业主大会或者业主委员会的决定，对业主具有约束力；业主大会或者业主委员会作出的决定侵害业主合法权益的，受侵害的业主可以请求人民法院予以撤销；业主委员会执行业主大会的决定事项，履行职责包括代表业主与业主大会选聘的物业服务企业签订物业服务合同。从这些规定看，业主委员会具有为一定行为的资格，也可能成为民事诉讼的主体（上述撤销之诉的被告），从其功能性需求看，似应纳入非法人组织作为一种民事主体；但是本法第103条第1款规定非法人组织应当依照法律的规定登记，而《物业管理条例》第16条第1款规定：业主委员会应当自选举产生之日起30日内，向物业所在地的区、县人民政府房地产行政主管部门和街道办事处、乡镇人民政府备案。如果法律、行政法规没有规定成立业主委员会应当登记并规定相应登记制度，则业主委员会就不能成为一种民事主体。

② 居民委员会和村民委员会作为《城市居民委员会组织法》《村民委员会组织法》规定的基层群众性自治组织，本法第96条和第101条已经明确其为特别法人；《社会团体登记管理条例》第3条第2款规定社会团体应当具备法人条件；《基金会管理条例》第2条规定基金会为非营利性法人。

第一百零七条 非法人组织解散的，应当依法进行清算。

【条文主旨】

本条是关于非法人解散清算的规定。

【条文理解】

一、关于非法人组织清算的性质

非法人组织清算，是指处理该组织的各项未了事务和剩余财产（分配或者划转），最终结束该组织所有法律关系、消灭该组织的民事主体资格的法律行为和必经程序。清算期间，非法人组织的人格（民事主体资格）并不消灭，只是权利能力被限定于清算范围内。根据本条规定，非法人组织一旦解散，必须进行清算。

二、关于非法人组织清算的类型

应当注意的是，本条是关于非法人组织解散清算的规定。但整体上就组织体的清算类型（事由）看，清算可分为解散清算和破产清算两种。在2006年修订的《合伙企业法》和同年通过的《企业破产法》于2007年6月1日同步施行前，不具有法人资格的民事主体不具备破产主体资格，非法人组织仅有解散清算，而无破产清算情形。①但上述两法自2007年6月1日同步施行后，合伙企业也存在破产清算的情形，具体法律依据是《合伙企业法》第92条和《企业破产法》第135条。②对于合伙企业以外的其他非法人组织，如果法律没有规定其破产清算的，则其不存在破产清算的情形，或者说其没有破产资格。解散清算与破产清算的区别，除了事由不同外，主要是清算适用的法律不同。解散清算原则上适用企业组织法；有关单行法和本法没有规定的，非法人组织可参照适用《公司法》的规定。而个别非法人组织（合伙企业）的破产清算则参照适用《企业破产法》的规定。

三、关于非法人组织解散清算的法律适用

本法仅在本条对解散清算的强制性义务作出原则性规定，而对于解散清算过程中具体的实体和程序规则，包括清算组或者清算人的确定、清算组或者清算人的职权、通知债权人、清理财产、清偿债务、注销登记、清算组或者清算人的义务及其责任承担等③，需明确相应的法律规范。总体上，可以分三个层面来"找法"：首先，对于《个人独资企业法》《合伙企业法》等单行法有专门规定的，直接适用单行法的规定；第二，相关单行法没有规定的，根据本法第108条的规

---

① 《乡村集体所有制企业条例》第17条规定：企业破产应当进行破产清算，法人以企业的财产对企业债权人清偿债务。《最高人民法院关于审理企业破产案件若干问题的规定》（法释〔2002〕3号）第4条规定：申请（被申请）破产的债务人应当具备法人资格，不具备法人资格的企业、个体工商户、合伙组织、农村承包经营户不具备破产主体资格。在《企业破产法（试行）》（已失效）和上述司法解释的规定下，不具有法人资格的乡村集体所有制企业实际上不能进行破产清算。

② 《合伙企业法》第92条规定：合伙企业不能清偿到期债务的，债权人可以依法向人民法院提出破产清算申请，也可以要求普通合伙人清偿。合伙企业依法被宣告破产的，普通合伙人对合伙企业债务仍应承担无限连带责任。《企业破产法》第135条规定：其他法律规定企业法人以外的组织的清算，属于破产清算的，参照适用本法规定的程序。根据企业破产法第2条的规定，该法适用企业法人的破产，但根据该法第135条的规定，其他法律规定企业法人以外组织破产清算的，参照该法规定的程序。不具有法人资格的乡村集体所有制企业能否根据《乡村集体所有制企业条例》第17条关于"企业破产应当进行破产清算"的规定进行破产清算，仍不无疑问，因为该条例尚不符合《企业破产法》第135条规定的"其他法律"之位阶。

③ 叶林、徐佩菱：《关于我国公司清算制度评述》，载《法律适用》2015年第1期。

定,参照适用本法总则编第三章第一节关于法人一般规定中第70条至第72条的规定;第三,本法总则编第三章第一节关于法人一般规定没有规定的,还可以根据本法第71条的规定,参照适用公司法律的有关规定,在司法实践中可以参照公司法相关司法解释的规定。

四、关于非法人组织解散清算的启动方式

解散清算的启动方式,可以分为自行清算(普通清算)与强制清算(特别清算)。前者系非法人组织解散后依法及时从其内部产生清算组成员;后者系非法人组织解散后未在法定期限内确定清算组成员进行清算的,主管机关或者人民法院(应当事人申请)指定有关人员组成清算组进行清算。

具体法律规定有:《个人独资企业法》第27条第1款规定:"个人独资企业解散,由投资人自行清算或者由债权人申请人民法院指定清算人进行清算。"《合伙企业法》第86条第3款规定:"自合伙企业解散事由出现之日起15日内未确定清算人的,合伙人或者其他利害关系人可以申请人民法院指定清算人。"具体启动强制清算的时间,有关单行法仅《合伙企业法》第86条第3款规定为自解散事由出现之日起15日内主动清算,逾期不自行清算,则可启动强制清算;而可以参照适用的《公司法》第183条规定的强制清算期限也为15日后。实践中,除有关单行法有不同规定外,启动非法人组织强制清算的期限可以确定为自解散事由出现之日起十五日内不自行清算的,则可以启动强制清算。

五、关于非法人组织解散清算的清算义务人

非法人组织解散后,首先应当明确清算义务人,由清算义务人确定清算组或者指定清算人进行清算。原则上,非法人组织的清算义务人为其投资人或者开办人。根据《个人独资企业法》第27条的规定,该类非法人组织的清算义务人为其投资人;根据《合伙企业法》第86条的规定,合伙企业的清算义务人为全体合伙人。《乡村集体所有制

企业条例》《民办非企业单位登记管理暂行条例》没有明确规定清算义务人,从法理上讲,非法人的乡村集体所有制企业、民办非企业单位,其清算义务人为其投资人或者开办人,如果其存在类似法人的董事、理事等执行机构或者决策机构成员的,也可以参照本法第70条第2款确定执行机构或者决策机构的成员为清算义务人。

六、关于非法人组织解散清算的清算人或者清算组成员的产生

在自行清算情形下,清算人或者清算组由投资人或者开办人直接确定、组成;也可以根据法律、行政法规或者组织章程规定,由一定比例的投资人、开办人指定其中一人或数人为清算人员,或委托第三人担任清算人。在强行清算情形下,《个人独资企业法》《合伙企业法》仅规定人民法院指定清算人,而没有进一步规定指定清算人的来源范围;对法人的强行清算,本法第70条第3款规定主管机关或者利害关系人可以申请人民法院指定"有关人员"组成清算组进行清算,《公司法》第183条也同样规定为"有关人员"。参照《公司法司法解释(二)》第8条对"有关人员"的来源范围的规定,可以大致确定非法人组织的清算人员产生的范围包括:非法人组织的公司股东、董事、监事、高级管理人员;依法设立的律师事务所、会计师事务所、破产清算事务所等社会中介机构或者这些中介机构中具备相关专业知识并取得执业资格的人员。借鉴公司法理论,清算人员的组成还应遵循以下规则:一是清算人员应当有消极资格限制,清算组或者清算人相当于组织的执行机关,故有关组织执行机关人员消极资格的限制应适用于清算组成员;二是清算人员不能有两种或者两种以上相互冲突的利益;三是法院可以根据利害关系人请求指定或者解任清算人员。

七、关于非法人组织清算人或者清算组的职权与责任

《合伙企业法》第87条和第88条与《公司法》第184条规定的清算组职权范围大致相同,包括:(1)清理公司财产,分别编制资产负债表和财产清单;(2)通知、公告债权人;(3)处理与清算有关的

公司未了结的业务；(4) 清缴所欠税款以及清算过程中产生的税款；(5) 清理债权、债务；(6) 处理公司清偿债务后的剩余财产；(7) 代表公司参与民事诉讼活动。《个人独资企业法》等其他非法人组织单行法基本没有类似规定，根据本法第 108 条和第 71 条的规定，可以参照《公司法》及其司法解释的有关规定。

关于清算人员的义务及其责任承担，可以参照《公司法》第 189 条清算组成员清算义务和因故意或者重大过失给公司或者债权人造成损失应承担赔偿责任的规定。

八、关于非法人组织解散清算的程序

本法没有规定解散清算的程序，具体操作可以适用或者参照适用《合伙企业法》第 87 条和第 88 条与《公司法》相关规定，解散清算的顺序大致为：(1) 清理财产（含收取债权）；(2) 清理债务（含通知和公告债权人）和了结业务；(3) 处分财产（一般遵循的顺序是：保留足够的金额支付清算费用；支付职工工资和劳动保险费用；缴纳税款；清偿债务；在出资人或者合伙人、开办人之间按照约定或者法定比例分配剩余财产）；(4) 编制清算报告；(5) 办理注销登记。

【审判实践中应注意的问题】

审判实践中，需要注意三方面的问题：第一，应当明确现行法律和行政法规下非法人组织的范围，准确识别非法人组织；[①] 第二，要注意解散清算与破产清算适用和参照适用的法律不同；第三，本法和各种非法人组织单行法对非法人组织解散清算规则基本上没有具体规定，应当结合每种或者每个非法人组织的具体情况，合理参照借鉴《公司法》及其司法解释有关清算的规定确定非法人组织清算的实体和程序规则。

---

① 肖海军：《非法人组织在民法典中的主体定位及其实现》，载《法商研究》2016 年第 2 期。

第一百零八条 非法人组织除适用本章规定外，参照适用本编第三章第一节的有关规定。

【条文主旨】

本条是关于非法人组织准用本法关于法人一般规定的规定。

【条文理解】

首先，要整体上厘清非法人组织与法人在本质属性和制度设置上的区别与关联。法的关系根源于物质生活关系，民事主体的法律地位是法律赋予的。从人类社会民事主体制度由"人到非人"进步至"非人到人"的历史演变看，民事主体资格的法律确认，源于现实社会的生活逻辑或者功能性需求，取决于作为价值评价主体的统治阶级所赖以生存的物质生活条件。非法人组织作为一种社会组织形态，是社会成员进行活动的载体，随着社会经济的发展，非法人组织越来越多地参与民商事交往，并发挥日益重要的作用，为适应这种客观需要，法律赋予其独立平等的民事主体地位，构建起以自然人、法人与非法人组织构架的三元主体结构，遵循了民事主体制度发展的逻辑和规律。

理论上，非法人组织与法人的本质区别是：法人原则上有独立的法律人格、独立的权利能力和独立的责任承担；而非法人组织欠缺法律人格的独立性，故不具有完全独立的权利能力（并非完全没有权利能力）和独立的责任承担；[1]或者说，非法人组织能够以自己的名义独立对外进行民事活动，具有"形式人格"，但其不能独立享有财产权

---

[1] 肖海军：《民法典编纂中非法人组织主体定位的技术进路》，载《法学》2016年第5期。

利,也不能独立承担财产责任,故无"实质人格"。①非法人组织与法人的关联(共同点)主要在于两点:第一,两者均是自然人以外的民事主体,对外从事民事活动的方式和面目基本无异;第二,两者均具有一定的组织性,②两者在相对多的情况下,在内部组成和治理结构方面具有相似性,较普遍存在决策、执行、监督三类职能的内设机关。正是非法人组织与法人既存在本质区别又有诸多共同性关联,从节约制度成本的角度出发,让非法人组织在一定范围内准用法律关于法人的一般规定,具有充分法理基础。本条规定也体现了《民法典》在制度设置和条文布局上的科学性。

其次,要具体分析本法关于法人一般规定对非法人组织适用的范围或者边界。清晰、准确把握这个范围或者边界,需要在抓住非法人组织与法人的本质区别的基础上,根据每种非法人组织的特殊情形分析法人一般规定对非法人组织的可适用性。初步分析,本法总则编第三章第一节中可以明确不适用于非法人组织的规定有:第57条与第60条(关于独立承担民事义务、民事责任的规定);第71条(关于破产清算的规定)除法律另行规定适用特定非法人组织(合伙企业)外,原则上也不适用于非法人组织;第74条(关于法人分支机构的规定)对非法人的民办非企业单位也不具有参照适用性,因为《民办非企业单位登记管理暂行条例》第13条规定民办非企业单位不得设立分支机构。其他规定均有不同程度参照适用的可能性,特别是关于负责人、住所、登记、主体资格终止、清算等规定。

经初步分析,除本法第102条至第107条以及单行法的特别规定以外,非法人组织可以参照适用法人一般规定的情形包括以下几个方面:

---

① 尹田:《论非法人团体的法律地位》,载《现代法学》第25卷第5期。
② 张新宝、汪榆淼:《〈民法总论〉规定的"非法人组织"基本问题研讨》,载《比较法研究》2018年第3期。

一、关于非法人组织的设立与终止

本法第 103 条规定了非法人组织设立、登记的原则性条款。《合伙企业法》第 14 条、《个人独资企业法》第 8 条、《民办非企业单位登记管理暂行条例》第 8 条、《乡村集体所有制企业条例》第 13 条均对特定的非法人组织的设立条件作了规定。对于其他形态的非法人组织，依据本条规定并参照本法第 58 条，可以确定非法人组织应当有自己的名称、组织机构、固定的活动或经营场所、一定的人员或财产、必要的经费。由于非法人组织应当依法登记，参照本法第 59 条和第 72 条，非法人组织的成立之日应为其登记注册之日，自此其具有民事权利能力和民事行为能力，非法人组织的终止之日应为注销登记之日，自此其民事权利能力和民事行为能力消灭。关于注销登记的时间，《合伙企业法》第 90 条、《个人独资企业法》第 32 条、《民办非企业单位登记管理暂行条例》第 17 条规定的均为完成清算之日起 15 日内，实践中非法人组织注销登记的期限可以确定为清算结束后的 15 日。

二、关于非法人组织的合并与分立

参照本法第 67 条的规定，法人合并的，其权利和义务由合并后的法人享有和承担。

法人分立的，其权利和义务由分立后的法人享有连带债权，承担连带债务，但是债权人和债务人另有约定的除外。

三、关于设立中非法人组织的责任承担

参照本法第 75 条的规定，设立人为设立法人从事的民事活动，其法律后果由法人承受；法人未成立的，其法律后果由设立人承受，设立人为二人以上的，享有连带债权，承担连带债务。

设立人为设立法人以自己的名义从事民事活动产生的民事责任，第三人有权选择请求法人或者设立人承担。

四、关于非法人组织剩余财产的分配

参照本法第 72 条第 2 款，法人清算后的剩余财产，按照法人章程的规定或者法人权力机构的决议处理。法律另有规定的，依照其规定。目前《合伙企业法》和《个人独资企业法》等非法人组织单行法对清算后剩余财产的分配基本上没有作出规定，原则上根据其出资人、设立人的意志处理。

【审判实践中应注意的问题】

实践中参照适用本法第三章第一节的有关规定，要注意把握以下几点：第一，参照适用的前提是本法第一编第四章关于非法人组织的规定和各非法人组织单行法没有规定的事项；第二，参照适用的基础是不涉及法人不同于非法人组织本质属性的规定（独立承担民事义务或者民事责任、破产清算），可以参照适用的条文范围是不涉及上述区别于法人本质属性的规定；第三，要结合特定非法人组织的具体情形考察法人一般规定对非法人组织的可参照适用性。

第五章 民事权利

> **第一百零九条** 自然人的人身自由、人格尊严受法律保护。

【条文主旨】

本条是关于自然人一般人格权的规定。

【条文理解】

人格权是民事主体的基本权利。这种与民事主体的人身密切相连、关系到民事主体独立的人格和身份的固有民事权利，与民事主体的财产权共同构成民法的两大支柱，成为民事主体所享有的两类基本民事权利。按照权利客体和作用的不同，人格权被划分为一般人格权和具体人格权。一般人格权是权利主体依法所享有的人格利益的抽象概括，客体是一般人格利益，是人格权由感性的具体形态达到理性的普遍形式的标志，其作用是指导具体人格权，并将没有规定为人格权的人格利益的保护责任归属于自己。本章将自然人的人身自由、人格尊严作为首要的一般性人格权利予以明确，凸显法律对民事主体人身权利的重视，提升法律对于人身权利的保护水平，不仅是我国在人权保护方面法律完善的体现，也是促进人作为社会人发展的体现。

一、一般人格权的基本内容

关于一般人格权的法律概念，我国台湾地区有学者认为它是一种母权，也是一种发展中的概念，立法者由之析出若干人格权益，具体化为个人人格权。也有学者认为一般人格权作为相对于具体人格权而言的概念，是指自然人和法人享有的并且决定具体人格权的一般人格利益。这些界定尚不尽完善。

关于一般人格权的内容，学者的概括各不相同。现代社会所崇尚和主张的基本人格权利包括人身自由权和人格尊严权。本条将自然人的一般人格权概括为人身自由、人格尊严。

人身自由指自然人在法律规定的范围内享有人身不受侵犯和自主行为的自由，有广义和狭义之分。广义的人身自由包括自然人的人身自由不受侵害、自然人的住宅不受侵害、通讯自由和通信秘密受法律保护、享有婚姻自主权利等；狭义的人身自由又称为身体自由，指自然人不受非法逮捕、拘禁，人身自由不受非法限制，身体不受非法搜查的权利。人身自由究竟是一种权利还是一种地位，在学术界曾有不同看法。一种观点认为自由只是公民的一种地位，是对公民资格的确认；另一种观点认为，自由属于一种权利，不仅是一种政治权利，也是一种民事权利。《民法通则》未明文规定公民自由不受侵犯，《民法总则》明确将人身自由作为人的最基本权利写在人格权的首位，提纲挈领地表达了对基本人权的重视。《民法典》对该条规定予以沿用。

尊严是个人的本质属性和基本需求，这一点已为现代心理学说科学地证明。人的尊严的法律表述，是作为一般人格权的人格尊严。人格尊严是自然人基于自己所处的社会环境、地位、声望、工作环境、家庭关系等各种客观条件而对自己或他人的人格价值或社会价值的认识和尊重。具体而言，人格尊严是具有伦理性品格的权利，是主体自尊和对他人尊重的统一，是对个人价值的主客观评价的结合。

二、一般人格权相较具体人格权的法律特征

1. 主体普遍性。自然人一般人格权的主体，是普遍主体，为全体自然人平等享有，不加任何区分，并与个人的属性终身相随。

2. 权利客体具有高度概括性。一般人格权的客体是一般人格利

益,而不是具体人格利益。一般人格利益是高度概括的人格利益,包括两重涵义:(1)一般人格利益本身的概括性,不能化为具体的人格利益,不能成为具体人格权的客体;(2)一般人格利益,是对所有具体人格权的客体的概括,任何一种具体的人格利益,都能够概括在一般人格利益之中。因此,一般人格权才能成为具体人格权的母权,由此产生并规定具体人格权。

3.权利内容极具广泛性。一般人格权的内容不仅包括全部具体人格权的内容,还包括具体人格权所不包含的内容,它不仅是具体人格权内容的集合,而且为补充和完善具体人格权立法不足提供切实可靠的法律依据。对遭受损害但又不能为具体人格权所涵盖的人格利益,人们可以根据一般人格权法律规定,寻求法律保护。

4.一般人格权的性质是人的基本权利。一般人格权相对于具体人格权而言是基本权利。它虽然对具体人格权有概括作用,但它也是一个独立的民事权利,是人身权中的具体权利。一方面,它决定着和派生着各种具体人格权。另一方面,它更为抽象和具有概括性,成为人身权中最具抽象意义和典型性的基本人格权。一般人格权遭受损害,可以依法寻求法律救济。

三、一般人格权的历史发展

一般人格权萌芽于罗马法时期。一般认为,罗马法最先制定了抽象人格的权利。所谓抽象人格的权利,即具有一般人格权的涵义。《瑞士民法典》起草人胡贝尔等提出了一般人格权概念,并在立法中予以确认。

关于一般人格权的规定,《民法典》沿用了《民法总则》的规定。在《民法总则》颁布之前,我国立法中是否有一般人格权的规定,学者看法颇不一致。有的观点认为,我国在《民法总则》之前尚无一般人格权的立法;而有的观点认为,我国立法中关于人格尊严的规定,就是确认一般人格权的法律依据。

《民法总则》之前我国立法确立一般人格权的法律依据分为三种

形式：

（一）《宪法》的原则规定

《宪法》第38条规定："中华人民共和国公民的人格尊严不受侵犯。禁止用任何方法对公民进行侮辱、诽谤和诬告陷害。"这一条文的前段，与《德国基本法》《日本宪法》确认一般人格权的条文内容是一致的，是确立一般人格权的宪法依据。

（二）《民法通则》的原则规定

《民法通则》第101条规定："公民、法人享有名誉权，公民的人格尊严受法律保护，禁止用侮辱、诽谤等方式损害公民、法人的名誉。"从该条的立法本旨看，条文中的人格尊严似乎是指名誉权的客体，但实际上应是一般人格权的内容。对于这种立法，可以按照客观解释原则，将其确认为一般人格权的民法立法依据，更为有利。有学者指出，《民法通则》关于人格尊严的规定有重大缺陷：（1）没有专门规定一般人格权的条文；（2）将人格尊严规定在名誉权的条文之内；（3）在民事责任一章中未规定对一般人格权的保护条文。

（三）单行法的原则规定

1.《残疾人保障法》第3条第2款规定："残疾人的公民权利和人格尊严受法律保护。"第60条第1款规定："残疾人的合法权益受到侵害的，有权要求有关部门依法处理，或者依法向仲裁机构申请仲裁，或者依法向人民法院提起诉讼。"

2.《未成年人保护法》第5条第1项规定："尊重未成年人的人格尊严。"在第21条和第55条，分别规定学校、幼儿园的教职员应当尊重未成年人的人格尊严，政法机关应当尊重违法犯罪的未成年人的人格尊严。第60条中规定："违反本法规定，侵害未成年人的合法权益，其他法律行政法规已规定行政处罚的，从其规定；造成人身财产损失或者其他损害的，依法承担民事责任，构成犯罪的，依法追究刑事责任。"

3.1992年《妇女权益保障法》第39条中规定："妇女的名誉权和人格尊严受法律保护。"在这一规定中，立法者已经将名誉权和人格尊严严格区分开，体现立法者确认人格尊严为一般人格权的明显意图。

4.《消费者权益保护法》对一般人格权的规定作出了更进一步的努力。该法首先在第 14 条中规定:"消费者在购买、使用商品和接受服务时,享有其人格尊严、民族风俗习惯得到尊重的权利。"第 50 条专门对人格尊严和人身自由受到侵害规定了民事救济规范:"经营者侵犯消费者的人格尊严、侵犯消费者人身自由的或者侵害消费者个人信息依法得到保护的权利的,应当停止侵害、恢复名誉、消除影响、赔礼道歉,并赔偿损失。"可见,立法者规定一般人格权的立法意图,已经十分明显了。

四、《民法典》总则编对人身自由的突出强调与保护

人身自由权是基本人格权利,这是人作为一个独立个体可以自由生存的基本体现。这种自由是在法治国家下的自由,不是无序和无限度的自由;这种自由总是围绕着国家利益、社会公共利益而生的自由;这种自由也是与一定义务相对应的自由;这种自由是不可侵犯的自由。对人身自由的保护是人类发展、社会进步的必然产物。自然人人身自由是所有其他民事活动的基石,丧失自由的自然人必然丧失绝大多数民事权利,也必然影响其他民事权利的行使。

《民法典》总则编突出了人身自由作为人身性民事权利在民法中的地位。民法就是一部权利法。民法规定的各项民事权利都是重要的,但人身自由权具有更为重要的地位。在人格体系中,自由具有非常重要的地位,是当代人权的主要内容。《民法典》将基本人格权利规定在民事权利的第 1 条,表达了人格权利在民法中具有独立的重要地位的思想。长期以来,我国并没有对人身自由权加以特别的重视,因此出现了"文革"中林彪、江青反革命集团大规模地对人和人格肆意侵犯的状况。拨乱反正之后,人们痛定思痛,总结教训,终于认识到人身自由对保护人和人格的重要作用,出现了特别强调人身自由保护的思潮。我国多部民事法律均特别重视人格权的立法和保护,就是

用法律的形式肯定这个反思的结果。[①]

将人身自由作为《民法典》基本人格权利，必将促进人的全面发展。一般人格权是任何人都具有的普适特征，无论其性别、年龄、种族、身份、地位都平等享有的基本权利。我国立法对一般性人格权利的保护不够系统明确，通过《民法典》的制定，完善民事权利体系，明确一般人格权的含义和属性在我国当今社会意义深远。《民法典》对民事权利的规定价值重大，无论是社会的进步、经济的发展，人与人之间的交往都建立在自由的基础上，法无禁止即可为，明确法律保障的是全社会自然人、法人、非法人组织依据自己意志在法律规定的范围内为一定行为的权利，让人民群众知道自己拥有的基本民事权利，民事义务和民事责任，这样在日常生活中，才会自觉地以法律规范引领自己的行为。

五、《民法典》总则编对自然人人格尊严的强调与保护

人格尊严是指自然人作为人应当受到他人尊重的权利。《宪法》第38条规定："中华人民共和国公民的人格尊严不受侵犯。禁止用任何方法对公民进行侮辱、诽谤和诬告陷害。"人格尊严被写入宪法，作为公民受到保护的首要权利，也体现了该种权利的重要性和保护的必要性。我国对人格尊严权利的保护由来已久，《民法通则》第101条规定了"公民的人格尊严受法律保护"，尊重人的尊严，从而使人真正成为人，获得全面的发展，提供法律的保护。《精神损害赔偿司法解释》也将人格尊严权作为一种独立的权利写入司法解释，使人格尊严权在司法实践中予以确立。

人格尊严权的具体内容包含哪些，需要进一步明确，这才是保护人格尊严权的应有之义。本法没有采用列举的方式明确人格尊严权的具体内容，主要有以下考虑：一方面，人格尊严权是一种宣示性权利，内容广泛，很多其他人格权均属于该项权利，比如，侵害名誉权、荣誉权、隐私权等行为都属侵害人格尊严的行为。如果一一列

[①] 杨立新：《制定我国人格权法应当着重解决的三个问题》，载《国家检察官学院学报》2008年第3期。

举，难免挂一漏万。另一方面，民事权利随着社会生活的发展也在逐步发生变化，很多新类型权利的产生也给法律的制定带来了不小的冲击。对于人格尊严权这种本身涵盖范围就很广的权利，没有必要明确其具体权利内容，而对其含义进行解读即可清晰地明白其权利内容。在法律保护自然人人格权出现缺漏时，如果某一行为属于侵害人格尊严的行为，可以援引该权利条款予以保护。

【审判实践中应注意的问题】

一、要注意本条对人格权下属各条文的统领作用

本条文是总括性、包容性条文，在案件审理过程中，尤其是法律解释过程中，应注意相关具体人格权法律条文使用和解释时是否与本条相一致。在侵权类案件中，如果相关侵权行为没有具体条文可以适用，为了发挥一般人格权条文的补充功能，人民法院可以参照适用本条，据此直接认定侵害自然人人身自由和人格尊严的行为为侵权行为，保护自然人的一般人格权。

二、侵害一般人格权民事责任的基本方式是精神损害赔偿

确定侵害一般人格权民事损害赔偿责任，必须遵循精神损害赔偿的一般原则和方法。赔偿的范围主要是精神利益的损害、财产利益的损失和精神痛苦的损害。其中精神利益的损害和精神痛苦的损害可以一并计算，财产利益的损失应当单独计算。侵害一般人格权的民事责任还应包括其他非财产责任方式，如停止侵害、消除影响、赔偿道歉等，应当根据案件的具体情况选择适用。

三、应注意区分人格尊严与名誉权

名誉权是以名誉为客体的具体人格权，名誉是客观的社会评价而不是主体的自我评价，但人格尊严则是对个人价值的主客观评价的结合。

> **第一百一十条** 自然人享有生命权、身体权、健康权、姓名权、肖像权、名誉权、荣誉权、隐私权和婚姻自主权。
>
> 法人、非法人组织享有名称权、名誉权和荣誉权。

【条文主旨】

本条是关于具体人格权概括列举的规定。

【条文理解】

一、人格利益的物质属性与精神属性

具体人格权是把每一个具体的人格利益作为客体，调整和保护各种具体的人格利益。法律规定以这些具体的人格利益作为人格权的客体，其基本目的就是保障民事主体的生存能力，发挥其作为社会性主体的存在意义。无论是一般人格利益，还是具体人格利益，都具有无形性的特点，体现为一定的精神利益，是以民事主体的精神活动为核心而构成。自然人享有精神利益自不待言，而法人或者非法人组织是否具有精神活动，是否因其精神活动而享有精神利益这种人格利益，则存在不同认识。实际上，法律赋予法人和非法人组织以法律上的人格，它就必然有其物质利益以及与物质利益相对应的精神利益。这种精神利益，是法人作为民事主体所享有的社会评价、信誉、信用等社会存在和作为主体的人格利益，它与自然人的精神利益在基本点上是一致的，只是在痛苦、忧愁、情感上有所区别。同样，法人和非法人组织的精神活动也就是为维护、享有其精神利益而开展的活动。

人格利益体现的是精神利益，但并不排除包含于这种精神利益中

的物质利益因素。一方面，它表现在身体权、健康权、生命权受到损害时，自然人为医治创伤、处理丧葬所造成的财产损失；另一方面，也表现在肖像权、名称权等人格权在客观上可能转换成的物质利益，以及所有因人格权造成损害而为恢复权利所支出的必要费用。对于人格利益所包含的物质利益因素，是人格权的一个重要特征。

本条列举的具体人格权，按照权利主体的不同，划分为自然人的人格权、法人和非法人组织的人格权；按照权利客体的不同和法律保护方法的不同，划分为物质性的人格权和精神性的人格权。物质性的人格权包括生命权、身体权、健康权，是对自然人的物质表现形式所体现的人格利益设定的权利；精神性的人格权包括姓名权、名称权、肖像权、名誉权、荣誉权、隐私权、婚姻自主权等权利。揭示人格权划分的不同原理和法律保护方法，对于指导司法实践正确适用法律，具有重要意义。应注意的是，本法将自然人和法人、非法人组织的人格权采取概括列举的方式，既指明重点，又避免法律漏洞，保证法目的的实现和法秩序的稳定。①

二、自然人的人格权

（一）中国立法的演变

我国民事法律对人格权的规定起于《民法通则》。《民法通则》中规定了生命健康权、姓名权、名称权、肖像权、名誉权、荣誉权、婚姻自主权等人身权。之后《侵权责任法》中增加规定了隐私权，并将生命健康权区分规定为生命权、健康权两项权利。《精神损害赔偿司法解释》还规定了身体权、人格尊严权、人身自由权。《民法总则》综合了多年来我国法律、司法解释对人身性民事权利的规定，将主要人身权列举为生命权、健康权、身体权、姓名权、肖像权、名誉权、荣誉权、隐私权、婚姻自主权，同时为了防止民事权利的不断发展变化，维持民法的稳定性，增加了"等"，便于司法实践的操作。此次

---

① 王利明：《中国民法典学者建议稿及立法理由（人格权编·婚姻家庭编·继承编）》，法律出版社 2005 年版，第 21 页。

《民法典》编纂时，对这一规定予以沿用。

（二）自然人享有的物质性的人格权

物质性的人格权包括生命权、身体权、健康权，是对自然人的物质表现形式所体现的人格利益设定的权利。本条第1款列举的前三项权利即为物质性人格权利。

1.生命权。生命权是以自然人的生命安全利益为内容的权利，它以生命安全和生命维持为客体，以维护人的生命活动延续为基本内容。生命权受到侵害，必须以生命不可逆转的丧失为标准。

2.身体权。身体权是自然人维护其身体完全并支配其肢体、器官和其他身体组织的具体人格权。身体权受到侵害，表现为身体的完整性遭到破坏。身体权与健康权保护的方向不同，对身体的侵害主要指肉体上的侵害，造成机体或者器官无法正常运转。而健康权不仅是肉体上的，还包括心理上的，心理健康可使机体或者器官良好地运转，正常发挥其功能，使身体达到更好的状态。

3.健康权。健康权是以自然人及其身体和器官的功能利益为内容的权利。健康权不仅指身体及其器官的完整，还包括身体机能和器官可以正常运转；不仅包括身体机能的健康，还包括心理的健康，对健康权的侵害往往与身体权相伴随。

（三）自然人享有的精神性的人格权

本条第一款列举的后六项权利即为精神性人格权利。精神性人格权利主要包括：

1.姓名权。姓名权是自然人对其姓名享有的设定、变更和使用的权利。自然人的姓名可以由其自由设定，一般为姓加上名，但少数民族地区的姓名设定可能有特殊的规定。自然人享有改变其姓名的权利，这种权利不受他人干涉。

2.肖像权。肖像权是自然人对其肖像的制作和使用的权利，未经自然人同意，不得将其肖像物化而使用。在《民法通则》和《侵权责任法》中，肖像权的顺序都放在荣誉权之后，《民法总则》和本法将肖像权的顺序提前至姓名权之后、名誉权之前，是因为肖像权与姓名权一样，都属于标表性人格利益，但姓名是以文字标示特定人，而肖像是以形象标志特定人。

3. 名誉权。名誉权是自然人对其自身属性和价值所获得的社会评价享有的保有和维护的人格权，对这种社会评价的贬损会导致对自然人名誉权的侵害。

4. 荣誉权。与名誉权类似，荣誉权也是对自然人个人积极的社会评价，只是这种评价是一定的组织作出的，并非个人作出。荣誉权具有一定的特殊性，对这种权利的侵犯主要表现为对其获得荣誉的公开否定性评价，对其荣誉证书、奖杯等证物的毁损。

5. 隐私权。自然人享有的隐私权，是指自然人享有的对其个人的、与公共利益、群体利益无关的个人信息、私人活动和私有领域进行支配的人格权。任何对该类信息的获取都是非法的，都导致对自然人隐私权的侵害。

6. 婚姻自主权。自然人的婚姻自主权是自然人的基本人权，是指自然人享有的结婚、离婚自由不受他人干涉的权利。从世界范围看，这项权利由来已久，《欧洲人权公约》第12条规定了结婚和建立家庭的权利。[①] 我国《民法通则》《婚姻法》《民法总则》也一直将婚姻自主权作为一项基本的人身权规定下来，本法也沿用此规定。

7. 信息权。虽然本条规定未列举自然人的信息权，但由于本条规定是关于具体人格权的概括列举，其内涵具有开放性，而民事权利一章中的第111条明确将自然人信息权作为独立的人格权予以保护，规定任何组织和个人需要获取他人信息的，应当依法取得并确保信息安全，不得非法收集、使用、加工、传输他人个人信息，不得非法买卖、提供或者公开他人个人信息，故信息权亦属于《民法典》总则编明确规定的精神性人格权利，这为解决近年来个人信息泄露和非法使用问题提供了法律支持。

---

① 朱晓青：《欧洲人权法律保护机制研究》，法律出版社2003年版，第79页。

三、法人、非法人组织的人格权

本条第2款所列举的法人和非法人组织的人格权，均为精神性人格权。

1. 名称权。名称是特定团体区别于其他团体的文字符号。名称权，即特定团体依法享有的决定、使用、变更及依照法律规定转让自己的名称，并得排除他人的非法干涉及不当使用的权利。《民法通则》第99条第2款规定："法人、个体工商户、个人合伙享有名称权。企业法人、个体工商户、个人合伙有权使用、依法转让自己的名称。"由于《民法典》总则编采用了法人和非法人组织的民事主体划分方式，不再使用"非法人企业"这一称谓，改变了过去对自然人以外的组织概念不清的情形，故名称权的主体应理解为法人和非法人组织。

2. 名誉权。法人和非法人组织作为法律上拟制的人，亦享有名誉权，即法人和非法人组织对其自身属性和价值所获得的社会评价享有的保有和维护的人格权。

3. 荣誉权。其内涵与自然人荣誉权一致。

应注意的是，《民法通则》对于法人的名称权、名誉权和荣誉权，是与自然人的人格权放在一起规定的，本法将法人的人格权与自然人的人格权分为两款区分规定，既体现了人格权的不同享有主体，也是考虑到法人和非法人组织是法律技术的缔造物，是拟制的主体，主要担当交易工具的职能，不具有终极性的伦理价值。因此，自然人与法人、非法人组织不可能享有相同和均等的人格权利。[①] 故将自然人的名称、名誉和荣誉权与法人、非法人组织的名称、名誉和荣誉权分开规定。

法人、非法人组织的名称权与自然人的不同之处在于，自然人的名称权具有专属性，而法人、非法人组织的商号则可以转让。法人、非法人组织的名誉权和荣誉权也与自然人的不完全相同，其包含的经济利益和商业价值大于其本身的人身属性。对上述权利的侵害，直接

---

① 王利明：《中国民法典学者建议稿及立法理由（人格权编·婚姻家庭编·继承编）》，法律出版社2005年版，第21页。

导致经济损失，而非精神损害。

【审判实践中应注意的问题】

1. 本法将人格尊严与名誉权进行了严格区分，体现了立法者确认人格尊严为独立权利的明显意图，审判实践中应注意区分侵害名誉权和侵害人格尊严的情形，分别适用法律。对于侵害人格尊严的行为，应适用《民法典》第109条关于一般人格权的规定；对于侵害名誉权的行为，应适用《民法典》第110条具体人格权的概括列举规定以及《民法典》相关编中名誉权的具体规定。

2. 本法直接明确地规定了身体权。《民法通则》第98条规定的"生命健康权"未明确表述包含身体权，虽然多数学者认为该条文包含了身体权的内容，但条文表述不明确，本法明确将身体权作为一项独立的具体人格权予以规定。审判实践中对于侵害身体权的行为，应注意结合《民法典》第110条的规定和单行法中的具体规定，比如《妇女权益保障法》第37条中规定："禁止非法搜查妇女的身体。"《消费者权益保护法》第27条规定："不得搜查消费者的身体"等。

3. 本条关于具体人格权的概括列举规定，对于《民法典》相关编中的人身性权利具有统领作用。具体人格权的内涵与外延会随着社会生活的发展而变化，故本条在具体人格权的条文设计上利用列举规定后的"等"字为具体人格权的发展留出了空间。对于审判实践中出现的新型人格利益，可以在实践中进一步探索，不应因《民法典》总则编中民事权利部分没有列举而忽视对新类型权利的保护。同时，应注意发挥好一般人格权规定对具体人格权规定的补充作用。

4. 无论一般人格利益还是具体人格利益都体现的是精神利益，但并不排除包含于这种精神利益中的物质利益因素。审判实践中对受害人及其亲属就死亡、残疾、精神痛苦和人格贬损等非财产损害，请求精神损害赔偿的情形，应注意结合法律和司法解释的规定，依法予以支持。

> **第一百一十一条** 自然人的个人信息受法律保护。任何组织或者个人需要获取他人个人信息的,应当依法取得并确保信息安全,不得非法收集、使用、加工、传输他人个人信息,不得非法买卖、提供或者公开他人个人信息。

【条文主旨】

本条是关于个人信息权及义务人对自然人个人信息权所负有义务的规定。

【条文理解】

一、关于民法规定个人信息权的必要性

个人信息权是《民法总则》中新增加的规定,在《民法通则》中并无规定,此次《民法典》编纂将之完全吸收了进来。个人信息权与自然人的日常生活、工作密切相关,在过去信息传播并不是特别发达的时代,自然人的个人信息权并未受到足够的注意,也一直没有成为法律学科包括民法重点研究的对象。随着现代信息技术的发展,信息交流空前简单化和便捷化,不仅带来了社会生活的巨变,还给个人信息安全带来了威胁。自然人个人从事社会交往、工作、生活、出行、娱乐等各项活动均涉及个人信息的收集问题,有关个人和组织根据自然人个人的意愿依法采集和使用个人信息是正常的,但现代社会是信息社会,信息的收集、使用和传播都极为迅速也极为简单,由于个人信息的泄露、使用、公开等问题缺乏必要的限制,很大程度上损害了自然人的合法权益。

个人信息泄露和不当使用，从最初的技术问题，到现在的社会问题、法律问题，逐渐成为全社会关注的焦点问题。个人信息资料被非法利用，不仅给人民群众造成了巨大的财产损失，还带来了严重的人身安全隐患。互联网和大数据对自然人个人信息的收集，有时是合法的合同行为，是征得个人同意的，但也有很多是在个人不知晓的情况下的盗用、滥用。主要体现在过度收集个人信息，擅自披露个人信息和擅自提供个人信息，也包括擅自加工、使用个人信息，如有关单位和个人根据相关交易行为或者授权获取了自然人的通讯号码、电子邮箱等联系信息，在未取得自然人同意的情况下，擅自向自然人的手机、邮箱发送广告或者其他无关信息，这就构成了对个人信息权的侵害。

2011年，国内一大批网站的用户名、密码信息遭黑客泄露，对互联网行业造成了不小的冲击，许多网民的网络数据信息丢失或遭到曝光，网络个人信息安全的重要性日益凸显。这也促使全国人民代表大会常务委员会出台了《关于加强网络信息保护的决定》，这项法律性文件主要针对电子信息的收集、使用以及泄露等相关问题进行规定，在我国起到了电子信息保护法的作用。2016年，我国又出台了《网络安全法》，其中涉及的个人信息保护的内容大体与前述决定相同。但前述立法在施行多年以来并未完全发挥预期作用，重要原因在于，前述立法更多是行政管理性法规，更侧重于由公权力机关通过发挥其管理职能来规制个人信息保护，而给予个人的保护手段则并不充分，未能充分发挥个人在保护其信息利益上的主动性和积极性。

一段时间以来，理论界很多学者都强烈呼吁我国在人格权立法中将个人信息权单独作为一项具体人格权或作为一项人格权益加以规定，明确个人信息权的人格权属性以及民法上的可诉性。但是由于个人信息权还是一项比较新的民事权利，其他国家的理论及立法都不尽相同，国内对于个人信息权是否能够明确作为一项具体人格权还存在一定的争议，《民法典》最终采取折中的办法，未明确规定个人信息权这个概念，而是明确规定自然人的个人信息权受法律保护，义务人不得实施违反法律规定和侵害个人信息的行为。

二、其他国家和地区有关个人信息权的立法例

其他国家和地区开展个人信息保护方面的立法和研究相对较早，这与其工业化比较发达以及较早进入现代信息社会不无关联。个人信息保护最早的是瑞典政府在1973年制定的《资料法》，随后在全球范围内开始个人资料保护的专门立法。德国联邦议会自1970年起开始着手制定《联邦个人资料保护法草案》，最后于1976年通过并于1977年生效。法国1978年颁布了《信息技术与自由法案》，其中规定收集和处理、使用个人数据，不得损害数据主体的人格和身份以及私生活等。英国1984年颁布了《数据保护法》，规定获取个人信息必须取得有关个人的同意，必须采取安全措施，防止个人数据未经允许而被公开。亚洲范围内，《日本个人信息保护法》于2005年颁布施行，此外还制定了《行政机关持有的个人信息保护法》《独立行政法人等持有的个人信息保护法》《信息公开、个人信息保护审查会设置法》等相关法律。韩国1994年制定了《公开机关个人信息保护法》，我国台湾地区于2010年修订"个人资料保护法"，新加坡2012年制定《个人数据保护法》，对个人信息的使用与保护进行了全面规范和保护。国际组织关于这方面的法律主要有，经济合作发展组织（OECD）于1980年制定了《个人数据的隐私保护和跨国界流动的指导原则》。欧洲委员会于1981年签署和发布了《个人自动文档保护公约》。欧盟1995年制定《关于涉及个人数据处理的个人保护以及此类数据自由流动的95/46/EC指令》，并于2002年颁布了《关于电子通信领域个人数据处理和隐私保护的2002/58/EC指令》。1990年联合国签署了《个人数据自动化档案指导原则》。上述三个国际性公约的基本目的和基本内容大致相同，旨在保护个人隐私权和人权自由。2007年颁布的《欧洲联盟基本权利宪章》第8条规定："1.人人均有权享有个人信息之保护。2.此等信息应仅得于特定明确目的，且于信息所有人同意或其他法律规定之正当依据下，公平地被处理。人人均有权了解其个人信

息,并有权要求销毁其个人信息。3.应由独立之主管机关监督这些原则之确实遵守。"

纵观世界范围内有关个人信息的立法,对于个人信息的概念的称谓不尽相同,包括资料、数据、资讯、档案、文档等,但其本质上均是关于附着于自然人个人主体上的关于身份、家庭、行为、健康、职业、喜好、交际等方方面面的信息,虽然相关立法对于信息的规范化称谓不同,但其目的均是对个人信息权进行规制。各国对于信息权的保护体现在,合法手段取得的个人信息要在合法范围内依据取得的目的使用,不得非法买卖、提供或者公开。同时,还要制裁非法手段收集、使用、加工、传输个人信息的行为。

三、自然人的个人信息的概念

个人信息是一个比较宽泛的概念,从语义上理解是有关个人的信息,但在法律上如何准确界定其概念是一个值得重视的问题。

从个人信息的内容来划分,有关个人信息定义有三种观点:第一种观点认为所谓个人信息就是与个人生产生活相关的描述其客观事实及评价等情况的所有信息。根据这种观点,个人信息是以个人为中心所延伸的庞大信息网,只要与个人相关就属于个人信息。这种观点的缺点在于个人信息的外延过于宽泛,基本没有边界,缺乏实用指导意义;第二种观点认为,所谓个人信息就是个人隐私,就是那些对于个人具有人格价值的信息,除此之外的信息不能作为个人信息。这种观点将个人信息与个人隐私等同,一定程度上缩小了个人信息的范围,极易导致诸多个人信息无法得到相应的保护;第三种观点认为个人信息是能够通过文字、图片、语音、视频等载体直接识别或与其他信息结合识别特定主体身份的信息。这种观点是当前学术界的通说,但也有批评认为即使有些信息不能识别,但其对于个人也具有利益,不能因此而否认其也是个人信息。

从各国家和地区立法例上来看,对个人信息概念界定存在两种类型:一种是概括式,另一种是列举加概括式。概括式定义,如《德国联邦个人资料保护法》第2条规定,个人资料是指"凡涉及特定或可得特定的自然人的所有属人或属事的个人资料"。列举加概括式如我国台湾地区"个人资料保护法"第3条第1款规定"个人资料指自然人之姓名、出生年月、身份证编号、特征、指纹、婚姻、家庭、教育、职业、健康、病历、财务情况、社会活动等足资识别该个人之资料"。

我国《民法典》在总则编中并未对个人信息的概念进行阐释,但在人格权编的隐私权和个人信息保护一章中则明确规定,个人信息是以电子或者其他方式记录的能够单独或者与其他信息结合识别特定自然人的各种信息,包括自然人的姓名、出生日期、身份证号码、生物识别信息、住址、电话号码、电子邮箱地址、行踪信息等。由此可以认为,我国《民法典》采用的是概括加列举式的立法例。根据我国《民法典》的规定,自然人个人信息应当据以识别特定自然人身份的任何生物性、物理性的数据、文件、档案等资料,范围不仅包括自然人的身份证信息、户籍信息、家庭构成、职业情况、社会交往、网络交易数据等物理性数据,还包括自然人机体基因组成、生物学、遗传学密码等信息,任何与特定自然人相关的,可以据此将该自然人特定化的信息均属于个人信息。任何对该类信息的侵害,均侵害自然人的信息权。可见,我国《民法典》对于个人信息从内容上强调信息与个人之间的联系及可识别性。事实上,如果相关的信息与信息主体之间缺乏必要的关联及识别性,信息主体就难以主张其对于该信息享有相关权益,也就难以主张该信息为个人信息。当然,无法识别身份的信息遭到不当使用,公民可以向有关机关反映,由有关机关根据自身职权采取相应的管理措施以保护信息使用的合法性。

四、个人信息权的性质及内容

个人信息权是一项新兴的民事权利或者说民事权益,与隐私权密切相关。我国《民法典》将个人信息与隐私权保护规定于同一章节,可见两者之间的密切关系。一般认为个人信息权与隐私权尽管关紧密,但两者在内容、客体、性质以及保护方式方面都存在区别。

（1）从性质方面看，自然人信息权涉及的都是自然人的身份、地位等信息，具有人身属性，属于人格权范畴。隐私权也是人身性人格权的一种。两者之间具有一定的联系和交叉。表现在：两者都是自然人独有的权利，法人和非法人组织并不具有。两者都是包含着一定个人独有的，不愿意公开的资料。但两者也有显著的不同：隐私权包含的信息类型较窄，只有那些自然人不愿意公之于众的自然人信息才受隐私权的保护，而一般性的个人信息则不属于隐私权的保护范围，比如手机号码、工作单位、家庭地址等，除非有特殊规定，一般的情况下，不属于个人隐私。（2）从两者的救济手段看也不尽相同，隐私权的救济往往是通过侵权法，而对于侵害自然人信息的行为，在本法规定之前，往往是通过行政法或者刑法予以规制，救济手段上也多为惩罚性或者管理性手段，而非民事法律归责救济。

对于个人信息权的性质，学界有不同的看法：（1）所有权客体说，即个人信息能作为商品被利用、出让，为信息主体带来经济利益，这种利益是一种财产利益，所以应采取所有权保护模式。（2）隐私权客体说，即认为个人信息属于个人隐私范畴，个人隐私包括个人信息，侵害个人信息就是侵害了信息主体个人隐私中的私人信息部分。（3）人格权客体说，即个人信息不属于个人隐私的范围，个人信息的收集、处理、利用，关系公民个人人格尊严，体现的利益是人格利益，是人格尊严的一部分，因而应该采取一般人格权保护模式。

我们赞同第三种观点。所有权属于财产权，所有权的标的是物，可以是有形物也可以是无形物，是特定的且具有一定的财产价值，而个人信息权的标的是个人信息，其与传统物权法上的物存在较大不同，且个人信息在经加工处理或商业化开发之前并不天然具有财产价值，这也与物的天然的财产属性存在差别。将个人信息权作为人格权予以保护，明确个人信息权的民事权利性质，有助于明晰个人信息权的权利保护方式、唤醒公民的个人信息权保护意识，也能在更大程度上促进人格尊严的保护和实现人格平等。我国《民法典》将个人信息权与隐私权共同纳入人格权范畴内予以保护，说明我国立法上明确认为个人信息权属于人格权,但由于个人信息权在学理及实践中还需要进一步研究和发展,因此,本法并没有明确规定个人信息权这种权利类型,但自然人个人享有个人信息权益是毫无疑问的。

个人信息权作为一项具体人格权,具有不同于其他人格权的丰富内涵,主要包括:(1)控制权或占有权,个人信息应当由信息主体即个人享有,其他民事主体不能非法取得,即使经个人同意其他组织或者个人获得了相关个人信息并事实上管理使用,也不能因此而影响信息主体对个人信息的控制权;(2)自决权,即信息权人对于义务主体能否获取、使用个人信息享有按照自己意愿的决定权,同时对于个人信息的加工、传输、公开、授权、买卖等都享有决定权,其他人未经许可不得擅自获取、使用、加工、传输、公开等;(3)保护权,保护权是自决权的延伸,权利人对于在自身控制下的信息享有保护其不被非法获取、使用的权利,同时对于已经合法使用的个人信息,也有权进行保护和要求义务人依法进行保护;(4)查询权,对于不在权利人直接控制范围内的个人信息,权利人有权要求管理控制信息的义务主体告知个人信息的基本情况,包括信息的详细情况、是否完整、使用状况等,有关义务主体应当予以答复;(5)更正权,信息权利人发现信息管理控制人管理的相关个人信息不及时、不完整的,有权要求义务人进行更正;(6)冻结权,当出现信息权利人担心个人信息的使用、公开或者相关情况会影响其生活安宁时,权利人有权要求相关义务主体采取必要的措施对其个人信息予以冻结处理;(7)删除权,也有学者称之为被遗忘权,即权利人有权要求相关义务主体对其掌握的个人信息进行删除或销毁。

【审判实践中应注意的问题】

一、如何判断哪些个人信息属于个人隐私信息

信息是否属于隐私权,在司法实践中是以其是否超出了"社会的

容忍度"为标准进行侵权判定,以一个"一般人"的标准进行衡量的,不会根据个案去判断。因此,对于那些不涉及敏感信息以及已经公开的个人信息,因其不再具有隐秘的特点,只能寻求个人信息的保护,而非隐私权的保护。但与隐私权救济有所区别的是,个人信息权不仅可以主张精神损害赔偿,还可以主张财产性的赔偿,关于赔偿的标准可以根据行为人所获得的利益来进行主张。

二、个人信息权益可以采取民法上的哪些保护手段

首先,《民法典》将个人信息保护作为人格权范围内的一项重要民事权益予以规定,这说明个人信息权的保护可以采取人格权的保护方法,具体来说就是权利主体享有人格权请求权。

首先,采用人格权请求权保护的方法不限于个人信息权益受到侵害或有妨害的可能,权利人可以根据个人信息的实际状况有权要求义务人为一定行为或者不为一定行为,或者要求侵害人采取一定的措施恢复个人信息的圆满状态,比如在个人信息被篡改或损坏时,有权要求义务人恢复个人信息的完整性。其次,个人信息权利人可以按照侵权责任的规定享有损害赔偿请求权。个人信息权益受到民法的保护,是一项独立的民事权利,当权益受到损害时,权利人可以根据侵权责任规定向加害人主张损害赔偿要求加害人承担所造成损失的赔偿责任,同时因个人信息权益是一项具体的人格权益,权利人也可以主张精神损害赔偿。再次,考虑到在某些情况下个人信息的收集使用是基于权利人的授权或者根据合同约定由义务人使用,因此,当出现个人信息遭遇泄露或者被损害时,权利人依据合同约定主张违约责任请求权也是其当然的权利。

在具体的民事审判实践中,个人信息权益受到侵害时可能会出现多种请求权竞合的状态,权利人应当根据权利受到侵害的状况以及最有利于保护个人信息的目的主张相应的请求权。而且由于个人信息中还包括了由法律明文规定的隐私信息,因此在两者出现竞合时,权利人亦应明确主张是个人信息权益请求权还是隐私请求权。

> 第一百一十二条　自然人因婚姻家庭关系等产生的人身权利受法律保护。

【条文主旨】

本条是关于自然人身份权的概括宣示规定。

【条文理解】

身份权，是以权利人的特定身份为标的的权利。在现代民法中，这些身份主要表现在已经私法化（平等化）的亲属关系中，即亲属身份，故身份权也称为亲属权，如配偶权、亲权、监护权等。在我国《民法通则》中，并没有严格意义上的身份权的一般条款，第104条关于"婚姻、家庭、老人、母亲和儿童受法律保护。残疾人的合法权益受法律保护"的规定，以及第105条关于"妇女享有同男子平等的民事权利"的规定，虽涉及人的特定身份，但其立法目的是给予特殊主体以特别保护，这与现代民法中一般意义上的身份权还有一定区别。在《民法典》颁布之前，我国关于身份权的规定主要散落在《婚姻法》《继承法》《收养法》等单行法律中。为圆满保护社会个体的身份利益以及实现家庭秩序的和谐稳定，并最终实现整个社会的和谐稳定，身份权制度的整体构建对于现代身份权的保护具有重要的理论价值和现实价值，必将为身份权的保护起到基础性的作用。为此《民法典》在编纂中，采取了与传统大陆法系民法相同的做法，将婚姻家庭编作为《民法典》的一个独立的编，同时还在《民法典》总则编中作出了权利宣示，以统领各相关编中的各种身份权，也使得人身权的两大权利类型，即身份权与人格权完整地体现在《民法典》总则编中。

一、身份权的主要类型

本条规定没有对身份权的权利类型作出列举式规定，仅从概念入手对身份权作出了概括宣示性规定。通说认为，身份权主要包括以下权利类型：

1. 配偶权。婚姻是男女两性结合的行为，既具有法律属性，也建立在双方真实自愿的基础上。两性结合之后互为配偶。《婚姻法》虽未明确规定配偶权，但对夫妻关系的具体内容予以了规定，也即对配偶权给予了确认。我国现行法律中已规定的配偶权的派生权利有：夫妻姓名权（《民法典》第1056条）、平等从业权（《民法典》第1057条）、扶养权（《民法典》第1059条）、相互继承权（《民法典》第1061条）。对于其他派生权利未有明文规定。对配偶权的民法保护主要是侵权责任，其中分为第三人对配偶权的侵害，适用《民法典》第1179条和《民法通则意见》第147条关于"侵害他人身体致人死亡或者丧失劳动能力的，依靠受害人实际扶养而又没有其他生活来源的人要求侵害人支付必要生活费用的，应当予以支持，其数额根据实际情况确定"的规定。配偶自身对配偶权的侵害，适用《民法典》第1091条的规定，可以请求损害赔偿。

2. 亲权。亲权是父母对于未成年子女的身心抚养教育、监护权利。[①] 有关亲权的规定分散在《民法典》婚姻家庭编中。我国法律未采用大陆法系的亲权概念，但《民法典》第27条第1款规定："未成年人父母是未成年子女的监护人"，实际上确认了亲权。大多学者认为亲权是基于父母子女的身份关系而产生的权利和义务的结合体。包括亲生父母与子女、非婚生子女、养父母与子女、继父母与子女的关系。这些也得到了《民法典》第1071条、第1072条、第1111条的认可。

我国法律已规定的亲权的内容有：父母的抚养义务（《民法典》

---

① 张俊浩主编：《民法学原理》，中国政法大学出版社2000年版，第161页。

第1067条、法定代理权和同意权（《民法典》第19条~第23条）、财产保护权（《民法典》第34条）、财产处分权（《民法典》第35条）。亲权的法律保护也主要是侵权责任，但还有其他一些规定，如《民法典》第1067条第1款规定："父母不履行抚养义务时，未成年的或不能独立生活的子女，有要求父母付给抚养费的权利"。根据《民法典》第1086条规定："离婚后，不直接抚养子女的父或者母，有探望子女的权利，另一方有协助的义务。行使探望权利的方式、时间由当事人协议；协议不成的，由人民法院判决。父或者母探望子女，不利于子女身心健康的，由人民法院依法中止探望；中止的事由消失后，应当恢复探望。"

3. 亲属权。我国现阶段的家庭关系中，在一般情况下，除了夫妻关系外，就是父母与子女的关系、祖父母与孙子女间的关系和兄弟姐妹之间的关系。他们之间相互享有身份权，例如，有扶养关系的祖父母与孙子女、外祖父母与外孙子女相互之间的关系，有监护关系的兄弟姐妹或其他近亲属、其他监护人与被监护人之间的人身权等，这些权利均受到我国法律的保护。亲属权的内容在学理上主要表现为亲属间一种有条件的赡养、抚养、扶养关系，即亲属一方首先应具有一定的能力，而另一方有需要，体现的是亲属间的相互帮助、体谅、互敬互爱的伦理道德精神。这些内容体现在《民法典》第1067条、第1069条、第1074条、第1075条的规定中。其法律保护也是针对此义务的民事责任。

4. 监护权。监护权是指监护人对被监护人在人身和财产方面的管教和保护的权利。《民法典》总则编在自然人一章中专节规定监护制度，将监护的内涵扩大为父母与子女之间的相互义务，而不仅是父母对未成年子女或者无民事行为能力人的管教和保护。监护权的内容包括：财产监护权（《民法典》第35条）、身上监护权（《民法典》第27条、第28条）、民事行为的代理权。对于监护权的保护，《民法典》第34条中规定："监护人的职责是代理被监护人实施民事法律行为，保护被监护人的人身权利、财产权利以及其他合法权益等。监护人依法履行监护职责产生的权利，受法律保护。监护人不履行监护职责或者侵害被监护人合法权益的，应当承担法律责任。"

二、身份权的基本特征

身份权是专属权，与民事主体的人身紧密相连，这种权利只能由民事主体自己享有和行使，具有严格的排他性，不得转让、抛弃或者由他人继承。

身份权以法律上的人格平等为前提和基础。身份权存在于相对的家庭成员或者亲属之间，是对内的权利义务关系，各成员之间权利义务是平等的，双方互为权利人和义务人。平等的权利义务关系，构成身份权对内关系的一个基本特点。任何一方亲属都不能对另一方取得身份地位上的优势，不得凌驾于另一方。

身份权以义务为中心，而不是以权利为中心，比如配偶的贞操权、父母对未成年子女的监护权等。

身份权是绝对权，具有对世性和法定公示力。身份权的对外关系表明，权利主体享有这种权利，其他任何人都负有不得侵害这种权利的义务。身份权作为对世性的权利，权利人是特定的、相对应的亲属，权利人享有的权利，是表明特定亲属之间的特定身份地位，并通过这种亲属的身份地位使权利主体对特定亲属之间的身份利益的绝对占有和支配。比如夫妻的同居权、生育权等。

【审判实践中应注意的问题】

在人身权体系中，人格权和身份权的地位并不相同。人格权以维护民事主体的法律人格为基本功能，使之实现人之所以为人的法律效果，故人格权是人身权中占主导地位的权利，是基本权利；而身份权是维护以血缘关系等组成的亲属团体中人的特定地位及相互之间的权利义务关系，身份权在事实上是以人格权的存在为前提。人的第一需要乃是生存的需要，人格权就是人的生存需要的法律表现，身份权则是自然人在生活中及其相互之间关系的法律表现。因此，从根本上说，身份权是人格权的扩展和延伸。实践中，身份权和人格权所保护的利益在很多情况下是交叉或重合的。比如侵害健康权时，则可能会同时侵害受害人的身份利益，如性生活权、生育权等，同时也会侵害受害人的相对身份权人的身份利益，如妻子的健康权受到侵害，可能会同时危及到丈夫的性生活权、生育权等。在审理涉及自然人身份权案件时，需要衡平当事人身份权和人格权的冲突，切不可为了保护自然人身份权益而忽视保护人格利益。

> **第一百一十三条** 民事主体的财产权利受法律平等保护。

【条文主旨】

本条是关于平等保护民事主体财产权利的规定。

【条文理解】

一、作为民法保护客体的财产权利

民法的根本目的是保护民事主体利益,维护经济社会秩序。民法对民事主体利益的保护,是通过对民事权利的保护实现的。没有保护就没有权利。民事权利的法律保护可视为整个民法的核心。全部民法规范,目的都是更好地为民事权益提供法律保护,故民法就是民事权益保护法。这也正是近现代民法伟大和神圣之处。《民法典》总则编在第一章"基本规定"第3条中,明确规定:"民事主体的人身权利、财产权利以及其他合法权益受法律保护,任何组织或者个人不得侵犯",这一基本原则是对《民法通则》《民法总则》确立的民事权利法律保护原则的延续,是财产权利成为民法保护客体的依据。

财产是法律保障的主体生存和发展需要的物质资料总和或经济利益。在大陆法系民法理论中,有广义财产权和狭义财产权两种概念。广义上的财产权是指权利标的具有财产上的价值的权利,是和人身权相对应的概念。[①]狭义上的财产权主要是指对有体物的支配的权利。我国民法学理大多采广义财产权概念。我国有关法规、规章所使用的

---

① 参见李宜琛:《民法总则》,我国台湾地区正中书局1994年版,第47页。

产权、财产权等亦为包括物权等各类财产权在内的广义财产权概念。本条所规定的财产权利应当从广义上理解，是指权利标的具有财产上的价值的权利，包括物权、债权、知识产权、继承权、股权及其他投资性权利等，以上述权利为内容的民事法律关系为财产权关系。与人身权相比，财产权利主要有两方面的特征：（1）财产权利所体现的利益具有经济价值，可以进行经济评价；（2）财产权利可以脱离权利人本人进行移转。随着社会经济与科技的发展，诸多新型财产权不断涌现，如商业信誉、商业秘密、经营利益、特许权、信托权、信息网络传播控制权、域名专用权、数据库专用权、个人资料控制权等。本章所规定的财产权利是一个开放的体系，除传统上的物权、债权、知识产权、继承权、股权及其他投资性权利外，还将具有一定经济价值的权利和利益，如数据、网络虚拟财产等均纳入财产权的范畴。

二、法律平等保护各类民事主体的财产权利

《民法典》第4条确立了"平等原则"这一基本原则，即"民法主体在民事活动中的法律地位一律平等"，本条关于民事主体的财产权利受法律平等保护的规定，是《民法典》确立的平等原则在财产权领域的具体体现。

在市场经济条件下，财产权是民事主体进入市场的基础，对财产权进行平等保护正是市场经济内在要求在法律上的体现。法律平等保护各类民事主体的合法财产权利，反映了我国基本经济制度和加强产权保护的要求。我国《宪法》第15条中规定："国家实行社会主义市场经济。"公平竞争、平等保护、优胜劣汰是市场经济的基本法则。在社会主义市场经济条件下，各种所有制经济形成的市场主体都在统一的市场上运作并发生相互关系，各种市场主体都处于平等地位，享有相同权利，遵守相同规则，承担相同责任。只有地位平等、权利平等，才有公平竞争，才能形成良好的市场秩序。[1] 坚持社会主义基本

---

[1] 胡康生主编：《中华人民共和国物权法释义》，法律出版社2007年版，第7~9页。

经济制度与对国家、集体和私人的财产权利给予平等保护是有机统一的。没有前者，就会改变社会主义基本经济制度的性质。没有后者，就违背了市场经济原则，损害社会主义基本经济制度。

对国家、集体、私人以及其他权利人的财产权利实行平等保护，不仅是《民法典》的一项重要原则，也是党执政为民根本宗旨的具体体现，是维护人民利益的客观需要。党的十八届三中、四中、五中全会就平等保护财产权利提出明确要求，强调国家保护各种所有制经济产权和合法利益，健全以公平为核心原则的产权保护制度，推进产权保护法治化。中共中央、国务院《关于完善产权保护制度依法保护产权的意见》指出，产权制度是社会主义市场经济的基石。完善产权保护制度、依法保护产权，关键是要在事关产权保护的立法、执法、司法、守法等各方面各环节体现法治理念，坚持平等保护、全面保护、依法保护、共同参与和标本兼治。该意见要求，坚持平等保护，健全以公平为核心原则的产权保护制度，公有制经济财产权不可侵犯，非公有制经济财产权同样不可侵犯。完善平等保护产权的法律制度。加快推进《民法典》编纂工作，完善物权、合同、知识产权相关法律制度，清理有违公平的法律、法规条款，将平等保护作为规范财产关系的基本原则。健全以企业组织形式和出资人承担责任方式为主的市场主体法律制度，统筹研究清理、废止按照所有制不同类型制定的市场主体法律和行政法规，平等保护各类市场主体。

本条确立民事主体财产权利平等保护的原则，对于维护社会主义市场经济制度，建立财产秩序和交易秩序，促进市场经济发展，鼓励广大人民群众通过合法经营、诚实劳动等途径创造和积累财富，具有重要意义。

需要说明的是，平等保护并不意味着不同所有制经济在国民经济中的地位和作用是相同的。依据《宪法》规定，公有制经济是主体，国有经济是主导力量，非公有制经济是社会主义市场经济的重要组成部分，它们在国民经济中的地位和作用是不同的。这主要体现在国家宏观调控、公共资源配置、市场准入等方面，对关系国家安全和国民经济命脉的重要行业和关键领域，必须确保国有经济的控制力，而这些是由经济法、行政法予以规定的。

【审判实践中应注意的问题】

人民法院在依法保障公有制经济发展，不断增强国有经济活力、控制力和影响力的同时，要依法平等保护非公有制经济的合法权益，坚持各类市场主体的诉讼地位平等、法律适用平等、法律责任平等，为各种所有制经济提供平等司法保障。[①]

---

① 参见《最高人民法院关于依法平等保护非公有制经济促进非公有制经济健康发展的意见》，法发〔2014〕27号，2014年12月17日发布。

> **第一百一十四条** 民事主体依法享有物权。
> 物权是权利人依法对特定的物享有直接支配和排他的权利，包括所有权、用益物权和担保物权。

【条文主旨】

本条是关于物权概念和分类的规定。

【条文理解】

一、物权概念的沿革

"物权"一词起源于罗马法。罗马法曾经确认了所有权、役权、永佃权、抵押权、质权等物权形式，并创设了对物之诉的程序，以对物权进行保护，但罗马法并未明确物权的概念。物权一词是由中世纪的注释法学家在解释罗马法时所提出的，然而注释法学家也没有明确提出物权的法律概念。在法律上正式使用物权概念，是1811年《奥地利民法典》，此后《德国民法典》接受了物权的概念，并以"物权"作为其"第三编"的编名，系统地规定了所有权、地上权、用益权、地役权、抵押权、质权等物权。自此以后，大陆法系各国在自己的民法典中，都规定符合本国国情的物权制度。

我国《民法通则》虽未使用"物权"一词，但在第五章第一节中作了对"财产所有权和与财产所有权有关的财产权"的规定，初步构成了我国民法的物权制度。我国《物权法》正式使用了物权概念，规定"本法所称物权，是指权利人依法对特定的物享有直接支配和排他的权利，包括所有权、用益物权和担保物权"。《民法总则》第114

条规定延续了《物权法》第2条第3款关于物权概念和物权分类的规定，明确了物权是物之归属权、物之利用权，即："民事主体依法享有物权。物权是权利人依法对特定的物享有直接支配和排他的权利，包括所有权、用益物权和担保物权。"《民法典》对这一规定予以沿用。

二、物权的特征

（一）物权是直接支配物的绝对权

绝对权又称对世权，是指无须义务人为积极行为进行协助，仅由权利人合法支配行为即能实现的权利。物权是权利主体对特定物进行管领、支配，享受其利益的权利，其直接表现即为权利人对物的直接支配权。所谓支配，是指对物进行占有、使用、收益和处分。物权人可以在法律规定范围内以自己的意志和行为直接支配物，而无须借助于他人的行为。

物权一方面表现为物权人有权在法律规定范围内，按自己的意愿对物进行支配，包括对物进行占有、使用、收益和处分。另一方面，物权人也有权排除他人对自己支配之物所给予的侵害和对自己行使物权的行为造成的干涉和妨碍，因而物权主体以外的其他任何人都负有不得侵害和干涉物权、不得妨碍他人行使物权的义务。

（二）物权的客体是特定的独立之物

既然物权是权利主体对物进行直接支配的权利，那么物权的客体就是特定的物。而其他的权利客体如行为、精神财富等不能作为物权的客体，这是物权与债权、知识产权、人身权相区别的一个显著特征。物权的客体是特定的，因为物权是对物的支配权，其客体如果不特定就无从支配，故"所有权不得未确定"就是物权的基本要求。此外，物只有独立，才能对其完全行使直接支配的权利，对不独立的物无法确定其物权。

（三）物权的内容是对物的直接支配并享受其利益

对物进行支配，不是物权人的目的而是物权人的手段，物权人的目的在于通过对物的支配而取得物的利益。因而在民法保护下，直接享受物的使用价值和交换价值所带来的各种利益，是物权的本质和核心，是物权区别于其他财产权的最基本特征。

（四）物权是具有排他性的权利

物权排他性的含义有二：（1）同一物上不得同时成立两个内容不相容的物权。就所有权来说，一物之上不能有两个以上的所有权，如果某人对某物享有所有权，就排除其他任何人同时再对该物另有一个所有权。这就是一物一权原则。（2）物权具有排除他人侵害、干涉、妨碍的性质。在物权中，一个人享有物权，其他任何人都是这个权利的义务主体，对该物权都负有不可侵害的义务。凡是侵害物权的行为，都在排除之列。因而在物权请求权中，返还原物和恢复原状等物权保护方法，是物权基于排他性所产生的物权保护方法。

三、物权的效力

物权的效力，是指物权所特有的功能和作用，是物权的占有、使用、收益、处分权能进一步发挥作用的结果。物权的本质在于其对物的支配权和排他性，故物权具有排他效力、优先效力、追及效力等特殊效力，并以物权请求权作为救济手段。

物权的排他效力，是指同一物上不得设定两个性质相互冲突的物权，即"一物不容二主"。物权的排他效力主要体现在：（1）在同一标的物上已有所有权存在的，不能另有其他所有权成立。如果一个人对某物依法取得所有权，即使另一个人在事实上占有该物，也不能享有法律上的所有权。（2）在一个特定物上存在着法律上的所有权，但是他人由于善意取得制度而取得对该物的所有权时，则先前的所有权将因此而消灭，并不得对抗后一个所有权。（3）在同一标的物上，已有以占有为内容的用益物权存在的，不得另有同样性质的用益物权的成立。当然，物权的排他效力并不否认同一物之上并存数个内容并不矛盾的物权，如所有权可以与其他任何一种他物权在同一物上并存，所有权人也可以在一物之上设立数个担保物权。

物权的优先效力，其基本含义是指权利效力的强弱，即同一标的物上有数个利益相互矛盾、相互冲突的权利并存时，具有较强效力的权利排斥或先于具有较弱效力的权利的实现。物权的这种优先效力主要表现在：（1）物权优先于债权；（2）同时存在数个物权的，一般以设立的时间先后确定受偿顺序。

物权的追及效力，是指物权的标的物不论流通到何人手中，所有人可以依法向物的占有人主张返还原物；任何人非法取得他人的物，都有义务返还，否则，即为侵犯了物权人的权利。[1]同时，法律为保障物权人对物所享有的充分的支配权，赋予物权人请求他人返还原物、排除妨碍、恢复原状的权利，这些权利为物权请求权，为物权特有的效力。[2]

四、物权的分类

本条明确物权的类型包括所有权、用益物权和担保物权。所有权又称自物权，用益物权和担保物权合称他物权。所有权和用益物权都是主物权，而担保物权是从物权。

所有权是指所有人依法享有的对其财产进行占有、使用、收益、处分的权利，它是指所有人在法律规定的范围内，独占性地支配其财产的权利。[3]按照所有权人的不同性质划分，所有权可以分为国家所有权、集体所有权、私人所有权。按照所有权主体的多寡划分，所有权还可划分为单一所有权、共有权和建筑物区分所有权。

用益物权是指非所有人依法对他人所有的物享有的占有、使用和收益的排他性权利，其支配的是标的物的使用价值。用益物权主要包括土地承包经营权、建设用地使用权、宅基地使用权、地役权、海域使用权、探矿权、采矿权、取水权、养殖权、捕捞权等。

---

[1] 参见王泽鉴：《民法物权·通则·所有权》，我国台湾地区三民书局1992年版，第53页。
[2] 参见王利明：《物权法研究》，中国人民大学出版社2007年版，第39~53页。
[3] 参见王泽鉴：《民法物权·通则·所有权》，我国台湾地区三民书局1992年版，第50页。

担保物权是指为了确保债务履行而设立的物权，当债务人不履行债务时，债权人依法有权就担保物的价值优先受偿。担保物权是对他人提供担保的物或权利的价值所享有的权利，支配的是标的物的交换价值。担保物权包括抵押权、质权和留置权。

【审判实践中应注意的问题】

审判实践中，应当注意同一物上存在数个权利时应依据物权的效力来确定权利的优先顺位：（1）一般情况下，物权优先于债权。例如，在一物二卖的情况下，已经登记的买受人取得了所有权，则即使另一买受人的债权发生在先，其也不能就该标的物主张权利。当用益物权、担保物权和债权并存时，用益物权、担保物权具有优先于债权的效力。但是，需要注意法律和司法解释规定的例外情形，例如买卖不破租赁的规则，特别法中赋予某些债权优先于其他债权，甚至基于公共政策考虑赋予特定债权优先于物权的效力。（2）当同一物上多项他物权并存时，一般应根据"时间在先、权利在先"的规则确立优先的效力。比如新设立的建设用地使用权，不得损害已设立的用益物权。

第一百一十五条 物包括不动产和动产。法律规定权利作为物权客体的，依照其规定。

【条文主旨】

本条是关于物权客体的规定。

【条文理解】

一、物权客体的含义和特征

物权客体是指物权所指向、支配和控制的特定的物。作为物权客体的物，必须是存在于人身之外，能够为人力所支配，具有一定价值，能够满足人类一定生产生活需要的特定的物。物权的客体主要是有体物，即具有一定的物质形体，能够为人们所感觉到的物，换句话说，是指有形的、可触觉并可支配的物。[1]

作为物权客体的物一般具有以下特征：

1. 单一性。物的单一性，是指在形态上能够单独地、个别地存在。单一物是相对于集合物而言。[2] 单一物包括天然的单一物，如树木，以及人为的单一物，如房屋。集合物是指事实上的集合物，如图书馆的全部书籍，以及法律上的集合物，如夫妻共同财产。作为物权客体的物主要是单一物，在特殊情况下，为简化交易，集合物也可以成为物权客体。

---

[1] 参见［德］鲍尔/施蒂尔纳：《德国物权法》，张双根译，法律出版社2004年版，第22页。

[2] 杨立新：《物权法》，法律出版社2013年版，第45页。

2.独立性。所谓独立物,是指在物理上、观念上、法律上能够与其他的物区别开而独立存在的物。①物理上的独立性是指物必须在现实形态上与其他物相区分并为主体所占有和控制。观念上的独立性是指物可以通过划定界限等使其部分得以特定化从而成为独立物,例如宗地。法律上的独立性是指可以按照法律规定的方法使物的某部分得以特定化,成为法律上的独立物,如建筑物区分所有权。

3.特定性。特定物,是指具有单独的特征,不能以其他物代替的物。种类物,是指具有共同特征,可以用品种、规格或者数量加以度量的物。物权的客体必须是特定物,而不能是种类物。因为物权是权利人支配特定物的权利,标的物不特定则无法登记或者交付。只有在作为物权客体的物具有独立性和特定性的情况下,才能明确物权的支配范围,使物权人能够在其客体上形成物权并排斥其他人的干涉。②同时,如果种类物已经从同类物中分离出来得以特定化,也可以作为物权的客体。

4.有体性。有体物是指具有一定的物质形体,能够为人们所感觉到的物。与之相对的是无体物,即权利。德国法仅承认有体物为物权客体,法国法则承认有体物和无体物均为物权客体。一般认为,德国法的界定过于狭小,法国法的界定则过于宽泛。③需要注意的是,所有权的客体只能是有体物,作为物权客体的权利只能是债权以外的其他权利,并且只能作为他物权的客体。随着科技的发展,有体物的范围呈扩大趋势,除可以观察的有形体外,空间、网络空间、自然力等虽并不能具体观察到形体,但在观念上确实存在抽象形体,并且可以用一定方法度量的物,属于特殊的有体物。

---

① 参见崔建远:《我国〈物权法〉应选取的结构原则》,载《法治与社会发展》1995年第3期。
② 王利明:《物权法研究》,中国人民大学出版社2007年版,第62页。
③ 杨立新:《物权法》,法律出版社2013年版,第46页。

二、物权客体的分类

按照不同的标准,可以将物权客体做不同的分类。较为常见的物的分类包括,按照能否移动以及移动是否导致物的价值严重受损为标准,分为不动产和动产。按照物之间的相互依存关系,分为主物和从物。按照数物之间产出的关系,分为原物和孳息。按照是否特定化,分为特定物和种类物。按照是否具有一定形体,分为有体物和无体物等。上述不同的分类各有其规则适用上的意义。我国《物权法》第2条第2款规定:"本法所称物,包括不动产和动产。法律规定权利作为物权客体的,依照其规定。"从而在法律规范意义上,将物分为不动产和动产,以及法律明确规定的可以作为物权客体的权利。本条沿用了物权法该条的规定。

动产与不动产的区分,最早起源于罗马法,大陆法系国家都采纳了这种区分。不动产是指依照其物理性质不能移动或者移动将严重损害其经济价值的有体物,主要包括土地以及房屋、林木等土地定着物。动产,是指不动产之外的物,即在性质上能够移动且移动不损害其经济价值的物。《担保法》第92条规定:"本法所称不动产是指土地以及房屋、林木等地上定着物。本法所称动产是指不动产以外的物。"判断物是属于不动产还是动产,主要看其是否可以移动、移动是否在经济上合理以及是否附着于土地。

将物分为不动产和动产的意义在于根据二者的不同特点适用不同的规则予以规范。其法律适用上的区别主要体现在:

(1)权利取得方式不同。如先占、添附等一般不适用于不动产。

(2)转让的形式要件不同。如对于不动产的转让要求采用书面合同方式,对于动产则一般无此要求。

(3)物权公示方法不同。如动产一般以交付作为所有权移转要件,不动产则一般以登记作为所有权移转要件。

(4)利用方式不同。如不动产不能设立质押权和留置权。

(5)权利的性质不同。如不动产往往涉及国家基本经济制度,甚至与国家主权密不可分,对不动产的设定、取得、移转经常有公法上的限制,而对于动产的相关规则更为体现私法特征,尊重当事人的合意。

(6)诉讼管辖不同。依据《民事诉讼法》和相关司法解释的规定,涉及不动产的纠纷一般适用专属管辖,而涉及动产的纠纷则允许当事人协议确定管辖法院。

物权法上的物一般是有体物或者有形物,包括固体、液体、气体、电等。有体物或者有形物是与无体物或者无形物相对而言的。著作、商标、专利等是精神产品,属于无体物或者无形物,不属于物权法规范的对象,由专门的法律予以调整。能够为物权法调整的物,是人力能够控制并有利用价值的物。随着科学技术的发展,一些原来无法控制和利用的物现在可以控制与利用,从而进入了物权法所规范的物的范围。

关于可以作为物权客体的权利,必须是有法律明确的规定。例如,《民法典》第440条中规定,可以转让的注册商标专用权、专利权、著作权等知识产权中的财产权可以出质作为权利质权。在此情况下,权利即可成为物权客体。因此,本条明确,法律规定权利作为物权客体的,依照其规定。需要注意的是,这里可以作为物权客体的权利是指其中的财产权益。

【审判实践中应注意的问题】

1.关于权利作为物权客体的问题。《民法典》物权编确认了各种权利担保的方式,承认了大量无形财产作为担保物权的客体,如建设用地使用权、"四荒"土地承包经营权等可以抵押,承认了集合物的担保,承认了有价证券、基金份额、股权、知识产权、应收账款等可以质押。

2.关于空间作为物权客体的问题。《民法典》物权编确认了空间可以成为物权的客体。虽然空间难以被实际地占有和控制,但其是客观存在的资源,可以被感知且有利用价值,只要其具有独立之经济价值并可以排他性地支配,即可以作为权利客体。

3.关于无线电频谱、电、热、声、光作为物权客体的问题。这些表现为无形状态的物,因可以被感知、控制和利用,作为有体财产的延伸,仍然属于有体物的范畴,从交易观念上作为物进行调整。

4.关于人体组成部分能否作为物权客体的问题。人体是生命载体,其本身不是物,不应作为物权客体。"人之身体固然不是物,但身体之部分如经分离者,无论其分离之原因为何均已成为物,由其人当然取得所有权。"[1]但特殊情况下,当人体的某些组成部分与人体分离后,其分离部分例如器官、组织、精子、干细胞或其他衍生物是否可以作为物权客体仍有待探讨。一般认为,若人体分离部分在分离期间仍与身体具有功能一体性,仍然属于人体的组成部分。[2]

---

[1] 谢在全:《民法物权论》,中国政法大学出版社2011年版,第18页。
[2] 参见王利明:《物权法研究》,中国人民大学出版社2007年版,第82页。

第一百一十六条 物权的种类和内容，由法律规定。

【条文主旨】

本条是关于物权法定原则的规定。

【条文理解】

一、物权法定原则的基本含义

物权法定原则，是指物权的种类、内容应由法律明确规定，而不能由法律之外的其他规范性文件确定，或由当事人通过合同任意设定。这里的法应作狭义理解，是指法律，不包括法规、司法解释和习惯法。

物权法定发端于罗马法，并为韩国、日本、荷兰、奥地利等多国民法所沿袭、借鉴。物权法定是大陆法系各国物权法所普遍承认的基本原则，对于准确界定物权，定分止争、确立物权设立和变动规则、建立物权的秩序都具有十分重要的意义。[1]《民法典》在总则编中对物权法定原则予以规定，体现了物权法定原则在物权法体系中的基础地位。物权法定原则集中体现了物权法规范的强制性，即当事人不得创设与法定物权种类和内容不符的物权，从而与允许当事人自由约定内容的债权显著区分开来。由法律限定物权的类型和内容，是因为物权是一种绝对权，具有对世效力，明确权利的类型和内容，有利于使他人对物权有清楚的认识，确保权利义务关系清晰，减少交易成本，维

---

[1] 王利明：《物权法研究》，中国人民大学出版社2007年版，第158页。

护交易安全。

二、物权法定原则的内容

物权法定原则主要包括两方面内容：

1. 种类法定。物权的种类法定，是指哪些种类的权利属于物权，或者说物权包含哪些种类的权利，需由法律予以明确规定，而不得由当事人随意创设，具体包括：

（1）物权的类型应当由法律规定，法律之外的行政法规、规章、地方性法规等文件不得创设物权类型，也不允许司法裁判通过个案创设新类型的物权，以保持法律适用的一致性和法律规范指引的明确性。

（2）物权种类法定既不允许当事人创设法律规定物权之外的物权类型，也不允许当事人任意改变法律规定的物权类型。当事人不得通过协议创设物权，也不得设定与法定物权不符的物权，否则为此订立的合同即不能实现其变动或者创设物权的目的。

2. 内容法定。物权的内容法定，是指各类物权的具体内容应当由法律明确规定，当事人不得创设与法定物权内容不符的物权，也不得自行约定物权的内容，不得作出与法律强行性规定不符的约定。物权内容法定体现了物权法作为强制性的制度建构与债权法的区别，物权内容法定和物权类型法定相辅相成，共同构成了物权法定原则的内容。

此外，有学者认为物权法定原则还应当包括物权效力法定和物权公示方法法定。物权效力法定主要指当事人必须按照法律规定的效力来确定物权的效力，并且不得改变法律关于物权效力的规定。例如，物权的对世性、支配性、优先性以及追及性均应按照法律规定的规则行使，不允许当事人协议变更。物权公示方法法定则更集中体现在物权公示原则中，该原则包括了公示方法、公示对象、公示效力、公示范围等，但公示方法法定应为物权法定题中应有之义。①

由于物权具有直接支配力、排他性、绝对性，与债权的相对性有显著区别，同时，物权是市场交易的前提和结果，是民事主体赖以生存的物质基础，因而，《民法典》总则编规定物权法定原则，有利于维护国家基本经济制度、保护公民基本经济权利、明确产权归属，有利于确认物权、定分止争、维护交易安全、促进物尽其用。当然，物权法定原则在具体适用中也会有新的发展，在当今社会经济快速发展的背景下，如果出现了需要法定化的物权，则可以通过修改本法中的物权编或者相关法律予以确认。

【审判实践中应注意的问题】

一、应注意物权法定原则的新发展

《民法典》物权编扩大了担保合同的范围，增加规定了其他具有担保功能的合同，即将融资租赁、保理等具有担保功能的非典型担保合同纳入担保合同的范围。

二、应当正确认识违反物权法定原则的法律后果

物权法定原则具有强制性，其强制性体现在违反物权法定原则的法律不利后果。对此，实践中存在模糊认识，主要体现在认为物权法定是强制性规范，违反这一原则自由创设物权类型和内容的合同无效。这一观点将违反物权法定和违反法律禁止性规定导致合同无效的情形相混淆，与《民法典》第215条体现的合同关系和物权关系相区分的精神相悖。在审判实践中，应当视违反物权法定原则的具体情形，准确判断相应法律后果。如果当事人系在合同中创设法定类型之外的新物权类型，则不产生设定物权的效果。如果当事人系在合同中

---

① 参见王利明：《物权法研究》，中国人民大学出版社2007年版，第161、162页。

约定了物权的某些内容或者行使限制，而这些具体内容虽然没有明确法律依据，但不属于物权编规定的影响该类物权性质的基本内容，且并未违反法律禁止性规定的，一般可以认定该约定的效力。如果当事人系在合同中约定了物权的公示方法，但该公示方法并非所设定物权的法定公示方法，则不产生设定或者变更该类物权的效力，但若符合其他种类物权公示方法的，可以认定设定或者变更另一种物权。例如，当事人约定动产抵押，但未办理抵押登记，仅交付动产，虽然抵押权并未设立，但可以认定设立动产质权。当事人自由创设的与法定种类和内容不符的物权依法不应保护，但若当事人依据合同进行投资，其投资权益可通过债权的形式予以保护。

> **第一百一十七条** 为了公共利益的需要，依照法律规定的权限和程序征收、征用不动产或者动产的，应当给予公平、合理的补偿。

【条文主旨】

本条是关于对不动产或者动产征收、征用补偿的规定。

【条文适用】

所谓征收，一般是指征收主体（国家或政府）为了公共利益需要，依照法律规定的权限和程序，以国家权力为后盾取得集体或个人财产所有权并给予适当补偿的行为。征收行为在土地征收及房屋征收领域特别常见。在物权法上，征收是物权变动的一种情形，直接导致标的物所有权的取得和丧失。征用不同于征收，征用的目的在于获得被征收标的的使用权，不导致所有权的变化，使用完成后还应当返还给被征用人。两者的共同点在于都是为了公共利益的需要，都要经过法定程序，都要给予补偿；不同之处在于前者涉及所有权的变化，而后者只是使用权的变化。对于征收、征用行为的性质，学界的认识还存在一定程度的分歧，多数学者认为征收行为属于行政行为，也有少数学者认为征收、征用行为属于民事法律行为或带有行政行为、民事行为、宪法行为及经济法行为等因素的综合行为。征收、征用行为在世界各国的立法中特别是基本立法中都有存在，如《意大利宪法》第42条规定，在法律规定的情况下、并给予适当的补偿时，国家可基于公共利益的需要对私有财产予以征收。我国《宪法》第10条第3款中规定，国家为了公共利益的需要，可以依照法律规定对土地实行征收或者征用并给予补偿；第 13 条规定，国家为了公共利益的需要，可以依照法律规定对公民的私有财产实行征收或者征用并给予补偿。因此，在宪法意义上，征收行为带有一定程度的宪法强制性。同时，《宪法》也从国家最高法律层面上规定了征收应当补偿的法律原则，有效保障了公民的宪法权利。当然，也要注意到，《宪法》作为国家的根本法，对于征收及补偿的规定比较原则和抽象，除了维护国家的宪法权威外还要保障公民及相关主体的宪法权益，无法对权利的实现作出周密、细致的安排，特别是对于征收这一复杂的法律行为及其导致的相关权利义务后果，只能由各基本法或特别法予以规定。本条的规定是国家取得标的物所有权或使用权的一种方式，也是《宪法》规定的征收、征用行为应当给予补偿的基本原则在民法层面的具体落实。

权利为法律所赋予，具有一定的社会功能，是社会秩序的一部分。① 权利的行使，不仅关涉权利人的利益，而且也关涉义务人的利益以及国家利益和社会公共利益。权利人所享有的民事权利并不是绝对的、不受限制的，相反，现代民法对于民事权利的内容及其行使逐渐设置了越来越多的限制。部分特别法，例如《环境保护法》《城乡规划法》《土地管理法》等，都作出了一系列的限制，从而使民事权利具有了社会化的特点。最高人民法院在向全国人大常委会法工委提出对《民法总则（草案）》修改建议时，提出增加以下规定："为了公共利益的需要，有关国家机关依照法律规定的权限和程序进行征收、征用，给权利人造成损害的，应当给予及时、充分的补偿。"之所以提出该意见的理由如下：

1.维护社会公共利益。权利主要体现的是一种权利人的私人利益，这是民事权利作为私权的本质所在，但是这种利益有可能和社会公共利益发生冲突。例如，人格权的行使与舆论监督、舆论自由等可能发生冲突和矛盾。如果允许权利人享有绝对的人格权，则舆论自由

---

① 参见王泽鉴：《民法总则》，中国政法大学出版社 2001 年版，第 548 页。

和舆论监督必然会受到伤害。所以，法律从维护社会公共利益的角度考虑，需要对权利人的权利作出必要的限制。对所有权而言，政府基于社会公共利益的需要，可以征收、征用或者对民事权利的行使进行其他必要的限制。

2. 维持民事主体之间的利益平稳。因为民事权利常常涉及各种民事主体之间的利益冲突，例如，一方对自己的土地享有所有权，但如果禁止他人通行，就会给他人的利益造成损害，所以法律要设立相邻关系制度，以解决因权利的行使产生的利益冲突。任何人在行使权利时，对他人对其行使权利造成的不便，负有适当容忍的义务。

3. 提高经济效益。权利的行使，应当有利于增进社会效益和福祉。例如，土地使用权人在一定的期限内不使用土地，造成社会财富的浪费，国家就可以提高土地的利用效率为由，收回土地使用权。

在遵循私法自治原则组成的市民社会之下，建立和完善市场经济体制，既要确立个人行使权利自由居于核心地位的基本原则，同时也需强调行使权利自由应当尊重他人，不得损害他人的法律伦理原则，权利行使需要受到限制，这是权利社会化的应有之义。本法在确立基本民事权利类型的同时，也规定了民事权利行使的规定。例如，在本编第一章"基本规定"中，第5条规定自愿原则，第7条明确诚信原则，第8条明确不得违反法律、不得违背公序良俗原则，上述基本原则不仅适用于民事权利的行使，还适用于其他民事活动。在本编第五章"民事权利"中，第130条规定："民事主体按照自己的意愿依法行使民事权利，不受干涉。"同时，第132条规定："民事主体不得滥用民事权利损害国家利益、社会公共利益或者他人合法权益。"权利的行使不得违反公共利益，强调私权的公共性，也是权利社会化的重要内涵。所谓公共利益是指不特定多数人的利益，包括社会与个人利益在内，是促进社会发展不可或缺的合理秩序。需要注意的是，以"公共利益"作为控制私权行使的手段适用之时，应当慎重，避免因滥用而不当限制权利人的自由。本条即为对因公共利益而限制私权行使的规范条款。

征收是以国家的名义强制性地取得个人财产的所有权。例如，政府为公共利益的需要，征收个人的土地、房屋，兴建道路、医院等。征用是以国家的名义强制性地取得个人财产的使用权，而保留个人的所有权。例如，国家在抗洪救灾时征用个人的车辆等。征收、征用都涉及对于权利人行使权利的限制问题。尽管立法对民事权利的享有和行使作出了限制，但为了充分保证权利人享有和行使民事权利，保护权利主体的利益，防止行政机关对民事权利的行使作出不正当、不合理的干预，要求对于民事权利的限制必须由法律规定，而不能由行政机关通过规章甚至是红头文件任意进行限制。外国立法中已有相关规定，例如，《法国民法典》第545条规定："任何人不得被强制转让其所有权，但因公用并在事前受公正补偿时，不在此限。"《意大利民法典》第834条规定："不得全部或部分地使任何所有权人丧失其所有权，但是为公共利益的需要，依法宣告征用并且给予合理补偿的情况不在此限。"《德国民法典》对征收的适用更为严格，第838条规定："在所有权人放弃保存、耕种或者使用涉及国民生产利益的财产，严重损害了国民生产的情况下，可以由行政机构支付合理补偿后，对上述财产实行征收。"即使是法律因公共利益而对民事权利的行使设置限制，也必须有明确充分的理由，且不得违反相关法律对征收、征用机关的法定权限，以及相关程序等规定。

根据《物权法》第28条中的规定，因人民政府的征收决定等，导致物权设立、变更、转让或者消灭的，自人民政府的征收决定等生效时发生效力，征收是引起物权设立、变更、转让或者消灭的特殊原因之一。《民法典》吸收了《物权法》的相关规定，明确了征收、征用不动产或者动产适用的条件：

1.必须是为了公共利益的需要。从比较法的角度来看，"征收"（taken）一般是基于"公共利益"（public use）和"正当补偿"（just compensation）这几个概念展开的。[1] 为此，根据《民法典》物权编

---

[1] 参见王利明：《物权法》，中国人民大学出版社2007年版，第418页。

中的第 243 条第 1 款规定："为了公共利益的需要，依照法律规定的权限和程序可以征收集体所有的土地和组织、个人的房屋以及其他不动产。"据此，政府从事征收行为，必须是为了满足公共利益的需要，只有公共利益才是限制私人财产权的重要事由。根据物权编中的第 245 条中规定："因抢险救灾、疫情防控等紧急需要，依照法律规定的权限和程序可以征用组织、个人的不动产或者动产。"抢险、救灾、疫情防控适用于紧急状态下保护公共利益的需要，这是其正当性、适法性所在。

2. 依照法律规定的权限和程序。依照我国《立法法》第 8 条的规定，对非国有财产的征收、征用只能职能制定法律，即只能由全国人大及其常委会制定的法律来规定，而不能由行政法规确定，更不能由各地方、各部门自行授权和确定程序。物权编除了对一般不动产和动产的征收、征用程序作出规定以外，该法中的第 244 条单独规定："国家对耕地实行特殊保护，严格限制农用地转为建设用地，控制建设用地总量。不得违反法律规定的权限和程序征收集体所有的土地。"体现了对耕地、农用地等集体土地的保护力度。

3. 应当给予公平、合理的补偿。物权编中的第 243 条根据征收对象的不同，明确了不同的补偿范围。第 2 款规定，征收集体所有的土地，应当依法及时足额支付土地补偿费、安置补助费以及农村村民住宅、其他地上附着物和青苗的补偿费等费用，并安排被征地农民的社会保障费用，保障被征地农民的生活，维护被征地农民的合法权益。第 3 款规定，征收组织、个人的房屋以及其他不动产，应当依法给予拆迁补偿，维护被征收人的合法权益；征收个人住宅的，还应当保障被征收人的居住条件。第 245 条规定："……组织、个人的不动产或者动产被征用或者征用后毁损、灭失的，应当给予补偿。"第 327 条、第 338 条分别规定了财产被征收、征用的用益物权人、土地承包经营权人的法定补偿请求权。第 390 条明确了担保财产被征收，担保物权人就补偿金优先受偿权。

【审判实践中应注意的问题】

一、正确认识征收、征用补偿的法律性质

虽然征收、征用行为的法律性质在理论上还存在一定的争议，但对于征收、征用实施后对于民事主体的补偿行为属于民事行为，则争议不大。国家或相关机关通过行政权力强制性地获得了民事主体的不动产或动产，应当给予民事主体公平、合理的补偿。国家或相关机关给予民事主体的补偿虽然是由征收、征用的行政行为引起，但必须通过双方之间的补偿关系得到落实。由《民法典》的规定来看，被征收人应当得到公平、合理的补偿，《民法典》确认的双方之间的补偿关系应当属于平等主体之间的法律关系，也唯有如此，民事主体才能得到公平的对待，获得公平合理的补偿。由国家或相关机关单方作出决定给予补偿，而不征求民事主体的意见或由第三方进行衡量，均难以阻止公权力恣意横行。不管最终的补偿数额是由当事人双方协商确定还是按照有关标准确定，补偿都必须根据被征收、征用标的的市场价值确定。补偿关系的平等性决定了补偿行为发生争议时在民法上的可诉性，即当事人对于补偿数额不能达成一致意见或者对于补偿数额不服的，可以向法院提起民事诉讼，通过民事诉讼程序加以解决。

二、正确把握征收、征用时公共利益的范围

征收、征用的目的必须是为了公共利益的需要，也只有这样征收、征用才具有合法性和正当性。对于公共利益范围应当如何把握，涉及对于征收、征用行为之合法性审查。民事诉讼程序中往往不对征收、征用行为的合法性进行评价，但对于附带审查难以避免。征收、征用的合法性审查主要涉及征收、征用的目的是否合法和程序是否正当等，其中关于征收、征用目的合法性的审查相较于其程序合法性审查更为困难，因为公共利益的边界不如程序性问题的边界清晰，法律上并没有直接规定何为公共利益，判断上存在较大的自由裁量空间及

模糊性。对此,我们认为,可以参考国务院《国有土地上房屋征收与补偿条例》对于公共利益的界定,该条例虽然针对的是房屋征收,但对于公共利益的界定也可以作为征收其他不动产及动产的有益参考。该条例第8条规定:"为了保障国家安全、促进国民经济和社会发展等公共利益的需要,有下列情形之一,确需征收房屋的,由市、县级人民政府作出房屋征收决定:(一)国防和外交的需要;(二)由政府组织实施的能源、交通、水利等基础设施建设的需要;(三)由政府组织实施的科技、教育、文化、卫生、体育、环境和资源保护、防灾减灾、文物保护、社会福利、市政公用等公共事业的需要;(四)由政府组织实施的保障性安居工程建设的需要;(五)由政府依照城乡规划法有关规定组织实施的对危房集中、基础设施落后等地段进行旧城区改建的需要;(六)法律、行政法规规定的其他公共利益的需要。"另外需要注意的是,对于公共利益的考量,不能仅从征收行为涉及的人数多少进行判断。如征收行为涉及的利益对象是某一特定区域的群体,尽管人数可能很多,但由于利益对象的相对特定,如果认定属于公共利益也会有很大的争议;而如果是为了城市的某一类型的弱势群体的利益,如残疾人利益,尽管人数并不很多,但一般也认为属于公共利益。因此,对于公共利益的判断,必须结合利益所代表群体的广泛性、长期性等因素综合确定。

三、对于不动产或者动产权利人行使权利的限制以及补偿的把握

1.征收和征用只有在符合国家利益和公共利益的时候才具有合法性,即征收和征用必须具有严格的公共利益目的性。由于征收、征用行为具有公法性质,其强制性相当明显,这就要求征收和征用的目的只能是为公共利益,以免使征收和征用被用于获取他人私权的不法目的。对此,各国立法例均规定,为了公共利益的需要,征收、征用个人的财产为正当行为。

2.征收和征用必须依法进行,并给予被征收人及时、充分的补

偿。征收是国家对个人财产权利的剥夺，其行为效力是使他人的私权被强制移转给国家，而征用是国家对个人所有权的干涉。国家在特殊的情况下要对公民、法人的财产征收征用，都必须依法进行，其中不仅行为的目的要合法，而且征收和征用的程序也要合法。

征收、征用会给私权主体造成损害，应当尽可能遵守等价补偿和国家尊重保护所有权的原则，以给予公民、法人合理的补偿，被征收、征用者有按照公平原则依公正标准获得相应补偿的权利，这样也有利于建立稳定的财产秩序和法治秩序。关于补偿的范围和数额，则应当依照不同的权利对象作出界定。

为了加大对土地承包经营权的保护，《农村土地承包纠纷司法解释》对涉及物权的相关规定进一步细化，其第1条中规定："下列涉及农村土地承包民事纠纷，人民法院应当依法受理：……（四）承包地征收补偿费用分配纠纷。"第22条规定："承包地被依法征收，承包方请求发包方给付已经收到的地上附着物和青苗的补偿费的，应予支持。承包方已将土地承包经营权以转包、出租等方式流转给第三人的，除当事人另有约定外，青苗补偿费归实际投入人所有，地上附着物补偿费归附着物所有人所有。"第23条规定："承包地被依法征收，放弃统一安置的家庭承包方，请求发包方给付已经收到的安置补助费的，应予支持。"相关规定的细化便于司法实践的理解和把握。

第一百一十八条 民事主体依法享有债权。

债权是因合同、侵权行为、无因管理、不当得利以及法律的其他规定，权利人请求特定义务人为或者不为一定行为的权利。

【条文主旨】

本条是对民事主体依法享有债权以及债权概念的规定。

【条文适用】

债权是财产权的重要组成部分，与物权法调整静态的财产关系不同，民法中的债权调整动态的财产关系。债权属于民法中债之复杂架构中的组成部分，债权来自债这一重要法律概念。法律概念是"对各种法律事实进行概括，抽象出它们的共同特征而形成的权威性范畴"。所谓"抽象出他们的共同特征"乃是指从法律事实中分离出它们的构成要素，然后抽象出它们的共同要素形成法律概念。法律概念的形成过程就是对要素进行列举与抽象的过程。《民法典》总则编中的规范不是描述性的规范，而是对其所规范的具体事物加以抽象、概括的结果。立法者对其抽象出的若干要素，经过总结与加工，形成了法律中的概念，在此基础上，建立了法律的规则与原则。离开了法律概念，法律规则与原则难以建立，民法体系也失去了构建的基础。

民法中债的概念，被学者王泽鉴先生称为"法学之最高成就"，整合了大陆法系中合同、无因管理、不当得利以及侵权行为等法律关系的内容，并为这些各具特点的行为提供了统一的规则，从而建立了大陆法系的债法体系。债在民法中分为广义的债和狭义的债。所谓债，是按照合同约定或者依照法律规定，在当事人之间产生的特定的权利义务关系。广义的债的关系由诸多权能、限制组成，是一个随着债的产生、履行以及终止而形成的复杂体系结构。债的当事人双方包括债权人和债务人，都是特定的当事人。债权和债务必须归属于某一特定的当事人，二者相伴而生。债权要得到实现，必须有特定的对象，这要求债务人是特定的。不管债务的履行是积极履行还是不作为履行，债务人都必须是与债权人有特定关系的相对方，没有相对关系的特定方，则被排除在债的关系之外。此谓之债的当事人的特定化。

中国传统对"债"的认知与西方不同，债具有较为狭窄的含义。例如《正字通说》中："责，逋财也，俗作债。""债"和"责"通用，是指拖欠债务的意思。时至今日，仍然有不少人都仅仅在"金钱债务"这样一个狭义的范围内理解债。民法上的债源自罗马法。罗马法上债以拉丁文"obligatio"概括，没有区分债与责任。[①] 在《法学阶梯》中债的定义是："债是一种迫使我们必须根据我们城邦的法律制度履行某种给付义务的法律约束。"后来人们也用它表述负债人的义务，有时还指权利享有人的权利。对罗马法上债的概念阐述较为周全的是意大利学者彼德罗·彭梵得在其所著的《罗马法教科书》中所说："债是这样一种法律关系：一方面，一个或数个主体有权根据它要求一定的给付即要求实施一个或一系列对其有利的行为或者给予应有的财产清偿。另一方面，一个或数个主体有义务履行这种给付或者以自己的财产对不履行情况负责。"[②] 史尚宽先生认为："债权债务之法律关系，自权利之方面而言之，谓之债权关系。自债务之方面而言，谓之债务关系。债权者，以对于特定之人，请求特定之行为（作为或不作为）为内容之权利也。"[③] 综上，债权关系一般包括了当事人一方依法请求对方为特定行为的法律关系的基本内涵。

德国法学家和立法者经过长期努力，在其民法典中形成了"债的关系"的抽象概念，把不同的民事关系纳入债的统一体系之中，使合

[①] 参见陈朝璧：《罗马法原理》，台湾商务印书馆1944年版，第123页。
[②] 参见邱汉平：《罗马法》，上海会文堂新记书局发行1937年版，第604页。
[③] 参见史尚宽：《债法总论》，中国政法大学出版社2000年版，第1页。

同、无因管理、不当得利、侵权行为等不同性质的关系能够成为构成债的关系的因素。《德国民法典》第241条规定："债权人基于债的关系，有权向债务人要求给付。给付也可以是不作为。"第305条规定："根据法律行为成立债的关系以及变更债的内容的，需有双方当事人之间的合同，但法律另有规定的除外。"第683条规定："进行事务管理符合本人利益或者其真正的或者可推知的意愿的，事务管理人可以与受托人一样要求偿还其支出的费用。在第679条规定的情况下，即使进行事务管理违反本人意愿，事务管理人仍享有此项请求权。"第684条规定："在不存在有第683条规定的条件时，本人有义务根据关于返还不当得利的规定向事务管理人返还其因事务管理而获得的利益。本人追认事务管理的，事务管理人享有第683条规定的请求权。"正如王泽鉴先生所述："其所以构成债之关系的内在统一性者，乃其法律效果之形式相同性，易言之，即上述各种法律事实，在形式上均产生相同之法律效果：一方当事人得向他方当事人请求特定行为（给付）。此种特定人间得请求特定行为之法律关系，即属债之关系。"①除了合同之债是基于合同当事人的民事法律行为产生以外，无因管理、不当得利、侵权行为都属于产生债的法律事实。同为大陆法系的我国台湾地区"民法"第179条规定："无法律上之原因而受利益，致他人受损害者，应返还其利益；虽有法律上之原因，而其后已不存在者，亦同。"第184条规定："因故意或过失，不法侵害他人之权利者，负损害赔偿责任。故意以背于善良风俗之方法，加损害于他人者亦同。违反保护他人之法律，致生损害于他人者，负赔偿责任。但能证明其行为无过失者，不在此限。"

近现代民法将侵权行为规定为债的一种，这一民法体系有其历史渊源和理论根据。从民事责任制度理论上看，侵权行为后果的实质是责任而不是债。侵权之债与其他债相比，其特殊性突出表现在性质上的不同。合同之债，其内容一般属于交易关系。无因管理之债产生于

---

① 参见王泽鉴：《债法原理》（第一册），中国政法大学出版社2001年版，第3页。

管理人的义举，应当提倡，法律规定无因管理之债，是为平衡当事人之间的利益关系，鼓励无因管理行为。不当得利之债是非出于当事人意志的事件，法律规定不当得利之债，是为保护权利人的合法权益。侵权行为是违法行为，侵权行为产生的债是对债务人的否定性评价。有些侵权行为与犯罪行为相伴而生，由此而产生的侵权之债，惩罚性更为明显。由上述可知，合同、无因管理、不当得利以及侵权行为的价值取向、社会功能以及构成要件各不相同，之所以将其归于债的体系之下，是因为产生的法律效果相同。一方当事人得以向他人请求特定行为（给付）。此种特定人之间请求特定行为的法律关系，即为债之关系。

从法律上将债与责任分开，是日耳曼法的贡献。至近代民法典，因债与责任关系处理不同，民法典的体例也不同。我国民法受大陆法系的影响，自《民法通则》就严格区分了债与责任。在立法体例上，《民法通则》第五章第二节规定了债权，并将民事责任单列一章作为第六章。在具体条文中也对债与责任也进行了区分，例如根据该法第84条和第106条规定，债是按照合同的约定或者依照法律规定在当事人之间产生的特定的权利和义务关系；责任是指违反合同或者不履行其他义务而应承担的责任。《民法总则》承继了《民法通则》的立法体例，将债与责任进行了区分，在"民事权利"一章中对"债"进行了规定，单设"民事责任"一章规定了责任的相关内容，其中第176条规定，民事主体依照法律规定和当事人约定，履行民事义务，承担民事责任。是民事责任的一般规定。《民法典》第176条规定，民事主体依照法律规定或者按照当事人约定，履行民事义务，承担民事责任。

债权是债的内容的一部分，债的内容包括债权、债务以及权能等，债权、债务是最重要的组成部分。债权是一种权利，一般认为债权的本质在于给付，是债权人请求债务人为一定给付的权利，这是从债权为请求权这一角度而言。债权与请求权并不相同，除请求权这一权能外，债权还有受领权、选择权、解除权等多种权能，请求权也不仅存在于债权，物权法上也有请求权。从绝对权与相对权的分类来看，债权属于相对权，债权人只能向债务人主张债权，或称之为请求债务人向债权人履行债务，除债务人之外的其他人对于债权人则不负有履行债务的义务。当然，第三人依协议债务加入成为债务人，或者因为债权人提起债权人代位权诉讼等情形的，债权人亦可向第三人主张权利，此种情况下可以认为债权人与第三人之间又形成了债权债务关系，并未突破债权的相对性。债权作为重要的财产权，其内容或权能是极其丰富的，主要包括给付请求权、给付受领权、债权保护请求权以及抵销、免除、让与等处分权能。其中给付请求权为债权的第一权能，从效力方面讲属于债权的请求力；给付受领权属于债权的本质；而债权保护请求权构成债权的强制执行力。效力齐全的债权被称为完全债权，如缺少某种效力则属于不完全债权，这种关于债权的分类体现了债权受法律保护的不同以及债权人所获得权益的不同。

债权作为民法财产权的基本权利，其重要性不言而喻，在《民法典》编纂之前的民事基本立法中均有关于债或债权的相关规定。全国人大常委会法工委2002年《民法（草案）》曾规定："自然人、法人依法享有债权。因合同、侵权行为、无因管理、不当得利以及法律的其他规定，在当事人之间产生的特定的权利义务关系，为债权债务关系。享有权利的人是债权人，负有义务的人是债务人。"《民法通则》第84条规定，债是按照合同的约定或者依照法律的规定，在当事人之间产生的特定的权利和义务关系。享有权利的人是债权人，负有义务的人是债务人。债权人有权要求债务人按照合同的约定或者依照法律的规定履行义务。最高人民法院在向全国人大常委会法工委提出对《民法总则》的立法建议时，考虑到债权作为基本民事权利类型的重要性，以及《民法总则（草案）》对物权、知识产权都下了定义，建议在确认债权作为基本民事权利类型的同时，增加规定债权的定义。在民法理论研究的早期，我国理论界及实务界对于债或债权的本质尚未达成相对一致的意见，因此在描述债权债务关系时将债权关系界定为当事人之间产生的特定的权利义务关系，但并未明确这种关系的本质为何。《民法典》编纂对本条规定通过列举加概括的方式，一方面明确债权的发生原因包括合同、侵权行为、无因管理、不当得利以及法律的其他规定，另一方面则明确此种特定的权利义务关系就是权利人请求特定义务人为或者不为一定行为的权利，鲜明揭示了债权的本质，对于《民法典》合同编以及其他民事单行立法都起到了十分重要的引领作用。

【审判实践中应注意的问题】

本条规定在《民法典》总则编之中，作为一般性条款，法律解释的空间较大。所谓一般性条款是指未规定具体的适用条件和固定的法律效果而交由法官根据具体情形予以确定的规范，它通常显得"宽泛""抽象"和具有"一般性"，其开放性和延展性使得法典可以适应社会生活的变化，是法典保持开放性的重要保证。大陆法系国家的民法典中最有名的一般条款，当然应数《法国民法典》第1382条，任何人因过错致人损害时应对他人负赔偿之责，和《德国民法典》第242条，债务人有义务依照诚实信用并照顾交易习惯履行给付。通常认为一般条款具有补充功能，通过设定一般条款，法典为法官确立了某种参照标准，使得法官可以将社会现实与其时代的某些社会价值相结合，调整法律规范的价值，由此实现判决的个别化效果。对于法官而言，一般性规范具有很大的灵活性，可以通过相关具体的规范或者判例等来实现对民法典调适性的解释，使之适应于现实生活。

债的关系中给付可以是给付一定的标的物或货币，完成一定的工作，以及提供服务或劳务等。如果当事人一方不能履行给付，应向另一方赔偿损失，学理上称为损害赔偿之债。根据本条对债权产生原因以及债权定义的规定，并结合《民法典》第119条、第120条、第121条、第122条规定，债权人享有合同请求权、无因管理请求权、不当得利返还请求权、侵权损害赔偿请求权以及其他侵权请求权，例如停止侵害、排除妨害和赔礼道歉请求权等。

关于债权的发生原因，除合同、侵权行为、无因管理、不当得利这四种典型之债外，由于法律规定也能在当事人之间产生债权债务关系。如《婚姻法》第21条[①]规定，父母对子女有抚养教育的义务；子女对父母有赡养扶助的义务。父母不履行义务时，未成年的或不能独立生活的子女，有要求父母付给抚养费的权利。子女不履行赡养义务时，无劳动能力的或生活困难的父母，有要求子女付给赡养费的权利。此时，未成年的或不能独立生活的子女和无劳动能力的或生活困难的父母依据法律的规定享有债权。[②]

另外，根据《民法典》第1064条第1款规定，夫妻双方共同签名或者夫妻一方事后追认等共同意思表示所负的债务，以及夫妻一方在婚姻关系存续期间以个人名义为家庭日常生活需要所负的债务，属于夫妻共同债务。因此，夫妻离婚时原为夫妻共同生活所负的债务，应当共同清偿，即使是以夫妻一方名义所负债务，债权人对于夫妻另一方也享有债权，这也是根据法律规定而产生的特定相对人之间的债权。从本质上而言，债的发生原因除合同之债属意定之债外，侵权行为、无因管理、不当得利以及法律其他规定所产生的债都属于法定之债，必须明确由法律规定才能在当事人之间产生债权债务关系。

[①] 本条已被《民法典》第26条代替。《民法典》第26条："父母对未成年子女负有抚养、教育和保护的义务。成年子女对父母负有赡养、扶助和保护的义务。"

[②] 国务院法制办公室编：《中华人民共和国民法总则注解与配套》，中国法制出版社2017年版，第97页。

> **第一百一十九条** 依法成立的合同，对当事人具有法律约束力。

【条文主旨】

本条是对合同法律效力的规定。

【条文理解】

一、合同的概念

合同，又称"契约"。合同是民法中一个十分重要的概念，自罗马法时代就有契约的表述，经过数千年的发展，合同的概念也在发生变化。总的来说，目前对合同概念的理解，英美法系与大陆法系存在一定差异。大陆法系国家多认为，合同是一种协议，这种协议本质上体现为当事人之间的合意。比如《法国民法典》第1101条规定："契约，为一人或数人对另一人或另数人承担给付某物、作或不作某事的义务的合意。"《德国民法典》第305条规定："以法律行为发生债的关系或者改变债的关系的内容者，除法律另有规定外，必须有当事人双方之间的契约。"在英美法系，通常认为合同是一种"允诺"。比如，英国《大不列颠百科全书》认为，合同是可以依法执行的诺言。这个诺言可以是作为，也可以是不作为。《美国合同法重述》第1条规定："合同是一个允诺或一系列允诺，违反该允诺将由法律给予救济，履行该允诺是法律在某些情况下所确认的一项义务。"[①]

[①] 王利明：《合同法研究（第一卷）》，中国人民大学出版社2011年版，第4~6页。

《民法典》第464条第1款规定，合同是民事主体之间设立、变更、终止民事法律关系的协议。由此可见，我国民法强调合同是一种合意，是当事人意思表示一致的产物。

二、合同的特征

1. 合同的主体具有平等性。自然人、法人或者其他组织有权缔结合同，是合同的主体。这种平等性体现在三个方面：（1）合同当事人的法律地位平等。合同当事人之间不存在从属关系、管理关系，也无高低贵贱之分，其地位是平等的。（2）协商过程平等，合同是当事人平等协商达成一致的结果，合同当事人不得将自己意志强加于对方，如一方采取胁迫手段订立的合同，相对方有权请求撤销。（3）权利义务关系对等。一般情况下，合同中的权利义务关系是相对应的，享有权利的同时也应当履行义务，如当事人订立的合同显失公平的，受损害方同样有权请求撤销。

2. 合同的性质是一种民事法律行为。民事法律行为在《德国民法典》中称为法律行为，是自然人、法人或者非法人组织等民事主体通过意思表示设立、变更、终止民事法律关系的行为。民事法律行为是与事实行为相对的概念，事实行为是指不以意思表示为要件却能产生民法上效果的行为，事实行为产生相应的法律效果是基于法律的规定。合同是当事人意思表示一致的产物，合同中所涉的权利义务关系是依当事人意志创设，因此，合同是一种民事法律行为。但是，并非所有合同都能够实现一定的法律效果，只有适法的合同才产生法律约束力。

3. 合同的目的和宗旨是设立、变更或终止民事权利义务关系。当事人通过缔结合同，目的在于设立、变更或者终止民事权利义务关系。比如，当事人可以订立买卖合同，这就属于设立民事法律关系；也可以在买卖合同订立后达成补充协议，重新约定合同价款，这就属于权利义务的变更；还可以通过订立一个新的合同，将原买卖合同项下的权利义务关系消灭，这是终止民事权利义务关系。总之，无论是设立、变更还是终止民事权利义务关系，只要是合法有效的合同，就能够对当事人产生约束力。

4.合同的本质是当事人意思表示一致的结果。合同是当事人意思表示一致的结果，意味着首先必须有两个或两个以上的合同主体。其次，当事人必须作出一定的意思表示，而不能仅是内心的想法。意思表示可以以明示的方式作出，也可以以默示的方式作出。需要注意的是，默示不等于沉默，默示是指表意人未以口头或者书面形式明确表达意思，但作出了一定的行为，通过该行为可以推断出意思表示。而沉默是指未作出任何意思表示，沉默原则上不得作为意思表示的方式。此外，当事人作出的意思必须达成一致，达成一致的前提是经过平等协商，而不能是一方将其意志强加于另一方。

三、合同的法律效力

所谓合同的法律效力，是指合同对当事人的约束力。依法成立的合同，当事人应当按照合同约定履行自己的义务，非依法律规定或者取得对方当事人同意，不得擅自变更或者解除合同。如果不履行合同义务或者履行合同义务不符合约定，就要承担违约责任。

合同的法律效力起源于契约自由的思想。实行契约自由，是近代私法走向进步的标志。1919年的《德意志共和国宪法》最先将该原则写入法律，该法第152条规定："经济关系，应依照法律规定，为契约自由原则所支配。"在被拿破仑称为"不会被任何东西摧毁并会永远存在的"《法国民法典》中，"契约自由"被认为是民法的三大原则之一。该法第1134条第1款明确规定："依法成立的契约，在缔结契约的当事人间有相当于法律的效力。"换句话说，当事人之间的契约，对于当事人而言就等于法律，除非该契约违反了该法典第6条所述之公共秩序或善良风俗。也就是说，该法典赋予两个或两个以上个人意思表示一致以等于法律的效力，使他们以自己的行为产生相互间的权利义务，改变其原有的法律地位。所以，契约自治也称为当事人意思自治。契约一经合法成立，当事人必须按照约定，善意履行，非经他们共同同意，不得修改或废除。

我国确立建设市场经济体制发展目标之后，作为市场经济最基本法律规则的《合同法》已于1999年3月颁布。《合同法》第8条第1款规定："依法成立的合同，对当事人具有法律约束力。当事人应当按照约定履行自己的义务，不得擅自变更或者解除合同。"这是契约自由、合同自治在我国立法中的表达。《民法总则》以及《民法典》法均吸收了该条规定，确认了合同自由原则，明确合同依法成立后，对当事人就具有了法律约束力。根据该条规定，合同具有的法律效力不仅需要当事人达成合意，还需要法律赋予其强制力。也就是说，并非所有当事人合意签订的合同都具有法律效力，只有那些符合法律规定的合意才能产生法律效力。

合同的法律效力体现在以下几个方面：（1）合同当事人必须全面履行合同。依法成立的合同，当事人双方必须认真对待，全面履行合同约定的义务。（2）合同成立后，当事人不得随意变动合同权利义务关系。合同一旦依法成立，即确定了当事人之间的法律关系，为确保交易稳定，当事人不得擅自变更或者解除合同。当事人变更或者解除合同的，必须依照法律规定进行。（3）当事人没有按照合同约定履行合同义务的，应承担相应的责任。合同一旦依法成立，当事人应当全面履行合同义务，除因出现法定事由，如不可抗力等可以免责外，当事人不依约履行合同义务的，就要承担相应的民事责任。因此，合同法规定了继续履行、采取补救措施、赔偿损失等违约责任，这些都是保障合同得到切实履行的措施。当事人不履行合同，或者履行合同不符合约定，必须承担相应的违约责任。

需要注意的是，20世纪以来，由于社会经济结构发生变化，社会组织日益复杂庞大，垄断加剧，社会生产和消费出现大规模化发展趋势，公用事业飞速发展，消费者、劳动者等弱势群体保护问题日益凸显，因市场经济的高度发展而造成民事主体之间在交易过程中的实质不平等越来越成为一个严重的问题，合同法从形式正义逐渐呈现实质正义的趋势。对于合同自由原则的适用，受到了合同附随义务的违反、格式条款的限制、合同相对性的突破以及对消费者权益保护的加强等影响。例如，《合同法司法解释（二）》第9条规定："提供格式条款的一方当事人违反合同法第三十九条第一款关于提示和说明义务的规定，导致对方没有注意免除或者限制其责任的条款，对方当事人申请撤销该格式条款的，人民法院应当支持。"第10条规定："提供格式条款的一方当事人违反合同法第三十九条第一款的规定，并具有合同法第四十条规定的情形之一的，人民法院应当认定该格式条款无效。"上述变化是我们在正确理解和适用合同法律效力时，应当予以充分关注的。

【审判实践中应注意的问题】

一、合同的法律效力具有相对性

合同的相对性有两层含义：一方面，只有合同当事人才享有基于合同所产生的权利并承担根据合同所产生的义务，而当事人一方只能向对方行使合同权利，并要求其履行合同义务，不能请求第三人履行合同义务。无论合同违约是否因第三人的原因，都应由合同当事人承担违约责任。另一方面，合同当事人不向合同以外的第三人承担违约责任。但是，在一些特定领域，出于保护弱势群体或者实现实质公平正义等目的，可以允许突破合同相对性，比如：建设工程施工合同中，建设工程质量发生争议的，发包人可以以总承包人、分包人和实际施工人为共同被告提起诉讼，实际施工人以发包人为被告主张权利的，人民法院可以追加转包人或者违法分包人作为本案的当事人。但是，合同相对性的法律效力不能随意突破，也就是说，突破合同相对性必须有法律的明文规定。

二、对于合同成立与合同生效必须有所区分

按照通说，合同成立与否属于事实判断问题，合同是否成立是合

同生效的前提。合同是否生效属于价值判断问题,对于不符合法律规定的约定,显然不能赋予其法律强制力。对于合同法律效力的判断,需要结合民事法律行为的效力加以准确认定,包括合同生效的条件、效力待定合同、可撤销合同、无效合同,均为民事法律行为效力理论的具体化。

> **第一百二十条** 民事权益受到侵害的,被侵权人有权请求侵权人承担侵权责任。

【条文主旨】

本条是关于民事侵权责任一般条款的规定。

【条文理解】

侵权责任是指行为人因侵害他人的权益,依法应当承担的民事责任。

一、侵权责任保护的权益

(一)侵权责任保护的权利

侵权责任所保护的权利包括人身权和财产权。人身权是指自然人依法享有的与其人身不可分离、无直接财产内容的民事权利。[①]其中,人格权是指民事主体基于其法律人格而享有的、以人格利益为客体、为维护其独立人格所必需的权利。身份权是指民事主体依一定行为或相互之间的关系所发生的一种民事权利。

财产权是以财产利益为内容,直接体现财产利益的民事权利。其中,侵权责任保护的范围应为绝对权,侵犯相对权原则上不属于侵权责任的保护范围。所谓绝对权,是指出无需通过义务人实施一定的行为即可实现并能对抗不特定人的权利,包括所有权、生命权、健康权等。绝对权可以对抗权利人之外的任何第三人,这种对抗性来源于绝

---

① 马俊驹、余延满:《民法原论》,法律出版社 2004 年版,第 101 页。

对权，通常具有一定的公示方式，能够为权利人之外的第三人知晓，且绝对权有明确的内容和界限，第三人可以确定不侵犯他人绝对权的方式。

作为相对权，债权通常不属于侵权责任的保护范围。其主要理由在于，只有物权这类绝对公开的权利，才能对权利人之外的一切人确立一种不得侵害他人权利的义务，从而起到行为规制的作用。"私人间追究责任须从'期待可能性'着眼，只有对加害于人的结果有预见可能者要求其防免，而对未防免者课以责任，才有意义。"① 而债权不具有公开性，他人对此并不知晓。如果将他人行为所导致的债权不能实现归入侵权责任的保护范围，将不适当地限制人们的行为自由。需要注意的是，作为例外情况，对于债的关系以外的第三人故意实施或与债务人恶意通谋实施旨在侵害债权人债权并造成债权人损害的行为，已经有越来越多的国家将其作为侵权行为对待。有学者指出，此时债权虽为相对权，但该种权利仍得为他人尊重，妨碍了债权实际上就侵害了债权人享有的因其债权而获利的权利，因此，侵害债权也可构成侵权。②

（二）侵权责任保护的利益

随着侵权责任保护范围的扩大，受保护的对象除了财产权、人身权等绝对权利之外，还包括一些合法的人身利益和财产利益。一般而言，这些利益因缺乏必需的构成要件而尚未上升为权利。但它们是权利的渊源，是对权利的补充，应为法律所保护。这些利益主要包括人格利益、死者人格利益、经济利益以及环境利益等。

二、侵权人

（一）直接侵权人与间接侵权人

侵权人通常可以分为直接侵权人与间接侵权人。直接侵权人，是指直接从事侵权行为的人。例如，一般的交通事故侵权、医疗事故侵

---

① 苏永钦：《走入新世纪的司法自治》，中国政法大学出版社2002年版，第304页。
② 刘心稳：《中国民法学研究述评》，中国政法大学出版社1996年版，第634页。

权等。而间接侵权人，是指虽未直接从事侵权行为，但其行为与直接侵权人之间存在特殊的关系或开启了一个危险源，其负有监督、管理直接侵权人、防免损害发生的义务，由于未尽该义务而导致侵权损害后果发生，应当承担侵权责任的人。根据《民法典》侵权责任编中的规定，间接侵权的主体责任主要表现在：

1. 网络服务提供者。网络服务提供者通过向用户提供网络平台，一方面，为用户之间的信息交流提供了空间。另一方面，网络平台和空间的开辟也为用户通过互联网侵害他人著作权、名誉权、隐私权等权益提供了便利。作为网络服务者，因开启了这一危险关系，就负有了对网络空间进行监管、及时删除、屏蔽、断开侵害他人权益信息的义务。否则，网络服务提供者即构成间接侵权人。

2. 宾馆、商场、银行、车站、娱乐场所等公共场所的管理人或者群众性活动的组织者。上述经营者对进入该场所或该活动的人群负有"安全保障义务"。它要求经营者在其所能控制的范围内，采取其能力所及的合理措施，防止他人的权益被侵害，或者在这种侵害发生后尽力避免损害结果的扩大。如经营者未能尽到上述义务，即构成间接侵权人。

3. 无民事行为能力人、限制民事行为能力人所在的学校、幼儿园或者其他教育机构。这些机构对无民事行为能力人、限制民事行为人能力负有保护、教育等义务，因未尽到义务导致损害的，机构即构成间接侵权。

（二）侵权人的例外情形

不论是直接侵权人还是间接侵权人，都是贯彻了自己责任原则，即只对自己的行为负责。但在例外情形下，即使未从事任何违反义务的行为，法律基于某些特殊考虑，也会将与实施侵权行为的人具有特殊关系的人作为侵权责任的主体。

1. 用人单位的工作人员在执行职务过程中造成他人损害的，用人单位应当承担替代责任。用人单位或雇主对他人承担的损害赔偿责任并不以用人单位或雇主具有对工作人员或雇员在选任与监管上的疏忽为要件，在归责原则上采取的是无过错责任原则，只要有损害发生，用人单位就应当承担责任。这样的规定，主要考虑的是用人单位相对于工作人员而言更有承担责任的经济实力。根据本法侵权责任编的规定，我国"雇主责任"被扩大到个人之间形成的劳务关系。提供劳务一方在劳务过程中造成他人损害的，由接受劳务一方承担侵权责任。

2.监护人对无民事行为能力及限制民事行为能力人造成他人损害的责任。虽然监护人对无民事行为能力或限制民事行为能力人负有保护、教育、照管等义务，但根据本法总则编及侵权责任编中的规定，监护人责任的承担并不完全以其尽到义务为要件，即使监护人尽到监护职责，亦不能免除其责任。

三、被侵权人

（一）被侵权人的认定

被侵权人是指侵权行为所直接指向并造成损害的人，而非泛指一切因侵权行为而受害的人。例如，甲因飞机晚点未能参加由乙组织的一项重要活动，乙就因此造成的损失向航空公司主张侵权责任。尽管乙的损失确实因飞机晚点而造成，但并非侵权行为指向的对象，因此乙的损失属于纯粹经济损失，[①]航空公司不承担责任。理由在于，对于此类损害后果，侵权人在实施侵权行为时无法知晓。如果让其承担责任，则将使侵权人不堪讼累，不利于对民事主体行为自由的保障。

（二）被侵权人的认定例外情形

在特定情况下，一些人虽然不是侵权行为直接损害的人，但法律基于一定考虑仍赋予其请求侵权损害赔偿的权利。

1.被侵权死亡的人之近亲属。就被侵权人的死亡，其近亲属可以主张的损害赔偿包括被侵权人生前的医疗费、丧葬费，以及死亡赔偿金。就医疗费的损害赔偿请求权而言，近亲属应当是从被侵权人处继受而来，因而该部分费用的被侵权人仍为死者而非其近亲属。而对

[①] 纯粹经济损失，理论上认为是除了因对人身的损害和对财产的有形损害而造成的损失以外的其他经济上的损失。

于丧葬费和死亡赔偿金，则是基于近亲属作为被侵权人所发生的。这是因为丧葬费是近亲属的直接财产损失；死亡赔偿金同样是对死者近亲属遭受的财产损害在一定范围内的赔偿，旨在维持被扶养人和近亲属达到当地社会一般物质生活水平。① 故此时近亲属的地位属于被侵权人。

2.为死亡的被侵权人支付了丧葬费或者医疗费的第三人。关于第三人的请求权基础，理论上有以下几种观点：（1）无因管理说。该说认为，这些人为受害人支付了丧葬费和医疗费，属于无因管理人，可以基于无因管理向侵权人主张赔偿。（2）不当得利说。该说认为，本应当由侵权人承担的医疗费、丧葬费的赔偿责任，由于第三人支付了，因此实际支付了该费用的人有权基于不当得利要求返还。（3）侵权行为说。该说认为，医疗费、丧葬费是因侵权人的侵权行为导致受害人死亡而发生。因此，支付此费用的人有权依据侵权行为请求侵权人返还。② 按照侵权行为说的观点，此时第三人即属于被侵权人。

3."错误出生"婴儿的父母。错误出生，是指因为医务人员之过失未能筛查缺陷婴儿致使其出生。首先，就婴儿而言，其缺陷并非医务人员所导致，故医生并没有违反对婴儿的义务，不构成对婴儿的侵权。其次，就缺陷婴儿的父母而言，其所承担的相比正常婴儿更多的教育、抚养费用应当认定为医务人员因违反义务造成的损失。因此，就该部分费用缺陷婴儿父母原则上有权请求赔偿。在此意义上，缺陷婴儿的父母属于被侵权人。

【审判实践中应注意的问题】

本条属于侵权责任的一般条款，司法实践在对某一权益进行界定并判断其是否属于侵权责任所保护范围时，应当适用《民法典》总则

---

① 张新宝：《侵权死亡赔偿研究》，载《中国法学》2008年第4期。
② 程啸：《侵权行为法总论》，中国人民大学出版社2008年版，第422页。

编中关于民事权利的相关规定。唯须注意，由于《民法典》第118条规定了合同债权，在本条又未将合同债权排除于侵权责任所保护的范围，因此对于侵害合同债权是否属于侵权可能产生不同认识。对此问题，有待于立法和司法的进一步探索研究。

> **第一百二十一条** 没有法定的或者约定的义务，为避免他人利益受损失而进行管理的人，有权请求受益人偿还由此支出的必要费用。

【条文主旨】

本条是关于无因管理的规定。

【条文理解】

无因管理，指没有法律规定或约定的义务，为避免他人利益受损而为其管理事务。由于无因管理的发生在管理人和本人间产生债权债务关系，故无因管理是债的发生原因之一。无因管理受到法律保护的原因，在于管理人"原来对于他人事务，并无加以干涉之权利或义务。然吾人相倚互助，以防止他人之损害或增进他人之利益，自社会连带之理想，为应奖励之事。管理事务之制度，即基于此理想而建立，于保护本人利益之中，寓有适合社会利益之意。"[1] 可见，无因管理不仅具有私法维护权益的意义，更兼具鼓励形成相互帮助的良好社会风尚的公益功能。

一、无因管理的构成要件

（一）须为管理他人之事务

"所谓'管理事务'，与委任契约上的'处理事务'，其意义相当，即凡任何适于为债之客体的一切事项均属之；但单纯之不作为，则不

---

[1] 史尚宽：《债法总论》，中国政法大学出版社2000年版，第57、58页。

包括在内。"① 首先，只要是对债之客体的一切事项的管理，都属于管理事务的行为。这种行为既可以是法律行为，如及时为他人出售即将腐烂的水果；也可以是事实行为，如为他人修缮房屋、喂养牲畜等。需要注意的是，好意施惠行为不能构成无因管理。好意施惠是指一方向他人实施的旨在增进友谊的恩惠行为。好意施惠之所以不构成无因管理，是因为行为人行为多出于道德风尚及社交应酬的考虑，因而无意获取任何回报。因此，理论上一般将好意施惠行为视为社交应酬，归于道德范畴，认为其不适于作为无因管理之债的客体。② 此外，管理人须有民事行为能力。因为管理人必须具备与其所管理事务相当的个人能力，才能妥为管理本人事务。例如《德国民法典》第682条规定，管理人不具备完全行为能力时，只依侵权行为或不当得利的规定处理。

（二）管理事务利于他人

1.管理事务利于他人仅限于避免他人损失，而不包括广义上一切使他人获益的管理行为。例如，将他人收藏的古董以高价卖出，即便该管理行为使他人获益，也不构成无因管理。又如，主动为停在路边的车提供洗车服务，由于该服务并非为了避免车主的损失，同样不构成无因管理。

2.无因管理是为他人管理事务，是为了将其管理所产生的利益归属于本人。因此，对于因过错管理损害他人的利益，或误将他人事务当作自己的事务管理，或管理所得利益归属自己所有的，均不构成无因管理。例如，管理人将邻居危房修缮后出租并自己收取收益的，不能构成无因管理。

3.无因管理还进一步要求管理人的行为不得违反本人明示或可推知的意思。我国台湾地区"民法"第172条规定："未受委任，并无义务，而为他人管理事务者，其管理应依本人明示或可得推知之意思，以有利于本人之方法为之。"违反本人意思的事务管理，学说上

---

① 王泽鉴：《债法原理》（第一册），中国政法大学出版社2001版，第336页。
② 史尚宽：《债法总论》，中国政法大学出版社2000年版，第59页。

称之为不适法无因管理。"唯此情形，衡量社会利益及本人利益对管理人无特别予以优惠之必要，故不应使其管理事务行为具有阻却违法之法律效果"。① 在大多数情况下，无因管理人并不知道他人的意思，此时如何判断管理行为是否违反本人明示或可推知的意思？我们认为，只要管理人的行为符合常识、常情、常理，不低于一般人的判断标准，即应当认为符合本人意思。需要指出的是，在特定情形下，出于维护社会公共利益和公序良俗的需要，管理人即便违反本人意思管理事务，仍得以构成无因管理。如将因迷信不愿进医院的患者强行送往医院救治的行为，或者抢救意图自杀的人，虽违反本人意思，仍构成无因管理。

（三）管理人无法律上的义务

无因管理在性质上属于事实行为。"事实行为是指行为人主观上并无产生民事法律关系的意思，而是依照法律的规定引起民事法律关系后果的行为。"② 如果无因管理人与本人之间因约定义务或法定义务而为管理事务，例如管理人基于仓储合同对被保管人的货物进行管理，或父母基于监护关系照顾子女，均不构成无因管理。

判断管理人有无义务，应当按照客观标准。管理人原没有义务，而在管理时有义务的，不能成立无因管理；原有义务，而至管理时没有义务的，自没有义务之时即可成立无因管理，本有义务而误认为自己没有义务的，不为无因管理，本无义务，而误认为自己有义务的，则仍可成立无因管理。③

二、无因管理人费用支付请求权

无因管理人有权请求受益人支付必要的费用。必要费用包括在管理或者服务活动中直接支出的费用，以及在该活动中受到的实际损失。

---

① 王泽鉴：《民法学说与判例研究》，中国政法大学出版社1998年版，第90页。
② 江平主编：《民法学》，中国政法大学出版社1999年版，第178页。
③ 郭明瑞：《关于无因管理的几个问题》，载《法学研究》1988年第2期。

（一）直接支出的费用

该部分费用主要包括管理事务的必要支出及利息。对于必要的判断标准，应当按照支出时的客观情况。"得请求返还之费用，以必要或有益为限，是否必要或有益，依支出时的客观标准加以认定。"[①] 也就是说，如当时支出该费用是必要的，即使事后为不必要，亦仍应视为必要费用。如果当时该费用不是必要的，事后即使为必要，仍不属于必要费用。

（二）实际损失的赔偿

一般认为，无因管理的实际损失仅指因特定管理行为造成的损失，既不包括管理人自己的过错所导致的损失，也不包括管理人在不管理该事务时也可能遭受的不特定的损失。例如，为管理他人事务乘车发生交通事故造成损失。由于该损失并非管理行为造成的特定损失，故不属于无因管理的损失。而为帮助救火而被烧伤则为管理行为特定，故属于无因管理的损失。其次，当受益人的收益小于管理人的损失时，只要管理人进行了适当管理行为，受益人仍应承担赔偿责任。理由在于，管理的结果及双方的损益情况并非无因管理的构成要件，不影响受益人承担偿付责任。例如，甲发现乙宅着火后及时帮助救火，但因火势过大房屋仍然被烧毁。此时乙虽未获益，但仍应就甲的损失承担责任。此外，管理人原则上不得请求受益人支付报酬，除非该报酬可以计入必要支出或损失。

【审判实践中应注意的问题】

一、关于管理人的管理行为同时有利于自己和他人是否构成无因管理的问题

笔者认为，无因管理的构成要件只要求管理人的管理行为有利于

[①] 王泽鉴：《债法原理》（第一册），中国政法大学出版社2001版，第349、350页。

他人，至于是否有利于自己在所不问。帮助他人，同时有利于自己的行为，并不违反无因管理制度的立法目的。例如，在郑某诉润兴公司案中，郑某为润兴公司代缴了税款和滞纳金后向法院起诉请求润兴公司承担责任。润兴公司抗辩称郑某代缴上述款项的目的是为自己妻子减刑。法院最终认定郑某的行为构成无因管理。①

二、关于管理人注意义务实践把握

关于管理人应尽何种注意义务，目前存在两种观点：第一种观点认为，管理人应尽善良人之管理注意义务。"无因管理人无法律上义务而干预他人事务，依其事件之特性，原则上应负善良管理人之注意义务。其未尽此项义务，致本人遭受损害时，应依债务不履行规定，负损害赔偿责任。"②该观点的依据为，无因管理属于对他人事务的积极介入，其注意义务的要求应该较为严格，不能因为管理人自己的能力不足而为本人招致损失。第二种观点则认为，应尽到管理人自己处理同一事务的注意义务。"在管理人的管理知识水平低于本人的管理要求或社会常识的情况下，那么只要管理人尽其所能地进行管理，就应认定为适当管理。"③理由在于"无因管理人是为公益或他人的利益而予以管理，承担与处理自己的事务为同一注意义务即可，不应承担善良管理人的注意义务"。④

我们倾向于认为，鉴于无因管理有鼓励社会成员互助之功能，且管理人系无偿管理，不应要求其承担过高的注意义务。故第二种观点较为可取。从实践看，由于无因管理一般为日常事务，不论是善良人注意义务，还是处理自己事务的同一注意义务，并不会有多大差别。但在特定情况下，如果管理人的管理能力过低造成损失的，管理人还

---

① 参见郑某诉润兴公司返还垫付款案，浙江省宁波市中级人民法院（2009）浙甬商终字第1054号民事判决书。
② 王泽鉴：《债法原理》（第一册），中国政法大学出版社2001年版，第347页。
③ 马俊驹、余延满：《民法原论》，法律出版社2005年版，第779页。
④ 王利明主编：《中国民法案例与学理研究（债权篇）》，法律出版社2003年版，第27页。

是应当承担责任。这是因为，管理人在不具备管理能力的情况下管理他人事务，并不符合本人利益，违背了本人可推知的意思。例如，甲发现乙家中电器着火后未及时关闭电源反而用水灭火导致重大损失，甲的行为不能成立无因管理。

三、关于见义勇为与无因管理的关系

关于见义勇为者的权益保障，可以有两种路径：一是按照本条规定构成无因管理，由受益人支付见义勇为者必要费用和实际损失。二是按照《民法典》第183条的规定，在侵权人逃逸或无赔偿能力的情况下，由受益人给予适当补偿。此外，实践中对于见义勇为者为救助他人造成自己人身权重大损失的情形，受益人是否应当承担见义勇为者及其家属的精神损失存在不同的做法。我们认为，精神利益一般属于侵权责任救济范围。受害人或其家属以无因管理起诉请求支付损失的，不应支持精神利益的损害赔偿。

> **第一百二十二条** 因他人没有法律根据，取得不当利益，受损失的人有权请求其返还不当利益。

【条文主旨】

本条是关于民事主体享有不当得利返还请求权的规定。

【条文适用】

一、不当得利的概念

不当得利亦属一种可以引起民事法律关系变动的法律事实。在《民法典》规定的该项制度中，取得不当利益的一方称为得利人，受到损失的一方称为受损失的人，也称为受害人或受损人。所谓不当得利，是指没有法律根据取得不当利益致使对方受损的法律事实。不当得利制度的理论基础，在于"任何人不得基于他人之损失而获得利益"。其目的是为了调整财产变动中失衡的利益关系，由于得利人取得不当利益没有法律上的根据，应当返还给受损失的人，由此形成了以不当得利为内容的债权债务关系。

不当得利制度在民法理论以及其他国家和地区立法实践中都已经相当成熟。《德国民法典》第812条规定："1.无合法原因而受领他人的给付，或者以其他方式由他人负担费用而受到利益的人，负有返还义务。虽有合法原因但后来消灭，或者根据法律行为的内容未发生给付的目的所预期的结果时，上述义务仍成立。2.以合同对债务关系的存在或者不存在予以承认的，也视为给付。"《瑞士债务法》第62条规定："不当由他人的财产受有利益者，应当返还其利益。有效之原因不存在、不实现或者其后消灭时，其受对价者亦负有返还义务。"《日本民法典》第703条规定："无法律上的原因，而因他人财产或劳务受利益并使他人受损失者，于该利益存在的限度内，负返还义务。"我国台湾地区"民法"第179条规定："无法律上之原因而受利益，致他人受损害者，应返还其利益。虽有法律上之原因，而其后已不存在者，亦同。"不当得利之债是民法中债法的一个组成部分，有关债法总则的内容亦应适用于不当利之债。

我国《民法典》单独规定了合同编，实质上属于债法的内容，准合同一章将不当得利纳入其中，充分体现了不当得利制度的债权属性。本条规定于民事权利一章，重点在于强调民事主体依法所享有的不当得利之债权。商品经济条件下，合同之债是当事人之间通过意思表示主动调节财产关系的重要法律手段，但是社会生活的复杂性导致单凭当事人意思表示所作出的法律行为不足以构建公平的符合社会需要的财产关系，一定条件下当事人之间的权利义务关系可能出现失衡，必须通过法律规定的不当得利等制度加以调节。《民法典》总则编中有两个地方出现了不当得利的规定，一个是在《民法典》第118条关于债权的定义中将不当得利明确纳入债权的范畴，另一个即本条关于不当得利返还请求权的规定。

二、不当得利的构成

（一）一方获得利益

不当得利中的利益包括财产性权利和利益，不包括人身利益。一般而言，获得财产利益主要表现为以下形式：（1）财产权利的取得，如所有权、用益物权、担保物权、知识产权、债权的取得。（2）财产利益的取得。如占有利益的取得。（3）财产权利的扩张。财产权利人在原有权利的基础上扩张了行使权利的范围，例如，因为添附而扩展原有所有权或者用益物权等担保物权的范围等。（4）财产利益上负担的消灭。对于财产利益的限制的解除，使权利人可以不受限制地行使权利。如附加于所有权之上的用益物权的消灭，使所有权回复到完全所有的状态。（5）债务消灭。债务人负担的债务归于消灭，使债务人的财产负担减轻。

（二）一方获益无法律根据

无法律根据，是指缺乏受益的法律上的原因，而不是指权利或者财产的取得没有法律上的直接原因。关于这一问题，理论上存在统一说与区分说的观点。统一说认为，无法律根据应当具有统一的意义，对于任何情形下的不当得利的构成，均应作统一的解释和说明。例如，有学者认为，违反公平即为无法律根据，"公平观念为近现代法理和立法对不当得利返还请求权均附加'不当'或者'无法律上的原因'要件的理由。总之，不当得利以调节财产变动发生的不公平现象为目的"。[1]也有学者认为，判断不当得利有无法律上的根据，要看构成财货转移基础依据的法律关系是否存在。这种法律关系并非狭义的民事法律关系，"不仅贯穿于民法典，而且也贯穿于商法、民事诉讼法、经济法等与财货转移有关的各个领域中。"[2]

主张区分说的观点则认为，应当区别各种不当得利的具体类型，分别说明无法律上的原因，才可以满足不当得利制度的需要。区分说将不当得利区分为给付不当得利以及非给付不当得利两种类型。前者是指因给付目的欠缺而发生的不当得利情形。包括合同无效、不成立、被撤销以及解除等情形。该类型的不当得利之所以没有法律上的根据，是因为给付人并没有实现其给付的目的。后者是指基于给付以外的事由而发生的不当得利，包括侵权行为、误信管理（即误将他人事务当成自己事务管理）、第三人的行为、自然事件以及法律的直接规定等。此时没有法律上的根据，则是指这些不当得利的事实本身，就说明了其获益没有法律上的根据。

（三）致使对方遭受损失，即获利与损失之间存在因果关系

因果关系的判断标准，决定了获利方的求偿范围。我们认为，这里的因果关系不同于侵权责任中行为与损害结果之间的直接因果关

---

[1] 孙森焱：《民法债编总论》，法律出版社1990年版，第99页。
[2] 洪学军：《不当得利制度研究》，中国检察出版社2004年版，第43页。

系，属于非直接的因果关系，即牵连关系。两者的区别在于，直接因果关系要求一方获益与他人受损必须基于同一事实；而牵连关系则应理解为"取得利益与他人受损二者发生的原因事实之间的关联"①，在判断上应遵循"若没有取得利益的事实，他人不至有损失发生，应当认定取得利益和他人损失之间存在因果关系"②的规则。例如，甲盗窃乙的财务向丙抵偿债务，此时乙的损失与丙的获益不构成直接因果关系，但存在牵连关系。另外，关于对方所遭受的损失，是指受损失的人利益减少，既包括其财产数额的减少，也包括其财产数额应当增加而没有增加。

三、几种不构成不当得利的情形

通说认为，不当得利属于民法上的事件，是由于得利人得到不当利益致使他人利益受损而在当事人之间产生权利义务关系，其本质上不在于当事人之间是否存在意思表示。尽管不当得利的发生可能混合了当事人双方的诸多民事法律行为，但不当得利最终的结果是得利人不应当获得利益，这是法律给予当事人之间法律关系的最终评价，与当事人之间的意思表示无关。为了防止不当得利制度的滥用，《民法典》在合同编中还专门规定了几种情况下不当得利的排除适用，另外在学理上以及域外立法例上也还存在其他几种情形亦应排除不当得利，此外作一简要介绍：

（一）明知无给付义务或为履行道德义务而为给付

此种情况在《民法典》第985条第1项、第3项已经进行了规定。《德国民法典》第814条亦规定："以清偿债务为目的而履行的给付，如果给付人明知其无给付义务，或者给付义务系履行道德上的义务，或者基于礼仪上的原因的，不得要求返还。"对于明知无给付义务而言，"明知没有给付义务而为给付，实际为无意义的行为，法律

---

① 梁慧星主编：《中国民法典草案建议稿附理由·债权总则编》，法律出版社2006年版，第15页。

② 史尚宽：《债法总论》，中国政法大学出版社2000年版，第72页。

不予保护,咎由自取。"① 而对于基于道德或礼仪的给付虽无法律根据,但给付目的已经实现,没有利益失衡,不存在法律调整的空间。例如,给朋友的孩子发红包的行为,虽无法律依据,但确系基于礼仪所给付,不构成不当得利。

(二)不法给付,但不法原因仅存在受益一方的除外

《日本民法典》第708条规定:"因不法原因而为给付的,不得请求返还,但是,不法原因仅存在于受益人一方时,不在此限。"所谓不法给付,是指违反法律规定,损害国家利益、公共利益及公序良俗的给付行为。例如甲因购买毒品向乙付款,但却错误汇至丙之账户,此时丙即不成立不当得利。需要指出的是,在受到损害一方不得请求返还的情形下,受益人不能当然保留该收益。当该非法行为符合相关法律规定时,应当由国家依法对其予以收缴。

(三)提前清偿未到期的债务或偿还已过诉讼时效的债务

《德国民法典》第813条规定:"定有期限的债务提前清偿者,不得请求返还,也不得请求偿还提前清偿期间的利息。"无论是未到期的债务或是已过诉讼时效的债务,其债务本身并未消灭,因此清偿行为并不造成利益失衡,且该清偿行为亦符合清偿者的给付目的,故不构成不当得利。如《民法通则意见》第171条规定,"过了诉讼时效期间,义务人履行义务后,又以超过诉讼时效为由翻悔的,不予支持。"根据该规定,义务人偿付已经超过诉讼时效的债务的,不得依据不当得利请求返还。《民法典》第985条规定提前清偿债务不构成不当得利,对于清偿超过诉讼时效的债务是否构成不当得利,我们认为应当结合上述司法解释进行认定。

四、不当得利人的返还义务

不当得利返还的标的,为受益人取得的利益,而非受损人的损失。受益人收益是物的,应当返还原物及所生孳息。原物因灭失、被

---

① 郑玉波:《民法债编总论》,我国台湾地区三民书局2000年版,第101~118页。

他人善意取得等原因不能返还的,应当返还代位物或原物等额的金钱。《德国民法典》第818条规定:"取得之利益因其性质不能返还,或者受领人因其他原因至不能返还的,受益人应当偿还其价额。"关于此时返还的标准如何确定,存在客观说和主观说的不同观点:客观说认为返还价额依据客观交易价值定之;主观说则认为价额应就受益人的财产加以计算,其在财产总额上有所增加的,皆应返还。这两种观点涉及对不当得利人利益和利益受损人利益的平衡问题。我们认为对此不应一概而论,而应当适当区分不当得利人是善意还是恶意。

如不当得利人是善意的,应当适当倾向于不当得利人的利益;如果不当得利人是恶意的,则应当倾向于保护利益受损方的利益。例如,甲将不当得利取得的货物对外出售。如果是高于市场价售出,且甲为善意,可以按照市场价作为返还标准;若甲为恶意,则可以实际收益作为返还标准。如果是低于市场价售出,且甲为善意,可以实际收益作为返还标准;若甲为恶意,则可以市场价作为返还标准。值得说明的是,按照《民法通则意见》第131条的规定,对于利用不当得利所取得的其他利益,扣除劳务管理费用后,应当予以收缴。

【审判实践中应注意的问题】

给付行为没有法律根据是不当得利的构成要件之一。而由谁来举证证明"没有法律根据"是审判实践中需要关注的问题。例如,甲向乙账户汇款后向法院起诉称汇错款,请求乙返还不当得利。乙辩称甲虽与其无法律关系,但甲的行为系偿还丙欠乙的货款,不构成不当得利。此时应当由谁就"没有法律根据"承担举证证明责任?有观点认为应当由被告承担,理由在于被告举证"有法律根据"系证明积极事实,相对容易;而原告举证"没有法律根据"则是证明消极事实,难度较大。反对者则认为,原告应当承担举证证明责任。"原告必须证明无法律上的原因(给付目的之欠缺)。此虽具消极事实的性质,仍应由原告负举证证明责任。给付不当得利请求权人乃使财产发生变动的主体,控制财产资源的变动由其承担举证证明责任困难的危险,实属合理"①。由原告承担举证证明责任的另一个理由在于,谁主张谁举证是民事诉讼的基本举证规则,在法律无明文规定的情况下,不能因举证困难而随意倒置。

笔者倾向于认为,原则上由被告承担"没有法律根据"的举证证明责任更为妥当。首先,不当得利中"没有法律根据"不是一般诉讼中特定的待证事实,而是一系列不特定的民事法律行为、事实行为乃至事件的集合。对于原告而言,让其证明"没有法律根据"是一项不可能完成的任务。在上述案例中,如果由甲证明汇款"没有法律根据",则乙只需辩称甲不能举证证明,法院即可判决驳回甲的诉讼请求。其次,按照《民事诉讼法司法解释》第91条的规定,主张法律关系存在的当事人,应当对产生该法律关系的基本事实承担举证证明责任,此亦为谁主张谁举证的例外情形。故被告如主张存在一定法律关系构成"法律根据"的,应由被告承担举证证明责任。

具体而言,被告的举证证明过程应当分两步走:第一步要证明存在"法律根据"的相关事实。如在上例中,乙辩称甲代替丙还款,并提交乙与丙的借款合同及付款凭证等证据以证明乙对丙享有债权。第二步则需要证明该相关事实构成"法律根据",从而阻却不当得利的成立。乙在证明其对丙享有债权后,还应当按照合同法关于债务加入或债务转移的规定,证明甲确有代替丙还款的真实意思,以达到存在"法律根据"的证明标准。需要指出的是,以上分析的仅仅是一般的情况,在某些情形下,被告的举证责任并没有那么复杂。如上例乙若证明其对甲享有债权,甲汇款是清偿自己债务的行为,则其不但证明了"法律根据"的相关事实,同时还证明了该相关事实足以构成"法律根据"。

---

① 王泽鉴:《债法原理》(第二册),中国政法大学出版社2002年版,第57页。

> **第一百二十三条** 民事主体依法享有知识产权。
> 知识产权是权利人依法就下列客体享有的专有的权利：
> （一）作品；
> （二）发明、实用新型、外观设计；
> （三）商标；
> （四）地理标志；
> （五）商业秘密；
> （六）集成电路布图设计；
> （七）植物新品种；
> （八）法律规定的其他客体。

【条文主旨】

本条是关于知识产权及其权利客体的规定。

【条文理解】

本条明确规定知识产权为民事权利，民事主体享有知识产权，并以列举加兜底的方式规定了知识产权权利人享有专有权利的客体，标志着知识产权已被纳入民法典，奠定了知识产权在民法保护体系中的地位与作用。对本条的理解需要把握以下几点：

一、知识产权的属性和特征

知识产权与物权、债权一样具有私权属性，为民事主体所享有的财产权，属于民事权利范畴。《与贸易有关的知识产权协定》（TRIPs）在序言中明确指出知识产权为私权。知识产权作为财产权，其内容与特征区别于物权及债权。知识产权是基于无形客体产生的民事权利，本质上是一种无形财产权。虽然知识产权也具有人身权性质，如作者对其作品享有发表权、署名权、修改权等人身权，但主要还是表现为财产属性。知识产权客体是智力成果或者知识产品，是一种无形财产或者精神财富，是创造性的智力劳动所创造的智力成果。其特征主要体现为：

1. 知识产权具有法定性。知识产权必须按照法律的规定才能产生、取得、行使并获得保护，任何行政法规、司法解释等均不得创设新的知识产权权利类型。本条对知识产权进行概括性定义，通过列举加兜底的方式确定知识产权保护的客体，为未来知识产权客体的发展预留了空间。同时也表明，除了本条所列举的7种客体之外，若需对新的知识产权客体进行保护，必须由全国人大或者全国人大常委会制定的法律加以规定。

2. 知识产权具有无形性。知识产权的客体是智力成果，在客观上是无法被人们实际占有和控制的无形财产，这是知识产权最根本的特征之一。虽然智力成果需要通过一定的载体予以展现，但知识产权所保护的并非载体本身，而是其所体现出的技术、表达、商誉等。本条所规定的知识产权客体，作品、发明、商标等皆如是。

3. 知识产权具有专有性。本条明确规定，知识产权是权利人依法享有的"专有的权利"。这表明，《民法典》赋予知识产权权利人具有专有独占之权，强调了知识产权权利人的权利具有绝对性，即未经法律规定或者未经权利人许可，任何人不得使用权利人的创造性智力成果，同一项智力成果不允许两个或两个以上同一属性的知识产权同时存在。

4. 知识产权具有时间性。知识产权普遍具有时间性的特征，一旦超过法律规定的有效期限，除法律另有规定的情形，这一知识产权即消失。法律规定知识产权保护的期限是为了平衡权利人利益和公共利益，使知识产权在一定期限届满之后进入公共领域，避免过度垄断，保护公共利益。但知识产权的时间性并非绝对统一，例如商标可以无限续展，而作品的保护期限是至作者死亡之后第50年的12月31日。

5. 知识产权具有地域性。知识产权的地域性是指，除非有国际条约、双边或多边协定的特别规定，否则知识产权的效力只限于本国境内，即一国只保护根据本国法产生的知识产权，而不保护依他国法产生的知识产权。随着知识产权保护的国际化，知识产权的地域性被一定程度的弱化。在我国，知识产权相关的国际条约不能直接适用，而需要先转化为国内法律方能适用。本条虽然没有明确规定知识产权的地域性特征，但是在各个单项知识产权法律中都有相关规定。

二、知识产权的客体及权利

《民法通则》第94条规定，公民、法人享有著作权（版权），依法有署名、发表、出版、获得报酬等权利。第95条规定，公民、法人依法取得的专利权受法律保护。第96条规定，法人、个体工商户、个人合伙依法取得商标专用权受法律保护。第118条对侵犯知识产权承担的民事责任予以了规定，公民、法人的著作权（版权）、专利权、商标专用权、发现权、发明权和其他科技成果权受到剽窃、篡改、假冒等侵害的，有权要求停止侵害，消除影响，赔偿损失。由此可见，《民法通则》将著作权（版权）、专利权、商标专用权、发现权、发明权和其他科技成果权纳入到知识产权保护体系之中。与之相比，《民法典》明确规定的知识产权客体包括：

1. 作品。著作权相关法律法规对作品进行了明确规定。权利人依法就作品享有的专有权利是著作权。根据《著作权法》的规定，著作权是指著作权人对其作品享有的人身权和财产权，包括发表权、署名权、修改权、保护作品完整权、复制权、发行权、出租权、信息网络传播权等权利。

2. 发明、实用新型、外观设计。权利人依法就发明、实用新型、外观设计享有的专有权利是专利权。根据《专利法》第2条中的规定，发明创造是指发明、实用新型和外观设计。发明，是指对产品、方法或者其改进所提出的新的技术方案。实用新型，是指对产品的形状、构造或者其结合所提出的适于实用的新的技术方案。外观设计，是指对产品的形状、图案或者其结合及色彩与形状、图案的结合所作出的富有美感并适于工业应用的设计。

3. 商标。权利人依法就商标享有的专有权利是商标专用权。商标专用权是商标专用权人在核准商品上使用注册商标的专有权利。根据《商标法》第3条规定，经商标局核准注册的商标为注册商标，包括商品商标、服务商标和集体商标、证明商标。

4. 地理标志。权利人依法就地理标志享有专有权。鉴于TRIPs协议将地理标志单列为独立的知识产权类型，本条亦将其纳入知识产权客体的范围内。地理标志是指标示某商品来源于某地区，该商品的特定质量、信誉或者其他特征，主要是由该地区的自然因素或者人文因素所决定的标志。我国尚无专门的法律法规对地理标志专有权作出规定，对地理标志的规定分布在《商标法》《农业法》《商标法实施条例》等法律、法规中。

5. 商业秘密。本条将商业秘密纳入知识产权客体予以保护，通过立法的形式明确了商业秘密的性质。商业秘密，是指不为公众所知悉、能为权利人带来经济利益、具有实用性并经权利人采取保密措施的技术信息和经营信息。权利人依法对商业秘密享有专有权。区别于其他知识产权具有公开性、期限性、绝对排他性等特征，商业秘密自产生之日就自动取得，并具有相对排他性，即同一商业秘密可以由多个权利主体进行占有、使用、收益和处分。同时，商业秘密的保护期限具有不确定性，只要商业秘密不被侵权行为人泄露，就一直受法律保护。

6. 集成电路布图设计。集成电路布图设计，是指集成电路中至少有一个是有源元件的两个以上元件和部分或者全部互联线路的三维配置，或者为制造集成电路而准备的上述三维配置。根据《集成电路布图设计保护条例》第7条规定，布图设计权利人享有下列专有权：（1）对受保护的布图设计的全部或者其中任何具有独创性的部分进行复制；（2）将受保护的布图设计、含有该布图设计的集成电路或者含有该集成电路的物品投入商业使用。

7.植物新品种。植物新品种是指经过人工培育的或者对发现的野生植物加以开发,具备新颖性、特异性、一致性和稳定性并有适当命名的植物品种。权利人对植物新品种依法享有的专有权是植物新品种权。完成育种的单位或者个人对其授权品种,享有排他的独占权。《种子法》第25条规定,国家实行植物新品种保护制度。对国家植物品种保护名录内经过人工选育或者发现的野生植物加以改良,具备新颖性、特异性、一致性、稳定性和适当命名的植物品种,由国务院农业、林业主管部门授权植物新品种权,保护植物新品种权人的合法权益。

8.法律规定的其他客体。本项以兜底条款方式为未来知识产权客体的发展留出了空间。《民法典(草案)征求意见稿》曾将该项规定为"法律、行政法规规定的其他智力成果",但有意见认为,"智力成果"范围过窄,知识产权客体是否皆为智力成果仍存在争议,经研究,采纳了该意见。同时,考虑到知识产权客体由法律规定为宜,故将本项规定为"法律规定的客体"。

三、我国现行的知识产权法律法规、司法解释与加入的国际公约

我国现行有效的知识产权法律法规、司法解释主要包括:《著作权法》《商标法》《专利法》《反不正当竞争法》《种子法》《植物新品种保护条例》《集成电路布图设计保护条例》《最高人民法院关于审理著作权民事纠纷案件适用法律若干问题的解释》《最高人民法院关于审理侵犯专利纠纷案件应用法律若干问题的解释》《最高人民法院关于审理商标民事纠纷案件适用法律若干问题的解释》《最高人民法院关于审理不正当竞争民事案件应用法律若干问题的解释》等。

我国加入的知识产权国际条约主要包括:《保护工业产权巴黎公约》《商标国际注册马德里协定》《保护文学和艺术作品伯尔尼公约》《专利合作条约》《国际植物新品种保护公约》《与贸易有关的知识产

权协议》《视听表演北京公约》等。

【审判实践中应注意的问题】

一、正确树立以《民法典》为基本法的知识产权审判思维

本条将专利权、著作权、商标权以及商业秘密等知识产权的实体内容纳入民法典体系，意味着知识产权作为现代社会民事主体最重要的权利之一被纳入《民法典》，使得知识产权部门法的属性更加明确，同时也为知识产权审判提供了理论支持和法律依据。审判实践中，裁判者应牢固树立知识产权为民事权利的意识，正确理解知识产权与《民法典》的关系。在我国，《专利法》《著作权法》和《商标法》等知识产权的单行法律是民法的有机组成部分，和民法是部分和整体的关系。《民法典》对我国知识产权法律制度具有系统性、全局性、决定性的作用。在审判实践中，不能囿于知识产权的专门制度，习惯性地在知识产权体系内寻求问题的解决，而忽视知识产权的民法体系归属和基本理论，更不得在没有法律明文规定的情况下，违背知识产权法定原则，创设新型知识产权，作出与本条基本规定相悖的判定。同时，当下知识产权"三合一"审判机制亦主要是基于民事法律体系和审判体制下对知识产权问题进行处理，知识产权审判机制的转变也要求裁判者有更全面、更体系化的审判思维，以民事司法的眼光解决知识产权问题。

二、正确处理知识产权权利保护的封闭性与利益保护的开放性之间的关系

知识产权法定主义要求司法原则上不能创设新的权利类型，但法律保护的正当利益则不受权利法定原则约束，具有灵活性和开放性。在维护知识产权权利法定和不抵触基本知识产权立法政策的前提下，可以综合考虑保护需求、产业发展需要、被诉行为正当性等因素，适

时慎重承认和保护新类型创新利益，呵护初生创新顺利成长。对于看不准、弄不清、有市场、受欢迎的新技术、新产品、新商业模式，在具体适用法律时，要以有利于促进创新、有利于公平竞争、有利于消费者的长远利益为指引，慎重对待、审慎处理。

三、正确处理各类知识产权交叉保护关系

由于知识产权无形性、专有性、可复制性等特点，尤其是无形的特点，使得知识产权的权利保护体系更为复杂。同时，由于我国对知识产权以单行立法的方式进行调整，随着知识产权客体、内容的不断丰富与权利体系的扩张，同一知识产权客体在某种条件下同时归属多个主体、受到一个以上的单行知识产权法的保护，造成了知识产权的权利冲突。例如，外观设计与商标的冲突、商标权与著作权的冲突、商标权与不正当竞争行为的冲突等。在审判实践中，裁判者需要充分认识违反诚信原则以及损害他人合法在先权利的民事纠纷本质，善于运用诚信、保护在先权利、维护公平竞争、禁止权利滥用等原则作出公正裁决。

四、正确处理享有知识产权专有权利不得损害社会公共利益的问题

知识产权专有权利的享有和行使需要尊重社会公共利益。知识产权客体虽然由个人创造，但对社会经济、科技、文化的发展与进步具有重要作用，社会公众对其有合理需求，因此知识产权具有一定的公共属性，知识产权权利人利益与公共利益存在一定的冲突。为了实现私权与公共利益的合理平衡，在审判实践中，裁判者应依法合理平衡权利人利益、他人合法权益和社会公共利益、国家利益，实现保护知识产权与促进技术创新、推动产业发展和谐统一。

> **第一百二十四条** 自然人依法享有继承权。
> 自然人合法的私有财产,可以依法继承。

【条文主旨】

本条是关于继承权的规定。

【条文理解】

一、继承和继承权的概念

继承权是我国民法上的一项重要民事权利,《民法通则》第 76 条规定,公民依法享有财产继承权。《民法总则》第 124 条系在《民法通则》第 76 条的基础上修改而来,规定得更为明确。该条将权利主体按照民法关于权利主体的一般规定明确为自然人,另外将财产的范围明确为合法的私有财产,同时规定继承可以依法继承,强调继承的合法性。《民法典》对该规定予以沿用。

继承权一般可以认为是民法上的概念,但继承并不是民法上的特有概念。继承的原始含义是指依法承受死者的遗产,其引申含义还包括接受前人的作风、文化、知识、事业等,在政治学、社会学、文化等领域内都有使用。在我国民法上,继承是指将死者生前所有的于死亡时遗留的财产依法转移给他人所有的制度。[①] 狭义上的继承是指对死者死亡时所遗留的财产的承受,而广义上的继承不仅包括对死者遗留财产的承受,还包括了对死者生前其他权利义务的概括承受,我国

[①] 魏振瀛主编:《民法》,北京大学出版社 2013 年版,第 578 页。

民法上的继承是狭义上的继承。在继承法律制度中,遗留财产的死者为被继承人,依法承受死者财产的人为继承人,死者遗留的财产为遗产。根据本条规定,依法享有继承权的自然人为继承人,自然人合法的私有财产为遗产。

我国民法上的继承有以下特点:

1.继承只能发生于被继承人与被继承人的近亲属之间。继承人的范围限定为被继承人的近亲属,其相互之间存在近亲属的关系,一般包括配偶、父母、子女、兄弟姐妹、祖父母、外祖父母、孙子女、外孙子女以及其他符合法律规定的近亲属。这也就限定了继承人和被继承人都是自然人,国家、集体所有制组织、企业事业单位、个人合伙、非法人组织等既不能作为继承人也不能作为被继承人,他们有可能取得被继承人的遗产,但他们取得财产的方式并不是继承,不受继承法律制度的规范。

2.继承人在取得被继承人的遗产时是依法无偿的。无论是法定继承还是遗嘱继承,继承人取得遗产都不需要支付任何对价,自然人立有遗嘱的按照遗嘱办理,没有遗嘱或者遗嘱无效、部分无效的,按照法定继承办理。

3.现代继承只能是对于被继承人财产的继承,而不包括官职、爵位等身份的继承,而且要求被继承人的财产应当是合法的私有财产。因此,对于那些被继承人通过违法途径获得的非法财产或者是通过租赁、借用、保管等方式暂时占有的财产,因被继承人并没有这些财产的所有权,不能列为遗产的范畴由继承人继承。

所谓继承权,是指自然人按照法律的规定或者被继承人所立的合法有效遗嘱而享有的继承被继承人遗产的权利,或曰接受被继承人遗产的资格。当具备一定的法律事实时,继承人对被继承人留下的遗产拥有事实上的财产权利。继承权的实现自被继承人死亡或宣告死亡时开始。自继承开始,继承人可以自主决定是行使继承权、接受继承,还是放弃继承权。继承开始后,遗产分割前,继承人未表示放弃继承权的,视为接受继承。继承权的放弃,须以明示的方式作出,且不能附加任何条件。继承权的丧失，或称继承权的剥夺，是指依照法律规定在发生法定事由时取消继承人继承被继承人遗产的权利。继承权丧失的法定事由包括：（1）故意杀害被继承人的（绝对丧失）。（2）为争夺遗产而杀害其他继承人的（绝对丧失）。（3）伪造、篡改或者销毁遗嘱，情节严重的（绝对丧失）。（4）遗弃被继承人或者虐待被继承人情节严重的（相对丧失）。

二、继承权的特征

继承权具有以下特征：（1）继承权是自然人基于一定的身份关系享有的权利，强调的是自然人享有。（2）继承权应依法享有，具体可分为依照法律的直接规定或者合法有效的遗嘱而享有，对应为法定继承权与遗嘱继承权。法定继承权是法定继承中继承人享有的继承权，它来自法律的直接规定，只有法律规定的法定继承人才享有法定继承权。遗嘱继承权是遗嘱继承中继承人享有的继承权，只有合法有效的遗嘱中指定的继承人才享有遗嘱继承权，未在遗嘱中被指定的人尽管可能享有法定继承权却不能享有遗嘱继承权。（3）继承权的标的是合法的私有财产，包括自然人的合法收入，自然人的房屋、储蓄和生活用品，自然人的林木、牲畜和家禽，自然人的文物、图书资料，法律允许自然人所有的生产资料，自然人的著作权、专利权中的财产权利，以及自然人的其他合法财产。

三、继承的发源和本质

继承作为一种社会制度，在人类社会的各个历史时期都有存在，但不同历史时期的继承制度有不同的特点，即使是同一历史时期的不同国家、同一国家的不同历史时期其继承制度都有着很大不同。原始社会时期人类的生产力水平较低，实行集体的生产和生活方式，没有或者很少存在私有的个人财产，也没有现代意义上的自然人，财产的流转是通过部落集体的传承而得以积累的。即使在一定范围内存在着根据血缘来分配财产的规则，也与现代民法意义上的继承有很大的不同。随着生产力的发展,私有制逐渐产生,阶级开始分化。统治阶级为了确保私人占有的合法性并保证私人利益的延续性,慢慢开始由统治阶级的子嗣来继承其父亲的血统、身份和财产,这种继承在奴隶制、封建制时期经历了漫长的发展。奴隶制、封建制时期的继承虽上升到立法的层面,但并非现代意义上的继承法律制度。至资本主义时期,财产继承制开始从宗祧继承中独立出来,并最终取代了身份继承制,现代民法意义上的财产继承制度才得到正式确立。[①]现代社会制定有民法典的国家和地区一般均在民法典中规定有继承法律制度。如《法国民法典》在第三卷"取得财产的各种方式"第一编规定了"继承"、《德国民法典》在第五编"继承法"规定了继承权、《俄罗斯联邦民法典》在第五编"继承法"规定了继承权、《日本民法典》在第五编"继承"规定了继承权、我国台湾地区"民法"在"民法继承编"规定了继承权。

关于继承的本质,也称为继承的发生根据,存在着意思说、家族协同说、死后扶养说、无主财产归属说及共分说等不同的学说:(1)意思说。所谓意思说,来源于自然法学派的观点,认为继承的发生来源于被继承人生前通过遗嘱对个人财产的处分行为,如果没有遗嘱,法律也应当根据被继承人的自然情感和爱恨憎恶来推测其真实意思,以此来决定遗产的归属,德国、奥地利、美国等国的继承制度以意思说为基础。(2)家族协同说。家族协同说则认为,继承是由家庭协同生活发展而产生的,继承发端于家族共有财产的继承,个人财产的处分受到限制,个人死后财产必须留于家族内部,家族之共同生活分纵的和横的,同代人共同生活为横,上下代人共同生活为纵,继承是人类自祖先以至乃子乃孙、维持过去现在未来之纵的生活的必然现象。(3)死后扶养说。死后扶养说认为,一定范围内的宗族或亲属对于负有扶养义务的人,不仅在其生存中进行扶养,其死后也应当继续扶养,这种死后也受扶养的权利实质上就是继承权,而不需要抚养的

[①] 秦伟:《继承法》,世纪出版集团、上海人民出版社2001年版,第7页。

人不论其与被继承人关系如何则不享有继承权,此种学说较少为立法例采用。(4)无主财产归属说。无主财产归属说认为人的人格因死亡而消灭,自然人存活时为民事主体享有财产权,但其死亡后财产变为无主财产,财产归属于何人全由国家立法政策而定,当今世界继承法中限定继承人的范围并对遗产课以税收甚至限定遗产的继承范围一定程度上体现了该学说的影响力和解释力。(5)共分说。共分说认为,被继承人的财产原本存在本人所有权、亲属所有权和国家所有权三种权利,分别对应于遗嘱继承、法定继承以及国家对于继承的立法政策,这是一种较为新颖的学说。

应当说,不同的学说、不同的法律制度对于理解继承的本质均在不同的角度有其独特的意义。我们认为,继承在现代社会作为一种社会制度,既是人类社会自然发展的结果,也是国家主动干预的结果,是随着人类社会生产力的发展和文化的演进而产生的对于人类社会关系的一种调整方式。

四、继承权的基本原则

立法对于继承权确立了以下原则:

1.保护自然人合法财产继承权的原则。(1)凡自然人死亡时遗留的个人合法财产均为遗产,全得由其继承人继承。(2)继承人的继承权不得非法剥夺或限制。(3)继承权为绝对权,任何人都负有不得侵害的义务。

2.继承权平等原则。(1)继承权男女平等。(2)非婚生子女与婚生子女继承权平等。(3)在遗嘱继承和遗赠中保护老、幼、残疾人的利益。依《民法典》继承编规定,被继承人以遗嘱处分其财产时,遗嘱中应当为缺乏劳动能力又没有生活来源的继承人保留必要的份额。(4)遗产分割不能侵害未出生人的利益。按照《民法典》继承编的要求,在遗产分割时,应当保留胎儿的继承份额,以保护被继承人死亡后出生子女的利益。(5)承认遗赠扶养协议的效力。《民法典》继承编中特别规定了遗赠扶养协议。自然人可以与无法定扶养义务的自然人或组织签订遗赠扶养协议,以保障受扶养人的生养死葬。

3. 互谅互让、团结和睦原则。(1)继承人的继承权受法律的平等保护。(2)法定继承人有平等的继承权。(3)继承人协商处理继承问题。

【审判实践中应注意的问题】

一、关于有限公司自然人股东死亡后其股东资格如何继承的问题

股权就其本质属性来说,既包括股东的财产权,也包括基于财产权产生的身份权即股东资格,该身份权体现为股东可以就公司的事务行使表决权等有关参与公司决策的权利。就股权所具有的财产权属性而言,其作为遗产被继承是符合我国现行法律规定的。而股东资格的继承问题,《公司法》第75条规定提供了股东继承的一般原则,即自然人股东死亡后,其合法继承人可以继承股东资格;但是,公司章程另有规定的除外。

首先,自然人股东的合法继承人可以继承股东资格。继承人自被继承人死亡时开始享有股东资格。其他股东或者第三人不能以未办理股东名册或者工商登记对股东资格进行抗辩。其次,允许公司章程另行规定股东资格继承办法。比如,规定当股东不同意某人继承已死亡的股东的资格时,可以采用股权转让的方式处理股权继承问题等。值得注意的是,公司章程只能合理限制继承人继承股东资格,不得违反《民法典》继承编的基本原则,剥夺继承人获得与股权价值相适应的财产对价的权利。

二、关于继承纠纷中的公司赠股处理问题

在审理有关公司赠股继承纠纷案件时,应当注意公司赠股约定受赠人只参与分红,不因此而持有公司股权成为公司股东或者因此增加

持股比例等附加条件时,该赠股实为股东之间分红的特别约定,本质上就是公司的收益分红权,故对该赠股的继承,不按照一般股权继承处理,而只依法将收益分红权在继承人之间分割即可。

第一百二十五条 民事主体依法享有股权和其他投资性权利。

【条文主旨】

本条是关于民事主体享有股权和其他投资性权利的规定。

【条文理解】

我国民法采用民商合一的立法模式。而在采取民商分立立法模式的国家，如德国、法国、日本等国，这些国家的民法典当中未明确规定股权和其他投资性权利等商事权益，这与其单独制定有商法典有关。而采取民商合一立法模式的国家，一般均在民法典相关条文中明确股权等商事权益受民法保护。

与《民法通则》并未规定股权等商事权益相比，《民法总则》在全面保障私权方面取得了显著的进步，对于权利体系、各种权利类型作出了清晰界定，对于相关经济社会活动开展具有基础性作用。例如，金融活动需要以清晰的权利界定为基础，《民法总则》第125条将股权和其他投资性权利作为独立的民事权利类型进行列举，对于金融发展起到良好的促进作用。《民法典》总则编对这一规定予以保留。

在《民法典》中明确规定商事权益受到保护，确定了财产法的一般规则，从立法体例上起到了由《民法典》统率商事立法的功能，从体系上实现了我国民法典民商合一的立法模式。除股权之外，本条还规定了民事主体享有"其他投资性权利"，大大扩展了民事主体的权益范围。

一、股权的概念

股权是股东基于对公司的投资或者其他合法原因而持有公司资本的一定份额所享有的权利。股权，也称股东权，分为狭义和广义两种。狭义的股权，是指股东向公司出资而享有的权利；而广义的股权，则是对股东权利和义务的总称。《民法典》采狭义的股权的概念。因为从《民法典》的体例结构来看，民事权利、民事责任各一章，对义务的一般规定放在了民事责任一章，该章第176条规定："民事主体依照法律规定或者当事人约定，履行民事义务，承担民事责任。"

二、股权的内容

股权是公司股东普遍享有的权利。股东通过向公司出资，取得股权以实现其经济利益。从本质上来说，股权来源于股东投资财产的所有权，股东通过将自身财产的所有权让渡于公司，从而获得让渡财产的对价，这部分对价及由此而衍生出来的权利就成为股东的股权。根据我国《公司法》规定，股权一般包括以下内容：（1）股东身份权，主要包括出席股东会行使表决权、选举权和被选举权等；（2）参与管理决策权；（3）选择、监督管理者权；（4）资本收益权；（5）知情权，主要包括对于公司章程、股东会会议记录及公司财务会计报告资料等的查阅权等；（6）提议召集主持股东会临时会议权；（7）优先受让和认购新股权；（8）建议和质询权；（9）股份转让权；（10）股东诉讼权及其他权利。

在不同公司或同一公司的不同股东中，股权的内容及其表现形式会有所差异。按照公司法学理分类，结合司法实践，股权可分为下列几种：

（1）根据股权行使的目的和内容标准可划分为自益权与共益权。股东以自己的利益为目的行使的权利为自益权，性质上主要是财产权，主要包括发给出资证明或股票的请求权、股份转让过户的请求权、分配股息红利的请求权、分配公司剩余财产的请求权及新股发行认购权等。股东不仅以自身的利益还以公司的利益为目的行使的权利是共益权，共益权是为全体股东或者公司团体利益的，从性质上属于管理权，主要包括出席股东会的表决权、任免董事等公司管理人员的请求权、查阅公司章程的请求权、请求法院宣告股东会决议无效的请求权以及对公司董事、监事提起诉讼的权利等。

（2）根据股权性质标准可划分为固有权和非固有权。固有权又称法定股东权，是指未经股东同意，不得以公司章程或者股东大会多数决予以剥夺或者限制的权利。非固有权，是指可以通过公司章程或者股东大会予以剥夺或者限制的权利。

（3）根据股权行使的主体可以分为一般股东权和特别股东权。一般股东权，是指公司的普通股东享有的权利，特别股东权是指专属于特定股东享有的权利，例如公司发起人和优先股股东、后配股股东、混合股股东等特别股东所享有的权利。

三、股权的性质

如何认识股权的性质，在我国具有特殊意义，可以借此明确国有股权行使的方法。对于股权的性质，二十世纪后期以来，随着公司所有权与经营权的分离，主要产生了以下观点：

第一种观点认为属于物权，股东对其股权享有所有权，股东权就是股东的财产所有权，股东对其投入公司的财产享有支配权。在这种观点之下，有的观点进而认为在公司中股东享有的所有权与公司法人享有的所有权并存，所有权的二重结构并不破坏"一物一权"规则，并不意味着国家所有权的丧失。[①] 此说的缺陷在于过分强调股权的支配性，但忽略了物权法一物一权的物权法定原则。

第二种观点认为属于债权，股东与公司的关系是债权人与债务人之间的关系。股东的所有权逐渐被削弱，股票成为债的凭证，股票与公司债券之间的区别不断缩小，股东收益权成为一种债务请求权。[②]

---

① 参见王利明：《论股份制企业所有权的二重结构》，载《中国法学》1989年第1期。
② 参见郭峰：《股份制企业所有权问题的探讨》，载《中国法学》1988年第3期。

此说过分夸大了股权在股份分红方面的请求权特征，而忽略了股权所具有的对公司监督、参与管理等作用，并不全面。

第三种观点认为股权是一种独立的民事权利类型。作为独立民事权利的股权具有目的权利与手段权利有机结合，团体权利和个体权利辩证统一的特征，兼有请求权和支配权的属性，具有资本性和流转性。

《民法典》第129条规定："民事权利可以依据民事法律行为、事实行为、法律规定的事件或者法律规定的其他方式取得。"股权可由特定的民事法律行为所创设，例如由出资行为及转让行为等创设。创设行为是产生股权的法律事实。股权与公司财产权相伴而生，只有股权独立化才可能产生公司所有权，而公司所有权的产生必然要求股权同时独立化。[①] 此说在理论及实践中有一定说服力，且与我国《民法典》及公司立法有一定契合性。理论界还有一种社员权说也较有影响力，此说认为股权是股东基于营利性社团的社员的身份而具有的权利，股权属于社员权，但是股东股权是由于其出资而享有，而并非先天基于股东资格，因此社员权说在逻辑上也存在一定的缺陷。

《民法典》第125条规定："民事主体依法享有股权和其他投资性权利。"该条确立了股权等独立的民事权利类型的法律地位。即：公司享有法人财产权，股东享有股权，而股权是不同于所有权的独立的民事权利。这一认识对于国家股东而言，具有重大的历史意义，有利于其权利行使方式的转变。对于普通公司而言，则有利于排除股东，尤其是控制股东对公司的不当干预与控制，使公司独立意思的形式获得法律保障，从而使公司法律人格的独立性得以充分实现。[②]

四、关于对其他投资性权利的理解

《民法典》规定的其他投资性权利是指民事主体通过投资而享有的民事权利，主要包括信托权、各种期权、多种财产权组合的权利

---

① 参见江平：《论股权》，载《中国法学》1994年第1期。
② 参见范建、王建文：《公司法》，法律出版社2007年版，第296页。

等，也包括向公司以外的企业或其他组织进行投资而取得的权利。从本条规定的特点来看，将股权和其他投资性权利共同规定，是因为股权和其他投资性权利在某些方面具有一定的共性，如均是民事主体通过自身财产权益的让渡而获得的权利，权利的特点又具有很强的复合性等。但股权和其他投资性权利有别于其他财产性权利，这些权利完全产生于企业经济金融活动之中。虽然在我国《公司法》中对股权作了规定，但是《民法典》总则编把股权和其他投资性权利单独列出给予保护，势必会增加投资人的安全感和积极性，促进市场经济发展。股权和其他投资性权利一般由单独的商事法律加以规范，主要包括民事主体因购买证券、基金份额、保险、理财等产品所享有的权利。

由于我国实行民商合一的立法模式，虽然商事法律规范具有独特性还是独立性在理论上还存在着巨大的争议，但是作为商法核心规范的商事主体与商事行为立法显然不能独立于民法典之外，只能依赖于民法典关于民事主体、民事法律行为的一般规定。从这个意义上讲，商法规范虽然在具体法律行为规范上存在其独特性和独特价值，但在根本上是不能完全独立于民法规范的。故而本条规定实现了民事财产体系与商事财产体系在价值层次上的同一位阶，将商事财产体系融入到了《民法典》当中，拓展了我国民事财产权利体系的形态，体现了《民法典》的包容性。

【审判实践中应注意的问题】

一、审判实践中对于本条的把握原则

对于《民法典》相关条款的理解和适用，不能只看民法，还要看其对其他法律的辐射作用。《民法典》总则编内容大部分系对《民法总则》条文的沿用。《民法总则》在制定时被定位成中国民商事法律的基本法、上位法，或者是统率性的法律。《民法总则》的立法，是将物权法、商法、知识产权法等法律体系中的相关条文从《民法通

则》中抽象出来，同时按照"提取公因式"法，提炼出民商事法律中基础性、共同性、纲领性的内容。因此，《民法总则》内容比较概括、抽象，需要通过具体的制度予以落实、结合起来理解和适用，能够达到比较好的效果。《民法总则》在物权、债权和知识产权三种财产权利之上，增加了股权和其他投资性权利，更多的股权相关问题需要通过《民法典》各相关编、《公司法》等相关法律来规制。

《民法典》沿用《民法总则》的规定，明确了股权是一种独立的民事权利类型，能够依法转让是股权的重要内容之一。根据《民法典》侵权责任编的规定，股权亦在侵权责任法保护的民事权益范围之内。股权转让纠纷是指在股东之间、股东与非股东之间进行股权转让而发生的纠纷。它包括有限责任公司的股权转让纠纷和股份有限公司的股权转让纠纷（又称股份转让纠纷）两种情形。有限责任公司兼具人合与资合性，股权可以对内转让和对外转让。《公司法》第71条对有限责任公司对外转让股权作出了相应的强制性规定，如转让时需其他股东过半数同意、其他股东享有优先购买权等，造成此等股权转让纠纷不断。为此，《公司法司法解释（三）》第18条第1款明确："有限责任公司的股东未履行或者未全面履行出资义务即转让股权，受让人对此知道或者应当知道，公司请求该股东履行出资义务、受让人对此承担连带责任的，人民法院应予支持；公司债权人依照本规定第十三条第二款向该股东提起诉讼，同时请求前述受让人对此承担连带责任的，人民法院应予支持。"

股份有限公司作为典型的资合公司，其股权以自由转让为基本特征。但是，实践中亦出现了部分因名义股东擅自处分股份，实际出资人（隐名股东）主张权利，并提起损害赔偿之诉的纠纷。为此，《公司法司法解释（三）》第25条规定："名义股东将登记于其名下的股权转让、质押或者以其他方式处分，实际出资人以其对于股权享有实际权利为由，请求认定处分股权行为无效的，人民法院可以参照物权法第一百零六条条的规定处理。名义股东处分股权造成实际出资人损失，实际出资人请求名义股东承担赔偿责任的，人民法院应予支持。"

对于侵害实际出资人享有的财产权利,能否依照《侵权责任法》第 19 条规定:"侵害他人财产的,财产损失按照损失发生时的市场价格或者其他方式计算",立法机关认为,应当依照公司法等相关法律法规规定承担民事责任。[①]

二、股权与股份、股票的区别

本条规定了股权及其他投资性权利属于民事主体的基本民事权利,然而实践中与股权同时使用的还有股份、股票等概念。一般来说,《公司法》实践中对于有限责任公司股东的权利多用于股权,而对于股份有限公司的权利则多使用股份,也就是说在描述股权这一概念时,两者的意义接近。但股份并不是一个权利概念,而是指股份有限公司股东所有的用于计量的股票数量,股份有限公司股东所持有的股票数量也就是股份通常反映了股东的权利大小,因而在股份有限公司领域股份这一概念的使用更为广泛。对于股份有限公司而言,股票通常与股份密不可分,股票是股份公司发行的所有权凭证,用于记载股东所持股份数量的有价证券,一般多用于上市公司。对于股份公司股东而言,拥有股份或者拥有股票,就享有股权,两者在使用场合上有所区分。股份在非公司企业法人中也可以使用,但对于非公司企业法人,出资人的股份对应的一般不能称之为股权,可以认为属于投资性权利。

三、关于企业法人出资人对企业享有的权利是否都属于股权的问题

企业法人与非企业法人是我国在计划经济时期以及市场经济初期使用的对于法人的区分类型,与之相关的还有非法人企业等划分,但由于这种分类与公司法人彼此交叉,极易造成相关概念的混乱,故《民法典》现已不采用这种分类方式,而是采用营利法人、非营利法

[①] 参见全国人大常委会法制工作委员会民法室编:《〈中华人民共和国侵权责任法〉条文说明、立法理由及相关规定》,北京大学出版社 2010 年版,第 72 页。

人、特别法人以及非法人组织的分类方式。同时《民法典》仍然使用了企业的概念，因此未来一段时间内企业法人、非企业法人等有关法人的分类方式可能还会持续存在。对于企业法人而言，一般包括公司和其他企业法人。公司是按照《公司法》成立的具有法人资格的企业，其他企业法人是具有法人资格但并没有按照《公司法》成立并采用公司管理形式的企业。公司的出资人对公司的权利当然属于股权，自无疑问。其他企业法人主要是在1993年《公司法》颁布之前我国成立的各类全民所有制企业、集体所有制企业以及中外合作企业等。这类企业法人不是公司，具有法人资格，能够独立经营、独立承担民事责任，但因为此类企业法人并非按照《公司法》组建，出资人享有的权利依赖于主管部门决定以及企业章程的规定，故出资人对此类企业法人享有的权利一般不能认为属于股权。

> **第一百二十六条** 民事主体享有法律规定的其他民事权利和利益。

【条文主旨】

本条是关于民事主体享有其他民事权利和利益的兜底性规定。

【条文理解】

一、关于其他民事权益兜底保护的意义

本条是关于民事权益的兜底性条文。民事权益包括民事权利和利益。权利是指为了保护主体和某种利益而赋予的法律上的力,它是利益与法律之力的结合。民事主体享有的民事权利不限于本编明确的权利,还包括《民法典》各相关编以及其他法律规定的民事权利。有些权利是广为人知、社会认知度比较高且民事主体行使频度较高的权利,而有些权利则由于其复合性及与其他权利的相似性,现行法律尚未赋予其确切名称,对于这些权利也应得到法律的保护。而民事利益则是指因由民法保护的,因缺乏必需的构成要件而尚未上升为权利的利益。民法的很多权利都是在实践及理论的不断发展中逐渐明确其内涵、外延从而成为确定的民事权利的,如隐私权,在《民法典》出台之前一般是作为隐私利益加以保护的。《德国民法典》第823条"因故意或者过失不法侵害他人生命、身体、健康、自由、所有权或者其他权利者,对他人因此而产生的损害负赔偿义务"也规定了其他权利,一般人格权和营业权最早在民法中也不是民事权利,而是后来通过逐步通过判例加以确认的,如果没有《民法典》的概括性规定,民事主体的权利扩张就会困难重重。《民法典》在本章中对于民事主体享有的民事权利进行了列举性规定,但是由于社会生活千变万化,且处于不断发展之中,《民法典》不可能通过列举的形式实现对民事主体所有民事权益的保护。《民法典》通过规定民事主体享有法律规定的其他民事权利和利益这一条款,实现了对民事权利的全面保护,同时也起到了对各相关编及单行民事法律中民事权益的统领作用。就该条的立法目的而言,民事主体享有民事权利和利益,极大地扩张了民事主体的权利范围,使得《民法典》真正成为民事主体的"权利宣言书"。[1]

  从理论上来讲,民事权利和利益有所不同。民事权利作为民法的基本概念,存在多种学说,包括利益说、法力说和手段说等。在描述民事权利时,会使用到利益的概念,一般可以认为民事权利是民事主体所享有的特定的利益,不同的权利体现为不同的利益。在《民法典》之前,我国民事立法多使用权益一词,此处的权益是权利和利益的合称。利益的范围要大于权利的范围,权利反映了民事主体的利益,但民事主体的利益却并非都是民事权利,只有那些受到民事法律保护的特定利益才是民事权利。而且,受到民事法律保护的不仅有民事权利这部分利益,还包括不属于民事权利但受到保护的其他利益,一般称之为民事权益。此处的民事权益应作狭义理解,即受到民法保护的不包括权利的那部分利益,理论上也称之为"法益",或称之为合法利益。合法利益与权利虽然存在区别,但同样受到民法的保护,只是未有权利之名。实践中,占有是民事主体享有的合法权益,但占有本身并不是一项权利。此次《民法典》编纂将其他民事权利与利益作兜底性保护,从完整意义上达成了《民法典》总则编对于民事权利"抽象提取公因式"的目标,为各相关编中的民事权利和利益的保护提供了基础,避免了法律漏洞,也为将来确立新的民事权利和利益提供了立法依据。

---

[1] 王利明主编:《中华人民共和国民法总则详解》,中国法制出版社2017年版,第540页。

二、其他民事权利和利益的几种类型

（一）性权利

权利主体的性权利在刑法以及行政法层面都有不同程度的保护，故而在刑法及行政法上权利主体当然享有性权利。在民法层面，民事主体的性权利尚未特别明确规定，但民事主体享有性权利是应当得到确认的。所谓性权利，是民事主体的性自主权，即民事主体保持其性纯洁的良好品行，依照自己的意志支配性利益的具体人格权。性自主权的客体是性利益，是权利人就自己的性的生理因素、心理因素和法律因素的利益。[①] 性权利在民法中一般通过人身权法加以保护，其实质是保护民事主体的人身自由、人身安全和生活方式等利益。因此，在权利人未同意的情况下，凡是通过暴力、引诱、胁迫、语言、欺骗、动作等方式实施的性骚扰、性暴力行为，都是严重侵害权利人性权利的行为，也都是侵害权利人性自主权的行为，民法应当也必须对此加以规制。

（二）死者人格利益

自然人死亡后，尽管不再享有权利，但其名誉、姓名、肖像中的社会性利益因素仍应当予以保护。《民法典》总则编中虽未对死者的人格利益予以明确，但通过本条的兜底性规定可将死者人格利益保护涵盖其中，事实上，《民法典》第994条已经规定了死者人格利益保护，该条规定："死者的姓名、肖像、名誉、荣誉、隐私、遗体等受到侵害的，其配偶、子女、父母有权依法请求行为人承担民事责任；死者没有配偶、子女且父母已经死亡的，其他近亲属有权依法请求行为人承担民事责任。"对于死者人格利益予以保护，并非是承认死者享有人格权或人格利益，因为民事主体的民事权利能力始于出生，终于死亡。死者不具有民事权利能力，不能成为人格权的主体。需要指出的是，对于英雄人物名誉的保护，已经涉及国家和民族优秀文化、社会主义核心价值观的保护范畴。例如，最高人民法院于2016年发布的依法保护"狼牙山五

[①] 杨立新：《人格权法》，法律出版社2015年版，第273页。

壮士"、邱少云等英雄人物人格利益系列案件的典型案例明确指出，英雄人物的精神价值已经内化为民族精神和社会公共利益的一部分，应当予以保护。《民法典》第185条亦对此进行了规定："侵害英雄烈士等的姓名、肖像、名誉、荣誉，损害社会公共利益的，应当承担民事责任。"

（三）经济利益

主要包括纯粹经济损失利益。所谓纯粹经济损失，是指除了因对人身的损害和对财产的有形损害而造成的损失以外的其他经济上的损失。[1]例如，因某人违章驾驶导致交通堵塞，后车司机因此耽误航班造成的财产损失。由于纯粹经济损失往往不能为侵害人所预见，实际受害人的范围难以确定，损失大小难以认定。因此在多数情况下，侵权责任对这类财产利益损害不予保护，以维护社会主体的行为自由。但在行为人能够预见乃至故意导致纯粹经济损失或是法律明文规定的情况下，行为人仍应当承担侵权责任。除了纯粹经济损失利益外，占有利益亦属于应当保护的经济利益。根据本法物权编中的规定，对于侵害因合同关系产生的占有，占有人有权请求侵害人承担侵权损害赔偿责任。

（四）环境权益[2]

环境是公民作为生物个体生存的基本物质条件和空间，是人类生存的必要条件。从有关国际组织宣言和域外立法来看，普遍强调人类有权享有良好的生活环境，负有保护和改善环境的庄严责任。目前，世界各国均广泛接受了环境保护的理念，逐渐实现环境权益的法定化，并规定相应的程序保障机制。所谓环境权益，就是指民事主体对良好环境品质享有的权益。

关于环境权益的法律依据。《民法典》第9条规定："民事主体从事民事活动，应当有利于节约的资源、保护生态环境。"第1229条规定："因污染环境、破坏生态造成他人损害的，侵权人应当承担侵权责任。"原《民法通则》《侵权责任法》亦有相关规定。

关于环境权益的主体，环境法学界有一定争议，有学者认为包括当

---

[1] Robbey Bernstein.*EconomicLoss*, Sweet & Maxwell Limited, 1998.
[2] 由于立法尚未将之上升为权利，故在此仍称为环境权益。

代人和后代人,有学者认为包括自然人、法人、国家、人类、自然体,有学者认为仅包括自然人。我们倾向于民法领域的环境权主体可以包括自然人、法人、社会组织,甚至国家。因为生态环境的破坏有时并不会直接造成具体的自然人的人身、财产损害,即便造成损害,涉及的也是不特定的多数人的权益,对于协调环境的利用与环境的保护,人人有责。至于后代人,因尚不具备民事权利能力,尚难以作为民事主体享有相应民事权利。

关于环境权益的客体。环境权益的客体应为生态环境的服务功能,即生态环境服务于自然人生存和发展需要的功能价值。从环境法角度而言,生态环境服务功能包括供给服务(如提供食物和水)、调节服务(如调节气候、控制洪水和疾病)、文化服务(如精神、娱乐)以及支持服务(如维持地球生命生存环境的养分循环)。

关于环境权益的内容。环境权益的内容应当界定为生态性的权利,不包括经济性和程序性的权利,主要体现为自然人对一定质量水平环境的享有并于其中生活、生存繁衍的权益,是从物质的客体中呈现出来的生态的、文化的、精神的或者审美的权益。目前认识比较一致的包括清洁空气、清洁水、眺望、通风、日照、宁静、观赏等。

关于环境权益的救济。《民事诉讼法》和《环境保护法》规定了环境公益诉讼制度,最高人民法院相继发布了《关于审理环境民事公益诉讼案件适用法律若干问题的解释》《关于审理环境侵权责任纠纷案件适用法律若干问题的解释》等司法解释细化了环境公益诉讼的程序。同时,对于《侵权责任法》中的恢复原状责任方式,具体描述为生态环境修复;对于赔偿损失,则在公益诉讼中增加规定了赔偿生态环境受到损害至恢复原状期间服务功能的损失。

【审判实践中应注意的问题】

司法实践中,对于利益的保护如何把握相对而言较为困难。一方面,利益的保护必须具备法律正当性和保护的必要性,而不像权利那样当然受到保护。另一方面,利益种类繁多,难以一一列举,对于利益的保护往往缺乏明确的法律依据。

笔者认为,对于法律明确规定的合法利益,应当严格按照法律的规定予以保护。例如,关于纯粹经济损失利益,法律虽然没有专门条文进行明确,但却通过法律和司法解释就特定的侵权样态的纯粹经济损失赔偿作出了规定。比较典型的是关于虚假陈述的纯粹经济损失赔偿。例如,《证券法》第29条、第163条规定了因证券市场中有关主体从事虚假陈述而造成的投资者财产损失;又如《注册会计师法》第42条、《律师法》第49条第1款规定了律师、注册会计师等专家虚假陈述造成他人的财产损失。除此之外,对于其他形式的纯粹经济损失,如果缺乏法律明确规定,应当严格把握。

对于法律未明确规定的正当利益,可以考虑将其涵摄于法定利益之下再行判断是否应予保护。例如,在任某某诉某网络公司侵权案中,任某某主张其"被遗忘权"受到侵害。[1] 由于"被遗忘权"并不属于任何一项法定权利,因此只能判断其是否属于应当保护的合法利益。根据对"被遗忘权"的考察,可以判断其属于个人信息有关的利益。但由于被告的行为并不属于非法使用个人信息的行为,同时亦不构成对人身自由、人格尊严的侵害,故原告的该项利益不应受到法律的保护。又如在张某诉李某某、李某某一般人格权纠纷案[2]中,原被告发生争吵,被告将粪便涂在原告脸上。法院认为这种行为"构成了对原告一般人格权、人身权的侵犯",判令被告承担侵权责任。再如在钱某诉上海屈臣氏日用品有限公司搜身侵犯名誉权案中,被告商店怀疑原告偷盗了店内物品,在仅有一名女保安及一名女店员在场的情况下,要求原告解脱裤扣接受女保安的检查。法院认为被告的行为虽不构成侵犯名誉权,但已构成对人格尊严的侵犯。[3]

---

[1] 参见任某某诉某网络公司侵权案(中国"被遗忘权"第一案),北京市第一中级人民法院(2015)一中民终字第09558号民事判决书。

[2] 参见张某诉李某某、李某某一般人格权纠纷案,河南省南乐县人民法院(2011)南民初字第1070号民事判决书。

[3] 参见钱某诉上海屈臣氏日用品有限公司搜身侵犯名誉权案,上海市中级人民法院(1998)沪二中民终字第2300号民事判决书。

> **第一百二十七条** 法律对数据、网络虚拟财产的保护有规定的，依照其规定。

【条文主旨】

本条是关于数据、网络虚拟财产保护的引致性规定。

【条文理解】

一、本条规定的意义

本条规定是一条具有时代性意义的规定。21世纪是互联网时代，以云计算、大数据、5G、人工智能、区块链等关键技术为代表的新科技已经且仍将对现代经济社会产生巨大的影响。在互联网时代，无论是哪一种新技术，都离不开数据的产生和保护，数据在新技术的形成、推广及运用过程中还会产生更多的数据。自20世纪人类进入互联网时代以来，人类社会对于数据的衡量和计算方式短时间内由K字节、M字节裂变为G字节、T字节。随着互联网技术的发展，网络游戏、社交平台等互联网电子服务也日益进入广大网民的生活，网络游戏、社交平台等电子服务在数据的基础上创造的各类网络虚拟财产在互联网服务中也纷纷涌现。与此同时，关于数据、网络虚拟财产的相关纠纷也大量产生。近年来，各类数据、互联网账户、网络游戏装备、Q币等网络财产的归属问题成为热议的焦点。随着中国网民人数的剧增，对数据和网络虚拟财产权属界定和法律构建亟待解决。《民法总则》第127条通过概括性指引性规定，给数据和虚拟网络财产的立法保护指明了道路。为了适应互联网和大数据时代发展的需要，

《民法总则》提出，法律对数据、网络虚拟财产的保护有规定的，从其规定，这是回应互联网时代对民法的需求。该条是关于数据、网络虚拟财产的引致性规定，但其宣示了对数据和网络虚拟财产的保护，并为之后特别法的规定提供了法律依据。①《民法典》对《民法总则》的这一规定予以了保留。

数据和虚拟网络财产是一种特殊类型的物：（1）它在法律上具有可支配性和排他性。无论是数据还是网络虚拟财产都是建立在数据基础上的虚拟物，对于权利人来说，可以排他的占有、支配和使用。（2）数据和网络虚拟财产具有经济价值。民法所保护的数据和网络虚拟财产属于权利人通过合法劳动取得，具有可交换性，有一定的经济价值。比如，游戏中的装备可以交易和转让。（3）虽然数据和网络虚拟财产本身是无形的，但是他们在网络空间中也具有一定的"有形"存在。这种"有形"是相对于网络世界而言，并非真实存在。毕竟数据的存储需要空间，网络虚拟财产也是有活动的空间。综上，数据和网络虚拟财产作为一种特殊类型的物，需要民法的保护。随着信息网络的发展，对于数据使用和虚拟财产的保护需要通过进一步制定单行法律予以加强。

二、数据、网络虚拟财产的概念

在大数据、云计算，数据革命到来的年代，数据作为存储信息的表现形式，越来越凸显其重要作用。数据是指对客观事件进行记录并可以鉴别的符号，是对客观事物的性质、状态及相互关系进行记载的物理符号或这些物理符号的组合。数据不仅指数字，还包括文字、字母、数学符号、图形、图像、视频、音频等。在计算机科学中，数据是指所有能输入计算机并被计算机程序处理的数字、字母、符号等的总称。

如果将数据和数据之间进行整合，或者将数据与某些能在公共场

---

① 参见王利明主编：《中华人民共和国民法总则详解》，中国法制出版社2017年版，第543页。

合收集到的其他信息结合,便可以勾勒出一个人的形象或者掌握事物某一方面的特性。此外,不断进步的互联网技术也使得数据的收集、分析、挖掘、存储的能力呈几何速度增长。正如全球知名信息咨询公司麦肯锡所言:数据已渗透到当今的每一个行业和业务职能领域,成为重要的生产要素,人们对海量数据的挖掘和运用,将预示着新一波生产率的增长和消费盈余浪潮的到来。

  网络虚拟财产有广义和狭义的区别。广义的网络虚拟财产是指虚拟的网络本身以及存在于网络上的具有财产性的电磁记录,是一种能够用现有的度量标准度量其价值的数字化的新型财产。[①] 广义的网络虚拟财产范围非常广泛,除网络本身外,还包括特定的网络服务账号、即时通讯工具号码、网络店铺、网络游戏角色和装备、道具等。狭义的网络虚拟财产主要是指网络游戏空间内的具有可交易性的账号、角色、道具、装备、钱币等可视化的拟人、拟物类财产。网络虚拟财产虽然以数据形式存在于特定空间,但由于其具有一定价值,满足人们的需求,具有合法性,能够为人所掌控,属于在一定条件下可以进行交易的特殊财产,故而其具有财产利益的属性。

  网络虚拟财产的特征有以下几个方面:

  1.虚拟性。这是区别于现实存在的财产的根本属性。网络中,虚拟性体现在虚拟财产对网络游戏、网络交易环境的一种依赖状态,脱离了网络游戏和其他存储载体,它将无法存在。

  2.技术性。网络虚拟财产的本质就是网络运营商通过科技创造活动所编设的数据编码,即由0和1两个二进制位数构成的一个个程序包,经过编译、调试与汇编,将结果显示到可视界面上。网络虚拟财产的存在离不开计算机技术和互联网平台。

  3.稀缺性。网络虚拟财产是一种经济物品,具有稀缺性。虽然,网络虚拟财产就其本身的可复制性来看,可被无限量的、大批的复制。但维持网络虚拟财产的稀缺性是网络游戏、其他网络交易平台运

[①] 杨立新主编:《民法总则重大疑难问题研究》,中国法制出版社2011年版,第292页。

营商所追求的。

4.合法性。虚拟财产的产生和取得应当符合法律的规定。即虚拟财产应当不为我国法律禁止和限制,亦没有夹杂色情、暴力、反动等内容。同时,虚拟财产的合法性还体现于取得方式的合法。

三、域外有关数据、网络虚拟财产的立法例

数据、网络虚拟财产在世界各国和地区都是属于新生事物,立法和相关判例都有自己的特点。在美国,对于电子邮件系统的法律属性,有判例认为电子邮件地址在未对外公开的情况下,并非公共论坛,其他人不享有宪法赋予的接触权利,在未经许可的情况下,大量的寄送邮件构成非法侵入他人动产的侵权行为。在这样的判例中,法官是将电子邮件系统作为民事主体的动产加以保护的,对于电子邮件系统的侵入和干扰则构成侵犯动产权利人的权利。也有的判例认为电子信箱和电子邮件系统属于私人领地,私人领地是不动产,非法穿越就是侵害不动产权益。[①] 韩国的网络游戏产业非常发达,很早就有关于这方面的专门法律规定,韩国法律中明确规定网络游戏中的虚拟角色和虚拟物品独立于网络游戏服务商而具有财产价值,虚拟物品与银行账号中的钱财并无本质的区别,这实际上是将网络虚拟财产作为物来保护。我国台湾地区关于数据、网络虚拟财产的定义较为严谨,其"刑法"将数据、虚拟财产界定为以电子、磁性或其他无法以人之知觉直接认识之方式所制成之记录,而供电脑处理之用者,网络游戏中的虚拟"宝物"、电子邮箱等均定位为电磁记录,而电磁记录则应作为一种区别于动产的虚拟物。

---

① 杨立新主编:《民法总则重大疑难问题研究》,中国法制出版社2011年版,第284页。

【审判实践中应注意的问题】

一、本条规定的数据与个人信息有区别

《民法典》第111条规定自然人的个人信息受法律保护。个人信息与数据存在着紧密的联系。本条所述数据是指具有可分析性、可统计性、有使用价值的信息的总和，不仅包括原生数据，即计算机直接产生的数据，也包括这些数据被记录、储存、编辑、计算后形成了具有使用价值的衍生数据，比如购物喜好、信用记录等。

自然人个人信息主要指，据以识别特定自然人身份的任何生物性、物理性的数据、文件、档案等资料。信息与数据既有联系，又有区别。数据是信息的表现形式和载体，而信息是数据的内涵，信息是加载于数据之上，对数据所具有的含义进行解释。信息依赖数据表达，数据则生动具体地表达信息。数据本身没有意义，只有对实体行为产生影响时才成为信息。[①]两者虽然在理论上具有联系，但《民法典》所保护的个人信息是依法受到保护，不可交易的可识别性的数据的总和。而本条规定的数据则是不涉及个人信息的可统计、非识别性的数据，这些数据的收集、处理是在保护自然人隐私权和信息权基础上，对原始数据进行梳理、加密等方式后使用的。数据的使用也具有一定规则和审批流程，需要符合合法和合理的基本原则。关于数据的使用需要由法律进一步规定。

二、关于虚拟财产利益产生损失时网络经营者责任的认定问题

当前，造成虚拟财产利益损失的原因很多，大致可归纳为四类：

1.网络游戏经营者实施的行为导致虚拟财产损失。网络游戏经营者为维持游戏秩序，认为游戏用户可能有私服、外挂、非法装备等行

[①] 周屹、李艳娟：《数据库原理及开发应用》，清华大学出版社2013年版。

为，而采取冻结、删除虚拟物品甚至游戏账户的行为。

2. 网络游戏经营者未尽到安全注意义务导致虚拟财产损失。网络游戏经营者未保证网络系统、服务器和程序的安全性能，从而使其安全环境低于一般安全技术保障水平或服务合同约定水平，从而使游戏用户的虚拟财产受到损失。

3. 网络用户对自己的虚拟财产未尽到安全保护义务。网络用户负有与持有信用卡用户相当的义务，即应当对自己持有的账户密码相关信息进行加密并保密，防止外泄。未尽到上述义务使自己虚拟财产安全受到危险，导致出现虚拟财产损失。

4. 利用网络技术非法入侵导致虚拟财产损失。在网络游戏经营者提供安全保障环境的情况下，他人利用网络技术非法入侵，在此情况下网络游戏经营者往往难以防范，最终造成虚拟财产损失。

在上述情况中，第一种情况下网络游戏经营者需要证明自己采取冻结、删除虚拟财产等行为有正当性，系发现有外挂等行为，为维持网络秩序采取的必要措施，否则应承担侵权责任。第二种情况系因网络游戏经营者未尽到安全注意义务，故而应承担相应责任。第三、四种情况系游戏用户自身原因和他人利用技术侵权而经营者无法防范，此时，经营者应当免责。[①]

三、关于网络虚拟财产权归属的认定

数据、网络虚拟财产的范围、法律性质尽管还存在着一定的争议，但法律应当对民事主体享有的数据权益、网络虚拟财产权益进行保护。由于本条规定是一条引致性规则，缺乏对于数据、网络虚拟财产权利义务内容的具体规范，对于数据、网络虚拟财产权的归属有必要作一探讨。

关于数据、网络虚拟财产的归属，存在两种观点：一种观点认为数据、网络虚拟财产应归于用户，即接受网络服务商所提供服务的用

---

① 最高人民法院民事审判第一庭编：《民事审判指导与参考》（总第42集），法律出版社2011年版。

户所有；另一种观点认为应当属于网络服务商所有，用户根据与服务商之间的合同对网络服务商提供的数据仅有使用权。

目前韩国立法认为虚拟角色、网络虚拟财产具有独立于服务商的财产价值，网络服务商只是为用户提供了存放虚拟角色、虚拟财产的场所，但无权对相关数据进行修改和删除。

综合比较两种观点，笔者认为，对数据和网络虚拟财产的归属应当区别数据、网络虚拟财产的具体使用情况，如果用户在使用网络服务过程中形成的数据等财产与网络服务商的数据平台明确可分、有自己独立的使用价值且可以通过导出或者转换的方式放置于用户自己的电脑或其他网络空间内，则用户应当对这部分数据享有所有权，如电子邮箱内的邮件数据、网络硬盘内的数据资料以及论坛、微博等社区内个人发表的帖子等资料。如果用户接受网络服务商提供的服务而形成的数据、网络虚拟财产与网络服务商提供的网络服务难以明确分割、无法导入给用户个人或者即使能够将数据导入给用户但没有使用价值的情况下，相关数据、网络虚拟财产归属于网络服务商比较符合当下的网络发展实践。

对于后者分析如下：（1）用户与网络服务商之间形成网络服务合同关系，用户免费或者支付一定的费用接受网络服务，网络服务商按照合同约定提供相应的服务，用户在使用服务商提供的服务时实际上是在服务商提供的基础数据平台上按照网络服务商提供的数据生成规则形成新的数据或者添加自己的相应数据，属于数据的添附行为，这些数据的产生和使用都是用户依据与网络服务商的约定行使自己的权利的行为，离开了网络服务商提供的服务，用户的这些数据将没有意义。网络服务商提供的基础数据平台如网络游戏空间当然属于服务商所有，用户不能因为自己的参与行为而取得对网络空间的所有权。（2）用户因为参与行为形成产生的数据、角色和虚拟财产属于双方根据合同约定形成的附属物，本质上是服务商根据合同约定履行合同义务的行为，用户对这些数据和虚拟财产享有使用权，但并不是所有权。（3）用户在网络游戏等虚拟空间形成的账号、角色、装备等虚拟财产虽然具有财产价值，但这种财产价值仅限于财产的使用层面，权利的权能内容是比较少且受限的，用户不能因为享有财产权益而要求与服务商共享数据的所有权。网络游戏等网络服务一般情况下属于商业服务，商业服务要根据市场的经营情况决定服务的经营期限，一旦某项服务的市场反映欠佳，网络服务商出于商业利益的考虑会终止网络服务，不可能无限期为用户提供相关虚拟财产的保管服务。如果认为用户对虚拟财产享有所有权，那么网络服务商必须无限期替用户保存这些数据，这显然是无法实现的，也不利于网络产业的健康发展。当然，我们认为，虽然在网络游戏等虚拟空间内的数据、虚拟财产用户不享有所有权，但用户对数据、虚拟财产的合法权益应当受到保护，在服务期限内，网络服务商非依法或非依约定不得封停用户账号，不得修改或删除用户数据，不得干扰用户对数据、虚拟财产的使用，否则即属侵害了用户对数据、虚拟财产的使用权益，亦属违约行为。

> **第一百二十八条** 法律对未成年人、老年人、残疾人、妇女、消费者等的民事权利保护有特别规定的，依照其规定。

【条文主旨】

本条是关于弱势群体等特定民事主体民事权利保护的规定。

【条文理解】

一、关于本条规定的概述

本条是对于弱势群体民事权利保护适用法律的规定。民事主体的民事权利平等地受到民法的保护，但这种平等是法律意义上的平等，是价值观念及价值追求上的平等，由于不同的社会条件、不同的权利要求，加之民事主体在生理、心理、智力等方面的局限的原因，客观上民事主体在享有权利、行使权利时存在着较大的差别，部分民事主体如未成年人、老年人、残疾人、妇女、消费者等在地位、权利能力方面难以和一般的民事主体保持平等。为了解决这种情况，有必要在法律层面进行干预，尽力实现不同民事主体在实质意义上的平等。

在《民法总则》第28条规定之前，《民法通则》第104条规定，婚姻、家庭、老人、母亲和儿童受法律保护。残疾人的合法权益受法律保护。《民法总则》沿用了《民法通则》的规定，且相较《民法通则》并在条文表述上采用了更为严谨及更具可操作性的概念，如将"儿童"这一概念修改为"未成年人"，实践中更易于从年龄上进行把握，与我国的《未成年人保护法》等法律相对应；删除了婚姻、母亲两类情况，着重强调妇女的权益保护，与《妇女权益保障法》《反家庭暴力法》等法律相对应；另外增加了消费者这一特定民事主体，以与《消费者权益保护法》《食品安全法》等法律规定相对应。

综合来看，《民法总则》从民事主体角度将特定民事主体的保护纳入到民法总则当中，为特别法中的民事权利义务条款适用民法进行规范和保护提供了法律依据，体现了《民法总则》与特别法民法规范的呼应，也是民法的平等原则在具体规范中的应用。《民法典》对这一规定予以保留。

二、对特定民事主体进行特别保护的法律意义

（一）从抽象人格到具体人格

近代民法的个人人格，是在伦理基础之上的法律技术的产物。罗马法将"身份"作为生物人与法律人的连接点，形成了"界定适格者并使其成为法律主体"的人格塑造技术，并延续至今。《法国民法典》以自然法观念作为实定法上法律主体的依据，塑造出超越于个体的人的具体形态的"抽象法律人格"，在无差别的伦理价值之上，实现了真正的法律上的平等。至《德国民法典》，建立起"权利能力"的概念，法律人格的依据从法国民法上的"人的理性"演变为德国民法中的"权利能力"，完成了法律人的依据从自然法向实定法的转化。[①]抽象人格以及作为其核心要素的意志和自由，是近代民法得以建构，并形成所有权神圣、契约自由和过错责任三大原则的基石，释放出个人本位和权利本位的光芒。

但以理性经济人为假设前提的抽象人格在现代社会受到挑战。"市民法把人格设想为具有理性、利己的'经济人'，认为所有的人系适合于商品交易之主体，具有自由而平等的人格，唯不久之后，即被清楚地看到，这只是个假象而已。"[②] 随着市场经济的发展，人与人之

[①] 马俊驹、张翔：《论民法个人人格构造中的伦理与技术》，载《法律科学》2005年第2期。

[②] ［日］四宫和夫：《日本民法总则》，我国台湾地区五南图书出版有限公司1995年版，第22页。

间因为年龄、智力、信息、技术以及经济地位等原因产生的差别越来越大，按照人格平等、意思自治进行交易导致结果严重不平等，需要采取新的方法平衡利益。从对一切人施以相同对待，衍变成对特定的人予以特别对待，从而形成现代民法从抽象人格到具体人格的演进。

（二）基于实质平等的特别保护

近代民法确立的抽象平等人格对一切民事主体作抽象看待，造成了经济地位上的强者对经济上的弱者在实质上的支配，反过来动摇了民法的基础。① 现代民法已经从将人作为自由行动的立法者、平等的法律人格及权利能力者抽象地加以把握的时代，转变为坦率地承认人在各方面的不平等及其结果所产生的某种人享有富者的自由，而另一种人遭受穷人、弱者的不自由，根据社会的经济地位及职业差异把握更加具体的人，对弱者加以保护的时代。② 弱者保护是国家干预渗入私法领域，民法适应多样化生活需要、追求实质公平的结果。

（三）特定主体的身份认定的特点

1. 特定主体的身份具有例外性。现代社会以抽象人格、法律地位平等为原则，特定主体身份所蕴含的具体人格，作为抽象人格的例外，是对抽象人格的补充和矫正。其适用有其严格的法定条件，目的是在抽象人格的形式平等基础上实现实质平等。但不应因此改变民法中抽象人格平等的原则，私法的精神、形式的平等和抽象的人格仍是民法的基础，是市民社会中私法的经典性表述。

2. 特定主体的身份具有法定性。作为民法上平等原则的例外，特定主体的民事权利保护需要有法律的特别规定。即弱者身份的取得须源于法律的保护性规定，如未成年人、老年人、残疾人、妇女、消费者等分别对应有《未成年人保护法》《老年人权益保障法》《残疾人保障法》《妇女权益保障法》《消费者权益保护法》。此外，散见于《民

---

① 梁慧星：《从近代民法到现代民法——二十世纪民法回顾》，载《中外法学》1997年第2期。
② 参见［日］星野英一：《私法中的人》，王闯译，中国法制出版社2004年版，第71页。

法典》各相关编及《产品质量法》等规范性文件中关于上述主体的规定,亦可作为赋予民事权利特别保护的法律依据。

3.特定主体的身份具有多重性。特定主体身份是民事主体参与到某一特定社会关系中才享有的身份,或者某种身份虽为民事主体所特有,但并非该主体参与所有的社会活动都受此种身份的保护,只有在特定社会关系中此种身份才具有法律上的意义。而且现代社会生活的复杂性使得个人可以同时拥有多重弱者身份,如某个个体可以同时作为老人、妇女、消费者存在,应区分不同身份对相应法律关系的影响,在不同的法律关系中适用不同的特别规范施以保护。

4.某些特定主体的身份具有迁移性。未成年人、老人、残疾人、消费者等身份因满足法律规定的要件而取得,因要件缺失而丧失,往往不为某一特定人终身享有,具有阶段性或可变动性,如《未成年人保护法》第2条规定:"本法所称未成年人是指未满十八周岁的公民。"《老年人权益保障法》第2条规定:"本法所称老年人是指六十周岁以上的公民。"《残疾人保障法》第2条规定:"残疾人是指在心理、生理、人体结构上,某种组织、功能丧失或者不正常,全部或者部分丧失以正常方式从事某种活动能力的人。残疾人包括视力残疾、听力残疾、言语残疾、肢体残疾、智力残疾、精神残疾、多重残疾和其他残疾的人。残疾标准由国务院规定。"是否适用特别法律规定赋予某一主体特殊保护,应首先就主体性要件予以检讨。

(四)特别保护的路径

对特定民事主体民事权利的特别保护,主要有以下路径:

1.制定适用于某些弱者身份的法律,弥补民法基于抽象人格以行为立法的不足,维护某一特定弱势群体的利益。如《未成年人保护法》《老年人权益保障法》《残疾人保障法》《妇女权益保障法》《消费者权益保护法》等特别法的制定。

2.在民事主体法律地位一律平等、权利义务相统一的基础上赋予处于弱势地位者更多的保护性规定。如《民法典》婚姻家庭编中规定"保护妇女、未成年人、老年人、残疾人的合法权益。""离婚时,夫妻的共同财产由双方协议处理；协议不成的，由人民法院根据财产的具体情况，按照照顾子女、女方和无过错方权益的原则判决。"《消费者权益保护法》中对消费者权利设以专章规定；《民法典》侵权责任编中对产品责任实行举证责任倒置等。

3. 严格对"强而智"者的追责条件和惩罚力度。如《消费者权益保护法》中规定对经营者欺诈消费者的行为予以3倍惩罚性赔偿。本法侵权责任编的产品责任中对生产者适用无过错归责原则。

4. 在法律无规定又确有保护必要的情形下，拓宽诚信、权利不得滥用、公序良俗等原则的适用范围，赋予法官基于公平正义的自由裁量权，在个案中保护社会弱者的合法权益，促进社会实质公平的实现。

【审判实践中应注意的问题】

一、实践中认定特定主体是否构成弱势群体的实质标准

民法基于现代社会关系在特定领域新的发展所引起的调整方式的改变，并没有突破抽象人格和意思自治的框架，作为现代社会的"弱者权益保护"的立法技术思路，仍在遵循近代民法确立的决定自由——结果公平这一个人利益公平实现的模型。如针对未成年人、精神病人等设定的行为能力制度，旨在保证心智水平低下的人，能够借助代理人的理性获得平等与交易对方议约的能力。《民法典》合同编和《消费者权益保护法》确立的"强化弱者，弱化强者"的倾斜保护原则，其出发点亦在保证心智虽充足但因经济地位窘迫而难以依其理性判断采取行动的人能够实现其决定自由。审判实践中认定某一特定主体是否处于弱者地位、是否应受特殊保护，一个实质的标准是考察其决定是否自由。基于自由意志的自我选择，尽管结果可能有失公平，仍应受自我责任的限制。

二、实践中弱势群体保护的法律适用

我国通过编纂《民法典》实现了对民事主体民事权利的比较全面

的保护，但在《民法典》施行后仍然会存在不少关于特定民事主体、特定领域的立法，如《未成年人保护法》《反家庭暴力法》《消费者权益保护法》《食品安全法》《老年人权益保障法》《妇女权益保障法》《残疾人保障法》等，这些法律虽然更多是关于特定民事主体合法权益保护的行政法、社会法，但其中存在着大量关于未成年人、老年人、残疾人、妇女、消费者等民事主体的民事权利条款，这些条款当然应当纳入到民法的体系当中，受到民法的保护。

相较于民法针对一般人、一般事、一般时间普遍适用的法律，这些法律属于特别法，在具体的法律关系当中，应当优先适用。在具体的民事法律中适用民事特别法，并不构成对既有的民法规则的突破，而是对于民法基本原则和民法精神的重申和深化。公平和正义是人类社会孜孜以求的价值目标，也是《民法典》的价值指引，适用特别法尊重了特定民事主体的基本人权，维护了人类最基本的道德底线，体现了民法对权利保护的实质性，避免了公平正义在具体适用时的机械和教条。

在审判实践当中，对于《消费者权益保护法》等法律中的民事权利义务条款，应当清楚地认识到其民法属性及其与民法体系的一致性，不能割裂相关条款与民法典的天然有机联系。在处理当事人权利义务关系及民事责任时，也不能单纯仅依据特别法对当事人的行为进行法律评价，而应当结合民法的基本原则及分则的相关条款对相关纠纷进行恰当处理。对于特别法中的非民法规范，特别是一些行政管理规范，应当仔细识别，不能以之作为处理民事案件的依据，也不能以之影响当事人依法主张自己的民事权益。即使在商法领域，民法特别法不仅要从形式上，而且要从实质内容上正确认识商法的法律性质入手，在遵循民法基本原则和体现民法基本精神的前提下，把商法的特色原则及具体法律规范的特殊性推向较高的地位，以有助于强化商法精神，但是商法中的非民法规范仍然不是民法特别法。[1]

---

[1] 杨立新：《民法总则要义与案例解读》，中国法制出版社2017年版，第476页。

> **第一百二十九条** 民事权利可以依据民事法律行为、事实行为、法律规定的事件或者法律规定的其他方式取得。

【条文主旨】

本条是关于民事权利取得方式的规定。

【条文理解】

民事权利的取得,是指民事主体依据合法的方式或法律根据获得民事权利。根据民事权利的取得方式不同,可以将民事权利的取得划分为原始取得和继受取得两种类型。

所谓原始取得,是指权利的取得不依赖于取得时权利是否已经属于他人所有的情况,而是根据法律的规定或者原权利人意志之外的原因而取得。[①] 比如,因物的创设取得的所有权、孳息的取得等。所谓继受取得,又称传来取得,是指取得者的权利除了取得行为以外,还需依赖于前权利者的权利,即其权利是基于前权利者的权利产生的。比如,买卖合同、继承遗产、债权受让等。

继受取得又可以划分为不同的类型:一是根据权利性质的不同,权利取得的方式有:基于原来的所有人让与某物而取得所有权,基于原来的所有人的转让合同而取得债权或者其他可转让的权利。二是根据权利数量的不同,继受取得又可分为单一继受取得和全部继受取得。单一继受取得,是对特定权利的取得,属于继受取得中的惯例,一般以前权利人和继受者之间的合同为基础;全部继受取得,指取得

---

① [德] 卡尔·拉伦茨:《德国民法通论》,王晓晔等译,法律出版社2013年版,第312页。

权利概括取得，此种取得方式是一种特例，只在法律允许的情况下才可以发生①。比如，因继承、婚姻缔结等情形而取得的权利就属于全部的继受取得。

也有学者认为，将民事权利的取得划分为原始取得和继受取得的观点，没有将人格权的取得概括进来。人格权既不属于原始取得，也不属于继受取得，而是基于出生而由法律赋予的固有权利。因此，在原始取得和继受取得之外，民事权利的取得还应当包括第三种方式，即法律赋予。②

我国《民法典》规定了民事权利取得的四种方式，具体包括民事法律行为、事实行为、事件和法律的其他规定四种类型。具体而言，解析如下：

一、依据民事法律行为而取得民事权利

民事法律行为，是指以意思表示为要素，以设立、变更、终止民事权利和民事义务为目的的行为。大陆法系民法典普遍采用的是法律行为的概念。所谓法律行为，是指"私人的、旨在引起某种法律效果的意思表示。此种效果之所以得依法产生，皆因行为人希冀发生。法律行为之本质，旨在引起法律效果之意思的实现，在于法律制度以承认该意思方式而于法律世界中实现行为人欲然的法律判断"。③法律行为是每个人形成其法律关系的重要手段，是私法自治的工具。如买卖、赠与、遗赠、互易等。依照法律行为而取得民事权利多属于继受取得。

---

① ［德］汉斯·布洛克斯、沃尔夫·迪特里希·瓦尔克：《德国民法总论》，张艳译，中国人民大学出版社 2012 年版，第 382 页。
② 杨立新：《中国民法总则研究》，中国人民大学出版社 2017 年版，第 611 页。
③ 《立法理由书》第 1 卷，第 126 页，即穆格丹编：《德国民法典资料总汇》，1899 年/1990 年，第 1 卷，第 421 页，转引自［德］迪特尔·梅迪库斯：《德国民法总论》，邵建东译，法律出版社 2001 年版，第 143 页。

二、依据事实行为而取得民事权利

事实行为,是指行为人实施一定的行为时在主观上并没有确立、变更或消灭某一民事法律关系的意识,但由于法律的规定,同样会引起一定的民事法律后果的行为。[1]事实行为不同于法律行为,他们不是通过意思表示行为实施的。事实行为有合法的,也有不合法的。合法的事实行为如从事智力创造活动,拾得遗失物、漂流物,收取天然孳息,添附等,侵害国家、集体的财产或者他人的人身、财产则是不合法的事实行为,依照这种方式取得的权利多属于原始取得。

三、依据法律规定的事件而取得民事权利

事件,是指与人的主观意志无关的,能够引起民事法律关系发生、变更、消灭的客观现象。并非所有的事件都能引起民事法律关系的发生、变更和消灭,只有法律规定的事件才能产生创设、变更或者消灭民事权利义务的效果。比如,先占、加工、遗失物的拾得、埋藏物的发现、无因管理、不当得利等,均属于此类。

四、法律规定的其他方式

《民法总则》及《民法典》制定过程中,有的学者认为,按照传统民法理论,似乎行为与事件已经包括了所有可能的民事权利取得的方式,比如有人提出法院的裁判、仲裁庭的裁判似乎可以算作取得民事权利的其他方式。但是,所有裁判,对于特定的当事人,或者可以归入行为(对请求权人请求行为的确认与执行),或者可以归入事件。因此,此种分类似乎不妥当。[2]应当说,《民法典》规定民事权利也可以经过法律的直接规定而取得,除了司法仲裁行为以及行政行为之外,为将来法律确认其他的方式留有实践探索空间。

---

[1] 佟柔:《中国民法》,法律出版社1990年版,第37页。
[2] 张新宝:《民法总则释义》,中国人民大学出版社2017年版,第255页。

【审判实践中应注意的问题】

　　有限责任公司股东的继承人能否通过继承取得股东资格的问题，在审判实践中存在一定的争议。股东资格所对应的权利包括两层含义，第一层含义是财产收益权，作为一种合法的财产性权利，法律不能剥夺股东的继承人对此享有的继承权毋庸置疑。第二层含义是经营决策权。这种权利体现了有限责任公司的人合性，即股东之间必须在相互信任的基础上合作。由此，不能当然地认为股东的继承人可以无条件继承股东资格，如果公司章程对股东资格的继承作出排除性规定的，股东的继承人则不能通过继承获得股东资格。

> **第一百三十条** 民事主体按照自己的意愿依法行使民事权利，不受干涉。

【条文主旨】

本条是关于民事主体按照自己的意愿行使民事权利的规定。

【条文理解】

民法以权利为其中心观念。罗马法上即有行使权利致他人遭受损害非为不法的原则。经17、18世纪个人主义、自由主义思潮的激荡，使得个人权利成为人格的构成要素。1789年的《人权宣言》称个人权利为"天赋人权"，此种权利虽立法者亦不得剥夺，国家的存在理由，唯在保护个人权利，法律的终极目的，亦在于此。此种思想在19世纪风靡一时。个人权利，非有法律上原因，不得侵夺，其权利的行使，唯依个人自由意志。[1]

意思自治原则即建立在19世纪个人自由主义之上，对于排除当时封建身份关系及各种封建法律对个人的束缚、废除法人尤其是公司特许主义、保障私有财产安全、实践营业自由、维护个人自由与尊严、促进社会经济发展和文化进步，具有极其重要的意义。民事主体按照自己的意愿行使民事权利，是民法上意思自治原则在民事权利行使中的具体表现。

---

[1] 梁慧星主编：《中国民法典草案建议稿附理由·总则编》，法律出版社2013年版，第22页。

一、民事权利行使的自由

意思自治的出发点为个人自由,其所强调者,系意思自主,即法律赋予最大可能的自由,任由当事人自行创造规律彼此权利义务关系的规范。[①]意思自治原则赋予民事主体以自由,此种自由在民事权利的行使中具有多种表现。

1. 从不同类型的权利来看,物权法上的"所有权自由",即所有权人在法律允许的范围内可以自由地占有、使用、收益和处分其所有物。合同法上的"合同自由",即当事人可以自己决定是否订立合同、与谁订立合同、采取什么形式订立合同并决定合同的内容;婚姻法上的"结婚自由"和"离婚自由",即达到结婚年龄的人完全按照自己的意思决定婚姻关系。继承法上的"遗嘱自由",即个人可以在生前订立遗嘱,自由地决定其身后遗产的处分。商事法上的"营业自由",即具有行为能力的商事主体可以按照自己的意思从事商事活动。

2. 从不同性质的权利来看,如支配权的行使,通常以事实上支配其权利客体而为之。请求权的行使,依对于相对人请求给付即依履行之请求为之。形成权的行使,依权利人一方的行为为之。抗辩权的行使,系对于他人拒绝其请求权的行使,得以书面、口头或者于裁判上、裁判外而为之。权利人既可以实施某种事实行为来实现权利,也可以实施某种法律行为来实现权利;可以由自己行使权利,也可以依法由他人代理行使权利,或者将权利的内容移转给他人享有并行使。

二、民事权利行使自由的限制

民事主体可以自由地依照其意志行使权利,但并不意味着其行使权利不受任何限制,关于对民事权利行使自由的限制的认识,存在着两种不同的观点:

1. 外部说,或者客观说。此种观点认为,权利本身具有不可侵

---

① 王泽鉴:《民法总则》,中国政法大学出版社 2001 年版,第 246 页。

性，权利的行使完全属于权利人的自由，但是权利的行使必须受到公法和民法上的限制，这些限制首先来自外部法律的规定，通常是根据实体法来确定其界限。任何权利的行使即使在法律未作具体限制的情况下，也要受到一些基本法律原则，如诚信原则、公序良俗原则等的限制。

2. 内部说，或者是主观说。此种观点认为，对权利行使的限制来自权利本身，因为权利本身即包含着界限。对权利的可行使性的限制，实际上是对权利本身的限制。这种对权利的内在限制是不可逾越的。[①] 根据《民法典》的规定，我们认为，民事主体行使民事权利自由的限制，或者说行使权利的边界，主要表现在以下几个方面：

1. 民事权利的行使不得违反法律、行政法规的强制性规定。作为私权的民事权利，遵从"法无禁止即自由"的原则。民事权利在范围上，不仅包括现行法律明文规定的权利，还包括人的尊严、自由等所蕴涵的不为法律明文禁止的权利。所谓依法行使，即权利主体的行为不得违反法律、行政法规的强制性规定，受到实证法否定的权利行使行为不能依权利人意思发生法律效果。其具体意旨在于限制私法自治，即法律、行政法规上的禁止性规定不得为当事人任意处分。[②] 需要注意的是，并非所有违反法律、行政法规强制性规定的民事法律行为均为无效，只有违反了效力性强制性规定的民事法律行为才能够认定为无效。

2. 民事权利的行使不得违反该民事权利本身所固有的性质。某些法律行为的性质要求其行为的效力必须是确定的、随即的发生，如票据行为、形成权的行使等，此类行为不允许附加生效条件；再如，某些法律行为如果附加条件，就有可能损害社会公共利益或者社会道德，如身份行为——结婚、离婚、收养及收养的终止等，原则上不得附加任何种类的条件。

---

① 王利明：《民法总则研究》，中国人民大学出版社 2018 年版，第 448、449 页。
② 杜景林、卢谌：《德国民法典——全条文注释》，中国政法大学出版社 2015 年版，第 103 页。

3.民事权利的行使不得违背公序良俗。法律本身并不构成唯一的、在社会中有效的应然秩序，在其之外，还存在伦理、道德和风俗。公共秩序是存在于法律本身的价值体系，善良风俗则是法律外的伦理秩序。法律制度赋予民事主体以宽泛的权限，依照自己的意思以自己负责任的方式安排自己的生活关系，不仅要受到法律、行政法规强制性规定的限制，还要受到实证化秩序的限制。如以人身为交易内容或者所附条件的民事协议，违反道德而为的赠与等，均因违背公序良俗而受到否定性法律评价。

【审判实践中应注意的问题】

权利的行使必然产生权利的冲突，权利冲突的实质是利益冲突和价值冲突，司法裁判对权利冲突难题的解决，应当根据权利位阶优先顺序并适当考虑比例原则。比如，国家出于对国家利益、社会公共利益的保护，需要对个人权利进行一定的限制。又比如人身权优于财产权等，这些均属基于权利位阶的判断。但权利位阶秩序缺乏整体确定性，个案的法益衡量还需诉诸比例原则，考虑适当性、必要性以及权利如何在法律的可能范围内得到最佳化实现等问题，在司法能动主义与司法克制主义之间维持适当的平衡。

第一百三十一条 民事主体行使权利时,应当履行法律规定的和当事人约定的义务。

【条文主旨】

本条是关于民事主体权利与义务相统一原则的规定。

【条文理解】

一、本条的立法背景

随着经济的发展和社会的进步,当前公民的权利意识空前增长,但法律意识,尤其是义务和责任意识淡薄,通常只看到行为自由的一面,忽视了责任自负的一面。于己有利就强调契约必须遵守,于己不利就视契约为一张废纸。实践中,一部分人将自己的权利绝对化,无视自己应承担的义务。比如,合同履行过程中,有的当事人契约意识淡漠。有购房人因房价下跌而要求开发商退房,甚至打砸售楼处;也有开发商因房价上涨自我举报无证卖房意欲毁约以谋求超过合同履行利益以外的高额利润;有高档住宅小区物业服务企业向业主收取了高额的物业费,但却不能提供与收费标准相匹配的服务;有的小区业主在公共场所跳广场舞深夜扰民。

又比如,在诉讼过程中,有的当事人只要求享有诉讼权利,不履行诉讼义务。案件执行过程中,有的债务人明明具有履行能力却故意逃避执行,成为"老赖"后还频频进行高消费。还比如,部分市场主体对市场风险和自身责任没有充分预判,从事高杠杆经营,一旦经营失败就想方设法逃避责任。上述行为严重影响了社会主义市场经济的良性发展，不利社会良好风尚的形成。

《民法典》是国家和民族精神的立法表达。《民法典》要适应中国特色社会主义发展要求，弘扬社会主义核心价值观，坚持依法治国和以德治国相结合，充分体现我国社会主义法治特征。诚信是民法的基本原则，也是社会主义核心价值观的重要内容。为培养和引领诚实信用、契约严守的精神，在民法中有必要专门就民事权利、义务和责任相统一原则作出规定。因此，本条保留了《民法总则》的规定，充分体现了时代精神和民族精神。

二、本条规定与权利本位的关系

本条规定与民法权利本位的理念并不冲突。对于权利本位的价值和意义需要辩证、历史地看待。从西方近现代民法发展的历史背景看，权利本位虽是私法的基本原则，但其价值功能却体现在公法上，是民权对皇权、教权胜利成果的法律确定，其精神实质是反对特权。在私法范围内，由于民事主体具有互换性，同一民事主体既可能成为债权人也可能成为债务人，既可能成为侵权人也可能成为被侵权人，某一民事主体的权利往往体现为其他民事主体的义务。因此，单纯在私法范围内谈权利本位或义务本位并无意义。权利本位体现了近代私法的理念和性格，是相对于欧洲封建法制而言的，将其作为时代精神来理解或许比作为民法的固有原则来理解更为准确。[1]

在民法体系内部，不宜单纯强调权利本位，而应关注民事权利、民事义务辩证统一关系。正如马克思所指出的，"没有无义务的权利，也没有无权利的义务。"在民法中，民事主体的权利与义务是一个不可分割的统一整体。有权利就有义务，有义务就有权利，它们是相互关联、对立统一的。在民事关系中，没有民事义务的履行和民事责任的承担，民事权利的保障就没有现实基础，就可能是一句空话。

理解权利义务相统一的原则，需要注意以下几个问题：

---

[1] 谢勇：《电子交易中的合同法规则》，人民法院出版社2015年版，第48、49页。

1.强调权利与义务相统一是意思自治原则的要求。意思自治是指民事主体自主作出民事行为，自主处分民事权利，自主设立、变更、消灭民事法律关系，不受他人干涉。意思自治是民法最重要的基本原则之一，是近现代民法的基石。意思自治包括两个方面：一是自己意思，即民事主体作出意思表示应是完全基于自己的真实意思，在作出意思表示时是自由，是自我意志的实现；二是自己责任，即民事主体依自己意思作出表示后，要承担相应的法律后果。强调权利与义务相统一，就是既要看到意思自治中自己意思的一面，又要看到自己责任的一面，使意思自治这一民法基本理念在人民群众的观念中扎下根来，促进人的现代化和人的全面发展。

2.确立权利义务相统一的原则是对宪法基本理念的贯彻落实。我国《宪法》规定，任何公民享有宪法和法律规定的权利，同时必须履行宪法和法律规定的义务。宪法在法律体系的等级中具有最高的法律位阶，作为部门法的民法必须以宪法为立法依据，体现宪法精神，因此，在《民法典》中规定权利义务相一致的原则，是对宪法的贯彻落实。

3.确立权利义务相统一的原则有利于保障各类主体的合法权益和社会的安全与秩序。权利义务相统一即意味着权利义务主体地位必须平等，如果允许某一部分主体只享有权利、不履行义务，权利义务平衡状态将会被打破，社会不平等的现象就会出现，民事主体的合法权益、社会的安定和谐稳定将难以保障。由此可见，要维护民事主体合法权益，保障社会的安定与秩序，就必须维护好权利义务关系的平衡，确保权利义务相统一。

【审判实践中应注意的问题】

一、当事人权利义务的具体内容应根据具体的法律关系来确定

权利与义务相统一是宣示性原则，当事人是否应当承担义务，应当承担何种义务，在什么条件下承担义务都需要视具体的法律关系而

定。在某一法律关系中，可能一方当事人只享有权利而另一方当事人只承担义务。例如，在单务合同中，一方当事人只享有权利另一方当事人只承担义务。但一方当事人权利的享有以另一方当事人义务的承担为前提，因此，强调民事权利与义务相统一仍具有积极意义。

二、某些特定主体民事权利能力和民事义务能力不完全对等

某些特殊的民事主体，因其意思能力和责任能力的限制，为保护其利益，民法允许其在享有权利和承担义务方面存在差异。比如，民法中通常都会认为无行为能力人和限制行为能力人是享有一定"特权"的，其享有权利的能力与承担义务的能力并不对等，因此，产生的负担由社会成员承担。权利能力与义务能力并非完全一回事。自然人的权利能力平等、主体资格平等，但承担义务的能力未必平等。[1] 从社会整体来看，某一民事主体民事权利的享有须以其他民事主体民事义务的履行为前提。

三、要注意区分拒不履行义务的行为和行使履行抗辩权的行为

当事人是否应当履行义务，应于何种情况下履行义务，均应根据具体的法律关系来确定。如果一方当事人拒绝对方关于履行义务的请求，是在行使请求权，不存在抗辩权、先履行抗辩权或不安抗辩权等权利，就不属于违反本条规定的行为。只有在应当履行义务而拒不履行义务时，才属于本条规范的对象。

---

[1] 谢勇：《论电子合同主体的缔约能力》，载《法律适用》2013年第24期。

> **第一百三十二条** 民事主体不得滥用民事权利损害国家利益、社会公共利益或者他人合法权益。

【条文主旨】

本条是关于禁止权利滥用原则的规定。

【条文理解】

禁止权利滥用原则为大陆法系各国民法典所确立。我国《宪法》第51条规定："中华人民共和国公民在行使自由和权利的时候，不得损害国家的、社会的、集体的利益和其他公民的合法的自由和权利。"这是本法规定的禁止权利滥用原则在立法上的根据。

一、禁止权利滥用原则的概念

何谓禁止权利滥用原则，有不同观点：（1）主观恶意行使说。认为权利乃法律分配一部分社会利益于权利人，行使权利之结果，固不免使他人发生损害，然如专以损害他人为目的，则属权利之滥用。[1]（2）违反权利本旨说。即权利滥用者，乃权利人行使权利违反法律赋予权利之本旨（权利之社会性），因而法律上遂有不承认其为行使权利之行为之谓。[2]（3）超越界限说。权利滥用者，谓权利行使必有一定之界限，超过这一正当界限而行使权利，即为权利之滥用。[3]（4）目的与界限混合说。权利滥用，谓逸出权利的、社会的、经济的目的或

---

[1] 胡长清：《中国民法总论》，中国政法大学出版社1997年版，第386页。
[2] 郑玉波：《民法总则》，中国政法大学出版社2003年版，第393页。
[3] 李宜琛：《民法总则》，中国方正出版社2004年版，第399页。

社会所不容许的界限之权利行使。[①] 禁止权利滥用，本质上是法律对私权行使的一种限制，体现了法律追求"矫正正义"和"分配正义"的目标。从各国判例和学说发展来看，在权利滥用的要件上正在逐渐摒除加害目的及加害意思的主观标准。

二、权利滥用的构成要件

权利滥用，须符合以下要件：（1）须有权利的存在。无权利则无滥用。滥用权利的本质是对权利的不当行使，必须以存在权利为前提。（2）须权利人有与权利行使相关的行为。此种行为可为积极行为，亦可为消极行为。（3）须权利人的行为有滥用的违法性，造成损害国家利益、社会公共利益或者他人合法权益的后果。（4）权利人具有主观过错。要求权利人对滥用民事权利具有主观过错，这是确定权利滥用的主观标准。通常情况下，这种主观过错表现为权利人的故意，但在一些特定情况下，权利人的过失也可能构成权利滥用。比如根据《民法典》第181条第2款关于"正当防卫超过必要的限度，造成不应有的损害的，正当防卫人应当承担适当的民事责任"的规定，承担的责任，就体现为一种过失。

三、权利滥用的判断标准和类型

权利滥用的判断标准实质上是禁止权利滥用与诚信原则关系的问题。对此，亦有不同观点，有观点认为诚信原则是禁止权利滥用原则的法源，判断权利行使行为是否构成滥用，应以是否违反诚信原则为准；有观点认为禁止权利滥用原则为独立的民法原则，具有独特的评价标准和体系，并非诚信原则适用的效果；有观点认为区分二者没有实际利益，不必介意这两个原则的法理重合和错位。近年来，随着学说和判例的发展，两者的适用范围越来越广，作用也越来越接近。实践中，有以下几种常见的权利滥用情形：

[①] 史尚宽：《民法总论》，中国政法大学出版社2000年版，第714页。

1. 恶意行使权利。如我国台湾地区"民法"第148条规定:"权利之行使,不得以损害他人为主要的目的。"《德国民法典》第226条规定:"专以加害他人为目的之权利行使,不得为之。"

2. 欠缺正当利益的权利行使。即权利的行使,对权利人自己并无实际利益,构成滥用。

3. 以有害的方式行使权利。如《德国民法典》第242条规定:"债务人有义务依据诚实信用的要求,同时照顾交易习惯,履行给付。"

4. 损害大于所获得的利益。如我国台湾地区有判决认为:"倘权利之行使,自己所得利益极少,而他人及国家社会所受损失甚大者,非不得视为以损害他人为主要目的,此乃权利社会化之基本内涵所必然之解释。"

5. 违背权利目的而行使权利。如要式合同中给付已经履行,仍以要式方式之欠缺而主张无效者,即为滥用。立法上,《苏俄民法典》《日本民法典》等都以违背权利的社会经济目的为判断权利滥用的标准。

四、权利滥用的法律后果

权利滥用应给予否定性法律评价,自无疑问。但实践中情况较为复杂,权利之行使亦有不同方式,行使权利构成滥用究竟产生何种法律后果,不可一概而论,应结合具体情形予以分析:

1. 行为不能产生相应法律效果。权利的行使如果为法律行为,构成权利滥用时,该法律行为无效。如该行为损害国家利益、社会公共利益或者他人合法权益的,行为无效。

2. 承担民事赔偿责任。权利的行使如果构成权利滥用并对他人造成损害的,滥用权利人应承担责任,受害人有权请求权利人承担侵权责任,即要求停止滥用、消除危险、排除妨碍或者赔偿损害,也可以依法请求相对方承担违约责任,比如在买卖合同加害给付的场合,出卖人除了合同履行利益的损失外,造成买受人其他损失的,也应当承担赔偿责任。

3.限制权利。对于可行使权利而不行使，或者虽不具备行使权利的条件，但也不允许他人行使该权利的，得限制其权利。限制权利来源于德国法上的失权理论。所谓"失权"，是指权利人在特定的期限内不行使权利或者从事某种行为，使相对人有合理的理由信赖其将不行使某种权利，依据诚信原则，应当认定为其权利已经丧失的一种制度。在我国，一些法律规定了限制权利的原则。比如，《专利法》第48条及其实施细则规定，专利权人在三年内不行使其专利权，而具备实施条件的单位以合理的条件请求发明或者实用新型专利权人许可实施其专利，而未能在合理长的时间内获得这种许可时，专利局根据该单位的申请，可以给予实施该专利的强制许可。又比如，对于督促形成权行使的除斥期间制度，形成权人长期不行使权利的，法定或者约定的除斥期间经过，则权利失效。

【审判实践中应注意的问题】

个案的多样性和权利滥用行为的复杂性，使得禁止权利滥用原则的适用应注意以下问题：（1）严格区分权利滥用与权利正当行使的界限。任何权利滥用行为外观上均具有权利行使的表征，需要充分运用自由裁量权作出公平正义的价值判断。（2）准确把握权利的本旨和权利的正当界限。权利具有社会性，要求权利人应在不妨害国家、社会利益或者他人合法利益的前提下，追求个人利益。权利人行使权利的自由是相对的自由，超越这一自由度的权利行使即超出了权利的正当界限。（3）应根据个案具体情况，综合考量权利行使的时间、方式、对象、程度等因素，判断是否在当事人之间造成了利益严重失衡，违背公序良俗、诚信原则的结果，不可一概作抽象的认定。

第六章 民事法律行为

第一节 一般规定

> **第一百三十三条** 民事法律行为是民事主体通过意思表示设立、变更、终止民事法律关系的行为。

【条文主旨】

本条是关于民事法律行为定义的规定。

【条文理解】

一、与《民法通则》有关条文的对比

《民法通则》第54条规定："民事法律行为是公民或者法人设立、变更、终止民事权利和民事义务的合法行为。"将本条规定与《民法通则》第54条对比，修改如下：第一，《民法通则》规定，民事法律行为必须是合法行为，但根据《民法典》本条的规定，无效行为也包含在民事法律行为这一概念之中。这是实质性修改。第二，增加规定通过"意思表示"设立、变更、终止民事法律关系的行为。这也是实质性修改，《民法通则》对此没有规定。第三，将"公民或者法人"修改为民事主体。这是文字修改，因为《民法总则》将民事主体分为自然人、法人和非法人组织三种，而《民法通则》当时规定的民事主体就是公民和法人两种。第四，将"民事权利和民事义务"修改为"民事法律关系"。这只是用语的改变。

二、本条规定的民事法律行为的含义

《民法通则》规定的民事法律行为有两个特点：一是强调合法性，只有合法的，才能称为民事法律行为；二是没有强调意思表示在民事法律行为中的核心地位。民法通则还用了一个概念，即"民事行为"，在《民法通则》第58条至第62条用的都是这个概念，它是民事法律行为的上位概念，不仅包括合法的民事法律行为，还包括无效的或者可撤销的民事行为。在制定《民法总则》时，立法机关将民事法律行为的内涵进行了改造。首先，认为"民事行为"的概念不科学，因为它不能涵盖效力待定的民事法律行为。其次，考虑到民事法律行为的概念已经深入人心，所以这一概念仍然采用，但赋予其新的内涵，"旧瓶装新酒"。新的内涵之一就是，去掉合法性这一要求，凡是民事主体从事的民事行为，包括合法的民事行为，无效的民事行为、可撤销的民事行为、效力待定的民事行为等，都统称为民事法律行为。新的内涵之二就是，强调民事法律行为的本质特征是意思表示，即民事法律行为是民事主体通过意思表示设立、变更、终止民事法律关系的行为。这样修改，不仅逻辑上更周全，理论上也更自洽，更接近于法律行为（Rechtsgeschaeft）一词的发源地德国民法的理论。法律行为这一概念最早是由德国学者古斯塔夫·胡果（Gustav Hugo，1764-1844）在1805年出版的《日耳曼普通法》一书中提出的，并为《德国民法典》所采纳。特别需要说明的是，德国的民法理论用的是法律行为一词，在"法律行为"前面没有"民事"二字。因为刑法学理论中有刑事法律行为的概念，行政法学理论中有行政法律行为的概念，为了与这些学科中的法律行为概念区别开来，《民法典》使用"民事法律行为"这一概念，相应的，"民事行为"就不再使用。应该说，《民法典》对民事法律行为的概念重新赋予新的含义，体现了我国民事立法的科学性，也反映了立法者追求法律行为制度的初心。

三、民事法律行为是民事主体实施的以设立、变更、终止民事法律关系为目的的行为

第一，民事法律行为的实施主体是民事主体，非民事主体实施的行为，如行政裁决、法院判决、仲裁裁决等，就不是民事法律行为。第二，民事法律行为是设立、变更、终止民事法律关系的行为，即可以产生一定的法律效果。

四、民事法律行为是通过意思表示而实施的行为

本条增加规定民事法律行为是通过"意思表示"而实施的行为，就是要强调意思表示在法律行为中的特别重要意义。意思表示是法律行为的要素，法律行为本质上是意思表示。法律行为可能是一个意思表示，也可能是两个或者多个意思表示相一致，但绝不可没有意思表示。法律行为的概念中必须以意思表示为构成要件。这是理解本条的关键之一。具体而言，"意思表示"是指向外部表明意欲发生一定私法上法律效果之意思的行为。① 民事法律行为都是通过意思表示而实施的行为，所以本条修改时，专门加上了"意思表示"这一民事法律行为最核心的内容。民事法律行为是以意思表示为核心的行为，没有意思表示，就没有民事法律行为。按照传统民法理论，意思表示的构成要素可以概括为如下五种，即行为意思、表示意思、目的意思、效果意思、表示行为。第一，行为意思。所谓行为意思，是指行为人自觉地从事某项行为的意思。如自然人签订合同的签名行为，表明其同意签订该合同，同意受该合同约束。但如果自然人被麻醉而失去知觉，他人将其手指按指纹在文书上，其行为是被人用强力所致，这就不具有行为意思。第二，表示意思。所谓表示意思，是指为意思表示之人认识到其行为具有某种法律上的意义。例如，提出要约，要约人对要约的法律意义具有认知，应认为具有表示意思。第三，目的意

---

① 梁慧星：《民法总论》，法律出版社2015年版，第172页。

思。所谓目的意思,是指明法律行为具体内容的意思要素,它是意思表示据以成立的基础。第四,效果意思。所谓效果意思,是指意思表示人欲使其表示内容引起法律上效力的内在意思要素,是当事人所追求的使其发生法律拘束力的意图。第五,表示行为。所谓表示行为,是指表意人将效果意思表现于外部之行为,或者说,表示行为是指行为人将其内在意思以一定方式表现于外部,并足以为外界所客观理解的行为要素。[①]

五、民事法律行为是会产生一定法律效果的行为

民事法律行为如果是合法的,则能够产生当事人预期的法律效果,其不仅可以导致民事法律关系的产生,而且也可以导致民事法律关系的变更或者终止。民事法律行为如果违反法律、行政法规的效力性强制性规定,或者违反公序良俗,则不能产生当事人预期的私法上的效果,但会产生法律规定的效果,如合同无效产生无效合同的后果,婚姻无效产生无效婚姻的后果,遗嘱无效产生无效遗嘱的后果,收养无效产生无效收养的后果。

【审判实践中应注意的问题】

对于新的民事法律行为理论对审判实践的影响。我们认为,《民法典》对民事法律行为概念赋予新的含义,主要是理论上具有重大的价值。对于审判实践而言,案件的处理结果并不会因为该用语的新的含义就会发生变化,只不过我们在裁判文书中对民事法律行为的含义要作相应的调整,如民事法律行为不再是《民法通则》规定的含义,它不包含合法性评价。又如,在裁判文书中不能出现"民事行为"这一概念,因为这一概念已经被《民法典》废弃。

[①] 以上原理,引自王利明:《民法总则研究》,中国人民大学出版社2018年版,第510~512页。

> **第一百三十四条** 民事法律行为可以基于双方或者多方的意思表示一致成立，也可以基于单方的意思表示成立。
>
> 法人、非法人组织依照法律或者章程规定的议事方式和表决程序作出决议的，该决议行为成立。

【条文主旨】

本条是关于民事法律行为何时成立的规定。

【条文理解】

本条是新增加的条文，《民法通则》对此没有规定。

依据民事法律行为的行为人数的不同，传统民事法律行为分为单方民事法律行为、双方民事法律行为和多方民事法律行为。每种民事法律行为的成立要件和时间不一样。在传统民事法律行为之外，还有一种商法上的决议行为，以公司决议最为典型，其成立有其特殊性。由于我国采民商合一的立法体例，所以，将决议行为也纳入民事法律行为的范畴。下面我们首先对传统民事法律行为的分类进行介绍。

一、双方法律行为

所谓双方法律行为，是指双方当事人的意思表示相向而行，在其意思表示一致时才能成立的民事法律行为，合同行为最为典型。这里强调的是，双方当事人的意思表示相向而行。就合同行为而言，一方先提出要约，然后对方对该要约是否同意进行意思表示，如果同意，即承诺，双方意思表示一致，合同成立。与决议行为不同的是，决议行为是所有当事人对某一事项进行表决。双方法律行为与单方民事法律行为有别，双方民事法律行为必须是双方相向的意思表示一致时才能成立，仅有一方的意思表示或者虽有双方的意思表示，但双方的意思表示没有达成一致时，双方法律行为不能成立。就单方民事法律行为而言，仅凭单方作出的意思表示也能成立民事法律行为。

二、多方法律行为

所谓多方法律行为，是指三方以上的当事人的意思表示相向而行，在其意思表示一致时才能成立的民事法律行为，发起人为3人以上订立公司章程的行为和合伙协议最为典型。与双方法律行为相同的是，其意思表示是相向而行，而不是同向而行。都需要意思表示一致才能成立。与双方法律行为不同的是，其人数在三方以上。

三、单方法律行为

所谓单方法律行为，是指仅凭一方的意思表示就能够单独成立的民事法律行为。与双方法律行为和多方法律行为明显的区别就是，其成立不需要意思表示一致，只需单方的意思表示即可。由于单方法律行为仅凭一方的意思表示就能产生相应的法律效果，因此，以不损害社会公共利益和他人利益为前提。在此前提下，可以将单方法律行为分为两类。一类是不涉及他人利益的单方法律行为，如所有物抛弃。另一类是涉及他人利益的单方法律行为，如立遗嘱的行为，行使解除权的行为。前一类单方法律行为一般是成立即生效，而后一类单方行为，虽然其意思表示即成立，但其是否生效，还要看是否损害了利害关系人的权利。损害了利害关系人权利的，该部分意思表示不发生法律上的效力。

【审判实践中应注意的问题】

对于传统的意思表示的成立，审判实践中鲜有争议。需要引起重视的是决议行为。

所谓决议行为，是指法人、非法人组织基于共同的意思表示而意图实现一定法律效果的民事法律行为，以公司决议最为典型。有观点认为，决议行为的主体必须有两个或者两个以上的当事人。我们认为，这种观点是不正确的。公司就可以作决议，显然公司是一个民事主体。虽然公司作决议时，是通过股东或者董事进行的，但该决议行为是公司行为，而非单个的股东或者董事的行为。这种观点混淆了决议的主体与参与决议的人。此外，即使是公司作出决议，参与决议的人员也可能是一人，如一人公司作出的股东会决议，就是通过一个股东作出的。

对于决议行为，应当把握如下特征：第一，决议是按多数决的方式形成法人或者非法人组织的意思。典型的多数决的方式是按照少数服从多数规则，以多数人的意思代表法人或者非法人组织的意思，它与双方或者多方民事法律行为需要各方意思表示一致存在显著区别。这是决议行为的本质特征。当然，在一人公司作出股东会决议时，与上述规则无关，但一人公司毕竟不是常态。第二，决议行为必须依照法律或者公司章程规定的议事方式和表决程序进行。而双方或者多方民事法律行为显然与此无关。第三，决议行为是法人或者非法人组织内部的决议事项，原则上仅对法人或者非法人组织发生效力。而双方或者多方民事法律行为则与内部事项无关，对其中的一方当事人而言，从事的民事法律行为都属于对外行为。

> **第一百三十五条** 民事法律行为可以采用书面形式、口头形式或者其他形式；法律、行政法规规定或者当事人约定采用特定形式的，应当采用特定形式。

【条文主旨】

本条是关于民事法律行为形式的规定。

【条文理解】

一、与《民法通则》《合同法》有关条文的对比

《民法通则》第56条规定："民事法律行为可以采用书面形式、口头形式或者其他形式。法律规定用特定形式的，应当依照法律规定。"《合同法》第10条规定："当事人订立合同，有书面形式、口头形式和其他形式。法律、行政法规规定采用书面形式的，应当采用书面形式。当事人约定采用书面形式的，应当采用书面形式。"本条规定与这两条精神一致，没有实质性修改。

二、规定民事法律行为形式的理由

民事法律行为都会产生一定的民事法律效果，都会产生相应的权利义务关系，对各方当事人都会产生影响。根据影响的程度，当事人会采取相应的形式。影响小的或者即时清结的合同，当事人往往采取口头形式，如借用合同，对当事人影响小，一般都在熟人之间，所以往往采取口头合同的形式。对于即时清结合同，如在集市、超市、商场的买卖合同，因为一手交钱一手交货，所以都采取口头形式，即便

价值较大的买卖合同，现实生活中也一般会采取口头形式，而不会采取书面形式。对于不能即时清结的合同、标的额较大的合同，为了事后履行合同发生争议后便于保留证据，以维护自己的权利，当事人往往会采用书面形式。有的当事人为了更慎重地确定双方当事人的权利义务，在签订书面合同的基础上，还采取公证的形式，确保双方的权利义务真实，不容反悔。所以，规定民事法律行为形式的理由：（1）鼓励交易。对于没有必要签订书面合同，采取口头形式足以的交易，法律规定当事人可以采用口头形式。实际上，法律是对现实生活的反映。对于这类交易，法律也不可能规定必须采用书面形式，否则会扼杀大量交易行为。（2）慎重决定内容。对于不是即时清结、价值较大的交易，法律规定必须采用书面形式，为的是提醒当事人慎重权衡自己的权利义务，别轻易仓促决定，防止考虑不周，损害自己的利益。通过书面形式，通过当事人的签字盖章行为，促使当事人慎重行事。书面形式还有一个优点，就是白纸黑字，一旦当事人签字，就不能轻易修改，除非对方当事人同意，所以它能起到警示当事人的作用。（3）便于处理纠纷。就口头合同而言，很少发生纠纷。即便偶尔发生纠纷，当事人也应当自愿承担其不能举证的风险。但书面合同容易发生纠纷，主要是没有即时清结。书面合同的好处在于容易保留原始证据，便于法院或者仲裁机构裁决。（4）便于建立市场经济秩序。法律、行政法规规定或者当事人约定采用特定形式的，只有采用该特定形式，民事法律行为才成立；没有采用特定形式的，民事法律行为不成立。这样规定，有利于当事人遵守法律、行政法规的规定，信守诺言，便于建立社会主义市场经济秩序。

三、民事法律行为的具体形式

（一）书面形式

所谓书面形式，根据《民法典》第469条第2款的规定，是指合同书、信件、电报、电传、传真等可以有形地表现所载内容的形式。书面形式的最大优点就是提醒当事人谨慎行事，一旦发生纠纷，有据可查，因为书面形式很容易复制、留存。现实生活中，重要的、非即时清结的民事法律行为，一般都采用书面形式。对书面形式的理解也要与时俱进，不仅仅是纸的概念，以电子数据交换、电子邮件等方式能够有形地表现所载内容，并可以随时调取查用的数据电文，也被视为书面形式。

（二）口头形式

所谓口头形式，是指当事人以面对面地谈话或者以电话交流等方式形成民事法律行为的形式。对于即时清结合同，或者数额较小的熟人之间的合同，以及在超市、集市等地订立的合同，当事人一般采用口头形式。其优点是简便、快捷、高效，缺点是一旦发生纠纷，不容易举证。

（三）其他形式

所谓其他形式，是指当事人没有采用书面、口头形式成立民事法律行为，但采取其他的能够认定当事人之间的民事法律行为成立的形式：一种形式是当事人的积极行为。通过当事人的积极行为能够推定民事法律行为成立。例如，《民法典》第490条第2款规定，法律、行政法规规定或者当事人约定合同应当采用书面形式订立，当事人未采用书面形式但一方已经履行主要义务，对方接受时，该合同成立。又如，乘客上公共汽车投币的行为，虽然乘客和公共汽车公司之间没有书面或者口头合同，但乘客的投币行为表明双方建立了汽车运输合同关系。另一种形式是当事人消极行为。根据《民法典》第685条第2款的规定，第三人单方以书面形式向债权人作出保证，债权人接收且未提出异议的，保证合同成立。这里规定的"未提出异议"，即为消极行为。

四、法律、行政法规规定或者当事人约定采用特定形式的，应当采用特定形式

本条后半句规定，法律、行政法规规定或者当事人约定采用特定形式的，应当采用特定形式。法律、行政法规之所以规定某项民事法律行为必须采用特定形式，是因为该项法律行为十分重要，为提醒当事人慎重行事，法律特别规定必须采取特定形式，否则该民事法律行为不成立。如保证合同，因为保证人一旦签订保证合同，其就要承担保证责任，但保证合同是单务合同、无偿合同，保证人只有义务，没有权利，所以法律为督促保证人谨慎作保，特地规定保证合同必须采用书面形式，这样，保证人在保证合同上签字时就会慎重，同时其签字行为表明其作为保证人的意思表示真实。当事人约定采用特定形式的，如约定合同必须公证才生效，那么对合同进行公证就是当事人从事民事法律行为必须采取的形式。

【审判实践中应注意的问题】

一、除书面形式、口头形式之外的其他形式

其他形式主要是积极行为和消极行为。对于以消极行为作为法律行为形式的，应当有法律的明确规定，否则，在没有书面形式、口头形式，也没有积极行为时，认定法律行为成立，与现实生活不符，也与法律规定的精神相悖。

二、当事人没有采取法律、行政法规规定或者当事人约定形式的，合同是否成立

对此，分歧较大。一种观点认为，如果法律、行政法规明确要求或者当事人约定采用特殊形式，但没有对不采用该形式的民事法律行为的后果作出明确规定的，则从鼓励交易的角度出发，原则上不宜轻易否定民事法律行为的效力。我们认为，这种情况下，原则上应当认定民事法律行为不成立，当事人意思表示没有达成一致。根本原因在于，在签订特定形式的合同之前，法律允许当事人变更自己的意思。例如，甲愿意为债权人乙与债务人丙之间的1亿元债权作担保。甲与债权人乙的谈话有录音为证。但最后乙找甲签订担保合同时，甲不愿

意签。这时能够根据录音认定甲乙之间的保证合同成立吗？显然不能。又如，张三准备将自己的房子卖给李四，双方口头谈好的价格是2000万元，也有谈话录音为证。但在最后签合同时，李四认为价格太高了，希望张三降低价格，张三不降，这时能够认定房屋买卖合同成立吗？显然不能。我们认为，这样理解，符合本条对此作出专门规定的初衷，否则，就没有必要作出如此规定。这样理解，也给当事人明确的信号，没有采用规定的形式，当事人主张合同成立的，人民法院不予支持。这样理解也便于人民法院和仲裁机构裁决案件。需要指出的是，虽然当事人没有按照规定或者约定采用特定形式，但通过行为能够认定民事法律行为成立的，民事法律行为成立。

> **第一百三十六条** 民事法律行为自成立时生效,但是法律另有规定或者当事人另有约定的除外。
>
> 行为人非依法律规定或者未经对方同意,不得擅自变更或者解除民事法律行为。

【条文主旨】

本条是关于民事法律行为生效时间的规定。

【条文理解】

一、与《民法通则》有关条文的对比

《民法通则》第 57 条规定:"民事法律行为从成立时起具有法律约束力。行为人非依法律规定或者取得对方同意,不得擅自变更或者解除。"将本条与该条相比,除规定民事法律行为自成立时生效外,增加规定"但是法律另有规定或者当事人另有约定的除外"。其他内容实质相同。应该说,本条在第 1 款基础上增加了但书内容,更为符合逻辑和科学。

二、民事法律行为原则上自成立时生效

根据《民法典》第 134 条的规定,民事法律行为可以基于双方或者多方的意思表示一致成立,也可以基于单方的意思表示成立。法人、非法人组织依照法律或者章程规定的议事方式和表决程序作出决议的,该决议行为成立。根据本条的规定,民事法律行为自成立时生效,其含义就是,这时的民事法律行为是合法的民事法律行为。这是

民事法律行为的常态，也就是说，民事法律行为一般来说都是合法的，具备法律规定的生效要件，即《民法典》第143条规定的条件。也就是说，一般情况下只要具备上述条件，民事法律行为就自成立时生效。

三、民事法律行为自成立时生效的例外

根据本条第1款的规定，民事法律行为原则上自成立时生效，但有例外。这些例外情形是：

1.法律的规定。例如，附生效条件的合同，在生效条件成就前，合同不生效。只有生效条件成就时，合同才生效。附生效期限的合同，在期限到来之前，合同不生效。只有在期限到来时，合同才生效。法律、行政法规规定应当办理批准等手续的，在未办理批准等手续前，该合同不生效。遗嘱行为在设立时不生效，只有在立遗嘱人死亡后才生效。

2.当事人的约定。民事法律行为何时生效，除法律有强制性规定外，概由当事人自行约定。因此，凡是当事人对民事法律行为生效时间作出特别约定的，依照其约定。

四、生效民事法律行为的效力

民事法律行为一旦生效，就产生相应的效力，也称拘束力。传统民法认为，拘束力包含以下内容：（1）当事人之间的拘束力，即当事人必须严格遵守，任何一方非依法律规定或者对方同意，不得擅自变更或者解除民事法律行为。这称为民事法律行为的对内效力。（2）当事人一旦违反他们之间达成的民事法律行为，就应当承担相应的民事责任。这是民事法律行为对内效力的延伸。（3）第三人不得侵犯民事法律行为当事人之间的权利。这称为民事法律行为的对外效力。

五、生效民事法律行为与有效民事法律行为的概念辨析

关于这两个概念，我们认为应该根据《民法典》的规定来理解。

根据本法第143条的规定，符合该条规定的3个条件的，即行为人具有相应的民事行为能力，当事人意思表示真实，行为的内容不违反法律、行政法规的强制性规定，不违背公序良俗，民事法律行为"有效"。据此，我们认为，"有效"是对民事法律行为的效力合法性的认定。而民事法律行为"生效"，指的是在"有效"的前提下，当事人可以根据民事法律行为约定的权利义务行使履行请求权。例如，附生效期限的民事法律行为，在期限到来之前，当事人不能向对方行使履行请求权，因为该民事法律行为还没有"生效"，但该民事法律行为如果符合本法第143条的规定，即是"有效"的。而对于大多数民事法律行为而言，一旦成立即"有效"，同时就"生效"。所以说，就绝大多数民事法律行为而言，"有效"和"生效"是同时发生的，将二者混用，问题也不大。区分这两个概念的实益，主要是在法律、行政法规或者当事人对民事法律行为自成立时生效作出例外规定或者约定的场合。

【审判实践中应注意的问题】

民事法律行为生效后，具有相应的法律拘束力，这一点没有疑义。但民事法律行为在成立后未生效前这一段时间，其有无拘束力的问题，则需要从逻辑上作出合理解释。在这一段时间，仍然有拘束力，其法理依据就是诚信原则。也就是说，具备本法第143条规定的有效要件，但还不具备法律规定或者当事人约定的生效条件的，根据诚信原则，任何一方当事人也不得擅自变更或者解除民事法律行为。这完全符合当事人从事民事法律行为的预期。特别需要注意的是，不能做这样的理解：既然还没有生效，那就没有法律拘束力，生效了才有拘束力。我们认为，这样理解过于机械，忽略了《民法典》总则编中规定的诚信原则的统领功能。此外，对于附条件的民事法律行为，其只要民事法律行为有效成立，在当事人之间就产生了拘束力，任何一方不得阻止条件成就。阻止条件成就的，视为条件已成就。不正当地促成条件成就的,视为条件不成就。

值得一提的是,法律、行政法规规定应当办理批准等手续的,在未办理批准等手续前,该合同未生效,但是不影响合同中履行报批等义务条款以及相关条款的效力。也就是说,报批条款以及与其相关的条款已经生效。这是这类合同的独特之处。详细内容可参看本书中关于《民法典》合同编中对第502条的理解。

第二节 意思表示

> **第一百三十七条** 以对话方式作出的意思表示,相对人知道其内容时生效。
>
> 以非对话方式作出的意思表示,到达相对人时生效。以非对话方式作出的采用数据电文形式的意思表示,相对人指定特定系统接收数据电文的,该数据电文进入该特定系统时生效;未指定特定系统的,相对人知道或者应当知道该数据电文进入其系统时生效。当事人对采用数据电文形式的意思表示的生效时间另有约定的,按照其约定。

【条文主旨】

本条是关于有相对人的意思表示生效时间的规定。

【条文理解】

一、与《合同法》有关条文的对比

《合同法》第16条规定:"要约到达受要约人时生效。采用数据电文形式订立合同,收件人指定特定系统接收数据电文的,该数据电文进入该特定系统的时间,视为到达时间;未指定特定系统的,该数据电文进入收件人的任何系统的首次时间,视为到达时间。"与《合同法》第16条相比较,对以非对话方式作出的采用数据电文形式的意思表示,未指定特定系统的,该条第2款规定:该数据电文进入收件人的任何系统的首次时间，为生效时间。本条将其修改为：未指定特定系统的，相对人知道或者应当知道该数据电文进入其系统时生效。对于其他内容，本条的规定与《合同法》规定的内容相同。

二、意思表示的含义及分类

所谓意思表示，是指行为人为了产生一定民法上的效果而将其内心意思通过一定方式表达于外部的行为。意思表示中的"意思"，是指设立、变更、终止民事法律关系的内心意图，"表示"是指将内心意思以适当的方式表示出来的行为。依据意思表示是否向相对人作出，意思表示可以区分为有相对人的意思表示和无相对人的意思表示。所谓有相对人的意思表示，是指意思表示是向特定的对象作出，而不是没有特定对象，订立合同时向特定对象发出的要约最为典型。有相对人的意思表示是民事生活的常态。也就是说，多数情况下意思表示都是有相对人的。所谓无相对人的意思表示，是指意思表示是向不特定的对象作出，悬赏广告最为典型。无相对人的意思表示是民事生活的偶然情况。

本条是关于有相对人的意思表示生效时间的规定，本法第 138 条是无相对人生效时间的规定。根据本条的规定，有相对人的意思表示又分为"以对话方式"作出的意思表示和"以非对话方式"作出的意思表示两种。

三、"以对话方式"作出的意思表示的生效时间

所谓"以对话方式"作出的意思表示，是指表意人采取使相对人可以同步受领的方式进行的意思表示，其特点是，表意人作出的意思表示和相对人受领意思表示是同步进行的，没有时间差，面对面交谈、电话、微信语音、微信视频、QQ 语音等最为典型。既然相对人同步受领了表意人的意思表示，那么表意人意思表示的生效时间就是相对人知道其内容的时间。因此，本条第 1 款规定，以对话方式作出的意思表示，相对人知道其内容时生效。

四、"以非对话方式"作出的意思表示的生效时间

（一）没有采用数据电文形式的意思表示的生效时间

所谓"以非对话方式"作出的意思表示，是指表意人没有采取使相对人可以同步受领的方式进行的意思表示，其特点是，表意人作出的意思表示和相对人受领意思表示不是同步进行的，有时间差，电子邮件、传真最为典型。这种方式表意人的意思表示何时生效，国际上有四种模式：表示主义、发信主义、到达主义和了解主义，现在大多数国家和地区采取的是到达主义，我国也不例外。本条规定，以非对话方式作出的意思表示，到达相对人时生效，其含义是，意思表示进入了相对人的实际控制范围内，表意人的意思表示即生效，至于相对人对意思表示是否了解，不影响表意人意思表示的生效时间。

（二）采用数据电文形式的意思表示的生效时间

随着现代科学技术的发展，以非对话方式作出的采用数据电文形式的意思表示日益普遍，该类意思表示何时生效，早在二十多年前的《合同法》就已经对其进行了规范。本条规定与《合同法》的规定总体上是一致的，但也有变化。

1.相对人指定了特定系统接收数据电文的。根据本条的规定，此种情况下，表意人的意思表示自该数据电文进入该特定系统时生效。"进入"一词的表述是用来界定数据电文的收到时间。所谓一项数据电文"进入"一个信息系统，是指在该信息系统内可投入处理的时间，是具有这种可能性，至于收件人是否识读或者使用，则对该数据电文意思表示的生效时间不产生影响。这一规定与《合同法》的规定是一致的。

2.相对人未指定特定系统接收数据电文的。根据本条的规定，此种情况下，表意人的意思表示自相对人知道或者应当知道该数据电文进入其系统时生效。这样规定主要是参照了我国加入的《联合国国际合同使用电子通信公约》的规定，即此种情况下，以相对人了解到该数据电文已发送到相对人的任何系统的时间为生效时间。这里的了

解，就是本条表述的相对人知道或者应当知道。本条的规定与《合同法》第 16 条第 2 款的规定不完全相同。《合同法》第 16 条第 2 款规定的是该数据电文进入收件人的任何系统的首次时间，为生效时间。对此，应予注意。

3.当事人对采用数据电文形式的意思表示的生效时间另有约定的，从其约定。

【审判实践中应注意的问题】

本条规定是从《合同法》的有关规定中提炼出来的，因此，就审判实践而言，除了要适用本条的规定外，还应当适用《民法典》合同编相关的更为具体的规定，主要是要约与承诺的有关规定。

以非对话方式作出的采用数据电文的意思表示的生效时间，因相对人是否指定特定系统接收数据电文而有区别。指定特定系统的，该数据电文进入该特定系统时生效。没有指定特定系统的，自相对人知道或者应当知道该数据电文进入其系统时生效。对于二者的区别，应予注意。发生纠纷后，表意人应当承担其意思表示已经生效的举证责任，特别是相对人未指定特定系统的，表意人应当举证证明相对人知道或者应当知道该数据电文进入其系统的时间。

> **第一百三十八条** 无相对人的意思表示，表示完成时生效。法律另有规定的，依照其规定。

【条文主旨】

本条是关于无相对人的意思表示生效时间的规定。

【条文理解】

所谓无相对人的意思表示，是指表意人的意思表示是向不特定的对象作出。既然如此，一般而言，其生效时间自表意人的意思表示完成时生效。例如，行为人作出悬赏广告，其生效时间应该是其在报刊等媒体上发布悬赏广告之时。但社会生活相当复杂，不能一概而论。法律应当回应纷繁复杂的社会生活，就特殊情况作出特殊规定。例如，《民法典》继承编中的第1121条第1款规定，继承从被继承人死亡时开始。因此，遗嘱或者遗赠自遗嘱人或者遗赠人死亡时发生效力。据此，本条规定，法律另有规定的，依照其规定。

> **第一百三十九条** 以公告方式作出的意思表示，公告发布时生效。

【条文主旨】

本条是关于以公告方式作出的意思表示生效时间的规定。

【条文理解】

民事诉讼中经常出现找不到被告的情况。在穷尽了常规联系方式后，人民法院会采用公告的方式向被告送达有关法律文书。在执行程序中也一样。在诉讼程序之外，在当事人之间已经签订了合同的情况下，在履行过程中也会出现一方当事人找不到另外一方当事人的情况，所谓的人去楼空就是典型写照。为了因应现实生活中出现的问题，本条借鉴《民事诉讼法》关于公告送达司法文书的规定，作出了相应的规范，即以公告方式作出的意思表示，公告发布时生效。所谓公告方式，是指意思表示有相对人时，在穷尽联系方式仍然联系不到对方当事人，如电话、邮件、信件、微信、QQ等方式都找不到对方当事人的情况下，法律允许当事人以公告的方式向对方发出意思表示，并赋予其法律效力，否则债务人就很可能以"人间蒸发"的方式逃避债务。故本条规定，以公告方式作出的意思表示，公告发布时生效。

【审判实践中应注意的问题】

一、以公告方式作出意思表示必须符合相应的条件

与民事诉讼法规定的公告方式的原理相同，本条规定的以公告方式作出意思表示是有前提条件的，即要穷尽所有能联系到的方式仍然联系不到对方当事人，才允许采用公告的方式将意思表示送达对方当事人，而且公告发布时立即生效，否则就会扰乱正常的市场经济秩序。在诉讼中，当事人主张以公告方式作出了意思表示，那么其应当举证证明其穷尽了所有的意思表示送达方式仍然不能送达，最后才采用公告送达方式。

二、与《民事诉讼法》规定的公告送达方式的区别

本条规定的公告方式作出的意思表示是公告发布时生效，而《民事诉讼法》规定的公告方式，通常是公告发布后的一段时间才生效。二者存在差别的原因在于：一方面，在法院通知不到当事人的情况下，因通知不到的当事人往往要向对方当事人承担实体法上的民事义务，因此法院有必要尽可能让对方当事人知道其已经涉诉的情况，所以法院的公告一般都留出一段时间，尽可能让通知不到的当事人看到公告后来法院应诉等。现实生活中也确有法院公告后当事人看到了公告来参加诉讼的案例。另一方面，对于还没有进入诉讼的当事人而言，表意人在穷尽了意思表示的送达方式之后还通知不到对方当事人，赋予公告发布时即生效的效力，仅仅是视为意思表示已经送达对方当事人。如果对方当事人还没有出现，表意人向人民法院起诉时，法院就要通过公告的方式向被告送达有关法律文书，法律规定公告之后的一段时间才发生公告的效力，实际上是从诉讼程序上对被告进行周到的保护，以避免有人恶意利用公告程序损害被告的诉讼权利和民事权利。

> **第一百四十条** 行为人可以明示或者默示作出意思表示。
> 沉默只有在有法律规定、当事人约定或者符合当事人之间的交易习惯时，才可以视为意思表示。

【条文主旨】

本条是关于意思表示表达方式的规定。

【条文理解】

行为人作出意思表示的方式有三种：明示、默示、沉默。前两种是通过积极行为的方式表现出来，都有"示"的积极行为，是直接表现出来的方式，不用推测、揣摩；最后一种则是消极的不作为，其意思表示的方式没有"示"这种积极的行为，只有沉默，不作为。

一、明示

行为人作出意思表示，最常见的方式是通过明示的方式进行，其特点是，行为人通过书面、口头等积极作为的方式，使对方当事人直接了解到意思表示的内容，如行为人通过书面形式或者口头形式作出要约、承诺。这种方式，强调的是"明"，意思表示的内容明确、具体、直接、肯定，不用再对其意思表示的内容进行推测、揣摩。

二、默示

这是与明示相对的一种意思表示的表达方式，指的是行为人没有通过书面、口头等积极行为的方式表现，而是通过行为的方式作出意思表示。这种方式，强调的是"默"，就是意思表示没有口头表达出来,也没有通过书面的方式表示,但仍然是"示",可以通过行为人的行为来推定、认定出行为人意思表示的内容。如乘客乘坐公共汽车的刷卡行为本身,就表明其与公共汽车公司订立了旅客运输合同,但乘客既可以不用说话,也不必在旅客运输合同上签字,其刷卡的行为就表明了其意思表示的内容。又如,根据《民法典》合同编中的第638条第2款的规定,试用买卖的买受人在试用期内已经支付部分价款或者对标的物实施出卖、出租、设立担保物权等行为的,视为同意购买。

三、沉默

明示和默示作为意思表示的形式,可以归入积极行为的一类,是意思表示表现形式的常态。但现实生活中还有一类意思表示的形式,就是既不是明示,也不是默示,而是纯粹的沉默,是一种完全的不作为。现实生活千姿百态,有时候这种沉默行为能够推定出行为人意思表示内容,法律上也应该允许这种意思表示的存在,认可其合法性。例如,根据《民法典》合同编中的第638条的规定,试用买卖的买受人在试用期内可以购买标的物,也可以拒绝购买。但是,试用期届满,买受人对是否购买标的物未作表示的,其沉默行为应当认定其意思表示的内容是购买。

需要指出的是,由于沉默毕竟既非明示,也非默示,而是一种推定,为保护当事人的民事权利,避免不当给当事人造成损害,本条规定,沉默只有在有法律规定、当事人约定或者符合当事人之间的交易习惯时,才可以视为意思表示。需要指出的是,这里规定的法律,应该不包括行政法规。因为本法中将法律和行政法规是分别表示出来的,如《民法典》合同编中的第502条第2款和第3款的表述都是"法律、行政法规的规定"。既然如此,在同一部法律中应当作相同的理解,即法律仅指全国人大及其常委会制定的规范性文件,而不包括国务院制定的行政法规。这从另一方面可以说明,将沉默视为意思表示应当非常慎重,毕竟行为人没有明示或者默示的积极行为表示,否则会不当损害表意人的权利，损害规则的公正性。

【审判实践中应注意的问题】

根据本条第2款的规定，沉默只有在有法律规定、当事人约定或者符合当事人之间的交易习惯时，才可以视为意思表示。因此，审判实践中，当事人主张自己或者对方的沉默应被视为意思表示时，其负有相应的举证责任。其可以举出相应的法律规定，也可以举证证明这是当事人之间的约定，还可以举证证明符合当事人之间的交易习惯。审判实践中的难点就在于如何证明沉默符合当事人之间的交易习惯。也就是说，负有举证责任的当事人要证明沉默在当事人之间的交易中反复、多次适用，而对方当事人予以认可。至于对方予以认可的沉默适用多少次才能构成当事人之间的交易习惯，则要结合当事人之间交易的类型、时间长短、熟悉程度、行业惯例等因素综合考虑，负有举证责任的当事人的相对方，在符合举证责任转移的情况下，也应就争议中的沉默不构成双方当事人之间的交易习惯进行举证，这样更便于法庭正确认定争议中的沉默是否构成当事人之间的交易习惯。

> **第一百四十一条** 行为人可以撤回意思表示。撤回意思表示的通知应当在意思表示到达相对人前或者与意思表示同时到达相对人。

【条文主旨】

本条是关于意思表示撤回的规定。

【条文理解】

一、与《合同法》有关条文的对比

本条规定来源于《合同法》第17条。该条规定："要约可以撤回。撤回要约的通知应当在要约到达受要约人之前或者与要约同时到达受要约人。"将两条进行对比，可知本条规定是从《合同法》第17条规定提炼出来的，《合同法》第17条规范的是合同的要约行为，而本条规范的是民事法律行为中所有意思表示的撤回，而不限于要约，但原理一致，没有区别。

二、意思表示的撤回的含义及原理

意思表示的撤回，是指在意思表示作出之后、发生法律效力之前，意思表示的行为人欲使该意思表示不发生效力而作出的撤回其意思表示的行为。之所以允许行为人撤回其意思表示，是因为意思表示在生效前，对相对人不发生任何影响，对交易秩序也不会产生任何影响。既然如此，为了保障行为人的意思表示自由，自无不允许行为人撤回的道理。故本条规定，行为人可以撤回意思表示。

三、意思表示撤回的条件

意思表示可以撤回，但是应当具备一定的条件，即不能对相对人造成影响。具体来说，就是撤回意思表示的通知必须在意思表示到达相对人之前或者与意思表示同时到达相对人。如果意思表示到达相对人之后，其已经发生法律效力，则不能撤回。

意思表示的撤回，不会发生在以对话方式作出意思表示的场合，因为在该场合，意思表示作出的同时，相对人就已经同步知道其内容，意思表示就已经生效，所以没有撤回的余地。意思表示的撤回，只能发生在有相对人时行为人以非对话方式作出意思表示的场合，因为这时意思表示的生效时间，是到达相对人的时间，从行为人作出意思表示，到意思表示到达相对人，期间可能有一定的间隔，也就是说期间有一个时间差，如行为人通过信件向相对人发出意思表示，如行为人想撤回其意思表示，就可以通过传真、邮件、电话等比信件先到达相对人或者同时到达相对人的方式撤回其意思表示。此外，对于无相对人的意思表示，行为人不能撤回，因为根据《民法典》总则编中的第138条的规定，无相对人的意思表示，表示完成时生效。已经生效的，不能撤回，只能撤销。

【审判实践中应注意的问题】

一、要约的撤回

在审判实践中，意思表示撤回多见于要约的撤回。《民法典》合同编中的第475条规定："要约可以撤回。要约的撤回适用本法第一百四十一条的规定。"据此，要约撤回的规则，适用本条的规定。

二、意思表示的撤回与撤销的区别

意思表示的撤销，是指在意思表示作出并生效后，行为人又作出取消该意思表示的表示。二者的区别在于：(1)意思表示是否已经生效不同。意思表示可以撤回的场合，行为人的意思表示还没有生效。而意思表示的撤销，表明行为人的意思表示已经生效。(2)法律后果不同。在意思表示撤回的场合，由于意思表示还没有生效，对相对人没有任何影响，也不影响交易秩序，所以意思表示的撤回不受法律限制。而在意思表示撤销的场合，由于意思表示已经生效，已经对相对人产生了影响，为了保护相对人的利益，保护正常的市场交易秩序，法律规定要约是否可以撤销，要看是否影响了相对人的利益。已经影响的，不允许撤销。没有影响的，自无不允许撤销的道理。据此，《民法典》合同编中的第476条规定："要约可以撤销，但是有下列情形之一的除外：(一)要约人以确定承诺期限或者其他形式明示要约不可撤销；(二)受要约人有理由认为要约是不可撤销的，并已经为履行合同做了合理准备工作。"第477条规定："撤销要约的意思表示以对话方式作出的，该意思表示的内容应当在受要约人作出承诺之前为受要约人知道；撤销要约的意思表示以非对话方式作出的，应当在受要约人作出承诺之前到达受要约人。"

三、意思表示的撤销

《民法典》总则编没有规定意思表示的撤销问题，但《民法典》合同编对此有规定，因此，审判实践中除要约之外的意思表示的撤销，可以参照《民法典》合同编中的第476条和第477条的规定处理。

> **第一百四十二条** 有相对人的意思表示的解释，应当按照所使用的词句，结合相关条款、行为的性质和目的、习惯以及诚信原则，确定意思表示的含义。
>
> 无相对人的意思表示的解释，不能完全拘泥于所使用的词句，而应当结合相关条款、行为的性质和目的、习惯以及诚信原则，确定行为人的真实意思。

【条文主旨】

本条是关于意思表示解释的规定。

【条文理解】

一、与《合同法》有关条文的对比

《合同法》第125条第1款规定："当事人对合同条款的理解有争议的，应当按照合同所使用的词句、合同的有关条款、合同的目的、交易习惯以及诚实信用原则，确定该条款的真实意思。"本条是在《合同法》第125条第1款的基础上提炼而来的，是对整个意思表示解释的规定，而不仅仅限于合同这种有相对人的意思表示。将本条与《合同法》第125条第1款规定相比，区别在于：首先，本条区分了有相对人的意思表示的解释和无相对人的意思表示的解释。其次，即使是在有相对人的意思表示的解释场合，本条的规定也与《合同法》的规定有区别，即本条的规定是以意思表示所使用的词句为基础，结合有关因素确定意思表示的含义。而《合同法》的规定是合同所使用的词句与其他有关因素并列。换句话说，意思表示所使用的词句，在本条的规定中占据基础性地位,但在《合同法》第125条的表述中,意思表示所使用的词句虽然重要,虽然排在所考虑的因素的第一位,但不如在《民法典》中规定的重要。

二、对用语应当按照通常的理解进行解释

所谓对用语应当按照通常的理解进行解释,是指在当事人就意思表示本身的用语发生争议后,对于有关的用语本身,应当以一个普通人的合理理解为标准来进行解释。本条第1款实际上也就是要求对用语按照通常的理解进行解释。对用语应当按照通常的理解进行解释,是意思表示解释的首要方法。在对意思表示的内容发生争议后,法官或者仲裁员应当考虑一个普通人在此情况下对有争议的意思表示用语所能理解的含义,以此作为解释意思表示的标准,避免荒谬的结论。按照一个普通人的标准来进行解释,法官或者仲裁员既不能根据当事人一方的理解来解释意思表示,更不能根据起草的一方对意思表示所作的理解来解释意思表示,而应当以一个合理的人对意思表示用语的理解进行解释。一个普通人,既可能是社会一般的人,也可能是在一定的地域、行业中从事某种特殊交易的人。如果意思表示当事人本身是后一种类型的人,则法官或者仲裁员应当按照在该地域、行业中从事某种特殊交易的合理人的标准来理解该用语的含义。

三、整体解释

所谓整体解释,又称为体系解释,是指将表达当事人意思的各项条款、信件、文件等作为一个完整的整体,根据各方面的相互关联性、争议的条款与当事人真实意思表示的关系、在意思表示中所处的地位等各方面因素,来确定所争议的意思表示的含义。整体解释原则具体表现在如下几个方面:首先,整体解释要求意思表示解释不能局限于意思表示的字面含义,也不能仅仅考虑某个意思表示的资料,更不能将意思表示的只言片语作为当事人的真实意图,断章取义,而应当综合考虑各种意思表示的资料。其次,从整个意思表示的全部内容

上理解、分析和说明当事人争议的有关意思表示的内容和含义。例如，在合同中如果数个条款相互冲突，应当将这些条款综合在一起，根据合同的性质、订约目的等来考虑当事人的意图，尤其是必须把当事人在合同中所使用的语言文字联系起来考察，不能孤立地探究每一句话或者每一个词的意思。如果合同是由信笺、电报甚至备忘录等构成的，在确定某一条款的意思构成时，应当将这些材料作为一个整体进行解释。最后，当事人使用了多种语言进行同一意思表示的表达，即使当事人没有特别约定各意思表示文本之间的关系，也可以推定各个文本所使用的词句具有相同的含义。

在适用整体解释原则时，还应当注意一些特殊规则。例如，如果当事人在合同中增加了特别条款，特别条款的效力应当优于一般条款的效力。在同一份合同中，印刷条款与手写条款并存，如果这些条款彼此之间相互矛盾，则应当认为手写条款优先。如果特殊列举词语与不能完全列举的一般概括词语连在一起，概括性词语的外延应视作仅包括与特殊列举事物相类同的事物。如果数量和价格条款中，大写数字与小写数字并存，相互抵触，原则上大写数字的效力优于小写数字。如果合同中有多个条款表达同一内容，其中某一条款比另一条款含义更为明确，则含义不够明确的条款可以被删除。

四、目的解释

所谓目的解释，是指在对意思表示进行解释时，应当根据当事人作出意思表示所追求的目的，来对有争议的意思表示进行解释。本条要求从行为的性质和目的进行解释，这实际上就确立了我国的目的解释规则。按照私法自治原则，民事主体可以在法律规定的范围内，为追求其目的而表达其意思，并通过双方的协议，产生、变更、终止民事权利义务关系。当事人从事民事法律行为都要追求一定的目的，意思表示本身也不过是当事人实现其目的的手段。因此，在解释意思表示时，应当充分考虑当事人从事民事法律行为的目的。

按照目的解释规则，如果有关的文本中所使用的文字的含义与当事人所明确表达的目的相违背，而当事人双方对该条文又发生了争议，在此种情况下不必完全拘泥于文字，可以按照当事人的目的进行解释。所以，在适用目的解释规则时，法官或者仲裁员首先应当探求当事人的目的意思，了解其在作出意思表示时所追求的目的。

如果某一意思表示既可以被解释为有效，也可以被解释为无效，则原则上应当尽可能按照有效来解释。因为当事人作出意思表示，都是为了使交易成立，使意思表示有效。一般来说，当事人不可能为了使意思表示无效而作出意思表示。所以，在此情况下，对于意思表示作无效解释，不符合当事人作出意思表示的目的。

五、习惯解释

所谓习惯解释，是指对意思表示发生争议后，应当根据当事人所知悉或实践的生活和交易习惯来对意思表示进行解释。本条规定了意思表示的解释应当考虑习惯，这就在我国确立了习惯解释的规则。习惯包括生活习惯和交易习惯两大类。一般来说，在合同中主要采用交易习惯对有争议的合同条款进行解释，这主要是因为合同本质上是一种交易，所以在《合同法》中如果就合同条款发生争议，通常应当按照交易习惯填补漏洞和解释意思表示。这一规则被许多国家法律所确认，我国也不例外。不过，运用交易习惯填补意思表示漏洞，对各种交易习惯的存在以及内容应当由当事人双方举证证明。在当事人未举证证明交易习惯的情况下，法官或者仲裁员也可以根据自己对交易习惯的理解选择某种习惯来填补意思表示的漏洞。交易习惯不仅可以用于填补意思表示的漏洞，而且可以用来解释合同条款的含义。

六、依据诚信原则解释

所谓依据诚信原则进行解释，是指在意思表示发生争议以后，应当根据诚信原则来填补有关意思表示的漏洞，对有争议的意思表示进行解释。正是因为诚信原则在解释意思表示方面的作用，该原则常常被称为"解释法"。本条规定了意思表示的解释应当按照诚信原则进行解释，这就确立了诚信原则解释在我国意思表示解释中的重要地位。

依据诚信原则进行解释，实际上是要求法官或者仲裁员将自己作为一个诚实守信的当事人来判断、理解意思表示的内容和条款的含义。正因为这一原因，依诚信原则进行解释已经使意思表示的解释出现了一种社会化的倾向。法官或者仲裁员依据诚信原则解释意思表示，就会将商业道德和公共道德运用到意思表示的解释之中，并对意思表示施加必要的限制。在解释意思表示方面，诚信原则的功能主要表现在两个方面：一是解释有争议的意思表示。法官或者仲裁员在依据诚信原则解释意思表示时，需要平衡双方当事人的利益，公平合理地确定意思表示的内容。二是填补意思表示漏洞。在此情形下，法官或者仲裁员要考虑一个合理的、诚实守信的人在面对此情形时应如何作出履行，或者说应当如何作出意思表示，以此来填补意思表示的漏洞。[①]

七、区分有相对人的意思表示和无相对人的意思表示，适用不同的解释规则

本条第 2 款对无相对人的意思表示的解释规则作了规定。根据本款规定，无相对人的意思表示的解释，不能完全拘泥于所使用的词句，而应当结合相关条款、行为的性质和目的、习惯以及诚信原则，确定行为人的真实意思。对有相对人的意思表示的解释，既需要考虑表意人的内心真实意思，即主观想法；也要考虑相对人的信赖利益，即客观情况，将二者结合起来考虑，学理上也称为主客观相结合解释主义。与有相对人的意思表示解释规则相比，无相对人的意思表示解释规则最大的不同就是，因为无相对人的意思表示无相对人，所以，对这种意思表示的解释主要是探究表意人的内心真实意思，对客观情况考虑较少，学理上也称为主观解释主义。因此，对有相对人的

---

① 以上六种意思表示的解释方法，参见王利明：《民法总则研究》（第三版），中国人民大学出版社 2019 年版，第 529~534 页。

意思表示的解释，本条强调了首先要按照意思表示所使用的词句进行解释，只有在按照所使用的词句进行解释有困难时，才可以使用其他解释规则，实际上要以客观情况为主；对无相对人的意思表示的解释，本条则强调了不能完全拘泥于所使用的词句，而是要综合运用所使用的词句、相关条款、行为的性质和目的、习惯以及诚信原则探究表意人的内容真实意思。这里需要强调一点，本款规定，对无相对人的意思表示的解释，不能完全拘泥于意思表示所使用的词句，但不是完全抛开意思表示所使用的词句，这主要是为了防止在解释这类意思表示时自由裁量权过大，影响当事人的利益。例如，在对遗嘱进行解释时，虽说主要是探究遗嘱人作出遗嘱的真实意思，但也不能完全不考虑遗嘱本身的词句。①

【审判实践中应注意的问题】

一、意思表示解释的前提和顺序

如果意思表示的词句清楚明白无误，则不需要解释。意思表示解释的前提是，意思表示所使用的词句不清楚，模棱两可，有两种以上的含义，需要法官或者仲裁员通过解释来确定当事人之间的真实意思表示。

在有相对人的意思表示的场合，如果意思表示需要解释，那么首先是按照所使用的词句进行解释。如果通过此种方法意思表示已经清楚，则不需要往下进行。如果通过此种方法意思表示还不清楚，则要结合相关条款进行解释。同理，如果结合相关条款进行解释意思表示已经清楚，则不需要往下进行。如果通过此种方法意思表示还不清楚，还需要解释，则结合行为的性质和目的进行解释。以此类推，后面还可以结合习惯。如果结合习惯，意思表示还不清楚，则结合诚信

---

① 贾东明主编：《〈中华人民共和国民法总则〉释解与适用》，人民法院出版社2017年版，第361、362页。

原则进行解释。

二、依据诚信原则进行解释应当注意的问题

诚信原则虽然重要，但该原则一般是在其他原则难以适用的情况下才采用的。主要原因在于：一方面，诚信原则比较抽象，它主要依据某种道德的、公平的观念来解释意思表示，从而在一定程度上给予法官或者仲裁员一定的自由裁量权，而不如其他原则那样在适用的过程中必须要考虑到各种客观的因素，如缔约目的、交易习惯等来作出判断。所以，如果能够依据其他原则来解释意思表示，探求当事人的真实意图，就不宜由法官或者仲裁员直接依据诚信原则来解释意思表示或者填补漏洞。另一方面，从适用的范围来看，诚信原则主要适用于合同存在漏洞的情况，依据其他原则难以确定合同内容和合同条款的含义，需要依据诚信原则来填补合同漏洞。如果当事人在订立合同时所使用的文字词句有所不当，未能将其真实意思表达清楚，或合同未能明确各自的权利义务关系，使合同难以正确履行，从而发生纠纷，此时，法官或者仲裁员主要应当依据除诚信原则以外的其他规则，考虑各种因素以探求当事人的真实意思，并正确地解释意思表示。尤其应当看到，依据诚信原则来解释意思表示过于抽象，有可能被极个别法官或者仲裁员滥用。所以，本条在确立合同解释的规则时，将诚信原则放在最后，也表明了立法者的意图在于诚信原则只能是在其他规则不能适用时，才能加以运用。[①]

---

① 参见王利明：《民法总则研究》（第三版），中国人民大学出版社2019年版，第534页。

第三节　民事法律行为的效力

> **第一百四十三条**　具备下列条件的民事法律行为有效：
> （一）行为人具有相应的民事行为能力；
> （二）意思表示真实；
> （三）不违反法律、行政法规的强制性规定，不违背公序良俗。

【条文主旨】

本条是关于民事法律行为有效应当具备条件的规定。

【条文理解】

一、与《民法通则》有关条文的对比

《民法通则》第55条规定："民事法律行为应当具备下列条件：（一）行为人具有相应的民事行为能力；（二）意思表示真实；（三）不违反法律或者社会公共利益。"由于《民法通则》规定的民事法律行为必须是合法的，所以本条规定应当来自《民法通则》第55条的规定。需要注意的是，前两项条件是完全相同的，但第3项条件发生了实质性变化。《民法通则》的表述是"不违反法律"，本条的表述是"不违反法律、行政法规的强制性规定"，将《民法通则》表述的违反法律的任意性规范的民事法律行为排除在无效之外，这是一个实质性修改。实际上，《合同法》第52条第5项已经对《民法通则》

第 55 条第 3 项的规定进行了修改。本条第 3 项前半句的表述"不违反法律、行政法规的强制性规定"实质上就来源于《合同法》第 52 条第 5 项的规定。后半句的表述"不违背公序良俗"则是完全新增加的内容。

二、行为人具有相应的民事行为能力

这是民事法律行为有效的主体要件，又称为行为能力原则或者主体合格原则。任何民事法律行为都以行为人的意思表示为基础，因此，行为人必须具备正确理解自己行为的性质和后果、独立表达自己意思的能力。如果不具备这样的能力，就不能进行独立的意思表示，因而难以认定该民事法律行为有效。所以说，如果行为人要独立地表达自己的意思，并要产生行为人期望的法律效果，行为人就必须具有相应的民事行为能力。这里的"相应"，是指行为人所实施的民事法律行为要与其民事行为能力"相匹配"：对于完全民事行为能力人来说，其可以从事法律允许的任何民事法律行为；对于限制民事法律行为能力人来说，只能实施与其年龄、智力、精神健康状况相适应的民事法律行为，实施其他民事法律行为，应当征得法定代理人的同意或者追认；对于无民事行为能力人，其实施的民事法律行为无效。

三、意思表示真实

所谓意思表示真实，是指行为人自由、自愿地表达出来的外在意思与其内心意思一致，不是虚假的。这里强调，行为人表意时必须是自由、自愿的，其意思表示才能产生表意人期望的法律效果。如果在表意时被胁迫、受欺诈，表明表意人的表示不是自由、自愿的，因此，即使表面上看，其内心意思与表示意思一致，该意思表示也不具备有效的效果。表意人在自由、自愿的状况下作出的意思表示才是真实的，才能是有效的，根本原理在于，法律必须保护行为人的意思自由，保护其行为自愿，但如果行为人的表示行为并非自由或者自愿，则法律使其表示行为不生效，以维护行为人的基本民事权利。

四、不违反法律、行政法规的强制性规定，不违背公序良俗

行为人在自由、自愿状况下作出的意思表示，原则上应当产生当事人期望的法律效果。但这是有前提的，即没有违反法律、行政法规的强制性规定，没有违背公序良俗。换言之，意思表示即使真实，但如果违反法律、行政法规的强制性规定，违反公序良俗，法律也要给予其否定评价。关于强制性规定的内涵，关于公序良俗的内涵，详见本书《民法典》第153条的理解部分。

【审判实践中应注意的问题】

一、不具备本条规定的条件的民事法律行为是否无效

本条规定的是民事法律行为的有效要件。也就是说，具备本条规定的三个要件，法律行为才有效。但审判实践中有的判决书却认为，既然如此，从反面解释的角度看，不具备这三个要件的民事法律行为，就无效。例如，有的观点认为，行为人不具有相应的民事行为能力的，合同一概无效。我们认为，这种观点是错误的。该要件是民事法律行为有效的主体要件。违反该要件的，除非是无民事行为能力人实施的民事法律行为才无效，其他的如限制民事行为能力人从事的与其年龄、智力、精神健康状况不相适应的民事行为，其效力不是无效，而是效力待定，经法定代理人同意或者追认后有效。

意思表示不真实的民事法律行为的效力，有的判决书认为一概无效。这也是错误的。对于意思表示不真实的行为，其效力虽然涉及无效的问题，如双方当事人的虚假意思表示无效，但该类意思表示主要涉及的还是可撤销的问题。

实际上，本条第3项针对的才是法律行为的效力。本法在第153条专门对哪些违反法律、行政法规的强制性规定的民事法律无效，哪些违反法律、行政法规的强制性规定的民事法律有效作出了规定。因

此，审判实践中对违反法律、行政法规的强制性规定的民事法律行为需要认定无效的，其法律依据应当直接引用本法第153条的规定，而不应当抛开第153条的规定，去引用本条有效要件的规定。换言之，民事法律行为违反法律、行政法规的效力性强制性规定应当认定无效的，只能引用本法第153条作为裁判依据，而不能引用本条作为裁判依据。

二、法人越权从事民事法律行为的效力

法人超越经营范围订立的合同，一般应当认定有效，即越权有效，这是一般原则，世界各国概莫能外。

不过，如果违反国家限制经营、特许经营的，合同无效。如未经批准吸收公众存款签订的民事合同，因吸收公众存款行为必须经金融主管部门批准，凡是未经批准从事该行为的，都应认定无效。非法放贷签订的合同也一样。应当说，限制经营、特许经营的领域，主要是金融领域，而金融领域往往涉及国家金融安全，所以法律禁止未经批准的民事主体专门从事金融行为。

> **第一百四十四条** 无民事行为能力人实施的民事法律行为无效。

【条文主旨】

本条是关于无民事行为能力人实施的民事法律行为的效力的规定。

【条文理解】

一、与《民法通则》有关条文的对比

《民法通则》第 58 条规定，无民事行为能力人实施的民事行为无效。本条的规定与该条相比，内容没有任何变化，只是用语有改变。因为《民法通则》规定的民事行为相当于《民法典》规定的民事法律行为概念，所以才会出现表述上的差别。

二、无民事行为能力人实施的民事法律行为无效

无民事行为能力人，是指 8 周岁以下的未成年人以及不能辨别自己行为的人。法律作出这样规定的原因，一是与自然人民事行为能力三分法的逻辑相契合，概念和体系上更加清晰。换言之，完全民事行为能力人实施的民事行为有效。限制民事行为能力人实施的纯获利益的民事法律行为或者与其年龄、智力、精神健康状况相适应的民事法律行为有效；实施的其他民事法律行为经法定代理人同意或者追认后有效。无民事行为能力人实施的民事法律行为无效。二是保护无民事行为能力人的利益，防止其利益受损。

【审判实践中应注意的问题】

《民法通则意见》第 6 条规定："无民事行为能力人、限制民事行为能力人接受奖励、赠与、报酬，他人不得以行为人无民事行为能力、限制民事行为能力为由，主张以上行为无效。"对于限制民事行为能力人实施的上述行为，该条的规定无疑在《民法典》施行后应当继续适用。关键是，对于无民事行为能力人实施的上述行为，该条的规定还能否适用？一种观点认为，其精神应当继续适用。另一种观点则认为不应当继续适用。我们认为，其一，本条的规定明白无误，只能得出无效的结论。其二，从逻辑周延的角度，不应当继续适用。其三，立法机关认为，纯获利益的行为在实践中类型多样，并非一望便知，简单识别，《民法总则》规定无民事行为能力人实施此种行为无效，并无妨碍其代理人代理实施这种行为，实际上是给予无民事行为能力人的一种保护。① 其四，《民法总则》立法时，对《民法通则意见》第 6 条中关于限制民事行为能力人接受奖励、赠与、报酬的表述予以采纳，对无民事行为能力人从事这些行为有效的表述没有采纳。

---

① 贾东明主编：《〈中华人民共和国民法总则〉释解与适用》，人民法院出版社 2017 年版，第 366 页。

第一百四十五条 限制民事行为能力人实施的纯获利益的民事法律行为或者与其年龄、智力、精神健康状况相适应的民事法律行为有效;实施的其他民事法律行为经法定代理人同意或者追认后有效。

相对人可以催告法定代理人自收到通知之日起三十日内予以追认。法定代理人未作表示的,视为拒绝追认。民事法律行为被追认前,善意相对人有撤销的权利。撤销应当以通知的方式作出。

【条文主旨】

本条是关于限制民事行为能力人实施的民事法律行为效力的规定。

【条文理解】

本条第1款来源于《民法通则意见》第6条:"无民事行为能力人、限制民事行为能力人接受奖励、赠与、报酬,他人不得以行为人无民事行为能力、限制民事行为能力为由,主张以上行为无效。"《民法典》将自然人的民事行为能力分为完全民事行为能力、限制民事行为能力和无民事行为能力。所谓限制民事行为能力人,是指不能完全辨认自己行为的人,包括8周岁以上的未成年人以及不能完全辨认自己行为的成年人。由于其不能完全辨认自己的行为,为了保护其民事权利不受损害,所以其民事法律行为应当由其法定代理人代为实施。但是,其又不同于完全无民事行为能力人,所以,限制民事行为能力人实施的纯获利益的民事法律行为或者与其年龄、智力、精神健康状况相适应的民事法律行为，应当认定有效。

除纯获利益的民事法律行为或者与其年龄、智力、精神健康状况相适应的民事法律行为外，限制民事行为能力人实施的民事法律行为需要其法定代理人同意，在同意之前，其效力处于待定状态，这就是效力待定的民事法律行为。这类民事法律行为有以下特点：（1）民事法律行为已经成立，但效力并不齐备。已经成立，是指意思表示一致。效力并不齐备，就限制民事法律行为而言，是指虽然成立，但还不具有生效条件，即不具备本法第143条第1项规定的主体适格要件。（2）其效力是既非无效，也非有效，而是处于一种效力不确定的中间状态，即效力待定。（3）其效力如何，有待于其他行为或者事件的确定。就限制民事法律行为而言，其效力如何，有赖于法定代理人的态度。法定代理人同意或者追认的，有效；反之，不发生法律效力。

本条所称追认，是指对于限制民事行为能力人实施的民事法律行为，法定代理人事后同意。追认是一种单方意思表示，无须相对人同意即可发生法律效力。由于限制民事行为能力的相对人知道对方为限制民事行为能力人，所以，在与其发生交易后，当事人双方都不应作出实际履行。如要想实际履行，相对人可以向限制民事行为能力人的法定代理人进行催告。无论相对人在从事民事法律行为时是否知道对方为限制民事行为能力人，其皆有催告的权利。相对人在民事法律行为成立后何时催告，本条并没有作出规定。本条只是规定，相对人可以催告法定代理人自收到通知之日起30日内予以追认。这里规定的30日，是一个固定期间，目的是让限制民事行为能力人的法定代理人表明是否追认，使合同效力尽快确定下来。法定代理人未作表示的，视为拒绝追认。

在催告法定代理人追认后至法定代理人追认前，善意相对人有撤销的权利。其原理是，如果仅规定法定代理人的追认权，合同是否有效的权利就完全交给了法定代理人决定，而在法定代理人作出追认前，相对人无法根据自身利益对行为效力作出选择，只能被动接受法定代理人的追认或者否认，这对于相对人而言并不公平，因此，法律赋予善意相对人以撤销权。我们认为，本条规定的"善意相对人"是指在与限制民事行为能力人一起从事民事法律行为的当时，其不知或者不应当知道对方为限制民事行为能力人。如果在交易的当时知道或者应当知道对方为限制民事行为能力人，其就不是"善意相对人"，就不应当享有撤销的权利，其只享有催告的权利。对于本条规定的撤销权，其权利的行使主体限于善意相对人；其权利的行使时间，是在限制民事法律行为的法定代理人作出追认前。一旦法定代理人作出追认，那么该民事法律行为的主体就适格了，相对人已无因为该行为主体不适格而撤销的可能；其行使撤销的方式是通知即可，而非必须诉讼。

【审判实践中应注意的问题】

本条第 2 款规定的撤销权，只有善意相对人才能享有。其性质为民法上的形成权，意思表示一到达对方当事人就发生合同被撤销的效果。与重大误解、受欺诈、胁迫、显失公平的权利人享有的撤销权不同，本条规定撤销权人以通知的方式告诉对方即可，而不是必须通过诉讼或者仲裁的方式行使，主要是因为被撤销的原因很清楚，对方是限制民事行为能力人。如果对方不是善意相对人，其只能行使催告权，而不能行使撤销权。

> **第一百四十六条** 行为人与相对人以虚假的意思表示实施的民事法律行为无效。
>
> 以虚假的意思表示隐藏的民事法律行为的效力,依照有关法律规定处理。

【条文主旨】

本条是关于以虚假意思表示实施的民事法律行为的效力以及隐藏行为效力的规定。

【条文理解】

这是在制定《民法总则》时新增加的内容,为《民法典》吸收。《民法通则》和《合同法》都没有规定这方面的内容。

所谓虚伪意思表示,是指行为人与相对人都知道自己所表示的意思并非真意,通谋作出与真意不一致的意思表示。《德国民法典》第117条、《日本民法典》第94条、《韩国民法典》第108条,以及我国台湾地区"民法"第87条都有类似规定。其特征在于,行为人与相对人都非常清楚地知道,自己所表示的意思并不是双方的真实意思表示,民事法律行为本身欠缺效果意思,双方均不希望此行为能够真正发生法律上的效力。典型的就是名为什么,实为什么。如果是单方进行虚伪意思表示,对方并不知情,则该意思表示并不因此无效。

一般来说,意思表示的瑕疵,并不会导致民事法律行为无效,往往是通过可撤销的方式进行救济。为什么对双方的虚假意思表示法律直接认定无效呢?我们认为,虚假意思表示并非双方当事人的真实意思表示,与双方共同作假一样,法律会给予明确否定的回答,认定其无效，主要是涉及公共秩序的问题。

虚假的意思表示不同于传统民法的真意保留。所谓真意保留，是指在双方作出意思表示时，一方对自己真实的意思表示有所保留，但对方当事人对此并不知晓，即相对人并不知晓行为人表示的是虚假意思。为了保护相对人的合理信赖，不能按照表意人的内心真意来确定该行为的效力，而应该按照表示出来的意思表示确定民事法律行为的内容。

本条第 2 款规定的是隐藏行为。所谓隐藏行为，是指被虚伪的意思表示所隐藏，双方当事人真心所欲达成的民事法律行为。对于隐藏法律行为的效力，根据本条的规定，应当依据有关法律的规定处理。换言之，在同时存在虚假意思表示和隐藏行为的情况下，虚假意思表示无效，如果隐藏法律行为本身有效，那么按有效处理。如果隐藏法律行为本身无效，那么按照无效处理。如果隐藏法律行为本身为可撤销的民事法律行为，那么按照可撤销的民事法律行为处理。

【审判实践中应注意的问题】

"以合法形式掩盖非法目的"不再作为认定合同无效的事由。《合同法》第 52 条第 3 项规定，"以合法形式掩盖非法目的"签订的合同无效。此次《民法典》编纂时，在认定合同无效的事由中已经没有这一事由。《合同法》第 52 条规定的认定合同无效的 5 项事由，《民法典》编纂时，《民法总则》对第 1 项 "一方以欺诈、胁迫的手段订立合同，损害国家利益"，不认为是合同无效的事由，而改为可撤销事由。对第 2 项 "恶意串通，损害国家、集体或者第三人利益" 予以保留。对第 3 项 "以合法形式掩盖非法目的" 予以删除。第 4 项 "损害社会公共利益"，吸收入 "公序良俗"，规定在第 153 条第 2 款。对第 5 项 "违反法律、行政法规的强制性规定" 进行了修改完善，即现在的《民法典》第 153 条。

"以合法形式掩盖非法目的" 之所以作为认定无效事由被取消，

主要是因为:一方面,"非法目的"表述容易引发争议,因为它是当事人的主观意图,很难判定;另一方面,即便当事人的目的非法,但是,其实施的民事法律行为本身是否要被宣告无效,需要具体分析。在审判实践中,"以合法形式掩盖非法目的"的案件类型很少,以签订合同的形式掩盖犯罪目的为典型,其他的如订立赠与合同,目的在于逃避法院的强制执行,人民法院适用《合同法》第52条第3项判决的案件更少。现在看来,这类合同可以违反法律、行政法规的效力性强制性规定为由认定无效。因此,《民法典》施行后,适用《民法典》裁判的民事案件中,"以合法形式掩盖非法目的"这一认定民事法律行为无效的事由就不会再出现。

> **第一百四十七条** 基于重大误解实施的民事法律行为,行为人有权请求人民法院或者仲裁机构予以撤销。

【条文主旨】

本条是关于基于重大误解实施的民事法律行为的效力的规定。

【条文理解】

一、与《民法通则》《合同法》有关条文的对比

《民法通则》第59条第1款第1项规定,"行为人对行为内容有重大误解的",一方有权请求人民法院或者仲裁机构变更或者撤销。《合同法》第54条第1款第1项规定,"因重大误解订立的合同",当事人一方有权请求人民法院或者仲裁机构变更或者撤销。本条的规定是上述规定的延续,但没有规定当事人的变更请求权。

二、重大误解的含义

所谓基于重大误解的民事法律行为,是指一方因自己的过错而对民事法律行为的内容等发生重大误解而实施的某种民事法律行为。重大误解并非传统的民法概念,大陆法系国家相对应的概念是错误。英美法系国家也采用了错误的概念,其中普通法中区分了双方错误(mutual mistake)和单方错误(unilateral mistake)。在双方错误的情况下,即双方当事人具有意思表示一致的要件,当错误导致双方当事人之间根本没有形成真正的合意时,才能使合同被撤销。但单方错误

并不能导致合同被撤销。《国际商事合同通则》也使用了错误的概念,该通则第 3.4 条规定:"错误是指在合同订立时对已存在的事实或法律所做的不正确的假设。"

三、基于重大误解实施的民事法律行为可撤销的条件

基于重大误解实施的民事法律行为,其效力属于可撤销,而不是无效,原理在于,该行为发生在双方当事人之间,不影响他人利益,与公共秩序无关。将撤销权给予表意人,由表意人决定是否行使撤销权。表意人不行使的,受到损害的也仅仅是表意人自己,更何况重大误解的原因不是别人造成的,而是自己的过失造成的。根据本条的规定,基于重大误解实施的民事法律行为可撤销的条件如下:

1. 表意人对民事法律行为的内容等发生了重大误解。《民法通则意见》第 71 条规定:"行为人因对行为的性质、对方当事人、标的物的品种、质量、规格和数量等的错误认识,使行为的后果与自己的意思相悖,并造成较大损失的,可以认定为重大误解。"该条对误解的内容等作出了规定。这里需要强调的是,重大误解制度中的误解,必须是重大的,该误解将会对行为人的民事权利义务产生重大的影响。法律允许重大误解的表意人撤销其意思表示,理由在于,法律保护的是当事人的行为自由、行为自愿、意思表示真实,但当行为人对行为的性质等发生重大误解时,行为人本意并非自愿。也就是说,如果行为人对行为的性质等没有重大误解时,行为人就不会实施该行为,就不会作出该意思表示。需要指出的是,如果误解不是重大的,法律不允许行为人基于该误解行使撤销权。在此情况下,误解对行为人的影响不大,此时,法律更倾向于保护交易相对人的利益,保护交易安全,否则行为人动辄以其对行为性质等有误解为由请求撤销合同,那正常的交易秩序将无从维护。因为现实生活中一般来说误解的主体是表意人自己,而不是相对方,表意人是否误解,完全由表意人举证,一定会带来道德风险。因此,对于非重大误解,对表意人没有救济的必要。

2.表意人因重大误解作出了意思表示。表意人意思表示的作出，是因为重大误解的原因。如果不是重大误解，表意人不会作出该意思表示。表意人虽然对行为的性质等产生重大误解，但如果并没有作出意思表示，那么也就不存在撤销基于重大误解实施的民事法律行为的问题。

3.重大误解是因为表意人自己的过错造成的。重大误解的主体是表意人本人，是由于本人的过失造成的，是由于其不注意、不谨慎、疏忽大意造成的，而不是相对人的欺诈、误导造成的。

四、表意人享有的撤销权必须向法院或者仲裁机构提出

撤销权的提出方式有两种，一种是非诉讼或者仲裁方式，如与限制民事法律行为人签订合同时，善意相对人在限制民事行为能力人的法定代理人追认前，有撤销的权利，以通知的方式即可。另一种要求撤销权的行使必须以诉讼或者仲裁方式为之。二者的区别在于，交易标的是否重大，撤销权的行使是否容易发生争议。就第一种撤销权而言，交易标的一般不大，且撤销权的行使不容易发生争议，如前举案例，因为只要证明自己是善意的，证明对方是限制民事行为能力人即可。如果交易标的较大，或者撤销权的行使容易发生争议，就应当交由法院或者仲裁机构裁决。撤销基于重大误解实施的民事法律行为，显然撤销权的行使容易发生争议，对方不愿意合同被撤销的，往往会认为表意人是在找理由毁约。

【审判实践中应注意的问题】

《民法通则意见》第71条规定："行为人因对行为的性质、对方当事人、标的物的品种、质量、规格和数量等的错误认识，使行为的后果与自己的意思相悖，并造成较大损失的，可以认定为重大误解。"其中强调了"并造成了较大损失"的要件。但本条并没有规定这一要件。我们认为，《民法典》保留基于重大误解实施的民事法律行为可

以撤销的规定，目的是保护表意人的行为自由、行为自愿，保护表意人在此前提下的真实意思表示。表意人发现其对行为的性质等产生了重大误解的，就应允许其撤销基于重大误解实施的民事法律行为，不必等到造成较大损失才享有这样的权利，将该事件的影响消灭在萌芽状态。如果已经造成了较大损失，那么很可能合同已经履行完毕，撤销该合同已经没有必要。在已经造成较大损失的情况下，因重大误解是自己原因造成的，所以损失都应由自己承担，这时再来请求撤销，为时已晚，除非该合同还没有履行完毕。与其这样，还不如赋予表意人知道重大误解时就享有撤销合同的权利。至于因此给对方造成的损失，当然应当赔偿。但这种赔偿，与毁约给对方造成损失的赔偿是两回事，不可混为一谈。因此，表意人享有的基于重大误解实施的民事法律行为的撤销权，不应要求"并造成了较大损失"这一要件。因此，该要件在《民法典》施行后适用《民法典》裁判的案件即应取消。

> **第一百四十八条** 一方以欺诈手段，使对方在违背真实意思的情况下实施的民事法律行为，受欺诈方有权请求人民法院或者仲裁机构予以撤销。

【条文主旨】

本条是关于行为人以欺诈的手段实施的民事法律行为的效力的规定。

【条文理解】

一、与《民法通则》《合同法》有关条文的对比

《民法通则》第58条第1款第3项规定，"一方以欺诈、胁迫的手段或者乘人之危，使对方在违背真实意思的情况下所为的"民事行为无效。《合同法》第52条第1项规定，"一方以欺诈、胁迫的手段订立合同，损害国家利益"的，合同无效。第54条第2款规定："一方以欺诈、胁迫的手段或者乘人之危，使对方在违背真实意思的情况下订立的合同，受损害方有权请求人民法院或者仲裁机构变更或者撤销。"将本条与上述条文对比，比较大的修改是，无论欺诈的对象是谁，都是可以撤销的民事法律行为；而不是区分欺诈的对象来认定法律效力，欺诈国家的，无效，欺诈其他的，可撤销。

二、欺诈的含义

所谓欺诈，是指一方当事人故意告知对方虚假情况，或者故意隐瞒真实情况，诱使对方当事人作出错误意思表示的行为。

三、基于受欺诈作出的民事法律行为可撤销的条件

《民法典》将欺诈行为一律规定为可撤销，主要理由是它不损害第三人的利益，不涉及公共秩序。赋予受欺诈方撤销权，由其自行决定是否行使撤销权，足以保护其民事权利。对于欺诈国家的，赋予国家是否撤销的权利，也足以保护国家利益。如果区别规定，欺诈国家的，合同一律无效，反而可能出现保护国家利益不利的情形。与其这样，还不如赋予国家撤销权，由其决定是否行使该权利。基于受欺诈作出的民事法律行为可撤销的条件如下：

1.欺诈方具有欺诈的故意。也就是说，欺诈的主观状态一定是故意，而不是过失。故意的目的是使对方受欺诈，使自己因此获得不正当的利益。

2.欺诈方实施了欺诈行为。欺诈行为一般分为两种：一种是其明知真实情况，但却不告诉交易对方，反而将虚假情况告诉对方。如二手车交易中，出卖人明知自己的车被撞过，而且撞得很严重，但告诉买受人该车没有撞过。另一种是不作为，即隐瞒真实情况，不将真实情况告诉对方。如出卖人明知某幅画是赝品，却不告知买受人。

3.受欺诈方因欺诈而陷入内心错误。受欺诈方之所以陷入内心错误，完全是因为欺诈一方欺诈的结果。换言之，如果欺诈一方不作出欺诈的行为，那么受欺诈方就不会陷入内心错误。

4.受欺诈方因内心错误而作出了错误的意思表示。受欺诈方之所以作出错误的意思表示，完全是因为受欺诈而陷入内心错误，是内心错误作出的错误的意思表示。此种错误的意思表示与重大误解的意思表示不同。重大误解的意思表示，其过失在表意人自己，而不在对方。而受欺诈方作出的错误的意思表示，完全是因为欺诈一方的欺诈行为造成的。

四、受欺诈方行使撤销权的方式是提起诉讼或者申请仲裁

根据本条的规定，受欺诈方行使撤销权的方式必须采用提起诉

讼或者申请仲裁的方式，理由同重大误解提起撤销权的方式，于此不赘。

【审判实践中应注意的问题】

本条没有对受欺诈一方可否申请变更民事法律行为作出规定。本书认为，对此问题可以根据案件的具体情况进行探索，看变更是不是更能平衡当事人各方的利益。

> **第一百四十九条** 第三人实施欺诈行为，使一方在违背真实意思的情况下实施的民事法律行为，对方知道或者应当知道该欺诈行为的，受欺诈方有权请求人民法院或者仲裁机构予以撤销。

【条文主旨】

本条是关于因第三人欺诈实施的民事法律行为效力的规定。

【条文理解】

本条是《民法总则》新增的规定，《民法典》编纂后继续保留。

一、因第三人欺诈实施的民事法律行为的含义

所谓因第三人欺诈实施的民事法律行为，是指因第三人实施欺诈行为而使当事人一方在违背真实意思的情况下实施的民事法律行为。例如，得知买受人欲购买朋友的和田玉，第三人长期经销和田玉，为促成这笔交易，尽管知道该玉实际不是和田玉，仍极力劝说买受人购买，说这块和田玉怎么好怎么好。由于朋友和买受人是合同关系的当事人，这里的劝说者就是第三人，此类情形就构成本条所称的因第三人欺诈实施的民事法律行为。《德国民法典》第123条第2款、《瑞士债法典》第28条和第29条、《奥地利民法典》第875条对此都有规定。该规定有利于保护受欺诈方，同时，以"对方知道或者应当知道该欺诈行为的"作为撤销民事法律行为的条件，也有利于保护善意相对人，维护交易安全。

二、因第三人欺诈实施的民事法律行为可撤销的条件

根据本条的规定,因第三人欺诈实施的民事法律行为可撤销的条件如下:

1. 必须是当事人之外的第三人实施欺诈行为。如果是合同的当事人实施欺诈,则适用本法第148条的规范进行调整。只有当实施欺诈的人是合同关系以外的第三人时,才有适用本条的可能。

2. 受欺诈方因第三人实施的欺诈行为而实施了民事法律行为。受欺诈方实施的民事法律行为与第三人实施的欺诈行为具有因果关系。如果没有第三人实施的欺诈行为,则受欺诈方就不会实施该民事法律行为。

3. 对方知道或者应当知道一方实施的民事法律行为是第三人实施的欺诈行为的结果。第三人实施欺诈行为,对于合同关系中的对方而言,有两种情况,一种情况是对方当事人不知道第三人实施了欺诈。第二种情况是,对方当事人知道或者应当知道第三人实施了欺诈行为。对于第二种情况,实际上从结果来说与本法第148条规定一样,只是实施欺诈的不是合同的相对方,而是合同之外的第三人。从合同的相对方知道或者应当知道第三人实施了欺诈行为来看,允许受欺诈方撤销合同,对对方来说是其应当承担的法律后果,因为其知道或者应当知道一方的意思表示完全是因为第三人欺诈的结果。对于第一种情况,由于对方当事人不知道第三人实施了,如果允许受欺诈方撤销合同,就会损害善意相对人的利益,破坏交易安全,甚至会带来道德风险,与自己责任原则也不相符,因此,本条规定,在第一种情况下,受欺诈方不享有撤销的权利。

三、因第三人欺诈而实施的民事法律行为撤销权的行使方式

因第三人欺诈而实施的民事法律行为撤销权的行使方式,必须采取起诉或者申请仲裁的方式,而不能采用通知对方当事人的形式,理由详见第147条因重大误解实施的民事法律行为撤销权行使的方式部

分的有关论述。

【审判实践中应注意的问题】

　　关于因第三人欺诈而实施的民事法律行为中"第三人"的范围，德国法院曾经将这里的第三人解释为除了意思表示相对人之外的任何人。但晚近的判例和学说限制了第三人的范围，认为其是指任何可以视为处于意思表示相对人地位的人以及与意思表示相对人关系密切的人之外的人，如相对人的经纪人和中介人就不能认为是第三人。本书认为，关于因第三人欺诈而实施的民事法律行为中"第三人"是指民事法律行为的当事人、代理人、法定代表人以外的任何人。如果当事人的代理人或者法定代表人实施了欺诈行为，应当构成当事人一方实施欺诈行为，而不成立第三人欺诈。[①]

[①] 王利明：《民法总则研究》（第三版），中国人民大学出版社2019年版，第573页。

> **第一百五十条** 一方或者第三人以胁迫手段，使对方在违背真实意思的情况下实施的民事法律行为，受胁迫方有权请求人民法院或者仲裁机构予以撤销。

【条文主旨】

本条是关于因受胁迫而实施的民事法律行为效力的规定。

【条文理解】

一、与《民法通则》《合同法》有关条文的对比

《民法通则》第58条第1款第3项规定，"一方以欺诈、胁迫的手段或者乘人之危，使对方在违背真实意思的情况下所为的"民事行为无效。《合同法》第52条第1项规定，"一方以欺诈、胁迫的手段订立合同，损害国家利益"的，合同无效。第54条第2款规定："一方以欺诈、胁迫的手段或者乘人之危，使对方在违背真实意思的情况下订立的合同，受损害方有权请求人民法院或者仲裁机构变更或者撤销。"

将本条与上述条文对比，其实质修改是，无论受胁迫签订的合同是否损害国家的利益，该合同都是可以撤销的合同。

二、因受胁迫实施的民事法律行为的概念

所谓胁迫，是指以将要发生的损害或者以直接施加损害相威胁，迫使对方产生恐惧并因此而作出违背真实意思表示的行为。因受胁迫实施的民事法律行为，是指一方或者第三人以胁迫手段，使对方在违

背真实意思的情况下实施的民事法律行为,"套路贷"即为典型。

三、因受胁迫实施的民事法律行为可撤销的要件

根据本条的规定,因受胁迫实施的民事法律行为可撤销的要件如下:

1.一方或者第三人实施了胁迫行为。以时间来区分,胁迫分为两种形式:一种是以将要发生的损害相要挟。这种要挟往往涉及危害对方家人及亲人的健康、生命、财产等,使对方在心理上产生恐惧,其目的是通过这种要挟,迫其就范。另一种是以现实的威胁进行要挟,使对方产生恐惧,如以对对方身体健康进行伤害相要挟,或者拘禁对方,以限制对方的人身自由相威胁。这里的胁迫,一定要达到受胁迫方产生恐惧的程度。受胁迫方是否达到感到恐惧的程度,要由受胁迫方举证。需要注意的是,这里的胁迫方,不仅包括一方当事人实施的胁迫,还包括第三人实施的胁迫。从比较法上看,《国际商事合同通则》第3.2.8条、《法国民法典》第1111条对此也有规定。可以这样说,借鉴比较法的经验,我国《民法总则》首次建立了第三人胁迫制度,并为《民法典》所保留。

2.一方或者第三人具有胁迫的故意。胁迫的目的是要挟对方实施一方想从事的民事法律行为,其故意非常明显。凡是胁迫,都是故意的行为。

3.胁迫行为本身是非法的。胁迫通过威胁对方家人及亲人的健康、生命、财产或者限制对方人身自由等手段,这些手段本身是非法的,是为法律所不允许的。如果一方以合法的方式向对方施加某种压力,如不履行合同就起诉,这就不是胁迫。胁迫与自助行为也不能混淆。如某人在饭店吃完饭没有付钱就离开时,饭店老板不让其走,要求付完钱才能离去,该行为虽然短暂地限制了某人的人身自由,但不构成胁迫,因为在饭店吃饭就得付钱,在某人还欠饭钱的情况下,饭店老板不让其离开的行为,本身是自助行为,是合法的,所以不构成非法的胁迫行为。

4.受胁迫方因一方或者第三人的胁迫而被迫实施了民事法律行为。也就是说,受胁迫方实施的民事法律行为,是一方或者第三人胁迫的结果。如果没有一方或者第三人的胁迫,对方就不会实施该民事法律行为。

四、因受胁迫而被迫实施的民事行为,其撤销权行使的方式

根据本条的规定,因受胁迫而被迫实施的民事行为,其撤销权行使只能采取提起诉讼或者申请仲裁的方式进行,而不能采取通知的方式,这主要是因为兹事体大,需要法院或者仲裁机构裁决。

【审判实践中应注意的问题】

在第三人欺诈的情形,只有一方当事人知道或者应当知道第三人欺诈时,对方当事人才享有撤销权。那么,在第三人胁迫的情形,是否需要一方当事人知道或者应当知道,对方当事人才享有撤销权呢?我们认为,因第三人的胁迫,已经使受胁迫一方产生了恐惧,在此情形下,受胁迫方的意思表示严重不自由,严重不自愿,此时,为了保护行为主体的自主、自愿,法律有必要规定,只要当事人是受胁迫从事的民事法律行为,受胁迫方都可以请求人民法院或者仲裁机构予以撤销。

> **第一百五十一条** 一方利用对方处于危困状态、缺乏判断能力等情形，致使民事法律行为成立时显失公平的，受损害方有权请求人民法院或者仲裁机构予以撤销。

【条文主旨】

本条是关于显失公平的民事法律行为的效力的规定。

【条文理解】

一、与《民法通则》《合同法》有关条文的对比

《民法通则》第59条第1款第2项规定，"显失公平的"，一方有权请求人民法院或者仲裁机关予以变更或者撤销。《合同法》第54条第1款第2项规定，"在订立合同时显失公平的"，当事人一方有权请求人民法院或者仲裁机构变更或者撤销。将本条与上述条文对比，本条的修改之处在于：（1）本条规定强调了判断显失公平的主观要件，而《民法通则》和《合同法》的规定，主要是从客观要件规定的，强调的是显失公平的结果。（2）《民法通则》和《合同法》将乘人之危作为一种与显失公平并列的可撤销情形，本条将乘人之危纳入产生显失公平的一种原因，不再将其作为一种独立的可撤销情形。

二、显失公平的含义

所谓显失公平的民事法律行为，是指一方利用对方处于危困状态、缺乏判定能力等情形，致使民事法律行为成立时权利义务明显失衡的行为。传统民法中的显失公平行为，德国民法称为暴利行为，需

要同时具备客观要件和主观要件。客观要件是双方的权利义务显著失衡。主观要件是一方利用对方处于危困状态、缺乏判定能力等情形而与对方从事民事法律行为。德国民法和我国台湾地区"民法"均采主客观相结合说，且德国民法认为暴利行为无效。但法国民法从条文来说，采客观说。

三、显失公平的构成要件

根据本条的规定，显失公平的构成要件如下：

（一）客观要件

1.双方当事人的利益显著失衡。在判断是否构成显著失衡时，应根据各种交易关系的具体情况加以认定，特别要通过考虑供求关系、价格的涨落等各种因素，判断利益的失衡是否达到"显著"的程度。如果没有到达"显著"失衡的程度，就不能运用显失公平规则而撤销该交易。这是因为，在市场经济条件下，要求交易绝对的公平是不可能的，有赔有赚很正常。因此，在判断交易是否"显著"失衡时，标准要严格，避免动辄以显失公平为由要求撤销合同。只有在双方利益"显著"失衡极不公平时，法律才有必要进行干预，否则会影响交易的正常秩序。显失公平制度并不是为了消除当事人应承担的商业风险，而是禁止或者限制一方当事人获得不符合交易规则而获取的"暴利"。判断是否构成显失公平，要注意交易规则。如从事期货交易时，只要参与交易者遵守交易规则，那么其获取再多的"暴利"，也是受法律保护的。参与者赔再多，哪怕是倾家荡产，法律也不支持其请求撤销交易。此外，评价是否构成显失公平时，要置身交易内，要把自己作为交易的双方考虑。也就是说，要以双方当事人的交易场景为标准，而不能以法官或者仲裁员自己想象的场景为标准。

2.必须是民事法律行为成立时显失公平。也就是说，必须以交易的时点为基准点，来判断双方的利益是否"显著"失衡，一方是否获得"暴利"，而不能"事后诸葛亮"，认为事后"暴利"，受损一方就可以请求撤销。事后的事情属于商业判断的问题，不在法律干预范围之内。

（二）主观要件

主观要件是指在订立合同时一方具有利用优势或利用对方轻率、无经验等而与对方订立显失公平合同的故意。此种主观状态已表明行为人背离了诚信原则的要求。在法律上之所以要求考虑主观要件，其目的在于保障交易的公平和秩序，维护商业道德。主观要件的几种典型情况如下：

利用对方处于危困状态。这种情形一般是指利用某人因陷入某种暂时性的急迫困境，从而急需金钱或有其他急需的状态。例如，某人家人突然患重病，急需筹集治疗费用，如果有人利用这种急需要求其以明显的低价出售房屋，则有可能构成显失公平。

利用对方缺乏判断能力。所谓缺乏判断能力，主要是指欠缺一般的生活经验或者交易经验，如金融机构的从业人员向城市里文化水平较低的老年人兜售风险较高的理财产品，由于缺乏判断能力，其购买风险较高理财产品的行为，就可能构成显失公平。通说认为，显失公平中的缺乏判断能力，主要是指欠缺一般的生活经验或者交易经验，而不包括欠缺特殊的判断能力。

四、构成显失公平时撤销权行使的方式

根据本条的规定，构成显失公平的，权利人有权请求人民法院或者仲裁机构予以撤销。其通知对方当事人撤销的，不发生撤销的法律效果。

五、关于本条规定的"受损害方"的理解

在本条的用语中，"对方"指的是显失公平的受害方，所以"受损害方"就是条文中的"对方"。从立法技术的角度考虑，本条中的"受损害方"改为"对方"更完美，因为一个条文中的用语含义应该一致，用不同用语的，其含义应该不一致。如果含义一致的，如本条中的"对方""受损害方"，就应该用同一词语，否则容易误解，以为

"受损害方"与"对方"一语有不同的含义。

【审判实践中应注意的问题】

一、乘人之危不再是可撤销事由的一种独立类型

根据《民法总则》的规定,《民法总则》施行后,乘人之危不再是可撤销事由的一种独立类型,立法理由是:《民法通则》和《合同法》规定的显失公平与乘人之危虽各有侧重,但从相关司法实践对二者的界定来看,它们均在主观和客观两方面有相类似的要求,如显失公平中的"一方明显违反公平、等价有偿原则",即是严重损害了对方利益;"利用优势或者利用对方没有经验"与乘人之危的手段相近,均利用了对方的不利情境。基于此,《民法总则》将二者合并规定,赋予显失公平以新的内涵,这既与通行立法例的做法一致,也便于司法实践从严把握,防止这一制度被滥用。① 这一规定是对《民法通则》和《合同法》的修改,《民法典》对《民法总则》予以了保留,应予注意。

二、显失公平主观要件中的其他情形

根据本条的规定,显失公平的主观要件中的两种典型情形是对方处于危困状态和对方缺乏判断能力。本条在这两种典型情形后用了一个"等"字,含义是不限于这两种情形,还包括与这两种情形类似的其他情形。处于危困状态的特点在于,因为自身一时处于危险困难的状态,为了改变这种状况,在和他人进行交易时,对方利用了一方急于改变这一状态的急迫需求,结果导致交易时利益"显著"失衡,"极"不公平。缺乏判断能力的特点在于,是因为一方对所从事的交易的有关知识储备不足,另一方利用了一方的这一缺点,结果导致交

---

① 贾东明主编:《〈中华人民共和国民法总则〉释解与适用》,人民法院出版社2017年版,第384页。

易时利益"显著"失衡,"极"不公平。因此,审判实践中如果除了这两种典型情形之外,根据案件的具体情况还需要适用本条认定构成显失公平的,一定是与对方处于危困状态情形相类似,或者与对方缺乏判断能力情形相类似,否则不能适用本条规定的显失公平规则处理。也就是说,对本条规定的"等"字,要准确适用。

三、本条规定的"对方"如何理解

本条规定的"对方"包括自然人,对此没有争议。是否还包括"法人、非法人组织"呢?例如,一家上市公司为了避免"ST",被迫将市价5000万元的房产卖给另外一个公司,结果只卖了3500万元。买方公司知道上市公司卖房就是为了避免"ST"。问题是,事后该上市公司能否依据本条规定认为交易显失公平,请求撤销合同呢?笔者认为,上市公司不能请求撤销合同,理由就是上市公司为了避免"ST",与买方订立合同的行为属于应对商业风险的行为,后果应该由其自行承担。笔者认为,本条规定的"对方"不包括"法人、非法人组织"。理由在于,本条应当是对自然人处于危困状态、缺乏判定能力等情形致使合同成立时显失公平的救济,对于法人,特别是公司,其因此发生的风险属于商业风险,应自担其责。公司处于危困状态时签订的利益显著失衡的合同,法律不应干预,应该通过商业规则来处理,否则会破坏市场规则,破坏合同必须严守的市场秩序。"缺乏判断能力"的情形也不应当适用于"公司、非法人组织"。法律已经假定"公司、非法人组织"具备民事权利能力和民事行为能力,具备"判断能力"。

> **第一百五十二条** 有下列情形之一的，撤销权消灭：
> （一）当事人自知道或者应当知道撤销事由之日起一年内、重大误解的当事人自知道或者应当知道撤销事由之日起九十日内没有行使撤销权；
> （二）当事人受胁迫，自胁迫行为终止之日起一年内没有行使撤销权；
> （三）当事人知道撤销事由后明确表示或者以自己的行为表明放弃撤销权。
> 当事人自民事法律行为发生之日起五年内没有行使撤销权的，撤销权消灭。

【条文主旨】

本条是关于撤销权消灭期间的规定。

【条文理解】

一、与《民法通则》《合同法》有关条文的对比

《民法通则》第59条规定："下列民事行为，一方有权请求人民法院或者仲裁机关予以变更或者撤销：（一）行为人对行为内容有重大误解的；（二）显失公平的。被撤销的民事行为从行为开始起无效。"《合同法》第55条规定："有下列情形之一的，撤销权消灭：（一）具有撤销权的当事人自知道或者应当知道撤销事由之日起一年内没有行使撤销权；（二）具有撤销权的当事人知道撤销事由后明确表示或者以自己的行为放弃撤销权。"将本条与上述条文对比，修改

之处有：（1）撤销权并不包括变更权。这是重大修改。（2）将因重大误解享有的撤销权的消灭时间从 1 年缩短为 90 日；（3）将因受胁迫享有的撤销权的起算时间改为自胁迫行为终止之日。

二、撤销权的含义及特点

所谓撤销权，是指表意人对其已经作出的意思表示进行撤销，从而使整个民事法律行为的效力终局性地归于无效的权利。撤销权绝大多数针对的是意思表示不真实的场合，但对于限制民事行为能力人实施的民事法律行为，在其法定代理人追认前，善意相对人有撤销的权利。此处的撤销权，不是意思表示不真实，而是意思表示受限制。由于撤销权的行使将会对相对人的利益产生重大影响，因此，从平衡双方利益、维护交易安全的角度考虑，享有撤销权的权利人必须在一定期间内行使。这一期间被称为除斥期间。除斥期间一旦经过，则撤销权消灭，可撤销的民事法律行为确定地变为有效的民事法律行为。依据本条的规定，撤销权的行使具有如下特点：

1.撤销权的主体。撤销权应当由因意思表示不真实而受损害的一方或者因民事行为能力受限制的对方当事人享有。

2.撤销权是一种专属的权利，不得与民事法律行为相分离而单独转让。

3.在因意思表示不真实而行使撤销权的场合，受损害一方行使撤销权的方式必须是提起诉讼或者申请仲裁，而不能采用通知对方当事人的方式。而在因民事行为能力受限制的场合，则对方通知限制民事行为能力人的法定代理人即可。二者的区别在于，在可采用通知方式行使撤销权的场合，通知到达对方，撤销权即发生效力，即民事法律行为已经被撤销。如果对方对此有异议，向人民法院提起诉讼，如果查明通知到达了对方当事人，法院也只是确认通知到达对方当事人时，该民事法律行为已经撤销的事实，撤销的时间不是在法院作出判决时。而必须通过诉讼或者仲裁方式行使撤销权的场合，人民法院或者仲裁机构裁决生效的时间，或者认定的时间，才是民事法律行为撤销的时间。

三、撤销权的行使期限

根据本条的规定，撤销权的行使期限包括如下几种情形：

1. 当事人自知道或者应当知道撤销事由之日起1年内没有行使撤销权。这里规定的1年，起算时间是当事人自知道或者应当知道撤销事由之日，属于"主观期间"。该1年在性质上属于除斥期间，不存在中止、中断和延长的情形。

2. 重大误解的当事人自知道或者应当知道撤销事由之日起90日内没有行使撤销权。《民法总则》规定的是3个月，《民法典》将其修改为90日，这一规定更为准确。撤销权的除斥期间一般是1年，而本条规定为90日，主要理由是，重大误解产生的原因是表意人自己，是表意人自己的过错造成的，而不是交易的相对方。这时法律在平衡表意人真实意思的保护和相对人利益的保护之间，在交易安全的保护之间，就要适当偏向于无过错的相对人，缩短表意人行使撤销权的时间。

3. 当事人受胁迫，自胁迫行为终止之日起1年内没有行使撤销权。"自胁迫行为终止之日"是制定《民法总则》时新增加的，《民法典》的规定与《民法总则》的规定相同。这主要是立法技术更符合逻辑，对审判实践不会产生什么影响，因为审判实践中，如果胁迫行为超过1天的，撤销权的起算时间肯定会从胁迫行为终止之日起算，这也应该是常识。

4. 当事人知道撤销事由后明确表示或者以自己的行为表明放弃撤销权。这里只能是当事人"知道"，而不存在"应当知道"的情形。口头形式订立的合同，行使撤销权也可以采取口头形式。如果是书面合同，行使撤销权则应采用书面形式。"以自己的行为表明放弃撤销权"，应当理解为撤销权人知道撤销事由后还按合同向对方履行，或者接受对方的履行。该履行行为足以表明撤销权人放弃了撤销权。

5. 当事人自民事法律行为发生之日起5年内没有行使撤销权的，

撤销权消灭。撤销权的消灭时间，我们主要采取了"主观期间"的标准，即知道或者应当知道撤销事由开始起算撤销权消灭的时间，但主观期间的弊端就是可能出现权利人知道或者应当知道的时间太晚，影响交易关系的稳定，影响交易秩序和交易安全，为平衡双方当事人之间的利益，法律又统一规定了一个"客观期间"，即当事人自民事法律行为发生之日起5年内没有行使撤销权的，撤销权消灭。

【审判实践中应注意的问题】

一、重大误解撤销权消灭的期间

撤销权消灭的期间，一般为1年。这是《民法通则》施行后已经形成的共识。但重大误解有其特殊性，《民法总则》规定，其撤销权消灭期间为90日，对此需特别注意。

二、不同类型撤销权当事人的主观状态

根据本条的规定，不同类型撤销权当事人的主观状态是不同的，审判中应予注意：

1.撤销权人知道或者应当知道撤销事由的，这是指欺诈、重大误解、显失公平，以及与限制民事行为能力人实施的民事法律行为的情形。实践中这一类情形最多。

2.撤销权人知道撤销事由的，这是指撤销权人知道撤销事由后明确表示或者以自己的行为表明放弃撤销权的情形，以及因受胁迫而实施民事法律行为的情形。注意，这里没有应当知道这种主观心理状态。

> **第一百五十三条** 违反法律、行政法规的强制性规定的民事法律行为无效。但是,该强制性规定不导致该民事法律行为无效的除外。
>
> 违背公序良俗的民事法律行为无效。

【条文主旨】

本条是关于民事法律行为违反法律、行政法规的强制性规定无效和违反公序良俗无效的规定。

【条文理解】

一、与《民法通则》《合同法》有关条文的对比

《民法通则》第58条第5项规定,"违反法律或者社会公共利益的"民事行为无效。《合同法》第52条第4项和第5项规定,"损害社会公共利益"的民事法律行为无效、"违反法律、行政法规的强制性规定"的民事法律行为无效。本条与《合同法》第52条第4项和第5项相比,一方面承继了"违反法律、行政法规的强制性规定"的民事法律行为无效的规定,同时规定"但是,该强制性规定不导致该民事法律行为无效的除外"。这个但书是《合同法》第52条第5项没有规定的。本条用"公序良俗"这个概念包含了"社会公共利益"的内容,同时增加了"善良风俗"的内涵。

二、本条的演进

《合同法》于1999年10月1日起施行后,一些观点对《合同

法》第 52 条第 5 项"违反法律、行政法规的强制性规定"的适用存在一些不恰当的理解，不当地扩大了"法律、行政法规的强制性规定"的范围，从而扩大了合同无效的范围。有鉴于此，《合同法司法解释（二）》第 14 条明确规定，《合同法》第 52 条第 5 项规定的"强制性规定"指的是效力性强制性规定。后来，最高人民法院又在《关于当前形势下审理民商事合同纠纷案件若干问题的指导意见》第 15 条中进一步提出了"管理性强制规定"的概念，对应于"效力性强制规定"。《民法总则》制定过程中，一度采纳了有关"效力性强制性规定"的概念，草案三审稿第 155 条规定："违反法律、行政法规的效力性强制规定或者违背善良风俗的民事法律行为无效。"但审议过程中有意见认为，"效力性强制性规定"的概念比较模糊，建议换一种更加明确的方式，因此才有了《民法总则》第 153 条第 1 款的规定："违反法律、行政法规的强制性规定的民事法律行为无效，但是该强制性规定不导致该民事法律行为无效的除外。"从《民法总则》第 153 条第 1 款的表述看，有两个"强制性规定"，其中前一个强制性规定指的就是效力性强制性规定，后一个强制性规定是管理性强制性规定。可见，《民法总则》第 153 条第 1 款尽管在表述上与《合同法》有所不同，但其精神内核并没有变，区分效力性强制性规定与管理性强制性规定仍然有其积极意义。《民法总则》第 153 条第 1 款的规定被《民法典》完全采纳形成了本条第 1 款。

三、强制性规定的范围

本条第 1 款有两个"强制性规定"，其中前半句的强制性规定，违反的后果是导致合同无效，因而其性质上属于效力性规定。一般认为，导致合同无效的效力性规定，作为公法进入私法的一条重要通道，具有引致条款的意义，因而往往是指公法上的强制性规定。但如果完全将私法上的强制性规定排除在外，会造成认定合同效力上的困难。例如，以公益为目的的非营利法人、非法人组织订立的保证合同，就可以违反《民法典》合同编中的第 683 条第 2 款有关"以公益为目的的非营利法人、非法人组织不得为保证人"的规定，进而根据本条第 1 款的规定认定保证合同无效。否则，认定此类合同无效就缺乏法律依据。就此而言，效力性规定不仅包括公法上的强制性规定，也包括私法上的强制性规定。至于该条后半句的强制性规定，则指的是管理性规定。鉴于私法中一般不存在管理性规定问题，因而这里的强制性规定主要是指公法上的强制性规定。需要特别注意的是，随着"管理性强制性规定"这一概念的提出，审判实践中又出现了另一种倾向，有的法院认为凡是行政管理性质的强制性规定都属于管理性规定，不影响合同效力，这是对管理性规定望文生义的理解，应予纠正。

需要注意的是，违反效力性强制性规定而无效不过是《合同法》对合同效力进行控制的规则之一，它并不是有关合同效力判断的全部规则，其与效力待定、未生效、可撤销以及其他合同无效规定之间属于并列而非包含关系。因此，本条第 1 款所谓的"强制性规定"并不包括《合同法》有关效力控制的其他规定。在司法实践中，有必要将其与《合同法》有关未经批准的合同、无权代表合同、无权代理合同以及无权处分合同的相关规定区别开来。具体来说：

1. 本条第 1 款的强制性规定不包括法律、行政法规有关要求办理批准手续的规定。尽管法律、行政法规有关批准的规定属于管理性规定，因而看似符合该条后半句有关"该强制性规定不导致该民事法律行为无效的"情形，但该条后半句所谓的不导致民事法律行为无效，其后果一般是认定合同有效。换言之，尽管违反了管理性规定，但不影响合同效力。而未经批准的合同，根据《民法典》合同编中的第 502 条第 2 款的规定，其后果是未生效，不涉及是否有效的问题，难以为本条第 1 款的强制性规定所涵盖。

2. 本条第 1 款的强制性规定不包括权限性规定。学界关于《公司法》第 16 条的规范性质，存在着管理性规定、效力性规定以及权限性规定等不同观点。根据 2019 年 11 月 8 日最高人民法院发布的《民商审判会议纪要》的精神，该条既非效力性规定亦非管理性规定，而是有关代表权限制的规定。也就是说，法定代表人尽管一般来说可以代表公司对外从事行为，但在对外担保等事项上，基于《公司法》第16条的规定，只有在经公司股东会或董事会决议后才能代表公司对外提供担保，否则，就构成越权代表。一旦构成越权代表，就要根据《民法典》合同编中的第504条的有关规定来认定合同效力，而不能以本条第1款的规定来认定合同无效。

3.本条第1款的强制性规定也不包括赋权性规定。实践中，在有关法律、行政法规明确规定一定情况下某些特定标的物禁止或限制转让时，就可能涉及是适用本条第1款还是适用《民法典》合同编中的第597条的问题。如《房地产管理法》第38条第4项规定：共有房地产，未经其他共有人书面同意的，不得转让。如果某共有人未经其他共有人书面同意，将共有房地产转让给他人，此时是根据《民法典》合同编中的第597条的规定认定合同有效，还是以违反《房地产管理法》的强制性规定、进而根据本条第1款宣告合同无效？我们认为，违反《房地产管理法》的前述规定，只能根据《民法典》合同编中的第597条的规定，认定合同有效。在此前提下，因出卖人未取得处分权致使标的物所有权不能转移的，买受人可以解除合同并请求出卖人承担违约责任。

四、违反效力性强制性规定无效规则的准确适用

从本条第1款的规定看，违反法律、行政法规强制性规定的合同原则上无效，只有在例外情况下才有效。因此，似乎只要把作为例外情况下不影响合同效力的管理性规定揭示出来就可以，并无区分效力性规定与管理性规定的必要。但在具体判断合同效力时，很难凭一个简单的标准就认定某一强制性规定是否属于管理性规定，仍需根据一定的标准综合认定某一强制性规定究竟是属于该条前半句所谓的效力性规定，还是属于后半句所谓的管理性规定，进而确定合同是有效还是无效。就此而言，区分效力性规定与管理性规定仍有其积极意义，不能仅仅根据现有的表述，就认为已无区分效力性规定与管理性规定的必要了。准确适用本条第 1 款规定的违反效力性强制性规定无效规则，要坚持以下顺序：

1. 要确定是否存在强制性规定。首先要区别某一规定究竟是强制性规定，还是倡导性规定，抑或是任意性规定。如果是强制性规定，还要进一步区分是公法上的强制性规定，还是私法上的强制性规定。只有公法上的强制性规定才可能是管理性规定，而私法上的强制性规定也不都是效力性规定，违反权限性规定、赋权性规定的后果就不是无效。

2. 要考察规范对象。即强制性规定规制的对象究竟是意思表示本身，主体的准入条件，还是合同的缔约方式、时间、场所等要素，甚或是合同的履行行为，来具体认定合同效力：（1）合同内容违法。合同作为交易的主要形式，本身违法的情形并不多见，内容违法主要体现为标的物违法，包括：①以禁止流通物和限制流通物作为交易对象的行为，如买卖珍贵文物、珍稀动物、毒品、枪支弹药等行为；②以人身或人格利益作为交易对象的行为，如拐卖妇女、儿童，卖淫嫖娼，器官买卖，雇用童工等行为；③以违法标的物作为交易对象的行为，如销售假币、淫秽书刊、伪劣产品等行为。（2）主体资格违法，如学校、医院等以公益为目的的非营利法人提供保证。（3）合同的其他要素违法，如：①缔约方式违法，如必须进行招投标的建设工程合同未采取招投标方式；②场所违法，如在批准的交易场所之外进行期货交易；③期限、数量违法，如股份公司的发起人在禁售期内转让股权，租赁合同超过最长的 20 年期限等。（4）履行行为违法，如以走私的方式履行买卖合同。一般来说，合同内容违法，表明该行为是法律、行政法规所要禁止的，原则上应当认定合同无效；主体违法、要素违法，表明法律、行政法规并不禁止该法律行为本身，但在认定合同效力时，不能一概认定合同有效或者无效，仍然应根据案件类型，具体问题具体分析；履行行为违法，不影响合同效力。

3. 要进行法益衡量。在初步认定合同无效或者有效后，还要根据法益衡量说进行检验校正，最终确定合同效力。所不同的是，对于因内容违法而原则上认定无效的行为,要通过法益衡量考察是否存在不影响合同效力的情形。反之,对于原则上不影响合同效力的行为,则要通过法益衡量考察是否存在合同无效的情形。但就考量的因素而言,大体是相同的,一般包括以下几个方面:(1)要看权衡相互冲突的法益,即考察所要保护的法益是否超过合同自由这一法益。一般来说,当强制性规定所要保护的是人身和人格权利(如生命健康权、人身自由和人格尊严等)、基本政治权利和民事权利(如选举权和被选举权、婚姻自由权、劳动权、休息权等)时,基于基本权利保护的需要,应当认定侵害这些权利的合同是无效的。此外,如果强制性规定涉及金融安全、市场秩序、国家宏观政策等公序良俗的,一般也应当认定合同无效。当然,法益衡量并不是全部标准,在认定合同效力时,还要结合其他因素来综合认定。(2)要考察违法行为的法律后果。如果违法行为可能构成刑罚处罚的,意味着此种行为具有严重的社会危害性,为避免法律体系的矛盾,并顾及通常的法律情感(一般人很难接受一个应受刑罚处罚的在民法上却是有效的),一般应当认定合同无效。但是,如果认定合同无效,对受害人的保护反而不利,则不能认定合同无效,否则有违社会一般认知。如果违法行为仅是轻微的行政违法行为,此时,就要兼顾考虑其他因素,如有无接受行政处罚的可能,行政处罚对于遏制违法行为是否已经足够,受害人是否特定等。对特定当事人利益的侵害一般不应导致合同绝对无效,而是可撤销。反之,如果是不特定当事人,则意味着其属于社会公共利益的范畴,可能导致合同无效。(3)要考察是否涉及交易安全保护问题,主要是考察禁止性规范禁止的是一方的行为还是双方的行为。如果法律仅是禁止一方为某种行为,在确定合同效力时,需要优先考虑交易相对人保护的问题。(4)还要考察合同是否已经履行。合同瑕疵能否通过履行被治愈,取决于合同瑕疵的程度。如果是严重的瑕疵,如买卖枪支弹药,因其意思表示从根本上违反了社会公共利益,因此不能通过履行而被治愈。但如果不是严重的瑕疵,则在合同已经履行的情况下,也要考量履行的要素,在一定情况下承认合同有效,否则，会极大地浪费社会成本。

五、公序良俗

（一）从"社会公共利益"到"公序良俗"

《合同法》第52条第4项规定，损害"社会公共利益"的合同无效。但"社会公共利益"的提法不足以涵盖"国家利益"，为使概念更为周延，《民法典》用传统民法上的"公序良俗"代替了"社会公共利益"。从比较法上看，最早将公共秩序和善良风俗并称为"公序良俗"的是法国。《法国民法典》第6条规定："个人的约定不得违反有关公共秩序和善良风俗的法律。"尽管法国将公共秩序与善良风俗并称，但实际上却是将善良风俗归于政治公序，从而以公共秩序为中心来设计整个公序良俗制度。《德国民法典》沿用罗马法的做法，只有"善良风俗"而无"公共秩序"的概念。《德国民法典》第138条第1款规定："违反善良风俗的法律行为无效。"但在德国的判例中，是否违反善良风俗一般应考虑"正当且公平的一切人的道义感"《德国民法典》第138条既包括了法制本身内在的伦理道德价值和原则，也包括了现今社会占"统治地位的道德"的行为准则。[①] 在其援引对象包括了法体系内的原则精神与法体系外占统治地位的道德的情况下，善良风俗与公序良俗就并无实质区别了。《日本民法典》并用"公共秩序"和"善良风俗"概念。《日本民法典》第90条规定："违反公共秩序和善良风俗的法律行为无效。"我国台湾地区采日本学说，将公共秩序和善良风俗并用。在英美法上，与"公序良俗"相当的是"公共政策"。18世纪后半期，以公共政策为理由而否定契约上的救济的判例大量出现，其基本的表述是"不法的约定""对法的一般原则的违反""对善良风俗的违反"等。

总之，不论是"公共秩序""善良风俗"还是"公序良俗""公共政策"，在《合同法》领域，其本质均体现为对契约自由进行限制，

---

① ［德］卡尔·拉伦茨：《德国民法通论》（下册），王晓晔等译，法律出版社2003年版，第597页。

意在为契约自由划定界限，逾越界限从事的法律行为将不能达到预期的法律效果。准确理解其内涵，要着眼于对契约自由限制这一本质，而不可望文生义。

(二) 公序良俗的类型

从我国的司法实践看，公序良俗原则在《合同法》领域的运用主要体现在两个方面：一是诸如找关系解决就业、找关系打赢官司、调查婚外不正当关系等委托合同；二是基于婚外同居而产生的诸如赠与、买卖等合同，类型相对单一。① 而从比较法上看，很多国家有关公序良俗的形态是非常丰富的，对我国有一定的借鉴意义，故此处予以简单介绍。②

德国民法中的违反公序良俗的行为主要包括以下几类：(1) 设定过度担保的行为，指债权人要求债务人提供的担保远远超过满足其债权所需要的程度；(2) 危害其他债权人的行为；(3) 束缚债务人的行为，如对债务人的正当经营行为进行过度限制等；(4) 违反职业道德的行为，如约定收取胜诉所得金额一定比例的律师费；(5) 通过法律行为设立性交义务的行为，如卖淫行为，以展示性行为为业的行为等；(6) 诱导违约行为，即行为人故意诱导债务人不履行其法定义务的行为；(7) 暴利行为，主要包括信用暴利行为，即双方为消费借贷或其他信贷约定了特别高的利息，销售暴利行为，租赁暴利行为；(8) 其他违反善良风俗的行为，包括夫妻之间订立的附条件抚养合同、借腹生子合同等。

法国学者将公序分为古典政治公序和现代经济公序。古典政治公序包括关于国家利益的公序、关于家族利益的公序以及关于道德的公序，其中关于道德的公序又包括：违反人格尊严的合意，如禁止结婚和再婚的契约；谋取不法利益的合意，如赌博契约、以开设妓馆为目的的房屋买卖或租赁契约；违反性道德的合意，如非法同居协议、姘

---

① 蔡唱：《公序良俗在我国的司法运用研究》，载《中国法学》2016年第6期。
② 下文的有关介绍，参见赵万一、吴晓锋：《契约自由与公序良俗》，载《现代法学》2003年第3期。

居男女的赠与协议等。而经济公序则是为了调整契约当事人的契约关系对经济自由进行适当限制的公序，其表现形态是国家介入个人间的契约关系。对经济公序，从国家介入的目的来分可分为"指导型公序"和"保护型公序"。指导型公序是以贯彻一定的国家经济政策为目的，将个人契约有条件地纳入国家的宏观经济政策之内，典型的如对价格进行规制。保护型公序是为了对劳动者、消费者、高利贷债务人进行保护的公序。例如，对高利贷的规制、对商事信用的规制、对消费者知情权的规制等。

日本关于公序良俗的类型，最具代表性的是所谓的"我妻类型"，即我妻荣先生对公序良俗进行的区分。我妻荣认为，公序是指国家社会一般的利益，良俗是指社会一般的道德观念，二者都可归入"社会妥当性"之内。关于违反公序良俗的类型，我妻荣把它归纳为：（1）违反人伦的行为；（2）违反正义观念的行为；（3）乘他人的无思虑、危难而谋取不正当利益的行为；（4）对个人自由的极度限制行为；（5）对营业自由的限制行为；（6）对作为生存基础的财产进行处分的行为；（7）显著的射幸行为。

从比较法关于公序良俗的发展看，总的趋势是，人伦类型逐步减少，经济交易关联类型、劳动关系类型、行政关系类型、诈欺性商法类型逐步增加，对公序良俗判断的标准也从以"人伦"为主过渡到对交易公正的追求和对当事人利害关系的调整上。其中特别是有关暴利行为、竞争交易妨害行为、不当约款、消费者保护关联事例等被引入公序良俗领域尤其令人瞩目，对我们构建公序良俗的类型具有很强的参考意义。

我们认为，公序良俗包括公共秩序与善良风俗两个方面，其中公共秩序是指法律秩序，善良风俗是指法律秩序之外的道德。在现代法治社会，宪法是公共秩序最全面、集中的体现，因此，对公共秩序的类型化应诉诸对宪法规范的类型化。宪法作为公民权利的宣言书，调整的是国家与公民之间的关系，在此基础上派生出国家机关之间、中央与地方之间的关系。国家机关之间的上下级关系及横向关系主要涉及组织法的问题，与当事人的民事权利义务关系关联不大，因而公共秩序主要涉及国家与公民的关系。就宪法上的国家与公民的关系而言，宪法规定的公民基本权利同时就是国家的基本义务，宪法规定的公民的基本义务同时就是国家的基本权力，二者属于一体两面的关系。从基本权利义务的角度，可将公共秩序分为基本权利实现型公序（对应的是国家的义务）和管理秩序维护型公序（对应的是国家的权力），其中前者又可进一步分为狭义的基本权利保护以及弱者利益保护两种类型，后者又可分为经济社会管理秩序之维护和婚姻家庭秩序之维护两类。如此，公序良俗主要包括基本权利之维护、弱者利益之保护、经济社会管理秩序之维护、婚姻家庭秩序之维护，以及伦理道德之维护五大类。从民商事审判的角度看，比较法上有关设定过度担保行为、律师违反职业道德行为、高利贷行为、对营业自由的限制、对个人自由或权利的极度限制等对我国有较强的借鉴意义，可以作为违反公序良俗的类型。

（三）背俗无效规则的适用

从《民法典》的规定看，第一编总则多处规定了公序良俗。其中，第10条规定的是公序良俗原则，第143条将不违背公序良俗作为民事法律行为有效的必备要件，第153条第2款又明确规定违背公序良俗的民事法律行为无效。在《民法典》之前的《民法总则》的制定过程中，有意见认为，在《民法总则》第143条已经从正面规定了法律行为生效要件的情况下，没有必要再从反面规定违反法律、行政法规强制性规定以及违反公序良俗的合同无效了，认为这构成重复规定。但《民法总则》最终没有采纳此种意见，而是将第153条分为两款，分别规定违法无效以及背俗无效两种情形，主要的考虑是：一方面，违法无效、背俗无效规则是据以限制民事主体滥用意思自治、维护国家重大核心利益的重大法律手段。如果删掉的话，国家利益的保障将失去法律依据。另一方面，《民法总则》第143条是关于民事法律行为有效要件的一般性规定，是合同效力认定的一般条款，不能直接作为认定合同无效的依据。如果不专门对违法无效、背俗无效作出规定，很多情况下认定合同无效就缺乏法律依据。鉴于《民法总则》的上述规定完全为《民法典》所采纳，对《民法典》规定的公序良俗也应作相同的理解。

准确适用本条第2款，要将其与公序良俗原则相区别。本条第2款确立的是有关背俗无效的民事法律行为无效规则，人民法院可以直接据此宣告合同无效。而《民法典》第10条规定的公序良俗原则，只有在没有具体规范可供适用的情况下，才能适用。换言之，其在适用上具有补充性。因此，在判断合同效力时，为防止向一般条款逃避，只能援引本条第2款，不能直接援引本法第10条的规定。这也是第153条在措辞上用的是"违背公序良俗"而非违反"公序良俗原则"的原因。

准确适用背俗无效规则，还要将其与违法无效规则相区别。违法无效与背俗无效作为合同无效规则，均具有引致条款的性质，违法无效规则是将《民法典》合同编之外的强制性规范引入合同效力判断之中，而背俗无效则是将法律原则以及法外的道德引入合同效力的判断之中。正因为背俗无效规则引致的是更为抽象的法律原则乃至法外道德，其较之于违法无效规则更加抽象、更加具有不确定性。为避免出现向更抽象的一般条款逃逸的现象，在考察合同无效时，应先考察是否违反了强制性规范，只有在不存在强制性规范时，才能适用背俗无效的规则。也就是说，在能够以违法无效规则认定合同无效的情况下，应尽量避免用背俗无效规则来认定合同无效。

（四）公序良俗与规章、诚信原则、政策的区分

1.公序良俗与规章的区分。

从《合同法》到《民法总则》再到《民法典》，总的精神是违法无效的"法"限于法律、行政法规，违反规章原则上不影响合同效力。违反规章同时构成违背公序良俗，即规章的内容涉及金融安全、市场秩序、国家宏观政策等公序良俗的，此时之所以认定合同无效，不是因为违反了规章，而是因为违背了公序良俗。但这并不意味着在考察某一合同是否违背公序良俗时，完全可以置规章于不顾。因为只

有当一个合同违反了规章的强制性规定时，才会引发是否存在违背公序良俗的问题。在考察违反规章尤其是金融领域的规章是否构成违背公序良俗时，与违法无效的考察顺序较为相似，一般也要考察以下几方面的因素：

（1）规范对象。即考察规章规范的对象究竟是交易行为本身，还是市场主体的准入条件，抑或是对监管对象进行合规性监管。如《金融企业国有资产转让管理办法》规范的对象是金融企业的国有资产转让行为，是交易本身。而《金融许可证管理办法》则是有关金融机构市场准入的规定；有的则纯粹是对监管对象在某一具体事务上进行规范，如《商业银行资本管理办法（试行）》有关资本充足率的要求，《商业银行杠杆率管理办法》有关杠杆率的要求，规范对象均是银行经营行为的合规性。一般来说，只有当规章的规范对象是交易行为本身，或者是市场主体的准入条件时，才可能影响合同效力。对监管对象的合规性要求，一般不影响合同效力。另一方面，要考察规章规范的对象是一方的行为还是双方的行为。如果仅是规范监管对象一方的行为，就需要优先考虑交易相对人保护的问题，而不应轻易否定合同的效力。

（2）交易安全保护因素。主要是考察规章规范的是一方的行为还是双方的行为。如果仅是规范一方的行为，在确定合同效力时，就要考虑交易相对人保护的问题。

（3）监管强度。即考察规章中有无刑事犯罪的规定。如果违反规章的后果仅仅是导致行政处罚，说明监管强度较弱，一般不宜以违反规章为由否定合同效力。但是违反规章的行为可能构成犯罪的，表明监管强度较强，在认定合同效力时就要予以考虑。

（4）社会影响。只有当违反规章的行为可能造成严重的社会后果，如导致系统性金融风险时，才可以违背公序良俗为由认定合同无效。在考察社会后果是否严重时，要看某类违规现象是否普遍，肯定或者否定某一类交易行为的效力对整个行业有何影响。

一旦认定违反规章的行为同时构成违背公序良俗的，人民法院要在裁判文书中进行充分说理。

2.公序良俗与诚信原则的区分。公序良俗和诚信原则都是民法的基本原则,性质上均属于一般条款,具有弥补法律漏洞、克服成文法局限性的功能。但二者仍然存在区别。诚信原则尽管贯穿于《民法典》合同编的始终,如在合同义务类型上,先契约义务、诚信义务以及后契约义务均来源于诚信原则;人民法院在解释合同条款、确定履行内容、决定合同应否解除时,均应考虑诚信原则;在确定违约责任、缔约过失责任时,也要根据诚信原则,合理确定当事人的权利义务关系,强化对守法守约者诚信行为的保护,加大对违法违约行为的制裁与惩罚。但诚信原则协调的是合同当事人以及与特定第三人之间的利益冲突,一般不涉及公共利益,故违反诚信原则不影响合同效力。而公序良俗是对合同自由的限制,是意思自治不得逾越的界限。合同一旦违背公序良俗,就要宣告无效。从这一意义上说,公序良俗原则协调的是个人和公共利益之间的冲突,这是二者的根本区别。实践中部分法官混淆二者关系,出现诸如合同因违反诚信原则无效之类的判断,应予纠正。

3.公序良俗与政策的区分。此处的政策,主要是指各类"红头文件",不是通常所说的公共政策,因为公共政策就相当于公序良俗或者社会公共利益,违反的结果是导致民事法律行为无效。在确定违反政策是否构成违背公序良俗时,要注意以下几点:

(1)区分政策的层级与种类。政策有党中央的政策、国家政策、部门政策和地方政策之别,党中央的政策指的是党中央、中共中央办公厅等下发的各种"红头文件",国家政策是指国务院、国务院办公厅以及各部委联合下发的各种"红头文件",如《中国人民银行、中国银行保险监督管理委员会、中国证券监督管理委员会、国家外汇管理局关于规范金融机构资产管理业务的指导意见》就属于国家政策的范畴。一般来说,违反党中央的政策、国家政策的合同,可以认定违反公序良俗。而违反部门政策、地方政策,如违反各地有关"限购"政策的合同,一般不宜以违背公序良俗为由认定合同无效。在此特别需要注意的是,前述政策不包括司法政策。司法政策是指司法解释以外的诸如会议纪要、指导性意见等各种政策,不能直接作为裁判依据进行援引,但可以作为法官具体分析法律适用时的理由。

(2)区分政策的不同法律意义。缔约时各种政策已经存在,此时考察违反政策主要是考察是否构成违背公序良俗,从而是否应当认定合同无效的问题。缔约时政策尚未出台,缔约后出台的,此时违反政策就不是考察合同是否无效的问题,而是要考察是否构成情事变更,从而是否变更合同或者解除合同的问题。

(3)区分政策的规范对象。在考察违反政策是否违背公序良俗时,也要考察政策的规范对象究竟是禁止从事某类交易行为,还是对某一方主体的资格进行限制,或者是对某一类交易的场所、时间、数量等进行限制,从而参照适用前述有关违反规章是否违背善良风俗判断规则来进行相应的判断。

下面介绍一个违背公序良俗的案例。

莫某之子患病后,先后产生医疗费35.5万余元,其中医保报销后个人支付部分为17.7万余元。除通过水滴筹筹得的款项15.3万余元外,莫某通过其他社会救助渠道,还实际获得救助款5.8万余元,且其中有两项救助款均发生在通过水滴筹筹款前,但莫某在筹款时并未披露相关情况。同时还查明,莫某在通过网络申请救助时隐瞒了其名下车辆等财产信息,亦未提供妻子许女士名下财产信息。莫某通过水滴筹发布的家庭财产情况与其申请其他社会救助时自行申报填写的内容、妻子许女士的证言等也存在多处矛盾。

一审法院经审理认为,莫某与赠与人之间系附义务的赠与合同关系,合同合法有效,双方均应全面履行。莫某隐瞒家庭财产信息、社会救助情况构成一般事实失实,莫某违反约定用途使用筹集款的行为属于将筹集款挪作他用,上述行为构成违约。据此,水滴筹平台有权要求发起人返还筹集款项。据此,北京市朝阳区人民法院综合案情后,一审判令莫某全额返还水滴筹公司153136元,并支付上述款项自2018年8月31日以来的利息。

本案为我国首例互联网个人大病求助纠纷案件。网络个人大病求助，是公众通过网络救助特定贫困患病者的慈善行为，体现了公众的善意和爱心。采取欺骗手段骗取善款，甚至将筹集善款据为己有的行为，当然是违背公序良俗的违法行为。该案判决率先明确了发起人和捐赠人之间形成附义务的赠与合同关系，发起人负有真实、准确、完整、及时披露信息的义务，发起人隐瞒求助人信息、挪用筹集款构成违约，因此，发起人应按比例原则返还捐赠人筹集善款。

该判决有力保护了公众的善心，倡导了诚信、友善的社会主义核心价值观，为个人求助在网络创造了更加健康的发展空间，为互联网慈善事业的良性发展提供了更加有力的司法保障，且通过司法建议敦促民政部、网络平台等多方共谋，提高治理能力，实现多元共治，从个案上升到为网络个人求助领域提供制度保障，具有重大社会价值。①

六、民商事案件中常见的违法行为及其合同效力

（一）关于主体资格违法问题

法律对民事主体从事某类行为资格、资质要求，有些是针对法律行为的，如《民法典》合同编中的第683条关于以公益为目的的非营利法人、非法人组织不能作为保证人的规定，就是对从事保证行为的资格要求。有些是针对事实行为的，如要求建筑施工企业只有在取得相应资质后才可在其资质等级范围内从事建筑活动。取得这些资格、资质，有的不需要民事主体作出某种行为，如除特殊主体不得从事保证外，多数可以从事保证行为的主体无须取得保证资格；有的需要报批，如要取得银行等金融机构5%以上股权的，要报相关监管部门审批；有的需要取得行政许可，如商品房预售要取得预售许可。一般来说，法律、行政法规对主体资格、资质的要求，如果目的并不在于直

---

① 北京水滴互保科技有限公司与莫某网络服务合同纠纷案［北京市朝阳区人民法院（2019）京0105民初24711号］，又称"互联网大病求助服务合同纠纷案"，本案例来源于第十五届（2019年度）中国十大影响性诉讼。该活动由中国法学会案例法学研究会、最高人民法院司法案例研究院、《法律适用》《中国法律评论》和《南方周末》联合主办。

接禁止法律行为本身，对其的违反，原则上不影响合同效力。例如，预售商品房的房地产开发企业需要商品房预售开发许可证明。如果没有该证明，其与买受人签订的商品房预售合同并不无效。而法律对于主体资格、资质的要求，如果其目的在于禁止不具有相应资格、资质的主体从事相应的法律行为，则不具有相应资格、资质的主体从事的法律行为原则上无效。但在最终认定时仍要进行法益衡量，特别是要考察有无对善意相对人保护的必要、所要保护的法益是否构成公共利益、违法行为的法律后果以及能否通过履行治愈等因素，综合认定合同效力。

（二）关于超越经营范围和违反特许经营问题

根据《民法典》合同编中的第505条的规定，当事人超越经营范围订立的合同的效力，应当依照本法第一编第六章第三节和本编的有关规定确定，不得仅以超越经营范围确认无效。很长一段时间以来，经营范围往往被视为企业的行为能力甚至权利能力，超越经营范围而订立的合同被作为效力待定甚至无效合同对待。随着社会经济的发展以及法学理论研究的日渐深入，此种做法越来越不能适应已经发展变化了的社会经济现实，也不利于保护交易安全以及维护诚信的交易秩序。因此，学说与司法实践越来越倾向认为，经营范围只是对企业自身营业范围的限制，并不影响企业的能力，也不能约束相对人，因而一般不能认定超越经营范围订立的合同无效。

审判实践中，应当注意参照《合同法司法解释（一）》第10条但书部分规定，即违反限制经营、特许经营以及法律、行政法规禁止经营订立的合同无效。实践中，违反限制经营、特许经营以及禁止经营主要包括以下情形：（1）对主体资格的限制，即只能由特定的主体从事某种行为，限制甚至禁止其他主体从事该种行为。如《储蓄管理条例》规定，只有经中国人民银行或者其分支机构批准的各商业银行、信用合作社以及邮政企业才能依法办理储蓄业务，其他个人和机构无权办理该项业务。再如，我国对食盐、化肥、农药、农膜、甘草麻黄草实行专营制度，对烟草实行专卖制度，采取许可证管理办法，也属于对主体资格的限制。(2)对标的物的限制,如禁止流通物包含着禁止经营的意味,限制流通物虽不禁止经营,但应对其经营加以限制,如管制刀具、麻醉药品和精神药品等只能由具备相当条件并获得特别许可的机构来经营。

(三)关于保底条款无效问题

根据《民商审判会议纪要》第92条的规定,信托公司、商业银行等金融机构作为资产管理产品的受托人为受益人提供含有保证本息固定回报、保证本金不受损失等保底或者刚兑条款的合同,人民法院应当认定该条款无效。这类合同无效,主要是因为其影响了金融安全,损害了社会公共利益。保底条款如果构成合同的核心条款的,其无效将导致整个合同无效,当事人将根据各自的过错情况承担相应的责任。

(四)关于违反竞争性缔约方式问题

某些合同,依法应当通过招拍挂等竞争性方式来缔结。如我国《招标投标法》第3条第1款规定:"在中华人民共和国境内进行下列工程建设项目包括项目的勘察、与工程建设有关的重要设备、材料等的采购,必须进行招标:(一)大型基础设施、公用事业等关系社会公共利益、公众安全的项目;(二)全部或者部分使用国有资金投资或者国家融资的项目;(三)使用国际组织或者外国政府贷款、援助资金的项目。"问题是,对于必须采取招投标方式订立合同的工程建设项目以及采购行为,当事人没有采取招投标方式订立的,合同效力如何?《招标投标法》之所以规定某些特定的法律行为必须采取招投标的方式订立,目的就在于禁止当事人以招投标之外的方式订立合同。从其保护的法益看,规范招投标活动不仅涉及当事人的合法权益保护问题,也是维护公平竞争的市场经济秩序,是预防和遏制腐败的重要环节,涉及社会公共利益的问题。因此,法律、行政法规规定的必须通过招投标方式订立的合同,违反招投标方式订立的合同属于无效合同。《建设工程施工合同司法解释》第1条有关建设工程必须进行招标而未招标或者中标无效的,建设工程施工合同无效的规定,就是该原理的体现。

(五)关于场所不法问题

场所往往是合同的外围情事,其违法原则上不影响合同效力,如禁止占道经营,或者禁止在军事禁区附近经营,法律禁止的只是在特定场所内从事经营,并不禁止当事人从事的经营行为本身,故违反时不影响合同效力。但当法律有关场所的限制,其目的是通过对场所的禁止(或限制)来禁止(或限制)当事人从事某类法律行为本身时,对其的违反将导致合同无效。例如,法律规定只能在特定场所从事博彩行为,则在该场所以外从事的博彩行为都是无效的;再如,根据《河道管理条例》第24条的规定,法律禁止在河道管理范围内植树,则尽管植树行为本身不存在违法问题,"在河道管理范围内的河滩植树"仍构成标的不法,从而导致合同无效。再如,在场外进行的期货交易。不在金融主管部门批准的场所,就不能进行期货交易;一旦违反,该交易即无效。该合同无效的原因是违反了期货交易必须在金融主管部门批准的场所进行交易的强制性规定,该规定涉及国家金融安全的问题。

【审判实践中应注意的问题】

一、如何判断一个规范是否属于强制性规定

本条规定的"强制性规定",是相对于任意性规定而言的,是不允许人们依自己的意思加以变更或排除适用的规定。强制性规定要求当事人必须从事或者不从事某一种行为,属于行为规范的范畴,有别于纯粹约束法院的裁判规范。如《民法典》合同编中的第498条有关"对格式条款的理解发生争议的,应当按照通常理解予以解释"的规定,其规范对象是法院而非当事人,属于纯粹的裁判规范,而非强制性规定。认定某一规定是否为强制性规定,可首先采取形式标准,看某一规范是否包含诸如"应当""必须""不得""禁止"等字样来认

定其是否为强制性规定。具体来说：

1.关于"应当"。带"应当"字样的规范通常为强制性规定，但例外情况下也包括裁判规范与倡导性规范，因此，不可简单根据形式标准来认定某一规定就是强制性规定。如前述《民法典》合同编中的第498条的规定，尽管用了"应当"的表述，但其属于纯粹的裁判规范，而非强制性规定。再如，《民法典》合同编中的第707条规定："租赁期限六个月以上的，应当采用书面形式。当事人未采用书面形式，无法确定租赁期限的，视为不定期租赁。"该条的意思是6个月以上的长期租赁"最好"采取书面形式，如果没有采取书面形式，无法确定租赁期限的，将被视为不定期租赁，承租人的利益将不能向定期租赁那样得到保障。就此而言，该条性质上属于倡导性规范。

2.是关于"必须"。"必须"作为强化版的"应当"，其表征的就是强制性规定。但有的法律条文中的"必须"并不具有表征规范性质的意义，如《民法典》物权编中的第291条规定："不动产权利人对相邻权利人因通行等必须利用其土地的，应当提供必要的便利。"这里的"必须"，是"不得不"的意思，不能作为认定规范形态的依据。

3.关于"不得"。带有"不得"字样的规定通常是强制性规定，但也包括裁判规范与半强制性规定，因而不能简单地凭语义加以识别。如《合同法》第54条第3款规定："当事人请求变更的，人民法院或者仲裁机构不得撤销。"该条就是纯粹的裁判规范。再如，《民法典》第546条第2款规定："债权转让的通知不得撤销，但是经受让人同意的除外。"该条为债权人设定了不得撤销通知的强制性义务，但有例外情况，即受让人同意。可以看出，该规定性质上属于半强制性规定。可见，带"不得"字样的规范与违法无效规则还存在一定的区别。

4.关于"禁止"。"禁止"在民商法中用得较少，意思是当事人"不得"为某一行为，是强化版的"不得"，表征的都是强制性规定。

总之，凡带有"必须""禁止"这样的规范，均为强制性规定。带有"应当""不得"字样的规范通常为强制性规定，但要排除属于裁判规范、倡导性规范或半强制规范的情形。没有形式标准可供识别的，再根据实质标准来判断。鉴于《民法典》合同编考察强制性规定的主要目的在于确定其是否影响合同效力，因此在难以确定某一规范是强制性规定还是任意性规范的情况下，不妨先将其纳入《民法典》第153条的考察范围，再根据相应的规则认定其是否为强制性规定，以及如果属于强制性规定的，是否属于效力性强制性规定，来具体认定合同效力。

二、民事合同构成刑事犯罪的，合同是否无效

对此，存在不同观点。一种观点认为，为保持法秩序的一致性，应当认定构成刑事犯罪的民事合同无效。另一种观点则认为，违法性程度考察仅是法益衡量的一个因素，但不是全部因素，在确定违法合同的效力时，还要兼顾考察交易安全保护、善意相对人保护等其他因素，如合同诈骗在《民法典》合同编中规定的效力是可撤销，为充分保护受害人的合法权益，应赋予受害人以撤销权，并由其决定合同是否无效。我们赞同后一观点。《最高人民法院关于审理民间借贷案件适用法律若干问题的规定》第13条第1款规定："借款人或者出借人的借贷行为涉嫌犯罪，或者已经生效的判决认定构成犯罪，当事人提起民事诉讼的，民间借贷合同并不当然无效。人民法院应当根据合同法第五十二条、本规定第十四条之规定，认定民间借贷合同的效力。"该条体现的就是后一观点。①

三、《民商审判会议纪要》第30条在《民法典》施行后其精神是否继续适用

《民商审判会议纪要》第30条规定：合同法施行后，针对一些人民法院动辄以违反法律、行政法规的强制性规定为由认定合同无效，

---

① 本条的内容除案例外，主要参考了最高人民法院民事审判第二庭编著：《〈全国法院民商事审判工作会议纪要〉理解与适用》，人民法院出版社2019年版，第242~252页。参考时，对其中的个别观点根据《民法典》的规定进行了修正。

不当扩大无效合同范围的情形，合同法司法解释（二）第14条将《合同法》第52条第5项规定的"强制性规定"明确限于"效力性强制性规定"。此后，《最高人民法院关于当前形势下审理民商事合同纠纷案件若干问题的指导意见》进一步提出了"管理性强制性规定"的概念，指出违反管理性强制性规定的，人民法院应当根据具体情形认定合同效力。随着这一概念的提出，审判实践中又出现了另一种倾向，有的人民法院认为凡是行政管理性质的强制性规定都属于"管理性强制性规定"，不影响合同效力。这种望文生义的认定方法，应予纠正。人民法院在审理合同纠纷案件时，要依据本条第1款和《合同法司法解释（二）》第14条的规定慎重判断"强制性规定"的性质，特别是要在考量强制性规定所保护的法益类型、违法行为的法律后果以及交易安全保护等因素的基础上认定其性质，并在裁判文书中充分说明理由。下列强制性规定，应当认定为"效力性强制性规定"：强制性规定涉及金融安全、市场秩序、国家宏观政策等公序良俗的；交易标的禁止买卖的，如禁止人体器官、毒品、枪支等买卖；违反特许经营规定的，如场外配资合同；交易方式严重违法的，如违反招投标等竞争性缔约方式订立的合同；交易场所违法的，如在批准的交易场所之外进行期货交易。关于经营范围、交易时间、交易数量等行政管理性质的强制性规定，一般应当认定为"管理性强制性规定"。

最高人民法院在制定该纪要时，对《民法总则》第153条第1款规定的"法律、行政法规的强制性规定"如何理解进行了充分研究。鉴于《民法典》完全吸收了《民法总则》该条规定的内容，因此，纪要第30条的精神在《民法典》施行后应当继续适用。

> **第一百五十四条** 行为人与相对人恶意串通，损害他人合法权益的民事法律行为无效。

【条文主旨】

本条是关于恶意串通的民事法律行为效力的规定。

【条文理解】

一、与《民法通则》《合同法》有关条文的对比

根据《民法通则》第58条中的规定，恶意串通，损害国家、集体或者第三人利益的民事行为无效；《合同法》第52条第2项作了相同的规定。本条作了相同的规定，只是把"国家、集体或者第三人"这一用语改为"第三人"。

二、恶意串通的含义及特点

所谓恶意串通，是指行为人与相对人互相勾结，为谋取私利而实施的损害他人合法权益的民事法律行为。本条规定恶意串通损害他人的民事法律行为无效，其原理在于，双方相互勾结损害他人合法权益的行为，具有明显的不法性，应当给予否定性评价，从而保护受到侵害的第三人的合法权益，维持正常的市场经济秩序。从《民法通则》到《合同法》，尽管不少情形下的民事法律行为的效力规定发生了变化，如欺诈、胁迫、乘人之危，但对于恶意串通损害他人合法权益的民事法律行为的效力，则保持了同一性，形成了最大公约数，即始终将其规定为无效。因为其他情形多只在当事人之间产生权利义务关

系，如果有损害，也是当事人私人之间的事，但恶意串通损害第三人的合法权益，则涉及当事人之外的第三人，而绝大多数情况下权益受损的第三人当时并不知情。如果不对此宣告无效，也与社会主义核心价值观不符。恶意串通损害他人合法权益的民事法律行为，具有以下特点：

1. 各方当事人都出于恶意。恶意是指当事人明知其所实施的民事法律行为将造成他人的损害而故意为之。所谓"恶意"，在民法上有两种含义：（1）明知。此种情形在理论上也称为"观念主义的恶意"，也就是说，行为人对其行为的相关客观情况是明知的，至于其主观上是否有加害他人的故意，则不予考虑。（2）明知且具有损害他人的意图。此种恶意在理论上又称为"意思主义的恶意"，它是指行为人不仅明知相关的客观事实，而且在实施行为时主观上有侵害他人的故意。此种恶意以损害他人利益为目的，侧重于行为人主观意志上的应受谴责性。恶意串通中的恶意，应当属于第二种意义上的恶意，即行为人具有加害他人的不良动机，且主观上具有损害第三人合法权益的故意。

2. 当事人之间互相串通。所谓互相串通，首先是指当事人之间存在着意思联络或者沟通，都希望通过实施某种民事法律行为而损害特定第三人的合法权益。其次，当事人之间在客观上相互配合或者共同实施了该非法的民事法律行为。

3. 损害了特定第三人的合法权益。这里说的特定第三人，包括国家、特定集体或者特定第三人。

【审判实践中应注意的问题】

关于恶意串通类案件如何举证证明的问题。审判实践中，受害人要以本条的规定主张无效，常常会在举证方面遇到困难。因为受害人不仅要证明当事人之间主观上具有损害自己利益的意图，而且要证明双方必须有相互串通的行为，这对原告举证来说非常不利。我们认为，这类案件主要还是应该通过当事人实施的行为本身来认定该行为是恶意串通所为，其判断标准就是社会一般观念。这就要求法官在论证其心证时，要在判决书中充分说明理由，公开其心证过程。法官应当充分发挥法庭在举证、质证、辩论方面的功能，要求受害人对此充分举证，充分论证此案为什么构成恶意串通，在此基础上，才能形成法官的自由心证。当然，除了恶意串通的合同文本以外，如果有双方之间相互沟通损害受害人利益的函件，那是证明力最强的直接证据。但这种证据往往不在受害人手里，所以受害人很难举出这方面的证据。

第一百五十五条 无效的或者被撤销的民事法律行为自始没有法律约束力。

【条文主旨】

本条是关于无效或者被撤销的民事法律行为效力的规定。

【条文理解】

一、与《民法通则》《合同法》《婚姻法》《收养法》有关条文的对比

《民法通则》第58条第2款规定："无效的民事行为，从行为开始起就没有法律约束力。"第59条第2款规定："被撤销的民事行为从行为开始起无效。"《合同法》第56条规定："无效的合同或者被撤销的合同自始没有法律约束力。合同部分无效，不影响其他部分的效力。"《婚姻法》第12条中规定："无效或被撤销的婚姻，自始无效。"《收养法》第25条第2款规定："收养行为被人民法院确认无效的，从行为开始时起就没有法律效力。"与上述规定相比，本条的规定延续了上述规定但表述上有所不同。

二、无效民事法律行为的概念和特征

所谓无效民事法律行为，是指虽然已经成立，但因其在内容上违反了法律、行政法规的强制性规定或者公序良俗而应当被宣告无效的民事法律行为。其特点如下：

1.无效民事法律行为具有违法性。所谓违法性，一是指违反了法

律、行政法规的效力性强制性规定；二是指违反了公序良俗。

2. 对无效民事法律行为国家实行主动干预。由于无效民事法律行为具有违法性，因而国家对此进行主动干预，具体表现在：法院或者仲裁机构不待当事人请求确认民事法律行为无效，便可依职权主动审查民事法律行为是否具有无效的因素。如发现属于民事法律行为无效，便应主动确认该行为无效。正是从这个意义上说，无效民事法律行为是当然无效的。国家对无效民事法律行为的干预还表现在，国家有关行政机关等有权机关可以对无效民事法律行为进行查处，追究无效民事法律行为当事人的行政责任。

3. 无效民事法律行为具有不得履行性。这是指当事人在实施无效民事法律行为以后，不得依据该行为要求实际履行，也不承担不履行的法律责任。若允许履行该行为，则意味着允许当事人实施不法行为。

4. 无效民事法律行为自始无效。由于无效民事法律行为本质上具有违法性，因而国家不承认此类民事法律行为的效力，给予其否定评价。民事法律行为一旦被确认无效，就将产生溯及力，使该行为自实施之时起就不具有法律效力。

三、可撤销民事法律行为的概念和特征

所谓可撤销民事法律行为，是指当事人在从事民事法律行为时，因意思表示不真实或者对方的民事行为能力受到限制或者无权代理场合，法律允许撤销权人通过行使撤销权而使该行为归于无效。其特征如下：

1. 可撤销的民事法律行为主要是意思表示不真实的法律行为。可撤销的对象之所以是意思表示不真实的行为，主要是因为民事法律行为作为实现意思自治的工具，其主要目的是实现当事人的自由意志，从而发生当事人预期的法律效果。如果意思表示有瑕疵，则民事法律行为的此种功能将不能实现，因为此时的意思表示并不是当事人的真实意思。

2.可撤销的民事法律行为须有撤销权人主动行使撤销权。意思表示是否真实往往只有表意人或者意思表示受领人才能知道,而局外人无从了解,这就需要由当事人自己决定是否撤销不真实的意思表示。按照私法自治的原则,即使意思表示不真实,如果撤销权人不愿意撤销,法律也不应当对此进行主动干预。

3.一旦被撤销,民事法律行为自始无效。撤销权在性质上是一种形成权,权利人可以通过单方的意思表示行使。一旦行使,可撤销的民事法律行为的效力溯及既往地自始无效。

【审判实践中应注意的问题】

一、涉及特定第三人利益的无效合同,是否任何人均有诉权

无效民事法律行为绝对无效,当然无效,但谁有权主张该行为无效?涉及国家利益的,理论上任何人都可以主张。但实际上,如果是合同损害了国家利益而无效,往往也只有受到损害的代表国家利益的当事人才清楚,其他人根本不知道此事。涉及集体利益的,理论上集体成员都可以主张,但实际上,集体的其他成员往往不知道,只有其负责人等少数人清楚。我们这里要探讨的是,受到损害的不涉及国家利益或者集体利益,而是其他第三人的利益,是否允许任何第三人在法院起诉该合同无效?我们持否定观点。一方面,合同关系具有相对性和封闭性,它的内容通常并不被其他人知悉。而且,此种民事法律行为是否损害第三人利益,只有第三人知道,其他人未必了解,而允许其他人越俎代庖,未必符合第三人的利益和意志。在民事法律行为因侵害特定第三人利益而无效的情况下,特定的第三人是具体的利害关系人,是自身利益的最佳判断者和维护者,只允许其本人主张侵害其利益的民事法律行为无效,最为合适。另一方面,在与第三人利益无关的情况下,如果第三人也可以随意地向法院主张合同无效,就可能会为一些人无端地干预别人的合同关系、无故地将别人拖入无休无

止的诉讼中提供机会,不仅扰乱正常的交易秩序和法律行为自由,而且会损害他人利益,影响正常的生产生活秩序。因此,绝对无效并不意味着任何一个人均可以在法院提起确认合同无效之诉,如果只涉及特定第三人的利益,只有特定的第三人才可以在法院提起确认合同无效之诉。

二、可撤销民事法律行为在未被撤销以前的效力

可撤销的民事法律行为,在撤销后,自始没有法律约束力。那么在未被撤销以前,其效力如何?审判实践中对此回答不一。我们认为,可撤销民事法律行为在未被撤销以前是有效的。在未被撤销前,此种法律行为既非效力待定,亦非当然无效,应当认为自成立之时起已经生效,这是此类法律行为不同于无效与效力待定法律行为的区别。

> **第一百五十六条** 民事法律行为部分无效，不影响其他部分效力的，其他部分仍然有效。

【条文主旨】

本条是关于民事法律行为部分无效与其他部分效力的关系的规定。

【条文理解】

一、与《民法通则》《合同法》有关条文的对比

《民法通则》第60条规定："民事行为部分无效，不影响其他部分的效力的，其他部分仍然有效。"《合同法》第56条规定："无效的合同或者被撤销的合同自始没有法律约束力。合同部分无效，不影响其他部分效力的，其他部分仍然有效。"通过对比，本条规定与上述两部法律规定的精神完全一致。

二、民事法律行为部分无效与其他部分效力的关系

根据本条的规定，以其他部分的效力是否受已经认定为无效的部分民事法律行为的影响为标准，分情况处理此问题。民事法律行为部分无效，其无效不影响合同其他部分效力的，其他部分仍然有效，其原理在于，既然不影响其他部分的效力，其他部分的效力，当然应当根据合同效力认定规则进行认定。相反，如果认定无效，反而于法无据。例如，在遗嘱继承中，被继承人处分遗产时，未给胎儿保留必要的遗产份额，涉及胎儿的部分，该遗嘱无效。但遗嘱的其他部分，其

并不受涉及胎儿部分无效的影响。只要在处分遗产的总额中，保留胎儿的必要份额，其余的处分是有效的。另一种情况是，民事法律行为部分无效的后果影响合同其他部分效力的，其他部分同样无效。这种情况多发生在交易标的不可分或者性质相同的场合。

【审判实践中应注意的问题】

关于民事法律行为部分无效与其他部分效力的关系，从《民法通则》施行以来法律规定始终保持一致，审判实践中这二者的关系已经不是问题。

> **第一百五十七条** 民事法律行为无效、被撤销或者确定不发生效力后,行为人因该行为取得的财产,应当予以返还;不能返还或者没有必要返还的,应当折价补偿。有过错的一方应当赔偿对方由此所受到的损失;各方都有过错的,应当各自承担相应的责任。法律另有规定的,依照其规定。

【条文主旨】

本条是关于民事法律行为无效、被撤销或确定不发生效力时法律后果的规定。

【条文理解】

一、与有关条文的对比

《民法通则》第61条第1款规定:"民事行为被确认为无效或者被撤销后,当事人因该行为取得的财产,应当返还给受损失的一方。有过错的一方应当赔偿对方因此所受的损失,双方都有过错的,应当各自承担相应的责任。"《合同法》第58条规定:"合同无效或者被撤销后,因该合同取得的财产,应当予以返还;不能返还或者没有必要返还的,应当折价补偿。有过错的一方应当赔偿对方因此所受到的损失,双方都有过错的,应当各自承担相应的责任。"《合同法》在《民法通则》的基础上,增加规定了"不能返还或者没有必要返还的,应当折价补偿"的规定。《民法总则》第157条在上述规定基础上,所作主要变化是,在民事法律行为被确认为无效、被撤销这两种情形下,增加了一种需要调整的情形,即确定不发生效力,其他规定与

《合同法》的精神一致。文字的变化是将"合同"行为，概括为"民事法律行为"。《民法典》总则编第157条沿用了这一规定。

二、"确定不发生效力"的含义及特征

所谓民事法律行为确定不发生效力，是指民事法律行为虽已成立，但由于生效条件确定无法具备而不能生效的情况。典型的情形包括两种：第一，法律、行政法规规定须经批准的民事法律行为，因未经批准而无法生效；第二，附条件生效的民事法律行为，生效条件确定无法具备。这两种情况下，民事法律行为因双方合意一致已经成立，但却不能生效，属于确定不生效。

三、财产返还请求权的性质

在双务合同如房屋买卖合同无效的情况下，买方需要向卖方返还房屋，卖方需要向买方返还价款，此处所谓的财产返还请求权，主要是指卖方请求买方返还房屋的权利。关于财产返还的性质，有两种观点。一种观点认为，其性质属于不当得利返还请求权，此种观点以承认物权行为独立性与无因性为前提，认为合同无效或者被撤销后，基于合同所发生的债权债务关系尽管归于消灭，但独立于债权行为的物权行为并不受影响，仍单独有效，发生物权变动的效力。在此情况下，转让人只能基于不当得利请求返还原物。另一种观点则认为，合同无效或者被撤销后，基于合同发生的物权变动也丧失了基础，自然产生物权回转的效果，转让人享有的是物权请求权性质的返还原物请求权。只有在原物不能返还或者没有必要返还的情况下，返还原物请求权才转变为不当得利请求权。

我国立法并未采物权行为理论，不认可物权行为的独立性和无因性，所以后一种观点是学界通说，我们也采此种观点。区分财产返还性质的实益在于，一方面在返还义务人破产的情况下，如果是物权请求权，权利人享有取回权，优先于一般债权人受偿。反之，如果认为是不当得利请求权，则只能与其他债权人一起平等受偿。另一方面，

在待返还的财产被执行时,权利人可以基于物权请求权对抗一般债权人的执行,而不当得利请求权则不能对抗一般债权人。当然,即便原物存在,转让人认为没有必要返还原物的,也可以请求折价补偿,不必非得请求返还原物。毕竟权利人选择行使何种权利,是其自由而不是义务。就此而言,不存在权利人必须先行使返还原物请求权,只有在不能行使情况下才能请求折价补偿的问题。①

四、折价补偿

所谓折价补偿,是指民事法律行为无效、被撤销或者确定不发生效力后,行为人因该行为取得的财产,应当予以返还。但是,对于不能返还,或者没有必要返还的,只能采取折价补偿的方式代替原物返还。所谓"不能返还",包括法律上的不能返还和事实上的不能返还。法律上的不能返还,主要是指一方当事人受领的财产已经转让给善意第三人,第三人取得该财产符合善意取得的条件。事实上的不能返还,主要是指因标的物已经灭失,造成客观上无法返还,且原物又是不可替代物。所谓"没有必要返还",主要包括以下两种情况:(1)如果当事人接受的财产是劳务等,在性质上不能恢复原状。(2)如果一方当事人是通过使用对方的知识产权获得的利益,因知识产权属于无形财产,此时应折价补偿对方当事人。

五、赔偿损失

本条规定的赔偿损失,是指民事法律行为因无效、被撤销以及确定不发生效力后,在实行原物返还,或者折价补偿后,按照过错责任原则,有过错的一方应当赔偿对方由此所受到的损失;各方都有过错的,应当各自承担相应的责任。准确理解本条规定的赔偿损失,要注意两点:一是原物返还或者折价补偿与赔偿损失是并行的后果。也就是说,原物返还或者折价补偿后,如果当事人还有损失的,对方当事

---

① 最高人民法院民事审判第二庭编著:《〈全国法院民商事审判工作会议纪要〉理解与适用》,人民法院出版社 2019 年版,第 263 页。

人应当根据过错责任承担。二是赔偿损失的原则是过错责任原则。有过错的，才承担赔偿责任。没有过错的，就不承担责任，即便造成了对方损失。

六、法律另有规定的，依照其规定

本条规定的含义是，民事法律行为无效、被撤销或者确定不发生效力后，行为人因该行为取得的财产，应当予以返还；不能返还或者没有必要返还的，应当折价补偿。有过错的一方应当赔偿对方由此所受到的损失；各方都有过错的，应当各自承担相应的责任。但是，法律对此另有规定的，依照其规定。例如，如果双方当事人买卖枪支，则该合同应当被认定无效，但交易的枪支则不能适用原物返还规则，而是根据有关法律，应当收缴。

【审判实践中应注意的问题】

《民法典》本条的规定与《民法通则》《合同法》《民法总则》的有关规定一脉相承，实质内容与《合同法》相比，几乎没有任何变化，因此，《民商审判会议纪要》关于这部分内容的规定（主要是第32条至第36条）在《民法典》施行后，其精神应当继续适用。具体分析如下：

一、合同不成立、无效或者被撤销的法律后果的总体处理原则

《民法典》本条未规定民事法律行为不成立的法律后果。根据《民商审判会议纪要》第32条规定的精神，考虑到民事法律行为不成立时也可能发生财产返还和损害赔偿责任问题，故应当参照适用《民法典》本条的规定。

在确定民事法律行为不成立、无效或者被撤销后财产返还或者折价补偿范围时，要根据诚信原则的要求，在当事人之间合理分配，不

能使不诚信的当事人因合同不成立、无效或者被撤销而获益。合同不成立、无效或者被撤销情况下，当事人所承担的缔约过失责任不应超过合同履行利益。比如，依据《建设工程施工合同司法解释》第2条规定，建设工程施工合同无效，但建设工程经竣工验收合格，承包人请求参照合同约定支付工程价款的，应予支持。但除非增加了合同约定之外新的工程项目，一般不应超出合同约定支付工程款。

二、返还财产的范围

关于返还财产的范围，涉及两个问题：一是返还范围是否包括孳息；二是在财产增值或者贬值的情况下，如何确保相互返还的公平性。关于返还原物的范围是否包括孳息，理论上存在分歧。一种观点认为，应区分占有人是善意还是恶意来确定：占有人对于合同无效没有过错的，是善意占有人，无须返还孳息；反之，其对于合同无效存在过错的，则属于恶意占有人，应当返还孳息。我们认为，不论是善意占有还是恶意占有，都是无权占有。既然是无权占有，不论是善意占有人还是恶意占有人，均无权获得孳息。换言之，返还原物的范围都包括原物和孳息。所不同的是，善意占有毕竟不同于恶意占有，为与恶意占有区别起见，其可以向权利人请求支付因维护该不动产或动产所支出的必要费用。①《民法典》物权编中的第460条规定："不动产或者动产被占有人占有的，权利人可以请求返还原物及其孳息；但是，应当支付善意占有人因维护该不动产或者动产支出的必要费用。"该条体现的就是这一精神。

关于在财产增值或者贬值的情况下，如何返还才能实现公平，《民商审判会议纪要》第33条中对此有规定："合同不成立、无效或者被撤销后，在确定财产返还时，要充分考虑财产增值或者贬值的因素。双务合同不成立、无效或者被撤销后，双方因该合同取得财产的，应当相互返还。应予返还的股权、房屋等财产相对于合同约定价

---

① 最高人民法院民事审判第二庭编著：《〈全国法院民商事审判工作会议纪要〉理解与适用》，人民法院出版社2019年版，第263、264页。

款出现增值或者贬值的,人民法院要综合考虑市场因素、受让人的经营或者添附等行为与财产增值或者贬值之间的关联性,在当事人之间合理分配或者分担,避免一方因合同不成立、无效或者被撤销而获益。"

三、折价补偿的适用

根据《民商审判会议纪要》第33条的规定,在标的物已经灭失、转售他人或者其他无法返还的情况下,当事人主张返还原物的,人民法院不予支持,但其主张折价补偿的,人民法院依法予以支持。折价时,应当以当事人交易时约定的价款为基础,同时考虑当事人在标的物灭失或者转售时的获益情况综合确定补偿标准。标的物灭失时当事人获得的保险金或者其他赔偿金,转售时取得的对价,均属于当事人因标的物而获得的利益。对获益高于或者低于价款的部分,也应当在当事人之间合理分配或者分担。

四、买卖合同无效的,转让人能否基于生效法律文书有关判令被执行人返还标的物的判决对抗一般债权人的执行

对此,《民商审判会议纪要》第124条有明确的规定,即在金钱债权执行中,如果案外人提出执行异议之诉依据的生效裁判认定以转移所有权为目的的合同(如买卖合同)无效,进而判令向案外人返还执行标的物的,此时案外人享有的是物权性质的返还请求权,本可排除金钱债权的执行,但在双务合同无效的情况下,双方互负返还义务,在案外人未返还价款的情况下,如果允许其排除金钱债权的执行,将会使申请执行人既执行不到被执行人名下的财产,又执行不到本应返还给被执行人的价款,显然有失公允。为平衡各方当事人的利益,只有在案外人已经返还价款的情况下,才能排除普通债权人的执行。反之,案外人未返还价款的,不能排除执行。

五、相互返还的适用

双务合同中，双方各自的给付构成对待给付。即便在合同无效的情况下，双方负有的返还义务仍然构成对待给付。在当事人未就返还事宜作出特别约定的情况下，应当同时履行，故在一方未提出给付前，另一方可以拒绝对方要求返还的请求。这也是即便享有原物返还请求权的转让人在未返还价款前不能排除一般债权人执行的法理依据所在，也是《民商审判会议纪要》第38条之所以专门规定法官负有释明义务，以便一揽子解决纠纷的原因。

六、应否返还利息

对于此问题，应当根据不同的合同类型来具体确定。除借款合同之外的买卖、租赁等双务合同，金钱往往是以对价的形式出现的。此类合同无效的情况下，买受人、承租人从合同订立时起至将标的物返还转让人、出租人期间的占有就构成无权占有，理论上应当向转让人、出租人支付使用费。反之，转让人、出租人也应当向买受人、承租人支付资金占用费。使用费与资金占用费之间完全符合法定抵销的条件，一经抵销，各自的债务均归于消灭。因此在一方返还原物之前，另一方仅须支付本金，无须支付利息。但专以金钱为标的的合同如借贷合同无效时，资金占用方原则上应当支付利息。至于是按贷款利率还是存款利率支付，存在不同观点。一般来说，贷款利率比存款利率为高，所以参照贷款利率显然较参照存款利率对权利人更为有利。参照贷款利率的法理依据为：一方需要向银行贷款以获得同等资金，故应参照贷款利率。而参照存款利率的法理依据是：资金方并不需要向银行借钱，因此，其损失的不过是同期存款利息。我们认为，在民商事审判中，原则上应当参照贷款利率支付。[1]

---

[1] 最高人民法院民事审判第二庭编著：《〈全国法院民商事审判工作会议纪要〉理解与适用》，人民法院出版社2019年版，第267页。

七、损害赔偿与返还财产的关系

合同不成立、合同无效或者被撤销场合涉及的返还财产，包括不能返还或者没必要返还时的折价补偿。不论是返还财产还是折价补偿，《民商审判会议纪要》第33条已经较为充分地考虑了财产贬值与增值的因素。在财产增值的情况下，一般不存在损害赔偿问题。而在财产贬值的情况下，当事人本可以通过损害赔偿制度弥补其损失。但根据《民商审判会议纪要》第35条的规定，此时要根据诚信原则在当事人之间分摊因财产贬值而导致的损失，在此情况下，损害赔偿的空间在很大程度上已经被公平地财产返还制度所代替。换言之，在确保公平返还的情况下，很难再有请求损害赔偿的空间与必要。有鉴于此，该纪要第35条一方面规定，仅返还财产不足以弥补损失的，一方还可以请求有过错的另一方承担损害赔偿责任。另一方面，又规定在确定损害赔偿范围时，既要根据当事人的过错程度合理确定责任，又要考虑在确定财产返还范围时已经考虑过的财产增值或者贬值因素，避免出现双重获利或者双重受损的现象发生。

八、人民法院应当如何综合适用返还财产、折价补偿以及损害赔偿这三种制度

合同不成立、无效或者被撤销的后果包括返还财产、折价补偿以及损害赔偿。其中返还财产性质上属于物权请求权，在财产不能返还或者当事人认为没必要返还时，则转化为不当得利请求权性质的折价补偿。可见，折价补偿是返还财产的代替，二者只能择一行使，不能同时行使。在确定返还财产或者折价补偿的范围时，根据《民商审判会议纪要》第35条的规定，应固定地以当事人之间的合同约定的转让款为折价补偿的基础，然后与标的物灭失时所得的价值补偿或者转售时可得的价款进行比较，对高于或者低于转让款的部分，根据一定的规则在当事人之间进行分配或者分担，以实现当事人间的利益平衡，此点使其有别于传统民法上的不当得利制度。当返还财产或者折

价补偿不足以弥补损失时,理论上当事人仍然可以请求损害赔偿,但只要返还财产或者折价补偿已经充分顾及当事人间的利益平衡的话,实践中就不会有太多的损害赔偿的空间。

从实务操作的情况看,要根据当事人的诉辩情况具体确定如何适用返还财产、折价补偿或者损害赔偿制度。一方请求确认合同无效并返还财产,另一方请求继续履行合同,并未提出损害赔偿请求的,一旦认定合同无效,则应根据前述的返还财产或者折价补偿确定返还的范围。如另一方提起反诉请求损害赔偿的,考虑到此时的损害赔偿责任是缔约过失责任而非违约责任,在财产增值的情况下,因不存在损失,人民法院应当根据返还财产或者折价补偿的规定在当事人间合理分配收益,同时驳回当事人有关损害赔偿的诉讼请求;如果财产贬值的,既可以根据返还财产或者折价补偿规则在当事人间分摊损失,也可以根据损害情况支持当事人的损害赔偿请求。为避免给当事人以判非所请的错觉,以支持其损害赔偿请求为佳。①

---

① 最高人民法院民事审判第二庭编著:《〈全国法院民商事审判工作会议纪要〉理解与适用》,人民法院出版社2019年版,第269页。

第四节　民事法律行为的附条件和附期限

> **第一百五十八条**　民事法律行为可以附条件，但是根据其性质不得附条件的除外。附生效条件的民事法律行为，自条件成就时生效。附解除条件的民事法律行为，自条件成就时失效。

【条文主旨】

本条是关于民事法律行为附生效条件和解除条件的规定。

【条文理解】

一、与有关条文的对比

《民法通则》第62条规定："民事法律行为可以附条件，附条件的民事法律行为在符合所附条件时生效。"《合同法》第45条第1款规定："当事人对合同的效力可以约定附条件。附生效条件的合同，自条件成就时生效。附解除条件的合同，自条件成就时失效。"《民法总则》第158条前述两条对比所作实质性修改是，按照民事法律行为的性质，其不得附条件的，民事法律行为不得附条件。《民法典》总则编沿用了这一规定。

二、附条件的民事法律行为的概念和特点

所谓附条件的民事法律行为，是指当事人以未来客观上不确定发生的事实，作为民事法律行为效力的附款。法律允许当事人对民事法

律行为附条件，是尊重当事人意思自治、尽可能促进民事法律行为生效的必然要求。

民事法律行为所附的条件，具有以下四个特点：第一，条件由当事人自行约定，并作为民事法律行为内容的一部分。这是与法定条件最大的不同之处，后者是指由法律直接规定、不由当事人意思决定并具有普遍约束力的条件。第二，条件是一种将来的或然事实，该事实未来可能发生，未来也可能不发生，具有或然性。换言之，已经发生的以及将来确定不会发生的事实（如女生向男生表示"如果你把月亮摘下来，我就嫁给你"），则视为当事人根本不希望实施该民事法律行为。如果当事人将已经发生的或者根本不可能发生的事实作为民事法律行为的条件，则视为根本未附条件。第三，附条件民事法律行为中的条件，是当事人用以限定民事法律行为生效或者失效的附属意思表示，而不属于民事法律行为本身的内容。"附条件"中的"附"，是指附属的意思。也就是说，应当将所附条件与民事法律行为中的供货条件、付款条件等相互区分，后者是民事法律行为自身内容的一部分，而非决定其生效或者失效的附属意思表示，前者则不是民事法律行为自身的内容。第四，所附条件中的事实应为合法事实，违法事实不能作为民事法律行为的条件。

三、附生效条件的民事法律行为和附解除条件的民事法律行为

以所附条件决定民事法律行为生效或者失效为标准，条件可以分为生效条件和解除条件。所谓生效条件，是指使民事法律行为的内容发生效力的条件。生效条件具备之前，民事法律行为的内容虽已成立但未生效，其效力是否发生处于不确定状态。条件具备之时，民事法律行为生效；条件不具备前，民事法律行为不生效。比如，父亲对儿子许诺，你考上某某大学，我就给送给你一台笔记本电脑。这里，儿子考上大学是父亲履行送其笔记本电脑的生效条件。所谓解除条件，又称消灭条件，是指对已经生效的民事法律行为，当条件具备时，该

民事法律行为失效；如果该条件确定不具备，则该民事法律行为将继续有效。例如，如果约定某人一旦调到外地工作，其就可以解除房屋租赁合同。如果单位确实已经调某人到外地工作，那某人就可以解除该房屋租赁合同。

四、不得附条件的民事法律行为

根据本条的规定，某些民事法律行为根据其性质，不得附条件。因为一旦附条件，该民事法律行为的目的就不能实现，最典型的就是票据行为不得附条件，否则会妨害其流通。

【审判实践中应注意的问题】

一、附生效条件的民事法律行为在生效条件成就前，仍然具有一定的法律效力

附生效条件的民事法律行为在生效条件成就时发生法律效力，但在条件成就前，是否就没有任何拘束力呢？答案是否定的。法律行为一旦成立，根据诚信原则，就在双方当事人之间产生拘束力，当事人不得随意变更或者解除。条件成就后，其效力主要体现在履行力上，即一方当事人据此可以请求对方当事人依约履行合同，对方当事人非依法定事由，不得拒绝。

二、附条件的民事法律行为和附期限的民事法律行为的区别

如上所述，附条件的民事法律行为中的条件，是一种或然事实，该事实未来可能发生，未来也可能不发生，具有或然性。换言之，已经发生的以及将来确定不会发生的事实，不能作为民事法律行为所附的条件。因此，如果将来必然发生的事实，就不能作为附条件民事法律行为中的条件，而应当作为附期限。如果出现这样的情况，即使合同约定写明的是附条件，但法官在认定时，也应当认定为附期限。

> **第一百五十九条** 附条件的民事法律行为，当事人为自己的利益不正当地阻止条件成就的，视为条件已经成就；不正当地促成条件成就的，视为条件不成就。

【条文主旨】

本条是关于民事法律行为条件成就和不成就拟制的规定。

【条文理解】

一、与有关条文的对比

《民法通则》没有对民事法律行为条件成就和不成就的拟制作出规定。《合同法》第45条第2款规定："当事人为自己的利益不正当地阻止条件成就的，视为条件已成就；不正当地促成条件成就的，视为条件不成就。"《民法总则》第159条与《合同法》该条款内容完全一样，只是将"合同"上升为所有的民事法律行为，作为总则编的内容加以规定。在本次《民法典》编纂中，仍沿用了这一规定。

二、恶意阻止条件成就和恶意促成条件不成就的拟制后果

根据合同自由原则，当事人在从事民事法律行为时，可以对于民事法律行为的效力附加生效或者失效的条件，但自此之后，一方当事人有可能仅仅从自己的利益出发，违背诚信原则，恶意地促成条件成就或者阻止条件不成就。例如，在附生效条件的民事法律行为中，一方当事人希望行为尽快生效，采取了不正当手段促使条件成就，该条件的成就并非顺其自然，而是一方恶意促成的结果。又如，在附解除

条件的民事法律行为中，一方当事人希望行为继续其效力，以不正当手段阻止条件成就，该条件的不成就也是并非顺其自然，而是一方恶意阻止的结果。为了维护合同自由原则和诚信原则，法律就有必要对这种恶意促使条件成就或者阻止条件成就的不正当行为予以规范。

根据本条的规定，当事人为自己的利益不正当地阻止条件成就的，视为条件已成就；不正当地促成条件成就的，视为条件不成就。也就是说，法律对当事人不正当的行为给予了否定评价，进行了拟制，使其不能达到预期的结果。本条的拟制，包含以下内容：第一，从主观方面来看，当事人有为自己的利益不正当改变条件状态的故意。这种故意表现在，附生效条件的，有促成条件成就的故意。附解除条件的，有阻止条件成就的故意。第二，从客观方面来看，一方当事人故意实施了相应地促成条件成就或者阻止条件成就的行为。第三，从对该行为的评价来看，该行为具有不正当性、可谴责性。附条件的民事法律行为中的条件，本来就具有或然性，当事人都应当顺其自然，如果一方仅仅是为了自己的私利，而没有"顺其自然"，则该行为违背了诚信原则，法律对其应当给予否定评价。前举案例中，如果房东因为急于收回出租房屋的不正当目的，唆使承租人的单位领导将承租人调到外地工作，房东的行为就具有不正当性、可谴责性。

【审判实践中应注意的问题】

关于拟制的效果。根据本条的规定，附条件的民事法律行为，当事人为自己的利益不正当地阻止条件成就的，视为条件已成就；不正当地促成条件成就的，视为条件不成就。这里的"视为"，是一种法律拟制，不容推翻。也就是说，民事法律行为附条件时，只要当事人为自己的利益不正当地阻止条件成就的，法律后果就是确定的，不容推翻的，即条件已成就。只要当事人为自己的利益不正当地促成条件成就的，法律后果也是确定的，不容推翻的，条件不成就。有一种观点认为，从本条的条文内容看，对条件拟制处理结果的规定比较绝对。

民法是意思自治的法律，即使当事人一方为了自身利益而为条件拟制行为，相对方的利益也未必受到损害。即使相对方的利益受到损害，相对方似亦有权自己选择是否接受条件拟制的后果。我们认为，该种观点没有正确理解"视为"二字。如果一方当事人恶意促成条件成就或者阻止条件成就，另一方当事人没有诉诸法律，那当然不告不理。但是，一旦没有恶意行为的一方起诉了，那对方以该不正当行为对原告有利进行抗辩，其抗辩就不能得到支持。原因就在于，"视为"是一种法律拟制，不允许举证推翻，其法律效果就是"是"。

> **第一百六十条** 民事法律行为可以附期限,但是根据其性质不得附期限的除外。附生效期限的民事法律行为,自期限届至时生效。附终止期限的民事法律行为,自期限届满时失效。

【条文主旨】

本条是关于附期限的民事法律行为的规定。

【条文理解】

一、与有关条文的对比

《民法通则》没有规定附期限的民事法律行为。不过,《民法通则意见》第76条规定:"附期限的民事法律行为,在所附期限到来时生效或者解除。"《合同法》第46条规定:"当事人对合同的效力可以约定附期限。附生效期限的合同,自期限届至时生效。附终止期限的合同,自期限届满时失效。"《民法总则》第160条与前述两条规定相比,所作实质性改变是,按照民事法律行为的性质,其不得附期限的,民事法律行为不得附期限。《民法典》总则编沿用了这一规定,仅在个别字词上作了修改,即将条文中的"按照"改为"根据"。

二、附期限的民事法律行为的概念和特征

所谓期限,是指当事人以将来客观确定到来的事实,作为决定法律行为效力的附款。所谓附期限的民事法律行为,是指当事人在民事法律行为中设定一定的期限,并将期限的到来作为民事法律行为效力发生或者消灭根据的民事法律行为。附期限的民事法律行为中的期

限,具有如下特征:

第一,期限是民事法律行为的一种附款。期限是民事法律行为的组成部分,与民事法律行为的其他内容一起共同构成了附期限的民事法律行为的整体。期限与民事法律行为的其他内容一样,都由当事人自愿协商确定。

第二,期限是以将来确定发生的事实为内容的附款。对附期限的民事法律行为来说,其生效或失效本身并不具有或然性,是将来一定能够发生的事实,所以期限到来时,民事法律行为必然生效或者终止。

第三,期限是限制民事法律行为效力的附款。如果民事法律行为约定了生效期限或终止期限,则民事法律行为的效力在时间上受到限制。有的期限直接决定民事法律行为效力的发生,有的期限则决定民事法律行为效力的消灭。

三、附期限民事法律行为的分类和效力

一种分类是生效期限与终止期限。生效期限又称为延缓期限或者始期,是指决定民事法律行为的效力发生的期限。附生效期限的民事法律行为,在期限到来之前,民事法律行为已经成立,但还未生效,只有待期限到来时,效力才发生。终止期限也称为解除期限或者终期,是指决定民事法律行为的效力消灭的期限。附终止期限的民事法律行为,在期限到来以前,民事法律行为继续有效,而在期限到来时,民事法律行为效力消灭。

另一种分类是确定期限与不确定期限。所谓确定期限,是指作为期限内容的事实到来时间能够准确地确定。如双方约定2020年9月10交货,这种期限就属于确定期限。所谓不确定期限,是指作为期限内容的事实到来时间不完全确定,但到来是必然的。如双方当事人在2020年3月15日约定,卖方应当在中国的新冠肺炎疫情结束后3个月内交货。中国的新冠肺炎疫情肯定会结束,但在订约时对何时结束的时间不可能确定,所以这种情形属于不确定期限。

根据本条的规定，期限约定的效力，在于使民事法律行为的效力在时间上受到限制，即附生效期限的民事法律行为，自期限届至时生效。附终止期限的民事法律行为，自期限届满时失效。与附生效条件的民事法律行为一样，在期限到来之前，该民事法律行为并不是没有任何法律约束力，当事人不得擅自变更或者解除，只是没有要求对方按约履行的权利。

同附条件的民事法律行为一样，原则上，民事法律行为均可附期限。但是，依民事法律行为的性质不得附期限的除外。这样的行为主要包括身份上的行为，如结婚、收养等。

【审判实践中应注意的问题】

附期限的民事法律行为中的所附期限，不同于民事法律行为的履行期限。履行期限是当事人对已生效民事法律行为的履行义务所施加的期限限制。此时，民事权利义务已经发生，只是由于履行期限尚未届至，当事人所负义务没有强制履行的效力。这就意味着，履行期限届至前，义务人可以不履行义务，权利人也不得要求义务人履行义务。而对于附生效期限的民事法律行为而言，在期限到来前，民事法律行为并未生效，民事权利义务尚未发生。

第七章 代 理

第一节 一般规定

> **第一百六十一条** 民事主体可以通过代理人实施民事法律行为。
>
> 依照法律规定、当事人约定或者民事法律行为的性质,应当由本人亲自实施的民事法律行为,不得代理。

【条文主旨】

本条是关于代理范围的规定。

【条文理解】

代理制度是《民法典》总则编的重要内容。对于本条的理解需要把握以下几点:

一、代理制度概述

关于代理的概念,史尚宽先生认为,代理(Stellvertretung;Representation)者,以他人之名义为他人对于第三人自己为意思表示,或为他人由第三人自己受领意思表示,因之直接使行为效力归属于该他人之行为也。①从当今理论和实务的普遍观点看，这应属于对直接代理的界定。在商事交往越来越发达、各国普遍承认间接代理的情况下，《民法总则》草案曾在《民法通则》规定的基础上，结合《合同法》的内容，规定了间接代理制度，但因为种种原因，并未在《民法总则》中规定间接代理制度。从学理上讲，对于代理的界定，应该既包括直接代理，也要涵盖间接代理。但从总则编的现有规定出发，代理是指代理人在代理权范围内，以被代理人的名义独立与第三人实施民事法律行为，由此产生的法律效果归属于被代理人的民事法律制度。关于代理行为的归属，学说上有争论，有采本人行为说，认为法律系将代理人之行为，拟制为本人行为。有采共同行为说，认为其发生效力系基于本人对于代理人之意思，及代理人对相对人之意思的互相结合。目前通说系采代理行为说，强调该代理行为乃代理人的行为，仅其效果依代理制度直接归属于本人。即代理人于代理权限内，以本人名义所为之意思表示或所受之意思表示，直接对本人发生效力。②从法律关系角度考虑，代理也是一种法律关系。在代理关系中，被代理人又称为本人，代理他人从事相应行为的人称为代理人，与代理人实施民事行为的人称为相对人。

在现代分工的社会，从事交易活动，事必躬亲，殆不可能，假手他人，实有必要。无论公司或个人，均可借助代理人为其作各自法律行为，尤其是订立契约，扩张私法自治的范围，以满足社会生活的需要。③概言之，关于代理制度设立的功能主要有二：其一是弥补和补强行为能力的不足。一方面，可以补足某些特定人，比如无民事行为能力的未成年人或者精神病人等行为能力上的不足，使之能够在经济社会乃至家庭生活中能够平等地从事民事法律行为，行使权利和履行义务；另一方面，社会分工精细化补强甚至延伸人们在某些行业领域

---

① 史尚宽:《民法总论》，中国政法大学出版社2000年版，第510页。
② 参见王泽鉴:《民法总则》(增订版)，中国政法大学出版社2001年版，第452、453页。
③ 参见王泽鉴:《民法总则》(增订版)，中国政法大学出版社2001年版，第441页。

中的民事行为能力，扩大民事主体从事民事活动的范围，使之更好地行使自己的权利。其二，降低成本，提高效率，促进经济社会发展。确立代理制度，使民事主体可以利用他人的能力和专业知识进行民事活动，一方面使民事主体在进行民事活动时降低成本，扩大交易领域；另一方面也推动了提供专业知识和专业技能服务等代理业的发展，最为有代表性的代理行业，就是律师代理制度。正因为如此，代理制度在推动和促进社会不断发展方面，具有重要意义。①

代理制度的产生和发展具有经济社会发展的历史必然性。代理制度的发达与近代企业所有者与经营者的分离、财产归属于财产管理的分化，具有密切联系。②在18世纪到19世纪的欧洲大陆，由于商业交易逐渐频繁，社会分工逐渐细化，代理制度的产生成为必要和可能。《法国民法典》将委任契约作为取得财产的各种方法之一予以明确规定，完成了代理制度的立法雏形。随着商品经济的进一步发展，更加注重形式逻辑的《德国民法典》则明确将代理制度列入法律行为之中，确立了代理制度立法的新模式，在社会的经济文化生活中，发挥了巨大的作用，并在后世被许多大陆法系国家或地区所仿效。代理制度作为民法的总则中的重要内容，现代各国或者地区民法中往往都通过专章或者与民事法律行为一起规定的形式予以确认。

二、代理的适用范围

关于代理制度的适用范围，就是代理行为所适用的标的范围，即哪些行为可以代理、哪些行为不能代理的问题。这是代理制度的基础范畴问题，总则编在代理一章开篇即对此作出规定十分必要。依据本条规定，对于代理的适用范围的理解，需要注意以下几个方面：

（一）代理适用的范围以民事法律行为为一般原则

依照《民法通则》第63条第1款规定，代理主要适用于民事法

---

① 参见杨立新：《民法总则》，人民法院出版社2009年版，第415、416页。
② 参见王泽鉴：《民法总则》（增订版），中国政法大学出版社2001年版，第441、442页。

律行为，即"公民、法人可以通过代理人实施民事法律行为"。经过这些年的实践证明，这一款规定既有力服务了市场经济的发展，又为审判实务提供了明确的指导和遵循，故《民法总则》将这一款的核心内容予以保留，并作为该法第161条第1款予以规定，《民法典》总则编沿用了这一规定。依据本条规定，民事法律行为的实施可以作为代理范围的一般原则，凡是民事主体之间有关民事权利义务的设立、变更、消灭的民事法律行为，都可以适用代理制度。也就是说，无论是双方民事法律行为，如买卖、租赁、承揽等，还是单方民事法律行为，例如，代理他人行使追认权、撤销权等，抑或多方法律行为等均可以代理。对于代理进行的民事法律行为，在法律适用尤其是法律后果上，对于外部关系要适用本法第165条、第166条关于直接代理与间接代理的规定，对于内部关系即代理人与被代理人之间的关系上，如果存在委托合同，则要按照委托合同的约定，遵循约定优先的规则。

（二）法律行为之外的其他行为也可以代理

除了民事法律行为之外，实践中还存在着其他大量可以适用代理的情形。其中对于准民事法律行为，比如，要约邀请、撤回要约及撤回承诺等也可以代理。代理的适用，限于为表示及受意思表示，仅于法律行为方能成立。对准法律行为（如催告、物之瑕疵的通知）得类推适用之。[①] 准法律行为的代理可以直接准用法律行为代理的后果，比如若为直接代理，则此代理行为对被代理人发生效力。

其他常见的非法律行为可以适用代理的情形主要有：（1）申请行为，即请求国家有关部门授予某种资格或者权利的行为。（2）申报行为，即向国家有关部门履行法定义务的行为，如申报纳税行为。（3）诉讼行为，即代理诉讼中的当事人进行各类诉讼行为。非法律行为适用代理时，由于并不存在法律行为，因此，当然不能产生民事法律行为的后果，而应依据各自所遵循的法律、法规的规定产生相应的

[①] 王泽鉴：《民法总则》（增订版），中国政法大学出版社2001年版，第443页。

效果。一般而言，在后果上讲，对于允许代理的行为，其后果往往也是由本人承担，但在具体适用上也要遵循各自的规则，比如诉讼代理，当然要遵守《民事诉讼法》这方面的规定。严格地讲，此类代理行为虽然与民法的总则中的代理制度具有一定相似性，但其至少并非典型民法意义上的代理，不能简单准用本法关于代理的规定。

（三）不适用代理的行为

在民事法律行为可以代理作为一般原则的前提下，作为例外情形，本条第2款规定："依照法律规定、当事人约定或者民事法律行为的性质，应当由本人亲自实施的民事法律行为，不得代理。"该款规定沿用了《民法总则》第161条第2款的规定，较《民法通则》第63条第3款规定的"依照法律规定或者按照双方当事人约定，应当由本人实施的民事法律行为，不得代理"的主要变化有三：其一是明确增加了依照民事法律行为本身的性质不得代理的情形。其二是将"双方当事人约定"修改为"当事人约定"，以明确将多方法律行为包括在内。这两项修改实际上都是顺应实践需求，对原有条文内容作的精准修补。其三，作了必要的文字修改，将"本人实施"修改为"本人亲自实施"，以使表述更加严谨。

结合当前理论和实务经验，下列行为不适用代理：

第一，法律明确规定不能代理的行为，当然不能代理。比如《民法典》婚姻家庭编中的第1049条中规定："要求结婚的男女双方应当亲自到婚姻登记机关申请结婚登记。"

第二，当事人明确约定不能代理的行为。本着意思自治原则的要求，如果在本人与相对人之间明确约定不能代理，必须由本人亲自实施某些行为的情形，这时按照约定优先的规则，在此约定不违反法律强制性规定的情况下当然要按照约定规则排除代理的适用。但在此要注意的是，从法律后果上讲，法定不能代理的情形，若代理进行该行为则产生无效的后果，从某种意义上讲，这属于绝对不能代理的情形。而约定不能代理的情形则可能产生相对不能代理的后果，这一方面仅限于约定当事人之间，即这一约定本来就属于内部法律关系的范畴；另一方面，即使在当事人之间，必须亲自履行相关债务的当事人通过代理方式为之的情况下，对方当事人可以基于约定向该方当事人主张违约责任。至于代理行为本身，依据《民法通则意见》第78条的规定，"凡是依法或者依双方的约定必须由本人亲自实施的民事行为，本人未亲自实施的，应当认定行为无效。"对此，我们认为，本着对当事人意思自治的尊重和鼓励、促进交易的考虑，也可以允许双方当事人就此情形进行变更或者补充约定，以达到既尽量救济守约方当事人（即代理关系中的相对人），又能避免社会资源的浪费。

第三，依照民事法律行为性质不得代理的行为。这是本条较《民法通则》原有规定新加的内容。一般而言，这主要包括：（1）人身专属性的行为，即具有严格的人身性质而且必须由本人亲自作出决定和予以表达的行为，如订立遗嘱、婚姻登记、收养子女等行为不得代理。（2）具有人身性质的债务不得代理。基于对某人资信、能力、特长等方面的信任的法律行为具有典型的人身专属性，比如演出合同中，不得代理进行演出。

第四，违法行为也不得代理。依据本法第167条的规定，代理人知道或者应当知道代理的事项违法仍然实施代理行为的，或者被代理人知道或者应当知道代理人的代理行为违法不表示反对的，被代理人和代理人应当承担连带责任。也就是说对违法行为实施代理的后果已经明确为行为人应承担相应的民事责任。因此，从行为样态上讲，违法行为或者法律禁止的行为不得代理。"事实行为，如占有、无主物先占、遗失物拾得，或侵权行为，则无代理的适用，应分别适用关于占有辅助人，或者雇用人侵权责任的规定。"[①]

---

① 王泽鉴：《民法总则》（增订版），中国政法大学出版社2001年版，第443页。

第一百六十二条 代理人在代理权限内，以被代理人名义实施的民事法律行为，对被代理人发生效力。

【条文主旨】

本条是关于直接代理效力的规定。

【条文理解】

代理是以扩张及补充私法自治为目的，依他人行为而取得权利或承担义务之制度。据代理权的取得方式，有委托代理与法定代理之分。通过委托代理，被代理人可以不亲自参与民事活动而直接与第三人产生法律关系，极大地扩大了被代理人的活动领域。而对于行为能力有缺陷的人，法定代理则弥补了其不能通过自身活动从事民事法律行为的不足。在传统大陆法系理论上也有直接代理与间接代理之分，英美法系则分为显名代理与隐名代理。《民法通则》明确规定了直接代理，本条继承体现了该规定精神，指代理人在代理权限内，以被代理人名义所为之意思表示或者所受之意思表示，直接对被代理人发生效力的代理。虽然《合同法》第402、403条在我国外贸代理的基础上借鉴《国际货物销售代理公约》，兼收了两大法系的特点，对间接代理作出了规定，不少学者主张在《民法总则》中予以统一规定。但由于其究竟如何归类以及如何完善一直存有争议，且其更偏重于商业代理，故从体系上，《民法总则》仅仅规定了民事的直接代理制度，《民法典》总则编对这一做法予以了沿用。《德国民法典》与《日本民法典》也采取这种体系。

直接代理的法律特征可概括为三个方面：

一、代理人必须具有代理权

在直接代理制度中,代理人独立开展民事法律活动,其法律效果却能直接约束被代理人,核心就在于代理人享有代理权。唯有将代理权的存在严格作为代理的要件,才能避免对被代理人事务的任意介入或干预。关于代理权向来有多种观点,有权力说、权利说、法律地位或资格说等。比如学者道里克指出,代理人被授予改变本人与第三人之间的法律关系的权力,而本人则承担接受这种被改变了的关系的相应责任。无论观点如何,代理权作为产生代理法律效果的法律依据,这一点毫无争议。有权代理可以至少从两个方面进行考察,一是代理人实施民事法律行为时享有代理权,二是代理人从事该代理活动在代理权范围之内。实践中,代理人是否获得授权、是否超越代理权、代理权是否仍然有效,对被代理人以及第三人将产生不同的法律后果,与此相对应,在委托代理一节中,效力待定的无权代理以及表见代理得到了具体规范。

二、代理人须以被代理人的名义为民事法律行为

所谓以被代理人的名义,是指代理人表示代被代理人实施民事法律行为,并使行为效果直接归属于被代理人的意思。其通常表示方法,是在民事法律行为中表明"某甲之代理人某乙",或"代理人某乙代某甲",或在某甲姓名之后写明"某乙代"字样。表示以被代理人的名义为之,应为代理行为意思表示之一部,学说上称之为代理意思之表示。本条规定的直接代理,要求代理行为须表示(明示或默示)以被代理人名义,称为"显名原则"。虽然行为人有为被代理人代理的意思,也确有代理权,但未表示出来,仅为其内心意思,不能成立代理行为,应由行为人自负其责。

三、代理人是在代理权限内独立地向第三人为意思表示，代理人在代理关系中具有独立的地位

代理行为非被代理人的行为，而是代理人的行为。因此，应由代理人实施。此所谓由代理人"实施"法律行为，是指由代理人决定该法律行为意思表示之内容并表示之，或者受相对人之意思表示并决定是否接受（承诺）。假使该意思表示之内容已由被代理人决定，而代理人仅予表示，或者代理人受意思表示而无权决定是否接受（承诺），这种情形属于被代理人实施的法律行为，而非代理人实施法律行为，该代理人只起辅助本人实施法律行为的作用，法律上称为使者或辅助人，而非真正代理人。

【审判实践中应注意的问题】

一、对于冒名行为在司法实践中应如何处理

实践中，由于各种考虑或法律规定的限制，出现了冒名存款、冒名股东、冒名雇佣、冒名租赁等现象。此种情况，应至少区分为两类。在不违反法律强行性规范的情况下，如并不损害相对人的利益，则在行为人与相对人之间应有约束力，对被冒名者不发生法律效力。比如冒名股东的情形下，实际出资人应享有股东权利，但倘有出资不实的责任，显然不能由被冒名者承担，而应由冒名人承担相应责任。如相对人错误信任与被冒名者之间的法律关系，则应按照无权代理或无权处分的规定予以处理。

二、司法实践中应注意区分与代理相似的概念

（一）使者

法律上所称使者，指帮助民事主体实施法律行为的辅助人，其任务在于传达主体的意思或意思表示，或代主体接受意思表示。其区别

于代理的主要特征在于使者无权决定意思表示的内容，因而不能决定法律行为是否成立。

（二）法定代表人

法人除了通过代表人进行民事活动外，还可以通过代理人进行民事活动，而何为代表人，何为代理人，容易混淆。而无论是通过代表人还是代理人，所为法律行为的效果均直接归属于法人，在法律效果上二者无异。二者的区别在于：代表人为法人本身的机关，而非独立的主体，代理人为独立主体，而非法人机关；法人与代表人之间的关系，为法人内部组织关系，而法人与代理人之间的关系，为两个平等主体间的关系；代表人的行为，即是法人本身的行为，因而当然由法人承受其法律效果，而代理人的行为非法人本身的行为，是基于法律关于代理制度的规定而由法人作为被代理人承受其法律效果。

（三）中介人

根据中介合同，中介人向委托人报告订立合同的机会或者提供订立合同的媒介，而由委托人支付报酬。中介人与代理人的主要区别在于，代理人有缔结合同的代理权，而中介人无代理权，不得代委托人订立合同。

（四）行纪人

根据行纪合同，行纪人受他方委托，以自己的名义为委托人实施法律行为，并收取报酬。行纪与代理的主要区别在于：行纪人系以自己的名义为法律行为，其法律效果根据行纪合同间接地归属于委托人，而代理人系以委托人的名义为法律行为；行纪人须有特殊身份，是依法登记专门从事行纪营业的主体，并为一般人服务，而代理人不须有特殊身份，且仅为特定人服务；行纪行为的范围由法律规定，限于动产之买卖及法律规定的某些行为，而代理行为的范围比较广泛。

（五）经销商

在进出口业务中，经销和代理两种制度的适用非常广泛。所谓经销，是双方当事人以出卖人和买受人的身份，约定在一定的区域和期间就特定商品继续进行交易的协议。经销商是以自己的名义，并为自己的利益，从供货商买进商品，然后再转卖给第三人。供货商与转卖关系的第三人不发生任何合同关系，这是经销与代理的主要区别。

> **第一百六十三条** 代理包括委托代理和法定代理。
> 委托代理人按照被代理人的委托行使代理权。法定代理人依照法律的规定行使代理权。

【条文主旨】

本条是关于委托代理和法定代理的规定。

【条文理解】

根据代理产生原因不同,代理可以分为委托代理和法定代理。本条明确规定了这一代理的基本分类,同时对于这两种类型的代理权形式作了一般规定。对于本条的理解需要把握以下几点:

一、关于代理的基本分类

关于代理的基本分类形式,除了直接代理与间接代理之外,理论和实践中普遍存在着依据代理产生原因不同而作的分类,但对此是按照两分法分为法定代理和委托代理,还是按照三分法除了这两类外还有指定代理,则存有较大争议。史尚宽先生认为依据代理权之发生原因不同可以分为:(1)法定代理权发生的原因包括法律事实之发生(如父母的亲权)、指定或选定监护人和遗产管理人;(2)意定代理权发生的原因为本人的授权行为。[1]这一观点即贯彻了两分法的做法。《民法通则》第64条则贯彻了三分法做法,该条规定:"代理包括委托代理、法定代理和指定代理。委托代理人按照被代理人的委托行使

---

[1] 史尚宽:《民法总论》,中国政法大学出版社2000年版,第519页。

代理权，法定代理人依照法律的规定行使代理权，指定代理人按照人民法院或者指定单位的指定行使代理权。"在制定《民法总则》时，有关建议稿，比如中国法学会建议稿、中国社科院建议稿、王利明教授、杨立新教授等学者建议稿也都主张按照三分法规定委托代理、法定代理和指定代理。①但《民法总则》采取了委托代理与法定代理的两分法的基本分类形式，删掉了《民法通则》中的指定代理。此次《民法典》编纂沿用了这一做法。

一般认为，指定代理是基于人民法院的指定或者有关机关的指定行为而产生的代理。在指定代理中，代理人和代理权限都是由人民法院或者有关机关确定的。其他指定机关主要是指依法对被代理人合法权益负有保护义务的组织，人民法院或有关机关为有关的被代理人指定代理人，是为了保护这些被代理人的利益，比如未成年人所在地的居民委员会、村民委员会、民政部门等。我国法律之所以将指定代理删除，其主要考虑在于与委托代理和法定代理相比，指定代理的发生面较为狭窄，适用的范围与委托代理和法定代理明显不能比。尤为重要的是，人民法院或者其他有关机关在特定情形下指定代理在本质上也必须是依据法律规定而进行的指定，法律规定可以指定的情形才可以指定；与委托代理相比，指定代理也应属于法定代理的范畴，在逻辑层次上，不能与委托代理、法定代理处于同一位阶，而应是法定代

---

① （1）中国法学会建议稿第152条【代理权的产生】：代理权可以基于被代理人的意思、法律的规定以及人民法院或者其他有权机关依法指定产生。（2）中国社科院建议稿第160条【不同种类代理的法律适用】：代理人以被代理人的名义实施法律行为的，适用本章第二节关于直接代理的规定。代理人根据被代理人的指示，为被代理人利益但不以被代理人的名义实施法律行为，或者第三人不知道或者没有理由知道代理人以代理人的身份实施法律行为的，适用本章第三节关于间接代理的规定。（3）王利明教授建议稿第202条【代理的种类】：代理包括意定代理、法定代理和指定代理。意定代理人基于本人的意思而产生，并依法按照本人的意思行使代理权；法定代理人依据法律的规定而直接确定，并依照法律规定的权限行使代理权；指定代理人由人民法院或者依法有权指定的单位指定并按照法律规定的权限行使代理权。（4）杨立新教授建议稿第154条【代理的种类】：基于本人的授权而产生代理权的代理，为委托代理，代理人应按照被代理人的意思行使代理权。授予代理权的意思表示，既可以向代理人作出，也可以向相对人作出。基于法律的直接规定而产生代理权的代理，为法定代理，代理人按照法律的规定行使代理权。基于人民法院或依法有权指定的单位的指定而产生代理权的代理，为指定代理，代理人直接按照法律规定的权限行使代理权。

理下面的一种类型。在法律适用上，指定代理除了依据有关法律关于指定代理的规定之外，还可以适用法定代理的一般规定。

二、委托代理及其法律适用

委托代理，又被称为意定代理，是基于被代理人的委托授权所发生的代理。[①]其作用在于扩张自治。[②]委托代理是体现代理制度功能价值最核心、最重要的代理类型。从发生原因上看，委托代理因本人之代理权授与行为而发生。授权行为，谓之代理权授与行为或授与行为。授权方式，并无限制，书面或口头，明示或默示，均无不可。[③]这一授权行为与委托合同本身具有密切联系。从某种意义上讲，委托合同和授权委托行为都是产生委托代理的根据。准确地讲，委托合同是产生委托代理权的基础关系，而委托授权行为是被代理人将代理权授予代理人的行为，是委托代理产生的直接根据。关于授权行为的性质，学界存在不同认识，有意见认为这就是委任合同，另有意见认为这是一种单方法律行为，以后者为通说。也就是说，委托合同的成立和生效并不当然就产生代理权，比如行纪。只有在委托人作出授予代理权的单方行为之后，代理权才发生。

正因为如此，在委托代理中一直存在一个理论上的问题，即是否承认代理行为无因性的问题，这在《民法总则》起草过程中也是一个争论问题。对此，有三种不同意见，第一是授权行为无因说，认为授权行为与基础关系各自独立，基础关系无效或者被撤销，不影响授权行为的效力。第二是授权行为有因说，认为授权行为为有因行为，授权行为的效力取决于基础关系，基础关系无效或者被撤销，授权行为亦因而无效，代理权亦应消灭。第三是授权行为相对无因说，认为授权行为原则上独立于基础关系，但授权人可以特别的意思表示，授权行为实质从属于基础关系；或者认为授权行为原则上从属于基础关

[①] 参见杨立新：《民法总则》，人民法院出版社2009年版，第419页。
[②] 参见王泽鉴：《民法总则》（增订版），中国政法大学出版社2001年版，第441页。
[③] 参见史尚宽：《民法总论》，中国政法大学出版社2000年版，第519页。

系，但是授权人可以特别的意思表示使之独立。授权行为无因性争论的焦点在于，代理权的基础行为与授权行为效力的关系问题，表现是，作为授权行为的原因的基础法律关系如果不成立、无效或者被撤销，授权行为的效力是否受到影响。主张无因性的理论坚持认为授权行为不受影响，主张有因性的理论则坚持认为授权行为受其影响；而主张相对无因性的理论坚持实事求是原则，区别具体情况认定。例如，雇用未成年学生代理出售教科书，授予代理权，虽然未经其法定代理人同意，但其授予的代理权为有效。但是当事人的意思不明时，则以认为代理权的授予应与其基础法律关系同其命运。① 但由于无因性理论本身过于抽象的争议和我国民众对授权行为无因性不易接受等问题，《民法总则》并没有规定授权行为的无因性原则。但以学界通说，代理权的产生基于委托授权行为，授予代理权由本人以单方意思表示作出，其效力不受代理人与本人之间基础法律关系（主要是委托代理合同，但不限于此，比如还有合伙等）无效或被撤销的影响。同样，在产生了代理权之后，代理权也具有相对独立性，即使委托授权行为无效，也并不一定影响代理行为的效力，对此应当适用无权代理或者表见代理的法律规则。《民法典》总则编对此意见予以保留。

三、法定代理及其法律适用

法定代理，是指基于法律的规定直接产生的代理。在法定代理中，代理权的授予是基于法律的直接规定，并不存在授权行为，既不存在双方的合意也不存在单方法律行为。法定代理主要适用于被代理人为无民事行为能力人或者限制民事行为能力人（包括未成年人和精神病人）的情况。法定代理的作用在于补充私法自治。自然人有权利能力，得为权利义务的主体。但为保护意思能力不足之人，民法设有行为能力制度，为使未成年人及禁治产人亦得参与社会活动，法律特设法定代理，由法定代理人代为意思表示，并代受意思表示，直接对本人发

---

① 参见杨立新：《民法总则》，人民法院出版社 2009 年版，第 419、420 页。

生效力，俾收权利能力的实效。①

有意见认为，法定代理可以分为实体法上的法定代理和程序法上的法定代理。实体法上的法定代理，是对无民事行为能力人或者限制民事行为能力人实施民事法律行为的代理，如监护人对被监护人实施法律行为的代理。程序法上的法定代理则是在诉讼中对于无民事行为能力人或者限制民事行为能力人实施的诉讼行为，由其监护人作为法定代理人参加诉讼的代理行为。我们认为，虽然这两种类型的法定代理存在密切联系，诉讼行为能力与民事行为能力也是密不可分。但从《民法典》总则编关于代理规定的体系顺序以及代理范围的规定上看，民法上的法定代理应该限于狭义范畴，即为弥补有关民事主体人行为能力的不足，以便其实施民事法律行为。程序法上的法定代理则是为弥补当事人诉讼行为能力的不足，在法律适用上直接适用相关诉讼法律规定及司法解释即可。

【审判实践中应注意的问题】

对于本条的适用，在审判实践中要注意以下两点：

一、关于法定代理与监护的区别问题

对于法定代理的适用范围，由于《民法典》明确将代理的适用范围限定为民事法律行为，这对于法定代理也当然要予以适用。在此要注意此法定代理与监护的关系，一般而言监护作为保护无民事行为能力人或者限制民事行为能力人权益的重要制度，二者存在密切联系，比如在主体方面相同、权利内容方面存在交叉。但二者在适用范围及法律后果方面存在本质不同，法定代理适用于民事法律行为的范畴，对侵权行为不能适用；但在监护关系中，被监护人实施的侵权行为，监护人在特定情形下要承担侵权责任，这并非法定代理人责任，也非

---

① 参见王泽鉴：《民法总则》（增订版），中国政法大学出版社2001年版，第442页。

被代理人责任,而是监护人自己应当承担的独立责任。①

二、关于法定代理与诉讼代理的衔接问题

本法侵权责任编中的第1188条规定了监护人的侵权责任。若在诉讼中,无民事行为能力人或者限制民事行为能力人的监护人(在身份上也是法定代理人)在程序法上既是法定代理人,在实体法上又是侵权责任的替代责任人。对于这类情形如何列当事人,存在争议。不少法院采取列该监护人为法定代理人,但在实体法上确认其承担侵权责任的做法。这种做法违反代理行为的后果归属于被代理人的规则,受到诟病。针对这一问题,《民事诉讼法司法解释》第67条明确规定:"无民事行为能力人、限制民事行为能力人造成他人损害的,无民事行为能力人、限制民事行为能力人和其监护人为共同被告。"由此明确了监护人的实体责任,至于其法定代理人的身份,则可以在无民事行为能力人、限制民事行为能力人的当事人后面单列该监护人为法定代理人。

---

① 《民法典》侵权责任编中的第1188条规定:"无民事行为能力人、限制民事行为能力人造成他人损害的,由监护人承担侵权责任。监护人尽到监护职责的,可以减轻其侵权责任。有财产的无民事行为能力人、限制民事行为能力人造成他人损害的,从本人财产中支付赔偿费用;不足部分,由监护人赔偿。"

> **第一百六十四条** 代理人不履行或者不完全履行职责,造成被代理人损害的,应当承担民事责任。
>
> 代理人和相对人恶意串通,损害被代理人合法权益的,代理人和相对人应当承担连带责任。

【条文主旨】

本条是关于代理人责任的规定。

【条文理解】

代理人责任问题是代理制度的重要内容。对于本条的理解需要把握以下几点:

一、本条修改沿革

关于代理人的责任,《民法通则》第66条第2、3款规定:"代理人不履行职责而给被代理人造成损害的,应当承担民事责任。代理人和第三人串通、损害被代理人的利益的,由代理人和第三人负连带责任。"《民法总则》第164条由此修改而来,其所作的修改主要有四处:其一是在第164条第1款增加规定了代理人不完全履行职责的情形,以使条文涵盖内容更加全面准确;其二是在第164条第2款中将原来的"串通"修改为"恶意串通",以顺应时代发展,并与《合同法》第52条等规定术语保持一致;其三是将"利益"修改为"合法权益",更加符合当前民事法律术语的规范表述;其四是将原有《民法通则》第66条的第2、3款规定在内容上予以修改后独立为一条,在体系更加科学合理,《民法通则》第66条的规定内容既含有无权代理的民事法律行为效力的规定（第1款），还有第三人即相对人承担责任的规定（第4款），结构思路不够清晰。本条沿用了《民法总则》第164条规定。

二、关于代理人责任的一般规则

责任的承担须以义务违反为前提。通常而言，代理权虽可以理解为是一种权利，但其行使要受到相应的约束，而这就属于义务或者职责层面的内容。这一般包括的内容有：（1）代理人必须为本人利益实施代理行为；（2）代理人必须亲自代理；（3）代理人必须在代理权限范围内行使代理权；（4）代理人必须谨慎、勤勉、忠实地行使代理权，应履行报告义务和保密义务。[①] 概言之，代理人在行使代理权时要履行的义务主要是：要以善良管理人的注意义务标准忠实诚信地为本人利益在代理权限内从事代理活动，否则就要承担相应的民事责任。

本条第1款系对代理人承担责任一般规则的规定。依据本款规定，代理人承担民事责任的行为样态包括：其一，不履行职责，这里的职责当然就是要在代理权限内履行的职责。不履行职责，在行为样态上类似于违约责任中的不履行债务，既包括明示的拒绝履行，或者以其客观行为样态上表明其不履行该职责，也包括最终结果上的不履行职责。其二，不完全履行职责。这主要是指未按照代理权限内容履行职责，也包括逾期履行代理职责的情形，其核心是代理行为内容违背了本人的授权或者本人最大利益。我们认为，委托代理中的自己代理行为、双方代理行为，没有代理权、超越代理权或者代理权终止后进行的代理行为，即无权代理行为，还有违反法律规定或者当事人约定的复代理行为，符合本款规定的其他构成要件的，也要向被代理人承担责任。而且从体系解释上，本节一般规定的内容对于后面委托代理的情形当然应该予以适用。

[①] 参见杨立新：《民法总则》，法律出版社2013年版，第512~514页。

本款规定的代理人责任的构成，除了要有代理人不履行或者不完全履行职责的要求之外，还要有造成被代理人损害这一要件，这里既包括了损害后果，还有不履行或者不完全履行职责的行为与损害后果之间有因果关系的要件。此损害的界定应当与《侵权责任法》上有关损害的界定是一致的。只是在归责原则方面，是采用过错责任还是严格责任，则有一定争议。但从条文表述上讲，本款内容中并未强调代理人的过错，而且此代理人责任类似于违约责任，应当适用严格责任的归责原则。

最后，关于本款规定的"民事责任"的理解与适用。这一表述系沿用了《民法通则》的提法。从基本规范上讲，民事责任有违约责任和侵权责任之分。而侵权责任中也经常会有损害赔偿责任的应用。但是本款内容在理解上讲，有观点认为，代理人不履行或者不完全履行职责的责任实质上就应当属于违约责任的范畴，故本条规定的民事责任在性质上就是违约责任。这一观点有一定道理，但由于代理权的产生既有单方授权行为，又有法律直接规定，法定代理职责的违反而承担的责任不属于违约责任，而是法定责任；即使是委托代理，违反单方授权行为而应承担的责任也只能说是类似而非完全就是违约责任。故对于代理人的责任性质，应当理解为是一项相对独立的民事责任形态。至于代理人承担民事责任的方式，在理解上应当包括但不限于损害赔偿这一项，总则编关于承担民事责任的其他方式，在性质上与代理人责任不冲突的，当然都可以适用，比如停止侵害、继续履行等。

三、关于代理人与第三人恶意串通的责任承担

代理人行使代理权应当以维护被代理人利益为己任，遵守诚信原则。为损害本人利益，代理人与第三人恶意串通而为的代理行为，属于违反善良风俗的无效行为。[①] 禁止代理权滥用，包括代理人与第三人恶意串通损害本人利益，应属无效。[②] 也有意见认为，代理权的限

---

① 参见孙宪忠：《民法总论》，社会科学文献出版社2010年版，第272~274页。
② 参见马骏驹、余延满：《民法原论》，法律出版社2010年版，第230、231页。

制包括自我行为之禁止和代理权滥用之禁止。代理权滥用时，本人基于内部关系可以向代理人主张损害赔偿，但对第三人未必无效。但在第三人恶意、代理人与第三人恶意串通两种情况下影响代理行为的效力。对于恶意串通，应规定构成无权代理，更有利于保护本人利益。《民法通则》第66条第3款规定不当（加重了本人的举证责任）。[1]《民法总则》继续沿用了《民法通则》的法律适用规则，即规定了在代理人与被代理人恶意串通损害被代理人利益情形下，代理人和第三人应当承担连带责任的规则。这也是目前较为通行的做法，审判实践中对此也都已普遍接受，《民法典》总则编继续沿用了这一规定。

对于本款规定的代理人责任的构成要件，主要有二：其一，须有代理人和第三人之间的恶意串通，该第三人在解释上即是代理人实施代理行为的交易相对人，至于其他人则非本款规定适用的范围。此核心要件在于代理人与第三人之间的恶意串通，至于代理人是否在代理权限内进行相应的代理事务则在所不问。其二，代理行为损害被代理人合法权益。这里既包括了损害事实要件也包括了因果关系要件，并且在对象上只能是损害被代理人利益，至于损害被代理人之外其他人合法权益的，则不能适用本条规定。至于合法权益的理解，在解释上应当与《侵权责任法》第2条[2]规定的民事权益范围一致。

按照"谁主张、谁举证"的一般举证责任规则，关于恶意串通的举证，应当由受到损害的被代理人承担。关于"恶意串通"的证明标准问题，《民事诉讼法司法解释》第109条规定："当事人对欺诈、胁迫、恶意串通事实的证明，以及对口头遗嘱或者赠与事实的证明，人民法院确信该待证事实存在的可能性能够排除合理怀疑的，应当认定该事实存在。"但不可否认的是，恶意串通本身的举证较为困难，在实务中要注意综合有关证据，并结合日常生活经验法则来进行认定，

---

[1] 参见朱庆育：《民法总论》，北京大学出版社2013年版，第340~343页。
[2] 《侵权责任法》第2条规定："侵害民事权益，应当依照本法承担侵权责任。本法所称民事权益，包括生命权、健康权、姓名权、名誉权、荣誉权、肖像权、隐私权、婚姻自主权、监护权、所有权、用益物权、担保物权、著作权、专利权、商标专用权、发现权、股权、继承权等人身、财产权益。"

不能动辄认为当事人举证达不到该证明标准，使当事人承担举证不能的后果而导致本款规定成为具文。

【审判实践中应注意的问题】

对于本条的适用，在审判实践中还要注意以下两点：

一、关于本条第2款规定的连带责任承担的范围问题

在责任后果上，本条第2款规定的是代理人与第三人承担连带责任。关于连带责任的承担，通常情况下系针对损害赔偿这一责任承担方式。但在本条第2款情形下，代理人与被代理人承担的就是民事责任，连带责任与按份责任属于民事责任承担中的一项基本分类。因此，在被代理人要求代理人与第三人停止侵害的情形，这时在表述上虽然称之为二者承担连带责任有一定争议，但是要求他们共同停止侵害（实质上也是连带责任）在解释上并无不妥。

二、本条规定的适用范围问题

依据体系解释，本条规定的情形既可以适用于委托代理，也可以适用于法定代理。只是第2款的情形可能在实践中很少发生。但是考虑到社会生活的复杂性，很少发生的情形并不意味着一定不会发生，第2款规定对于法定代理人与第三人恶意串通的情形同样予以适用也有一定的现实必要性，这对于维护处于相对弱势地位的无民事行为能力人、限制民事行为能力人的利益具有重要意义。

第二节　委托代理

> **第一百六十五条**　委托代理授权采用书面形式的，授权委托书应当载明代理人的姓名或者名称、代理事项、权限和期限，并由被代理人签名或者盖章。

【条文主旨】

本条是关于委托代理形式和内容的规定。

【条文理解】

委托授权书是代理关系的主要载体。本条规定沿用了《民法总则》第165条，而《民法总则》这一规定系对《民法通则》第65条规定修改而来。对于本条的理解与适用需要注意以下内容：

一、本条的修改沿革

《民法通则》第65条规定："民事法律行为的委托代理，可以用书面形式，也可以用口头形式。法律规定用书面形式的，应当用书面形式。书面委托代理的授权委托书应当载明代理人的姓名或者名称、代理事项、权限和期间，并由委托人签名或者盖章。委托书授权不明的，被代理人应当向第三人承担民事责任，代理人负连带责任。"相较这一规定，《民法总则》第165条的规定主要作的修改有：其一，删除了《民法通则》第65条第1款中关于委托代理非要式性的规定；其二，基本保留了第2款关于授权委托书记载事项的规定，但将原条文中的"委托人签名"修改为"被代理人签名";其三,删除了原条文第3款关于授权书不明的法律责任的规定。

《民法总则》该条所作修改的主要理由是,删除原条文第1款的规定,主要在于现条文的表述"委托代理授权采用面形式的……"实际上既可以包含委托代理的授权可采用口头形式的内容,也可以包含法律规定采用书面形式的内容。而且法律规定采用书面形式,采用书面形式的问题既然法律已有规定,该条也可以不必再多写。该条所作修改一方面可以使条文内容更加精炼,另一方面在行为导向上有利于引导当事人更多地采用书面形式签订委托授权书,由此可以使法律关系更加清晰明了,可以更好地避免不必要的争议。删除第3款的原因主要是实践中对于该款内容争议太大,且有对代理人要求过苛之嫌,还需要进一步研究论证。保留第2款的理由在于本款内容已经过实践检验,既没有发现什么明显问题,也已普遍为实践所接受。

二、关于本条规定的具体适用

对于本条规定具体适用,需要把握以下几点:

(一)关于委托授权的要式性问题

本条规定虽然删除了《民法通则》第65条规定的口头形式的内容,但在解释上并非禁止委托代理适用口头形式,只是在行为导向上鼓励当事人更多地选择书面形式订立授权委托书。应该说,委托代理的授权委托可以采取口头、书面或者其他形式。授权的方式既可以明示授权也可以默示授权(比如职务授权行为)。

(二)关于授权行为的性质问题

这主要涉及的是授权行为的无因性问题。本条规定并未涉及代理行为无因性的内容。目前主流观点认为授权行为具有无因性。即使承认部分有因的学者也认为,从平衡保护被代理人与第三人利益出发,可采有因说,但涉及善意第三人利益保护时,善意第三人可依表见代理主张权利。①但由于授权行为无因性理论的争议较大,又非常复杂,目前我国法律并未规定。

虽然理论上对于授权行为无因性问题存有争议,但对于授权行为并非委托合同这一问题则有较为明确统一的认识,通说认为授权行为系单方法律行为,因此就应当适用单方法律行为的基本法律规则。比如法律行为的核心要素是意思表示,那么有关意思表示真实、瑕疵等的规则对于授权行为本身都要适用,但这要注意对善意相对人利益的保护问题,这就可能涉及表见代理甚至无权代理规则的适用。代理权的授权行为可以附条件或者期限,"代理权之授与,附有解除条件或期限者,因其条件之成就或期限之届至而消灭"。②此外,意思表示存在撤回甚至撤销的问题,对于代理权的授予也可能存在这一情形,但这一问题较为复杂抽象,《民法典》并未作出规定。对此,我国台湾地区"民法"有专门的代理权之限制及撤回的规定,其第107条规定:"代理权之限制及撤回,不得以之对抗善意第三人。但第三人因过失而不知其事实者,不在此限。"③这可以作为一个较好的比较参照,在今后审判实践中,有必要对代理权的撤回问题作进一步调研论证,通过不断总结经验,适时起草司法解释解决甚至推动立法予以规定。

(三)关于授权委托书的记载事项

对此,本款内容与《民法通则》原有规定大致相同,主要包括代理人的姓名或者名称、代理事项、权限和期间,以及被代理人的签名或者盖章。这些内容已为实践所普遍接受。民法总则的学者建议稿也都作了基本相同的规定。比如王利明教授所拟建议稿第207条【授权书】规定"代理权授予采用书面形式的,授权书应当载明代理人的姓

---

① 马骏驹、余延满:《民法原论》,法律出版社2010年版,第228~230页。
② 史尚宽:《民法总论》,中国政法大学出版社2000年版,第487页。
③ 对于代理权的撤回,史尚宽先生有深刻论述:"意定代理,得于其所授与之法律关系存续中撤回之,但依该法律关系之性质不得撤回者,不在此限('民法'108条2项)。代理权之撤回,谓已授与之代理权之全部或一部之撤回。其一部之撤回又称为代理权之限制。代理权之授与与撤回,皆为要相对人之单独行为。撤回之意思表示,得向代理人或代理人对之为法律行为之第三人为之。于意思表示到达时,发生效力(参照德民一六八条三段)。撤回亦得默示的为之,例如,授权书之取回。"

名或者名称、代理事项、权限和期间,并由委托人签字或者盖章。"杨立新教授所拟建议稿第156条【代理权的授予】第2款规定:"代理权授予采用书面形式的,授权书应当载明代理人的姓名或者名称、代理事项、权限和期间,并由被代理人签字或者盖章。"

  此次《民法典》编纂时,沿用了《民法总则》的这一规定。对于本款规定的授权委托书记载事项属于列举式规定,但是按照意思自治原则的要求,实践中授权委托书的记载事项应当是可以包括上述记载事项,但也不限于上述事项。关于上述事项是否属于必须记载的事项问题,我们认为,从行文规范的角度讲,是导向甚至要求当事人进行代理权授权时,应当在书面授权书中记载上述内容,这样可以使得代理权授权法律关系比较清晰,从而有效防范法律风险,避免不必要的纠纷。但从裁判规范的角度讲,由于代理本身可以采取口头形式,条文对于书面授权也并未明确要求上述事项属于必须记载事项,因此从意思自治的角度,对于未全面记载上述事项的委托授权书也不能硬性认定为无效。对此可以参照作为典型的法律行为的合同的主要条款的做法。虽然目前对于合同主要条款存在不同争议,也需要结合具体合同进行认定,但一般都认为当事人、合同标的属于合同的主要条款,没有合同主要条款的合同在法律后果上属于合同不成立。我们认为,作为一个处理问题的思路,可以探索参照欠缺合同主要条款的做法,对于委托授权书,如果欠缺代理人和代理事项,则不能认定代理授权行为成立。至于其他事项可以遵循诚信、鼓励交易的原则,通过对授权书内容进行解释的方法予以确定。

三、关于授权书不明时的责任承担问题探讨

  关于授权书不明时的责任,《民法通则》第66条第3款规定了由代理人与第三人承担连带责任。但学界普遍认为这一规则对于代理人要求过于苛刻,不利于代理制度的运用和功能发挥。授权不明属于被代理人的过失,代理人本不应负责,《民法通则》的规定从维护交易

安全及相对人利益角度考虑，但对代理人过苛。①所谓"授权不明"仅仅是一种理论上的设想，应规定未限定代理权的视为全权委托，代理行为有效。理由是：第一，国外立法通常限定授权不明的情形下代理权的范围，如法国规定不得为处分行为。超出范围则构成无权代理或表见代理。第二，《民法通则》规定不妥，责任的含义不明（代理无效的赔偿责任、否认追认权、损害交易安全）。第三，遭到学界批评（本人、共同、法定范围内外区分），但各种建议都不合理。②从本质上看，授权不明，本身也具有授权的意思表示，授权不明产生的是一种有权代理，只是代理人权限不明，这包括代理范围不明确、代理期限不明确或者代理职责不明确。③在处理后果上，有学者建议应当区分不同情况处理，无偿代理应由被代理人对第三人负责；有偿代理一般由被代理人对第三人承担责任，代理人有重大过失的负连带责任；第三人有重大过失的，被代理人、代理人不担责。④

此外，为避免代理权的滥用，彰显委托授权书的重要性，大陆法系国家和地区还有关于授权书归还的规定。比如《德国民法典》第175条规定："意定代理权消灭后，被授权人必须将授权书返还给授权人；被授权人不享有留置权。"另外，我国台湾地区"民法"第109条规定："代理权消灭或撤回时，代理人须将授权书，交还于授权者，不得留置。"《澳门民法典》第260条也规定："一、授权失效后，代理人应立即将载有其权力之文件返还。二、代理人对上述文件无留置权。"《民法典》对此并未规定，但不妨碍今后就这一问题继续研究和探索。

---

① 参见梁慧星：《民法总论》，法律出版社2011年版，第228页。
② 参见尹田：《民法典总则之理论与立法研究》，法律出版社2010年版，第679~693页。
③ 参见王利明：《民法总则研究》，中国人民大学出版社2003年版，第635页。
④ 马骏驹、余延满：《民法原论》，法律出版社2010年版，第228、229页。

第一百六十六条 数人为同一代理事项的代理人的，应当共同行使代理权，但是当事人另有约定的除外。

【条文主旨】

本条是关于共同代理的规定。

【条文理解】

共同代理是代理制度的重要内容，《民法通则》对此并未规定，《民法总则》根据审判实践经验以及各方意见对此作了规定，《民法典》总则编对此予以沿用。对于本条的理解需要把握以下几点：

一、共同代理概述

依代理权的行使是一人还是数人为标准，可以将代理分为单独代理和共同代理。"代理权共同属于二人以上之代理人，为共同代理。"[1] 通常而言，共同代理是指两人以上的代理人就同一委托事项共同实施代理行为的代理。共同代理的构成必须是数个代理人就同一委托事项所进行的代理。

共同代理不同于学理上的集合代理，集合代理是指代理人有数人，但被代理人分别授予各代理人独立的代理权，代理人可各自从事单独代理行为的代理。也有观点认为，数个代理人同时为同一被代理人利益而分别行使同一代理权的代理，各代理人均可单独实施代理行为。[2] 但从性质上讲，集合代理是数个独立的代理权的集合，而共同

---

[1] 史尚宽：《民法总论》，中国政法大学出版社2000年版，第467页。
[2] 梁慧星：《中国民法典草案建议稿附理由》，法律出版社2013年版，第339页。

代理则是数人行使同一个代理权。此外，对于共同代理与集合代理在实务上如何区分，可以从委托授权的内容，特别是书面形式的内容予以判断。如果被代理人授权数个代理人时，委托授权书明确了各个代理人的权限的，原则上应认定为数个单独代理的集合，如果委托授权书未明确各代理人的代理权限而是将代理权一揽子授予数个代理人的情形，则应认定为共同代理。

二、共同代理权的行使规则

依据本条规定，共同代理的行使应当是以数个代理人共同行使该代理权，但当事人另有约定的除外。这里的当事人应当是被代理与代理人之间，而非数个代理人的内部约定。另外，也有意见认为本条的但书条款实际上是对集合代理的规定，共同代理就要由数人共同行使代理权。从条文文义上讲，本条规定的内容确实没有硬性要求数人就同一委托事项进行的代理必须共同行使代理权，而是可以允许当事人之间通过约定排除。因此，从法律适用的角度讲，关于本条规定的代理权的行使方式是非常清晰的。

本条仅规定了代理权共同行使的原则，但对于如何共同行使则并没有规定。史尚宽先生认为，"在共同代理，其数人之代理人，唯共同得为代理。代理人之一人未参加代理行为，或一人之行为有意思之欠缺或其他瑕疵时，则代理行为亦有瑕疵。其性质上，各代理人就其代理权，受有限制。从而一人为代理行为时，为权限之逾越。但在受动代理，虽在共同代理，应解为其中一人亦有受领之权限，盖否则甚为不便。虽在共同代理，亦不可认为要求意思表示受领之共同也。"[1]这一观点于现今都具有积极的指导和参照意义。共同代理原则上应由代理人共同行使，若仅由其中一人或数人为代理行为，只有经过被代理人或者其他代理人的追认后才能发生效力。[2]也就是说，数个共同代理人并未共同行使代理权，而是单独行使代理权的，这时可能构成

---

[1] 史尚宽：《民法总论》，中国政法大学出版社2000年版，第468页。
[2] 孙宪忠：《民法总论》，社会科学文献出版社2010年版，第278页。

无权代理或者表见代理。对于单纯的代理受领某一标的的行为，是否一概要求必须数个代理人共同为之，则可以作进一步探讨，但在当事人明确约定可以单独进行代理行为的则不在此限。

关于共同行使代理权的具体方式，本条并没有规定。通常而言，这不能有过于硬性的要求，在代理人与被代理人之间有约定的情况下，按照约定进行。在没有约定的情况下，则应当允许数个代理人之间通过约定进行分工，在出现争议时可以通过协商多数决的做法进行，经全体代理人的协商或者按照多数人意思形成代理意见，但这时应当将数个代理人的分工情况及协商情况及时向被代理人报告。至于数个代理人之间能否通过协商推举代表人由其中一个或者部分人实施代理行为，则存有争议。我们认为，原则上讲，在法律没有禁止性规定或者代理人与被代理人之间没有特别约定排除的情况下，这种协商分工不宜认定为无效，但也要看是否违背被代理人在进行委托代理时的真实意思表示以及不同行业领域的惯常做法。因为委托共同代理的目的通常是发挥数个代理人的能力、特长，如果最终代理人之间通过协商变更为其中一人代理时，这时实际上构成了变相的转委托，有违被代理人最大利益的要求，确有违反忠实义务之嫌。因此，在这种情况下，代理人通常应当更要及时将有关情况向被代理人履行报告义务，以征得被代理人同意为原则，在行业惯例有不同做法或者紧急情形下除外。

三、关于违反共同代理权行使规则时的责任承担问题

本条并未规定数个代理人违反共同代理权行使规则给被代理人及第三人造成损害时的责任承担规则。共同代理由于代理人的多数性，较单独代理而言，在责任承担上有一定的复杂性。有学者认为，在共同代理中，如果因实施该代理行为而给被代理人或第三人造成了损失，应由全体代理人负连带责任；如其中一个或数个代理人未与其他代理人协商同意而行使代理权，该代理行为无效，给被代理人造成损

失的,由实施该行为的代理人承担责任。[1] 这一观点有一定道理。《民法通则意见》第79条第1款规定:"数个委托代理人共同行使代理权的,如果其中一人或者数人未与其他委托代理人协商,所实施的行为侵害被代理人权益的,由实施行为的委托代理人承担民事责任。"这一规定与本条规定并不冲突,应当继续适用。但对于该代理人的责任承担问题,则必须以损害被代理人合法权益为前提。有学者认为,在第三人明知代理为共同代理时,个别代理人发出的意思表示因缺乏共同意思表示的要件而未成立;只有第三人善意且符合表见代理时,才存在个别代理人实施共同代理损害本人利益的责任承担问题。[2]

至于数个代理人共同实施的违法代理行为或者与第三人串通实施的代理行为,侵害被代理人合法权益的,基于其行为的共同性,这时数个代理人之间应当承担连带责任,至于他们之间如何协商分工则在所不问。但对于数人中单个代理人实施的行为是否无效的问题,则需要具体问题具体判断,在符合无权代理或者表见代理构成要件的情况下,应当适用相应的法律规则,而不能一概认定为代理行为无效。

此外,《民法通则意见》第79条第2款还规定:"被代理人为数人时,其中一人或者数人未经其他被代理人同意而提出解除代理关系,因此造成损害的,由提出解除代理关系的被代理人承担。"该款内容与总则编的规定也不冲突,故在审判实务中也应当继续适用。

---

[1] 马骏驹、余延满:《民法原论》,法律出版社2010年版,第225页。
[2] 朱庆育:《民法总论》,北京大学出版社2013年版,第338页。

> **第一百六十七条** 代理人知道或者应当知道代理事项违法仍然实施代理行为,或者被代理人知道或者应当知道代理人的代理行为违法未作反对表示的,被代理人和代理人应当承担连带责任。

【条文主旨】

本条是关于代理违法事项责任承担的规定。

【条文理解】

关于违法代理的责任承担问题,《民法通则》已作出规定,《民法总则》基本延续了原有法律规则,《民法典》也沿用了相关规定。对于本条的理解需要把握以下几点:

一、违法代理概述

代理的事项应当合法,或者说代理行为应当合法,为各国法律所普遍承认。代理事项即代理实施的民事法律行为的标的应当是合法的,不能违反法律的强制性规定和公共秩序、善良风俗。违法代理就要承担相应的法律责任。

关于代理违法事项的责任问题,《民法通则》第67条规定:"代理人知道被委托代理的事项违法仍然进行代理活动的,或者被代理人知道代理人的代理行为违法不表示反对的,由被代理人和代理人负连带责任。"《民法总则》对该条确定的基本法律规则并未作改变,仍然采用了违法事项代理行为由被代理人和代理人承担连带责任的做法,所作主要修改是增加了"代理人或者被代理人应当知道"的情形,其他只是作了文字修改,将原有的"进行代理活动"修改为"实施代理行为",以在表述上更加严谨。本条沿用了这一规定。

二、违法代理责任承担的法律适用规则

关于本条规定的违法代理的法律适用规则,主要有两种情形:其一是代理人知道或者应当知道委托事项本身违法仍然实施代理行为的;其二是被代理人知道或者应当知道代理人的代理行为违法未作反对表示的。简言之,从违法行为的表现上看,包括委托事项本身违法、被委托事项本身不违法但代理行为违法两种情况。对于代理行为违法,被代理人未作反对表示的情形,对此的理解通常是一种默许,即不作为,也可以包括以其行为配合代理人实施该违法代理行为的情形。按照举轻以明重的法理,如果被代理人明确表示同意代理人实施违法代理行为的,当然也要适用本条所规定的法律后果,即二者之间承担连带责任。在此需要注意的是,有损害方有救济,这是民事损害赔偿的基本法理,因此在涉及代理人与被代理人之间承担连带责任时,要以造成他人,通常是相对人实际损害为前提。但如果该相对人也知道该代理行为或者代理事项违法仍然与代理人进行相应行为的,则这时可能相对人与代理人之间的行为本身即是违法,则因该违法行为导致的损害不应受到法律保护;即使在该相对人与代理人之间的行为并非违法的情形下,也应当认定此相对人本身存在故意或者重大过失,而应免除或者减轻代理人与被代理人之间的责任。

对于本条的适用还要注意的是,依据反对解释,对于被代理人委托代理人进行违法行为,代理人不知道也不应当知道代理事项违法,则这时委托事项违法的责任应由本人承担;同样,如果委托事项不违法,但代理人的代理行为违法,但被代理人不知道或知道后表示反对的,则应由代理人承担违法后果。实践中这里的代理行为违法而被代理人不知道的情形可能会相对较多,而代理人不知道委托事项违法的情形可能会比较少见,因为某一事项违法本身具有公知性,通常而言当事人不能以不知道法律规定某一行为违法作为抗辩事由。这里可能

涉及代理制度中的一个争议较大的问题，即代理人的行为能力要求问题。依据本法第173条关于委托代理终止的事由的规定看，代理人丧失民事行为能力导致代理权终止。据此，只要代理人并未丧失民事行为能力，其一样享有代理权。故代理人仅是限制民事行为能力人，不影响其享有或者行使代理权。各个国家和地区也都是明确承认限制民事行为能力人可以行使代理权。比如《德国民法典》规定："代理人所为或者所受的意思表示的效力，不因代理人为限制行为能力人而受影响。"《日本民法典》第102条规定："代理人无须是行为能力人。"我国台湾地区"民法"第104条也规定："代理人所为或所受意思表示之效力，不因其为限制行为能力人而受影响。"

在承认限制民事行为能力人可以作为代理人的前提下，上述第一种情形即代理人不知道违法事项仍然代理的情形在客观上就是可能的，基于认知能力所限，在客观上不能期待不具备完全民事行为能力的人对所有违法事项都要知悉。进而言之，如果限制民事行为能力的代理人知道代理事项违法仍然进行代理活动的情况下，在责任后果上仍然应当是该代理人与被代理人承担连带责任。只是在该代理人的财产不足以赔偿第三人损失的，则涉及本法侵权责任编中的第1188条的适用问题，即"无民事行为能力人、限制民事行为能力人造成他人损害的，由监护人承担侵权责任。监护人尽到监护职责的，可以减轻其侵权责任。有财产的无民事行为能力人、限制民事行为能力人造成他人损害的，从本人财产中支付赔偿费用；不足部分，由监护人赔偿。"在责任形态上，在外部责任上可能会出现该代理人的监护人与被代理人承担连带责任。但这一情形较为复杂且实务中并不多见，尤其是监护人减责是适用于外部责任还是该监护人与被代理人之间的内部责任则有很大争议，本条对此没有规定，这还有待审判实践中不断探索和总结经验，以适时制定统一的法律适用规则。

关于违法事项或者违法代理行为的理解问题。对此，本编并没有明确规定，学界和实务界也存在不同认识。我们倾向于认为，本着发挥代理制度功能作用、鼓励交易与制裁打击违法行为的平衡考虑，这里"违法"应当理解为违反法律强制性规定的行为或者事项，这里的法律可以作适当广义理解，包括行政法规，至于违反的是效力性强制性规定还是管理性强制性规定则在所不问。

关于"应当知道"的法律后果的理解问题。本条明确规定了在代理人应当知道违法事项或者被代理人应当知道代理行为违法的情形与"知道"的情形一样承担连带责任。对于"知道"的情形，通常认为在代理事项违法或代理行为违法的情况下，本人或代理人仍然继续进行该行为，就表明其主观上具有一定的意思联络，故而此时应当由二者承担连带责任。对于"应当知道"而仍然为之的情形，这时二者之间并无意思联络，之所以规定他们之间承担连带责任，旨在从严打击制裁违法代理活动，而且这也并不违背连带责任承担的法理基础。关于连带责任的承担，传统民法理论将此限定为要以双方有意思联络为要件，但现代侵权法理论和实务都对此已有很大突破。本法侵权责任编中的第1168条关于共同侵权的规定[①]即已不再一概要求共同侵权人须有意思联络，而是包括三层含义：其一，共同故意。数个行为人基于共同故意侵害他人合法权益的，应当成立共同侵权行为。其二，共同过失。"共同过失"主要是数个行为人共同从事某种行为，基于共同的疏忽大意，造成他人损害。其三，故意行为与过失行为相结合。[②]

至于本条规定责任构成要件，尤其是代理人或者被代理人"知道或者应当知道"的举证证明责任分配问题，根据《民事诉讼法司法解释》第90条、第91条的规定[③]，宜由主张承担责任的一方当事人承担。

[①] 该条规定："二人以上共同实施侵权行为，造成他人损害的，应当承担连带责任。"

[②] 王胜明主编：《〈中华人民共和国侵权责任法〉条文解释与立法背景》，人民法院出版社2010年版，第46页。

[③] 《民事诉讼法司法解释》第90条规定："当事人对自己提出的诉讼请求所依据的事实或者反驳对方诉讼请求所依据的事实，应当提供证据加以证明，但法律另有规定的除外。在作出判决前，当事人未能提供证据或者证据不足以证明其事实主张的，由负有举证证明责任的当事人承担不利的后果。"

第91条规定："人民法院应当依照下列原则确定举证证明责任的承担，但法律另有规定的除外：（一）主张法律关系存在的当事人，应当对产生该法律关系的基本事实承担举证证明责任；（二）主张法律关系变更、消灭或者权利受到妨害的当事人，应当对该法律关系变更、消灭或者权利受到妨害的基本事实承担举证证明责任。"

> **第一百六十八条** 代理人不得以被代理人的名义与自己实施民事法律行为，但是被代理人同意或者追认的除外。
>
> 代理人不得以被代理人的名义与自己同时代理的其他人实施民事法律行为，但是被代理的双方同意或者追认的除外。

【条文主旨】

本条是关于禁止自己代理或者双方代理的规定。

【条文理解】

自己代理与双方代理的禁止作为维护被代理人利益的重要规则，为各国民法所普遍承认，我国《民法通则》对此并未规定，《民法总则》增加了这一内容，既做到了与国际接轨，又很好地总结了我国理论研究和审判实务经验，完善了代理制度规则体系，《民法典》总则编对这一内容予以了保留。对于本条的理解需要把握以下几点：

一、代理人行使代理权[①]应当遵循的义务

禁止自己代理和双方代理与代理人的义务密切相关。明确代理人的义务，是理解和适用禁止自己代理和双方代理的前提条件。

《民法典》总则编对于代理人的义务并没有具体的规定。合同编

[①] 代理人行使代理权的义务涉及代理权的性质问题。王泽鉴先生认为代理权系以代理人名义所为法律行为的效力，得直接归属于本人的法律上权能。此法律上权能本质上系一种资格或地位，虽为独立的法律之力，但非属所谓的权利或能力。其所以非属权利，因代理权非为代理人的利益而存在，而是本人的利益而赋予。其所以非属能力，因其非使代理人取得某种权利或义务，乃在扩大本人的法律上交易活动。参见王泽鉴：《民法总则》（增订版），中国政法大学出版社2001年版，第449页。

中委托合同部分对于受托人的义务有明确规定。虽然合同编关于委托合同的规定主要是解决委托人与受托人之间的内部关系，而代理则旨在解决代理行为在本人及相对人之间的效力问题，此二者存在很大不同。但有关代理人的义务问题，则与委托合同部分受托人的义务有很大共通之处。根据代理制度的宗旨，并参考合同编中委托合同部分的规定，代理人须履行以下义务：

其一，必须为被代理人的利益实施代理行为。委托代理制度是基于经济社会不断发达、社会分工不断细化，在市场经济中代理人与被代理人各取所需、相得益彰的制度。从被代理人的角度看，其设定代理的目的是为了利用代理人的知识技能为自己服务。从代理制度的功能而言，代理人只有真正为被代理人利益实施代理行为，代理制度的功能才能发挥，并在实践中保持其蓬勃生命力。因此，代理人的活动应当从被代理人的目的和利益出发，而不是从代理人自己的利益出发实施代理行为。代理人应当以善良管理人的注意，处理代理事务，实现被代理人的目的和利益。

其二，必须亲自实施代理行为。被代理人委托特定的代理人，是基于对该代理人而非其他人的技能、专长、信誉等的信赖，代理人必须亲自实施代理行为，才符合被代理人的内心真实意思。除非被代理人同意或者有特殊紧急事由发生，代理人不得将代理事项转委托给他人。

其三，必须在代理权限范围内行使代理权。作为代理人身份标志的代理权，不论是产生于被代理人的授权，还是产生于法律规定或指定机关的指定，其权限范围都是决定于被代理人的合法利益。因此，代理人必须在代理权限范围内行使权利，实施代理行为，不得超出代理权的范围进行代理行为。超出代理权限范围的代理行为，为无权代理。

其四，必须谨慎、勤勉、忠实地行使代理权。代理人行使代理权，必须履行谨慎、勤勉义务，忠实地按照代理宗旨维护代理人的利益，处理好被代理人的事务，以增进被代理人的福祉。同时，还应当履行报告义务和保密义务。一般认为，报告义务的内容是，代理人应将处理代理事务的一切重要情况向被代理人报告，以使被代理人知道事务的进展和自己财产或者利益的损益情况。报告必须忠实，不能包括虚伪不实等可能使被代理人陷于错误的资料。在代理事务处理完毕后，代理人还应向被代理人报告执行任务的经过和结果，并提交必要的文件材料。保密义务的内容是，代理人在执行代理事务过程中，知悉被代理人的个人秘密或者商业秘密，不能擅自披露，更不准利用这些秘密与被代理人进行不正当竞争。[1]

二、自己代理与双方代理的禁止

为了维护被代理人的利益，应当对代理人行使代理权进行必要的限制。自己代理和双方代理都属于与本人利益冲突的代理。因代理人所为的代理行为与自己有利益冲突，违背最大限度维护被代理人利益的规则要求，构成代理权滥用，为法律禁止。[2]法学家史尚宽指出，代理人以本人之名义对于自己为意思表示，或以本人之名义受领自己本身之意思表示，谓之自己代理，虽亦有称为自己契约（Selbstkontrahieren），然代理人以本人之名义，对于自己为单独行为，或以为本人受领，以自己名义所为之单独行为时，称为自己契约，未免不妥。又代理人以一人而兼任两个当事人之双方代理，谓之双方代理（Doppelvertretung），如允许此种代理，则代理有任意牺牲本人之利益，以为自己或第三人的利益之虞，故在"民法"规定：代理人，非经本人之许诺，不得为本人与自己之法律行为，亦不得既为第三人之代理人，而为本人与第三人之法律行为。[3]正因如此，各国或者地区均在代理制度中明确规定了禁止自己代理和双方代理的规则，本条对此也作了专门规定。

---

[1] 杨立新：《民法总则》，法律出版社2009年版，第423页。
[2] 孙宪忠：《民法总论》，社会科学文献出版社2010年版，第273页。
[3] 参见史尚宽：《民法总论》，中国政法大学出版社2000年版，第480、481页。

(一)自己代理的禁止

自己代理,是指代理人以被代理人名义与自己实施民事法律行为的代理活动。通常情况下,代理人这时也应在代理权限内进行,但如果超过代理权限所实施的与本人进行的代理活动,也应属于自己代理的范畴,当然这时存在与无权代理的交叉问题,在被代理人事后追认的情况下可认定为有效。在自己代理的情况下,代理人同时作为代理关系的代理人和相对人,其又是完全独立的以被代理人名义实施法律行为,交易双方的意思表示实际上是由代理人一个人作出的,由于交易都是以对方利益为代价追求自身利益的最大化,这时不可避免存在代理人本人与被代理人之间的利益冲突,会存在代理人为自己的利益牺牲被代理人利益的极大风险。因此,为防止代理人滥用代理权,除非事前得到被代理人的同意或者事后得到追认,不能承认自己代理的效力。

(二)双方代理的禁止

双方代理,又称为同时代理,是指在同一法律行为中代理人同时为法律关系的双方当事人所实施的代理活动。限制自己代理和双方代理的目的都是为了防止代理人借此损害本人利益。由于交易双方当事人的利益总是相互冲突的,通过讨价还价才能使双方的利益达到平衡,而由同一个人同时代表两种利益,难免顾此失彼,最终倾向于一方的利益。而且同一个人代表两种利益,无法实现讨价还价的过程,两种利益难以达到平衡。因此,除非事前得到被代理人的同意或者事后得到追认,法律不承认双方代理的效力。[1]

关于自己代理与双方代理的效力问题。理论和实务上存有争议,有意见认为以认定无效为原则,除非事前得到被代理人同意或事后追认,应认定无效。[2] 也有意见认为应当赋予被代理人撤销权,在代理人有自己代理或双方代理的情形下,被代理人有撤销权,但本人已经同意或代理人已向本人披露,本人在合理期间未提异议的除外。赋予

---

[1] 杨立新:《民法总则》,人民法院出版社2009年版,第424页。
[2] 杨立新:《民法总则》,法律出版社2013年版,第513、514页。

本人撤销权比绝对无效更有利于保护本人利益。[①] 还有意见认为此应为效力待定行为。应该说，上述意见都有一定道理，效力待定说在逻辑上更为可取。赋予被代理人撤销权可能在现行法框架下缺乏明确依据。根据本条规定的文义，在被代理人追认或者同意的情况下，该代理行为应当属于有效，故在其未作追认的情况下，该行为应处于效力待定状态，如果该行为在未追认或者同意前认定为无效，同意或者追认后变成有效，可能在逻辑上不够妥当。

关于补正双方代理和自己代理效力的情形。至于被代理人同意的情形，一般发生在被代理人事先同意的情形，但在此要注意这一事先同意条款是否为代理人事先拟定的格式合同而要适用格式合同的有关规则。至于追认的情形，则可以参照适用本法第171条第2款的规定"相对人可以催告被代理人自收到通知之日起三十日内予以追认。被代理人未作表示的，视为拒绝追认。行为人实施的行为被追认前，善意相对人有撤销的权利。撤销应当以通知的方式作出。"只是这里的催告应当是代理人向被代理人发出，至于后果，则应当参照适用该款规定的"被代理人未作表示的，视为拒绝追认"。此外，对于补正双方代理和自己代理效力的情形，有学者认为无损于本人利益的行为（专为履行债务的行为）[②] 或者纯使被代理人获利的情形[③] 也应当认定为有效，这一观点较有道理，可供实务参考和积累相应经验后通过司法解释予以明确。

[①] 梁慧星：《中国民法典草案建议稿附理由》，法律出版社2013年版，第322页。
[②] 尹田：《民法典总则之理论与立法研究》，法律出版社2010年版，第699、700页。
[③] 梁慧星：《中国民法典草案建议稿附理由》，法律出版社2013年版，第325页。

> **第一百六十九条** 代理人需要转委托第三人代理的,应当取得被代理人的同意或者追认。
>
> 转委托代理经被代理人同意或者追认的,被代理人可以就代理事务直接指示转委托的第三人,代理人仅就第三人的选任以及对第三人的指示承担责任。
>
> 转委托代理未经被代理人同意或者追认的,代理人应当对转委托的第三人的行为承担责任;但是,在紧急情况下代理人为了维护被代理人的利益需要转委托第三人代理的除外。

【条文主旨】

本条是关于复代理的规定。

【条文理解】

复代理是代理制度的重要内容。对于本条的理解需要把握以下几点:

一、复代理概述

复代理,又称为再代理,本条中称之为转委托代理,是指代理人为实施代理权限内的全部或者部分行为,以自己的名义选定他人担任自己的被代理人的代理人,并由该他人代理被代理人实施法律行为的情形。被选定的该他人为复代理人,其代理的法律效果直接归属于被代理人。[1] 复代理制度有助于在代理人无法或很难办理代理事务情形

---

[1] 参见杨立新:《民法总则》,人民法院出版社2009年版,第425页。

下可最大限度保护被代理人利益,加速商事交易流转,不应否定。[①]

《民法通则》第68条规定:"委托代理人为被代理人的利益需要转托他人代理的,应当事先取得被代理人的同意。事先没有取得被代理人同意的,应当在事后及时告诉被代理人,如果被代理人不同意,由代理人对自己所转托的人的行为负民事责任,但在紧急情况下,为了保护被代理人的利益而转托他人代理的除外。"《民法总则》在上述条文规定基础上对复代理制度作了更加系统完备的规定。其主要修改为:其一,较原有未分款规定的做法,本条分三款分别对复代理的构成要件、复代理的性质及代理人的责任、紧急情况的例外作了规定;其二,明确增加了被代理人追认可以使复代理合法有效的内容;其三,增加规定了复代理人是被代理人的代理人以及代理人仅对第三人的选任及指示承担责任的规定。《民法典》总则编对这一规定继续沿用。

二、关于本条规定的具体法律适用

对于本条的适用,需要注意以下几个问题:

(一)关于构成合法有效的复代理须满足的要件

其一,须有本代理存在,即本代理合法有效存在,这是复代理存在的前提条件。

其二,须事先征得被代理人同意或者事后经过被代理人追认。擅自转委托的,转委托行为不成立,再代理人实施的代理行为构成未被本人追认的无权代理。从这个角度讲,在未经过被代理人同意或者事后追认前,该代理行为实际上处于效力待定状态。如果转委托代理没有经过被代理人追认,则该复代理构成无效行为,但这也有例外情形,即构成表见代理的除外。

其三,须代理人以自己独立意思为被代理人选任复代理人,虽为代理人选任复代理人,但也是以代理人自己名义进行的选任。

[①] 参见梁慧星:《中国民法典草案建议稿附理由》,法律出版社2013年版,第333页。

其四，复代理权应在原代理权范围之内。通说认为构成复代理后，原代理权并未消灭，而是仍然存续。在发生复代理后，复代理人并不取代代理人，代理人的地位不变，只是由复代理人分担了其部分职责。代理人的代理权并未让给复代理人，而只是在代理权之下，派生出另一个代理权。选任复代理人后，代理人仍然可以继续行使代理权。①复代理人行使代理权须在原代理权范围之内，同时要受到代理人指示范围的约束，超出这两个范围权限的复代理行为构成无权代理，应当适用无权代理的规则，符合表见代理情形的，则发生表见代理的法律后果。

(二)关于复代理人及代理人的法律地位问题

《民法通则》对此并没有明确规定，无论域外民法还是我国理论与实务界均认为复代理人是本人的代理人而非代理人的代理人，在《民法总则》起草过程中，有关方面包括最高人民法院也建议明确复代理人的法律地位。"代理人选任复代理人，而为自己与复代理人间之法律行为，非自己代理或双方代理，原则上应为有效。盖复代理虽由代理人所选任，然非代理人之代理人，而直接为本人之代理人，为本人为意思表示或受领意思表示，故不得以复代理人为本人之代理担当代理事务，指为代理人之自己代理或双方代理。"②《民法总则》第169条采纳各方意见，对这一问题作了明确，并在此基础上进一步规定了代理人的责任范围，即仅就其选任和对复代理人的指示范围内承担民事责任。《民法典》总则编沿用了这一规定。通常而言，这一责任应当属于过错责任的范畴，代理人按照本人指定选任的不担责，但代理人明知复代理人不能胜任代理事务而怠于通知被代理人的仍应承担相应的责任。关于复代理人的义务，由于其本质上就是本人的代理人，因此复代理人对本人及第三人，有与代理人同一的权利义务，即同样负有勤勉、忠实地在其代理权限范围内实施民事法律行为，对被代理人按照诚信原则的要求履行报告义务和保密义务。除此之外，复

---

① 参见杨立新：《民法总则》，人民法院出版社2009年版，第425页。
② 史尚宽：《民法总论》，中国政法大学出版社2000年版，第482页。

代理人还负有接受代理人的指示而进行代理行为的义务。

(三) 关于紧急情况的认定

对此,《民法典》并没有规定,在法律适用上,参照《民法通则意见》第80条的规定,由于急病、通讯联络中断等特殊原因,委托代理人自己不能办理代理事项,又不能与被代理人及时取得联系,如不及时转托他人代理,会给被代理人的利益造成损失或者扩大损失的,属于紧急情况。

(四) 关于转委托手续的办理以及转委托不明的法律责任

对此,本条并没有作出具体规定。《民法通则意见》第81条规定:"委托代理人转托他人代理的,应当比照《民法通则》第65条规定的条件办理转托手续。因委托代理人转托不明,给第三人造成损失的,第三人可以直接要求被代理人赔偿损失;被代理人承担民事责任后,可以要求委托代理人赔偿损失,转托代理人有过错的,应当负连带责任。"关于转委托手续的办理,应当适用该条规定内容。但对于转委托不明的责任承担问题,该条虽然确定了可以由被代理人先承担责任的做法,但对于后面的委托代理人与转托代理人之间的连带责任问题,有意见认为此与《民法通则》第65条第3款规定的"委托书授权不明的,被代理人应当向第三人承担民事责任,代理人负连带责任"具有一定的相似性,故该条规则是否能够继续适用值得研究。对此,有意见认为应区别情形对待:复代理人显示了多层代理关系的,应由本代理人直接向第三人负责;复代理人未显示有多层代理关系的,第三人不知道本代理人的,应由复代理人担责。[①] 我们认为,上述两条内容确实有一定的相似性,也存在对"授权不明"缺乏可操作性的问题,但是该两条规则的规范对象以及规则的具体内容还是有明显不同,该规定与《民法典》有关规定并没有根本上的冲突,故在没有明确废止的情况下,可以继续适用。

此外,在一些特别领域,比如关于海上货运代理,司法解释有关

[①] 朱庆育:《民法总论》,北京大学出版社2013年版,第339页。

特别规定的，该规定与《民法典》及其他法律规定并不冲突的，应当继续适用。比如《最高人民法院关于审理海上货运代理纠纷案件若干问题的规定》第5条规定："委托人与货运代理企业约定了转委托权限，当事人就权限范围内的海上货运代理事务主张委托人同意转委托的，人民法院应予支持。没有约定转委托权限，货运代理企业或第三人以委托人知道货运代理企业将海上货运代理事务转委托或部分转委托第三人处理而未表示反对为由，主张委托人同意转委托的，人民法院不予支持，但委托人的行为明确表明其接受转委托的除外。"

（五）关于法定代理能否适用复代理的问题

依照学界通说，复代理人主要适用于委托代理，但也可适用于法定代理，即法定代理人可以为被代理人选择复代理人。法定代理人的代理权广泛，无法事必躬亲；一旦法定代理人无能亲自实施代理行为又不能转委托，将不利于实现被代理人利益。[①]

[①] 梁慧星：《中国民法典草案建议稿附理由》，法律出版社2013年版，第335~337页。

> **第一百七十条** 执行法人或者非法人组织工作任务的人员，就其职权范围内的事项，以法人或者非法人组织的名义实施的民事法律行为，对法人或者非法人组织发生效力。
>
> 法人或者非法人组织对执行其工作任务的人员职权范围的限制，不得对抗善意相对人。

【条文主旨】

本条是关于职务代理的规定。

【条文理解】

职务代理是代理制度的重要内容，《民法通则》并没有关于职务代理的规定，《民法总则》在总结理论研究成果和实务经验的基础上，并借鉴域外立法经验，对职务代理及其法律后果作了规定。《民法典》总则编对此予以沿用。对于本条的理解与适用，需要注意以下内容：

一、关于职务代理概述

关于职务代理，《民法通则》并未作出规定，而是从企业法人责任承担的角度在其第43条规定："企业法人对它的法定代表人和其他工作人员的经营活动，承担民事责任。"《民法通则意见》在此基础上了作了进一步规定，其第58条规定："企业法人的法定代表人和其他工作人员，以法人名义从事的经营活动，给他人造成经济损失的，企业法人应当承担民事责任。"《民法典》侵权责任编也是从用人单位责任的角度，在第1191条规定："用人单位的工作人员因执行工作任务造成他人损害的，由用人单位承担侵权责任。用人单位承担侵权责任后，可以向有故意或者重大过失的工作人员追偿。劳务派遣期间，被派遣的工作人员因执行工作任务造成他人损害的，由接受劳务派遣的用工单位承担侵权责任；劳务派遣单位有过错的，承担相应的补充责任。"上述规定都是从民事责任承担的角度对于企业法人或者用人单位在其工作人员执行工作任务造成他人损害时应承担的责任作出的规定。此与职务代理行为有一定的关联，但严格地讲并非属于对职务代理的明确规定。而且上述规定并未区分是代表行为还是代理行为。职务代理本质上作为代理的一种，其作为补强被代理人意思自治的重要方式，代理实施的是民事法律行为，而非侵权行为。只是在法律后果上，无论是职务代理行为还是执行工作任务导致他人损害的法律后果都是由该用人单位承担。《民法总则》第170条以《民法通则》第43条规定为基础，在总结各方意见的基础上，有针对性地对职务代理作出了规定。《民法典》总则编沿用了这一规定。

　　职务代理，是指代理人根据其在法人或者非法人组织中所担任职务，依据其职权对外实施民事法律行为的代理。一种意见认为，职务代理属于委托代理的范畴。职务代理有不同于委托代理的某些特征（比如职务代理的代理人是工作人员，受到劳动法律关系约束；甚至法律地位不平等，具有一定从属性；职务代理具有一定的稳定性、持续性）。但是职务代理具有委托代理的本质特点（被代理人单方授权，代理人只能在授权范围内以被代理人名义对外进行民事活动），故职务代理是委托代理的一种。①另有意见认为，职务代理难以为一般的意定代理所容纳。实践中法人对业务人员不另授权；法人或其他组织的成员以及主要工作人员就其职权范围内的事项进行的法律行为，无须法人或其他组织的特别授权，其法律效果应当由法人或其他组织承担；如果将职务代理纳入委托代理，则职务代理以及一些商事代理中，也应当按照委托代理的要求，依代理权的授予行为而发生代理权。这种做法恐怕很难与我国市场经济的发展相适应。在我国法律体

---

① 参见马骏驹、余延满：《民法原论》，法律出版社2010年版，第224~227页。

系下，将意定代理的范围加以适当扩展，既符合逻辑上的圆满性，也有利于结合实践中的需要，合理认识各种代理行为中代理权的来源。意定代理权，本质上应当是指基于本人的意思而发生的代理权。此种意思既可以体现于本人的授权行为，也可能体现于本人依据本人与代理人之间的雇佣、委托等合同关系对代理人职位的任命。[①] 本条在综合上述意见的基础上，将职务代理作为委托代理项下的一项重要内容，单独一条予以规定，既体现了职务代理的性质，又彰显了职务代理本身的重要性。

职务代理行为与代表行为虽然从法律后果上都是由法人或者其他组织来承担，但是二者有根本区别，"法人之董事或其他代表机关，为法人为意思表示或第三人以对于法人之意思表示对于董事或其他代表机关为之，虽类似于代理，然代表人之行为，即为法人之行为，与代理人之行为为他人之行为唯其效力归属于本人者不同，而且代表较代理为广，就事实行为及侵权行为亦得成立。"[②] 在现代市场经济条件下，法定代表人的价值就在于全面表达公司意志，然而法定代表人并非公司意志的唯一表达人。公司意志不但可以通过代表制度表达，亦可以通过代理制度表达，即法人（或者其他组织）的员工基于其职务而享有职务范围的代理权，其实施的相关行为法律效果归属其所在的法人承受。现代社会经济早已告别了传统的手工作坊，由于经济主体的规模巨大、交易频繁，不可能所有交易活动都由法定代表人代表法人来实施。于是职务代理制度应运而生，法人的员工只要被委任工作，除非另有规定，其自然享有相应的代理权，而无须法人再次单独授权。因此，采购员可以代表公司采购、销售员可以代表公司销售、信贷员可以代表公司贷款等。只要在职务范围内，公司员工即可以代理公司行为，而无须再由法定代表人签字同意。[③] 再比如建设工程项

[①] 参见王利明：《中国〈民法典〉学者建议稿及立法理由》，法律出版社2005年版，第360、361页。

[②] 史尚宽：《民法总论》，中国政法大学出版社2000年版，第475页。

[③] 参见江必新、何东宁主编：《最高人民法院指导性案例裁判规则理解与适用·公司卷》，中国法制出版社2018年版，第66、67页。

目经理行为,包括参与建设工程招标、投标和签订建设工程承包合同、决定项目资金的投入和使用、物资采购、分包或转包工程、参与竣工验收、与发包人或分包人结算工程价等行为均属职务代理行为,对外应当由所在的承包企业承担法律责任。

二、关于本条规定的具体法律适用

对于本条的适用,需要注意以下几点:

(一)关于职务代理的构成要件

依据本条第1款的规定,职务代理的构成必须满足:

1.代理人是法人或者非法人组织的工作人员,如果代理人不是该法人或者非法人组织的工作人员,其按照被代理人的授权从事代理行为,属于一般的委托代理,比如保险公司正式员工不属于保险代理人,其展业行为系职务行为,视为保险人的行为,而保险代理人所从事的保险代理活动就属于一般的委托代理范畴。

2.代理人实施的必须是其职权范围内的事项,若非职权范围内的事项,则要区分情形适用本条第2款的规定等。这一职权范围内的事项,可以理解为该法人或者非法人组织对该工作人员(即代理人)的一揽子授权,无须在每次与第三人交易时都要提交有关书面授权书,其职务、职权本身就是委托授权的证明。这也是职务代理与一般的委托代理在交易便捷方面的很大不同。

3.必须以该法人或者非法人组织的名义实施民事法律行为,这也是代理的一般构成要件。若非以该法人或者非法人组织名义实施民事法律行为,则会构成无权处分或者侵权行为,应该分别适用不同的法律规则。

至于职务代理的法律后果,发生与一般委托代理相同的后果,即其代理实施的民事法律行为对该法人或者非法人组织发生效力。在此需要注意的是,本条规定的职务代理的被代理人仅是法人或者非法人组织,在对它们进行界定时要适用《民法典》的有关规定。同时,本条虽然没有包括个体工商户经营活动中的工作人员实施的行为是否属于职务代理的问题，但按照职务代理制度的基本内涵，其本质在于依据其职务或者职权而以被代理人名义实施民事法律行为，因此，本条规定的职务代理及有关法律后果对于个体工商户作为被代理人的情形可以类推适用。

（二）关于越权职务代理的法律后果

此前实务中对于越权代理行为多是类推适用表见代表制度。所谓表见代表是指行为人没有代表权、超越代表权或者代表权终止后以被代表人名义实施法律行为，相对人有理由相信行为人有代表权的，行为人实施的法律效果归"被代表人"承受的法律制度。尽管我国民商法体系只明文确认了越权代表情形下的表见代表制度，而尚未明文确认其他两种表见代表情形，但是本法第172条系统规定了表见代理制度，我们认为，对此可以类推适用表见代理制度。但随着实践的不断丰富和研究的不断深入，目前学界和实务界对于越权职务代理的法律后果基本上都形成了一致意见，即本着维护交易安全的要求，注重对善意相对人利益的保护。本条第2款即按照这一思路确立了"法人或者非法人组织对执行其工作任务的人员职权范围的限制，不得对抗善意相对人"的规则。有意见认为本款的情形实际上就是表见代理的一种特殊形式，因此，要结合后面关于表见代理的规则来一并适用。这一观点有一定道理，本款规定确实与表见代理行为具有很大的相似性，可能都属于超越代理权的范畴，但从法律后果上看，本条明确了"职权限制不得对抗善意相对人"的规则，也就是说只要交易相对人对该职权限制不知情，即产生本条第1款规定的合法有效职务代理的法律后果。从构成要件上并没有如同表见代理要求相对人举证证明其有理由相信代理人有代理权这一要件。因此，在遇到本条第2款规定情形的，可以直接适用本款规定，而无需结合本法第172条关于表见代理的规定处理，故在解释上可以适用本法第171条关于无权代理的规定。在此需要注意的是，在本款规定情形下，该代理人所实施的行为如果超出其职权范围，即是超出了被代理人的授权范围，因此，应当属于无权代理的情形，同样在符合本法第172条规定的情形下，也可以构成表见代理。这时对相对人而言，应当构成了请求权竞合，可以允许其选择适用不同条文规范维护其合法权益。

此外，如果该工作人员实施职务代理行为超越了该法人或者非法人组织的经营范围时，这时就产生超范围经营行为的效力认定问题。这一问题已非本条第2款所能涵盖，而应一并适用《合同法司法解释（一）》第10条的规定，即"当事人超越经营范围订立合同，人民法院不因此认定合同无效。但违反国家限制经营、特许经营以及法律、行政法规禁止经营规定的除外"。

> **第一百七十一条** 行为人没有代理权、超越代理权或者代理权终止后，仍然实施代理行为，未经被代理人追认的，对被代理人不发生效力。
>
> 相对人可以催告被代理人自收到通知之日起三十日内予以追认。被代理人未作表示的，视为拒绝追认。行为人实施的行为被追认前，善意相对人有撤销的权利。撤销应当以通知的方式作出。
>
> 行为人实施的行为未被追认的，善意相对人有权请求行为人履行债务或者就其受到的损害请求行为人赔偿。但是，赔偿的范围不得超过被代理人追认时相对人所能获得的利益。
>
> 相对人知道或者应当知道行为人无权代理的，相对人和行为人按照各自的过错承担责任。

【条文主旨】

本条是关于无权代理及其法律后果的规定。

【条文理解】

无权代理是代理制度的重要内容，其中法律适用较为复杂，《民法通则》第66条第1款对此作了规定，《合同法》第48条又作了补充完善，《民法总则》在此基础上，总结理论研究成果和实务经验并借鉴域外先进做法，对无权代理及其法律后果作了规定，《民法典》总则编对此予以了沿用。对于本条的理解与适用，需要注意以下内容：

一、无权代理概述

以有无代理权为标准可以将代理分为有权代理与无权代理。有权代理,谓有代理权之代理。代理人无代理权而为代理者,称为无权代理。在有权代理中,代理人所为意思表示或对于代理人所为意思表示,对本人直接发生效力。无权代理,谓无代理权而为之代理行为。代理权之欠缺,有自始即全无代理权者,有一度有代理权而其后消灭者,有逾越代理权之范围者。其代理为积极代理或消极代理,在所不问。[1] 简言之,无权代理,是指代理人不具有代理权而实施的代理行为。无权代理具有一般代理行为的形式特征,但不具有代理行为的实质特征,因而不是真正意义的代理。无权代理具有如下特征:

1.行为人实施的法律行为符合代理行为的形式特征。代理行为的特征有表面特征和实质特征之分。表面特征是代理人以被代理人的名义作出意思表示。实质特征是代理行为的法律后果直接归属于被代理人。无权代理只具有代理行为的表面特征而不具有实质特征。

2.行为人对所实施的代理行为不具有代理权。行为人在实施代理行为时,不具有代理权。不具有代理权的原因可以是自始没有,也可以是超越代理权的权限或者是后来代理权已经消灭。

对于无权代理,《民法通则》第66条第1款规定:"没有代理权、超越代理权或者代理权终止后的行为,只有经过被代理人的追认,被代理人才承担民事责任。未经追认的行为,由行为人承担民事责任。本人知道他人以本人名义实施民事行为而不作否认表示的,视为同意。"《合同法》第48条规定:"行为人没有代理权、超越代理权或者代理权终止后以被代理人名义订立的合同,未经被代理人追认,对被代理人不发生效力,由行为人承担责任。相对人可以催告被代理人在三十日内予以追认。被代理人未作表示的,视为拒绝追认。合同被追认之前,善意相对人有撤销的权利。撤销应当以通知的方式作出。"

---

[1] 史尚宽:《民法总论》,中国政法大学出版社2000年版,第467、489页。

理论和实务中对于无权代理的争议主要有二：（1）这两条规定的关系尤其是《合同法》规定的"未经被代理人追认，对被代理人不发生效力，由行为人承担责任。相对人可以催告被代理人在一个月内予以追认"与《民法通则》规定的"本人知道他人以本人名义实施民事行为而不作否认表示的，视为同意"是否冲突存有争议，《合同法》的规定是否作为后法的规定，应该优于先法而优先适用有必要予以厘清。（2）关于无权代理中的行为人即无权代理人责任范围如何确定的问题，对此《民法通则》和《合同法》均没有规定，导致在实务操作中缺乏可操作性。立法者在《民法总则》起草过程中针对上述问题进行了认真研究，既厘清了《合同法》规定与《民法通则》规定之间的关系，也明确规定了无权代理人的法律责任范围。《民法典》总则编沿用了这一规定。较《合同法》与《民法通则》的规定，本条规定的主要变化有：

1. 整合《合同法》与《民法通则》的规定，将属于民法总则部分的代理内容回归到《民法典》总则编中予以规定。这主要体现在本条第2款明确规定了无权代理中的相对人的催告权、撤销权以及被代理人的追认权，即将《合同法》第48条第2款的规定吸收到本条第2款当中。由此，在法律适用上，关于无权代理的规定可以直接适用本条规定内容。同时，由于这一规定已经完全改变了《民法通则》的做法，故《民法通则》的原有规定已经不能再予以适用。

2. 明确规定了无权代理行为未被追认时的无权代理人的责任。对此，《民法通则》和《合同法》均没有规定。本条吸收理论和实务的研究成果和经验积累，确立了"行为人实施的行为未被追认的，善意相对人有权请求行为人履行债务或者就其受到的损害请求行为人赔偿，但是赔偿的范围不得超过被代理人追认时相对人所能获得的利益"的责任承担及赔偿范围限定的规则。

3. 关于《民法通则》第66条第1款规定的"本人知道他人以本人名义实施民事行为而不作否认表示的，视为同意"的问题，实践中存有争议。第一种意见认为，应当视为追认，产生追认的法律后果。

第二种意见认为，应当视为代理，产生有权代理的法律后果。第三种意见认为，不能简单机械理解为"不作否认就视为同意"，应当结合合同交易价格是否合理，合同是否已经履行，当事人不作否认是否呈持续状态等因素综合判断。第四种意见认为，这一规定与《合同法》第48条规定的"被代理人未作表示的，视为拒绝追认"存在冲突，应该适用后法的规则，即适用《合同法》的规定。上述意见都有一定道理，但都存有值得进一步研究的地方。《合同法》第48条规定的"被代理人未作表示的"与《民法通则》第66条第3款规定的"被代理人知道而未作表示"即使不存在重复也是有交叉的，如果两者能够并用，无疑会使得无权代理规则变得更为复杂，不利于审判实践中统一裁判尺度。相比较而言，第四种意见更有道理，但在法律没有明确规定的情况下，尤其是在相对人没有行使催告权，被代理人知道无权代理行为的，这时从文义上讲，并不符合适用《合同法》第48条所规定的前提条件，可能在适用上还是要回到《民法通则》的规定。正是因为存在上述争论，《民法总则》在综合各方意见的基础上，在第171条第1款删除了"本人知道他人以本人名义实施民事行为而不作否认表示的，视为同意"的内容。《民法典》总则编对此规定予以沿用，即本条规定。在被代理人追认规则上完全适用本条第2款的规定，即采用催告与追认规则。

4.对于相对人也有过错的情形，对《民法通则》第66条第4款作出重大改变，将原来的"第三人知道行为人没有代理权、超越代理权或者代理权已终止还与行为人实施民事行为给他人造成损害的，由第三人和行为人负连带责任"修改为"相对人知道或者应当知道行为人无权代理的，相对人和行为人按照各自的过错承担责任"，即将过去的连带责任规则修改为过错责任规则，同时在范围上更加全面，不仅包括对他人（包括被代理人）造成损害的情形，也包括了代理人与相对人内部责任承担的情形。

二、关于无权代理的法律后果

依据本条的规定，无权代理发生的法律后果根据被代理人是否追认，发生截然不同的后果。代理人为意思表示或受意思表示须在其代理权限之内，逾越代理权的范围时，成立无权代理。又代理权须于代理人所为意思表示生效时存在，否则不产生代理的效力。[①] 无权代理以对被代理人不发生法律效力为基本原则，但也有例外，即在被代理人追认的情况下，发生与有权代理相同的法律效果。

（一）在发生与有权代理相同法律效果的情况

依据对本条第 1 款规定文义的当然解释（也有观点认为是反对解释），对于没有代理权、超越代理权或者代理权终止后的代理行为，经过被代理人追认，该代理行为的法律后果由被代理人承担。无权代理设立的民事行为，如果经过被代理人的追认，使无权代理性质发生改变，其所欠缺的代理权得到补足，转化为有权代理，发生与有权代理同样的法律效果，等于是有权代理。追认无权代理行为为有效的权利，是被代理人基于意思自治原则所享有的权利，其法律性质为形成权。权利的行使，可以向交易相对人作出，也可以向无权代理人作出。一经作出追认，无权代理行为如同有权代理一样发生代理的法律效力，效力溯及既往，无权代理行为自始有效，被代理人应当承受无权代理行为所发生的一切后果。[②]

在此需要注意的是，本条第 1 款规定"未经被代理人追认的，对被代理人不发生效力"并不是指在这一情形下代理行为无效，仅是在被代理人追认前，对于被代理人而言处于效力待定状态，但即使未被追认，该行为也不是归于无效，而仅是对被代理人不发生效力，该行为同样可以在代理人与被代理人之间发生相应的法律效力，有关法律后果及法律责任由该代理人承担。

另外，按照本条第 2 款的规定，相对人可以催告被代理人在三十

---

① 参见王泽鉴：《民法总则》，中国政法大学出版社 2001 年版，第 449 页。
② 参见杨立新：《民法总则》，人民法院出版社 2009 年版，第 427 页。

日内予以追认。这就是相对人对无权代理行为的追认催告权。

（二）不发生有权代理法律效果的情形

本条第2款规定："相对人可以催告被代理人自收到通知之日起三十日内予以追认。被代理人未作表示的，视为拒绝追认。行为人实施的行为被追认前，善意相对人有撤销的权利。撤销应当以通知的方式作出。"这一规定系吸收了《合同法》48条第2款的规定。这里的相对人通过通知的形式要求被代理人追认无权代理行为的权利，即为催告权。被代理人这时享有拒绝追认权或者追认权，在其追认之前，善意的相对人享有撤销权。

1.关于被代理人的拒绝追认权。无权代理行为发生之后，被代理人享有追认或者拒绝追认的选择权，这时代理人代理实施的民事法律行为处于效力未定状态，即学理上认定的效力待定法律行为。在这种情况下相对人可以运用通知的形式向被代理人进行催告。被代理人如果选择拒绝追认权，明确表示拒绝追认，或者在交易相对人确定的催告期间内不作出任何表示的，即使是不作为，也不能认定为默许从而推定为"同意"，这时无权代理行为对被代理人不发生法律效力，即有关法律后果不能由被代理人承担。

在此需要注意的是，广义的无权代理包括表见代理和其他无权代理，狭义无权代理则仅指除表见代理以外的其他无权代理。本条规定的无权代理，从其内涵和外延上讲，应属于广义类型的无权代理，在范围上能够涵盖表见代理的情形。因此，在无权代理情形符合表见代理构成要件的，这时相对人可以依据《民法典》第172条主张适用表见代理的规则，即该代理行为的法律后果由被代理人承担。

2.善意相对人的撤销权。基于平衡相对人与被代理人之间的利益关系，与被代理人享有的追认权相对应，相对人与无权代理人进行民事法律行为时，如果其不知也不应知代理行为是无权代理的，则享有对无权代理行为的撤销权。相对人行使这一撤销权，就会直接地确定该无权代理行为不发生有权代理的法律效力。对于相对人行使该种撤销权，须注意的事项有：（1）相对人须是善意，即对于该代理行为系无权代理并不知情且不应当知情。（2）撤销权行使的时间应当在被代理人行使追认权之前行使，被代理人已经行使追认权，相对人即不得再行使撤销权。该追认权以及拒绝追认权、撤销权在性质上都属于形成权，该权利一经行使，不需要对方当事人的同意即发生法律效力。同理，无权代理行为一旦被撤销，被代理人也不得再为追认。（3）相对人行使撤销权，应当以通知的形式作出，并原则上应向被代理人发出。

关于追认的时间，本条第2款规定为"收到通知之日起三十日内"，从学理上讲，该期间属于除斥期间即不变期间，不能适用中止、中断、延长的规定。

3. 关于无权代理的行为未被追认的责任承担。对此，本条在第3款、第4款作了规定。其中第3款规定："行为人实施的行为未被追认的，善意相对人有权请求行为人履行债务或者就其受到的损害请求行为人赔偿。但是，赔偿的范围不得超过被代理人追认时相对人所能获得的利益。"究其本质，即未被追认的无权代理行为仅是对被代理人不发生效力，但在代理人与相对人之间发生代理实施的法律行为的法律效果，即可以依据该法律行为的内容请求行为人履行债务或者赔偿损失。

对于本款的适用，要注意以下几点：

其一，本款适用的前提条件是该相对人必须是善意相对人。若属于非善意相对人，则应属于本条第4款规定的情形。

其二，上述的履行债务与赔偿损害的责任承担方式原则上属于选择行使而不可并用的情形，但这要结合实施的具体法律行为类型判断，如果是订立的某一合同，则应当适用有关合同的基本规则，在法律或者司法解释对于该合同明确规定可以并用或者没有禁止并用的情形，对于赔偿损害和履行债务可以并用，当然这一并用的情形也不能违背民事损害赔偿的"填平"原则，即不能使受有损失的一方当事人双重获益。

其三，对善意相对人的救济范围，要以"被代理人追认时相对人所能获得的利益"为限，即按照代理行为给相对人应当带来的应然利益为限度。这在本质上也是符合损害赔偿的可预见性规则。类似于合同行为，这里的损害赔偿范围限度即不得超过双方当事人实施该法律行为可以预见能够得到的利益范围。本款确立了一个客观标准，这也符合当事人的行为预期。至于"被代理人追认时相对人所能获得的利益"，本身还是具有一定的抽象性，在审判实践中还是要结合具体代理实施的法律行为类型以及案件具体情况来作综合判断。

关于相对人非善意的情形，即知道或者应当知道代理人无权代理的，本条第 4 款明确规定了"相对人和行为人按照各自的过错承担责任"。如上所述，本款内容和行为人在适用范围上既包括了被代理人在内的他人损害的赔偿，也包括了代理人与相对人之间责任的确定的情形。至于这一责任在性质上属于违约责任还是侵权责任，则要根据案件具体情况判断。这里还有一个问题需要注意，即在相对人恶意的情况下，无权代理的法律行为是否有效的问题。对此仍需要具体问题具体分析，如果被代理人追认的，这时在被代理人与相对人之间发生与有权代理相同的法律后果，但符合本条第 4 款规定情形的，相对人和代理人仍要依据本款规定承担过错责任。如果被代理人未追认的，按照本条第 1 款的规定，这时应理解为该行为仍在代理人与相对人之间发生法律效力，在他们的外部责任上，仍按照本条第 4 款规定确定责任承担规则，只是在他们内部责任承担上则实际上转化为过失相抵规则的适用。

第一百七十二条 行为人没有代理权、超越代理权或者代理权终止后，仍然实施代理行为，相对人有理由相信行为人有代理权的，代理行为有效。

【条文主旨】

本条是关于表见代理的规定。

【条文理解】

表见代理也是代理制度的重要内容，《民法通则》对此并没有规定，《合同法》第49条弥补了这一漏洞，《民法总则》在此基础上，从民法的总则的高度对表见代理作了规定，使得表见代理制度不仅能够适用于合同法领域，而且能够直接适用于其他可以通过代理实施民事法律行为的领域，科学有效地扩张了表见代理制度的适用范围，《民法典》总则编对此予以了沿用。对于本条的理解与适用，需要注意以下内容：

一、表见代理概述

表见代理，谓代理人之代理行为，虽无代理权，而有可使第三人信其有代理权之事由，因而使本人对于相对人负授权人责任之无权代理。[1] 表见代理本属于无权代理，但因本人于无权代理人之间的关系，具有授予代理权的外观致相对人信无权代理人有权而与其为法律行为，法律使发生与有权代理同样的法律效果。[2] 我国《合同法》规定

---

[1] 参见史尚宽：《民法总论》，中国政法大学出版社2000年版，第490页。
[2] 参见梁慧星：《民法总论》，法律出版社2011年版，第237页。

了表见代理制度，其第 49 条规定："行为人没有代理权、超越代理权或者代理权终止后以被代理人名义订立合同，相对人有理由相信行为人有代理权的，该代理行为有效。"《民法总则》本着将代理制度回归民法的总则中规定的基本思路，明确规定了表见代理制度。其基本法理及法律适用规则与《合同法》的规定在本质上是一致的。

关于表见代理的法律意义，主要体现在以下三个方面：

一是对外表授权的承认与保护。依照大陆法系民法的意思自治原则，代理制度是私法自治的扩张和补充，应当尊重被代理人的意思，考虑被代理人的利益，认定代理行为的效力，必然依据实际授权。既然被代理人未作实际授权，自应不发生有权代理的效力。因此，表见代理就是无权代理。在英美法系，依据禁止翻供原则，在代理关系上确认外表授权规则。所谓外表授权，就是指具有授权行为的外表或者假象，而事实上并没有实际授权。外表授权规则的适用，就使表见代理的性质发生了变化，因为外表授权是产生代理权的原因之一，因此，表见代理就是有权代理。禁止翻供原则规定，法律不允许当事人否认别的有理智的人从他的言行中得出的合理推论。一个人的言行向相对人表示已授权给某人，而实际上他并没有授权，这就构成了外表授权。因此，外表授权是一种法律事实，它的效力就是使表见代理人获得代理权。①

二是对于善意相对人利益的保护。在无权代理的情况下，相对人是善意无过失，不知道或者不应当知道其为无权代理，而且有理由相信该无权代理行为为有权代理，并与代理人进行交易，这时一概认定该行为对被代理人不发生效力，则破坏了其对基本交易规则的正常预期。善意保护也是近现代民法的一项基本规则。因此，在无权代理中，为保护善意相对人的合法利益，确认表见代理为有权代理，就使其合法权益受到了保护。确认表见代理的意义，也在于保护善意相对人的合法权益，是民法善意保护原则的重要体现。

---

① 参见梁慧星：《民法总论》，法律出版社 1996 年版，第 230、231 页。

三是保护财产交易的动态安全。善意保护与维护交易安全密切相关，同时维护动态交易安全本身就能够促进交易的便捷。确认构成表见代理的行为发生有权代理的法律后果，涉及被代理人利益维护与对相对人利益维护的平衡问题。如同善意取得制度一样，表见代理制度的设立也是出于对各方利益关系的平衡，使个人权利的静态安全与社会交易的动态安全得到合理的协调，使得有限社会资源得到更加合理的配置，在交易上有必要通过牺牲个人权利的静态安全，来保护财产交易的动态安全，从而在政策导向上促进市场经济的发展，维护安全的市场交易秩序。

二、关于表见代理的具体法律适用规则

（一）关于表见代理的构成要件

1. 须是无权代理，即代理人没有代理权、超越代理权或者代理权终止后实施的代理行为。这种无权代理，是指为代理行为时无代理权或者对于所实施的代理行为无代理权。至于该无权代理人是否曾经拥有代理权，或当时是否有实施其他民事法律行为的代理权，并不影响表见代理的构成。

2. 须在代理行为外观上存在使相对人相信行为人具有代理权的理由。这包括两个方面的内容：（1）存在外表授权，即存在有代理权授予的外观，代理行为外在表现上有相对人相信行为人有代理权的事实。无权代理人以前曾经被授予代理权，或者当时拥有实施其他民事法律行为的代理权，或者根据交易习惯行为人的行为外表表明其有代理权，均可构成外表授权。实践中行为人持有被代理人的授权委托书、空白合同书或者其他表明其具有代理权的证明文件等，通常被认为是构成外表授权。这些理由形成了行为人具有代理权的外观。（2）相对人对行为人有代理权形成了合理信赖。如果仅有代理行为有代理权的外观，但是并不能建立对该代理行为的合理信赖，当然不构成表见代理，而应属于狭义无权代理的范畴。相对人对外表授权的信赖是否合理，应当以是否有正当理由作为判断标准，当然这也要依据

实施民事法律行为的具体情况判断。

3.须相对人与无权代理人实施了民事法律行为。这里的民事法律行为包括但不限于订立合同的行为，其他可以适用代理的行为同样包括在内。如果相对人与无权代理人最终并没有实施民事法律行为，则根本不会有表见代理的发生。

4.须是相对人善意且无过失。依照学界通说，构成表见代理，相对人必须是善意无过失。其要求是，相对人不知道行为人没有代理权，且对其"不知道"没有主观上的过失。如果相对人明知行为人为无权代理，却与其成立法律行为，那就是明知故犯，对行为后果自负其责，与所谓的被代理人无关。① 这即是本条规定的代理人有理由相信行为人有代理权的基本限定条件。在法律适用上，以本人有过失或本人与无权代理人之间存在特殊关系作为判断第三人是否有理由相信的基本事实依据；同时对"有理由"进行必要的限定，即应以通常判断能力或手段为标准，而不能根据第三人本人的判断力为标准。② 但无论如何对表见代理人善意且无过失判断标准都存在过于抽象的问题，无论是对相对人善意且无过失的判断还是对其有理由相信的问题，都要根据具体案件情形来进行判断，将来还要不断总结审判实践经验，条件成熟时通过制定司法解释予以进一步明确。

（二）关于表见代理的法律后果

表见代理的法律后果，即产生与有权代理相同的法律效力。这种效力的最典型表现，就是表见代理人代理实施的民事法律行为的后果，直接由被代理人承担。但是在被代理人承担了表见代理后果后，被代理人对于因此遭受的损失，有权向表见代理人主张损害赔偿责任。但在此需要注意的是，表见代理在本质上也属于无权代理的情形，从法律适用的角度讲，本法第171条关于无权代理的规定同样可以适用于表见代理的情形。这时应允许善意相对人有选择权（无权代理或表见代理）；在相对人选择主张无权代理时，代理人无权主张表

---

① 参见杨立新：《民法总则》，人民法院出版社2009年版，第430、431页。
② 参见尹田：《〈民法典〉总则之理论与立法研究》，法律出版社2010版，第753页。

见代理；被代理人无权主张表见代理。① 如果相对人基于自己的利益考虑，依据本法第171条的规定主张表见代理行为为无权代理而行使撤销权的，为保护善意相对人的利益，被代理人不得基于表见代理的规定而对相对人主张代理的效果。

（三）实践中可能构成表见代理的情形

至于实践中可能构成表见代理的情形，主要原因有这几种情况：其一，被代理人以书面或者其他形式直接或者间接地向第三人表示以他人为自己的代理人，而事实上他并没有对该他人进行授权，第三人信赖被代理人的表示而与该他人实施民事法律行为的情形。其二，被代理人对代理人的委托授权不成立、无效或者被撤销，但尚未收回委托授权书，相对人基于对该代理证书的信赖，与代理人实施民事法律行为的情形。其三，代理关系终止后被代理人未采取合理措施公示代理关系终止的事实并收回委托授权书，导致相对人不知道代理关系终止而仍与代理人实施民事法律行为的情形。其四，行为人的外观表象足以使第三人认为其是有代理权并与之实施民事法律行为的其他情形。

考虑到表见代理的情形涉及面广，立法无法列举穷尽所有的表见代理情形，故而从明确规定其构成要件的做法来确定表见代理的构成。《民法总则》（草案）曾对不适用表见代理的情形作了列举。对于"（一）伪造他人的公章、营业执照、合同书或者授权委托书等，假冒他人的名义实施法律行为的；（二）被代理人的公章、营业执照、合同书或者授权委托书等遗失、被盗，或者与行为人特定的职务关系已经终止，并且已经以合理方式公告或者通知，相对人应当知悉的；（三）法律规定的其他情形"，不适用表见代理的规定。应该说，上述列举对于厘清表见代理的适用范围具有积极意义，也在一定程度上反映了当前理论和实务上的成果。但是由于社会生活的复杂性，上述情形中是否一概不构成表见代理，还有进一步推敲的必要，甚至会涉及"民刑交

---

① 参见马骏驹、余延满：《民法原论》，法律出版社2010年版，第239页。

叉"的复杂问题,故为避免法律适用中出现不必要争议,《民法总则》未规定上述内容。《民法典》总则编沿用了这一做法。但上述列举无疑为将来审判实践中如何认定或者排除表见代理的适用提供了有益参考,可以作为案件审理中的重要参照资料予以使用、检验,为将来起草有关司法解释积累审判实践经验。

第三节 代理终止

> **第一百七十三条** 有下列情形之一的,委托代理终止:
> (一)代理期限届满或者代理事务完成;
> (二)被代理人取消委托或者代理人辞去委托;
> (三)代理人丧失民事行为能力;
> (四)代理人或者被代理人死亡;
> (五)作为代理人或者被代理人的法人、非法人组织终止。

【条文主旨】

本条是关于委托代理终止的规定。

【条文理解】

委托代理,又被称为意定代理,是基于被代理人的委托授权所发生的代理,其作用在于扩张自治[①]。委托代理是代理制度功能价值最重要的体现,也是最常见的代理方式。因委托授权行为是基于被代理人的意志而进行的,委托代理又被称为授权代理、意定代理。需要注意的是,委托代理不同于委托合同:委托代理人的代理行为限于法律行为,不包括事实行为;代理关系中涉及被代理人、代理人和第三人三方,而委托合同则仅涉及委托人与受托人双方;委托代理中的授权行为系单方法律行为,而委托合同的签订为双方法律行为。[②]实践中,

---

[①] 参见王泽鉴:《民法总则》,中国政法大学出版社2001年版,第441页。
[②] 参见崔建远:《合同法》,法律出版社2010年版,第509页。

委托合同往往是委托代理的基础关系。

作为《民法典》编纂工作"两步走"方案中的第一步,《民法总则》第173条对《民法通则》第69条作了两处修改：一是增加了被代理人死亡导致委托代理终止的事由；二是增加了作为代理人或者被代理人的非法人组织终止导致委托代理终止的事由。此次《民法典》编纂时，除将《民法总则》第173条第1项中的"代理期间"改为"代理期限"外，本条未作其他修改。

根据本条规定，以下五种事由均可导致委托代理终止：

（一）代理期限届满或者代理事务完成

1.代理期限届满。委托代理中代理人的代理权源自被代理人的授予。代理权的授权行为可以附条件或者期限，"代理权之授与，附有解除条件或期限者，因其条件之成就或期限之届至而消灭"。[①] 本法第165条也倡导在委托代理授权书中载明代理期限。在代理期限内，代理人才享有代理权；期限届满，若无被代理人的重新授权，委托代理则应终止。

2.代理事务完成。委托代理中被代理人的授权一般针对具体的代理事项，代理事务完成以后，委托代理关系不再具有存续的必要，代理人应当停止以被代理人的名义从事代理活动。

（二）被代理人取消委托或者代理人辞去委托

委托代理建立在双方自愿和信任基础上。如果双方的信任关系不再存在，或者有其他事由导致代理不能继续，应当允许双方解除委托关系。取消委托或者辞去委托，从性质上属于单方法律行为，只需被代理人或者代理人单方作出意思表示即可成立，无需与对方意思表示达成一致，委托代理自被代理人作出取消委托或者代理人作出辞去委托的意思表示时终止。

（三）代理人丧失民事行为能力

对于代理人是否必须具备完全行为能力，代理人不具备行为能力

[①] 史尚宽：《民法总论》，中国政法大学出版社2000年版，第487页。

时所进行的代理行为的效力,在《民法典》起草过程中曾有较大争议。委托代理人必须具有意思能力当无疑义,是否必须具备完全的行为能力,从大陆法系国家和地区的经验来看,对此要求不尽相同。德国和我国台湾地区允许代理人为限制行为能力人,日本、荷兰对代理人的行为能力不作要求。例如,《荷兰民法典》第63条规定:"1.不能为自己实施法律行为的人,并非不能担任他人的代理人。2.代理人依照无行为能力人授予的代理权实施的法律行为的有效、无效或者可宣告无效,均与无行为能力人自己实施此种法律行为的效力相同。"

但是,委托代理人的代理行为限于法律行为,意思表示则为法律行为的核心。委托代理人缺乏行为能力,意味着其不能辨认自己的行为,自然难以保障被代理人的合法权益,故本条仍规定代理人丧失行为能力导致委托代理终止。需要注意的是,本条所称"丧失行为能力",指代理人在取得代理权后成为无民事行为能力人,不包括成为限制行为能力人的情形。换言之,限制行为能力人在其意思能力范围内仍可以担任代理人。

(四)代理人或者被代理人死亡

委托代理关系基于双方的信任而产生,具有很强的人身属性,代理权原则上应由代理人亲自行使(依法进行转委托第三人代理的除外),因此代理人死亡后,代理关系自然终止。同理,被代理人死亡的情况下,委托代理原则上也应终止,故《民法总则》增加有关被代理人死亡为委托代理终止的事由。《民法典》沿用了这一规定,同时,为保护为相对人或被代理人的继承人的合法权益,在第174条规定了四种被代理人死亡后委托代理行为继续有效的例外情形。

(五)作为代理人或者被代理人的法人、非法人组织终止

法人、非法人组织因各种原因终止后,其民事主体资格不再存在,在法律后果上近似于自然人死亡,故委托代理关系也因基础消失而相应终止。需要注意的是,法人、非法人组织终止,指其作为民事主体的资格消灭。如法人、非法人组织被吊销营业执照而没有办理注销登记的,或者正在清算期间,因其主体资格尚未消灭,并不会因此

导致委托代理终止。

【审判实践中应注意的问题】

委托代理因各种事由终止后，代理人的代理权消灭，将产生以下法律后果：

第一，代理人应向被代理人交回授权委托书及其他证明代理权的凭证。为避免代理权的滥用，彰显委托授权书的重要性，大陆法系国家和地区民法还有关于授权书归还的规定。例如，《德国民法典》第175条规定："意定代理权消灭后，被授权人必须将授权书返还给授权人；被授权人不享有留置权。"此外，我国台湾地区"民法"第109条也规定："代理权消灭或撤回时，代理人须将授权书，交还于授权者，不得留置。"《澳门民法典》第260条规定："（1）授权失效后，代理人应立即将载有其权力之文件返还。（2）代理人对上述文件无留置权。"我国《民法典》没有明确规定代理人此项义务，交回授权委托书为通常做法。

第二，代理人在必要和可能的情况下，应当向被代理人或者其继承人、遗嘱执行人、清算人、新代理人等，就其代理事务及有关财产事项作出报告或者移交。

第三，代理人或者被代理人要求解除委托关系，都应当提前通知对方；若因通知不及时，造成对方损失时，应负赔偿责任。为保护第三人权益，对于委托关系解除之前的代理人与第三人所实施的民事行为，被代理人不能因解除委托而拒绝承担责任。若被代理人取消委托，而对第三人未尽及时通知之责，致使第三人不知代理人丧失代理权而仍与之进行民事活动，从而构成表见代理的，被代理人应当按表见代理关系承担法律后果。

第一百七十四条 被代理人死亡后，有下列情形之一的，委托代理人实施的代理行为有效：

（一）代理人不知道且不应当知道被代理人死亡；

（二）被代理人的继承人予以承认；

（三）授权中明确代理权在代理事务完成时终止；

（四）被代理人死亡前已经实施，为了被代理人的继承人的利益继续代理。

作为被代理人的法人、非法人组织终止的，参照适用前款规定。

【条文主旨】

本条是关于被代理人死亡后委托代理行为继续有效情形的规定。

【条文理解】

委托代理基于代理人与被代理人之间的信任而产生，具有强烈的人身属性，当被代理人死亡时，代理人与被代理人的继承人之间未必继续存在此种信任，故被代理人死亡原则上应导致委托代理关系的终止。但是，一概否定被代理人死亡后代理人所实施的代理行为的效力，有可能危及交易安全，也未必完全符合被代理人生前的意愿或者被代理人的继承人的利益。本条吸纳《民法通则意见》第82条的精神，规定了四种被代理人死亡后委托代理行为继续有效的例外情形，同时增加了第2款"作为被代理人的法人、非法人组织终止的，参照适用前款规定"。具体而言：

1.代理人不知道并且不应当知道被代理人死亡。需要注意的是，此处对代理人的要求比较高，必须是"不知道"并且"不应当知道"，即主观上代理人不知道被代理人死亡，且依据客观条件，代理人也不可能知道被代理人死亡，比如代理人没有接到被代理人死亡的通知，也没有获得被代理人死亡的有关消息。如果代理人有可能知道被代理人已经死亡，但仍从事代理行为的，将构成无权代理。

2.被代理人的继承人予以承认。代理行为通常具有连续性，若代理人正在实施的代理行为因被代理人的死亡、委托代理终止而停止，既有可能要向交易相对人承担缔约过失责任等不利后果，此种不利后果最终将由被代理人的继承人分担。而且，代理行为所产生的法律后果应归属于本人（被代理人），当被代理人死亡时，此种法律后果将由被代理人的继承人承受，因此，当被代理人的继承人均对委托代理人的行为予以承认时，委托代理人的在被代理人死亡后所实施的代理行为仍然有效。需要注意的是，当被代理人的继承人有多个继承人时，依本条之规定，代理行为须经被代理人的所有继承人承认始属有效。

3.授权中明确代理权在代理事务完成时终止。被代理人的授权往往基于具体的代理事务，如在代理事务尚未完成时被代理人死亡，委托代理人继续完成受托事项，符合被代理人生前的意愿，其代理行为有效。

4.被代理人死亡前已经实施，为了被代理人的继承人的利益继续代理。如被代理人死亡前委托代理人已经开始实施代理行为但尚未完成，被代理人死亡后，原则上委托代理人应终止代理行为，因此时代理权的存续已缺乏基础。故，如委托代理人继续实施代理行为，应举证证明其继续进行代理行为是为了被代理人的继承人的利益，才能认定为代理行为有效，否则应由委托代理人自行承担相应的法律后果。

5.作为被代理人的法人、非法人组织终止的，参照适用作为被代理人的自然人死亡的情形。当然，法人、非法人组织无继承人，故在被代理人为法人、非法人组织的情况下，应将"继承人"理解为承继该法人、非法人组织的主体。

【审判实践中应注意的问题】

第一,被代理人死亡后,基于本条所列举的情形,委托代理人实施的代理行为被认定为有效的,将产生有权代理的法律效果,而非表见代理。这一法律效果将直接归属于被代理人的继承人。即代理行为的法律效果在被代理人的继承人与第三人之间发生,代理人与第三人之间并无法律关系。即第三人有权以代理行为当事人地位,请求被代理人的继承人承受代理行为效果、履行代理行为所生义务。如果被代理人的继承人不履行义务的,第三人有权依法向法院起诉,请求被代理人的继承人承担违约责任等相关法律责任。

第二,被代理人死亡后,如不具备本条所列举的代理行为继续有效的情形,但委托代理人仍以被代理人名义实施了代理行为,由此产生的后果并非行为无效,只是不能产生将行为后果归属于被代理人的继承人的效果。换言之,如委托代理人以已故被代理人的名义与第三人进行交易,相关交易行为(如所订立的合同)并不必然无效,而是应由委托代理人自行承担该交易行为项下的权利义务。

第一百七十五条 有下列情形之一的,法定代理终止:
(一)被代理人取得或者恢复完全民事行为能力;
(二)代理人丧失民事行为能力;
(三)代理人或者被代理人死亡;
(四)法律规定的其他情形。

【条文主旨】

本条是关于法定代理终止事由的规定。

【条文理解】

法定代理是依据法律规定而产生代理权的代理,是为保护无民事行为能力人和限制民事行为能力人而设立的制度。代理人取得代理权并非源于被代理人的意思表示,而是直接来源于法律的规定。根据本法第23条,无民事行为能力人、限制民事行为能力人的监护人是其法定代理人。《民法典》第一编第二章第二节还对无民事行为能力人和限制民事行为能力人的监护人作出了详细规定。法律之所以为被代理人规定代理人,是因为在特定情形下被代理人本身因为年幼、疾病或者年迈等原因缺乏相应行为能力。由监护人(法定代理人)代其为意思表示,并代其受领意思表示,可弥补被监护人(被代理人)能力的不足,有利于保护被监护人(被代理人)的合法权益。由于被监护人行为能力的瑕疵,不能委托代理方式,只能由法律直接规定监护人为法定代理人。因此,当被代理人行为能力瑕疵消除,或者代理人不能继续从事代理行为时,法定代理也应终止。

根据本条规定,有下列情形之一时,法定代理终止:

（一）被代理人取得或者恢复完全民事行为能力

由于法定代理中被代理人均为无民事行为能力人或者限制民事行为能力人，即法定代理是以被代理人无民事行为能力或者限制民事行为能力为前提条件的，当被代理人取得了完全民事行为能力（未成年人年满18周岁），或者恢复了民事行为能力（如作为限制行为人的精神病人已痊愈），作为设立法定代理的原因已经消失，理所应当导致法定代理终止。

（二）代理人丧失民事行为能力

法定代理的代理人职责，是代理无民事行为能力人或限制民事行为能力人为民事法律行为，故法定代理人必须具有民事行为能力。缺乏行为能力，意味着法定代理人不能辨认自己的行为，自然难以保障被代理人的合法权益，法定代理也应相应中止。此处的"丧失行为能力"，应与本法第173条作同一理解，即指法定代理人成为无民事行为能力人。

（三）代理人或者被代理人死亡

被代理人或者代理人死亡，意味着代理关系的一方主体消灭，故而引起法定代理关系的终止。需要注意的是，代理人或者被代理人死亡，在委托代理和法定代理中所产生的法律效果并不完全相同：无论是在委托代理还是法定代理中，代理人死亡均导致代理终止；但被代理人死亡后，委托代理人仍有可能继续实施代理行为并发生代理的效果，法定代理则必然终止。

（四）法律规定的其他情形

为防止列举不全，本条规定了兜底条款。除上述三种情形之外，由于其他原因引起的被代理人和代理人之间的监护关系消灭，也将使法定代理终止。例如，在无民事行为能力或者限制民事行为能力人无其他监护人的情况下，经被监护人住所地居民委员会、村民委员会或者民政部门同意，其他愿意担任监护人的个人可以担任其监护人。基于其监护人身份，该个人也是被监护人的法定代理人。如该个人由于种种原因不愿意再继续担任监护人，或者被监护人住所地居民委员会、村民委员会或者民政部门不再同意由该人担任监护人，均会导致法定代理终止。

【审判实践中应注意的问题】

需要注意的是，本条为法定代理的终止情形规定了兜底条款，故法定代理还可能因为其他法律规定而终止。例如，监护关系因撤销监护权而消灭，法定代理也将相应终止。

第八章 民事责任

> **第一百七十六条** 民事主体依照法律规定或者按照当事人约定，履行民事义务，承担民事责任。

【条文主旨】

本条是关于民事责任的原则性的规定。

【条文理解】

现代法律责任作为一个完整救济、惩罚体系，是由民事责任、刑事责任和行政责任统一构成的。民事责任在损害救济方面发挥着其他两种责任无法替代的作用。所谓民事责任，是指民事主体违反民事法律义务所应当承担的不利法律后果。可见，民事责任的承担要以民事义务的违反为前提，违反民事法律义务的这种"不利法律后果"，既包括原应履行的义务的继续履行，也包括追加一个新的法律义务。比如，买卖合同一方当事人违约，其对方当事人应承担的民事责任既包括继续履行合同，还包括对受害人因其违约行为所遭受的损失进行赔偿。

本条规定系沿用《民法总则》第176条而来，对于民事主体依照法律规定和当事人约定承担民事责任作了原则性规定。《民法总则》第176条较《民法通则》第106条的规定，所作主要修改有：其一，将《民法通则》第106条第2款、第3款规定规定的"公民、法人由于过错侵害国家的、集体的财产,侵害他人财产、人身的应当承担民事责任。没有过错,但法律规定应当承担民事责任的,应当承担民事责任"删除,即将过错责任、无过错责任的归责原则删除。其理由在于,这两款规定是关于侵权责任的归责原则或者一般条款的规定,其并不能统领其他民法分则的内容,且《民法典》侵权责任编中的第1165条、第1166条已经作了明确规定,有关侵权责任归责原则的内容应当回归到《民法典》侵权责任编部分,不宜由总则编作出规定。其二,将《民法通则》第106条第1款规定"公民、法人违反合同或者不履行其他义务的,应当承担民事责任"作了重大修改:一方面明确用民事主体的概念取代"公民、法人"的提法,以涵盖更广范围,顺应了现代市场经济及民事主体制度发展的趋势。另一方面,明确提出了"履行民事义务"的要求,既对民事义务的履行提出了原则性要求,也在体系上能够与民事责任部分更好地衔接。

对于本条的理解,要注意以下几个问题:

1.关于民事义务的基本分类。按照民法调整方式的不同,民事义务区分为两种:(1)强行性法律规范所产生的强制性民事义务。这种民事义务是由于民法对社会生活的法定主义调整方式而产生的,是指不依赖于当事人意志,而必须无条件适用的法律规范;此类法律规范仅依法定事实的发生而适用,且其内容不得以当事人意志改变或排除。①(2)任意性法律规范所产生的任意性民事义务在法律规范中有"如无相反约定""当事人另有约定除外"以及多数未加禁止内容的法律规范则皆为任意性规范。②当事人通过民事法律行为所确立的民事义务主要是指由合同约定的民事义务,如当事人在买卖合同中约定的卖方应负担的交付买卖标的物的时间、地点的义务。任意性法律规范中包括意思推定规范,是指旨在推定行为人意思,并可为行为人相异

---

① 董安生:《民事法律行为——合同、遗嘱和婚姻行为的一般规律》,中国人民大学出版社1994年版,第254页。

② 苏明诗:《契约自由与契约社会化》,载郑玉波主编:《民法债编论文选辑》,我国台湾地区五南图书出版公司1984年版,第170页。

的意思表示所排除适用的法律规范。①

2. 关于民事义务与责任的区别。民事责任与民事义务有严格的区别。这种区别主要表现在：

第一，民事责任产生在民事义务的不履行之后。当一个人负有民事法律义务而又不履行的时候，就产生了民事责任。当一个民事主体享有相应权利时，那么，其他任何人就负有不得侵害该主体的权利的义务，如果其他任何人实施了违反此种义务的行为，就应当承担相应的民事责任。

第二，民事责任与民事义务分别与国家公权力与民事权利概念相关联。与民事义务概念相关联的是民事权利概念，与民事责任概念相关联的是国家公权力概念。民事责任使民事权利具有法律上之力，它是联结民事权利与国家公权力的中介。② 在民事权利与民事义务的关系中，通常是双向的，而在国家公权力与民事责任的关系中，民事责任是国家公权力所强加的，是单向的。

第三，二者的性质不同。民事义务属于"当为"，而民事责任不仅是"当为"，更是"必为"。民事义务是应当的，其履行通常是当事人自愿的而非强制的，"是基于主体自我良心判断，或自我和社会对利益的共同（或趋同）判断"，③ 可因民事权利人对权利的自由处分而不必加以履行。而民事责任则是必须的，既是应当的又是必然的。特别明显的是，民事责任的承担在最后往往需要借助国家的公权力，因此，民事责任具有强制性，不因权力行使的专门国家机关弃权而免除，而且这种弃权行为本身构成失职。④

3. 来源不同。依据本条规定，民事义务的来源既可以是法律规定也可以是当事人的约定。通常情况下，当事人约定的违反产生的责任

---

① 董安生：《民事法律行为——合同、遗嘱和婚姻行为的一般规律》，中国人民大学出版社1994年版，第272页。
② 梁慧星：《民法学说判例与立法研究》，中国政法大学出版社1993年版，第253、254页。
③ 张恒山、黄金华：《法律权利与法律义务的异同》，载《法学》1995第7期。
④ 刘作翔、龚向和：《法律责任的概念分析》，载《法学》1997年第10期。

属于违约责任的范畴，对于侵害法律规定的民事权益承担的责任属于侵权责任的范畴。从民事责任的角度讲，法定责任的强制性更强，违反法律强制性规定的，不能允许当事人通过约定排除。但约定义务的违反则可以允许当事人通过补充约定甚至通过新的约定排除适用。

【审判实践中应注意的问题】

对于本条的适用，要注意准确把握民事责任的本质特征。

我们认为，作为法律责任的一种，民事责任本身具有强制性、制裁性的共同特征，但其又与其他类型的责任有着本质不同。这主要体现在：其一，民事责任作为一种具有强制性的法律责任，这种强制性较其他责任形式相对柔化。一方面，民事责任范畴的事项在一定程度上允许当事人处分，即可以体现当事人的意思自治，比如有些赔偿责任，受到损害的当事人可以放弃。另一方面，约定的民事责任，比如违约金的承担，允许国家公权力予以调整。而且民事责任的承担只有在违反民事义务者不主动承担民事责任的情形下，才按照不告不理的原则，在受到损害的一方当事人主张的情况下，由国家机关借助公权力强制义务违反者承担。

其二，民事责任在本质上是一种财产性责任，具有典型的补偿性。民事责任的财产性，主要体现在责任体系中的财产责任占据主导地位。一方面，对财产损害的救济，最有效的救济方式就是使违反义务者就此承担民事赔偿责任。对于民事法律关系中的人身关系，基于人身不得强制的基本法理，对非财产上的损害，也可以物质抚慰的方式，比如精神损害赔偿的方式，进行救济。民事责任的补偿性集中体现了民事损害纠纷的填平原则，即民事主体不能因其他民事主体的违法行为而获得超出自己损害范围的利益。民事责任的补偿性突出地体现在民事赔偿责任上。民事赔偿责任的宗旨是恢复被侵害的权利，而并非惩罚不法行为人。同时，民事责任的补偿性也体现在返还财产、恢复原状、重作、修理、更换等其他民事财产责任方式以及消除影响、恢复名誉、赔礼道歉等人身责任之上。[①]在审判实务中,在法律没有特别规定的情况下,要坚决贯彻民事责任补偿性的基本原理,这也是平等的民法精神的基本体现。这里的法律特别规定,是指惩罚性赔偿制度,比如《民法典》侵权责任编中的第1185条关于故意侵害知识产权的惩罚性赔偿、《消费者权益保护法》第55条规定的产品欺诈和服务欺诈的惩罚性损害赔偿金制度等,这都要以法律有明文规定作为适用前提。

[①] 顾昂然等:《中华人民共和国民法通则讲座》,中国法制出版社2000年版,第216页。

第一百七十七条 二人以上依法承担按份责任，能够确定责任大小的，各自承担相应的责任；难以确定责任大小的，平均承担责任。

【条文主旨】

本条是关于按份责任承担规则的规定。

【条文理解】

《民法通则》并未规定按份责任，其第86条规定："债权人为二人以上的，按照确定的份额分享权利。债务人为二人以上的，按照确定的份额分担义务。"对于数人承担责任的情形，基于责任人之间承担外部责任的多少及责任人之间内部份额的不同，民事责任可以分为按份责任与连带责任，这是民事责任中最基本的分类形式之一。由于按份责任与连带责任的承担不仅在侵权责任中大量存在，在违约责任以及其他法律行为中义务的违反都可能存在连带责任或者按份责任的承担，故对这一基本分类形式有必要在总则中予以规定，以统领和指导民法分则各部分中相关问题的法律适用，《民法总则》第177条规定按份责任。《民法典》总则编对这一规定予以了保留。

按份责任，是指数个责任主体按照法律规定或者当事人约定，按照不同的份额对同一责任承担的民事责任。按份责任分为两种类型，一是约定的按份债务不履行发生的按份责任；二是依照法律规定发生的按份责任，例如，无意思联络的共同侵权行为导致的数个侵权人承担的按份责任。

按份责任与连带责任的基本区别在于，二者承担的外部责任有本质不同：连带责任的责任人之间虽然也分有份额，但是这种份额具有内部性，对外每一个责任人都需要向权利人承担全部的责任。而按份责任的各个责任人的责任份额不具有独立性，只对自己的份额负责，不对整体责任负责。

对于法定按份责任的分别侵权行为的构成应当符合的条件是：一方面，二人以上分别实施侵权行为。即两个以上的侵权人没有意思联络独立实施的侵权行为，并各自满足独立的侵权责任构成。另一方面，须造成同一损害后果。若数个侵权行为造成了不同的损害后果，这时完全构成两个独立的侵权法律关系，应该是各自独立承担各自责任的数个单独侵权行为的形态。对于约定按份责任的构成，则此核心在于当事人的义务份额可以依据当事人的具体约定产生，原则上讲当事人不能通过约定的方式对于民事责任承担的份额作出约定。但是可以对承担义务的份额作出约定，而义务的违反及产生法律责任，这时的责任也就是按份责任。在此需要注意的是，一方面当事人对于按份义务的约定不能违背法律强制性规定，比如当事人事先不能将共同侵权须承担的连带责任约定为按份责任。另一方面，对于多数人责任承担的方式，对于法律没有规定为连带责任的情形，通常即为承担按份责任。①

关于按份责任承担的法律后果。本条规定明确了"能够确定责任大小的，各自承担相应的责任；难以确定责任大小的，平均承担责任。"据此，按份责任承担的法律后果可以分为两种具体情形：

一是能够确定责任大小的情形。在此以分别侵权行为为例，虽然数个侵权行为结合造成了同一损害，但是在大部分案件中，可以根据各个侵权行为对造成损害后果的可能性（盖然性）来确定责任份额。判断这种可能性，可以综合各个行为人的过错程度、各个侵权行为与损害后果因果关系的紧密程度、公平原则以及政策考量等因素。有的学者将这种可能性称为"原因力"，指在构成损害结果的共同原因中，

---

① 当然依据《民法典》侵权责任编的有关规定，还存在法定的不真正连带责任、补充责任的情形。

每一个原因对于损害结果发生或扩大所发挥的作用力。法律不可能脱离具体案件，事先抽象出各种确定责任份额的标准，只能由法官在具体案件中综合考虑各种因素来确定。

二是难以确定责任大小的情形。责任分配的尺度很难有一个可以数量化的标准，在某些情形下，由于案情复杂，很难分清每个侵权行为对损害后果的作用力究竟有多大。我们可以借鉴其他国家和地区在确定各个连带责任人内部份额时的做法，如《俄罗斯民法典》第1081条第2款中规定，当过错程度不能确定时，份额应均等；《意大利民法典》第2055第3款规定，在有疑问的情况下，推定所有人的责任相同。本条也作出了类似规定，难以确定责任大小的，各个行为人平均承担赔偿责任。①

在此需要注意的是，对于分别侵权行为的民事责任，《民法典》侵权责任编中的第1272条规定："二人以上分别实施侵权行为造成同一损害，能够确定责任大小的，各自承担相应的责任；难以确定责任大小的，平均承担责任。"该条的基本规则系沿用了《侵权责任法》第12条的规定。在实务中，要做好本条与侵权责任编这一规定的衔接适用。此外，《人身损害赔偿司法解释》第3条第2款规定："二人以上没有共同故意或者共同过失，但其分别实施的数个行为间接结合发生同一损害后果的，应当根据过失大小或者原因力比例各自承担相应的赔偿责任。"这一规定可以理解为是对分别侵权行为责任的细化规定，与本条规定及侵权责任编的相关内容并不冲突，可以继续适用。从目前审判实务看，分别侵权行为责任是典型的法定按份责任承担类型，对此适用上也注意首先要比较过错和原因力来确定按份责任人各自责任的大小，在依据这一标准不能确定责任大小的情况下，则才能要求数个按份责任人平均承担责任。

---

① 王胜明：《侵权责任法释义》，法律出版社2010年版，第70页。

【审判实践中应注意的问题】

对于本条的适用，要注意具体把握按份责任的责任人的诉讼主体资格问题。我们认为，在按份责任的案件中，原告方可以单独起诉其中的某一责任主体，也可以将他们作为共同被告起诉。基于对原告处分权的尊重，这一规则并无争议，但按份责任是否要适用必要共同诉讼的规则问题，则存有很大争议。

关于共同诉讼，依据《民事诉讼法》第52条的规定，当事人一方或者双方为二人以上，其诉讼标的是共同的，或者诉讼标的是同一种类、人民法院认为可以合并审理并经当事人同意的，为共同诉讼。共同诉讼的一方当事人对诉讼标的有共同权利义务的，其中一人的诉讼行为经其他共同诉讼人承认，对其他共同诉讼人发生效力；对诉讼标的没有共同权利义务的，其中一人的诉讼行为对其他共同诉讼人不发生效力。依据这一规定，必须共同进行诉讼的当事人则是指应当参加进入必要的共同诉讼的人，即其与已经参加诉讼的当事人一方的诉讼标的是共同的，具有共同的权利义务，诉讼标的同一，必须合并审理。在必要的共同诉讼中，一方当事人对诉讼标的有共同权利义务，其中一人的诉讼行为经其他共同诉讼人承认，对其他共同诉讼人发生效力。关于共同诉讼中追加当事人的具体规则，依据《民事诉讼法司法解释》第73条的规定，必须共同进行诉讼的当事人没有参加诉讼的，人民法院应当依照《民事诉讼法》第132条的规定，通知其参加；当事人也可以向人民法院申请追加。人民法院对当事人提出的申请，应当进行审查，申请理由不成立的，裁定驳回；申请理由成立的，书面通知被追加的当事人参加诉讼。

对于承担按份责任的数个责任人之间是否属于必要共同诉讼的问题，理论和实务中存有很大争议。我们认为，对于按份责任是否构成必要共同诉讼，不能仅从数个责任人在实体上承担的责任具有相对独立性来判断，而仍应回归程序法上关于必要共同诉讼的要求来认定，如果属于诉讼标的同一，当事人具有共同权利义务的情形，则也应属于必要共同诉讼。退而言之，即使不属于必要共同诉讼情形的，原告方主张将未被诉的按份责任人追加为共同被告来承担责任的，也未尝不可。此外，如果原告方的诉讼请求并未针对未被诉的按份责任人，基于查明案件事实需要，比如在法定按份责任情形下，为查明各自责任份额的大小，这时可以追加该未被诉的按份责任人为第三人参加诉讼。

> **第一百七十八条** 二人以上依法承担连带责任的,权利人有权请求部分或者全部连带责任人承担责任。
>
> 连带责任人的责任份额根据各自责任大小确定;难以确定责任大小的,平均承担责任。实际承担责任超过自己责任份额的连带责任人,有权向其他连带责任人追偿。
>
> 连带责任,由法律规定或者当事人约定。

【条文主旨】

本条是关于连带责任承担规则的规定。

【条文理解】

《民法通则》并未规定连带责任,仅是在"债权"一节中规定了连带债权和连带债务,其第87条规定:"债权人或者债务人一方人数为二人以上的,依照法律的规定或者当事人的约定,享有连带权利的每个债权人,都有权要求债务人履行义务;负有连带义务的每个债务人,都负有清偿全部债务的义务,履行了义务的人,有权要求其他负有连带义务的人偿付他应当承担的份额。"对于数人承担责任的情形,连带责任是民事责任承担的重要类型。如同按份责任一样,连带责任的承担不仅在侵权责任中大量存在,在违约责任以及其他法律行为中义务的违反都可能存在连带责任的承担问题。在《民法总则》第178条对连带责任和按份责任这一基本责任承担类型予以规定,由此统领和指导民法分则各部分中相关问题的法律适用。《民法典》总则编对此予以保留。

连带责任,是指依照法律的直接规定或者当事人的约定,两个以上的责任主体向权利人连带承担全部赔偿责任,权利人有权要求连带责任人中的一人或数人承担全部责任,而一人或数人在承担全部赔偿责任后,将免除其他责任人的赔偿责任的民事责任形态。

连带责任的特征主要表现在:(1)连带责任对于侵权人而言是一种比较严重的责任方式。连带责任对外是一个整体的责任。连带责任中的每个人都需要对被侵权人承担全部责任。被请求承担全部责任的连带责任人,不得以自己的过错程度等为理由只承担自己的责任。(2)连带责任对于被侵权人保护得更为充分。连带责任给了被侵权人更多的选择权,被侵权人可以请求一个或者数个连带责任人承担全部或者部分的赔偿责任。(3)连带责任是法定责任,连带责任人不能约定改变责任的性质,对于内部责任份额的约定对外不发生效力。①

连带责任分为两种:一是依照约定产生的连带责任,这主要是违反连带债务发生的连带责任,如违反连带债务的违约责任,但也不妨碍当事人之间直接约定连带承担民事责任;二是依照法律的直接规定发生的连带责任。比如依照《民法典》侵权责任编的规定,以下情形侵权人承担连带责任:(1)共同侵权人的连带责任。第1168条规定,二人以上共同实施侵权行为,造成他人损害的,应当承担连带责任。(2)教唆人、帮助人与侵权行为人的连带责任。第1169条第1款规定,教唆、帮助他人实施侵权行为的,应当与行为人承担连带责任。(3)实施共同危险行为的侵权人的连带责任。第1170条规定,二人以上实施危及他人人身、财产安全的行为,其中一人或者数人的行为造成他人损害,能够确定具体侵权人的,由侵权人承担责任;不能确定具体侵权人的,行为人承担连带责任。(4)分别实施侵权行为但单个侵权行为都足以造成全部损害的侵权行为人的连带责任。第1171条规定,二人以上分别实施侵权行为造成同一损害,每个人的侵权行为都足以造成全部损害的,行为人承担连带责任。(5)网络服务提供者与网络用户的连带责任。第1196条规定,网络用户接到转送的通

---

① 王胜明:《〈中华人民共和国侵权责任法〉条文解释与立法背景》,人民法院出版社2010年版,第60页。

知后,可以向网络服务提供者提交不存在侵权行为的声明。声明应当包括不存在侵权行为的初步证据及网络用户的真实身份信息。网络服务提供者接到声明后,应当将该声明转送发出通知的权利人,并告知其可以向有关部门投诉或者向人民法院提起诉讼。网络服务提供者在转送声明到达权利人后的合理期限内,未收到权利人已经投诉或者提起诉讼通知的,应当及时终止所采取的措施。(6)高度危险物品的所有人与管理人、非法占有人的连带责任。第1241条规定,遗失、抛弃高度危险物造成他人损害的,由所有人承担侵权责任。所有人将高度危险物交由他人管理的,由管理人承担侵权责任;所有人有过错的,与管理人承担连带责任。第1242条规定,非法占有高度危险物造成他人损害的,由非法占有人承担侵权责任。所有人、管理人不能证明对防止非法占有尽到高度注意义务的,与非法占有人承担连带责任。(7)建设单位与施工单位的连带责任。第1252条中规定,建筑物、构筑物或者其他设施倒塌、塌陷造成他人损害的,由建设单位与施工单位承担连带责任,但是建设单位与施工单位能够证明不存在质量缺陷的除外。

关于连带责任的内部责任承担问题。连带责任人对外承担了赔偿责任后,需要在内部确定各自的责任,这也是对外承担了连带责任的责任主体行使追偿权的依据。连带责任内部份额的大小一般依据以下原则来确定:

一是对于约定内部份额的连带责任,有约定的按照约定处理,比如对连带债务的约定,没有约定内部份额的则原则上平均承担责任。

二是法定连带责任的内部份额的确定。则要进行比较过错和原因力来确定。如果根据过错和原因力难以确定连带责任人责任大小的,可以视为各连带责任人的过错程度和原因力大小是相当的,在这种情况下应当在数个连带责任人之间平均分配责任份额。在此需要注意的是这要在通过比较完过错、原因力后仍难以确定赔偿数额的情形。这一责任份额的确定也为追偿权的行使提供依据。承担赔偿责任的连带责任人在对外以侵权人的身份承担赔偿责任后,即取得对内以债权人的身份请求其他连带责任人承担各自应当承担份额责任的追偿权。

【审判实践中应注意的问题】

对于本条的适用,要注意以下几个问题:

一、关于法定连带责任内部份额确定方法问题

对于比较过错和比较原因力的具体做法,目前是以过错程度比较为主,法律原因力比较为辅的方法。在数种原因造成损害结果的侵权行为中,确定各个主体的赔偿份额的主要因素,是过错程度的轻重;而原因力的大小尽管也影响各自的赔偿责任份额,但要受过错程度因素的约束和制约,原因力对于赔偿份额的确定具有相对性。① 在过错责任中更多地根据过错程度来决定责任范围,在过错推定或者无过错责任这样无法进行过错比较的情况下,主要采用原因力的比较。② 史尚宽先生也认为,"第一应比较双方过失之重轻(危险大者所要求之注意力亦大,故衡量过失之重轻,应置于其所需注意之程度),是以故意重于过失,重大过失重于轻过失。其过失相同者,除有发生所谓因果关系中断之情事外,比较其原因力之强弱以定之。"③ 以过错程度比较为主的做法,就是通过将过错划分为故意、重大过失、一般过失和轻微过失来明确行为人的责任范围。

我们认为,以过错程度比较为主,法律原因力比较为辅对于解决适用过错责任原则的侵权行为类型具有合理性,但考虑到某些侵权行为类型的复杂性,可能也不能涵盖所有的过错侵权类型,医疗损害责任纠纷即是其中需要更多考虑适用原因力规则的典型类型,尤其是在对于患者一方并没有过错而不能适用过失相抵规则的情况下,原因力规则的适用对于公平合理确定医疗机构责任大小,妥善解决医疗损害

---

① 杨立新:《侵权损害赔偿》,法律出版社 2010 年版,第 107 页。
② 王利明:《侵权行为法归责原则研究》,中国政法大学出版社 1992 年版,第 614 页。
③ 史尚宽:《债法总论》,中国政法大学出版社 2000 年版,第 680 页。

责任纠纷具有十分重要的作用。

二、关于连带责任与不真正连带责任的区别问题

根据责任人之间承担责任的关系不同，除了按份责任、连带责任之外，还有不真正连带责任。侵权责任法上的不真正连带责任，是指多数行为人违反法定义务，对一个受害人实施加害行为，或者不同的行为人基于不同的行为而致使受害人的权利受到损害，各个行为人产生的同一内容的侵权责任，各负全部赔偿责任，并因行为人之一的履行而使全体责任人的责任归于消灭的侵权责任形态。[1]不真正连带责任作为侵权责任分担形态之一，具有以下法律特征：第一，不真正连带责任的责任主体是违反对同一个民事主体负有法定义务的数人；第二，不真正连带责任是基于同一损害事实发生的侵权责任；第三，不同的侵权行为人对同一损害事实发生的侵权责任相互重合；第四，在相互重合的侵权责任中只须履行一个侵权责任即可保护受害人的权利。连带责任与不真正连带责任的根本区别在于，连带责任的最终责任必须由各个不同的连带责任人分担，而不真正连带责任的最终责任只能归属于应当承担责任的那一个责任人。[2]

依照侵权责任编中的第1202条、第1203条的规定，因产品存在缺陷造成人身、他人财产损害的，受害人可以向产品的生产者请求赔偿，也可以向产品的销售者请求赔偿。属于生产者的责任，产品的销售者赔偿的，有权向生产者追偿。属于产品的销售者的责任，产品的生产者赔偿后，有权向销售者追偿。由此可见，产品责任的责任形态应该是不真正连带责任。如上所述，在产品责任中，受害人有权选择不同的责任主体为被告来主张权利，也可以选择他们为共同被告，人民法院也可以基于查明案件事实、方便解决纠纷等考虑，追加他们为共同被告，但无论何种情况下，都由某个责任主体来承担最终的责

---

[1] 杨立新：《侵权法论》，人民法院出版社2013年版，第988页。
[2] 杨立新：《〈侵权责任法〉改革医疗损害责任制度的成功与不足》，载《中国人民大学学报》2010年第4期。

任。《人身损害赔偿司法解释》第 5 条中规定："赔偿权利人起诉部分共同侵权人的，人民法院应当追加其他共同侵权人作为共同被告。赔偿权利人在诉讼中放弃对部分共同侵权人的诉讼请求的，其他共同侵权人对被放弃诉讼请求的被告应当承担的赔偿份额不承担连带责任。责任范围难以确定的，推定各共同侵权人承担同等责任。人民法院应当将放弃诉讼请求的法律后果告知赔偿权利人，并将放弃诉讼请求的情况在法律文书中叙明。"对于司法解释的这一规定，有不同的认识。有的专家提出，该规定其实改变了连带责任的性质，造成被侵权人不起诉其他连带责任人的，人民法院就要求追加；被侵权人不同意追加的，就等于放弃了对未追加的连带责任人的诉讼请求，被诉的连带责任人对放弃的份额不再承担侵权责任。连带责任对外是一个整体的责任，无论被侵权人向一个或者数个连带责任人请求承担责任，都不影响被请求的连带责任人对外承担全部责任。对内而言，一个或者数个连带责任人承担了连带责任之后，其内部责任根据侵权人各自的过错、原因等确定。是否追加被告不影响被请求的连带责任人对全部责任的承担。本条规定，被侵权人有权请求部分或者全部连带责任人承担责任。向一个或者数个连带责任人请求的，被请求的侵权人就应当承担全部赔偿责任。①

三、关于连带责任案件中申请追加共同被告的问题

依据《民事诉讼法司法解释》第 74 条的规定，人民法院追加共同诉讼的当事人时，应当通知其他当事人。应当追加的原告，已明确表示放弃实体权利的，可不予追加；既不愿意参加诉讼，又不放弃实体权利的，仍应追加为共同原告，其不参加诉讼，不影响人民法院对案件的审理和依法作出判决。这一规定对于追加原告的情形作了规定，但对于被告申请追加被告的问题则没有规定。

关于共同诉讼中被告请求追加被告的情形，审判实践中有很大争

---

① 王胜明：《侵权责任法释义》，法律出版社 2010 年版，第 57 页。

议。一种意见认为,作为共同被告参加诉讼而原告未起诉或者未申请追加的,人民法院应当行使释明权,原告明确放弃对其诉讼请求的,人民法院不予追加;对于被告申请追加的被告,原告不同意追加且明确放弃对其诉讼请求的,人民法院应当查明该被追加被告应承担的责任并分别处理。如果被追加被告应当承担按份责任,应视为原告对该部分权益的放弃;如果被追加被告应当承担连带责任或补充责任的,法院不应裁决其承担责任。

另一种意见认为,对此应当区分不同情形处理:第一,对于被追加的必须共同进行诉讼的被告,实践中多为应当承担按份责任。该情形下,多名被告之间责任承担需要一并处理,不可分开审理,但原告不同意追加被告且放弃对被追加被告诉讼请求的,人民法院可不予追加,且应当从责任总额中扣除原告放弃的那部分诉讼请求。第二,对于补充责任情形,如果被告申请追加被告的理由是:其本人应当承担补充责任,该被追加的被告应当首先承担赔偿责任,人民法院经审查理由成立的,应当追加。如果原告不同意追加且放弃对被追加被告的诉讼请求,就意味着已经参加诉讼的被告承担补充责任的前提已经丧失。这时,人民法院应当予以释明。如果原告坚持不同意追加且放弃对被追加被告诉讼请求的,人民法院应当驳回原告对已经参加诉讼的(最初起诉的)被告的诉讼请求;如果被告申请追加被告的理由是被追加被告应当承担补充责任,原告不同意追加且放弃对被追加被告的诉讼请求,并不影响已经参加诉讼的被告承担赔偿责任,此时,人民法院可在释明的基础上,根据原告的请求,不予追加被告,但仍应判令已经参加诉讼的被告承担相应的赔偿责任。[①]第三,对于连带责任或者不真正连带责任的情形,任何一个被告均负有对原告承担全部责任的义务,这在诉讼上应为可分之诉,被告申请追加承担连带责任的被告而原告不同意或者坚持不予追加的或者明确放弃对被申请追加被告的诉讼请求的,并不影响已经参加诉讼的被告负有的对原告应当承

---

① 《最高人民法院民事诉讼法司法解释理解与适用》,人民法院出版社2015年版,第273页。

担的全部赔偿责任,这时人民法院可以不予追加被告参加诉讼。

上述两种意见都有一定道理,但《民事诉讼法司法解释》在起草过程中基于追加被告参加诉讼的情形极为复杂,争议太大且缺乏上位法的明确具体规定,最终没有规定。这虽有一定遗憾,但也为审判实践中根据具体不同的案件类型进行探索留下了空间。《最高人民法院关于审理食品药品纠纷案件适用法律若干问题的规定》第10条第2款规定的"消费者仅起诉挂靠者或者被挂靠者的,必要时人民法院可以追加相关当事人参加诉讼";《最高人民法院关于审理民间借贷案件适用法律若干问题的规定》第4条规定的"保证人为借款人提供连带责任保证,出借人仅起诉借款人的,人民法院可以不追加保证人为共同被告;出借人仅起诉保证人的,人民法院可以追加借款人为共同被告。保证人为借款人提供一般保证,出借人仅起诉保证人的,人民法院应当追加借款人为共同被告;出借人仅起诉借款人的,人民法院可以不追加保证人为共同被告";《建设工程施工合同司法解释》第26条第2款规定的"实际施工人以发包人为被告主张权利的,人民法院可以追加转包人或者违法分包人为本案当事人。发包人只在欠付工程价款范围内对实际施工人承担责任"等规定都存在着被告申请追加被告或者人民法院依照职权直接追加被告的情形,这些规定都可以在相关案件审理中予以适用。

第一百七十九条 承担民事责任的方式主要有:

(一)停止侵害;

(二)排除妨碍;

(三)消除危险;

(四)返还财产;

(五)恢复原状;

(六)修理、重作、更换;

(七)继续履行;

(八)赔偿损失;

(九)支付违约金;

(十)消除影响、恢复名誉;

(十一)赔礼道歉。

法律规定惩罚性赔偿的,依照其规定。

本条规定的承担民事责任的方式,可以单独适用,也可以合并适用。

【条文主旨】

本条是关于民事责任承担方式的规定。

【条文理解】

本条对于民事责任承担方式作了具体规定,系沿用《民法总则》第179条。《民法总则》较《民法通则》第134条的规定,所作主要修改有:(1)新增"继续履行"这一责任承担方式。明确将继续履行这一责任承担方式上升到民法的总则中规定,即在各个民法分则中都存在可以适用继续履行这一责任承担方式的可能。(2)增加了惩罚性赔偿制度的规定,在本条第2款明确规定:"法律规定惩罚性赔偿的,依照其规定。"这是顺应时代发展、各个民事部门法律发展进步的趋势所作的重要规定。(3)将《民法通则》第134条第3款规定的"人民法院审理民事案件,除适用上述规定外,还可以予以训诫、责令具结悔过,收缴进行非法活动的财物和非法所得,并可以依照法律规定处以罚款、拘留"删除。这是对民事制裁方式的规定。本法并没有继承这一规定,主要是考虑到民事责任方式是对受害人民事权益的救济,是一个民事主体对另一个民事主体所应承担的法律后果,《民法通则》规定的民事制裁方式是国家对不法行为人采取的强制处罚措施,目的在于制裁行为人,不在于救济受害人,依民事制裁方式所取得的财产,也不是交付给受害人而是上缴国库。因此,民事制裁方式不属于民事责任承担方式,不宜在此规定。但是,这并不意味着人民法院不可以对不法的行为人采取民事制裁方式,对符合适用条件的,人民法院仍可以采用民事制裁方式制裁不法行为人。至于是否要予以拘留等情形依照相关法律,比如《民事诉讼法》中的民事诉讼强制措施的规定来确定。(4)作了文字表述的修改。

民事责任的承担方式,是落实民事责任的具体形式,是行为人的行为承担民事责任的最终法律后果。没有民事责任的承担方式,民事责任的规定将没有任何威慑力。从比较法上看,大陆法系和英美法系国家都强调了损害赔偿这种责任方式的主导地位,但是,随着经济社会的不断发展,人们的需求越来越多元化,这就需要民事责任承担方式也要适应人们多元化的需求。损害赔偿主要是在保护物权等财产权益方面发挥作用,对于人格权、知识产权等民事权益,单纯采用损害赔偿,其作用就受到了较大限制,这就需要采取多种方式对人格权、知识产权等民事权益进行保护,包括恢复名誉、停止侵害、赔礼道歉等。例如,名誉权受到侵害的,最直接的损害后果首先是名誉受到毁损,社会评价降低,对受害人最直接的补救方式是恢复名誉。只有采取恢复名誉的方式才能消除这种损害发生的根源,才能对受害人给予最直接、最有效的补救。恢复名誉的方式不是损害赔偿能够代替的。赔礼道歉在一些情况下也是十分有效的补救方式，在有些案件中，受害人并不需要得到多少赔偿，他只需要加害人赔礼道歉，这可能在某种程度上只是满足人格尊严的需要，也可能只是一种心理安慰，但不管怎么样，它是在侵害名誉权、隐私权等人格权时的一种很好的补救方式。

此外，现代社会侵权形态的多样化，也需要侵权责任方式的多样化。例如，随着网络技术的发展，出现了网络侵权这种新的侵权形态。网络侵权具有快速性、广泛性等特点，为了防止损害后果进一步扩大，就必须采取停止侵害等侵害责任方式。因此，侵权法的一个重要发展趋势就是侵权责任方式的多元化。这既适应了《侵权责任法》保护范围扩大的要求，也为受害人提供了全方位的救济。[①] 应该说，我国《民法通则》对民事责任方式的规定适应了这种发展趋势，第134条第1款规定："承担民事责任的方式主要有：（一）停止侵害；（二）排除妨碍；（三）消除危险；（四）返还财产；（五）恢复原状；（六）修理、重作、更换；（七）赔偿损失；（八）支付违约金；（九）消除影响、恢复名誉；（十）赔礼道歉。"从《民法通则》多年的实施效果看，多样化的责任方式对保护民事主体的民事权益发挥了积极作用。《侵权责任法》第15条对侵权责任方式的规定基本采纳了《民法通则》的立法模式，只是将属于违约责任方式的两种方式，不适用于侵权案件的"支付违约金"责任和可以被"恢复原状"包含的"修理、重作、更换"删除。《民法总则》第179条在总结和继承我国二十多年的民事立法和司法经验的基础上，并顺应时代发展需要对民事责任承担方式作了系统全面的规定，《民法典》对这一规定予以了保留。

根据本条规定，承担侵权责任的方式主要有：

1.停止侵害。停止侵害，是指行为人实施的违法行为仍在继续

[①] 王胜明：《侵权责任法释义》，法律出版社2010年版，第78页。

中，应当承担的立即停止侵害行为的民事责任方式。对于任何正在实施违法行为的不法行为人都可以适用这种民事责任方式，立即停止其侵害行为。停止侵害这种民事责任方式的主要作用是：能够及时制止侵害行为，防止扩大侵害后果。这种民事责任方式以侵权行为或者其他违法行为正在进行或仍在延续中为适用条件，对尚未发生的或业已终止的侵权行为则不得适用。责令停止侵害，实际上是要求侵害人不实施某种侵害行为，即不作为。[①]

2. 排除妨碍。排除妨碍是指行为人实施的行为使他人无法行使或者不能正常行使人身、财产权益的，受害人可以要求行为人排除妨碍权益实施的障碍。行为人不排除妨碍的，受害人可以请求人民法院责令其排除妨碍。例如，某人在他人家门前堆放垃圾，妨碍了他人通行，同时污染了他人的居住环境，受害人有权请求行为人将垃圾清除。受害人请求排除的妨碍必须是不法的，如果行为人的妨碍行为是正当行使权利的行为，则行为人可以拒绝受害人的请求。受害人也可以自己排除妨碍，但排除妨碍的费用应由行为人承担。[②]

3. 消除危险。消除危险，是指行为人的行为或者其管领下的物件对他人的人身和财产安全造成威胁，或存在侵害他人人身或财产的可能，应当采取有效措施，将具有危险因素予以消除的民事责任方式。适用消除危险这一责任方式的前提必须是有危险状态的存在，这一危险具有造成现实损害的可能性，但是该损害又尚未实际发生。

4. 返还财产。返还财产，是普遍适用的民事责任方式。作为民事责任方式的返还财产，是指返还原物。不法侵占他人财产，或者原来依据合同占有他人财产但合同无效或者被撤销的，行为人应当返还原物。此前，《合同法》第58条规定，合同无效或者被撤销后，因该合同取得的财产，应当予以返还。这一规定内容已被《民法典》第157条规定所吸收。此前，《物权法》第34条规定，无权占有不动产或者动产的，权利人可以请求返还原物。有权请求返还财产的主体一般是

[①] 杨立新：《侵权法论》，人民法院出版社2013年版，第280、281页。
[②] 王胜明：《侵权责任法释义》，法律出版社2010年版，第79页。

该财产的所有人，但财产被他人合法占有期间，该财产被第三人非法占有的，该合法占有人也可以请求返还财产。适用返还财产责任这一方式的前提是该财产还存在，如果该财产已经灭失，就无法适用该责任方式，受害人只能请求赔偿损失。《民法典》物权编中的第235条对这一规定予以了保留。

5.恢复原状。恢复原状，是指恢复权利被侵犯前的原有的状态。恢复原状一般是指将损害的财产修复，即所有人的财产在被他人非法侵害遭到损坏时，如果能够修理，则所有人有权要求加害人通过修理，恢复财产原有的状态。[①]采用恢复原状要符合以下条件：一是受到损坏的财产仍然存在且恢复原状有可能。受到损坏的财产不存在的，或者恢复原状不可能的，受害人只能请求赔偿损失；二是恢复原状有必要，即受害人认为恢复原状是必要的且具有经济上的合理性。恢复原状若没有经济上的合理性，就不能适用该责任方式。若修理后不能完全达到受损前状况的，行为人还应当对该财产的价值贬损部分予以赔偿。[②]

6.修理、重作、更换。修理、重作、更换，是指交付的标的物不符合约定要求的质量标准，债务人对于该标的物所应承担的修理、更换或者重作的民事责任方式。虽然立法者在制定《侵权责任法》时将修理、重作、更换视为是恢复原状的一种形式而将其删除。[③]通常而言，修理、重作、更换并不是侵权行为的民事责任方式，而是违约责任的具体方式，因而不能认为是恢复原状的具体形式。而且有关部门法律、审判实务以及广大人民群众对于这一具体明确的责任承担方式都已普遍接受，《民法总则》又将这一责任承担方式予以恢复。《合同法》第111条规定："质量不符合约定的，应当按照当事人的约定承担违约责任。对违约责任没有约定或者约定不明确，依照本法第六十一条的规定仍不能确定的，受损害方根据标的的性质以及损失的大

[①] 杨立新：《侵权法论》，人民法院出版社2013年版，第279页。
[②] 王胜明：《侵权责任法释义》，法律出版社2010年版，第80、81页。
[③] 王胜明：《侵权责任法释义》，法律出版社2010年版，第80、81页。

小，可以合理选择要求对方承担修理、更换、重作、退货、减少价款或者报酬等违约责任。"《民法典》合同编中的第582条对此内容予以了保留。修理、重作、更换的民事责任方式主要适用于违约责任，是对合同没有履行而采取的民事责任方式。上述这些责任方式，在违约责任包括实际违约、预期违约和加害给付中，都是可以适用的。有关部门法律法规，比如《消费者权益保护法》以及部门规章等对于商品"三包"的规定实际上也大致属于这一范畴，属于更为具体的责任承担方式。

7. 继续履行。继续履行是违约责任承担的一种典型形式，即在当事人一方不履行合同义务或者履行合同义务不符合约定的，对方当事人可以要求其按照合同约定履行义务的一种责任承担方式。对此，《合同法》第107条规定："当事人一方不履行合同义务或者履行合同义务不符合约定的，应当承担继续履行、采取补救措施或者赔偿损失等违约责任。"《民法典》合同编中的第577条对此予以了保留。继续履行这一责任承担方式的适用，要以合同标的具有履行可能为前提，如果不具备履行可能性，比如特定的标的物灭失等，这时就转化为损害赔偿责任。

8. 赔偿损失。赔偿损失是最基本的民事责任方式，"有损害必有救济"的核心在于损害赔偿。无论在违约责任还是在侵权责任，通常都要用到损害赔偿，无论是连带责任还是按份责任，它们针对的也都是赔偿损害。一般认为，侵权法上的赔偿损失，包括财产损害赔偿、人身损害赔偿和精神损害赔偿三种，合同中的赔偿损失并不能包括精神损失赔偿，但损害赔偿仍是侵权责任法和合同法中救济损害的最基本形式。比如《民法典》侵权责任编中的第1179条规定，侵害他人造成人身损害的，应当赔偿医疗费、护理费、交通费、营养费、住院伙食补助费等为治疗和康复支出的合理费用，以及因误工减少的收入。造成残疾的，还应当赔偿辅助器具费和残疾赔偿金；造成死亡的，还应当赔偿丧葬费和死亡赔偿金。第1184条规定，侵害他人财产的，财产损失按照损失发生时的市场价格或者其他合理方式计算。

第 1182 条规定，侵害他人人身权益造成财产损失的，按照被侵权人因此受到的损失或者侵权人因此获得的利益赔偿；被侵权人因此受到的损失以及侵权人因此获得的利益难以确定，被侵权人和侵权人就赔偿数额协商不一致，向人民法院提起诉讼的，由人民法院根据实际情况确定赔偿数额。

9. 支付违约金。违约金，是当事人双方约定的救济违约的一种责任方式，是当事人通过合意确定的，在违约行为发生后作出的独立于履行行为之外的给付责任形态。这一责任承担方式需要通过其他法律或者司法解释的具体规定来具体落实。比如《民法典》合同编中的第585条第1款规定："当事人可以约定一方违约时应当根据违约情况向对方支付一定数额的违约金，也可以约定因违约产生的损失赔偿额的计算方法。"

10. 消除影响、恢复名誉。消除影响、恢复名誉，是指人民法院根据受害人的请求，责令行为人在一定范围内采取适当方式消除对受害人名誉的不利影响以使其名誉得到恢复的一种责任方式。具体适用消除影响、恢复名誉，要根据侵害行为所造成的影响和受害人名誉受损的后果来决定。行为人应当根据造成不良影响范围的大小，采取程度不同的措施给受害人消除不良影响，例如，在报刊上或者网络上发表文章损害他人名誉权的，就应当在曾刊载该文章的报刊或者网站上发表书面声明，对错误内容进行更正。消除影响、恢复名誉主要适用于侵害名誉权的情形，一般不适用于侵害隐私权的情形。[①]

11. 赔礼道歉。赔礼道歉，是指侵权行为人向受害人承认错误，表示歉意，以求得受害人原谅的民事责任方式。赔礼道歉有两种方式，一是口头道歉的方式，二是书面道歉的形式。口头道歉由加害人直接向受害人表示。书面的道歉以文字形式为之，可以登载在报刊上，张贴于有关场所，或者以信件的方式转交受害人。侵权人拒不执行赔礼道歉民事责任方式的，法院可以按照判决确定的方式进行，费

---

① 王胜明：《侵权责任法释义》，法律出版社 2010 年版，第 82 页。

用由侵权人承担。[1]

关于惩罚性损害赔偿。本条第2款明确规定了惩罚性赔偿的法律规则。一直以来，我国民事责任法理论始终坚持侵权损害赔偿的补偿原则，坚持损害赔偿的补偿性，强调赔偿金的数额应当与实际损失相当，赔偿不能超过实际的损失范围，对在法律规定惩罚性赔偿持反对态度。但在1993年《消费者权益保护法》第49条[2]规定了产品欺诈和服务欺诈双倍赔偿的惩罚性赔偿金之后，惩罚性赔偿发挥了较好的社会效果。后来，《合同法》的第113条进一步确认了惩罚性赔偿。《侵权责任法》第47条规定了生产者、销售者在明知产品存在缺陷仍然生产、销售，造成他人死亡或者健康严重损害的，被侵权人有权请求相应的惩罚性损害赔偿责任。《民法典》侵权责任编分别规定了故意侵害知识产权的惩罚性赔偿（第1185条）、产品责任中的惩罚性赔偿（第1207条）以及环境污染、生态破坏责任的惩罚性赔偿（第1232条），形成了较为完备的惩罚性赔偿法律体系。

一般而言，惩罚性损害赔偿制度是指加害人所要承担的损害赔偿数额超过受害者实际损害数额，在补偿受害人损害的基础上，彰显对加害人进行惩罚的制度。与补偿性损害赔偿相比较，惩罚性赔偿是由赔偿和惩罚所组成的。其主要针对那些具有不法性和道德上应受谴责性的行为，即要对故意的恶意的不法行为实施惩罚。而补偿性赔偿要求赔偿受害人的全部经济损失，在性质上乃是一种交易，等于以同样的财产交换损失。对不法行为人来说，补偿其故意行为所致的损害也如同一项交易。然后通过加重加害人的赔偿责任，来达到制裁、遏制乃至预防侵权行为的发生。

【审判实践中应注意的问题】

对于本条的适用，要注意以下几个问题：

---

[1] 杨立新：《侵权法论》，人民法院出版社2013年版，第282页。
[2] 《消费者权益保护法》中的惩罚性赔偿规定现为第55条。

一、关于惩罚性赔偿的适用

本条第 2 款仅是对惩罚性赔偿的原则性规定，在适用上还要以其他法律有明确规定为前提，可以直接适用相关法律的规定。比如《消费者权益保护法》第 55 条规定："经营者提供商品或者服务有欺诈行为的，应当按照消费者的要求增加赔偿其受到的损失，增加赔偿的金额为消费者购买商品的价款或者接受服务的费用的三倍；增加赔偿的金额不足五百元的，为五百元。法律另有规定的，依照其规定。经营者明知商品或者服务存在缺陷，仍然向消费者提供，造成消费者或者其他受害人死亡或者健康严重损害的，受害人有权要求经营者依照本法第四十九条、第五十一条等法律规定赔偿损失，并有权要求所受损失二倍以下的惩罚性赔偿。"《食品安全法》第 148 条第 2 款规定："生产不符合食品安全标准的食品或者经营明知是不符合食品安全标准的食品，消费者除要求赔偿损失外，还可以向生产者或者经营者要求支付价款十倍或者损失三倍的赔偿金；增加赔偿的金额不足一千元的，为一千元。但是，食品的标签、说明书存在不影响食品安全且不会对消费者造成误导的瑕疵的除外。"建设部在 2001 年出台的《商品房销售管理办法》第 20 条对商品房面积"缺斤短两"也规定了"绝对值超出 3% 部分的房价款由房地产开发企业双倍返还买受人"。《最高人民法院关于审理商品房买卖合同纠纷案件适用法律若干问题的解释》第 8 条、第 9 条也确立了对于商品房权属欺诈"不超过已付购房款一倍"的惩罚性赔偿上限。[①]

[①]《最高人民法院关于审理商品房买卖合同纠纷案件适用法律若干问题的解释》第 8 条规定："具有下列情形之一，导致商品房买卖合同目的不能实现的，无法取得房屋的买受人可以请求解除合同、返还已付购房款及利息、赔偿损失，并可以请求出卖人承担不超过已付购房款一倍的赔偿责任：（一）商品房买卖合同订立后，出卖人未告知买受人又将该房屋抵押给第三人；（二）商品房买卖合同订立后，出卖人又将该房屋出卖给第三人。"第 9 条规定："出卖人订立商品房买卖合同时，具有下列情形之一，导致合同无效或者被撤销、解除的，买受人可以请求返还已付购房款及利息、赔偿损失，并可以请求出卖人承担不超过已付购房款一倍的赔偿责任：（一）故意隐瞒没有取得商品房预售许可证明的事实或者提供虚假商品房预售许可证明；（二）故意隐瞒所售房屋已经抵押的事实；（三）故意隐瞒所售房屋已经出卖给第三人或者为拆迁补偿安置房屋的事实。"

二、关于补偿性民事责任方式的并用问题

对此，本条第 3 款明确规定："本条规定的承担民事责任的方式，可以单独适用，也可以合并适用。"至于什么情况下单独适用、什么情况下合并适用，需要根据案件具体情况并依据有关法律、司法解释的具体规定来确定，但其最终目的是为了满足充分救济受害人的需要。例如，对于单纯的财产权利损害，可以单独适用损害赔偿方式救济损害；对于生命健康权的损害，可以赔偿财产损失，也可以赔偿精神损害；对于名誉权等人格权的损害，可以单独采用消除影响、恢复名誉，也可以并用消除影响、恢复名誉和精神损害赔偿。具体适用民事责任方式应当掌握的原则是，如果适用一种责任方式不足以保护权利人的权利时，就应当同时适用其他的责任方式。

> **第一百八十条** 因不可抗力不能履行民事义务的，不承担民事责任。法律另有规定的，依照其规定。
> 不可抗力是不能预见、不能避免且不能克服的客观情况。

【条文主旨】

本条是关于不可抗力的规定。

【条文理解】

本条是关于不可抗力的含义及法律后果规定。关于不可抗力作为免责事由，《民法通则》第107条规定："因不可抗力不能履行合同或者造成他人损害的，不承担民事责任，法律另有规定的除外。"第153条规定："本法所称的'不可抗力'，是指不能预见、不能避免并不能克服的客观情况。"《民法总则》基本沿袭了这一思路，只是将这两条合并为一条予以规定，《民法典》总则编保留了这一规定。

同《民法总则》一样，总则编在民事责任部分对免责事由作了规定。免责事由，是指被告针对原告的诉讼请求而提出的，证明原告的诉讼请求不成立或不完全成立的事实。免责事由是针对承担民事责任的请求而提出来的，所以，又称免责或减轻责任的事由，也叫做抗辩事由。[①] 不可抗力是各国通例上最为典型的免责事由。所谓不可抗力，是指独立于人的行为之外，并且不受当事人的意志所支配的不可预见、不可避免又不可抗拒的客观情况。从分类上讲，既有自然原因的不可抗力，比如地震、台风、海啸等，也有社会原因的不可抗力，

[①] 王利明、杨立新：《侵权行为法》，法律出版社1997年版，第76页。

比如战争、动乱等。不可抗力作为免责事由的根据是，让人们承担与其行为无关而又无法控制的事故的后果，不仅对责任的承担者来说是不公平的，也不能起到教育和约束人们行为的积极后果。依据这样的价值观念，将不可抗力作为免责事由，必须是构成损害结果发生的原因。只有在损害完全是由不可抗力引起的情况下，才表明被告的行为与损害结果之间毫无因果关系，同时表明被告没有过错，因此应被免除责任。①

以侵权责任为例，从侵权责任构成上，特别是就过错责任而言，不可抗力通常不仅阻却了因果关系这一要件，也否定了行为人的过错要件，故行为人对相应的损害后果不承担责任。同样，不可抗力也是违约责任的免责事由。此前，《合同法》第117条规定："因不可抗力不能履行合同的，根据不可抗力的影响，部分或者全部免除责任，但法律另有规定的除外。当事人迟延履行后发生不可抗力的，不能免除责任。本法所称不可抗力，是指不能预见、不能避免并不能克服的客观情况。"《民法典》合同编中的第590条基本保留了这一规定，该条规定："当事人一方因不可抗力不能履行合同的，根据不可抗力的影响，部分或者全部免除责任，但是法律另有规定的除外。因不可抗力不能履行合同的，应当及时通知对方，以减轻可能给对方造成的损失，并应当在合理期限内提供证明。当事人迟延履行后发生不可抗力的，不免除其违约责任。"应该说，不可抗力作为民事责任的一般免责事由并在总则编中予以规定既符合实践需要，也符合《民法典》编纂关于民事责任部分规定的体系要求。

关于对"不可预见"的理解，应是根据现有的技术水平，一般对某事件的发生没有预知的能力。人们对某种事件发生的预知能力取决于当代的科学技术水平。某些事件的发生，在过去不可预见，但随着科学技术水平的发展，现在就可预见。例如，现在对天气预报的准确率达到百分之九十以上，人们对狂风暴雨的规避能力已大大提高。另

---

① 杨立新：《侵权法论》，人民法院出版社2013年版，第350页。

外，人们对某事件发生的预知能力因人而异，有些人能预见到，也有些人预见不到。所以应当以一般人的预知能力作为标准。关于如何认识"不可避免并不能克服"，应是指当事人已经尽到最大努力和采取一切可以采取的措施，仍不能避免某种事件的发生或克服事件所造成的损害结果。"不可避免并不能克服"表明某种事件的发生和事件所造成的损害后果具有必然性。①

【审判实践中应注意的问题】

对于本条的适用，需要把握关于不可抗力的适用范围问题。

我们认为，按照本条规定，除法律有特别排除的规定外，不可抗力既可适用于侵权责任、也可适用于违约责任，在侵权责任中，可以适用于过错责任、过错推定责任和无过错责任。除此之外，在《民法典》总则编中将不可抗力作为免责事由，意味着在其他的民事责任承担中，除非法律有排除性规定，则也要适用不可抗力免责的规定，比如缔约过失责任。在法律适用上，如果有关法律法规、司法解释对于不可抗力的适用有具体规定的，要依据该规定。主要有：

1. 在合同法领域，比如，上述《民法典》合同编中的第590条规定的"当事人迟延履行后发生不可抗力的，不能免除责任"。

2. 在侵权责任中，法律规定的排除不可抗力的类型主要针对部分无过错责任的类型。主要有：（1）根据《民法典》侵权责任编中的第1237条和《国务院关于核事故损害赔偿责任问题的批复》的规定，民用核设施的经营人在发生核事故的情况下造成他人损害的，只有能够证明损害是因战争、武装冲突、暴乱等情形所引起，或者是因受害人故意造成的，才免除其责任。因不可抗力的自然灾害造成他人损害的，不能免除核设施经营人的责任。（2）根据侵权责任编中的第1238条的规定："民用航空器造成他人损害的，民用航空器的经营者应当

---

① 王胜明：《侵权责任法释义》，法律出版社2010年版，第147页。

承担侵权责任；但是，能够证明损害是因受害人故意造成的，不承担责任。"因不可抗力的自然灾害造成的，不能免除民用航空器经营人的责任。（3）根据《邮政法》第48条第1项规定："因下列原因之一造成的给据邮件损失，邮政企业不承担赔偿责任：……（一）不可抗力，但因不可抗力造成的保价的给据邮件的损失除外。"给据邮件是指，挂号信件、邮包、保价邮件等由邮政企业以其分支机构在收寄时出具收据，投递时要求收件人签收的邮件。据此，汇款和保价邮件即使由于不可抗力造成的损害，邮政企业也要对收件人承担赔偿责任。

> **第一百八十一条** 因正当防卫造成损害的，不承担民事责任。
>
> 正当防卫超过必要的限度，造成不应有的损害的，正当防卫人应当承担适当的民事责任。

【条文主旨】

本条是关于正当防卫的规定。

【条文理解】

《民法通则》第128条规定："因正当防卫造成损害的，不承担民事责任。正当防卫超过必要的限度，造成不应有的损害的，应当承担适当的民事责任。"采取这种立法模式的还有《俄罗斯民法典》和《越南民法典》。例如，《俄罗斯民法典》第1066条规定："正当防卫所致损害，如防卫行为未逾必要限度，不应予赔偿。"《越南民法典》第617条规定："正当防卫造成他人损害的，加害人不向受害人赔偿损害。防卫过当造成他人损害的，加害人必须向受害人赔偿损害。"《侵权责任法》第30条规定："因正当防卫造成损害的，不承担责任。正当防卫超过必要的限度，造成不应有的损害的，正当防卫人应当承担适当的责任。"《民法总则》在综合各方意见的基础上将正当防卫作为民事责任承担的免责事由予以规定，更加彰显正当防卫作为免责事由的重要地位，从价值导向上充分肯定正当防卫行为本身的合法性。《民法典》总则编沿用了《民法总则》的规定。

所谓正当防卫，是指行为人为了保护社会公共利益、自身或者他人的合法权益免受正在进行的紧迫侵害，针对这一非法侵害采取必要措施,在必要限度内采取的防卫措施。由于正当防卫本身具有正当性,是一种合法行为,因此在符合正当防卫构成要件的前提下,对此造成的损害,防卫人不承担赔偿责任。

本条对于正当防卫的条件并没有规定。从其他国家和地区实践情况来看,《德国民法典》《日本民法典》等均对正当防卫的条件作了规定。另外,我国台湾地区"民法"第149条规定:"对于现时不法之侵害,为防卫自己或他人之权利所为之行为,不负损害赔偿之责,但已逾越必要程度者,仍应负相当赔偿之责。"在我国,《刑法》明确规定了正当防卫的内容。该法第20条第1款规定:"为了使国家、公共利益、本人或者他人的人身、财产和其他权利免受正在进行的不法侵害,而采取的制止不法侵害的行为,对不法侵害人造成损害的,属于正当防卫,不负刑事责任。"民法理论和实务也都是参照这一规定对民事责任领域的正当防卫的内容作了明确,且已经形成较为成熟的做法。

通常而言,构成正当防卫必须满足的条件有:(1)必须有侵害事实。侵害的事实在先,防卫行为在后;侵害是防卫的前提,防卫是侵害导致的结果。没有侵害事实,就不得进行防卫。对侵害事实的要求是须为现实的侵害,特点是已经着手,正在进行,尚未结束。对想象中的侵害、未发生的侵害、实施终了的侵害,都不能实施防卫行为。[①](2)不法侵害须正在进行且具有现实紧迫性。不法侵害必须是正在进行的,而不是尚未开始,或者已实施完毕,否则就是防卫不适时,应当承担民事责任。而且实施正当防卫本身毕竟要对他人合法权益造成侵害,因此这一侵权行为必须具有现实紧迫性,如果不及时实施防卫行为就会造成重大损失。如果可以通过其他方式比如公力救济的方式进行救济也不会造成无法弥补的损失的,这时不宜采用正当防卫。(3)须以合法防卫为目的。即是把防卫公共的、他人的或本人的权益免受侵害作为防卫的目的,这里并不限于本人遭受侵害。以防卫为借口而施以报复的行为

---

① 杨立新:《侵权法论》,人民法院出版社2011年版,第281页。

或防卫挑拨的行为都是违法行为，构成侵权行为。（4）防卫须对加害人本人实行。对加害人的防卫反击，根据制止不法侵害的需要，可以是对人身的，也可以是对财产的，但是任何防卫行为都不能对第三人实施。（5）防卫不能超过必要的限度。必要限度的要求即是该防卫行为达到足以有效制止侵害行为的强度，如果超出该必要限度，则就构成防卫过当，应当依照本条第2款承担相应的民事责任。鉴于总则编对于正当防卫的条件并没有作出规定，以后可以在吸收和总结既有审判实践经验的基础上，通过司法解释对此作出规定，以更加有效地指导审判实务。

正当防卫的法律后果，是免除防卫人对造成损害的民事责任。正当防卫一般仅指造成侵权人的损害。例如，《瑞士债法典》第52条第1项规定："实施正当防卫对侵害者造成损害的，不承担赔偿责任。"我国《刑法》第20条也明确规定，对"不法侵害人"造成损害的，属于正当防卫。本条第一句"因正当防卫造成损害的"，这里的"造成损害"仅是指对侵权人造成的损害。有人提出，受害人对侵权人进行正当防卫时，不慎造成了第三人的损害，也不应当承担责任。例如，甲拿棍棒击打乙，乙在夺取棍棒的过程中，由于用力过猛，不慎将围观者丙击伤。经过研究，认为这种情形可以适用"紧急避险"的规定解决。按该条规定，因紧急避险造成损害的，由引起险情发生的人承担责任。在本案中，甲拿棍棒击打乙，乙在正当防卫的过程中造成了丙的伤害，甲是引起险情发生的人，应由甲对丙的损害承担责任。[①] 本条第一句"因正当防卫造成损害的"，这里的"造成损害"既可以是对侵权人人身权益的损害，也可以是对侵权人财产权益的损害，或者二者兼而有之。

关于防卫过当的责任承担。正当防卫超过必要限度，即防卫过当。本条第2款规定："正当防卫超过必要的限度，造成不应有的损害的，正当防卫人应当承担适当的民事责任。"即在防卫过当的情形

---

① 王胜明：《侵权责任法释义》，法律出版社2010年版，第152页。

下，防卫人不能免责，而是要承担适当责任。正当防卫超过必要限度，造成不应有的损害的，应当承担适当的民事责任。这种适当的民事责任，应当包括以下三层意思：（1）防卫过当不能免除责任。承担适当的责任的含义是承担责任，而不是免责。这是因为民事责任是一种财产责任，赔偿具有补偿和制裁的双重性质，它不像刑罚那样是人身的而且没有补偿性质的责任。（2）对于防卫过当造成的损害，一般应当减轻民事责任。承担适当的责任中的"适当"，要求赔偿既要与防卫过当的损害后果适当，又要与案情适当，而且后者更为重要。因此，不应当受全部赔偿原则的限制，要适当减轻防卫人的责任。这是因为，一是出现防卫的前提是侵害人的不法侵害，没有不法侵害就不会造成这种过当的后果；二是防卫人在防卫过程中，特别是在情况较危急情况下，对反击行为的节制及对后果的预见是受到限制的，不应对防卫行为要求过高、过苛。（3）故意加害行为的赔偿责任。防卫人在防卫过程中故意对不法侵害者采取加害行为的，对其超出必要限度的损害应当全部赔偿。这是因为，在这种情况下，防卫人已经明知会超出必要限度而故意为之，是故意的违法行为，应当负担全部责任。[1]防卫过当的损害赔偿范围，应当是超出防卫限度的那部分损害，即对"不应有"的那部分损害予以赔偿。

【审判实践中应注意的问题】

对于本条的适用，需要注意对防卫过当的准确把握。这一问题的关键在于对正当防卫必要限度的判断。依照民法理论，民法上的正当防卫行为只能与不法侵害相适应，一般不应超过不法侵害的强度。

如何确定和理解正当防卫的必要限度，学术界有各种各样的学说。多数意见认为，从权衡各方利益的角度考虑，既有利于维护防卫人的权益，也要考虑到对不法行为人的合法权益的保护，防卫行为应

---

[1] 杨立新：《侵权法论》，人民法院出版社2011年版，第282页。

以足以制止不法侵害为必要限度。从防卫的时间上讲，对于侵权人已经被制服或者侵权人已自动停止侵权行为的，防卫人不得再行攻击行为；从防卫手段来讲，能够用较缓和的手段进行有效的防卫之情况下，不允许用激烈手段进行防卫。对于没有明显危及人身、财产等重大利益的不法侵害行为，不允许采取造成重伤等手段对侵权人进行防卫。[①] 我们也赞成这一意见。具体而言，对正当防卫是否超过必要限度的判断，需要考虑两个方面的因素：（1）侵害行为的手段和强度。这涉及实施防卫行为的现实紧迫性问题。凡是侵害行为本身没有很大强度，不需要实施防卫行为也不会造成难以弥补的损失的情况下，这时只需要用较缓和的手段就足以制止该侵害而防卫人仍然选择了采用较强烈手段的并造成侵权人损害的情形，通常可以认定为超出必要限度。（2）防卫行为所保护权益与防卫行为所侵害权益的对比。如果所防卫的权益与防卫行为所侵害的权益显然不在同一位阶上，比如使用严重损害侵害者人身权的反击方法来保卫较小的财产利益，则应当认为是超过必要限度。

[①] 王胜明：《侵权责任法释义》，法律出版社2010年版，第152、153页。

> **第一百八十二条** 因紧急避险造成损害的,由引起险情发生的人承担民事责任。
>
> 危险由自然原因引起的,紧急避险人不承担民事责任,可以给予适当补偿。
>
> 紧急避险采取措施不当或者超过必要的限度,造成不应有的损害的,紧急避险人应当承担适当的民事责任。

【条文主旨】

本条是关于紧急避险的规定。

【条文理解】

本条基本沿用了《民法通则》《侵权责任法》和《民法总则》的规定,对紧急避险的内容没有明确规定,即没有明确是为了谁的利益而采取紧急避险行为。域外规定中,《越南社会主义共和国民法典》第618条规定:"因紧急避险造成他人损害的,加害人不向受害人赔偿损害。超过紧急避险要求的限度造成他人损害的,加害人必须向受害人赔偿损害。引起危险情况发生从而导致损害的人,必须向受害人赔偿损害。"我国《民法通则》第129条规定:"因紧急避险造成损害的,由引起险情发生的人承担民事责任。如果危险是由自然原因引起的,紧急避险人不承担民事责任或者承担适当的民事责任。因紧急避险采取措施不当或者超过必要的限度,造成不应有的损害的,紧急避险人应当承担适当的民事责任。"《侵权责任法》第31条规定:"因紧急避险造成损害的,由引起险情发生的人承担责任。如果危险是由自然原因引起的,紧急避险人不承担责任或者给予适当补偿。紧急避险采取措施不当或者超过必要的限度，造成不应有的损害的，紧急避险人应当承担适当的责任。"《民法典》总则编对民事责任的免责事由作了系统梳理后，将上述《侵权责任法》第31条的规定删除，而统一纳入到民事责任一章予以规定。

所谓紧急避险，是指为了社会公共利益、自身或者他人的合法利益免受更大的损害，在不得已的情况下采取的造成他人少量损失的紧急措施，称为紧急避险。紧急避险是一种合法行为，是在两种合法利益不可能同时都得到保护的情况下，不得已而采用牺牲其中较轻的利益，保全较重大的利益的行为。[①]危险有时来自人的行为，有时来自自然原因。不管危险来源于哪儿，紧急避险人避让风险、排除危险的行为都有其正当性、合法性，因此各国通行做法都是将紧急避险作为免责的情形之一。例如，《德国民法典》第228条规定："为使自己或者他人避免急迫危险而损坏或者损毁他人之物的人，如果其损坏或者损毁行为系防止危险所必要，而且造成的损害又未超越危险程度时，其行为不为违法。如果行为人对危险的发生负有过失，则应负损害赔偿义务。"

关于紧急避险的构成要件。本条没有对紧急避险的构成要件予以规定。但很多国家或地区的民法典明确规定了紧急避险的内容。比如《俄罗斯民法典》第1067条规定："紧急避险所致损害，是指为了排除对本人或者他人构成威胁的危险而造成的损害，如果该危险在当时情况下不可能以其他方法排除，紧急避险所致损害应由致害人赔偿。法院可以考虑致害情况，责成因损害人的行为而受有利益的第三人负赔偿责任，或者全部或部分免除第三人或者致害人的赔偿责任。"我国台湾地区"民法"第150条规定："因避免自己或他人生命、身体、自由或财产上有紧迫之危险所为之行为，不负损害赔偿之责。但以避免危险所必要，并未逾越危险所致之损害程度者为限。前项情形，其危险之发生，如行为人有责任者，应负损害赔偿之责。"我国《刑法》

---

① 杨立新：《侵权法论》，人民法院出版社2013年，第356页。

也明确规定了紧急避险的内容。该法第21条第1款和第2款规定："为了使国家、公共利益、本人或者他人的人身、财产和其他权利免受正在发生的危险，不得已采取的紧急避险行为，造成损害的，不负刑事责任。紧急避险超过必要限度造成不应有的损害的，应当负刑事责任，但是应当减轻或者免除处罚。"我国民法理论和实务也都借鉴上述内容，对紧急避险的构成要件形成了较为成熟的做法。具体而言，紧急避险行为须满足的构成要件有：

1. 必须是为了使本人、他人的人身、财产权利免受危险的损害。这是对紧急避险的"险"所提的要求。也就是说紧急避险应是使本人或者他人的人身、财产和其他权利免受正在发生的危险，不得已采取的避险行为。

2. 必须是对正在发生的危险，采取的紧急避险行为。如果危险尚未发生或者已经消除，或者虽然已经发生但不会对合法权益造成损害，则不能采取避险措施。某人基于对危险状况的错误认识甚至臆想而采取避险措施，造成他人利益损害的，当然要构成侵权行为，应当承担民事责任。

3. 必须是在不得已情况下采取避险措施。即该避险行为具有现实紧迫性，如果面对突然而遇的危险，不采取紧急避险措施，就会造成更大的损失，这时就要采取紧急避险行为。

4. 不能超过必要限度，这是对避险行为的要求。也就是说在面临紧急危险时，实施紧急避险行为的人应采取适当的措施，以尽可能小的损害来保全更大的合法利益。概言之，紧急避险行为所引起的损害应轻于该危险所可能带来的损害。

满足上述四个要件，即可构成本条第1款规定的紧急避险。这时实施避险行为的人对因此造成的损害免于承担民事责任。

关于紧急避险的认识，一定要注意其与正当防卫的异同。紧急避险和正当防卫都是阻却违法行为，行为目的都是保护公共利益、公民和本人的合法利益，二者成立的前提条件都是合法权利受到严重危险，两者都造成了一定的损害但都在符合各自构成要件的情况下免于承担民事责任。但紧急避险与正当防卫有明显的区别，主要包括：（1）紧急避险的危险来源多种多样，正当防卫的危险来源只是不法侵害人的非法侵害；（2）紧急避险造成的损害是排除危险的唯一方法，而正当防卫则不在此限；（3）紧急避险所造成的损害必须小于危险造成的损害，正当防卫造成的损害，允许等于或者大于不法侵害行为所可能造成的损害；（4）正当防卫只能对不法侵害的本人实施，而紧急避险可以对第三者实施。例如，就狗咬伤人而言，如果这只狗是被主人故意放出咬人的，则是行为人的不法侵害，狗成为行为人不法侵害的工具，是行为人的财产，打死狗的防卫反击，行为是指向行为人的，是正当防卫。如果是狗本身的侵袭，打死这只狗构成紧急避险，因为狗是直接的危险来源。①

【审判实践中应注意的问题】

对于本条的适用，需要准确把握不同情形下的紧急避险行为的法律后果。本条第一句"因紧急避险造成损害的"，这里的"造成损害"即包括对避险者本人、第三人财产权利的损害，也包括人身权利的损害。根据危险行为来源不同，相应的紧急避险行为的法律后果也不同。依据本条规定，主要有如下情形：

1.险情是由人为因素造成的情形。按照本条第1款的规定，这时实施紧急避险行为的人造成本人或者他人损害的，由引起险情发生的人承担责任。从解释上讲，这里的引发险情的人可能是紧急避险人自己，也可能是作为监护人的被监护人，这时该紧急避险人也要承担民事责任，但这是由于其是引发危险的人或者引发危险的人的监护人的原因，与紧急避险本身作为免责事由无关。

2.危险是由自然原因引起的情形。依据本条第2款的规定，这时仍要区分具体情形对待。如果紧急避险人是为了保护公共利益或者他

---

① 杨立新：《侵权法论》，人民法院出版社2011年版，第283、284页。

人合法利益而采取了避险行为,造成另外其他人利益的损害,紧急避险人仍免予对该其他人承担赔偿责任。如果紧急避险人是为了本人的利益而采取了避险行为,造成第三人利益损害的,紧急避险人本人作为受益人,这时应当对第三人的损害给予适当补偿。

　　3.因紧急避险采取措施不当或者超过必要的限度,造成不应有的损害的,紧急避险人应当承担适当的责任。"紧急避险采取措施不当",是指在当时的情况下能够采取可能减少或避免损害的措施而未采取,或者采取的措施并非排除险情所必须。例如,甲的汽车自燃,因燃油泄漏,火势加大。乙在帮助灭火时,采取往燃烧的汽车上浇水的措施,由于水与燃油气体结合,导致火势进一步蔓延,将丙的房屋烧毁。由于乙采取的避险措施不当,对丙的损失,乙应承担适当的责任。紧急避险"超过必要的限度"是指采取紧急避险措施没有减少损害,或者紧急避险所造成的损害大于所保全的利益。例如,甲家遭雷击起火,左邻的乙家人帮助用水灭火。在大火已被扑灭的情况下,乙家人未观察火情,而是担心火势复燃,继续往废墟上浇水,导致大量污水流入甲的右邻丙家。由于乙采取的紧急避险行为超过必要的限度,对丙的损害,乙应承担适当的责任。①

---

　　① 王胜明:《侵权责任法释义》,法律出版社2010年版,第157页。

> **第一百八十三条** 因保护他人民事权益使自己受到损害的，由侵权人承担民事责任，受益人可以给予适当补偿。没有侵权人、侵权人逃逸或者无力承担民事责任，受害人请求补偿的，受益人应当给予适当补偿。

【条文主旨】

本条是关于见义勇为受到损害后的民事责任的规定。

【条文理解】

本条是对见义勇为者受到损害后的民事救济问题作了明确规定。对于见义勇为者因见义勇为行为受到损害的，《民法通则》第109条规定："因防止、制止国家的、集体的财产或者他人的财产、人身遭受侵害而使自己受到损害的，由侵害人承担赔偿责任，受益人也可以给予适当的补偿。"

《民法总则》在该条规定基础上，对于见义勇为受到损失情形下的责任作了进一步细化规定。具体包括：

1. 吸收成熟审判经验，参照《民法通则意见》第142条规定的"为维护国家、集体或者他人合法权益而使自己受到损害，在侵害人无力赔偿或者没有侵害人的情况下，如果受害人提出请求的，人民法院可以根据受益人受益的多少及其经济状况，责令受益人给予适当补偿"，《人身损害赔偿司法解释》第15条规定的"为维护国家、集体或者他人的合法权益而使自己受到人身损害，因没有侵权人、不能确定侵权人或者侵权人没有赔偿能力，赔偿权利人请求受益人在受益范围内予以适当补偿的，人民法院应予支持"，在《侵权责任法》第23

条规定的"因防止、制止他人民事权益被侵害而使自己受到损害的，由侵权人承担责任。侵权人逃逸或者无力承担责任，被侵权人请求补偿的，受益人应当给予适当补偿"的基础上，新增规定了"没有侵权人、侵权人逃逸或者无力承担民事责任，受害人请求补偿的，受益人应当给予适当补偿"，明确了在没有侵权人、侵权人逃逸或者无力承担民事责任的情形下，受益人具有给予见义勇为者适当补偿的义务。较《人身损害赔偿司法解释》的规定，《民法总则》规定对于见义勇为者予以适当补偿的责任不再限于见义勇为者的人身损害。此次《民法典》编纂时，保留了这一规定。

2.将《民法通则》第109条规定的"因防止、制止国家的、集体的财产或者他人的财产、人身遭受侵害"修改为"保护他人民事权益"，表述更加严谨规范，当然在解释上，保护国家、集体在民法上的合法权益而使自己受到损害的情形也属于见义勇为的类型，《民法典》总则编保留了这一规定。

所谓见义勇为，是指在没有法定或约定义务的前提下，为保护他人的人身、财产权益，制止各种侵权行为、意外事件的救助行为。《最高人民法院关于当前形势下加强民事审判切实保障民生若干问题的通知》中指出，"要依法鼓励和保护见义勇为等好人好事，坚决制止利用媒体恶意炒作、谎称见义勇为逃避民事责任的行为。"为了弘扬社会主义核心价值观，倡导良好的社会风尚，鼓励和支持舍己为人的高尚行为，防止见义勇为者"流血又流泪"的问题出现，本条规定了见义勇为者的请求权和承担责任的规则。

对于本条的理解要注意见义勇为行为与无因管理的关系。无因管理，是指没有法定的或者约定的义务，为避免他人利益受损失，自愿管理他人事务或为他人提供服务的行为。管理他人事物的人称为管理人；受管理事物之人，称为本人。就其法律性质而言，见义勇为行为应属于无因管理的范围，但它是一种特殊的无因管理。见义勇为与一般无因管理行为相比较，有以下区别：

1.实施见义勇为行为的主体须为自然人。作出见义勇为行为的主体必然是自然人,而不是法人或其他组织。因为法律需要规定的是见义勇为者遭受人身损害赔偿时的赔偿责任,法人或其他组织不存在人身损害赔偿问题。而依传统的无因管理概念,一般认为自然人或法人均可为管理人。

2. 见义勇为行为范围的广泛性。无因管理作用的对象一般是自然人的财产和人身权益,不涉及对国家财产或安全利益,而见义勇为行为作用的对象,不仅仅是指对自然人财产权利和人身权利的保护和求助,在紧急情况下,协助公安、司法机关追捕嫌疑人、被告人或者在逃的罪犯等,这都属于见义勇为行为涉及的领域。

3. 见义勇为行为须在紧急与危险情况下实施。一般无因管理中的管理行为所涉及的管理事务,基本是在平常状态下由管理人作出的,也无危险可言。"无险"则无以为"勇",如代邻居交纳房租、水电费;收留了他人走失的牲畜等,付出的只是劳务或金钱等,不存在危及身体健康及至生命之险。而见义勇为行为一般在紧急和危险的情况下作出的,行为人必须面对灾害、歹徒,不怕牺牲自己的健康甚至生命,挺身而出以阻止不法行为与灾难的发生或损害的扩大,以保护他人的人身或财产权利,例如,救助被大火围困的人,同犯罪分子搏斗等。

4. 二者行为的价值取向不同。见义勇为行为人主要是出于"正义",为了维护社会"正义"而奋勇地去做,即行为人出自内心的正义感和道义上的责任感,面对"义"与"利"的抉择时,勇敢选择了"义"而放弃了自己的"利",它是一种高尚道德行为,是人类共同利益和共同生活准则在道德领域上的反映,它所追求的价值目标是社会整体利益。因此,见义勇为在法律上源于无因管理行为的范围,但超出了一般的无因管理行为,升华为一种高尚道德范畴的行为。相比之下,无因管理往往是在相对于另一方当事人切身的财产利益或人身利益而实施的,其在社会的道德感召力和影响力相对较小,是管理人为了维护本人的利益免受损失,而进行一定的善良管理事务行为,它客观上主要是为了被管理人的"利",并不一定体现"义"的价值目标。

5.见义勇为给行为者造成的损害后果不同。由于见义勇为行为是在突发的灾害、人为事故和不法行为情况下实施的，如火灾、山洪暴发、他人落水或被大火围困，犯罪分子实施杀人、抢劫等人身和财产面临危险的紧急的情况下实施的，往往给见义勇为者造成财产和人身双重损害，而无因管理行为一般是在平常的情况下实施的，一般不会造成人身损害，即使在财产上和劳务上有所付出，管理人也可以凭自己的意志控制。

6.见义勇为者的财产或人身损害的社会救济性。见义勇为者的财产或人身损害在一定情况下可由国家和社会负相应的救济责任，由国家和社会对其予以补偿。但在无因管理中对管理人所造成的财产损失，如果是由第三人引起的，根据不真正连带、让与请求权理论，一般应由本人承担，政府和非政府组织不承担补偿责任。[①]

关于见义勇为受害责任，《民事案件案由规定》在三级案由"侵权责任纠纷"项下明确列为四级案由，即"见义勇为人受害责任纠纷"。见义勇为者要求他人承担责任必须符合"为保护他人民事权益而使自己受到损害"这一要件，这里既包含了三个要件：其一，主观目的的要素，即为了保护他人民事权益；其二，受到损害的事实，受到的损害包括人身受到伤害与财产受到损害。其三，保护他人利益实施见义勇为行为与其个人遭受损害具有因果关系。此外，见义勇为的适用前提应当是见义勇为者对于被施救者没有法定和约定的救助义务。

关于见义勇为受害责任的承担。依据本条规定，见义勇为受害责任承担的具体规则如下：

其一，由侵权人承担责任为原则，见义勇为者也可以要求受益人适当补偿。对于制止他人的民事侵权行为，侵权行为是侵权人造成的，不是自然原因引起的，这时侵权人的侵权行为对见义勇为者的损害符合完整的侵权责任构成，因此给见义勇为者造成损失的要以侵权

[①] 参见王利明等主编：《侵权责任法裁判要旨与审判实务》，人民法院出版社2010年版，第139页。

人承担赔偿责任为原则。但基于公平起见，因见义勇为行为受益的人也可以给予适当补偿，这里的适当补偿较后面的"没有侵权人、侵权人逃逸或者无力承担民事责任"情形下的适当补偿责任有本质不同，并没有强制性。

其二，受益人的适当补偿责任。这里的见义勇为行为人是为了他人的民事权益不受侵害才遭受损害的，在一般情况下，侵权人承担侵权赔偿责任。但有的情况下会有侵权人逃逸，根本找不到侵权人，也可能会存在虽然找得到侵权人，但侵权人根本赔偿不了，为了公平起见，本条规定在侵权人逃逸或者侵权人根本无力赔偿的情况下，由受益人给予适当的补偿。这里需要注意三点：一是逃逸了的侵权人确实找不到，或者侵权人确实无力赔偿，这是被侵权人请求补偿的限定条件，如果侵权人没有逃逸或者有赔偿能力的，被侵权人不能找受益人要求补偿；二是有明确的受益人，被侵权人明确提出了要求受益人补偿的请求；三是受益人应当给予适当的补偿，补偿不是赔偿，赔偿一般是填平原则，即受损多少赔偿多少，而补偿仅是其中的一部分，本条用的是"给予适当补偿"，就是要根据被侵权人的受损情况及受益人的受益情况等决定补偿的数额。[①]

【审判实践中应注意的问题】

一、关于见义勇为受害责任中的诉讼主体的问题

虽然目前理论和实务上对于见义勇为受益人适当补偿责任与侵权人的直接责任是何种关系，是不真正连带责任还是补充责任存有很大争议，但从审判实务的角度看，这都是最终实体裁判结果的问题，并不能与程序上的确定诉讼主体资格问题相混淆。我们认为，从保护当事人诉权的角度讲，见义勇为者可以单独或者一并将侵权人和见义勇

[①] 王胜明：《侵权责任法释义》，法律出版社2010年版，第115页。

为受益人作为被告予以起诉，必要时人民法院也可以依照《民事诉讼法》及《民事诉讼法司法解释》的相关规定，追加见义勇为受益人为共同被告参加诉讼。

二、关于受益人适当补偿的范围问题

从侵权损害的角度看，因见义勇为遭受损害的受害人，与受益人应当是利益共同体，他们共同面对危险。因而，受益人对见义勇为者承担的不应是赔偿责任。见义勇为者以自己慷慨赴险的壮举，使受益人转危为安。对于受害人的救助，从长远看这属于社会责任的范畴，在缺乏相应社会救济机制的条件下，作为利益共同体的受益人，应适当分担损害，给受害人以补偿。一种意见认为，受益人的适当补偿责任中不包括精神损害赔偿。精神损害得到赔偿的前提，是精神损害的结果由非法侵害造成。而在无加害人的见义勇为补偿案件中，受益人非加害人，其对见义勇为者的损害无过错，谈不上是非法。在见义勇为者牺牲的情况下，会给其近亲属带来巨大的精神损害，但这种损害非受益人非法侵害所造成，所以不能由受益人给予赔偿或补偿。这一观点有一定道理，补偿责任并非赔偿责任，确实不存在精神损害赔偿的问题，但适当补偿责任不是全部赔偿责任，补偿责任的范围应当根据见义勇为者所受损失情况、受益人的获益情况和其经济承受能力综合考虑，不必再进一步区分此补偿是否包括精神损害的补偿。

三、关于见义勇为受害责任的免责减责事由的适用

见义勇为受害责任作为一种侵权责任类型，有关侵权责任的减责免责事由，比如受害人故意、不可抗力等，在法律没有特别规定的情况下，对于见义勇为受害责任也要予以适用。

> **第一百八十四条** 因自愿实施紧急救助行为造成受助人损害的，救助人不承担民事责任。

【条文主旨】

本条是关于自愿实施紧急救助行为免责的规定。

【条文理解】

本条是对自愿实施紧急救助行为作为免责事由作了明确规定。自愿实施紧急救助行为也属于广义的见义勇为行为的范畴。如上所述，《民法通则》从对见义勇为者的救济角度作了规定，其第109条规定："因防止、制止国家的、集体的财产或者他人的财产、人身遭受侵害而使自己受到损害的，由侵害人承担赔偿责任，受益人也可以给予适当的补偿。"这一规定并未涉及紧急救助造成他人损失时是否免责的问题。《民法总则》从鼓励见义勇为、助人为乐行为，倡导社会主义核心价值观的角度明确将紧急救助行为规定为免责事由，《民法典》总则编保留了这一规定。

自愿实施紧急救助行为，是行为人针对紧急情势，及时对遭受困难的受助人予以救助的情形。这里的紧急情势既可能是不法侵害，也可能是受助人突发疾病、个人危难等情况。自愿实施紧急救助行为，从道德上讲是一种彰显优良道德风尚的助人为乐行为，从法律意义上讲，这是一种见义勇为的典型样态，对于自愿实施救助行为的理解，要注意准确把握其作为见义勇为行为与正当防卫和紧急避险的区别。

正当防卫是指为了使国家、公共利益、本人或者他人的人身、财产和其他权益免受正在进行的不法侵害，而采取的制止不法侵害，并对不法侵害人造成损害的行为。正当防卫所针对的对象是不法侵害人，除了为保护本人的人身、财产和其他权益而进行的防卫之外，其余的正当防卫行为都可以认定为是一种见义勇为行为。

相对来说，正当防卫行为的外延显然要比见义勇为的外延小得多；再者，正当防卫规定在我国《刑法》中，其作用主要是用于区分罪与非罪的，至于对其行为人如何救济、如何表彰等问题并没有作出相应的规定；在民法中，虽对此有相关的规定，如本法第181条规定，因正当防卫造成损害的，不承担民事责任。正当防卫超过必要的限度，造成不应有的损害的，正当防卫人应当承担适当的民事责任。然而该条只是规定了正当防卫的免责条款及防卫过当时应当承担的责任形式，该条款亦未规定对行为人的救济措施。因此，仍有必要将符合见义勇为行为的正当防卫行为纳入到见义勇为规范当中去。只有这样，才会更好地鼓励人们去实施正当防卫和见义勇为的行为。正当防卫是典型的见义勇为行为，但见义勇为的外延比正当防卫要大，它们之间最根本的区别在于见义勇为保护的是他人（包括国家、社会团体）的利益，自身并非受益人，正当防卫虽然也是保护的国家、公共利益，但是多数情况下是以自身的利益和不法行为做斗争。

紧急避险是指为了使国家、公共利益、本人或者他人的人身、财产和其他权利免受正在发生的危险不得已采取对另一种较小的合法权益造成损害的紧急避险行为。在刑法中对紧急避险行为的规定，其主要作用同正当防卫一样，其主要意义在于区分罪与非罪问题。在民法中，虽然对紧急避险的行为的规定比正当防卫有了进一步的发展，因为它必定涉及第三人的责任问题，但也只是从行为人免责或是从避险过当的责任角度来规定的，并未规定如何对行为人因此行为而给自己造成损失的补救措施。避险者实施紧急避险行为，是以损害自己的人身利益和财产利益来保护他人利益时，这种情况的紧急避险才视为见义勇为，因为紧急避险者是为了保护他人的利益使自身受到损害，这点和见义勇为行为的构成要件是一致的。由此可见，如果仅仅停留在紧急避险上，而不将其行为纳入到见义勇为行为中，是不利于鼓励和弘扬人们去实施见义勇为行为的。因此，仍有必要将符合见义勇为的紧急避险行为纳入到见义勇为行为中去，做法仍然是同上面所述一样，有关部门尤其是人民法院在认定某些紧急避险行为同时也符合见义勇为行为的，应建议有关部门按见义勇为行为来对待，对行为人予以表彰和救济。[1]依据本条规定，因自愿实施紧急救助行为造成受助人损害的，救助人不承担民事责任。

【审判实践中应注意的问题】

一、关于本条适用的构成要件

自愿实施紧急救助行为作为免责事由必须满足的条件有：

1. 救助情形的紧急性。也就是说需要救助对象所面临的情况如果不能第一时间予以施救，将会造成难以弥补的损失。该救助行为通常针对受助人可能遭受的人身损害，但也不限于此，挽回紧急情况下的财产损害的施救行为也包括在内。至于救助情形的紧急性，在审判实践中还需要结合具体案件情况予以综合判断。

2. 救助行为的自愿性。这里的自愿性体现的是其主观上的能动性，从行为样态上其主动施救，至于是否接受他人建议或者指示在所不问，但这要以其对救助者没有法定或者约定的救助义务为前提。

3. 针对该救助行为对受助人而非其他人造成的损害免责。若存在其他人的损害，则要看是否符合紧急避险、无因管理或者侵权责任构成要件等情形予以分别处理。

二、关于本条适用的法律后果

依据本条的规定，自愿实施紧急救助行为对于因此造成受助人的损害属于免责事由，而非减责事由。至于救助人是否有故意或者重大

---

[1] 参见王利明等主编：《侵权责任法裁判要旨与审判实务》，人民法院出版社2010年版，第140、141页。

过失均在所不问。《民法总则（草案）》中曾规定了救助人因重大过失造成受助人不应有的重大损害的，承担适当的民事责任。但最终通过的《民法总则》本着鼓励和倡导见义勇为、助人为乐行为的精神，将这一内容删除。故即使在救助人故意和重大过失情形下，只要符合本条规定的适用条件，实施救助行为者即可免责。《民法典》总则编保留了这一规定。当然，由于社会生活的复杂性，对这一问题还要结合案件具体情形进行价值判断和利益衡量，要适当考虑救助人有无救助职责、有无救助能力等因素。

> **第一百八十五条** 侵害英雄烈士等的姓名、肖像、名誉、荣誉，损害社会公共利益的，应当承担民事责任。

【条文主旨】

本条是关于侵害英雄烈士人格利益的民事责任的规定。

【条文理解】

本条坚决贯彻和弘扬了社会主义核心价值观，强化了对英雄烈士的人格利益保护，具有鲜明的中国特色和时代特色。习近平总书记指出，"实现我们的目标，需要英雄，需要英雄精神。我们要铭记一切为中华民族和中国人民作出贡献的英雄们，崇尚英雄，捍卫英雄，学习英雄，关爱英雄。"英雄烈士的事迹和精神是中华民族共同的历史记忆和宝贵的精神财富，是中国共产党领导中国各族人民近百年来不懈奋斗伟大历程、可歌可泣英雄史诗的缩影和代表，是实现中华民族伟大复兴的强大精神动力。英雄烈士抛头颅、洒热血，在革命和建设时期都作出了重要贡献，实践中侮辱、诽谤英雄烈士的情形，不仅伤害其遗属的感情，也是对社会公共利益的损害，尤其是对于有些英雄烈士人格利益的保护，仅由其近亲属主张权利进行救济可能因为遗属范围有限或者经过时间久远并不能达到保护英雄烈士人格利益的目的。

在全国人大审议《民法总则（草案）》的过程中，有代表提出现实生活中一些人利用歪曲事实，诽谤、侮辱等方式诋毁、抹黑英烈的名誉、荣誉等，损害社会公共利益，社会影响很恶劣，应当予以规范。立法机关经研究后认为，英雄和烈士是一个国家和民族精神的体现，是引领社会风尚的标杆，故加强对英烈姓名、名誉、荣誉等的法律保护，对于引领社会尊崇英烈，惩恶扬善的社会风气，弘扬社会主义核心价值观意义重大，并制定了相关规定。《民法典》沿用了这一规定。本条在总结既有审判实践经验、综合各方意见的基础上，明确规定了侵害英雄烈士等的姓名、肖像、名誉、荣誉，损害社会公共利益的，应当承担民事责任。

关于死者人格利益的保护，《民法通则》并没有规定，早在1989年最高人民法院发布的《关于死亡人的名誉权应受法律保护的函》[①]中指出，吉文贞（艺名荷花女）死后，其名誉权应依法保护，其母陈秀琴亦有权向人民法院提起诉讼。此后的《最高人民法院关于审理名誉权案件若干问题的解答》又作了进一步规定："死者名誉受到损害的，其近亲属有权向人民法院起诉。近亲属包括：配偶、父母、子女、兄弟姐妹、祖父母、外祖父母、孙子女、外孙子女。"《精神损害赔偿司法解释》在总结以往审判实践经济的基础上对死者人格利益的保护作了明确规定，其第3条规定："自然人死亡后，其近亲属因下列侵权行为遭受精神痛苦，向人民法院起诉请求赔偿精神损害的，人民法院应当依法予以受理：（一）以侮辱、诽谤、贬损、丑化或者违反社会公共利益、社会公德的其他方式，侵害死者姓名、肖像、名誉、荣誉；（二）非法披露、利用死者隐私，或者以违反社会公共利益、社会公德的其他方式侵害死者隐私；（三）非法利用、损害遗体、遗骨，或者以违反社会公共利益、社会公德的其他方式侵害遗体、遗骨。"此外，《精神损害赔偿司法解释》第4条规定侵害具有人格象征意义的特定纪念物品的精神损害赔偿责任。该条规定："具有人格象征意义的特定纪念物品，因侵权行为而永久性灭失或者毁损，物品所有人以侵权为由，向人民法院起诉请求赔偿精神损害的，人民法院应当依法予以受理。"

近代以来，为了争取民族独立和人民自由幸福，为了国家繁荣富

---

① 本文件已被2013年1月14日公布的《最高人民法院关于废止1980年1月1日至1997年6月30期间发布的部分司法解释和司法解释性质文件（第九批）的决定》废止。

强，无数的英雄献出了生命，烈士的功勋彪炳史册，烈士的精神永垂不朽。对于现实中侮辱诽谤抹黑烈士的行为应当予以制裁，行为人应承担相应的民事责任。本条规定对英雄烈士人格利益的保护，在本质上也属于对死者人格利益保护的范畴。只是这属于对特定死者人格利益的保护，即英雄烈士。一种意见认为，无论这种侵害死者人格利益的行为是否损害了社会公共利益，都是对死者人格利益的保护，都是对私益的保护，而不是对公共利益的保护，即使本条文特别强调对英雄烈士的姓名、肖像、名誉、荣誉等进行的保护，是弘扬社会主义核心价值观，是扬善抑恶，但是适用的仍然是民法法理。这一观点较有道理。我们倾向于认为，由于公共利益界定的抽象性，侵害英雄烈士的人格利益本身与侵害社会公共利益密切相连，可以说侵害英雄烈士的人格利益本身就可以构成侵害社会公共利益。

英雄是重要的荣誉称号，烈士则有明确的评定标准。依据《烈士褒扬条例》第8条的规定，"公民牺牲符合下列情形之一的，评定为烈士：（一）在依法查处违法犯罪行为、执行国家安全工作任务、执行反恐怖任务和处置突发事件中牺牲的；（二）抢险救灾或者其他为了抢救、保护国家财产、集体财产、公民生命财产牺牲的；（三）在执行外交任务或者国家派遣的对外援助、维持国际和平任务中牺牲的；（四）在执行武器装备科研试验任务中牺牲的；（五）其他牺牲情节特别突出，堪为楷模的。现役军人牺牲，预备役人员、民兵、民工以及其他人员因参战、参加军事演习和军事训练、执行军事勤务牺牲应当评定烈士的，依照《军人抚恤优待条例》的有关规定评定。"

《军人抚恤优待条例》第8条规定："现役军人死亡，符合下列情形之一的，批准为烈士：（一）对敌作战死亡，或者对敌作战负伤在医疗终结前因伤死亡的；（二）因执行任务遭敌人或者犯罪分子杀害，或者被俘、被捕后不屈遭敌人杀害或者被折磨致死的；（三）为抢救和保护国家财产、人民生命财产或者参加处置突发事件死亡的；（四）因执行军事演习、战备航行飞行、空降和导弹发射训练、试航试飞任务以及参加武器装备科研实验死亡的；（五）在执行外交任务或者国家派遣的对外援助、维持国际和平任务中牺牲的;(六)其他死难情节特别突出,堪为后人楷模的。现役军人在执行对敌作战、边海防执勤或者抢险救灾任务中失踪,经法定程序宣告死亡的,按照烈士对待。批准烈士,属于因战死亡的,由军队团级以上单位政治机关批准;属于非因战死亡的,由军队军级以上单位政治机关批准;属于本条第一款第六项规定情形的,由中国人民解放军总政治部批准。"对于符合英雄烈士情形的死者人格利益的侵害,依据本条规定,行为人应当承担民事责任。

【审判实践中应注意的问题】

关于本条规则与侵害死者人格利益的规定的关系问题。我们认为本条专门规定了侵害英烈人格的民事责任问题,这较侵害死者人格利益的规定而言,应属于特别规定的范畴,但在适用上应当允许主张权利的一方选择适用这两个规则。只是在主张权利的主体方面,本条并未规定哪些民事主体或者国家机关、社会公益组织等提起诉讼的问题。但《英雄烈士保护法》第25条前3款规定:"对侵害英雄烈士的姓名、肖像、名誉、荣誉的行为,英雄烈士的近亲属可以依法向人民法院提起诉讼。英雄烈士没有近亲属或者近亲属不提起诉讼的,检察机关依法对侵害英雄烈士的姓名、肖像、名誉、荣誉,损害社会公共利益的行为向人民法院提起诉讼。负责英雄烈士保护工作的部门和其他有关部门在履行职责过程中发现第一款规定的行为,需要检察机关提起诉讼的,应当向检察机关报告。"这一规定明确了英烈保护的私益诉讼规则和公益诉讼规则,为英雄烈士的司法保护提供了明确的法律依据。此外,该法第22条第1、2款明确规定:"禁止歪曲、丑化、亵渎、否定英雄烈士事迹和精神。英雄烈士的姓名、肖像、名誉、荣誉受法律保护。任何组织和个人不得在公共场所、互联网或者利用广播电视、电影、出版物等,以侮辱、诽谤或者其他方式侵害英雄烈士的姓名、肖像、名誉、荣誉。任何组织和个人不得将英雄烈士的姓名、肖像用于或者变相用于商标、商业广告,损害英雄烈士的名誉、荣誉。"旗帜鲜明了确定了英雄烈士姓名、肖像、名誉、荣誉受法律保护的基本态度。有关责任承担规则,该法第26条进一步规定:"以侮辱、诽谤或者其他方式侵害英雄烈士的姓名、肖像、名誉、荣誉,损害社会公共利益的,依法承担民事责任;构成违反治安管理行为的,由公安机关依法给予治安管理处罚;构成犯罪的,依法追究刑事责任。"

两个典型案例。一个是推动本条规定的典型案例,即洪振快、黄钟诉郭松民名誉权侵权纠纷案。[1] 该案所确立的法律适用规则,为类似案件的处理提供了有益参考和指导。对该案的裁判及其典型意义简述如下:

(1) 基本案情。本案由洪振快撰写、黄钟为责任编辑的《细节》一文所引发。该文发表后,2013年11月23日13时许,有网民"鲍迪克"发表微博《炎黄春秋:狼牙山五壮士曾拔过群众的萝卜》,对洪振快撰写、黄钟编辑的上述文章中部分内容加以转引。此后,网民梅新育在转发鲍迪克微博后,同时发表微博:"《炎黄春秋》的这些编辑和作者是些什么心肠啊?打仗的时候都不能拔个萝卜吃?说这样的作者和编辑属狗娘养的是不是太客气了?"在梅新育微博发表后不久,郭松民将鲍迪克和梅新育的微博进行转发,同时撰写微博:"反对历史虚无主义,不动这帮狗娘养的就是笑话!"洪振快、黄钟以郭松民前述微博言论侵害其名誉权为由起诉至北京市海淀区人民法院,请求判令被告停止侵权、赔礼道歉,并赔偿精神损害赔偿金1万元等。

(2) 裁判结果。北京市海淀区人民法院一审认为,被告的行为是否构成侵权,应分别从双方当事人的言论及其背景、各自言论是否超过必要限度、言论所针对的对象、因果关系以及损害后果等方面综合判断。首先,抗日战争是中国共产党领导中国各族人民推翻帝国主义统治并取得新民主主义革命伟大胜利的重要组成部分,中国共产党

---

[1] 除此之外,还有黄钟、洪振快诉梅新育名誉权侵权纠纷案。

在抗日战争中发挥了中流砥柱的作用。于此过程中产生的诸多英雄人物和英雄事迹，已经构成我国各族人民的共同历史记忆，他们的大无畏牺牲精神和坚贞不屈的民族气节，已经成为中华民族感情和精神世界的重要内容。"狼牙山五壮士"即为其中的典型代表，他们的英雄事迹，体现了中华儿女不畏强敌、不惧牺牲的伟大精神，坚定了无数中华儿女奋勇抗敌的决心。在此问题上，我国社会公众的共识是一致的。

然而，《细节》一文虽然在形式上是对我国抗日战争史中的一个具体英雄事迹细节的探究，但它实质上是对这起英雄事迹所代表的抗战史尤其是中国共产党领导下的抗日民族统一战线的历史地位和历史作用的再评价。《细节》一文，从"狼牙山五壮士"从何处跳崖、跳崖是怎么跳的、敌我双方战斗伤亡数量以及是否拔了群众的萝卜等细节入手，通过强调不同史料之间的差别甚至是细微差别，试图质疑甚至颠覆"狼牙山五壮士"的英雄形象。应该说，该文在一定范围和一定程度上伤害了社会公众的民族和历史情感。在此意义上，原告作为该文的作者和编辑，应当预见到该文所可能产生的评价、回应、批评乃至公众的反应，并因此对后者负有较高的容忍义务。

其次，郭松民发表的微博，其主要目的是批评以《细节》一文为代表的历史虚无主义，既是出于维护"狼牙山五壮士"英雄形象的主观目的，也是对前述社会共识、民族感情的表达，符合我国社会的主流价值观且未超出必要限度。

再次，被告微博言论并非直接针对具体的个人，结合被告一贯的言论及原、被告双方并不相识等事实，被告主张涉诉微博并非针对原告的抗辩成立。

最后，从涉诉微博被转发、被评价的内容来看，读者主要是对原告撰写文章的评价或者对该文章所涉人物的看法，考虑到微博这一社交工具和网络媒体的技术特征及网民们的常见行为，这些转发与评论行为更多的是多数网民自身对涉诉文章的认知、评论和价值判断，而非由涉诉微博所引导或决定的，不能由此认定被告发表的微博内容导致了原告社会评价的降低。

所以，被告的言论不构成侵权。当然，被告在发表言论时亦应使用文明语言，以说理方式表达意见。综上，一审法院判决：驳回黄钟、洪振快的全部诉讼请求。黄钟、洪振快上诉后，北京市第一中级人民法院判决：驳回上诉，维持原判。

（3）典型意义。该案与洪振快、黄钟诉梅新育名誉权侵权案系由同一文章所引发的关联案件。在该案中，人民法院在分析被告是否构成侵权时，强调以"狼牙山五壮士"为代表的民族英雄、英雄事迹以及其精神，已经成为中华民族共同历史记忆和中华民族感情及精神世界的重要内容。原告所发表文章对前述社会共识及主流价值观提出质疑，就应当预见到其可能引发的评价，亦应负有较高的注意义务。同时，结合网络媒体及互联网时代的社交媒体工具的使用给人们言论容忍度带来的新变化，以及被告的言论在主观、因果关系以及损害后果方面等因素作出综合评价。

另一个是董存瑞、黄继光英雄烈士名誉权纠纷公益诉讼案。

（1）基本案情

瞿某某在其经营的网络店铺中出售两款贴画，一款印有"董存瑞舍身炸碉堡"形象及显著文字"连长 你骗我！两面都有胶！！"，另一款印有"黄继光舍身堵机枪口"形象及显著文字"为了妹子，哥愿意往火坑跳！"。杭州市某居民在该店购买了上述印有董存瑞、黄继光宣传形象及配文的贴画后，认为案涉网店经营者侵害了董存瑞、黄继光的名誉并伤害了其爱国情感，遂向杭州市西湖区检察院举报。

西湖区检察院发布公告通知董存瑞、黄继光近亲属提起民事诉讼。公告期满后，无符合条件的原告起诉，西湖区检察院遂向杭州互联网法院提起民事公益诉讼。

（2）裁判结果

杭州互联网法院认为，英雄烈士是国家的精神坐标，是民族的不朽脊梁。英雄烈士董存瑞在"解放战争"中舍身炸碉堡，英雄烈士黄继光在"抗美援朝"战争中舍身堵枪眼，用鲜血和生命谱写了惊天动地的壮歌，体现了崇高的革命气节和伟大的爱国精神，是社会主义核心价值观的重要体现。任何人都不得歪曲、丑化、亵渎、否定英雄烈士的事迹和精神。被告瞿某某作为中华人民共和国公民，应当崇尚、铭记、学习、捍卫英雄烈士，不得侮辱、诽谤英雄烈士的名誉。其通过网络平台销售亵渎英雄烈士形象贴画的行为，已对英雄烈士名誉造成贬损，且主观上属明知，构成对董存瑞、黄继光的名誉侵权。同时，被告瞿某某多年从事网店销售活动，应知图片一经发布即可能被不特定人群查看，商品一经上线便可能扩散到全国各地，但其仍然在网络平台发布、销售上述贴画，造成了恶劣的社会影响，损害了社会公共利益，依法应当承担民事法律责任。该院判决瞿某某立即停止侵害英雄烈士董存瑞、黄继光名誉权的行为，即销毁库存、不得再继续销售案涉贴画，并于判决生效之日起10日内在国家级媒体公开赔礼道歉、消除影响。

（3）典型意义

董存瑞、黄继光等英雄烈士的事迹和精神是中华民族共同的历史记忆和宝贵的精神财富。对英烈事迹的亵渎，不仅侵害了英烈本人的名誉权，给英烈亲属造成精神痛苦，也伤害了社会公众的民族和历史感情，损害了社会公共利益。互联网名誉侵权案件具有传播速度快、社会影响大等特点，该案系全国首次通过互联网审理涉英烈保护民事公益诉讼案件，明确侵权结果发生地法院对互联网民事公益诉讼案件具有管辖权，有利于高效、精准打击利用互联网侵害英雄烈士权益不法行为，为网络空间注入尊崇英雄、热爱英雄、景仰英雄的法治能量。

第一百八十六条 因当事人一方的违约行为，损害对方人身权益、财产权益的，受损害方有权选择请求其承担违约责任或者侵权责任。

【条文主旨】

本条是关于违约责任和侵权责任竞合的规定。

【条文理解】

关于违约责任与侵权责任的竞合，《民法通则》并没有规定。《合同法》第122条规定："因当事人一方的违约行为，侵害对方人身、财产权益的，受损害方有权选择依照本法要求其承担违约责任或者依照其他法律要求其承担侵权责任。"《民法总则》基本沿用这一规定，对责任竞合作了规定，《民法典》总则编对这一内容予以了保留。

依据民事主体违反的民事义务性质的不同，可以将民事责任划分为违约责任与侵权责任。违约责任，是指合同一方当事人违反合同的约定义务而对另一方合同当事人所应当承担的民事责任。侵权责任，是指行为人实施违法行为，侵害他人的民事权利，造成人身损害、财产损害或者精神损害，所应当承担的民事责任。

关于违约责任与侵权责任的主要区别如下：

1.违反的义务不同。侵权责任所违反的是法律明确规定的义务，即法定义务；而违约责任违反的则主要是当事人约定的义务。侵权责任广泛存在于没有任何合同关系或者其他类似关系的民事主体之间；侵权责任基本上是以没有相对的法律关系存在的民事主体之间的绝对权法律关系为基础，而违约责任的发生必须以赔偿权利人与义务人之间具有合同关系或者其他与此类似的关系为基础。

2. 保护范围不同。在我国，侵权责任保护的范围广泛，包括人格权、身份权、物权、债权、知识产权和继承权，以及相关的人格利益、身份利益和财产利益。而违约赔偿责任保护的范围由于受到合同相对性的限制，只保护当事人的债权，以及一方当事人违反合同义务而给对方当事人的预期利益所造成的损害。如果违约行为涉及债权人人身、财产固有利益的损害，则构成违约责任与侵权责任的竞合，按照本条和本法合同编中的规定，由当事人选择侵权责任还是违约责任起诉。

3. 责任的后果和承担方式不同。违约责任的后果可以依据法律确定，也可以由当事人事先约定责任的范围和承担方式，通常情况下为赔偿损失、支付违约金等以财产为内容的责任形式，并且在没有给对方造成损失的情况下，仍可追究违约责任。但违约责任通常不能包括精神损害赔偿。侵权责任并不能由当事人事先约定，而是由法律直接规定责任后果，侵权责任的承担方式不能适用违约金，并且侵权人如果没有给他人造成损害，一般不承担民事责任，侵权责任除可以采取赔偿损失等财产性承担方式外，还可以采取消除影响、恢复名誉等非财产性承担责任的方式。

4. 归责原则不同。违约责任依循严格责任原则，只要当事人违反合同，即应承担违约责任，而不问其是否有过错。对于侵权责任而言，一般的侵权行为则要有过错要件。

5. 举证证明责任分配规则不同。对于违约责任，依据《民事诉讼法司法解释》第91条的规定："人民法院应当依照下列原则确定举证证明责任的承担，但法律另有规定的除外：（一）主张法律关系存在的当事人，应当对产生该法律关系的基本事实承担举证证明责任；（二）主张法律关系变更、消灭或者权利受到妨害的当事人，应当对该法律关系变更、消灭或者权利受到妨害的基本事实承担举证证明责任。"对于合同履行的情形，通常要有履行义务的一方当事人承担举证责任，如果其举证不能，则就可以认定为违约并由此承担违约责任；对于侵权责任的情形，则应由受害人一方对侵权责任的构成要件事实承担举证证明责任。

法律责任竞合，是指行为人的同一行为符合两个或两个以上不同性质的法律责任之构成要件，依法应当承担多种不同性质的法律责任的制度。①在市场交易、社会生活中，经常会存在违约责任、侵权责任竞合的现象。比如在产品责任纠纷、医疗纠纷中都会出现。在医疗活动中，患者有权要求医方按照法律、法规规定和诊疗规范的要求，合理、谨慎地对就诊人诊断、治疗、护理；医疗机构有向患者索取相应的医疗费用等权利，故医患双方之间存在互为对等给付的义务，双方构成合同关系。医患双方未履行法定或合同约定的义务，即构成违约，应当承担违约责任。同时，医疗机构过错诊疗行为侵害患者生命权、身体权、健康权等绝对权的，又构成侵权责任，这就会产生医疗过失中的违约责任与侵权责任的竞合。在医疗纠纷案件中，违约行为与侵权行为的指向为同一事务，即医方未履行其应尽的注意义务，存在医疗过失，故医疗纠纷按一般侵权原则处理，但不排除当事人选择合同之诉。

【审判实践中应注意的问题】

对于本条的适用，需要准确把握责任竞合的基本法律适用规则。比较法上对侵权责任和违约责任的竞合立法主要禁止竞合、允许竞合、限制竞合三种情形。本条规定沿用了《合同法》第122条的做法，采用了限制竞合的做法。即在违约责任与侵权责任竞合时，由于违约之诉与侵权之诉在案件管辖、当事人主体资格、诉讼时效、举证责任分配、责任范围等方面都有不同，受害人提起何种之诉对案件的审理结果会产生重大影响。禁止竞合的做法无疑会剥夺受害人选择诉讼权利的可能。允许竞合不加限制的做法虽然赋予当事人选择权，但

---

① 王胜明：《侵权责任法释义》，法律出版社2010年版，第31页。

会给予当事人投机的机会,增加讼累。限制竞合的规定能较好地平衡当事人利益和节约司法资源。因此,权利人享有选择权。如果当事人选择以侵权责任纠纷为案由进行起诉,则应当适用侵权责任编的规定。如果当事人选择按照违约责任主张权利时,则应当按照合同编的规则进行裁判,不能适用侵权责任的规则。

在实务中经常会出现原告方对侵权责任之诉与违约责任之诉未作出明确选择的情形,人民法院应当向其释明并要求其予以明确。释明后权利人仍未明确选择的,一种意见认为,人民法院应根据最有利于纠纷解决的原则依职权确定其请求权基础;另一种意见认为,这时因当事人不明确请求权基础而导致案件无法处理的,可裁定驳回起诉。笔者认为,人民法院依照职权确定其请求权基础,似与当事人主义的要求不符,而且何为对当事人有利欠缺具体的判断标准,这时仍应坚持"通过释明其不予选择的不利后果的情况下由当事人作出选择,其仍不选择导致案件无法继续审理的,可以裁定驳回起诉"。

第一百八十七条 民事主体因同一行为应当承担民事责任、行政责任和刑事责任的,承担行政责任或者刑事责任不影响承担民事责任;民事主体的财产不足以支付的,优先用于承担民事责任。

【条文主旨】

本条是关于民事责任优先原则的规定。

【条文理解】

《民法通则》并没有民事责任优先原则的规定。《侵权责任法》对侵权责任优先原则作了明确规定,其第4条规定:"侵权人因同一行为应当承担行政责任或者刑事责任的,不影响依法承担侵权责任。因同一行为应当承担侵权责任和行政责任、刑事责任,侵权人的财产不足以支付的,先承担侵权责任。"这一规定对于保护受害人利益具有重要作用,该条规定的适用在社会上引起了积极反响,取得了良好的法律效果和社会效果。《民法总则》吸收了这一成功经验,将侵权责任优先原则升格为整个民事责任优先原则在《民法总则》中予以规定,该条规定的施行,必将对民事权利保护和救济发挥更大、更积极的作用,《民法典》总则编对这一规定予以了保留。

民事责任、行政责任和刑事责任是法律责任的基本分类。民事责任是指民事主体因违反民事法律、违约或者因法律规定的其他事由而应当依法承担的法定的不利后果,包括侵权责任、违约责任等。行政责任是指因违反行政法律或行政法规而应当承担的法定的不利后果。刑事责任是指因违反刑事法律而应当承担的法定的不利后果。

责任（或请求权）聚合是指行为人实施某一民事行为，违反两个或两个以上法律规范，构成并承担两个或两个以上法律责任，或者受害人享有两个或者两个以上的请求权。责任（或请求权）竞合是指某一违反民事义务的行为，符合多种民事责任的构成要件，从而在法律上导致多种责任形式存在并相互冲突的现象。两者的主要区别在于：竞合产生的数个责任相互冲突，不能相互吸收，也不能相互并存，只能择一适用。如在侵权损害赔偿与不当得利返还责任之间只能择其一适用。一旦行使其中之一请求权而达到其目的，其他请求权则归于消灭；如某一请求权的成立存有障碍或因时效而消灭，其他请求权仍可行使。而聚合产生的数个责任相互间并不冲突，可以相互并存，甚至可以相互吸收。如在请求返还原物时，还可以请求消除危险或者排除妨害，直至赔偿损失，而且，这些责任形式可以相互替代。可见，在责任聚合的情况下，侵权行为人因一项违法行为而可能承担多项责任形式；或者同一个权利人因为同一损害结果而得到多项救济（即请求权聚合）。①

民事责任、行政责任和刑事责任虽然是三种性质的不同法律责任，却可能因为同一法律行为而同时产生。一个行为既违反了民法又违反了行政法或者刑法，由此同时产生民事责任、行政责任或者刑事责任，即发生责任聚合。从法理上说，责任聚合的原因是法条竞合。比如《产品质量法》第四章损害赔偿专章规定了民事赔偿，第五章罚则专章规定了行政处罚，包括行政罚款。由此，产品致害行为可能既适用第四章的规定需承担民事赔偿责任，又适用第五章的规定承担行政责任，情节严重时还可能违反刑法规定而构成犯罪。这种民事与行政、刑事的法条竞合存在于我国现行法中，从而可能导致民事与行政、刑事的责任聚合的情形。

民事责任、行政责任和刑事责任作为三种不同性质的法律责任，各自有其不同的发生根据和特定的适用范围。一般情况下，三者各自

---

① 最高人民法院物权法研究小组编著：《〈中华人民共和国物权法〉条文理解与适用》，人民法院出版社 2007 年版，第 152 页。

独立存在，并行不悖。侵权责任是民事责任的一种，因此，依据本条前半部分之规定，侵权人因同一行为应当承担行政责任或者刑事责任的，不影响依法承担侵权责任。这在责任主体的财产不足以同时满足承担民事赔偿责任和承担罚款、罚金及没收财产等行政责任和刑事责任时，具有积极意义。民事责任优先原则就是解决这类责任聚合时的法律原则，即责任主体的财产不足以同时满足民事责任、行政责任或者刑事责任时，优先承担民事责任。因此，本条后半部分规定："民事主体的财产不足以支付的，优先用于承担民事责任。"除了本条规定之外，我国的《刑法》《公司法》《证券法》《证券投资基金法》等法律也都对民事责任优先原则有所规定。比如《刑法》第36条第2款规定："承担民事赔偿责任的犯罪分子，同时被判处罚金，其财产不足以全部支付的，或者被判处没收财产的，应当先承担对被害人的民事赔偿责任。"《公司法》第214条规定："公司违反本法规定，应当承担民事赔偿责任和缴纳罚款、罚金的，其财产不足以支付时，先承担民事赔偿责任。"《证券法》第232条规定："违反本法规定，应当承担民事赔偿责任和缴纳罚款、罚金，其财产不足以支付的，优先用于承担民事赔偿责任。"《食品安全法》第147条规定："违反本法规定，造成人身、财产或者其他损害的，依法承担赔偿责任。生产经营者财产不足以同时承担民事赔偿责任和缴纳罚款、罚金时，先承担民事赔偿责任。"《合伙企业法》第106条规定："违反本法规定，应当承担民事赔偿责任和缴纳罚款、罚金，其财产不足以同时支付的，先承担民事赔偿责任。"《产品质量法》第64条规定："违反本法规定，应当承担民事赔偿责任和缴纳罚款、罚金，其财产不足以同时支付时，先承担民事赔偿责任。"《证券投资基金法》第99条规定："违反本法规定，应当承担民事赔偿责任和缴纳罚款、罚金，其财产不足以同时支付时，先承担民事赔偿责任。"《个人独资企业法》第43条规定："投资人违反本法规定，应当承担民事赔偿责任和缴纳罚款、罚金，其财产不足以支付的，或者被判处没收财产的，应当先承担民事赔偿责任。"

确立民事责任优先原则的理由主要有：

1.民事责任优先是实现法的价值的需要。国家和个人承受财产损失的能力差别很大，在不足以同时承担两种以上责任时，不缴纳罚款、罚金及没收财产等行政、刑事责任，不会使国家发生经济上的困难，但如果不履行民事责任却可能使个人陷入极大的困难乃至绝境。民事责任优先可以取得良好的社会效益，也更能体现法律的人道和正义，人道和正义是法的社会功能的体现，也是法所追求的主要价值所在。

2.民事责任优先是维护市场经济秩序和交易安全的需要。民事主体在民事活动中依法取得的权利，应具有法律的保障性。如果一方当事人对另一方当事人依法享有债权，但却因另一方当事人承担财产性的行政、刑事责任后丧失清偿债务的能力而无法实现，必然造成当事人在以后的民事活动中投入一定注意核对对方当事人是否存在违法或犯罪行为，否则可能影响自己权利的实现，这样必然影响双方当事人之间进行交易的信赖和效率，也不符合市场经济秩序和交易安全应具有法律保障性的要求。

3.罚款、罚金及没收财产等行政责任、刑事责任体现了国家对行为人的惩罚。民事责任主要是平等主体之间发生的一方依法向另一方承担的责任，目的在于弥补权利人因他人的民事违法行为而给其造成的经济损失，补偿性是民事责任的显著特征。这种补偿性的责任一旦遭到破坏，权利人的权利则难以实现。四是民事责任和行政责任、刑事责任的目的和功能不同。民事责任主要目的是给受害人以补偿损失、恢复权利；行政责任和刑事责任具有惩罚行为人、维护社会秩序的目的。在责任人的财产不足以承担两种以上的责任时，不承担民事责任，民事责任的目的就无法实现。与民事责任单一的财产性特征相比，行政、刑事责任具有人身性和财产性的双重特征。在三者发生竞合时，即使民事责任优先适用，结果可能造成财产性的罚款、罚金及没收财产等行政制裁或刑事制裁难以实施，并不影响责任人承担人身方面的行政责任、刑事责任。①

【审判实践中应注意的问题】

对于本条的适用,要注意准确把握民事责任优先原则的适用条件:

1. 责任主体所承担的民事责任须以合法有效为前提,至于该责任发生的依据是基于法律规定还是当事人约定在所不问。

2. 责任主体的财产不足以同时承担民事责任、行政责任和刑事责任的要求。这里的财产应当是以其责任财产为限,如果责任主体的财产能够满足三种责任的承担,则责任人要同时承担三种责任,只有在财产不能同时满足时,才可以适用民事责任优先原则。

此外,关于民事责任优先原则的适用范围,依据本条的规定,这一原则应当适用于所有民事责任类型,既包括违约责任在内的一切合同责任,当然也包括侵权责任。

---

① 参见王胜明:《侵权责任法释义》,法律出版社2010年版,第31~35页。

第九章 诉讼时效

> **第一百八十八条** 向人民法院请求保护民事权利的诉讼时效期间为三年。法律另有规定的，依照其规定。
>
> 诉讼时效期间自权利人知道或者应当知道权利受到损害以及义务人之日起计算。法律另有规定的，依照其规定。但是，自权利受到损害之日起超过二十年的，人民法院不予保护，有特殊情况的，人民法院可以根据权利人的申请决定延长。

【条文主旨】

本条是关于诉讼时效期间、诉讼时效期间起算及诉讼时效期间延长的规定。

【条文理解】

一、诉讼时效的概念、种类

所谓时效是指时间经过所产生的法律效果，即一定的事实状态在法定期间内持续存在而产生的与该事实状态相适应的法律效力的法律制度。[1] 关于时效制度的目的和价值，一般认为有三个：一是督促权利人及时行使权利；二是有利于证据的收集和判断，便于法院处理民

---

[1] 魏振瀛主编：《民法》，北京大学出版社2010年版，第190页。

事纠纷；三是维护社会关系和秩序的稳定。

时效分为取得时效和诉讼时效两种类型，其中，取得时效又称为占有时效，指的是占有他人的财产和其他财产权利的事实经过一定的期限以后，取得该财产的所有权和其他财产权利；诉讼时效是指权利人在法定期间内不行使权利，义务人有权提出拒绝履行的抗辩的法律制度。诉讼时效由以下两个基本要素构成：一是须经过一定的期间。期间的长短，因情形而异，各国民法规定也各不相同，本条规定的普通诉讼时效为3年。二是须权利人持续地不行使权利，即权利人在能够行使权利的情况下不行使权利，并且该状态持续一定时间。

诉讼时效期间分为三类：第一类是普通诉讼时效期间，它是《民法典》规定的普遍适用于应当适用时效的各种法律关系的时效期间，根据本条规定，普通诉讼时效的期间为3年。第二类是特别诉讼时效期间，它是《民法典》及其他民事特别法规定的适用于某些民事法律关系、不同于普通诉讼时效期间的特定时效期间，根据特别法优先于普通法的原理，特别时效优先于普通时效适用。第三类是最长诉讼时效期间，它是不适用诉讼时效中断、中止规定的时效期间，根据本条规定，最长诉讼时效为20年。其中，普通诉讼时效期间和特别诉讼时效期间自权利人知道或应当知道权利遭受侵害和义务人之日起计算，也被称为主观诉讼时效期间；最长诉讼时效期间自权利受到损害之日起计算且不适用诉讼时效中断、中止规定，因此也被称为客观诉讼时效期间。

本条第1款中"法律另有规定的，依照其规定"是对特别诉讼时效的规定，即不同于三年普通时效期间的规定。例如，《民法典》第594条："因国际货物买卖合同和技术进出口合同争议提起诉讼或者申请仲裁的时效期间为四年。"《保险法》第26条第2款规定："人寿保险的被保险人或者受益人向保险人请求给付保险金的诉讼时效期间为五年，自其知道或者应当知道保险事故发生之日起计算。"

二、诉讼时效期间的起算

关于诉讼时效期间自何时起算，主要有两种起算标准：一种是主观标准，从权利人知道受到侵害的时间起算；第二种是客观标准，从权利受到侵害或请求权发生之时起算。具体的立法做法有两种：第一种从请求权成立时开始计算。权利人请求义务人清偿的权利，自请求权成立时即可行使，诉讼时效期间应自请求权成立时起算。例如，德国债法改革前的《民法典》第198条规定："时效自请求权成立时起算，请求以不行为为目的者，时效自有反对行为时起算。"第二种从请求权能够行使时开始计算。以权利人的请求权能够行使为起算点，采用此种立法的有日本、瑞士等国家和地区。例如《日本民法典》第166条规定："消灭时效自权利得以行使起计算"；我国台湾地区"民法"第128条规定："消灭时效，自请求权可行使时起算。以不行为为目的之请求权，自为行为时起算。"第三种观点从知道权利被侵害时开始计算。例如《俄罗斯民法典》第200条规定："诉讼时效期间自当事人获悉或者应当获悉自己的权利被侵犯之日起算。本规则的例外情况由本法典和其他法律规定。"

《民法典》同时规定了普通诉讼期间、特别时效期间和最长诉讼时效期间，从三者的起算规定看，我国诉讼时效期间的起算兼采了主观标准和客观标准。普通时效期间和特别时效期间的起算需满足以下条件：

1. 权利客观上受到侵害。权利受到侵害是诉讼时效期间起算的前提之一，如权利未受到侵害，不涉及诉讼时效问题。

2. 权利人知道或应当知道权利受到侵害。虽然权利客观上受到侵害，但是权利人可能并不知道权利受侵害情况，故诉讼时效期间的起算应将权利人知道或应当知道权利受侵害作为条件之一。所谓应当知道指的是以一般人的标准，权利人在当时的情况下应当知道权利受到侵害。

3. 权利人知道或应当知道具体侵害人。权利人知道权利受侵害还不够，如果不知道侵害人是谁，也无法行使请求权，故诉讼时效期间的起算还需要权利人知道或应当知道具体的义务人。

与普通诉讼时效期间和特别诉讼时效期间的起算相比,最长诉讼时效期间的起算具有以下特点:一是自权利受到损害之日起计算。最长诉讼时效采用客观标准,从权利受到损害之日开始计算。二是不考虑权利人何时知道权利受到侵害及具体义务人。即使权利受到侵害后权利人一直不知道,但是只要权利受到损害之日起超过20年的,除极特殊情况下的诉讼时效延长外,人民法就不予保护。三是具有固定性,该期限不适用诉讼时效中止、中断的规定,固定为20年时间。

本条第2款关于诉讼时效期间的起算时间还规定了"法律另有规定的,依照其规定",也就是说,普通诉讼时效期间和特别诉讼时效期间的起算时间也有例外规定。例如,《保险法》第26条第2款规定:"人寿保险的被保险人或者受益人向保险人请求给付保险金的诉讼时效期间为五年,自其知道或者应当知道保险事故发生之日起计算";再如,《海商法》第258条规定:"就海上旅客运输向承运人要求赔偿的请求权,时效期间为二年,分别依照下列规定计算:(一)有关旅客人身伤害的请求权,自旅客离船或者应当离船之日起计算;(二)有关旅客死亡的请求权,发生在运送期间的,自旅客应当离船之日起计算;因运送期间内的伤害而导致旅客离船后死亡的,自旅客死亡之日起计算,但是此期限自离船之日起不得超过三年;(三)有关行李灭失或者损坏的请求权,自旅客离船或者应当离船之日起计算。"这些规定中的诉讼时效期间的起算有特殊规定,优先于《民法典》普通时效期间和特别时效期间,并不从权利人知道或者应当知道权利受到损害以及义务人之日起计算。

实践中,诉讼时效期间的起算要根据案件情况予以确定,例如,在阎某某与天津市某服务公司提供劳务者受害责任纠纷案中,[①] 法院认为,因人体受到伤害致残时,伤残等级的确定是赔偿权利人向赔偿义务人主张赔偿包括残疾赔偿金等全部损失的前提和基础。赔偿权利人

---

① 阎某某与天津市某劳动服务有限公司提供劳务者受害责任纠纷案,天津市第二中级人民法院(2014)二中民四终字第422号民事判决书。

在伤残等级确定之日起在法律规定的诉讼时效期间内向人民法院提起人身损害赔偿诉讼,应予支持。

三、诉讼时效期间的延长

诉讼时效期间的延长是在诉讼时效期满后,权利人基于正当的事由申请延长诉讼时效期间,由人民法院决定是否延长的制度。根据本条的规定,诉讼时效期间的延长须满足"有特殊情况的"要求。

《民法通则意见》第169条规定:"权利人由于客观的障碍在法定诉讼时效期间不能行使请求权的,属于民法通则第一百三十七条规定的'特殊情况'。"根据本条规定,结合《民法通则意见》第169条的规定,诉讼时效期间的延长的适用需要注意以下问题:首先,本条未限制可以延长的诉讼时效期间的类型,故诉讼时效期间的延长适用于普通诉讼时效期间、特别诉讼时效期间和最长诉讼时效期间等全部诉讼时效期间。其次,诉讼时效期间的延长需因权利人由于客观的障碍在法定诉讼时效期间内不能行使请求权,且不能通过时效中止和中断等制度来避免诉讼时效期间的期满。再次,诉讼时效期间的延长需要根据权利人的申请,人民法院不主动延长诉讼时效期间。最后,诉讼时效期间是否延长由人民法院根据案件情况决定,是"可以"延长而非应当延长。

【审判实践中应注意的问题】

一、诉讼时效的衔接适用

本条规定的诉讼时效期间沿用了《民法总则》的规定,《民法总则》将《民法通则》两年的普通时效期间改为了3年,并于2017年10月1日生效。

根据《最高人民法院关于适用〈中华人民共和国民法总则〉诉讼时效制度若干问题的解释》的规定,民法总则施行后诉讼时效期间开始计算的，适用3年诉讼时效期间的规定。民法总则施行之日，诉讼时效期间尚未满民法通则规定的2年或者1年的，适用3年诉讼时效期间的规定。民法总则施行前，民法通则规定的2年或者1年诉讼时效期间已经届满的，不适用3年诉讼时效期间的规定。

《民法典》于2021年1月1日施行，此前虽然《民法总则》已经施行了3年多时间，考虑到诉讼时效可能存在中止等情况，对于《民法典》施行之日起，诉讼时效期间尚未满《民法通则》规定的2年或者1年的，也应适用3年诉讼时效期间的规定。

二、诉讼时效与除斥期间的区别

除斥期间是指法律对于某种权利所预定的存续期间。除斥期间是权利的存续期间，而非对权利行使的时间限制。实践中，需要注意除斥期间与诉讼时效的区别：

一是适用客体不同。除斥期间的客体一般为形成权，如撤销权、追认权等，某项形成权是否设有除斥期间，由法律规定；诉讼时效的客体为请求权，原则上所有的债权请求权都可适用诉讼时效。

二是期间计算不同。除斥期间自权利成立之时计算，为不变期间，不存在中断、中止或延长的情形；而诉讼时效，一般以权利人知道或者应当知道权利受到损害以及义务人之日起算，存在时效中断、中止及延长等事由，为可变期间。

三是效力不同。除斥期间届满权利即归于消灭，当事人即使未予援用，人民法院也应依职权加以审查；诉讼时效经过时，权利仍然存续，但义务人可主张拒绝履行的抗辩，且对于诉讼时效人民法院不得主动加以适用。

需要注意的是，有些请求权基于法律的特殊规定，在一定时间内不行使的，实体请求权消灭。例如，《产品质量法》第45条第2款规定："因产品存在缺陷造成损害要求赔偿的请求权，在造成损害的缺陷产品交付最初消费者满十年丧失；但是，尚未超过明示的安全使用期的除外。"

第一百八十九条 当事人约定同一债务分期履行的,诉讼时效期间自最后一期履行期限届满之日起计算。

【条文主旨】

本条是关于同一债务分期履行情况下诉讼时效期间起算时间点的规定。

【条文理解】

本条对当事人约定同一债务分期履行情况下的诉讼时效期间的起算点作了明确规定,适用本条时的一个较为关键的问题在于同一债务的认定。

一、同一债务的认定

债是特定人之间请求为一定行为或不为一定行为的关系。债的要素包括债的主体、债的内容和债的客体。其中,债的主体包括债权人和债务人,债的内容包括债权和债务,债的客体为给付。债务是指债务人对债权人所负有的为一定行为或不为一定行为的义务。[1] 根据债务履行的次数,可将债务分为一次性履行之债和非一次性履行之债。一次性履行之债一般为同一债务,非一次履行之债可能是同一债务,也可能是不同债务。

分期履行合同之债属于非一次性履行之债,指的是在同一份合同中约定,对债务进行分期履行。根据债务的发生时间及给付方式的不

---

[1] 王利明:《债法总则》,中国人民大学出版社2016年版,第13页。

同，分期履行合同之债可以分为定期重复给付的债务和分期履行的债务，[①]其中，定期重复给付的债务是指基于同一债权原因，经常发生重复给付的债务，例如，工资、水电煤气费、利息等。分期履行的债务是在债务发生后，当事人分批分期履行的债务，例如分期付款、分期交付等。

定期重复给付的债务和分期履行的债务一个重要区别在于，债务人的给付总额在债的关系成立时是否确定。[②]在定期重复给付的债务中，当事人需在一定的时间段中，不间断地作出履行，债务的总额在债务成立时一般并不确定，每一次的给付具有一定的独立性；而分期履行的债务的给付总额在债的关系成立时即可确定，不会随着时间的延续而发生变化，是一个债务的分批分次履行。本条规定的同一债务是分期履行的债务而非定期重复给付的债务。

二、同一债务分期履行的时效特殊性

关于对当事人约定同一债务分期履行时诉讼时效期间从何时起算，主要有两种观点：第一种观点主张，诉讼时效期间自权利人知道或者应当知道权利受到损害以及义务人之日起计算，分期履行的债务从每一期开始权利人就知道或者应当知道权利受到损害，故应从每一期债务履行期限届满之日起算；第二种观点认为，同一债务分期履行本质上仍是同一债务，应从最后一期债务履行期限届满之日起算。本条规定采纳了第二种观点，主要的理由如下：

首先，同一债务分期履行的，从最后一期债务履行期限届满之日起算诉讼时效期间是由同一债务的性质所决定的。当事人之间只存在一个债务，只是履行方式上分为多次，每次履行都是同一债务的组成部分，不应分割来看，而应从整体性和唯一性上把握同一债务的诉讼时效期间的起算。例如，在某工商行政管理局诉某大酒店租赁合同纠

[①] 最高人民法院民事审判第二庭编著：《最高人民法院关于民事案件诉讼时效司法解释理解与适用》，人民法院出版社2015年版，第102页。

[②] 王利明：《债法总则》，中国人民大学出版社2016年版，第61页。

纷案中①，法院认为，在同一租赁合同项下，虽然各期租金的支付具有一定的独立性，但该独立性不足以否认租金债务的整体性。若从每一期租金债务履行期限届满之日分别计算诉讼时效，则不仅割裂同一合同的整体性，而且将导致债权人因担心其债权超过诉讼时效而频繁地主张权利，动摇双方之间的互信，不利于保护债权人，更将背离诉讼时效制度的价值目标。在租赁合同持续履行的前提下，各期租金的诉讼时效可一并计算，只要债权人提起诉讼时尚未超过最后一期租金的诉讼时效即可。

其次，同一债务分期履行的，从最后一期债务履行期限届满之日起算诉讼时效期间有利于保护债权人权利，符合诉讼时效制度的立法目的。诉讼时效的目的是督促当事人行使权利而非消灭当事人的权利，在债权人不存在怠于行使的情况下，应作出有利于债权人的规定。这种诉讼时效期间起算方式简化了诉讼时效期间的计算，整体上推迟了诉讼时效期间的起算，有利于债权人的债权保护。

最后，同一债务分期履行的，从最后一期债务履行期限届满之日起算诉讼时效期间有利于减少纠纷，节约司法资源。如果对每一期债务都单独计算诉讼时效期间，当事人需要频繁主张权利，可能会就同一债务发生多个纠纷，既不利于减少纠纷数量、实质性化解纠纷，也是对司法资源的浪费。

【审判实践中应注意的问题】

一、持续性侵权之债的诉讼时效期间的起算

关于持续性侵权之债的诉讼时效期间的起算，有三种观点：第一种观点主张，持续性侵权之债的诉讼时效期间应自侵权行为终了之日起算。理由是持续性侵权中的侵害行为是持续发生的，是一个整体，

---

① 秦皇岛某大酒店与秦皇岛市某行政管理局租赁合同纠纷案，最高人民法院（2011）民提字第304号民事判决书。

从侵害结束之时开始计算诉讼时效期间，有利于保护权利人的权利。第二种观点主张，持续性侵权之债的诉讼时效应从权利人向人民法院起诉之日起向前推3年起算。理由是平衡保护债权债务双方当事人，督促权利人及时行使权利，避免债权人放任权利受侵害。第三种观点主张，将持续性侵权行为延续的每一天都看作是诉讼时效期间的起算点，采取分别计算的方式起算诉讼时效期间。理由是持续性侵害之债的给付义务每天都在发生变化，应当分别计算时效。

事实上，持续性侵权之债与同一债务分期履行存在明显的差异，同一债务分期履行在债务成立时就是确定的，而持续性侵权之债是不确定的，不应适用本条关于同一债务分期履行情况下诉讼时效期间的起算方式。法律对持续性侵权之债的诉讼时效的起算没有进行特殊规定，故持续性侵权之债的诉讼时效的起算应按照《民法典》第188条之规定，自权利人知道或者应当知道权利受到损害以及义务人之日起计算。

这也与相关司法解释对持续侵权之债的诉讼的规定的精神相同。《最高人民法院关于审理著作权民事纠纷案件适用法律若干问题的解释》第28条规定："侵犯著作权的诉讼时效为两年，自著作权人知道或者应当知道侵权行为之日起计算。权利人超过两年起诉的，如果侵权行为在起诉时仍在持续，在该著作权保护期内，人民法院应当判决被告停止侵权行为；侵权损害赔偿数额应当自权利人向人民法院起诉之日起向前推算两年计算。"类似的规定还有《最高人民法院关于审理商标民事纠纷案件适用法律若干问题的解释》第18条、《最高人民法院关于审理专利纠纷案件适用法律问题的若干规定》第23条，上述规定中，诉讼时效的起算时间为权利人知道或者应当知道侵权行为之日起计算，在诉讼时效期间的起算时间上并未作出特殊规定。但是，需要注意的是，在侵权赔偿数额的计算上，上述法律规定侵权损害赔偿数额应当自权利人向人民法院起诉之日起向前推算2年计算。

二、滚动支付合同之债的诉讼时效起算

滚动支付不是一个法律概念，是指当事人约定了总的履行期限、债务总额，或者只约定了其中之一，未对分期履行的期限和数额进行约定，在总的履行年期限内随时供货、随时结账的一种合同法律关系。[①] 不管是约定了总的履行期限、债务总额，或者只约定了其中之一，债务总额对当事人而言都是确定或者能够基本确定的，考虑到滚动支付在债务成立时已经确定了债务的总额，具体的分期供货只是总的债务项下的具体履行方式，该债务具有整体性的特征，可以从最后一期履行期限届满之日起算诉讼时效。但是，如果合同中如果明确约定结算后付款的，诉讼时效应从结算之日起算。

[①]《〈中华人民共和国民法总则〉条文理解与适用》，人民法院出版社2017年版，第1250页。

第一百九十条 无民事行为能力人或者限制民事行为能力人对其法定代理人的请求权的诉讼时效期间，自该法定代理终止之日起计算。

【条文主旨】

本条是关于无民事行为能力人或者限制民事行为能力人对其法定代理人的请求权的诉讼时效期间起算时间点的规定。

【条文理解】

无民事行为能力人或者限制民事行为能力人的请求权由其法定代理人代理行使，当请求权的行使对象是该法定代理人时，法定代理人难以为被代理人的利益向自己主张权利，故本条规定诉讼时效期间自该法定代理终止之日起计算。

一、无民事行为能力人或限制民事能力人对其法定代理人的请求权的诉讼时效障碍制度

诉讼时效障碍制度是诉讼时效制度的必要组成部分，是对诉讼时效效力进行限制的制度。各国对诉讼时效障碍制度的规定差异较大，例如，《德国民法典》中规定的诉讼时效障碍包括诉讼时效的中断、中止和不完成三种类型；①《瑞士民法典》的诉讼时效障碍包括消灭时

---

① ［德］卡尔·拉伦茨：《德国民法通论》（上册），王晓晔等译，法律出版社2003年版，第340页。

效的中断和不起算制度;①《日本民法典》对诉讼时效障碍规定了时效的法定中断事由、其他中断事由及消灭时效的停止。②

鉴于无民事行为能力人或限制民事能力人对其法定代理人的请求权行使的现实障碍,各国在诉讼时效上主要有以下三种解决方案:

一是纳入诉讼时效不完成制度之中。诉讼时效不完成是指在诉讼时效期间将近终止之际,因存在请求权行使的障碍,法律规定时效于该障碍事由终止后一定期间内暂缓完成。例如,《日本民法典》第158条第2项规定,未成年人或成年被监护人对管理其财产的父母或监护人享有的权利,自未成年人或成年被监护人成为行为能力人时或自其后任法定代理人就任时起至6个月时间内,权利的时效不完成。

二是纳入诉讼时效中止制度之中。即因无民事行为能力人或限制民事能力人对其法定代理人的请求权的存在行使障碍,诉讼时效中止计算。例如,《意大利民法典》第2941条规定,消灭时效可因当事人之间的关系而中止,如亲权人与处于亲权下的人之间的关系、监护人与被监护人或禁治产人之间的关系等。

三是纳入为诉讼时效期间起算和中止制度之中。即综合运用诉讼时效不起算和诉讼时效中止制度保护因无民事行为能力人或限制民事能力人对其法定代理人的请求权。例如,《瑞士债务法》第134条规定,子女对父母的债权在子女受父母照护期间、无判断能力人对照护受任人的债权在委托照护期间,诉讼时效不开始起算;已经开始起算的,时效中止。

根据本条的规定,我国采取的是将无民事行为能力人或限制民事能力人对其法定代理人的请求权纳入了诉讼时效不起算的制度之中,本条和《民法典》的相关规定共同组成了我国的诉讼时效期间不起算、诉讼时效期间中断、诉讼时效期间中止等诉讼时效障碍制度。

---

① 最高人民法院民事审判第二庭编著:《最高人民法院关于民事案件诉讼时效司法解释理解与适用》,人民法院出版社2015年版,第28页。

② [日]我妻荣:《我妻荣民法讲义Ⅰ·新订民法总则》,于敏译,中国法制出版社2008年版,第423页。

二、本条的适用要件

本条规定中包含了民事行为能力人或者限制民事行为能力人、法定代理权终止等多个构成要素，适用中需要准确理解和把握以下要件：

（一）关于无民事行为能力人或者限制民事行为能力人的理解

根据《民法典》第17条至20条之规定，不满8周岁的未成年人为无民事行为能力人；8周岁以上、不满18周岁的未成年人为限制民事行为能力人；18周岁以上的自然人为成年人，是完全行为能力人。《民法典》第18条第2款还规定："十六周岁以上的未成年人，以自己的劳动收入为主要生活来源的，视为完全民事行为能力人。"

根据《民法典》第21条和第22条的规定，不能辨认自己行为的成年人为无民事行为能力人；不能完全辨认自己行为的成年人为限制民事行为能力人。

综上，本条中的无民事行为能力人包括不满8周岁的未成年人和不能辨认自己行为的成年人。本条中的限制行为能力人包括8周岁以上、不满16周岁的未成年人，16周岁以上、不满18周岁且不以自己的劳动收入为主要生活来源的未成年人以及不能完全辨认自己行为的成年人为限制民事行为能力人。

（二）关于法定代理关系终止的理解

关于法定代理的终止，《民法典》有明确的规定，第175条："有下列情形之一的，法定代理终止：（一）被代理人取得或者恢复完全民事行为能力；（二）代理人丧失民事行为能力；（三）代理人或者被代理人死亡；（四）法律规定的其他情形。"

上述情形下诉讼时效是否都立即起算呢？首先，被代理人取得或者恢复完全民事行为能力，可以行使相应的请求权，诉讼时效期间当然应当开始起算。其次，代理人丧失民事行为能力，法定代理终止，但是此时并不意味着被代理人同时取得或者恢复完全民事行为能力，如果被代理人并未取得或者恢复完全民事行为能力，诉讼时效期间应自被代理人确定新的法定代理人后起算。最后，代理人或者被代理人死亡的，法定代理终止，如前所述，如果是代理人死亡、被代理人并未同时取得或者恢复完全民事行为能力，诉讼时效期间应自确定新的法定代理人后起算；如果被代理人死亡，其请求权可以由其继承人继承的，且该继承人的法定代理人与被代理人的法定代理人不是同一人的，自继承人确定后起算诉讼时效。

（三）关于无民事行为能力人或者限制民事行为能力人对法定代理人的请求权的理解

对于完全行为能力人，诉讼时效期间自权利人知道或应当知道权利受侵害及具体义务人时开始起算诉讼时效。对于无民事行为能力人或者限制民事行为能力人，其对于法定代理人的请求权，应产生在法定代理关系存续期间，诉讼时效期间自法定代理终止时起算。

如果请求权产生于法定代理关系开始前，当时尚具有完全行为能力的被代理人不知道权利受到侵害的，诉讼时效期间应自法定代理终止时起算；如果请求权产生于法定代理关系开始前，且当时尚具有完全行为能力的被代理人知道权利受到侵害的，诉讼时效期间应自被代理人能够行使请求权时计算。法定代理存续期间暂不计算，法定代理关系终止后继续计算。①

【审判实践中应注意的问题】

一、本条的适用范围

实践中，要注意本条的适用范围。本条规定的是无民事行为能力人或者限制民事行为能力人对其法定代理人的请求权的诉讼时效期间的起算问题，并不包括无民事行为能力人或者限制民事行为能力人对法定代理人以外的第三人的请求权，无民事行为能力人或者限制民事

---

① 《〈中华人民共和国民法总则〉条文理解与适用》，人民法院出版社2017年版，第1257页。

行为能力人对第三人的请求权由其法定代理人代理行使，诉讼时效期间从知道或应当知道权利被侵害之日起计算。法定代理人故意不行使或怠于行使的，属于不履行法定代理职责，损害被代理人合法权益的，应当承担法律责任，但不影响诉讼时效期间的起算。

如果无民事行为能力人或者限制民事行为能力人存在多个法定代理人，例如，处于分居状态的父亲和母亲，在某一个法定代理人侵害被代理人权益时，如果不及时行使请求权将不利于对被代理人的利益的保护，其他法定代理人可以代理主张，不能认为请求权的时效期间尚未起算而不允许其他法定代理人代为行使请求权。

二、本条与最长诉讼时效的关系

从理论上说，无民事行为能力人或者限制民事行为能力人与其法定代理人的法定代理关系存续可能超过20年，例如，一个丧失行为能力人的成年人在30年后恢复完全行为能力，在与其法定代理人的法定代理关系存续期间发生的侵害也可能已经超过20年。此时，恢复完全行为能力的权利人能否主张请求权呢？

根据《民法典》第188条第2款的规定，自权利受到损害之日起超过20年的，人民法院不予保护，有特殊情况的，人民法院可以根据权利人的申请决定延长。一方面，法定代理关系终止，诉讼时效期间刚开始起算；而另一方面，权利受到损害之日起已经超过了20年的最长诉讼时效。这实际上就属于《民法典》第188条第2款规定中的"有特殊情况的"，权利人对超过20年诉讼时效期间存在正当事由，可以申请人民法院延长诉讼时效期间。

第一百九十一条 未成年人遭受性侵害的损害赔偿请求权的诉讼时效期间,自受害人年满十八周岁之日起计算。

【条文主旨】

本条是关于未成年人遭受性侵害的损害赔偿请求权的诉讼时效起算时间点的规定。

【条文理解】

很多国家都对未成年人遭受性侵害的损害赔偿请求权的诉讼时效都有特殊规定,以充分保护未成年人的身心健康和合法权益。例如,《德国民法典》第208条规定:"因违反性自决而发生之请求权的时效,在债权人年满二十一周岁之前,停止进行。在时效开始时,因违反性自决而发生之请求权的债权人,与债务人以家庭共同关系生活的,在家庭共同关系终止之前,时效亦停止进行。"《法国民法典》第2226条第2款规定:"在针对未成年人实施拷打或野蛮行为或性侵犯造成损害的情况下,提起民事责任的诉讼,时效期间为二十年",且"自最初的损害或加重的损害等到最后确定之日起计算"。我国《民法典》采用的是将未成年人遭受性侵害的损害赔偿请求权的诉讼时效期间起算点延后的方式,规定自受害人年满18周岁之日起计算诉讼时效期间。

一、本条中未成年人的范围

首先,从性别上说,本条中的未成年人包括男性和女性。实践中,遭受性侵害的以女性未成年人居多,也不排除男性未成年人遭受性侵害的情况。尽管我国刑法没有将男性作为强奸罪的犯罪对象，但不影响其作为其他类型性侵害的对象。

其次，从年龄上说，本条中的未成年人不等同于不完全行为能力人。《民法典》第18条第2款还规定："十六周岁以上的未成年人，以自己的劳动收入为主要生活来源的，视为完全民事行为能力人。"虽然16周岁以上、以自己的劳动收入为主要生活来源的人视为完全行为能力人，但是其仍然是未成年人，其遭受性侵害适用本条的规定。而且，根据联合国《儿童权利公约》第1条的规定，儿童系指18岁以下的任何人。

二、本条中性侵害的认定

参照《最高人民法院、最高人民检察院、公安部、司法部关于依法惩治性侵害未成年人犯罪的意见》第1条规定，性侵害未成年人犯罪包括针对未成年人实施的强奸罪，强制猥亵、侮辱罪，猥亵儿童罪，组织卖淫罪，强迫卖淫罪，引诱、容留、介绍卖淫罪，引诱幼女卖淫罪等。这是从刑法规制的角度对性侵害犯罪的范围进行的界定，针对的是非常严重的性侵害行为，窄于民事性侵害侵权的范围。

在刑事领域之外，我国《未成年人保护法》等其他法律未对性侵害的具体范围作出明确规定。联合国《儿童权利公约》第34条规定："缔约国承担保护儿童免遭一切形式的色情剥夺和性侵害，为此目的，缔约国应采取一切适当的国家、双边和多边措施，以防止：（a）引诱或强迫儿童从事任何非法的性生活；（b）利用儿童卖淫或从事其他非法的性行为；（c）利用儿童进行淫秽表演和充当淫秽题材。"世界卫生组织发布的《虐待儿童磋商报告》对性侵害未成年作了以下规定："性侵害未成年人是指行为人在未成年人尚未完全理解性行为，或无法作出性同意表示，或尚未发育完全不能作出性同意，或者违反法律或社会道德禁忌的情况下与未成年人进行性行为，性侵害未成年包括但不限于：（1）威胁或强迫未成年人进行任何非法的性行为；（2）利用未成年人从事卖淫活动或其他非法活动；（3）利用未成年人经营色情表演或制作相关材料。"实践中,可以参照上述规定界定对未成年人的性侵害。

以上是从性侵害侵权方式的角度对性侵害所作的界定。从加害人的角度看,性侵害的加害人包括自然人、法人和非法人组织。自然人包括受害人的家庭成员、有关单位工作人员和不特定的第三人,可以是成年人,也可以是未成年人;法人和非法组织主要是指因自身工作人员的侵权行为或未履行安全保障义务而对加害人承担赔偿责任的幼儿园、学校以及其他教育机构等单位。

三、本条性侵害损害赔偿请求权的范围

《民法典》第1179条规定:"侵害他人造成人身损害的,应当赔偿医疗费、护理费、交通费、营养费、住院伙食补助费等为治疗和康复支出的合理费用,以及因误工减少的收入。造成残疾的,还应当赔偿辅助器具费和残疾赔偿金;造成死亡的,还应当赔偿丧葬费和死亡赔偿金。"第1181条第2款规定:"被侵权人死亡的,支付被侵权人医疗费、丧葬费等合理费用的人有权请求侵权人赔偿费用,但是侵权人已支付该费用的除外。"第1183条第1款规定:"侵害自然人人身权益造成严重精神损害的,被侵权人有权请求精神损害赔偿。"性侵害属于人身侵权行为,其请求权的范围包括医疗费、护理费、交通费、营养费、误工费、残疾辅助器具费、残疾赔偿金、丧葬费和精神损害赔偿金等。但是,需要注意的是,若性侵害若同时构成犯罪,根据《刑事诉讼法》第101条的规定,在刑事附带民事诉讼中,被害人的请求范围为物质损失,不包括精神损害赔偿。《最高人民法院、最高人民检察院、公安部、司法部关于依法惩治性侵害未成年人犯罪的意见》第31条规定的民事责任范围也不包括精神损害赔偿。

【审判实践中应注意的问题】

一、关于本条的适用范围

实践中,要准确把握本条的适用范围,特别需要注意以下问题:

首先,本条是对未成年人遭受性侵害的损害赔偿请求权的诉讼时效期间起算时间点的特殊规定,并非为了限制未成年人行使索赔请求权。未成年人未满18周岁,其受到性侵害的,可以由其法定代理人代理行使请求权。

其次,本条规定的是诉讼时效期间的起算时间点,不影响诉讼时效期间中止、中断的适用。如侵害人是受害人的家庭成员,受害人虽然年满18周岁了,但是在脱离家庭共同生活前没有能力起诉或不便起诉,符合诉讼时效期间中断、中止事由的,可以适用诉讼时效期间中断、中止的规定。

最后,诉讼时效期间是从年满18周岁之日起算,并非是从受害人具备完全行为能力时起算。也就是说,当未成年人年满16周岁以上、以自己的劳动收入为主要生活来源时,虽然视为完全民事行为能力人,但诉讼时效期间仍不起算,须年满18周岁时才起算。

二、侵权人为法定代理人时的诉讼时效起算

当性侵害的侵权人为受害未成年人的法定代理人时,同时符合本条的规定和《民法典》第190条的规定,即无民事行为能力人或者限制民事行为能力人对其法定代理人的请求权的诉讼时效期间,自该法定代理终止之日起计算。此时诉讼时效按照哪一条规定起算呢?

适用本条和适用第190条的主要差别在于,本条从受害人年满18周岁起算时效期间,而第190条从法定代理终止之日起计算。在大部分情况下,二者的诉讼时效起算时间是一致的,但对于下述情况应分类处理:其一,对于年满16周岁以上、以自己的劳动收入为主要生活来源的未成年人视为完全行为能力人,故在16周岁时法定代理关系终止，但为充分保护未成年人的利益，应从年满18周岁时起算时效。其二，对于虽然年满18周岁，但是因精神障碍等因素并不具备完全行为能力，法定代理关系并不终止，诉讼时效期间应自法定代理终止之日起算。

三、本条与最长诉讼时效的关系

从理论上说，受害人年满18周岁后行使索赔请求权时可能超过20年，例如，受害人在其5岁时受到性侵害，年满18周岁后出现诉讼时效期间中断、中止事由，向法院行使请求权时已经超过20年，是否还能否主张请求权呢？

根据《民法典》第188条第2款中的规定，自权利受到损害之日起超过20年的，人民法院不予保护，有特殊情况的，人民法院可以根据权利人的申请决定延长。上述情况实际上就属于《民法典》第188条第2款规定中的"有特殊情况的"，权利人对超过20年诉讼时效期间存在正当事由，可以申请人民法院延长诉讼时效。

> **第一百九十二条** 诉讼时效期间届满的，义务人可以提出不履行义务的抗辩。
>
> 诉讼时效期间届满后，义务人同意履行的，不得以诉讼时效期间届满为由抗辩；义务人已经自愿履行的，不得请求返还。

【条文主旨】

本条是关于诉讼时效效力、时效抗辩和义务人自愿履行的规定。

【条文理解】

一、诉讼时效的效力

诉讼时效的效力指的是诉讼时效完成后产生的法律后果。关于诉讼时效的效力存在三种不同的观点：实体权利消灭主义、诉权消灭主义和抗辩权发生主义。

实体权消灭主义认为，诉讼时效期间届满后，权利人享有的怠于行使的民事权利消灭，无权要求或接受原义务人的履行。诉权消灭主义认为诉讼时效期间届满的，权利人的诉权消灭，但实体权利依然存在，成为自然债务，不能请求法院强制执行，但可以接受义务人的自愿履行。诉讼权消灭主义的观点还包括胜诉权消灭主义，它是指诉讼时效期间届满后，权利人的胜诉权消灭，但其起诉权和实体权利均不消灭。抗辩权发生主义是指时效期间届满后，实体权利、诉权都不消灭，义务人取得拒绝履行的抗辩权，当然，义务人可以行使该抗辩权，也可以放弃该抗辩权自愿履行义务。

根据本条的规定，我国《民法典》采纳的是抗辩权发生主义，诉讼时效期间届满的，义务人可以提出不履行义务的抗辩。一般认为，债权的效力包括请求力、保持力、处分效力和强制执行力。[1]抗辩权发生主义下，如果义务人行使时效抗辩权，权利人的债权的请求力和处分效力减弱，债权的强制执行力丧失，债权的保持力不受影响；如果义务人不行使时效抗辩权，债权具有完整的效力。在债权的处分效力中，债的免除、抵销等都是其重要具体构成内容。[2]在义务人行使时效抗辩权的情况下，债权的处分效力削弱，以债的抵销为例，此时债权仅能作为被动债权被抵销，当诉讼时效期间已经届满的债权作为被动抵销的债权时，可认定为主动债权人（义务人）自愿放弃了时效利益。

诉讼时效的效力还体现在效力范围上，即对从债权的约束上。主债权诉讼时效期间届满的，诉讼时效的效力一般及于从债权，例如，本金诉讼时效期间届满的，利息的诉讼时效期间也届满。

二、时效抗辩权的行使

抗辩的概念可以追溯到罗马法中的"exceptio（抗辩、反对之意）"，抗辩权的概念以及各种实体法上的抗辩权的类型主要形成于德国。抗辩权有广义和狭义之分，广义上的抗辩权是妨碍他人行使其权利、提出免除或减轻其民事责任主张的对抗权，狭义的抗辩权则是指专门对抗请求权的权利。抗辩权的具体类型包括不安抗辩权、先履行抗辩权、同时履行抗辩权、先诉抗辩权、时效抗辩权等。

按照抗辩权行使效力的强弱不同，可以分为永久抗辩权和一时抗辩权。永久抗辩权是指可以永远拒绝相对人的请求权的抗辩权；一时抗辩权，又叫延缓抗辩权、延期抗辩权，是指抗辩权的行使可以暂时地拒绝相对人的请求权效力。诉讼时效期间届满的，义务人取得拒绝履行义务的抗辩权，权利人不能再请求强制义务人履行债务，故时效抗辩权在行使效果上属于永久抗辩权。

---

[1] 王利明：《债法总则》，中国人民大学出版社2016年版，第18、19页。
[2] 王泽鉴：《债法原理》，北京大学出版社2009年版，第69页。

关于时效抗辩的行使时间阶段，《民法典》并未进行限制，诉讼时效抗辩权可以在诉讼程序内行使，也可以在诉讼外行使。如果当事人在诉讼外已经行使了诉讼时效抗辩权，则诉讼中的时效抗辩是对诉讼程序外的抗辩权行使的再次确认；如果当事人在诉讼外没有行使而在诉讼中行使的或者在诉讼外行使了而在诉讼中没有行使，应以诉讼中的选择为准，因为时效抗辩权只有在诉讼中行使才能对债权的请求力和强制执行力发生效力。对于诉讼中的具体行使阶段，《诉讼时效规定》第4条规定："当事人在一审期间未提出诉讼时效抗辩，在二审期间提出的，人民法院不予支持，但其基于新的证据能够证明对方当事人的请求权已过诉讼时效期间的情形除外。当事人未按照前款规定提出诉讼时效抗辩，以诉讼期间届满为由申请再审或者提出再审抗辩的，人民法院不予支持。"故，时效抗辩权原则上在一审法庭辩论终结前提出，这符合程序安定和权利对等原则的基本法理，也符合设定一审程序固定当事人之间争议焦点的立法目的，从实质公正和诉讼效率的角度考虑也具有合法性和合理性。[①]

三、诉讼时效届满后时效利益的放弃

诉讼时效期间届满后，义务人取得时效抗辩权，在义务人知道其享有时效抗辩权的情况下，可以选择放弃其诉讼时效利益。

（一）诉讼时效利益放弃的法律特征

诉讼时效利益的放弃具有以下基本法律特征：

一是时效利益放弃可以明示或默示的方式进行。明示的方式包括以口头、书面等表意方式向债权人作出放弃时效抗辩的意思表示，默示的方式可以通过直接履行等方式完成。

二是时效利益放弃是取得时效抗辩权后的处分行为。时效规则具有法定性，时效利益不允许事先放弃，只能在时效期间届满后由义务人自由处分，决定是否行使。

---

① 最高人民法院民事审判第二庭编著：《最高人民法院关于民事案件诉讼时效司法解释理解与适用》，人民法院出版社2015年版，第96页。

三是时效利益放弃是单方自愿行为，义务人放弃时效利益的，只需单方的意思表示即可生效，无需征得权利人同意。当然，如果双方通过签署协议的方式放弃时效利益，亦无不可。

（二）诉讼时效利益放弃的形式

如前文所述，时效利益放弃可以明示或默示的方式进行，本条规定的具体方式主要包括以下两种：

1.义务人同意履行。诉讼时效期间届满后，义务人同意履行的，不得再主张时效利益。所谓同意履行义务，是指义务人承认并同意履行义务。[①] 认定义务人同意履行须满足以下要件：第一，须为义务人或能够代理、代表义务人的人作出同意履行的意思表示。放弃时效利益是法律行为，应由具备完全行为能力的义务人、义务人的法定代理人、义务人的代表人及其他义务人授权的人作出意思表示。第二，同意履行义务是诺成行为，不以实际履行为必要，只要义务人同意履行的意思表示达到权利人处，该同意履行的意思表示即生效。

义务人同意履行主要包括以下形式：一是口头或书面方式作出愿意履行的意思表示，可以是义务人的单方意思表示，也可以是双方通过协议的方式约定。二是向债权人出具还款计划或达成还款协议。义务人出具还款计划或与债权人达成还款协议，具备明显的同意履行的意图，应认定为同意履行。三是请求延期履行。义务人请求延期履行是以同意履行为前提的，只是对请求宽限履行时间。四是委托第三人代为履行。义务人委托第三人代为履行，第三人是义务人的履行辅助人，能够判定义务人同意履行。五是为债务提供担保。义务人在诉讼时效期间届满后，自愿为债务提供担保，可以认定义务人同意履行。六是用未过诉讼时效的债务进行抵销。诉讼时效期间届满的债权没有主动抵销的处分效力，义务人以诉讼时效期间未届满的债权主动抵销诉讼时效期间届满的债权，视为其放弃时效利益。

2.义务人已自愿履行。诉讼时效届满的债权的请求力和处分效力

[①] 最高人民法院民事审判第二庭编著：《最高人民法院关于民事案件诉讼时效司法解释理解与适用》，人民法院出版社2015年版，第274页。

受到削弱，债权的强制执行力丧失，但是仍有保持力，可以接受义务人的履行。义务人自愿履行的，是为放弃时效利益，不能再请求债权人返还。

如果义务人自愿完成部分履行后，对剩余部分未表示或以行为表示同意履行，也未再继续履行，如何认定义务人的部分履行的效力呢？首先，义务人对已经实际履行的部分不能再请求返还，这是义务人自愿履行的应有之义。其次，对于未履行部分，参照《最高人民法院关于民事案件诉讼时效司法解释理解与适用》关于第16条之规定的阐述，义务人作出部分履行承诺或行为的，应当认定为同意履行义务，故如果义务人仅自愿完成部分履行，对剩余部分也应认定为同意履行。

（三）诉讼时效利益放弃的法律后果

关于诉讼时效利益放弃的法律后果可以分为两个层次：第一个层次为诉讼时效利益放弃的直接法律后果，即该放弃是否有效；第二个诉讼时效利益放弃后带来的新的法律效果。第一个层次前文已经阐释，这里着重讨论第二个层次的法律后果。对于自愿履行后债权债务关系消灭的法律后果没有争议，有争议的是同意履行的法律效果。

有观点认为，同意履行带来诉讼时效中断的效果。[1]这种观点混淆了诉讼期间届满后的同意履行和诉讼时效期间内的同意履行，诉讼时效期间中断只能发生在诉讼时效期间内，对于诉讼时效期间已经届满的，没有诉讼时效期间中断的适用余地。义务人在诉讼时效期间届满后同意履行的，原债权由不完整债权转为完整债权，诉讼时效期间应重新起算。例如，在杨某诉屈某、杜某确认夫妻共同债务纠纷案[2]中，法院认为夫妻共同债务中的一方债务人于诉讼时效届满后对原债务承诺履行构成新的债务，应认定为夫妻一方的个人债务，债权人要求夫妻双方对新债务承担连带责任的，人民法院不予支持。

---

[1] 最高人民法院民事审判第二庭编著：《最高人民法院关于民事案件诉讼时效司法解释理解与适用》，人民法院出版社2015年版，第274页。

[2] 杨某某诉屈某、杜某夫妻财产约定纠纷案，广东省广州市中级人民法院（2016）粤01民终13626号民事判决书。

【审判实践中应注意的问题】

一、诉讼时效期间届满的证明责任

关于诉讼时效期间届满的证明责任，实践中存在不一致的认识和做法。有观点认为，应以权利成立后是否超过3年为标准分配证明责任，对于超过3年的债权，应由债权人承担证明责任，证明债权诉讼时效期间未届满；也有观点认为，时效抗辩为权利妨害抗辩，应由主张一方即债务人承担证明责任；还有观点为，债权人主张债权，应当由其证明债权诉讼时效期间未届满，法院方能支持。

上述观点没有区分行为意义上的举证责任和结果意义上的证明责任。对于行为意义上的举证责任，为避免出现败诉或真伪不明的后果，双方都有提出证据的需求和义务。但是对于结果意义上的证明责任，是由一方确定承担的，不会因为债权人的不同、主张债权的时间上的不同而有变化。

《民事诉讼法司法解释》第91条规定："人民法院应当依照下列原则确定举证证明责任的承担，但法律另有规定的除外：（一）主张法律关系存在的当事人，应当对产生该法律关系的基本事实承担举证证明责任；（二）主张法律关系变更、消灭或者权利受到妨害的当事人，应当对该法律关系变更、消灭或者权利受到妨害的基本事实承担举证证明责任。"根据该条规定，我国《民事诉讼法》对结果意义上的证明责任采取的是法定证明责任，即主张权利受到妨害的当事人，应当对该权利受到妨害的基本事实承担举证证明责任，也即在真伪不明时，由债务人承担诉讼时效届满的证明责任，否则承担不利后果。

需要说明的是，结果意义上的证明责任只在真伪不明时才适用，双方为避免败诉或出现真伪不明，都会积极地行使举证责任，人民法院也应该引导、鼓励当事人提交证据，但是这不是结果意义上的证明责任分配。例如，在上述观点中，对于权利成立时间超过3年的，债权人为避免败诉，会积极对知道或应当知道权利受侵害的时间以及诉讼时效期间存在中止、中断等事由进行举证；而债务人会对权利侵害超过3年等事实进行举证。但是，债权人的举证是为了获得胜诉，从理论上说，因为结果意义上的证明责任在债务人，债权人可以不举证，任由债务人证明诉讼时效届满或者陷入真伪不明。当然，作为一个理性的诉讼当事人，在能够提供证据的情况下是不会放弃行为意义上的举证责任的。

二、义务人仅同意部分履行的处理

实践中，有一部分债务人承认诉讼时效期间已经届满的债权的存在，但是以支付能力不足等理由明确只同意履行部分债务，对剩余债务行使时效抗辩，这种情况与直接进行部分履行，对剩余部分未作表示的情形即参照《最高人民法院关于民事案件诉讼时效司法解释理解与适用》关于第16条规定的阐述，义务人作出部分履行承诺或行为的情况不同，是否行使时效抗辩权是义务人自由决定的范围，在债权是可分的情况下，义务人明确对部分债权行使时效抗辩权的，不违反法律的强制性规定，不损害公共利益，故应当允许。

三、债务人对诉讼时效期间已经届满的债务确认或催收文件上签章的效力认定

实践中，从债务人的角度看，债务人签名或盖章的文件在性质上分为两类：一类为承认债权存在的文件，如询证函、对账单、确认书、欠款单等，如果这些文件上没有要求履行的意思，债务人签章仅代表承认诉讼时效期间已经届满的债权的存在，并不导致诉讼利益的放弃。另一类为同意履行债权的文件，如催款单、限期履行函等，如果这些文件上有要求履行的意思，且无证据表明债务人签名或盖章的行为仅表示收到上述文件，根据《最高人民法院关于超过诉讼时效期间借款人在催款通知单上签字或盖章的法律效力问题的批复》的规定，应认定债务人同意履行，放弃了时效利益。

第一百九十三条　人民法院不得主动适用诉讼时效的规定。

【条文主旨】

本条是关于诉讼时效被动适用的规定。

【条文理解】

对于人民法院是否可以主动适用时效规定，主要有三种观点：第一种观点认为，诉讼时效期间是法院保护民事权利的期间，权利能否受到保护的前提之一就是诉讼时效期间是否已经届满，法院应主动适用诉讼时效；第二种观点认为，时效抗辩权是义务人的权利，义务人出于各种考虑可能并不愿意行使该抗辩权，故是否行使应由义务人决定，法院不应主动适用；第三种观点认为，"适用"不仅仅包括援引，还应包括释明，根据我国公民法律素质的实际情况，很多人并不知道诉讼时效制度的相关法律规定，如果债务人没有行使是因为没有意识到享有时效利益，显然不能认为债务人自愿放弃了时效抗辩，故法院应当对时效制度进行释明，释明后是否行使由债务人自行决定。

本条规定采纳了第二种观点。与第一种观点和第三种观点相比，第二种观点更符合诉讼时效制度的内在原理，也更有利于维护当事人的合法权益和维护交易秩序的稳定。（1）法院不得主动适用诉讼时效是时效制度的性质决定的。诉讼时效制度作为民事实体法的重要组成部分，属于私权的范畴，时效制度的适用或不适用不损害公共利益，不属于法院依职权介入的领域。（2）法院不得主动适用诉讼时效是抗辩权发生主义的内在要求。诉讼时效期间届满的，义务人取得时效抗辩权，是否行使应由义务人自行决定，法院不能干涉。（3）法院不得主动适用诉讼时效是诚信原则的要求。诉讼时效届满的债权并不消灭，诚实守信的债务人愿意履行的，法院主动适用时效意味着鼓励不诚信的行为，这显然不符合法律的目的和精神。

根据本条规定，人民法院不得主动适用诉讼时效的规定，既包括义务人未提出诉讼时效抗辩情况下的主动援引、释明，也包括义务人提出诉讼时效抗辩权的情况下对诉讼期间中止、中断、延长等主动适用，即人民法院不得主动适用关于诉讼时效的全部规定。

人民法院不得主动适用诉讼时效的规定，也包括不得主动适用仲裁和劳动仲裁时效的规定。仲裁时效和劳动仲裁时效并非只用于仲裁和劳动仲裁程序之中，会通过撤销仲裁、提起诉讼等方式进入诉讼程序，在诉讼中，人民法院不得主动适用仲裁和劳动仲裁时效。例如，《仲裁法》第74条规定："法律对仲裁时效有规定的，适用该规定。法律对仲裁时效没有规定的，适用诉讼时效的规定。"人民法院在不得主动适用仲裁时效上同诉讼时效的原理是相通的。

由于人民法院不得主动适用诉讼时效的规定，正确适用本条的规定还需要明确人民法院在什么情况下可以适用诉讼时效的规定，即须注意义务人在诉讼中行使时效抗辩的识别和认定。

首先，须义务人本人或者能够代理或代表义务人的人行使时效抗辩。诉讼中行使时效抗辩权的是请求权的对象主体即被告，也包括反诉中的原告、有独立请求权第三人诉讼中的原告和被告，由于抗辩权属于义务人，无独立请求第三人无权提出时效抗辩权。除义务人外，义务人的法定代理人、委托代理人、法定代表人也可以代为行使诉讼时效抗辩。

其次，时效抗辩原则上需在一审辩论终结前提出。《诉讼时效规定》第4条规定："当事人在一审期间未提出诉讼时效抗辩，在二审期间提出的，人民法院不予支持，但其基于新的证据能够证明对方当事人的请求权已过诉讼时效期间的情形除外。当事人未按照前款规定提出诉讼时效抗辩，以诉讼期间届满为由申请再审或者提出再审抗辩的，人民法院不予支持。"因此，时效抗辩一般应在一审辩论终结前提出，提出方式可以在法庭调查和法庭辩论过程中，也可以在书面的答辩状、代理意见中。

最后，义务人行使时效抗辩只需要表达出时效抗辩的意思表示，无须准确表述时效的定义或援引准确的法条。限于当事人的法律素养，特别是在没有律师代理的案件，要求义务人准确表述时效抗辩的名词和法律依据可能较为困难，只要当事人表达出因诉讼时效期间已经届满，所以拒绝履行的意思，即应认定义务人行使了诉讼时效抗辩权。

【审判实践中应注意的问题】

一、法官对诉讼时效的消极释明义务

人民法院不得主动适用诉讼时效，如果义务人已经提出时效抗辩的意思，但是不够充分准确，此时法官应当进行释明，这不违反本条的规定。

释明是指法官通过向当事人进行必要的解释说明、发问，使民事诉讼过程中含糊不清的事项变得清楚明确，促进法官和当事人的交流，推进诉讼的进程，从而有利于当事人权利的实现。以对当事人未提出的事项进行释明还是对当事人已提出的事项进行释明为标准，可以把释明分为积极释明和消极释明，本条要求法院不得主动适用诉讼时效，排除了积极释明的行使，但是在义务人提出诸如"权利人主张的权利时间太长，义务人无需再履行"等意见的情况下，法官应当进行消极释明，向当事人告知和解释法律关于诉讼时效的规定，让当事人明确是否行使时效抗辩权。

二、缺席审判情况下的诉讼时效的适用

当事人经法院合法传唤未出庭应诉的或者未经许可中途退庭的，法院可以缺席审理。当事人未到庭的，视为放弃抗辩的权利，因为人

民法院不得主动适用时效规定，这里的抗辩当然包括诉讼时效抗辩。如果被告没有出庭应诉，但是提交了书面的答辩状或者法律意见，其中提出了时效抗辩，应认定该抗辩的效力。当事人中途退庭的，如果在退庭前发表了时效抗辩的意见，该抗辩也有效。

缺席审判中还包括公告案件中，被告下落不明，既不会出庭也不会提交书面意见，视为其放弃答辩权利，不应主动适用时效的规定。

三、最长诉讼时效期间可否主动适用

关于最长诉讼时效期间人民法院能够主动适用存在两种观点：一种观点认为，自权利受到损害之日起超过20年的，人民法院不予保护，在义务人没有提出时效抗辩权的情况下，如果人民法院不主动适用最长诉讼时效期间，将导致自权利受到损害之日起超过20年的，人民法院仍予保护的情况，不符合最长诉讼时效期间的立法目的，也不利于法律关系和社会秩序的稳定；另一种观点认为，最长诉讼时效期间也是时效期间的一类，在法律没有特别规定的情况下，最长诉讼时效期间和普通诉讼时效期间、特别诉讼时效期间一样，人民法院均不得主动适用。

虽然最长诉讼时效期间在时效期间起算时间点、中止、中断的适用上存在特殊规定，但是在性质上仍为诉讼时效期间的一种，在法律没有明确特别规定的情况下，应当适用法律关于诉讼时效的通用规定。而且，人民法院不得主动适用最长诉讼时效期间也不违背诉讼时效的私法性质和时效制度的内在要求，故第二种观点更为合理。

> **第一百九十四条** 在诉讼时效期间的最后六个月内,因下列障碍,不能行使请求权的,诉讼时效中止:
> (一)不可抗力;
> (二)无民事行为能力人或者限制民事行为能力人没有法定代理人,或者法定代理人死亡、丧失民事行为能力、丧失代理权;
> (三)继承开始后未确定继承人或者遗产管理人;
> (四)权利人被义务人或者其他人控制;
> (五)其他导致权利人不能行使请求权的障碍。
> 自中止时效的原因消除之日起满六个月,诉讼时效期间届满。

【条文主旨】

本条是关于诉讼时效中止事由和效力的规定。

【条文理解】

诉讼时效中止是指在时效进行过程中,因发生一定法定事由使权利人不能行使请求权,从而暂停计算时效期间,待阻碍消灭后再继续计算时效期间的制度。[1] 法律之所以规定时效中止,主要为防止因权利人非因自身原因而造成时效届满,保证权利人能够有足够的时间主张权利。

---

[1] 魏振瀛主编:《民法》,北京大学出版社2001年版,第199页。

一、诉讼时效中止的条件

根据本条的规定，诉讼时效中止包括以下四个构成要件：

首先，诉讼时效中止发生在诉讼时效期间内。所谓中止，简言之即"中间停止"，诉讼时效中止发生在诉讼时效期间内，如果诉讼时效期间尚未开始起算，或者诉讼时效期间已经届满，不产生诉讼时效中止的问题。

其次，诉讼时效中止发生在诉讼时效期间的最后6个月内。根据《民法典》的规定，普通诉讼时效期间为3年，如果中止事由发生在前两年半的期间内，不发生诉讼时效中止的效力，只有中止事由发生在最后6个月内才产生中止效力。当然，如果中止事由发生在最后6个月之前，但是持续到最后6个月期间内，可以自最后6个月期间开始发生中止效力。

再次，诉讼时效中止须发生中止的事由。根据本条的规定，这些事由包括不可抗力；无民事行为能力人或者限制民事行为能力人没有法定代理人，或者法定代理人死亡、丧失民事行为能力、丧失代理权；继承开始后未确定继承人或者遗产管理人；权利人被义务人或者其他人控制；以及其他导致权利人不能行使请求权的障碍。不属于上述法定事由的，不发生时效中止的效力。

最后，权利人在中止事由发生期间不能行使请求权，诉讼时效中止的根本原因在于中止事由发生和持续期间权利人无法行使请求权，如果中止事由并未造成权利人无法行使请求权的障碍，例如，虽然发生的不可抗力，但是不可抗力并未影响权利人请求权的行使，则不发生时效中止的效力。

二、诉讼时效中止的具体事由

根据本条第1款的规定，引起诉讼时效中止的法定事由或者障碍类型主要包括以下几种：

一是不可抗力。根据《民法典》第180条第2款的规定："不可抗力是不能预见、不能避免且不能克服的客观情况。"不可抗力是不能为人的意思所左右的客观情况，不能归责于当事人，因不可抗力无法行使权利不构成权利的怠于行使，故产生时效中止的效力。但是，如果虽然发生了不可抗力，甚至对权利人造成了一定影响，但没有达到足以妨碍权利人行使权利的程度，诉讼时效不中止。

二是无民事行为能力人或者限制民事行为能力人没有法定代理人，或者法定代理人死亡、丧失代理权、丧失民事行为能力。将该种事由作为时效中止的事由也是很多国家的通例，例如，《德国民法典》第210条规定，如无行为能力人或者限制行为能力人欠缺法定代理人，则自其成为完全行为能力人或欠缺法定代理人的情况中止后6个月内，不论消灭时效对其有利或不利，消灭时效皆不完成。如消灭时效期间短于6个月，则以消灭时效的期间代替该6个月期间。《日本民法典》第158条第1款规定，在时效期间届满前6个月内，未成年人或成年被监护人无法定代理人时，自其成为行为能力人或法定代理人就任时起6个月内，时效不完成。无民事行为能力人或者限制民事行为能力人不具备独立实施法律行为的能力，行使请求权等法律行为需要法定代理人代为实施，若无民事行为能力人或者限制民事行为能力人没有法定代理人，或者法定代理人死亡、丧失代理权、丧失民事行为能力，无民事行为能力人或者限制民事行为能力人无法行使请求权，故诉讼时效需要中止。

三是继承开始后未确定继承人或者遗产管理人。该种事由很多国家也有类似规定，例如《日本民法典》第160条规定，关于继承财产，自继承人确定、管理人选任或者破产宣告之时起6个月内，时效不完成。此事由包括两个层面：一方面，对最终确定的继承人或遗产管理人而言，继承开始后未确定继承人或者遗产管理人时，其是否为权利人尚不明确，无权向债务人主张权利，更不能认定为怠于行使权利；另一方面，对继承人的债权人而言，继承开始后未确定继承人或者遗产管理人，其不清楚具体的义务人是谁，无法主张权利，也不能认定为怠于行使权利。这些情况都属于非因权利人主观原因，而是由于存在的客观障碍导致权利无法行使，故时效应当中止。

四是权利人被义务人或者其他人控制。权利人被义务人或者其他人控制时存在行使权利的客观障碍，符合诉讼时效中止规定的精神。本条未对权利人被义务人或者其他人控制作出更具体的规定，一般认为，以下情形可以认定为权利人被义务人或者其他人控制：一是义务人与权利人之间存在代表与被代表的关系，也就是义务人是权利人的法定代表人，权利人行使请求权需要义务人或义务人授权的人代为行使，此时要求权利人向义务人行使请求权是不现实的。二是权利人是义务人的控股子公司。义务人是权利人的控股股东，根据公司的决策机制，在义务人不同意权利人向其主张权利时，权利人无法行使该权利。三是权利人被义务人或者其他人限制人身自由。权利人行使权利包括委托他人行使权利均以人身自由为前提，如果权利人被义务人或者其他人限制人身自由，客观上无法主张权利。[①]

五是其他导致权利人不能行使请求权的障碍。鉴于社会生活的纷繁复杂，法律无法穷尽列举全部的中止事由，故对导致权利人不能行使请求权的障碍的情形设置兜底条款，法官可根据具体案件情况进行判断。

三、诉讼时效中止的法律效果

根据本条之规定，诉讼时效中止产生如下法律效力：

首先，诉讼时效期间停止计算。这是诉讼时效中止的重要效力之一，在诉讼期间届满前的6个月，发生中止事由的，诉讼时效期间停止计算，无论中止事由经过多长期间，诉讼时效均不会届满。

其次，此前已经经过的诉讼时效期间仍然有效。诉讼时效中止只是停止时效期间的继续计算，已经经过的期间不重新计算。

最后，中止事由消失后再计算6个月时效期间。不管中止事由发生前已经经过了多久的诉讼时效期间，也不论中止事由延续时间的长

[①] 《〈中华人民共和国民法总则〉条文理解与适用》，人民法院出版社2017年版，第1283页。

短,中止事由消失后,诉讼时效期间一律再计算6个月。也就是说扣除中止事由持续的期间,诉讼时效总期间可能超过3年,但不会超过3年6个月。

【审判实践中应注意的问题】

实践中,需要注意把握和认定其他终止事由,也即其他导致权利人不能行使请求权的障碍。

本条并未完全列举诉讼时效中止事由,需要法官根据个案情况作出具体认定。以权利人和义务存在婚姻关系为例,一般而言,虽然夫妻之间相互行使请求权有损双方之间的信赖关系,但是在法律上并不存在行使权利的客观障碍,夫妻双方只是出于维护感情的需要不愿积极行使权利,严格来说并不符合诉讼时效中止的条件。但这并不排除在个案中,夫妻一方存在不能行使权利的客观障碍,如果该障碍导致权利人不能行使请求权的,应认定诉讼时效中止。

第一百九十五条 有下列情形之一的，诉讼时效中断，从中断、有关程序终结时起，诉讼时效期间重新计算：
（一）权利人向义务人提出履行请求；
（二）义务人同意履行义务；
（三）权利人提起诉讼或者申请仲裁；
（四）与提起诉讼或者申请仲裁具有同等效力的其他情形。

【条文主旨】

本条是关于诉讼时效中断法律适用规则的规定。

【条文理解】

诉讼时效中断是诉讼时效制度的重要内容，对当事人的权利义务影响甚巨。《民法通则》对于诉讼时效中断作了规定，其第140条规定："诉讼时效因提起诉讼、当事人一方提出要求或者同意履行义务而中断。从中断时起，诉讼时效期间重新计算。"由于这一规定较为原则，我院根据审判实践需要，在总结各地经验做法的基础上，并参考域外立法体例，在《诉讼时效规定》中对诉讼时效中断制度作了系统完毕的细化规定，比如其第10条规定："具有下列情形之一的，应当认定为民法通则第一百四十条规定的'当事人一方提出要求'，产生诉讼时效中断的效力：（一）当事人一方直接向对方当事人送交主张权利文书，对方当事人在文书上签字、盖章或者虽未签字、盖章但能够以其他方式证明该文书到达对方当事人的；（二）当事人一方以发送信件或者数据电文方式主张权利，信件或者数据电文到达或者应当到达对方当事人的；（三）当事人一方为金融机构，依照法律规定或者当事人约定从对方当事人账户中扣收欠款本息的；（四）当事人一方下落不明，对方当事人在国家级或者下落不明的当事人一方住所地的省级有影响的媒体上刊登具有主张权利内容的公告的，但法律和司法解释另有特别规定的，适用其规定。前款第（一）项情形中，对方当事人为法人或者其他组织的，签收人可以是其法定代表人、主要负责人、负责收发信件的部门或者被授权主体；对方当事人为自然人的，签收人可以是自然人本人、同住的具有完全行为能力的亲属或者被授权主体。"

《民法总则》在总结我国理论研究成果和吸收先进实务经验的基础上，对诉讼时效中断制度作了科学规定。较《民法通则》的规定，其主要修改有：其一，明确了申请仲裁作为诉讼时效中断的事由，这是吸收司法解释的经验做法的结果；其二，新增了"与提起诉讼或者申请仲裁具有同等效力的其他情形"作为诉讼时效中断的事由，以更符合当前及今后审判实际；其三，对于权利人主张权利及义务人同意履行义务作了进一步明确，在表述上更加科学严谨；其四，针对诉讼时效中断后的时效起算问题，明确了对于通过诉讼、仲裁等程序的情形，时效起算点为"有关程序终结时起，诉讼时效期间重新计算"。《民法典》总则编对《民法总则》的规定予以沿用。

诉讼时效中断是指在诉讼时效期间进行中，因法定事由的发生，导致已经经过的时效期间全部归于消灭，待该法定事由终止后，诉讼时效期间重新开始计算的法律制度。诉讼时效制度的设立目的在于维护稳定的市场交易秩序乃至社会秩序，鼓励和推动权利人及时行使权利。因此，对于权利人及时行使权利或者类似情形，比如义务人履行义务的情况下，诉讼时效的期间就不应再计算，这时就会产生诉讼时效中断的问题。依据本条的规定并结合《诉讼时效规定》的相关内容，关于诉讼时效中断的事由主要有以下几个方面：

1. 权利人向义务人提出履行请求。权利人向义务人提出履行请求，表明权利人积极行使权利，这当然属于合法阻却诉讼时效完成的诉讼时效中断法定事由。上述《诉讼时效规定》第10条的情形即是对权利人主张权利的具体细化规定。我们认为，由于本条对这一情形的规定仍然较为原则，故上述司法解释与本条规定不冲突的仍然要继续适用。在此需要注意的是，这里的权利人向义务人主张权利具有相对性和特定性，但是对于有权代理或者代表权利人行使权利、义务人履行义务的人之间作的要求义务人履行义务的情形也应发生诉讼时效中断的效果，这同样适用于表见代理和表见代表的情形。

2. 义务人同意履行义务。义务人同意履行义务，通常是指义务人承认并同意履行义务的情形。义务人向权利人同意履行义务，可以使权利人无需再通过其他方式明确和维持权利，这时该权利人没有行使权利，不应理解为其怠于行使权利，故诉讼时效期间应当中断。依据《诉讼时效规定》第16条的规定，义务人作出分期履行、部分履行、提供担保、请求延期履行、制定清偿债务计划等承诺或者行为的，应当认定为民法通则第一百四十条规定的当事人一方"同意履行义务"。这里的义务人同意履行债务也包括其代理人、监护人、财产保管人等履行债务的情形。

3. 权利人提起诉讼或者申请仲裁。权利人向人民法院提起诉讼或者向仲裁机构申请仲裁，是其以提起诉讼或申请仲裁的方式向义务人主张权利。应该说这也是权利人主张权利的一种方式，这些事由当然具有诉讼时效中断的效力。这里的提起诉讼，并不限于民事诉讼，也包括刑事附带民事诉讼等。

4. 与提起诉讼或者申请仲裁具有同等效力的其他情形。对此，依据《诉讼时效规定》第13条的规定，申请支付令，申请破产、申报破产债权，为主张权利而申请宣告义务人失踪或死亡，申请诉前财产保全、诉前临时禁令等诉前措施，申请强制执行，申请追加当事人或者被通知参加诉讼，在诉讼中主张抵销，其他与提起诉讼具有同等诉讼时效中断效力的事项。这些内容应当都属于这一情形。

【审判实践中应注意的问题】

一、关于诉讼时效中断后时效期间重新起算时间点的问题

《民法通则》第 140 条中仅规定:"从中断时起,诉讼时效期间重新计算。"这一规定过于笼统,不能涵盖实践中的复杂情形。尤其是在权利人提起诉讼或者申请仲裁之后,在诉讼程序或者仲裁程序进行过程中,权利人仍然在主张权利,该过程应作为诉讼时效持续中断期间。因此,在上述情形下,诉讼时效期间的重新起算点应从上述程序终结时重新计算。正因如此,《民法总则》规定:"从中断、有关程序终结时起,诉讼时效期间重新计算。"《民法典》总则编对这一规定予以保留。

二、有关法律和本条规定对于诉讼时效中断适用的关系问题

一方面,对于《民法通则》的规定,由于《民法总则》规定已经改变了《民法通则》的规定,故《民法通则》第 140 条关于诉讼时效中断的规定在《民法总则》施行后不再适用,《民法典》施行以后当然也就不再适用,但其他法律的规定与本条规定不冲突的可以继续适用。

另一方面,关于《诉讼时效规定》的有关规定,在与本条规定不冲突的情况下,可以继续适用。比如《诉讼时效规定》第 14 条规定:"权利人向人民调解委员会以及其他依法有权解决相关民事纠纷的国家机关、事业单位、社会团体等社会组织提出保护相应民事权利的请求,诉讼时效从提出请求之日起中断。"第 15 条规定:"权利人向公安机关、人民检察院、人民法院报案或者控告,请求保护其民事权利的,诉讼时效从其报案或者控告之日起中断。上述机关决定不立案、撤销案件、不起诉的,诉讼时效期间从权利人知道或者应当知道不立案、撤销案件或者不起诉之日起重新计算;刑事案件进入审理阶段,诉讼时效期间从刑事裁判文书生效之日起重新计算。"第 17 条第 1 款

规定:"对于连带债权人中的一人发生诉讼时效中断效力的事由,应当认定对其他连带债权人也发生诉讼时效中断的效力。对于连带债务人中的一人发生诉讼时效中断效力的事由,应当认定对其他连带债务人也发生诉讼时效中断的效力。"第18条规定:"债权人提起代位权诉讼的,应当认定对债权人的债权和债务人的债权均发生诉讼时效中断的效力。"第19条规定:"债权转让的,应当认定诉讼时效从债权转让通知到达债务人之日起中断。债务承担情形下,构成原债务人对债务承认的,应当认定诉讼时效从债务承担意思表示到达债权人之日起中断。"这些规定与本条规定并不冲突,可以继续适用。

第一百九十六条 下列请求权不适用诉讼时效的规定：
（一）请求停止侵害、排除妨碍、消除危险；
（二）不动产物权和登记的动产物权的权利人请求返还财产；
（三）请求支付抚养费、赡养费或者扶养费；
（四）依法不适用诉讼时效的其他请求权。

【条文主旨】

本条是关于不适用诉讼时效情形的规定。

【条文理解】

关于不适用诉讼时效的情形，在理论和实务中一直存有很大争议，《民法通则》对此并没有规定。《民法通则意见》第170条规定："未授权给公民、法人经营、管理的国家财产受到侵害的，不受诉讼时效期间的限制。"但这一条一直受到片面保护国有财产的诟病。《诉讼时效规定》第1条对不适用诉讼时效的债权请求权进行了规定，即："当事人可以对债权请求权提出诉讼时效抗辩，但对下列债权请求权提出诉讼时效抗辩的，人民法院不予支持：（一）支付存款本金及利息请求权；（二）兑付国债、金融债券以及向不特定对象发行的企业债券本息请求权；（三）基于投资关系产生的缴付出资请求权；（四）其他依法不适用诉讼时效规定的债权请求权。"《公司法司法解释（三）》第19条第1款也对出资缴付出资请求权不适用诉讼时效规定进行了规定，同时规定返还出资请求权不适用诉讼时效的规定，即："公司股东未履行或者未全面履行出资义务或者抽逃出资，公司或者其他股东请求其向公司全面履行出资义务或者返还出资，被告股东以诉讼时效为由进行抗辩的，人民法院不予支持。"《民法总则》第196条在总结实务经验的基础上，充分吸收理论研究成果，并借鉴域外做法，对不适用诉讼时效的情形作了明确规定。《民法典》总则编对该规定予以沿用。

民事权利以其权利内容不同，可分为支配权、请求权、抗辩权及形成权。理论和实务的通说认为，请求权适用诉讼时效的规定。作为诉讼时效客体的请求权为实体法意义上的请求权。这要与诉讼法上的诉讼请求有本质区别。诉讼请求可以是实体法上的请求权在诉讼中的体现，但也不限于此，有关支配权、形成权等的行使也能够成为诉讼请求的内容。作为对抗形成权的抗辩权，虽不能成为诉讼请求的内容，但也肯定会在诉讼中予以行使。而这三种权利学理上通常认为不受诉讼时效的限制。依据本条的规定，不适用诉讼时效制度的类型主要有：

1. 请求停止侵害、排除妨碍、消除危险。《民法总则》《物权法》《侵权责任法》都对停止侵害、排除妨碍、消除危险作了规定，《民法总则》和《侵权责任法》主要是从责任承担方式的角度予以规定，而《物权法》则从物权的保护，其实质是物权请求权的角度作了规定，《民法典》对这些基本规则都予以了肯定和沿用。物权请求权的实质在于保障物权回复其圆满状态。学理上认为物权请求权是物权效力的具体内容，只要物权存在，物权请求权就应该存在。作为物权权能一部分的停止侵害、排除妨碍、消除危险的物权请求权，也不应当因时效届满而消灭。在此需要注意的是，《物权法》在物权的保护中也规定了损害赔偿这一内容，按照本条规定，损害赔偿请求权要适用诉讼时效的规定。同理，对于其他绝对权请求权比如人身权、知识产权等中涉及停止侵害、排除妨碍、消除危险的，都不适用诉讼时效，即只要符合各自责任形式要件的，权利人就可以主张，而不受诉讼时效经过的限制。

2. 不动产物权和登记的动产物权的权利人请求返还财产。《物权法》第34条明确规定了返还财产请求权。这一规定被《民法典》第

235条予以了保留。这一请求权属于物权请求权中最主要的内容，依据本条规定，返还财产请求权不适用诉讼时效制度。在此需要注意的是由于动产物权以占有为公示方法，但这一公示公信力效果较差。通常而言，登记具有公示力和公信力，因此，本条对于动产物权的返还原物请求权要求是已经登记的动产物权，比如登记的船舶、车辆、航空器的物权返还原物请求权，其他能够依法登记的动产物权也适用本条规定，即不受诉讼时效的限制。

3. 请求支付抚养费、赡养费或者扶养费。虽然给付赡养费、抚养费、扶养费请求权具有交付财产的内容，但这首先体现为身份利益上的请求权，尤为重要的是这关涉人的基本生存权利，也涉及对弱势群体利益的保护，义务人若以时效经过而不支付上述费用将使权利人的生活没有保障，不仅违背公序良俗原则，更是有违基本人文关怀。故对这三金的请求权不应适用诉讼时效，更能彰显保护人权的原则。

4. 依法不适用诉讼时效的其他请求权。本项规定为兜底条款。前面几项规定并没有完全列明不适用诉讼时效制度的权利，故以此兜底定，以满足审判实务复杂多样性的要求。比如《诉讼时效规定》第1条的规定，与本条规定并不冲突，可以继续适用。至于《民法通则意见》第170条规定的"未授权给公民、法人经营、管理的国家财产受到侵害的，不受诉讼时效期间的限制"，则需要进一步研究。应该说，《物权法》确立了对财产权平等保护的原则，当前中央也高度重视产权保护。在这样的大背景下，该条规定能否继续适用需要审慎把握，我们倾向于认为如果在该条规定情形能够纳入到《民法典》总则编以及《诉讼时效规定》的情形的，可以适用后面的规定即可，至于其他情形，原则上不宜再予适用，在今后对《民法通则意见》进行修订时，对此应有明确的态度。

【审判实践中应注意的问题】

关于本条的适用，要注意把握好除了请求权之外的其他权利类型是否适用诉讼时效的问题。依照通说，诉讼时效限于请求权的行使，对于支配权、抗辩权、形成权无从行使。但对于侵害支配权转化而来的救济性权利中的损害赔偿请求权，则应当适用诉讼时效。对于撤销权等形成权以及抗辩权则不适用诉讼时效制度。形成权是权利人依自己单方意思表示，使自己与他人间的法律关系发生变动的权利。形成权具有权利行使的单方性和无需他人协助性，从形成权具有特定的相对方角度分析，其积极行使与否影响交易秩序的稳定，其应受期间的限制，这一期间是除斥期间而非诉讼时效。

> **第一百九十七条** 诉讼时效的期间、计算方法以及中止、中断的事由由法律规定，当事人约定无效。
>
> 当事人对诉讼时效利益的预先放弃无效。

【条文主旨】

本条是关于诉讼时效法定的规定。

【条文理解】

关于诉讼时效法定原则的要求，《民法通则》并没有规定。诉讼时效作为一项权利义务存续的时间经过即产生权利可能消灭的法律后果（除非对方当事人不抗辩），其作为法律明确规定的制度当然要具备法定性的要求，此为学界和实务界的共识。《民法总则》第197条在总结经验做法的基础上，对诉讼时效法定性作了具体细化的明确规定，《民法典》总则编对这一内容予以了保留。

诉讼时效制度的设立目的是为了维护社会公共利益，稳定社会秩序。"时效制度之设，在于尊重久已继续之事实状态，即在于社会秩序之维持。一般真正权利人得基于权利推翻现存之事实关系，回复以前之权利关系，然此事实苟久已存在，社会皆信其为真，则维持其关系，又可以维持社会之安全，此为时效制度存在之第一理由。其次为证据久已湮没，举证甚为困难，例如，我之土地如何证明为我之所有，登记固为证明之一方法，然在昔时尚无登记制度，焉得溯及乃祖乃宗一一证明其合法取得，又焉能证明其代代合法继承之事实。又如有持祖先之借据向吾索债者，吾又焉能证明其已为清偿乎。故不如对于久已为所有人之事实或久未被指为债务人而索债之事实，认为合法正当法律关系。更自他方面观之，此时虽或有正当之所有权人或有正当债权之存在，然久不行使，正所谓眠于权利上者，即不予以法律保护，亦非过当，此为时效制度存在之第二理由。以上二种理由，就各种之时效言之，则程常上有强弱之殊。在取得时效，则第一理由较强，而在消灭时效，尤其债权之短期消灭时效，则第二理由较强。"①故学理上认为诉讼时效的规定为强制性规定，不允许当事人排除其适用、也不允许当事人对其期间的长短进行约定。此即为诉讼时效的法定性。依据本条的规定，诉讼时效法定性包括两方面内容：一是诉讼时效的期间、计算方法以及中止、中断的事由由法律规定，当事人约定无效；二是当事人对诉讼时效利益的预先放弃也无效。

1.关于诉讼时效的期间的法定性问题。诉讼时效的期间的法定性包括诉讼时效期间多少、诉讼时效期间的计算方法以及诉讼时效期间中止、中断的事由都要由法律明确规定，当事人自身的约定违反法律规定情形的，则该约定无效。对此，本条第1款作了明确规定。"时效制度是基于维持社会秩序之公益上之理由而设，故关于时效之规定为强行法。（一）其期间不得加长或减短。a 有以时效之加长有害公益而减短者，例如，德民法（德民二二五条）。日本民法虽无明文规定，判例、学说多同此见解。b 有许法院如认为时间之空过（未行使权利）有正当之理由时，得延长时效期间者，例如，苏俄民法（俄民四六条）。c 有谓关于时效之加减，均有害于公益，均应不许当事人为之，例如，瑞士债务法（瑞债一二九条）。我国民国时期民法规定'时效期间，不得以法律行为加长或减短'（民法一四七条），盖从瑞债之例也。"②

在此需要注意的是，2002年1月1日生效的《德国债法现代化法》修改了《德国民法典》关于时效的规定，该法典第202条规定了消灭时效的协议的不可准许性，具体内容为：（1）在因故意而引起的责任的情况下，不得预先以法律行为减轻消灭时效。（2）不得超出自

---

① 史尚宽：《民法总论》，中国政法大学出版社2000年版，第623、624页。
② 史尚宽：《民法总论》，中国政法大学出版社2000年版，第624页。

法定的消灭时效开始进行之日起30年的消灭时效期间以外，以法律行为加重消灭时效。该法规定当事人可以约定减轻诉讼时效，但不可以排除和加重诉讼时效的适用。但其他绝大多数国家都坚决坚持诉讼时效的法定性，不允许当事人约定延长或缩短诉讼时效期间。我国立法机关经过审慎研究，并根据我国国情，明确了坚持诉讼时效的法定性的规则，诉讼时效的期间、计算方法以及中止、中断的事由均由法律规定，当事人约定无效。

2.关于当事人不得预先放弃时效利益的问题。本条第2款对此进行了规定。世界大多数国家或地区民法典均规定时效利益不能预先放弃，比如《法国民法典》第2220条规定："任何人均不得提前抛弃时效，但可以抛弃已取得的时效。"《日本民法典》第146条规定："时效利益不得预先放弃。"《瑞士债法典》第141条第1款规定："一方当事人不能实施事先放弃适用诉讼时效的规定。"《意大利民法典》第2937条第2款规定："仅在时效届满的情况下，可以放弃消灭时效。"我国台湾地区"民法"第147条规定："时效之利益不得预先抛弃。"诉讼时效利益本为义务人基于法律的明确规定所应当享有的利益，若允许其对该利益的事先放弃，无异于排除诉讼时效制度的适用，显然有违诉讼时效制度的法定性要求。而且如果允许当事人预先抛弃时效利益，则可能会出现权利人利用其强势地位强迫义务人放弃其诉讼时效利益、损害义务人权利问题的发生。在审判实务中我们也是明确采取了不允许当事人预先放弃时效利益的做法，《诉讼时效规定》第2条明确规定："当事人违反法律规定，约定延长或者缩短诉讼时效期间、预先放弃诉讼时效利益的，人民法院不予认可。"

本条第2款规定的"预先放弃"，是指权利人对尚未取得的诉讼时效利益进行放弃。通常而言，对于合同案件，在合同履行期限届满之前，诉讼时效期间并未开始计算，债务人尚未取得诉讼时效利益，这时债务人放弃时效利益的，人民法院不予支持。

【审判实践中应注意的问题】

一、关于诉讼时效法定排除约定情形的具体内容

依据本条规定，诉讼时效的法定性包括的内容有：（1）诉讼时效期间要依法确定，当事人的约定与诉讼时效的法律规定相冲突的，无效。比如，依据本法第188条规定，普通诉讼时效期间为3年，如果当事人约定为2年的，则当然无效。（2）诉讼时效的计算方法要依照《民法典》及其他法律规定来确定，当事人的约定与法律规定相冲突的，无效。关于诉讼时效期间的起算，必须依据本法第188条的规定进行。（3）诉讼时效中止、中断的事由要依法确定，当事人约定违反法律规定的，无效。对此，应当依据本法第194条、第195条的规定确定。（4）当事人预先放弃时效利益的约定无效，即本条第2款的规定。

二、要注意诉讼时效期间的法定性与债务履行期的意定性的区别

实务中，对于当事人通过对履行期限的变更约定是否属于变相延长或者缩短诉讼时效期间的问题，存有争议。我们倾向于认为，债务履行期限是当事人约定的履行债务的期限，这一期限具有合意性，体现的是意思自治的精神，即使该期限的变更，也符合双方当事人的合理预期。但诉讼时效期间不同，其具有法定性，绝对不允许当事人合意变更。当事人对债务履行期的合意变更，本身就是双方当事人行使权利、履行义务的表现形式，这时不能存在诉讼时效的期间经过问题，只有履行期届至后诉讼时效才开始计算，而在诉讼时效期间计算的过程中，当事人对于履行债务的期限作出变更的，则这时属于当事人主张权利和履行义务的具体形式，应当视为诉讼时效的中断，宜在该变更后的履行期届至后重新开始计算。

第一百九十八条 法律对仲裁时效有规定的，依照其规定；没有规定的，适用诉讼时效的规定。

【条文主旨】

本条是关于仲裁时效与诉讼时效衔接的规定。

【条文理解】

关于仲裁时效与诉讼时效的衔接问题，《民法通则》并没有规定。《仲裁法》第74条规定："法律对仲裁时效有规定的，适用该规定。法律对仲裁时效没有规定的，适用诉讼时效的规定。"在多元化纠纷解决机制日渐健全的背景下，仲裁在化解纠纷维护社会稳定的方面发挥着越来越重要的作用，有关仲裁程序与诉讼程序衔接的一个重要内容就是仲裁时效与诉讼时效的关系问题。由于这一问题几乎涉及在民事实体法领域的各个方面，因此，立法机关在总结此前立法和司法实践经验的基础上，沿用《仲裁法》的做法，在《民法总则》第198条中对仲裁时效和诉讼时效的衔接问题作了明确规定，《民法典》总则编对此予以保留。

通过仲裁程序保护民事权利，是有效、可靠、最终的保护手段，但仲裁保护民事权利是有一定时间条件限制的，权利人只有在法律规定的一定期间内请求仲裁机构保护，仲裁机构才依仲裁程序予以保护。超过了仲裁时效期间，仲裁机构则不再保护。权利人向仲裁机构请求保护其民事权利的法定期间，就是仲裁时效期间。具体而言，仲裁时效是指法律规定的允许当事人为维护自己的合法权益，向仲裁机构申请仲裁的法定期间。当事人就属于仲裁机构管辖的争议申请仲裁，应当在法律规定的一定期限内提出，超过法定期限的，仲裁机构不予受理，当事人即丧失了请求仲裁机构通过裁决途径依法维护其合法权益的权利。

诉讼时效与仲裁时效二者虽然在具体案件的管辖主体不同，诉讼时效适用于诉讼程序，仲裁时效适用于仲裁程序，但它们在制度本质、功能作用方面与诉讼时效是一致的，都是为稳定市场交易秩序而规定的法定期间丧失而导致权利行使受阻的制度。也正因如此，《八民会纪要》第27条明确："当事人在仲裁阶段未提出超过仲裁申请期间的抗辩，劳动人事仲裁机构作出实体裁决后，当事人在诉讼阶段又以超过仲裁时效期间为由进行抗辩的，人民法院不予支持。当事人未按照规定提出仲裁时效抗辩，又以仲裁时效期间届满为由申请再审或者提出再审抗辩的，人民法院不予支持。"即仲裁时效的经过也贯彻抗辩权发生主义的要求，只是这一抗辩要在仲裁阶段提出。

鉴于仲裁时效问题主要涉及的是当事人向仲裁机构申请仲裁的问题。而有关仲裁程序与诉讼程序的衔接，《劳动争议调解仲裁法》第5条规定："发生劳动争议，当事人不愿协商、协商不成或者达成和解协议后不履行的，可以向调解组织申请调解；不愿调解、调解不成或者达成调解协议后不履行的，可以向劳动争议仲裁委员会申请仲裁；对仲裁裁决不服的，除本法另有规定的外，可以向人民法院提起诉讼。"对于人事争议仲裁委员会不予受理当事人仲裁申请的情形，第29条又规定："劳动争议仲裁委员会收到仲裁申请之日起五日内，认为符合受理条件的，应当受理，并通知申请人；认为不符合受理条件的，应当书面通知申请人不予受理，并说明理由。对劳动争议仲裁委员会不予受理或者逾期未作出决定的，申请人可以就该劳动争议事项向人民法院提起诉讼。"

这些规定确立了劳动争议须首先通过仲裁程序解决，当事人对仲裁裁决以及仲裁机构不予受理或者逾期未作出决定的劳动争议，才可以向人民法院寻求司法救济。在人民法院审理的已经过仲裁的劳动争议案件中，如果涉及仲裁时效期间计算的问题，有关法律适用的规则是，人民法院经审查，当事人系自知道或者应当知道其权利被侵害之日起1年内申请仲裁，劳动争议仲裁委员会予以受理的，应当予以认可。此外，依据《劳动争议调解仲裁法》第29条的规定，对劳动争议仲裁委员会不予受理或者逾期未作出决定的，当事人可以就该人事争议事项向人民法院提起诉讼。

关于本条的适用，要注意两点：

1.对于有关法律对于仲裁时效有规定的，要适用该法律的规定，即按照特别法优先于普通法的原则，在适用上应当优先适用仲裁时效的相关规定。比如关于劳动争议的仲裁时效，《劳动争议调解仲裁法》第27条规定："劳动争议申请仲裁的时效期间为一年。仲裁时效期间从当事人知道或者应当知道其权利被侵害之日起计算。前款规定的仲裁时效，因当事人一方向对方当事人主张权利，或者向有关部门请求权利救济，或者对方当事人同意履行义务而中断。从中断时起，仲裁时效期间重新计算。因不可抗力或者有其他正当理由，当事人不能在本条第一款规定的仲裁时效期间申请仲裁的，仲裁时效中止。从中止时效的原因消除之日起，仲裁时效期间继续计算。劳动关系存续期间因拖欠劳动报酬发生争议的，劳动者申请仲裁不受本条第一款规定的仲裁时效期间的限制；但是，劳动关系终止的，应当自劳动关系终止之日起一年内提出。"有意见指出上述规定也属于特别规定，应当优先适用。经研究，这一规定其实质也是指引性规定，应属于一般性规定，应当根据其他法律的具体规定适用。

2.在有关法律对于仲裁时效没有作出具体规定的情况下，则要适用诉讼时效的一般规定，包括时效期间的起算、诉讼时效的中止、中断和延长的情形，在适用的规范范围上，也应当包括《诉讼时效规定》的内容。同样，仲裁时效也具有法定性，当事人不得依照约定排除，也不能放弃仲裁时效利益。

【审判实践中应注意的问题】

一、要做好《民法通则》《仲裁法》以及本条规定的仲裁时效的衔接适用问题

这其实主要涉及《民法总则》的溯及力问题。法不溯及既往是基本原则，因此在 2017 年 10 月 1 日《民法总则》施行之前，涉及仲裁时效与诉讼时效的衔接问题，不能适用《民法总则》的规定，而应适用《仲裁法》第 74 条的规定以及指引到《民法通则》《民法通则意见》《诉讼时效规定》关于诉讼时效的规定。法律事实发生在 2017 年 10 月 1 日以后，则要统一适用《民法总则》的规定，《诉讼时效规定》与《民法总则》规定不冲突的，继续适用。法律事实发生在 2021 年 1 月 1 日以后则要统一适用《民法典》的规定。

二、关于人事争议仲裁时效的法律适用问题

对此，最高人民法院在 2013 年出台了《关于人事争议申请仲裁的时效期间如何计算的批复》（以下简称《批复》）规定："依据《中华人民共和国劳动争议调解仲裁法》第二十七条第一款、第五十二条的规定，'当事人自知道或者应当知道其权利被侵害之日起一年内申请仲裁，仲裁机构予以受理的，人民法院应予认可。'"

在《批复》起草过程中，对人事争议的仲裁时效期间如何计算问题，也形成了两种意见：第一种意见认为，人事争议仲裁时效应当适用《人事争议处理规定》相关规定，确定为 60 日。理由在于，事业单位人事争议仲裁具有一定的行政色彩，显然区别于平等主体之间的劳动争议仲裁，且事业单位人事争议仲裁时效是一个实体问题，在《人事争议处理规定》第 16 条明确规定事业单位人事争议仲裁时效为 60 日的前提下，应当优先适用该规定，不能适用《劳动争议调解仲裁法》关于仲裁时效为 1 年的规定。第二种意见认为，人事争议的仲裁时效期间应适用《劳动争议调解仲裁法》的规定，确定为 1 年。理由在于,《劳动争议调解仲裁法》第27条规定了"劳动争议申请仲裁的时效期间为一年",第52条又规定:"事业单位实行聘用制的工作人员与本单位发生劳动争议的,依照本法执行;法律、行政法规或者国务院另有规定的,依照其规定。"鉴于《人事争议处理规定》不属于法律、行政法规或者国务院的规定,对于除聘任制公务员与所在单位之间因履行聘任合同发生争议的人事争议仲裁时效为60日外,包括事业单位与其工作人员、社团组织与其工作人员、军队聘用单位与其文职人员之间发生的争议,均应参照《劳动争议调解仲裁法》的规定,将仲裁时效期间确定为1年。

经审慎研究,《批复》最终采纳了第二种意见,明确事业单位人事争议仲裁的时效期间,适用《劳动争议调解仲裁法》第27条第1款、第52条的规定,确定为1年。主要理由如下:

1.从现行法律规定的角度看。虽然《人事争议处理规定》第16条规定:"当事人从知道或应当知道其权利受到侵害之日起60日内,以书面形式向有管辖权的人事争议仲裁委员会申请仲裁。当事人因不可抗力或者有其他正当理由超过申请仲裁时效,经人事争议仲裁委员会调查确认的,人事争议仲裁委员会应当受理。"第2条又将"事业单位与工作人员之间因解除人事关系、履行聘用合同发生的争议"纳入了《人事争议处理规定》的调整范围。但是,《劳动争议调解仲裁法》第52条中明确规定了事业单位实行聘用制的工作人员与本单位发生劳动争议的,应当依照《劳动争议调解仲裁法》执行。

虽然该条又规定了"法律、行政法规或者国务院另有规定的,依照其规定",但依据《立法法》第7条第2款、第3款的规定,"全国人民代表大会制定和修改刑事、民事、国家机构的和其他的基本法律。全国人民代表大会常务委员会制定和修改除应当由全国人民代表大会制定的法律以外的其他法律;在全国人民代表大会闭会期间,对全国人民代表大会制定的法律进行部分补充和修改,但是不得同该法律的基本原则相抵触。"第56条第1款又规定:"国务院根据宪法和法律,制定行政法规。"对于"国务院的其他规定",虽然《立法法》

对此并无规定,但依照文义解释,该"规定"的制定主体也应只能是"国务院"。而《人事争议处理规定》是由中共中央组织部、人力资源和社会保障部、总政治部联合制定,显然不是法律、行政法规或者国务院的其他规定。

故根据"上位法优于下位法"的一般规则,对于人事争议仲裁时效的法律适用问题,在作为上位法的《劳动争议调解仲裁法》有明确规定的情况下,不应再适用《人事争议处理规定》第16条的规定,应根据《劳动争议调解仲裁法》第27条第1款的规定,确定为1年。

2. 从依法维护事业单位工作人员合法权益的角度看。一方面,《劳动争议调解仲裁法》规定的"事业单位实行聘用制的工作人员与本单位发生劳动争议时依照《劳动争议调解仲裁法》执行"的规定,系出于保护事业单位相关工作人员合法权益的需要。应该说事业单位人事制度较为复杂,其形成也有特殊历史原因,但从法律适用的角度看,《公务员法》将事业单位工作人员排除在该法的适用范围之外,导致事业单位工作人员合法权益的维护缺乏相应的法律依据。

笔者认为,聘用合同与劳动合同并无本质区别,将事业单位聘用制工作人员与本单位发生的劳动争议纳入劳动法的调整,不仅能够有效解决事业单位工作人员实体权利保护无法可依的局面,更能够依法充分保护事业单位工作人员的合法权益,乃至促进我国事业单位改革不断向纵深发展。正因如此,《劳动合同法》第96条也规定:"事业单位与实行聘用制的工作人员订立、履行、变更、解除或者终止劳动合同,法律、行政法规或者国务院另有规定的,依照其规定;未作规定的,依照本法有关规定执行。"这与《劳动争议调解仲裁法》的规定如出一辙。

另一方面,《人事争议处理规定》第16条第1款所规定的"六十日"的期间过短,确有不利于对事业单位有关工作人员合法权益的维护之嫌。虽然该条第2款规定了"当事人因不可抗力或者有其他正当理由超过申请仲裁时效,经人事争议仲裁委员会调查确认的,人事争议仲裁委员会应当受理",但这属于人事争议仲裁委员会依照职权调查确认的事项,且"正当理由"相对概括,不足以改变"六十日"期间相对较短的现实。对于人事争议仲裁时效期间,适用《劳动争议调解仲裁法》第27条关于1年的规定,无疑在权利行使期间的设计上更为科学,给处于相对弱势地位的事业单位工作人员更加充分的保护,使他们更有充分的时间选择合理的救济程序,做好必要的准备等。

3. 关于人事争议仲裁时效问题的定性问题。我们认为,在当前实体法与程序法结合越来越密切,实体权利救济与纠纷解决的程序设计密不可分的情况下,对某一事项有时难以准确界定为程序事项,抑或实体内容。人事争议仲裁时效与诉讼时效在本质上有共通之处,作为权利行使尤其是救济权行使期间的一种,都与当事人的实体权利密切相关,但又都与当事人通过相应的程序救济其权益密不可分,故不可简单地将此界定为实体问题,来参照《最高人民法院关于事业单位人事争议案件适用法律等问题的答复》的内容,"对事业单位人事争议案件的实体处理应当适用人事方面的法律规定",尤其是在《劳动争议调解仲裁法》对有关仲裁时效已有明确规定的情况下,更不能再行适用《人事争议处理规定》的规定。

关于"一年"人事争议仲裁时效期间如何适用的问题。从总则编的规定看,由于《劳动争议调解仲裁法》对于劳动争议仲裁时效期间有特殊规定,在人事争议依照《劳动争议调解仲裁法》执行的情况下,有关人事争议的仲裁时效问题,要依据该特别规定适用,并不适用总则编的规定。适用依据《劳动争议调解仲裁法》第27条、第52条的规定,人事争议仲裁时效期间为1年,从当事人知道或者应当知道其权利被侵害之日起计算。在此应当注意的是,《劳动争议调解仲裁法》第52条仅是规定,事业单位实行聘用制的工作人员与本单位发生劳动争议的,适用该法规定。故上述"一年"的人事争议仲裁时效期间应仅限于实行聘用制的工作人员与事业单位之间的劳动争议案件。

此外,同诉讼时效一样,人事争议仲裁时效也适用时效中断、中止的规定。其一，关于时效的中断。因当事人一方向对方当事人主张权利，或者向有关部门请求权利救济，或者对方当事人同意履行义务而中断。从中断时起，仲裁时效期间重新计算。其二，关于时效的中止。因不可抗力或者有其他正当理由，当事人不能在上述仲裁时效期间内申请仲裁的，仲裁时效中止。从中止时效的原因消除之日起，仲裁时效期间继续计算。这在《劳动争议调解仲裁法》无具体排他性规定情况下，总则编关于诉讼时效中止、中断的规定对于人事争议的仲裁时效可以适用。

> **第一百九十九条** 法律规定或者当事人约定的撤销权、解除权等权利的存续期间，除法律另有规定外，自权利人知道或者应当知道权利产生之日起计算，不适用有关诉讼时效中止、中断和延长的规定。存续期间届满，撤销权、解除权等权利消灭。

【条文主旨】

本条是关于除斥期间法律适用规则的规定。

【条文理解】

我国现行立法均未直接使用除斥期间的概念，而是有关具体条文中体现出除斥期间的含义，如"期间届满后，人民法院不予保护"，"权利因不行使而消灭""只能在一年内撤销"等。《诉讼时效规定》第7条第1款则明确使用了"除斥期间"概念，第1款和第2款规定："享有撤销权的当事人一方请求撤销合同的，应适用《合同法》第五十五条关于一年除斥期间的规定。对方当事人对撤销合同请求权提出诉讼时效抗辩的，人民法院不予支持。"《民法总则》第199条沿用了上述做法，也并未适用除斥期间的概念，而是具体列举权利类型，并使用了权利的"存续期间"的表述，并细化规定了这些权利存续期间的法律适用规则，《民法典》总则编对此予以保留。

除斥期间，是指法律规定或当事人依法约定的对于某种权利所预定的存续期间。除斥期间是一种民事法律事实。除斥期间届满，权利消灭。诉讼时效制度，是为了结束请求权关系的不确定状态。而除斥期间主要适用于对形成权实体期限的限制，目的在于尽快稳定法律关系，使得相对人及其他利害关系人避免处于权利义务不稳定的状态，因此，各国民法多有除斥期间之规定。由于《民法典》及其他法律并未直接使用除斥期间的称谓，故这一界定模式更多的是一个学理概念，但实际上已为审判实务所广泛接受。依据本条规定，结合学理上的认识，除斥期间具有如下法律特征：

1. 除斥期间以法定为原则，但法律未作强制性规定的，可以由当事人约定。法定的除斥期间情形，如《合同法》第五十五条关于当事人撤销权期间的规定和第七十五条关于债权人撤销权期间的规定。约定的除斥期间情形，如根据《合同法》第九十五条的规定，当事人可以约定解除权的期限。

2. 除斥期间是权利存续期间。除斥，有排除、截止期限之意，[①] 是权利被排除，期限被截止的意思。在该权利期间内，该权利存在，超过该权利的除斥期间，则该权利消灭。

3. 除斥期间的适用可以采取职权主义模式。即除斥期间届满后，不必对方当事人主张，人民法院可以主动依照职权审查该期间是否届满以及该期间届满的效果，从而确定该权利绝对、当然、确定的消灭。正因如此，对于法定的除斥期间而言，该期间利益当事人并不能主动选择或者放弃，而只能依法被动承受。

4. 除斥期间为不变期间。适用除斥期间的权利，该权利的存续期间不变，存续期满后该权利消灭。

本条规定了除斥期间的适用范围、起算点、除斥期间的不变性以及除斥期间届满的法律后果。关于除斥期间的适用范围，法律规定或者当事人约定的撤销权、解除权等权利的存续期间。除斥期间主要适用于形成权，如撤销权、抵销权、解除权等。形成权是依当事人的单方意思表示即可使民事法律关系产生、变更或消灭的权利类型。因此，从利益平衡、维护交易安全的角度，有必要对其存续时间进行限制。形成权的成立可能基于法律规定，也可能基于当事人约定。适用除斥期间的权利主要有：可撤销法律行为中行使撤销权的期间，比如

---

① 王利明：《民法总则研究》，中国人民大学出版社2003年版，第756页。

撤销因重大误解订立的合同或者显失公平的合同的期间；债的保全中债权人行使撤销权的期间；赠与人行使撤销权的期间；行使合同解除权的期间等。《民法典》合同编中对于受除斥期间限制的权利，都作了具体规定。比如合同编中的第574条第2款规定的债权人领取提存物的权利，自提存之日起5年内不行使而消灭；依据继承编中的第1124条第2款的规定，受遗赠人自知道受遗赠的60日内不作出接受的意思表示的，视为放弃遗赠。这些权利存续期间在解释上都应属于除斥期间的范围。在此需要注意的是，法律并非对所有的形成权都设有除斥期间的规定，例如，在无权代理中相对人行使催告权的期间等。

关于除斥期间的起算问题。依据本条规定，对于法律有具体规定的要依照该规定处理，比如《合同法》第55条第1款规定，当事人自知道或者应当知道撤销事由之日起1年内行使撤销权。本法第152条第1款第1、2项规定："有下列情形之一的，撤销权消灭：（一）当事人自知道或者应当知道撤销事由之日起一年内、重大误解的当事人自知道或者应当知道撤销事由之日起九十日内没有行使撤销权；（二）当事人受胁迫，自胁迫行为终止之日起一年内没有行使撤销权。"此规定即为当前关于撤销权除斥期间的一般规则。

除斥期间是对具体权利存续期间的限定，根据权利性质约定或规定有不同的期间长短；除斥期间经过，权利本身消灭，法律关系终局确定。

【审判实践中应注意的问题】

关于除斥期间的不变性问题。这一点与诉讼时效有本质的不同，除斥期间不适用关于诉讼时效中止、中断和延长的规定，法律另有规定的除外。除斥期间的不变性，与除斥期间维护和促进法律关系，督促权利人尽快行使权利的立法目的相一致。审判实务中有关司法解释的也是贯彻了这一精神，比如《担保法司法解释》第31条规定："保证期间不因任何事由发生中断、中止、延长的法律后果。"《最高人民法院关于审理买卖合同纠纷案件适用法律问题的解释》第17条第2款规定："合同法第一百五十八条第二款规定的'两年'是最长的合理期间。该期间为不变期间，不适用诉讼时效中止、中断或者延长的规定。"这些规定与总则编的规定并不冲突，属于在某个专门领域对相关法律适用问题的解释，因此，在《民法典》施行后可以继续适用。

第十章　期间计算

> **第二百条**　民法所称的期间按照公历年、月、日、小时计算。

【条文主旨】

本条是关于期间计算一般规则的规定。

【条文理解】

对于期间计算,《民法通则》第154条规定:"民法所称的期间按照公历年、月、日、小时计算。规定按照小时计算期间的,从规定时开始计算。规定按照日、月、年计算期间的,开始的当天不算入,从下一天开始计算。期间的最后一天是星期日或者其他法定休假日的,以休假日的次日为期间的最后一天。期间的最后一天的截止时间为二十四点。有业务时间的,到停止业务活动的时间截止。"这一规定即符合域外各国或者地区的通行做法,也符合实践要求,已为广大人民群众所普遍接受。《民法总则》第十章关于期间计算一般规则的规定沿用了《民法通则》第154条第1款的规定,对期间计算的一般规则作了明确。《民法典》总则编对这一规定予以了保留。

从法律概念含义上讲,期间应属于期限的一种,学理上通常归入"时间"的范畴。"时间,对於吾人生活意义,甚为重大,凡吾人之出生、死亡,其有无权利能力、行为能力以及法律为效力之发生与消灭，在在与时间攸关。"① 期限，即是民事法律关系产生、变更和终止的时间。期限分为期日和期间。期日和期间可以独立发生作用，也可以与其他事实结合，以成立特殊法律事实的形式发挥作用。在前一种作用方式，期日和期间仅具有时间标志或度量的意义，用以确定某种法律事件或法律效果存在的时点或时段，如出生时间、死亡时间等为时间点，就是期日；限制行为能力的期间、特定权利的存续期间等都是时间段，即期间；这两种期限都可以单独作为法律事实存在，发生法律后果。在后一种作用形式，期日和期间以构成法律事实的形式，发挥更为复杂的作用，即引起某种法律效果的发生。如果期间与不行使权利的事实结合，构成诉讼时效，发生抗辩权发生的法律后果。期限制度贯穿着整个民法的始终，是影响民事法律关系的重要法律事实之一，其法律效果通常依据不同的法律关系而有不同效果。比如自然人的出生或死亡之日则对于确定其民事权利能力的产生与消灭具有决定性意义；进行死亡宣告时最主要的方式是确定失踪人失踪的时间是否合乎法律要求，从而达到拟制死亡的法律后果。通常意义上的期限一般具有决定权利行使和义务履行的时间限度的效果，比如超过合同履行期未履行债务的，产生迟延履行责任；甚至可以确定权利的取得、存续或丧失，如商标权的有效期、保证期间等。期限还可以决定法律行为效力的发生或消灭，这就是附期限法律行为。

　　关于期限的性质。毋庸置疑，期限是一种法律事实。但是，期限究竟是事件还是其他性质，有不同观点。一种意见认为期限是事件，因为无论期日还是期间，都是与客观存在的时间相一致的，都是不以人的意志为转移的。另一种意见认为，期限既非事件也非行为，因为尽管期限的经过、届满要服从时间运动的客观规律，非人的意志所决定，但其法律效果是立法赋予或者是当事人约定的。上述第一种意见为学界通说，即期限与人的意志无关，应属于事件的范畴。

　　"期日（Termin, date）谓不可分或视为不可分之时之一点，例如，

---

① 史尚宽：《民法总论》，中国政法大学出版社2000年版，第600页。

某日正午十二时,为不可分之时,又例如,某月某日以其日之全部为期日,系包括一定之时之长度,然吾人以之为不可分之时,则为期日。期间(Tempus, term, period, délai, Frist)谓以一定之时点为起点,以迄于他之时点为终点,继续延长之时间。自起算之时至满了之时,谓之时之经过。一般谓期日为静的方面观察之时,期间为由动的方面观察之时,期日为点,期间为线。"[1] "期日谓不可分或视为不可分之时之一点",即是指不可分割的一定时间点,期日以静态的某一点作为表示时间的一种方式,因此,通常将期日称之为"时间点"。期日常表现为某时、某日,如约定2020年9月1日为清偿期,该具体日期即为期日。期间,是指从某一时间点到另一时间点所经过的时间。实际上,期间是期日与期日之间的间隔时间,如某时至某时,某日至某日等。期日表现的是时间点,期间表现的是时间段,即时段,是以一定时点为起点,以到达另一时点为终点,期间延续的时间长度。期间必有一定长度,并且有始有终。因此,确定期间,须首先确定其起始时间和终止时间,即确定期日。

期限可以分为三种类型:(1)法定期限。法定期限是直接由法律规定的期限。如完全民事行为能力的期日、诉讼时效期间。这类期限具有强制性,不允许当事人擅自变更。(2)指定期限。指定期限是由人民法院或有关机关确定的期限,例如,由人民法院判决书中指定的债务履行期日或期间、判决离婚一方探视子女的时间等。(3)约定期限。约定期限又叫意定期限,是当事人合意确定的期限。如合同双方当事人约定的债务履行期限。这种期限体现了当事人的意思自治,但一经约定,则在双方当事人之间产生法律效力。

【审判实践中应注意的问题】

对于本条的适用要准确把握期间计算的一般规则。期间为一定的

---

[1] 史尚宽:《民法总论》,中国政法大学出版社2000年版,第600页。

时间段，存在计算方法问题。"关于期间之计算方法，有二主义：一为自然的计算法，一日之长，为二十四小时，一星期为七日，一个月为三十日，一年为三百六十五日，故依此标准计算，较为精确。例如，云某日午后五时起二个月，则自同日起至第六十日之同时刻届满，不问月之大小，单以六十日计算。以年定者，不问平闰之殊，单以三百六十五日计算。他曰历法的计算法，我国旧用阴历，今改用阳历，所称日非二十四小时之义，乃自午前零时起至翌日午后十二时止之二十四小时。所称一月，非三十日之集合，乃指一年分为大小十二个月之一而言。有三十日者，有三十一日者，有二十八日者，在闰年有廿九日者。所称星期，亦非二十四时之七倍，乃指自星期日起至星期六之七日而言。例如，一月一日起三个月，则包含一月之三十一日、二月之二十八日及三月之三十一日而言。民法以依历法计算为原则，而依自然计算法为例外。时以下之分、秒依自然计算法，其他依历法的计算法。"[①] 这个观点基本为当前民法理论所沿用，也是实务上普遍接受的做法。本条规定的民法上所称的期间按照公历年、月、日、小时计算。这里最需要注意的是要区分好法律规定或者当事人约定的是按照年还是月、日来计算，如果按照年来计算，则就是要用公历年的标准而非阴历年。但在法律没有禁止性规定的情况下，如果当事人特别约定通过阴历年计算，则也可以允许。至于如何具体计算期间，则需要通过本章后面的条文来确定。

[①] 史尚宽：《民法总论》，中国政法大学出版社2000年版，第611、612页。

> **第二百零一条** 按照年、月、日计算期间的,开始的当日不计入,自下一日开始计算。
>
> 按照小时计算期间的,自法律规定或者当事人约定的时间开始计算。

【条文主旨】

本条是关于期间起算点的规定。

【条文理解】

关于期间的起算点,《民法通则》第154条第1款、第2款规定:"民法所称的期间按照公历年、月、日、小时计算。规定按照小时计算期间的,从规定时开始计算。规定按照日、月、年计算期间的,开始的当天不算入,从下一天开始计算。"《民法总则》基本沿用了这一内容,另作了一定文字修改,主要是对于按小时计算的情形,将"从规定时开始计算"修改为"自法律规定或者当事人约定的时间开始计算",这更符合实际情况,在表述上也更加严谨。本次《民法典》编纂时,保留了这一规定。

如上所述,关于期间的计算,有自然计算法和历法计算法两种方法。以时、分、秒为单位之期间的自然计算法以实际的精确时间计算,即期间计算以时、分、秒为计算单位;一天为24小时,一星期为7天,一月为30日,一年为365天。例如,确定某日上午9时起3个月,是指自同日起第90天的同一时刻届满,而不论月份大小,均依每月30天计算。历法计算法则以天为计算单位。计算以日历所定的日、月、年为单位,一月并非为30天,而是按照月份不同的实际天数而有不同的具体时间。一年也有常年的 365 日和闰年 366 天的区别。例如，自 1 月 1 日起 3 个月，为 1 月份 31 天、2 月份 28 天（闰年为 29 天）和 3 月份 31 天。两种计算法，以月或年定期间的情形，计算结果会有所差异。我国《民法总则》沿用《民法通则》的做法，兼采两种方法，以历法计算法为原则，对以时、分、秒为单位的期间，则采自然计算法，《民法典》总则编继续沿用了这一规则。

期间的计算，必然要涉及期间的起算点问题，这对于有关权利义务的确定会发生至关重要的作用，差之一天可能权利义务关系存在，多之一天可能权利义务消灭。关于具体的起算计算，史尚宽先生认为，"以日以上为单位，以其倍数定期间之时，其期间之始日不算入，盖期间普通以午前零时开始者甚少，若算入初日，则以未满二十四小时之时为一日，于交易习惯上既有不合，于当事人之一方亦未免过酷，例如，本日午后二时约定三日内完成某事，则应自次日起算，计算至第三日终了时，即午后十二时终了之时，为期间届满，即应依历法计算法也。"①《民法典》沿用《民法总则》《民法通则》的做法，对于期间计算的起算点作了明确，对于以年、月、日为计算标准的，都是采取当日不计算在内的原则，即"按照年、月、日计算期间的，开始的当日不计入，自下一日开始计算"。

【审判实践中应注意的问题】

一、关于按照小时计算期间的具体规则

依据本条的规定，对此应"自法律规定或者当事人约定的时间开始计算"，即法律规定或者当事人约定自何时开始计算就要从何时开始计算。在此需要注意的是，《民事诉讼法司法解释》第 125 条规定："依照民事诉讼法第八十二条第二款规定，民事诉讼中以时起算的期

---

① 史尚宽：《民法总论》，中国政法大学出版社 2000 年版，第 613、614 页。

间从次时起算；以日、月、年计算的期间从次日起算。"这里明确规定了以时起算的期间从次时起起算的标准，人民法院指定的有关期间计算应当按照这一规定执行，同时对于民事实体法中当事人没有特别约定或者法律没有明确规定的情况下也可以参照适用。

二、按照分、秒计算的期间起算点

对此，本章并没有规定，在实务中应当参照本条第2款规定的做法，在有法律规定的情况下，按照法律规定办，没有法律规定的情况下按照当事人的约定办。

> **第二百零二条** 按照年、月计算期间的，到期月的对应日为期间的最后一日；没有对应日的，月末日为期间的最后一日。

【条文主旨】

本条是关于期间届满日的规定。

【条文理解】

《民法通则》对于期间届满日并没有作一般性规定，导致理论和实务中对此认识不一。《民法总则》在总结各方意见的基础上，提出了"对应日"的概念，明确规定了按照年、月计算期间的，到期月的对应日为期间的最后一日；没有对应日的，月末日为期间的最后一日，这对于引导和规范民事主体行为、统一裁判尺度具有重要意义。

期间届满日涉及权利义务关系是否发生或者消灭的重要问题，各国或者地区的法律多有明确规定，我国理论界和实务界对这一问题的研究也较为成熟，经验积累也比较丰富。在《民法总则》起草过程中曾有意见认为对于期间的起算日及计算规则有明确规定的情况下，不必再单独规定届满日，但多数意见认为规定届满日有其必要性。最终《民法总则》充分吸收了理论研究成果和实务经验，明确提出了按照"对应日"标准确定到期日的规则，这使得期间计算规则更加清晰，《民法典》总则编继续保留了这一规定。

关于到期日的界定问题，史尚宽先生认为，"以日为单位定期间者，自起算日逐一计算，以最后日之午后十二时为终点。此时一日非时的集合之廿四小时，而为由午前零时至午夜十二时终止之廿四时"，"以星期、月或年为单位定期间者，依历法计算期间，不以星期、月或年之始日起算者,以最后之星期、月或年与起算日相当日之前一日为期间之末日,其间月之大小,年之平闰,在所不问。"① 这一分析可谓精深到位,对于后来包括现代民法理论和实务都具有十分重要的指导意义。

所谓对应日,应是指期间起算当日所对应的以日为单位的时间,而非开始的当日的下一日的对应日。依据本条规定,按照年、月计算期间的,到期月的对应日为期间的最后一日。比如约定期间为自 2020 年 3 月 17 日起一年内履行债务,则该债务履行期间届满的对应日就是 2021 年 3 月 17 日。没有对应日的,月末日为期间的最后一日,这主要是指 2 月 29 日和 2 月 28 日的情形,比如上述约定的是 2016 年 2 月 29 日起一年内履行债务,则该债务履行期间届满的对应日就是 2017 年 2 月 28 日,因为公历 2017 年 2 月没有 29 日。还有就是约定以月为计算单位的情形下的 31 日和 30 日,比如 2016 年 2 月 29 日起 6 个月内履行债务,则 2016 年 8 月 31 日为对应日,即此日时间届满。

【审判实践中应注意的问题】

审判实践中要注意期日的计算标准问题。对此,《民法典》总则编并没有规定。依照理论和实务上的通说,由于期日为不可分的特定时间点,在民法上通常不发生计算问题。期日按照法律的规定或者当事人的约定,以及人民法院的判决书或者仲裁机构的判决、裁决,进行确定。

---

① 参见史尚宽:《民法总论》,中国政法大学出版社 2000 年版,第 615 页。

> **第二百零三条** 期间的最后一日是法定休假日的,以法定休假日结束的次日为期间的最后一日。
>
> 期间的最后一日的截止时间为二十四时;有业务时间的,停止业务活动的时间为截止时间。

【条文主旨】

本条是关于特定期间届满日的规定。

【条文理解】

关于特定期间届满的情形,主要是指该期间届满之日是周末或者其他法定休假日的情形。对此,《民法通则》第154条第3、4款规定:"期间的最后一天是星期日或者其他法定休假日的,以休假日的次日为期间的最后一天。期间的最后一天的截止时间为二十四点。有业务时间的,到停止业务活动的时间截止。"《民法总则》沿用了这一思路,同时根据社会发展进步情况,目前不只星期日是法定节假日,现在实行的是双休制度,即星期六和星期日都是法定休息日,故《民法总则》将原有的"最后一天是星期日或者其他法定休假日的"修改为"期间的最后一日是法定休假日的",将所有期间计算的最后一日是法定节假日的情形都包括在内。同时,也在文字表述上作了一定修改,以更加严谨规范。《民法典》总则编对这一规定继续沿用。

本条规定的内容非常清晰,即在按照第202条规定计算的期间的最后一日正好是法定休假日的,则以法定休假日结束的次日为期间的最后一日,由此确立了将法定休假日为最后一日情形的排除在期间计算之内的做法。对于除了期间最后一日是法定休假日的情形,即使期间内的其他时间节点存在法定休假日的，也都不能适用本条规则。

对于本条的理解，要注意对法定休假日的准确界定。法定休假日的范围要广于法定节假日。依据《全国年节及纪念日放假办法》第2条的规定："全体公民放假的节日：（一）新年，放假1天（1月1日）；（二）春节，放假3天（农历正月初一、初二、初三）；（三）清明节，放假1天（农历清明当日）；（四）劳动节，放假1天（5月1日）；（五）端午节，放假1天（农历端午当日）；（六）中秋节，放假1天（农历中秋当日）；（七）国庆节，放假3天（10月1日、2日、3日）。"第六条规定："全体公民放假的假日，如果适逢星期六、星期日，应当在工作日补假。部分公民放假的假日，如果适逢星期六、星期日，则不补假。"依据《国务院关于职工工作时间的规定》第7条第1款的规定："国家机关、事业单位实行统一的工作时间，星期六和星期日为周休息日。"由此确立了我国通俗意义上双休制度。在原劳动部、人事部就《国务院关于职工工作时间的规定》作出说明中指出："国家机关、事业单位的工作和休息时间必须统一。自《规定》施行之日起，第一周的星期六和星期日为休息日，第二周的星期日为休息日，依此循环，不受月份、年份限制。这样便于全社会各项工作正常运行。至于企业，可根据每日工作8小时，平均每周工作44小时的规定，结合实际情况作出规定。除国家机关必须统一工作和休息时间外，医院、托幼园、小学校等与人民生活密切相关的单位也要统一，因此将事业单位和国家机关一样统一规定工作和休息时间。民航、铁路等行业的职业，有的每天工作时间超过8小时，但平均每周不超过44小时。"目前理论和实务上均认为，星期六和星期日以及上述法定节假日作为计算期间的法定休假日。在解释上讲，法定休假日应当是适用于社会不特定公众，并为人们所熟知的特定日期，对于特定职业或者特定人员、特定时期的休息日，比如婚丧假、年假等情形，这都会因人而异，不能作为计算期间中法定休息日。

实务上有一定争议的是，《全国年节及纪念日放假办法》第3条规定："部分公民放假的节日及纪念日：（一）妇女节（3月8日），妇女放假半天；（二）青年节（5月4日），14周岁以上的青年放假半天；（三）儿童节（6月1日），不满14周岁的少年儿童放假1天；（四）中国人民解放军建军纪念日（8月1日），现役军人放假半天。"此外，该办法第4条规定："少数民族习惯的节日，由各少数民族聚居地区的地方人民政府，按照各该民族习惯，规定放假日期。"这部分节假日是否属于上述的法定休息日，从而对于期间计算产生实质影响。我们倾向于认为，一方面这些假日不是针对所有人民群众，且除了儿童节之外，都是放假半天，其另外的半天就非法定休假日，故这些节日可能在总体上不能属于影响期间计算的日期，但如果当事人有特别约定的，当然要遵守该约定。此外该期间内义务的履行正好是针对该放假人员需要履行义务的情形，则仍有进一步探讨的必要，但在总体把握上要依照诚信原则和公序良俗原则的精神再处理。

关于最后一日的具体截止时间问题。"期间以末日之终了即以末日午后十二时为届满，但如为约定期间，当事人不妨依特约以末日之交易时间之终了为期间届满。有主张交易期间，依法令、习惯或当事人之特约而定者，依其交易时间之终了而期间亦终了。然期间不限于债务之履行，此时应依行为之性质、交易习惯及诚信原则定之。例如，债务人向银行为履行，则应于期间末日银行营业期间内为之。其非履行债务者，例如，向银行为撤销之意思表示，则于期间末日（除斥期间）终了前达到银行（例如，投入银行信箱），即可发生效力。"[①]这一见解颇有道理，但在没有营业时间情形下，《民法通则》已经作出了"期间的最后一天的截止时间为二十四点"的规定。这已为广大人民群众所普遍接受，故《民法总则》沿用了这一做法，《民法典》总则编对这一规定予以了保留。本条第2款规定："期间的最后一日的截止时间为二十四时；有业务时间的，停止业务活动的时间为截止时间。"对于本款的适用，还要注意把握特定情形下的履行义务、行使权利的期间不得违反诚信原则。

---

① 史尚宽：《民法总论》，中国政法大学出版社2000年版，第615、616页。

【审判实践中应注意的问题】

对于本条的适用，需要注意关于星期日与法定节假日存在交叉情形下期间届满日如何计算的问题。这一情形在实践中较为普遍，比如，根据《国务院办公厅关于2017年部分节假日安排的通知》，2017年"春节"放假安排1月27日至2月2日放假调休，共7天。1月22日（星期日）、2月4日（星期六）上班。对于这一情形下正好处于某一期间届满点时如何计算期间的问题，本条没有规定，《民法通则意见》作了明确，其第198条第2款规定："期间的最后一天是星期日或者其他法定休假日，而星期日或者其他法定休假日有变通的，以实际休假日的次日为期间的最后一天。"我们认为，该条规定与现行法律规定的基本精神相一致，应当继续适用。如果法定休假日在星期五结束，同时变通要求星期六上班，则该星期六就应当属于实际休假日的次日，即为该期间的最后一天。这与星期六、星期日与法定节假日不存在交叉的情形有本质不同，一般意义上最后一日是星期六的情形，则其次日为星期日，故该日仍不能作为期间届满之日，要从下一日作为期间届满之日。

> **第二百零四条** 期间的计算方法依照本法的规定，但是法律另有规定或者当事人另有约定的除外。

【条文主旨】

本条是关于期间计算约定或者特别规定优先适用的规定。

【条文理解】

关于期间计算的具体适用，尤其是对于当事人约定或者其他法律另有规定的情形下，能否排除关于期间计算一般规则的规定的问题，《民法通则》并没有规定。《民法总则》在综合各方意见的基础上，出于对意思自治的尊重和特别法优先规则的考量，明确了当人可以通过约定的方式确定期间的计算方式，即特别约定优先规则。同时，如果其他法律另有规定的，则按照该规定确定期间计算的方式。《民法典》总则编对这一规定予以了沿用。

通常情况下，法律规定的期间要严格按照本章规定适用，但"在约定期间为任意规定，当事人得依特别之合意，排除其适用，不妨依自然计算法即时起算，或依历法计算法仍将始日算入。当事人约定'自某日起满三年'时，虽不得认为算入始日之特约，如云'自某日起算满三年'，则应解为有此特约。然在法定期间或审判所定期间之计算法，当事人不得任意变更之。此等期间之起算点，应依民法规定定之者，当事人不得以合意变更之。"[①]《民法通则意见》第99条规定："按照日、月、年计算期间，当事人对起算时间有约定的，按约定办。"这一规定是对《民法通则》第154条第2款的解释，而本条规

---

① 史尚宽：《民法总论》，中国政法大学出版社2000年版，第614页。

定又沿用了《民法通则》《民法总则》的规定做法，故在解释上，《民法通则意见》第199条的规定与本条规定并不冲突，在《民法典》施行后，替代司法解释出台前，其精神应当继续适用。换言之，如果当事人对于日、月、年计算期间有约定的，则适用该约定，但如果期间属于法定期间或者指定期间的情况下，则应当按照有关法律的规定处理。比如《民事诉讼法》关于立案期限、上诉期限、申请再审期间的规定都属于法定期间，则应当按照该规定办理。

【审判实践中应注意的问题】

一、对于当事人约定不明确情形处理

《民法通则意见》第198条第1款规定："当事人约定的期间不是以月、年第一天起算的，一个月为三十日，一年为三百六十五日。"这一规定与本条内容并不冲突，在当前情况下仍可以继续适用。

二、关于期间计算是否包括在途时间的问题

在民事诉讼法上，诉讼文书在期满前交邮的，不算过期。在诉讼法上，所谓在途时间，是指人民法院邮寄诉讼文书，或者当事人邮寄诉讼文书在旅途中所用去的时间。正因为期间不包括在途时间，所以诉讼文书在期满前交邮的不算过期。如上诉状只要在法定期间届满前交邮，即使人民法院收到时已逾上诉期限，也不能认为逾期上诉。确定诉讼文书是否期间届满前交邮，不是以诉讼文书到达地邮局邮戳上的时间为标准，而是以诉讼文书邮寄地邮局邮戳上的时间为标准，并且以时为标准。这一规则在民事实体法也有类似做法，比如合同订立中的要约和承诺的问题；但由于民事关系的复杂性，各式各样的民事法律关系千差万别，大多数的民事实体法上的期间可能都要包括在途期间，比如货物运输的在途期间等，除非当事人有特别约定或者特定情形下法律另有规定的除外。

后　记

　　《民法典》由中华人民共和国第十三届全国人民代表大会第三次会议于2020年5月28日通过并公布，将于2021年1月1日起施行。《民法典》是新中国成立以来第一部以"法典"命名的法律，是新时代我国社会主义法治建设的重大成果，是我国法治建设发展道路上的重要里程碑。《民法典》在中国特色社会主义法律体系中具有重要地位，是一部固根本、稳预期、利长远的基础性法律，对推进全面依法治国、加快建设社会主义法治国家、加快建设社会主义市场经济、巩固社会主义基本经济制度，对坚持以人民为中心的发展思想、依法维护人民权益、推动我国人权事业发展，对推进国家治理体系和治理能力现代化，都具有重要意义。

　　2020年5月29日，习近平总书记在中央政治局就"切实实施民法典"举行第二十次集体学习并发表重要讲话。习近平总书记强调："民法典实施水平和效果，是衡量各级党政机关履行为人民服务宗旨的重要尺度。"学习好、贯彻好、实施好《民法典》是人民法院的重要职责和光荣使命。要贯彻好、实施好《民法典》，必须深入领会《民法典》的立法精神，准确理解《民法典》的体系规范，正确适用《民法典》的条文规定。为此，最高人民法院专门下发通知号召和要求各级法院高度重视《民法典》的学习培训工作，切实将学习培训作为提升人民法院审判水平、提高人民法院审判队伍素质和能力的重要措施。目前，各级法院正在系统有序地开展《民法典》的学习培训工作，迅速掀起了学习《民法典》的热潮。为帮助各级法院工作人员准确理解和适用《民法典》相关规定，同时向社会公众宣传普及《民法典》司法适用知识，最高人民法院民法典贯彻实施工作领导小组组织力量编写了本套丛书。

本套丛书有以下特点：一是全覆盖。本套丛书紧密结合《民法典》全部1260个条文，对其立法背景、条文理解和具体适用进行详细阐述，既有域外立法比较，又有国内法律规范的系统梳理；既有法理分析，又有实务指导。二是实用性。本套丛书立足于对《民法典》条文的司法适用予以阐释，紧密结合既有司法经验，就有关司法解释与《民法典》条文的衔接适用作了阐释，提出指导意见，运用典型案例为准确适用相关条文提供参照。三是新颖性。本套丛书对《民法典》新增制度和重大修改内容予以重点解读，力求给审判实务提供指导参考。

编写本套丛书是最高人民法院贯彻落实习近平总书记重要讲话精神，积极宣传、推进、保障《民法典》实施，确保《民法典》得到全面有效执行的重要举措。本套丛书共六卷，每卷都由最高人民法院相关民事审判业务部门、综合审判业务部门牵头负责撰写、统稿，由有关大法官、庭室负责人审核定稿。参与本卷撰写的为以下同志：郭锋、杨永清、丁广宇、廖钰、贾玉慧、张鑫萌、杜圣杰、李予霞、周伦军、潘杰、陈龙业、李赛敏、曾志、王永明、张闻、程立武。

在本套丛书出版之际，要特别感谢全国人大宪法和法律委员会、全国人大常委会法制工作委员会等部门长期以来对人民法院工作的大力指导和支持。感谢在最高人民法院《民法典》编纂研究调研过程中提供支持帮助的人大代表、政协委员、专家学者。感谢地方各级法院和广大法官的积极支持和参与。

最高人民法院民法典贯彻实施工作领导小组办公室
2020年7月15日